공공관리론

노 종 호
강 민 성 · 김 상 묵 · 김 태 희 · 박 현 희
심 동 철 · 윤 태 원 · 이 단 비 · 이 슬 기
이 승 혁 · 전 소 희 · 조 병 우 · 최 한 별

Public Management

박영사

머리말

대학에서 행정학 과목을 강의하면서 늘 아쉬웠던 점은 공공관리론이 주요 전공과목임에도 불구하고 이를 체계적이고 포괄적으로 다룬 마땅한 교재가 부족하다는 것이다. 그래서 기회가 되면 이 책을 출간하고 싶었다. 그러던 중 같은 학과에서 공공관리론을 강의하고 있는 김태희, 이단비 교수에게 공공관리론 출간의 필요성을 설명하고, 서로 의견을 나누는 시간을 갖게 되었다. 두 분 교수께서 저의 공공관리론 출간의 취지에 공감하였고, 기왕이면 다른 대학이나 연구원에서 공공관리론을 전공하는 학자들과 함께 집필하는 것이 좋을 것 같다는 의견을 제안했다. 저도 이러한 제안에 동의하였고, 뜻을 함께하는 여러 학자에게도 자문을 구하고 교재 출간의 참여 의사를 타진하였다. 그 결과 비슷한 고민을 하고 있던 여러 대학의 교수 및 국책연구원 박사와 논의하는 과정에서 공공관리론 교육의 체계화를 위한 교재 출간의 필요성에 공감대를 형성하였고, 흔쾌히 참여 의사를 전달해 주었다. 그래서 참여 의사를 전달한 총 13명으로 집필진 구성을 완료하였다. 이러한 집필진 구성 과정에서 김태희 교수가 큰 역할을 하였다.

이렇게 구성된 집필진은 2024년 8월에 화상회의를 통해 공공관리론 책의 출간을 위한 첫 모임을 시작하였다. 그 후 여러 차례 회의를 통해 참신한 아이디어를 개진하고 다양한 의견을 교환하면서 어떻게 체계적이고 논리적 완결성을 갖춘 책을 구성할지 고민하였다. 그러한 고민의 과정에서 다양한 논의가 이루어지면서 마침내 각 장의 주제와 세부 목차가 결정되었다. 이 책은 총 5부로 구성되었다. 제1부는 공공관리의 토대라는 제목하에 제1장은 공공관리의 기초, 제2장은 공공관리의 기원과 진화, 제3장은 공공관리에서의 책무성으로 엮어졌다. 제2부는 조직과 자원이란 제목하에 주로 조직 차원의 공공관리에 초점을 맞추었다. 제2부의 첫 장으로서 제4장은 공공관리에서의 목표와 이해, 제5장은 공공부문의 성과관리, 제6장은 공공관리 관점에서의 예산과 재정, 제7장은 디지털 전환 시대의 공공관리: 전자정부에서 인공지능(AI)까지로 구성되었다. 제3부는 사람과 행태라는 제목하에 주로 개인 차원에서의 공공관리를 중심으로 공공관리의 다양한 측면을 살펴보았다. 제3부의 첫 장으로서 제8장은 공공관리에서의 동기이론, 제9장은 공공관리와 공직윤리, 제10장은 공공관리와 조직공정성으로 구성되었다. 제4부는 공공관리의 실제에 관한 것으로서 거버넌스와 네트워크를 다루었다. 제11장은 공공관리와 거버넌스, 제12장은 공공관리에서 시민의 역할과 과제: 참여와 협력, 제13장은 공공관리와 정책네트워크로 구성되었다. 마지막 제5부는 공공관리의 미래로서 앞으로 공공관리가 어떠한 방향으로 나아가야 하는지에 초점을 맞추었다. 제5부는 하나의 장으로 구성되었는데, 제14장은 전체 집필진이 자기가 맡은 각 장의 내용을 정리하면서 앞으로 공공관리의 전망과 방향에 관해 설명하는 옴니버스 형식으로 구성되었다.

큰 의욕을 가지고 출발한 공공관리론이 드디어 세상에 빛을 보게 되어 기쁘게 생각한다. 바쁜 와중에도 불구하고 이 책의 집필에 흔쾌히 참여해준 공동 저자들에게 이 자리를 빌려서 깊은 감사의 마음을 전한다. 공저자가 책을 집필하는 과정에서 흔히 발생할 수 있는 중복성과 일관성의 문제를 최대한 최소화하려고 노력하였으나 미진한 부분이 있으리라 생각된다. 앞으로 개정작업을 통해 이러한 문제들을 하나씩 보완해 나갈 것을 약속드린다. 또한 이 책의 완성도를 높이기 위해 독자 여러분도 기탄 없는 의견을 개진해 주기 바란다.

끝으로 이 책이 출간되기까지 많은 도움을 준 박영사 마케팅팀 박부하 과장과 편집과정에 수고를 아끼지 않은 편집 2팀 이수연 대리에게 깊은 감사를 드린다.

2025년 8월

저자들을 대표하여

노종호

차례

제1부

공공관리의 토대

제1장 공공관리의 기초 [김상묵]

제1절 공공관리의 중요성 3

제2절 공공조직의 특성 6

Ⅰ. 공공과 민간 7

Ⅱ. 공공조직 9

Ⅲ. 공공조직의 유형 13

1. 행정조직 13
2. 공공기관 15
3. 준공공조직 16

Ⅳ. 공공조직의 특성 17

제3절 공공관리 18

Ⅰ. 공공관리의 특징 19

1. 정치적 통제 19
2. 목표의 다원성과 모호성 20
3. 성과 측정의 복잡성 20
4. 법적·제도적 제약 20
5. 다양한 이해관계자의 요구 21

Ⅱ. 공공관리와 민간관리 21

1. 공공관리와 민간관리의 유사점 21
2. 공공관리와 민간관리의 차이점 23
3. 공공 및 민간 관리자의 차이 27
Ⅲ. 공공관리론과 행정학 28

제4절 공공관리의 핵심 가치 30

제2장 공공관리의 기원과 진화 (노종호)

제1절 공공관리의 시초와 의미 42
Ⅰ. 공공관리의 시초 42
Ⅱ. 공공관리의 의미와 차원 43

제2절 공공관리의 변천 45
Ⅰ. 고전 행정학에서의 공공관리(19세기 말~20세기 초) 45
Ⅱ. 현대 행정학에서의 공공관리(20세기 중반~현재) 46
1. 신공공관리론 46
2. 거버넌스 47

제3절 신공공관리론의 내용과 비판 49
Ⅰ. 신공공관리론의 출현과 이론적 배경 49
Ⅱ. 신공공관리론의 주요 특성 50
1. 민간부문의 경쟁 원리 도입을 통한 정부성과의 향상 50
2. 정부 기능의 축소를 통한 작고 효율적인 정부 추구 51
3. 고객 지향적인 행정 51
4. 기업가적 정부 51
Ⅲ. 신공공관리론의 비판 52
1. 공공부문과 민간부문의 차이 무시 53
2. 효율성 이외의 다른 공공가치에 대한 경시 53
3. 고객 이외의 시민의 다양한 성격을 간과 54
4. 기업가적 정부의 문제 55

제4절 공공관리의 새로운 이론 56

Ⅰ. 신공공서비스론 56

1. 신공공서비스론의 개념 56

2. 신공공서비스론의 기본원칙 57

3. 신공공서비론에 대한 평가 61

Ⅱ. 공공가치관리론 63

1. 공공가치론의 의의와 전략적 삼각형(Strategic Triangle) 63

2. 공공가치관리론에 대한 평가 65

제3장 공공관리에서의 책무성 [이슬기]

제1절 책무성의 개념 73

Ⅰ. 책무성의 정의 75

Ⅱ. 책무성의 구성 요소 77

1. 책무성 관계 77

2. 책무성 속성 77

3. 책무성 판단기준 78

Ⅲ. 유사 개념과의 구분 79

1. 책임성(responsibility)과의 관계 80

2. 투명성(transparency)과의 관계 80

3. 대응성(responsiveness)과의 관계 82

제2절 책무성의 유형과 유형간 충돌 83

Ⅰ. 책무성의 유형 83

1. 계층적 책무성 84

2. 법적 책무성 84

3. 전문가적 책무성 85

4. 정치적 책무성 85

Ⅱ. 책무성 유형간 충돌 85

제3절 행정 패러다임 변화와 책무성 확보의 과제 87
Ⅰ. 전통적 행정에서의 책무성 88
Ⅱ. 시장 기반 거버넌스에서의 책무성 89
Ⅲ. 협력적 거버넌스에서의 책무성 91

제4절 책무성의 실천과 과제 93
Ⅰ. 다층적 책무성 간의 갈등 관리 93
Ⅱ. 시민참여 확대를 통한 참여형 책무성 체계로의 전환 95
Ⅲ. 책무성 설계를 위한 전략적 고려 96

제2부

조직과 자원

제4장 공공관리에서의 목표와 이해 (윤태원)

제1절 관리에서의 목표 105
Ⅰ. 목표가 가지는 의의와 기능 106
1. 목표의 의의 106
2. 목표의 기능 110
Ⅱ. 목표의 특성 및 유형 112
1. 목표의 특성 112
2. 목표의 유형 114

제2절 공공관리에서의 목표의 설정 및 구조화 117
Ⅰ. 공공관리에서의 목표 117
Ⅱ. 목표의 형성 및 변동 119
1. 공공부문 목표 형성과정의 모형 119

2. 목표 형성과정 관련 이론들 120
3. 목표 형성과정에 고려되는 실무적 분석 122
4. 목표의 변동 123

제3절 목표 관련 문제와 해결 124
Ⅰ. 목표 특성 관련 용어 124
1. 목표 복잡성(Goal complexity) 124
2. 목표 갈등(Goal conflict) 125
3. 목표 모호성(Goal ambiguity) 125
Ⅱ. 목표로 인한 문제점과 해결 126
1. 목표의 수: 단일목표와 다중목표 126
2. 목표의 과다측정 128
3. 목표의 불일치 129

제5장 공공부문의 성과관리 [김태희]

제1절 공공조직 성과의 이해 144
Ⅰ. 공공조직의 성과(Public Performance) 개념과 기준 144
1. 공공조직성과의 개념 정의: 생산성(public productivity)에서 성과(performance)로 144
2. 공공부문 성과와 관련된 주요기준(performance criteria) 145

제2절 공공조직 성과관리(Public Performance Management) 147
Ⅰ. 성과관리 관련 이론적 전개 147
Ⅱ. 성과관리(Performance Management)의 개념 및 구성요소 150
Ⅲ. 성과정보 유형(Categories of Performance Information) 153

제3절 공공부문 성과관리: 제도적 기반과 실행 체계 156
Ⅰ. 미국의 성과관리제도 156
Ⅱ. 한국의 성과관리제도 160

제4절 성과관리의 효과성과 한계 162
Ⅰ. 성과관리제도의 기대효과 162
Ⅱ. 성과측정 및 관리의 역기능(dysfunctional use of performance measurement) 163
Ⅲ. 성과관리의 실효성 제고를 위한 조직 및 제도적 요건 166

제6장 공공관리 관점에서의 예산과 재정 [조병우]

제1절 정부예산과 재무행정의 의미와 성격 177
Ⅰ. 정부예산과 재무행정의 의미 177
Ⅱ. 예산 및 재정체계의 성격 180

제2절 관리적 측면에서 바라본 정부 예산과정 182
Ⅰ. 정부 예산과정에 대한 개괄 182
Ⅱ. 예산 편성 및 심의 과정에서 공공관리자의 역할 184
Ⅲ. 예산 집행 및 결산 과정에서 공공관리자의 역할 186

제3절 결과중심 예산제도에서 공공관리자의 역할 188
Ⅰ. 결과중심 예산개혁의 등장 배경과 한국의 성과예산제도 발전 188
Ⅱ. 성과주의예산제도의 주요 내용과 장단점 190
Ⅲ. 성과주의 예산제도 하에서 공공관리자의 실무적 대응 전략 191

제4절 주목해야 할 주제: 공공투자사업, 가치예산, 예산과정에의 주민참여 192
Ⅰ. 공공투자사업관리 192
Ⅱ. 가치예산 196
Ⅲ. 주민참여예산 199

제7장 디지털전환 시대의 공공관리: 전자정부에서 인공지능(AI)까지 (최한별)

제1절 디지털 시대 공공관리의 부상 208

제2절 전자정부에서 디지털정부로: 흐름과 특징 210

Ⅰ. 전자정부(e-government)의 등장과 성과 210

1. 전자정부 확산 배경과 초기 성과 210

2. NPM 관점의 고객만족과 내부 혁신 효과 211

Ⅱ. 전자정부 한계: '온라인화' 이상의 혁신 미흡 212

1. 부처 간 칸막이와 중복 절차의 지속 212

2."종이 서류를 PDF로 만든 것"에 그친 혁신 212

3. 민주적 참여와 민간 협업의 부재 213

4. 디지털정부로의 진화 필요성 213

Ⅲ. 디지털정부의 개념과 특징 214

1. 전자정부에서 디지털정부로의 패러다임 변화 214

2. 데이터·기술의 전략적 활용: 개방과 협업의 가속화 215

3. 투명성·시민참여·사회적 가치 창출 215

4. 공공관리 관점에서의 의의와 향후 과제 216

제3절 인공지능(AI) 행정과 공공관리의 새로운 패러다임 217

Ⅰ. 인공지능 행정: 전자정부를 넘어 공공관리의 새로운 패러다임 217

1. 인공지능 행정의 등장 217

2. 인공지능 행정에서 활용되는 주요 기술 219

Ⅱ. 인공지능 시대의 행정·정책이론 재해석 221

1. Lasswell의 문제중심 정책과학: AI 시대의 문제 해결 221

2. Simon의 제한된 합리성과 AI 의사결정 222

3. Lindblom의 점증주의: 빅데이터 시대의 점진적 정책결정 223

4. Pressman & Wildavsky의 정책집행론: 알고리즘 행정의 도전 223

5. Rittel & Webber의 Wicked Problems: 복잡한 사회문제와 AI의 한계 224

6. Caplan의 두 공동체 이론: AI 시대의 지식 격차와 정책 중개자 역할 224

7. 기술과 인간의 조화, 미래 행정의 방향 225

Ⅲ. 인공지능 행정의 기대효과: 인공지능이 가져올 행정 혁신 226

1. 업무 효율성과 생산성 향상 226

2. 정책 결정의 정확성 및 예측능력 강화 227

3. 대민 행정서비스의 질 향상과 개인화 227

4. 신속한 대응 역량 강화 227

5. 책임성과 투명성 증진 228

Ⅳ. 인공지능 행정의 쟁점사항: 책임성과 신뢰, 그리고 거버넌스 과제 228

1. 책임성(Accountability) 및 투명성 부족 문제 229

2. 알고리즘 편향 및 형평성 문제 229

3. 시민 신뢰와 정당성 230

4. 공무원 역할 변화와 역량 개발 230

5. 거버넌스 구조에서의 민주적 통제 231

Ⅴ. 국내외 주요 사례 비교: 한국, 미국, 유럽의 인공지능 행정 232

1. 대한민국: 중앙 주도의 지능형 행정 혁신 232

2. 미국: 혁신 가속과 신뢰성 확보를 위한 분권적 접근 235

3. 유럽: 인간 중심 AI와 엄격한 거버넌스 238

4. 비교 평가 및 이론적 시사점 243

제4절 결론: 인공지능 행정의 공공가치와 거버넌스 244

제3부

사람과 행태

제8장 공공관리에서의 동기이론 (심동철)

제1절 동기이론의 이해: 기본 개념과 중요성 257

제2절 고전적 동기이론 259

Ⅰ. 고전적 동기이론의 분류 259
Ⅱ. 내용이론(Content Theories) 260
1. 매슬로(Maslow)의 욕구 위계 이론 261
2. 앨더퍼(Alderfer)의 ERG 이론 262
3. 허츠버그(Herzberg)의 동기-위생 이론(Two-Factor Theory) 264
4. 맥클리랜드(McClelland)의 성취동기 이론(Achievement Motivation Theory) 265
Ⅲ. 과정이론 267
1. 브룸(Vroom)의 기대이론(Expectancy Theory) 268
2. 아담스(Adams)의 공정성 이론(Equity Theory) 269
3. 목표설정이론(Goal-Setting Theory) 271
제3절 내재적 동기와 관련된 이론들 273
Ⅰ. 자기결정 이론(Self-Determination Theory) 273
Ⅱ. 직무특성이론(Job Characteristics Theory) 275
Ⅲ. 공공봉사동기 이론(Public Service Motivation, PSM) 278
제9장 공공관리와 공직윤리 [전소희]
제1절 공직윤리의 개념 및 중요성 291
제2절 책임성 있는 행정인 293
Ⅰ. 공무원의 책임성 293
Ⅱ. 책임성 확보를 위한 내·외적 통제의 매커니즘 295
제3절 공직윤리 관련 제도 296
Ⅰ. 사전적·소극적 제도 297
1. 공직자윤리법 297
2. 부패방지권익위법 298
3. 청탁금지법 299
4. 이해충돌방지법 301

Ⅱ. 사전적·적극적 제도 302

1. 공무원 행동강령 302

2. 윤리교육 이수제도 304

3. 청렴 컨설팅 제도 306

Ⅲ. 사후적·소극적 제도 306

1. 공공감사제도 307

Ⅳ. 사후적·적극적 제도 308

1. 부패행위 및 공익침해행위 신고 제도 308

2. 공익신고자보호법 310

제4절 책임성 있는 행정을 위한 공직윤리제도의 개선 방향 311

제10장 공공관리와 조직공정성 [강민성]

제1절 행정학, 공공관리, 그리고 조직공정성 321

제2절 조직공정성의 개념과 유형들 324

Ⅰ. 조직공정성의 개념 324

Ⅱ. 다섯 가지 형태의 조직공정성 326

1. 분배적 공정성 327

2. 절차적 공정성 328

3. 대인관계 공정성 328

4. 정보공유 공정성 329

5. 전반적 공정성 329

제3절 공공관리와 조직공정성: 공정의 효과(justice effects) 330

Ⅰ. 동기부여와 업무태도 331

Ⅱ. 공공봉사동기와 조직시민행동 332

Ⅲ. 윤리역량과 윤리적 행동 334

제4절 조직공정성과 공공조직의 성과 336

Ⅰ. 공정효과의 사회적 교환모형 336

Ⅱ. 공정효과의 사회정체성 모형 338

제4부

거버넌스와 네트워크

제11장 공공관리와 거버넌스 [이승혁]

제1절 거버넌스 정의 및 배경 357

Ⅰ. 거버넌스 정의 357

Ⅱ. 거버넌스 등장 배경 360

1. 거버넌스 개념의 등장 배경: 정부 실패 - 신공공관리 (NPM) - 신 거버넌스 360

2. 거버넌스 핵심 개념 364

3. 초기 거버넌스 모형 정리 365

제2절 오늘날 공공관리에서 거버넌스의 이해: 협력, 로컬, 네트워크를 중심으로 370

Ⅰ. 협력적 거버넌스(Collaborative Governance) 370

Ⅱ. 로컬 거버넌스(Local Governance) 373

Ⅲ. 네트워크 거버넌스(Network Governance) 376

제3절 거버넌스 유형의 성공 기준 및 핵심 원칙과 가치 379

Ⅰ. 시민, NGO, 지역 사회의 역할 379

Ⅱ. 거버넌스의 핵심 원칙 및 가치 380

제4절 거버넌스와 관련된 주요 이슈와 도전 과제 381

제12장 공공관리에서 시민의 역할과 과제: 참여와 협력 (이단비)

제1절 시민과 민주주의의 의미와 공공관리 388
Ⅰ. 시민과 민주주의의 의미 388
Ⅱ. 민주주의 체제에 대한 이해 390
Ⅲ. 시민과 민주주의의 관계와 의의 391

제2절 공공관리와 시민의 역할 변화 392
Ⅰ. 초기 시민의 역할 변동 392
1. 배경 392
2. 시민(Citizen) 형태의 시민참여 등장 393
3. 핵심 가치 394
Ⅱ. 시민의 역할 확대와 참여 확장 395
1. 배경 395
2. 고객(Customer) 형태의 시민참여 등장 396
3. 핵심가치 398
Ⅲ. 공동 생산과 참여적 거버넌스 399
1. 배경 399
2. 파트너(Partner) 형태의 시민참여 등장 400
3. 핵심가치 402

제3절 시민 냉소주의와 그 원인과 완화 전략 403
Ⅰ. 시민 냉소주의의 의미와 원인 403
Ⅱ. 냉소주의 완화 전략 405

제4절 시민의 참여 확대를 위한 행정 전략 406

제13장 공공관리와 정책네트워크 (박현희)

제1절 정책네트워크의 개념과 등장 배경 415

Ⅰ. 정책네트워크의 개념 및 특징 415
1. 정책네트워크의 개념 415
2. 정책네트워크의 특징 416
Ⅱ. 정책네트워크의 등장 배경 420
1. 공공관리에서의 정책네트워크의 중요성: 정책 환경의 변화 420
2. 전통적 정책모형과 정책네트워크모형에서의 정책운영 425

제2절 정책네트워크의 이론적 배경과 주요 유형 429
Ⅰ. 정책네트워크의 이론적 배경 429
1. 자원의존이론(Resource dependence theory) 429
2. 사회자본(social capital) 이론: 신뢰와 협력의 숨은 자원 430
Ⅱ. 정책네트워크의 주요 유형 432
1. 정책공동체(Policy Community) 432
2. 이슈네트워크(Issue Network) 437
3. 하위정부모형(Sub-government) 438
4. 정책옹호연합모형(ACF) 440

제3절 정책네트워크와 공공관리의 변화 445
Ⅰ. 네트워크 시대의 행정가의 역할 변화 445
1. 행정가의 역할 변화: 관리자에서 조정자·중재자로 446
2. 공공조직 구조의 변화: 경계 없는 유연조직 446
3. 네트워크 기반 공공관리 역량 447
4. 정책네트워크와 거버넌스 447
Ⅱ. 네트워크 거버넌스 유형과 네트워크 관리자의 역할 448
1. 공유된 거버넌스(Shared Governance) 448
2. 주도조직 거버넌스(Lead-Organization Governance) 449
3. 네트워크 관리조직 거버넌스
(Network Administrative Organization Governance, NAO) 450
4. 주도조직-관리조직 결합 거버넌스(Combined Lead-NAO Governance) 451
5. 중심-주변 거버넌스(Core-Periphery Governance) 452

제4절 정책네트워크의 평가와 미래 전망 454

Ⅰ. 정책네트워크의 평가 454

1. 장점 454

2. 한계점 455

Ⅱ. 정책네트워크와 미래 공공관리의 전망 457

1. 디지털 기술과 네트워크 관리 457

2. 신뢰와 감정 관리의 중요성 457

3. 공동창출의 확대 458

제5부

공공관리의 미래

제14장 공공관리의 전망과 방향 (전체 저자)

제1절 공공관리의 토대 469

제2절 조직과 자원 471

제3절 사람과 행태 475

제4절 거버넌스와 네트워크 478

색인 484

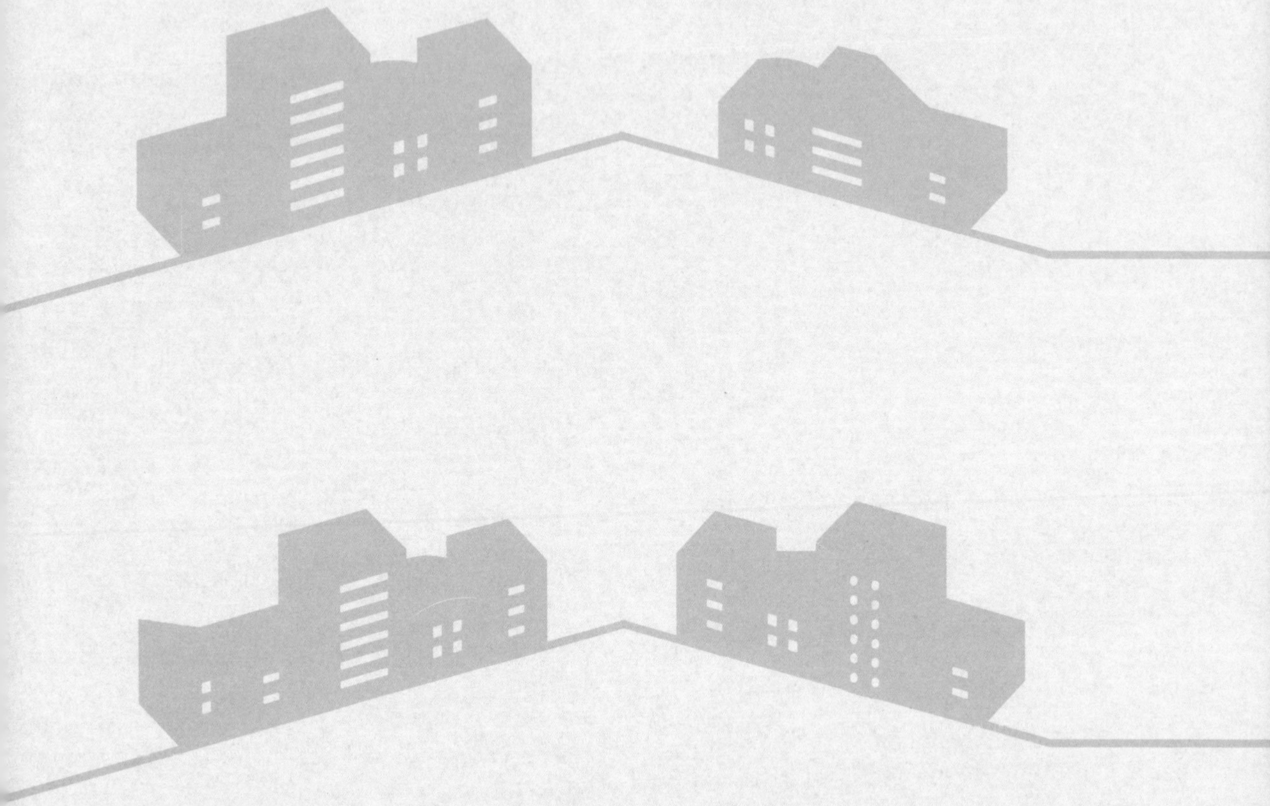

1부

공공관리의 토대

- 제1장 공공관리의 기초
- 제2장 공공관리의 기원과 진화
- 제3장 공공관리에서의 책무성

1장 공공관리의 기초

| 김상묵 |

□ 학습목표

1. 관리의 중요성을 이해한다.
2. 공공과 민간의 차이를 이해한다.
3. 공공조직의 의미와 유형을 이해한다.
4. 공공조직 및 공공관리의 특성을 이해한다.
5. 공공관리와 민간관리의 유사점과 차이점을 이해한다.
6. 공공관리가 추구하는 가치를 이해한다.

제 1 절 공공관리의 중요성

일반적으로 관리(管理, management)란 조직의 목표를 효율적이고 효과적으로 달성하기 위해 인적, 재정적, 물리적, 정보적 자원을 계획, 조직, 지휘, 통제하는 과정을 의미한다. 부연하면, 관리란 목표를 설정하고 이를 달성하기 위한 전략과 방법을 정의하고 필요한 자원(사람, 돈, 시간, 장비 등)을 할당하고 업무를 배분하며 구성원들을 동기부여하고 이끌어 목표를 달성하도록 유도하고 진행 상황에 대한 점검과 평가를 토대로 필요한 조치를 하는 일련의 과정이다(Daft, 2022). 좋은 관리는 조직을 성공적이고 지속가능한 상태로 이끌지만, 나쁜 관리는 조직의 기반을 약화시키고 쇠퇴나 실패를 초래할 수 있다. 다음 사례를 살펴보자.

A라는 제조회사는 잦은 납품 지연과 제품 품질 문제로 고객의 불만이 증대하고 있다. 경영진은 생산 일정을 체계적인 검토나 협의 없이 자주 변경하고 일관성 없는 지시로 직원들을 혼란스럽게 한다. 관리자가 일상적인 업무를 지나치게 통제하여 직원들은 의욕을 잃고 열심히 일할 만한 가치를 느끼지 못한다. 직원들은 안전하지 않은 작업환경과 부적절한 교육에 대해 불만을 토로하지만, 경영진은 이를 무시한다. 그 결과, 낮은 생산성과 비효율로 인해 생산비용이 증가하고 유능한 직원들은 더 나은 기회를 찾아 이직한다. 제품의 품질은 낮아지고 고객 불만은 높아져 회사의 평판과 수익성은 나빠진다. 결국에는 지속적인 부실 관리로 인해 막대한 재정적 손실과 잠재적인 폐업 위기에 놓이게 된다.

이에 비해, B라는 신생기업은 지속적인 혁신과 고객지향성을 통해 빠르게 성장하고 있다. 경영진은 회사의 목표를 명확히 설정하고 이를 실현하기 위한 전략과 계획을 체계적으로 수립한다. 관리자는 방향을 제시하고 동기를 부여하며 직원들이 업무를 주도적으로 수행할 수 있도록 권한을 부여하고 지원한다. 회사는 개방적인 의사소통과 피드백을 장려하고 직원 교육에 투자를 아끼지 않는다. 고객의 의견을 적극적으로 수용하고 고객의 요구에 맞추어 제품을 개선한다. 직원들은 자신이 존중받고 회사의 목표 달성에 기여한다고 느끼며, 부서들은 서로 긴밀히 소통하고 협력한다. 고품질 제품과 서비스로 인해 고객의 만족도는 높아지고 회사의 수익과 시장 점유율도 늘어난다.

위의 사례는 나쁜 관리와 좋은 관리가 어떤 영향을 미치는지를 보여준다. 조직 내부의 관리도 중요하지만, 외부 관계자와의 협력과 조정도 중요하다. 사스(SARS: 중증급성호흡기증후군)와 메르스(MERS: 중동호흡기증후군) 감염 사태에 대한 정부의 대응을 보자. 한국은 2003년 사스 때는 세계보건기구(WHO)로부터 사스 예방 모범국가로 인정받았지만, 2015년 메르스 때는 감염병 확산 민폐 국가로 알려지고 국제적 평판이 추락했다(김준형, 2023). 두 사례를 비교하면 다음과 같다(고대유·박재희, 2018). 첫째, 사스 때는 정부가 리더십을 발휘하여 국제 동향을 주시하며 정보를 수집·배포하고 미리 준비하였으나, 메르스 때는 중동의 상황 및 WHO의 촉구 등을 통해 감염병 징후 포착이 가능했음에도 정부의 사전 대비 의지와 노력이 부족했다. 둘째, 사스가 발생하자 정부는 가용할 수 있는 인력과 자원을 동원하여 신속히 관계기관과의 협력체계를 구축하였으나, 메르스 발생 당시 정부의 대응은 신속하거나 체계적이지 못했다. 셋째, 사스 때는 관계기관 간의 협력적 거버넌스 기제가 원활히 작동하였으나 메르스 때는 그렇지 못했다. 넷째, 사스 때는 정보공유가 폭넓게 이루어졌으나 메르스 때는 그렇지 않아 정부는 신뢰 형성에 실패했다.

관리는 쉽지 않다(Daft, 2022). 정부를 비롯한 공공부문의 본질적인 임무는 공공의 목적을 명확히 하고 이를 달성하는 것이다. 공공의 목적을 달성하려면 인적·물적 자원에 대한 효과적인 관리가 필요하다(O'Toole & Meier, 2011). 하지만 최근 각종 조사와 언론보도를 통해 알려지는 공직사회의 모습은 효과적인 관리가 이루어지지 않고 있다는 우려를 자아낸다. 공무원연금공단에 따르면(아시아경제, 2024.3.7. 보도), 공무원 임용 후 5년 이내 퇴직한 신규임용 퇴직공무원은 2019년 6,500명에서 2023년 13,566명으로 4년간 두 배 넘게 증가했다. 비교적 직장생활의 안정을 찾는 재직기간 5~7년인 퇴직자도 같은 기간 684명에서 2,050명으로 3배 이상 증가하였다. 한 공무원은 "매번 바뀌는 담당 업무와 몇 시간의 인수인계 후 다른 부서로 사라지는 선배, 와중에 당장 들이닥쳐 '왜 해결을 못 해주냐'는 민원인까지, 자신의 업무능력에 회의감을 가질 수밖에 없는 환경입니다. 이런 고민에 비해 사회경제적인 보상은 적다고 느껴져 면직을 생각하게 됩니다"라고 털어놓았다.[1]

최근 중앙부처에서 퇴직한 전직 서기관은 공직사회를 "무능한 일상과 좌절, 가짜 노동과 쓸데없는 규칙, 구조적 비효율과 책임 회피의 메커니즘으로 가득찬" 이상한 세계라고 고백한다(노한동, 2024). 또한 정책 실패의 주된 원인은 "관료제의 뿌리 깊은 무책임과 단기적 성과주의" 때문이라고 한다. 저자는 정부가 중요하지 않은 일에 행정력을 쏟아붓고, 정책 목표와는 무관한 쓸데없는 일에 시달리느라 정작 필요한 변화는 만들지 못한다고 하면서, '나라를 위해서 일한다'는 그럴듯한 말로 무능과 무기력을 숨기는 조직의 관성을 경고한다.

공직사회에서 나타나는 이직, 스트레스, 무능력, 무책임, 무기력 등 부정적인 현상은 관리의 중요성을 웅변한다. 공공부문의 관리가 중요하다고 민간부문의 관리방식을 그대로 도입하는 것은 바람직하지 않다. 공공부문과 민간부문은 분명히 다르다(Allison, 2017). 공공부문은 공익(公益, public interest)을 추구하고 민간부문은 사익(私益, private interest)을 추구하기 때문에, 각 부문의 이익 추구에 적합한 고유한 기술과 가치를 가져야 한다(Lynn, 2006). 따라서 공공조직의 관리는 민간기업의 경우와는 달라야 한다.

1 아시아경제, https://www.asiae.co.kr/article/2024030708425595921

공공조직에서의 관리를 공공관리(公共管理, public management)라고 하여, 민간기업을 대상으로 한 관리 또는 민간관리(民間管理, private management)와 구별한다. 공공관리란 공공조직의 다양한 목표를 달성하기 위한 활동을 의미한다. 정부를 대상으로 하면, "공공관리란 정부에서 사용할 수 있는 자원의 배분과 사용이 합법적인 정책 목표 달성을 향해 이루어지도록 하는 과정"이라고 정의할 수 있다(Hill & Lynn, 2009: 10). 모든 공공조직으로 범위를 넓히면, 공공관리란 공공조직의 다양한 자원을 배분하고 활용하여 조직의 목표를 달성하는 과정이라고 할 수 있다. Allison(2017: 397)은 "공공관리와 민간관리는 적어도 유사한 만큼 다르며, 이 차이가 유사성보다 더 중요하기" 때문에, "민간관리의 관행과 기법을 공공관리에 그대로 적용하여 중요한 개선을 가져올 수 있다는 생각은 잘못"이라고 한다. 공공관리가 민간부문의 관리 기법과 관행을 무분별하게 수용할 필요는 없으며, 오히려 공공부문에 고유한 공공관리가 보다 발전해야 할 필요가 있다(Hughes, 2003).

제 2 절 공공조직의 특성

공공관리란 '공공'이란 단어와 '관리'란 단어가 합쳐진 합성어이다. 공공(公共, public)은 민간(民間, private)과 구분된다는 의미이다. '공공'에 강조점을 두면, 정부를 비롯한 공공부문의 특수성이 부각되고 이를 위한 특별한 지식과 실천이 필요하다는 주장이 설득력이 있다. 반면, 관리(管理, management)는 공공이나 민간의 구분 없이 통용되는 용어이다. '관리'에 강조점을 두면, 정부와 공공부문은 경영학에서 다루는 관리 방법론을 적용할 수 있는 또 다른 영역이라는 주장이 납득할 만하다(Lynn, 2006). 하지만 공공관리에서는 공공과 관리 양자를 균형 있게 강조한다. 즉, 공공부문에 적합한 효과적인 관리 발전을 도모하면서도 민간의 성공 사례가 공공부문에 적합한지 검증하고 개선하여 활용하는 것도 필요하다.

Ⅰ. 공공과 민간

공적(公的, public)과 사적(私的, private)이란 용어는 오랫동안 사회의 근본적인 문제나 가치와 관련하여 사용되고 있다. 영어 사전에서는 '공적'이란 단어의 기원을 라틴어의 "사람들"을 의미하는 단어라고 설명하며, 이는 공동체, 국가 또는 정부의 사람들과 관련된 문제를 나타내는 것으로 정의한다. '사적'은 라틴어로 "박탈당한" 또는 "분리된"이라는 의미에서 유래되었으며, 이는 공직에서 제외되거나 정부와 분리되어 개인적인 문제로 간주되는 것을 의미한다(Perry & Rainey, 1988: 183).

임의영(2003: 27-29)은 형용사인 '공적'의 사전적 의미를 행정학적으로 재해석한다. 첫째, 행위의 주체와 관련하여, 국가 또는 정부와 공공기관에서 이루어지는 행위 일체를 의미한다. 둘째, 다수의 사람에게 공통적으로 또는 보편적으로 관련되는 경우를 말한다. 셋째, 사생활과 대립되는 모든 공식적 활동을 의미한다. 넷째, 공익(public interest)을 추구하는 경우를 말한다. 다섯째, 접근가능성과 공유성이 핵심 요소이다. 여섯째, 개방성, 공지성(publicity), 정보에 대한 접근 가능성을 포함한다.

이승훈(2008: 17-20)은 '공적'과 '사적'을 네 가치 차원으로 구분하여 설명한다. 첫째, 가시성에 따른 구분이다. 다른 사람들에게 보이고 들리는 것은 공적이고, 다른 사람들의 시선으로부터 숨겨야 할 것은 사적이다. 둘째, 접근의 개방성에 따른 구분이다. 모든 사람에게 접근이 개방된 것은 공적이고, 소수에게만 접근이 제한된 것은 사적이다. 셋째, 행위자의 지위에 따른 구분이다. 행위자가 자신을 위하여 행동할 때 사적이고, 공동체나 국가의 관리(官吏)로서 행동할 때 공적이다. 넷째, 개인과 집단에 따른 구분이다. 개인이나 개인의 이익과 관련된 것은 사적이고, 집단이나 전체의 이익과 관련된 것은 공적이다. 일상적으로 사용하는 공익이란 말은 포괄적인 의미에서 부분이 아닌 전체의 이익을 뜻하는 것으로, 이 넷째 차원의 특성에 해당한다.

국가가 유지되기 위해서는 다양한 '공적'인 것이 필요하다(권향원, 2020). 만약 공적인 것이 없으면 국가는 사적 욕망을 가진 개인 간 갈등과 투쟁으로부터 자유롭기 어렵게 되고 결국에는 쇠락하거나 분열되어 외부의 침략에 취약하게 될 것이다. 따라서 모든 국가는 공적 기구(예: 정부), 공적 질서(예: 공법), 공적 재원(예: 세금), 공적 책무(예: 군 복무) 등 다양한 공적인 것을 필수적으로 갖고 있다. 사적 개인들 역시 이러한 공적인 것의 당위성을 일반적으로 받아들인다. 그럼에도 개인은 자신의 자유, 개성, 역량 축적을 위한 사적 영역을 권리로서 반드시 확보해야 한다. 이에 따라 국가 내부에는 "구성원들의 더불어 사는 삶과 번영을 지속하기 위하여 마련된 공적 영역"과 "구성원 개인이 각자의 자율, 개성, 역량을 영위하기 위하여 마련된 사적 영역"이 언제나 공존하게 된다(권향원, 2020: 5).

공공부문(public sector)과 민간부문(private sector)에 대하여 Hughes(2003: 75-76)는 다음과 같이 비교한다. 첫째, 민간부문과 달리 공공부문의 결정은 강제적일 수 있다. 시민들은 결정을 수용하거나 세금을 납부해야 하며, 국가의 강제력에 의해 제재받을 수 있다. 모든 공적 활동이 강제적인 것은 아니지만, 강제적인 활동은 민간부문보다 더 신중하게 수행되어야 한다. 이에 비해, 민간기업은 더 자유롭게 임의로 행동할 수 있다. 예를 들어, 고객마다 다른 가격을 청구할 수 있고 거래를 거부할 수도 있으며 일반적인 절차를 무시할 수도 있다. 둘째, 공공부문은 민간부문과 다른 형태의 책무성(accountability)을 가진다.[2] 기업의 경영진은 이론적으로 주주에게 책임을 지지만, 공공부문의 관리자는 정치지도자, 의회, 국민, 사법부 등 다양한 부문에 책임을 진다. 민간부문에서도 책무성은 문제가 될 수 있지만, 공공부문에서는 책무성의 적용이 덜 명확하고 누구에게 책임을 지는지에 따라 달라질 수 있다. 셋째, 공공부문의 관리자는 주로 정치지도자가 설정한 외부 의제에 대처해야 한다. 이는 수익 창출이 조직의 모든 수준에서 공유되는 동기인 민간기업과는 다르다. 정치적 의제는 공공부문의 관리를 민간부문과는 다르게 만든다. 정치인이 부과하는 의제들로 인해 관리자의 행동 범위가 제한될 수 있다. 넷째, 공공부문은 산출물이나 생산 효율성 측정이 곤란하다. 민간부문의 이익과 같은 최종 결과의 기준이 공공부문은 모호하다. 정부에서는 목표나 이를 측정하는 방법에 대해 합의가 이루어지는 경우가 드물며, 조직 내 모든 구성원이 이를 따를 것이라고 가정할 수도 없다. 공공부문에서 개인, 부서, 조직 전체의 성과를 측정하는 어렵다는 사실은 관리 전반에 영향을 미친다. 공공부문에서도 측정과 평가를 할 수 있기는 하지만, 민간부문보다 더 어렵고 의미가 없을 수도 있다. 적절한 측정이 곤란하면, 일부 공공서비스는 유익하지 않으면서도 감시를 피할 수 있다. 이러한 상황은 민간부문에서는 훨씬 드문 일이다. 다섯째, 공공부문의 규모와 다양성은 통제나 조정을 어렵게 만든다. 정부와 평가단 등이 공공부문의 활동을 통제하거나 조정하려고 하지만, 결코 쉬운 일이 아니다.

2 책무성에 대한 자세한 설명은 이 책의 제3장 참조.

덧붙여 Lynn(2006)은 공공부문과 민간부문의 차이를 간결하게 표현한다. 그것은 법률의 문제로, 공공부문과 민간부문은 서로 다른 법률체계에 의해 지배된다고 한다. 공공부문은 헌법에 따라 개인의 권리와 조화를 이루어야 한다는 통제를 받으며 행정법에 의해 지배된다. 행정법은 공공조직이 추구해야 할 목적과 방법을 정의하는 지시적 성격을 가질 뿐만 아니라, 준입법적 또는 준사법적 성격의 활동에도 적용된다. 반면, 민간기업을 규율하는 회사법은 지시적이라기보다는 허용적인 성격을 가지며, 기업 소유자가 대체로 자신의 재량에 따라 정의한 이익을 추구할 수 있도록 권한을 부여한다. 이는 다양한 방식으로 제한을 가할 수 있는 공법의 적용을 받지만, 소유자의 재량권이라는 기본적 권한을 근본적으로 소멸시키지는 않는다.

이러한 논의를 바탕으로, 다음과 같이 공공부문과 민간부문을 구별한다. 공공부문은 공익을 추구하며 사회적 책무를 강조하는 데 비하여, 민간부문은 경쟁을 통해 사익과 효율성을 추구한다. 이러한 목적과 지향성의 차이로 인하여, 공공부문과 민간부문은 의사결정, 운영, 성과 측정 등 여러 관리적 측면에서 차이가 있을 것으로 여겨지고 있다.

Ⅱ. 공공조직

공공조직(公共組織, public organization)과 민간조직(民間組織, private organization)을 비교하는 일반적인 기준으로 Perry와 Rainey(1998)는 공익, 공공재(public goods)와 시장실패(market failure), 소유권(ownership)과 재원(funding)을 제시한다. 첫째, 공익은 조직이 공공의 이익에 미치는 영향을 기준으로 삼는다. 공공조직의 주요 수혜자는 일반 대중이며, 이는 주요 수혜자가 소유자인 민간 경영조직과 구별된다. 둘째, 공공재와 시장실패는 주로 경제학자들이 정부활동의 이유로, 공공조직의 존재 이유로 제시한다.[3] 그러나 이 개념은 공공조직을 명확하게 정의하기에는 부족하다는 비판을 받는데, 많은 공공조직

3 시장실패는 시장에서 가격에 의한 자원 배분이 효율적이지 못한 현상을 의미한다. 시장실패의 원인은 불완전경쟁, 공공재, 외부효과(externalities), 정보 비대칭성(asymmetric information) 등이 있다. 공공재는 모든 사람이 공동으로 이용할 수 있는 재화나 서비스를 말하며, 주로 정부의 재정으로 공급된다. 공공재의 특징은 비경합성(non-rivalry)과 비배제성(non-excludability)이며, 국방, 경찰, 소방, 도로, 항만, 공원 등이 대표적이다. 비경합성이란 한 사람이 그것을 소비한다고 해서 다른 사람이 소비할 수 있는 기회가 줄어들지 않음을 뜻하고, 비배제성이란 대가를 치르지 않는 사람이라도 소비에서 배제할 수 없음을 뜻한다. 시장과 정부에 대한 자세한 설명은 이재원·허형조(2021) 참조.

이 비공공재를 생산하기도 하기 때문이다. 셋째, 소유권과 재원은 공공조직과 민간조직을 구별하는 가장 일반적인 기준이다.

행정학에서 공공조직과 민간조직을 설명하는 방식은 크게 다섯 가지가 있다(Pesch, 2008). 첫째, 일반적 접근법(generic approach)은 공공조직과 민간조직은 본질적으로 크게 다르지 않다고 가정한다. 조직은 독특한 사회적 현상으로 연구되어야 하며, 공공조직과 민간조직의 차이는 정도의 문제일 뿐이지 종류가 다른 것은 아니라고 본다. 둘째, 경제학적 핵심 접근법(economist core approach)은 공공조직에 대한 기본적인 접근법으로, 경제적 재화가 생산되는 시장과 국가를 구분하여 각각의 영역으로 특징지어 설명한다. 공공조직과 민간조직은 중요한 문제들에 있어서 근본적인 차이가 있으며, 경쟁의 부재 및 정치적 제약으로 인해 공공조직은 민간조직에 비하여 재화와 서비스 공급에서 비효율적이라고 본다. 셋째, 정치학적 핵심 접근법(political core approach)은 공공조직이 정치적 영향을 미친다고 보며, 이를 정치적 실체로 다루어야 한다고 주장한다. 공공조직은 정책을 수립하고 집행하는 방식에 영향을 미치므로 정치적 기관(political agency)으로 평가되어야 한다는 의미이다. 넷째, 규범적 접근법(normative approach)은 정치학적 핵심 접근법의 확장으로, 공공조직의 정치적 역할을 강조하고 이를 공익 달성을 위해 활용하려는 입장이다. 공공조직은 재화와 서비스를 제공할 뿐만 아니라 공익을 위해 일해야 한다. 공공조직의 공공성(publicness)은 단지 민간기업의 사적성(privateness)과 반대되는 것이 아니라 공공조직을 다른 조직들과 구분하는 규범적인 특성으로 이해해야 한다고 본다. 다섯째, 차원적 접근법(dimensional approach)은 정치학적 핵심 접근법과 경제학적 핵심 접근법을 모두 활용하는 접근방식이다. 조직은 경제적 실체이며 동시에 정치적 실체라고 본다(Bozeman, 1987; Wamsley & Zald, 1973). 경제학적 관점은 공공조직을 공공재와 연결시키고, 정치학적 관점은 공익과 연결시킨다(Pesch, 2008). 이 두 관점 가운데 하나를 선택하기보다는 모두 고려하는 차원적 접근법이 적절하다. 이에 대해 좀 더 자세히 알아보자.

조직은 정치적 제약과 경제적 제약을 모두 받는다. 조직은 사회 전체를 대표하는 국가에 의해 소유될 수도 있고, 개인이나 집단에 의해 소유될 수도 있다. 조직은 세금에 크게 의존할 수도 있고, 시장 수입에 의존할 수도 있다. Wamsley와 Zald(1973)는 소유권과 재원을 기준으로 조직을 4가지 유형으로 분류한다. 즉, 공공 소유 및 공공 재원, 공공 소유 및 민간 재원, 민간 소유 및 공공 재원, 민간 소유 및 민간 재원 조직으로 구분한다. 공공 소유 및 공공 재원 조직의 예로는 중앙정부와 지방자치단체를 들 수 있다. 공공 소유 및 민간 재원 조직의 예로는 공기업인 한국전력공사, 한국가스공사, 한국철도공사 등을 들 수 있다. 민간 소유 및 공공 재원 조직의 예로는 정부의 지원금을 받아 민간이 운영하는 사회복지법인, 민간 위탁기관, 사회적기업, 민간 비영리단체(NGO) 등을 들 수 있다. 민간 소유 및 민간 재원 조직의 예로는 삼성전자, 현대자동자, SK하이닉스 등 민간기업을 들 수 있다. 공공 소유 및 공공 재원 조직은 정부의 제도적 통제 과정에 의해 더 많은 영향을 받을 것이고, 민간 소유 및 민간 재원 조직은 경제적 시장의 영향을 더 많이 받으며 정부로부터는 더 자율적이라고 주장한다. 공공 소유이지만 민간 재원을 사용하거나 민간 소유이지만 공공 재원을 사용하는 혼합형(hybrid) 조직은 중간 형태에 해당한다.

Bozeman(1987)은 정치적 권한(political authority)과 경제적 권한(economic authority)의 두 가지 차원을 결합하여 연속선상에서 조직을 구분한다. 경제적 권한은 사적성과 연결된다. 조직이 경제적 권한을 행사하거나 이에 의해 제약을 받으면 그만큼 사적이다. 경제적 권한은 소유자와 관리자가 조직의 수익과 자산 사용에 대해 더 많은 통제를 할수록 증가하며, 외부 정부기관이 재정에 대한 통제를 강화하면 감소한다. 공공성은 정치적 권한과 연결된다. 정치적 권한은 시민이나 정부기관과 같은 정치체제의 다른 요소들에 의해 부여되며, 이는 조직이 지역사회나 국가를 대신하여 행동하고 결정할 수 있게 한다. 부문이나 유형을 불문하고 모든 조직은 정치적 권한과 경제적 권한 모두의 영향을 받는다. 경제적 권한은 높고 정치적 권한은 낮은 민간기업이 한쪽 극단에 위치하고, 경제적 권한은 낮고 정치적 권한은 높은 전통적인 정부기관이 반대편 극단에 위치한다. 양 극단 사이에는 두 차원의 다양한 조합들이 위치한다. 조직이 정치적 권한에 의해 영향을 받는 정도를 공공성이라고 정의하면, 모든 조직은 어느 정도의 공공성을 가진다.[4] 정도의 차이가 있을 뿐이지 모든 조직은 공적이라고 할 수 있다.

Bozeman(1987)은 조직의 소유권, 재원, 통제의 세 차원을 결합하여 공공성의 차원모형을 제안하였다. 이 차원들은 모두 범주형 변수가 아닌 연속형 변수로 간주한다. 첫째,

4 이외에도 공공성은 다양하게 정의된다. 국립국어원 표준국어대사전에서는 공공성을 "한 개인이나 단체가 아닌 일반 사회구성원 전체에 두루 관련되는 성질"이라고 설명한다. 임의영(2019: 42)은 추구해야 할 이념으로서 공공성은 "공동체의 행위주체들이 민주적 절차를 통하여 정의의 가치를 추구하는 속성"이라고 한다.

공공조직과 민간조직 간의 전통적인 구분은 소유 형태에 따른 것이다. 민간기업은 주주에 의해 소유되는 반면, 공공조직은 중앙정부나 지방자치단체와 같은 정치공동체에 의해 집단적으로 소유된다. 둘째, 공공조직은 주로 고객이 직접 지불하는 요금이 아니라 세금으로 운영된다. 공공조직의 재원은 정부로부터 일괄적으로 제공된다. 셋째, 공공조직은 시장의 영향이 아니라 주로 정치적 영향에 의해 통제된다. 즉, 공공조직의 활동은 고객의 요구나 경쟁 압력보다 정치적 요구와 규제에 따른 제약을 받는다.

표 1-1 공공성의 차원 모형

차원	공공성이 높은 경우	공공성이 낮은 경우
소유권	정부 소유	민간 소유
재원	세금, 정부 보조	자체 수익, 민간 투자
통제	정치적 통제, 법적 규제	시장 논리, 자율적 운영

출처: Bozeman(1987).

또한 Perry와 Rainey(1988)도 공공조직과 민간조직을 단순히 이분법적으로 나누지 말고 복수의 차원에서 구분할 필요가 있다고 한다. 소유(정부 소유 대 민간 소유), 재원(세금·공적 자금 대 판매 수익·기부금), 사회적 통제방식(다원적 통제(polyarchy) 대 시장 통제)의 세 기준을 적용하여 공공성과 사적성 사이의 여러 혼합형 조직(예: 공기업, 위탁기관 등)을 포함하는 8개 조직유형을 제시한다. Bozeman와 Bretschneider(1994)는 조직의 공공성을 자원 공공성, 목표/의제 공공성, 의사소통 공공성의 3개 차원으로 분석한다. 자원 공공성은 조직의 전체 예산 가운데 얼마나 정부 지원에 의존하는지를, 목표/의제 공공성은 조직의 목표와 의제가 정부에 의해 영향을 받는지를, 의사소통 공공성은 정부 관계자와 얼마나 빈번하게 소통하는지를 의미한다.

이처럼 차원적 접근법에서는 공공조직과 민간조직의 차이는 분명하게 두 개 유형으로 구분되는 범주의 문제가 아니라 연속선상에서의 정도(degree)의 문제로 간주한다. 차원적 접근법에 따르면, 어떤 정부기관은 다른 조직보다 '더 공적'이라고 판단하고, 어떤 기업은 다른 기업보다 '더 공적'인 것으로 표현하는 것이 타당하다. 실제 어떤 정부기관은 어느 기업보다 '더 사적'이라고 평가할 수도 있으며, 반대로 어떤 기업은 일부 정부기관보다 '더 공적'이라고 판단하는 것도 가능하다. 이처럼 공공성의 세 차원인 소유권, 재원, 통제 정도를 측정하여 모든 조직의 공공성 정도를 평가할 수 있다(Bozeman, 1987).

이상의 논의를 반영하면, 공공조직이란 공익을 추구하며 소유권이나 재정지원을 통해 정부가 영향력을 행사하는 조직이라고 정의할 수 있다. 조직의 목표 측면에서는 공익을 증진하거나 공공재를 생산하는 조직은 공공조직에 해당한다(Perry & Rainey, 1988). 소유권과 재원을 기준으로 하면, 공공 소유 및 공공 재원 조직, 공공 소유 및 민간 재원 조직, 민간 소유 및 공공 재원 조직은 모두 공공조직이다(Wamsley & Zald, 1973). 공공성 차원에서 보면, 공공조직이란 소유(공공, 민간, 비영리), 재원(정부 지원 대 소비자 지출), 통제(정치적 영향 대 시장의 영향)의 세 가지 차원을 결합한 공공성 수준이 높은 조직이다(Bozeman, 1987). 이처럼 공공조직은 정부조직보다 포괄적이다. 대표적인 공공조직은 중앙행정기관과 지방자치단체이지만, 정부가 설립하거나 재정지원을 하는 공사·공단과 같은 공공기관이나 정부 지원으로 공공서비스를 제공하는 민간 위탁기관이나 사회적기업도 공공조직에 해당한다.

Ⅲ. 공공조직의 유형

우리나라의 공공조직은 크게 행정조직, 공공기관, 준공공조직으로 구분할 수 있다. 행정조직은 모든 정부조직을 의미한다. 공공기관은 공익 증진을 위해 설립되었으며 공공성과 수익성을 함께 추구하는 조직을 의미한다(김정숙·엄영호, 2018). 준공공조직은 공공서비스를 제공하지만 민간이 소유하고 운영하는 조직을 말한다. 공공성의 정도를 비교하면, 행정조직이 가장 높고 다음이 공공기관이며 준공공조직은 상대적으로 낮다고 볼 수 있다.

1. 행정조직

행정조직(administrative organization)은 중앙정부와 지방자치단체를 포함하는 모든 정부조직을 포괄하는 의미로 사용한다.[5] 정부의 행정조직은 법령에 근거하여 설치하도록

---

5 행정조직에 대해서는 행정안전부 정부조직관리정보시스템(https://org.go.kr)의 설명을 따름.

하며, 이를 정부조직법정주의라고 한다. 행정조직의 근거는 헌법, 정부조직법을 비롯한 법률, 대통령령, 총리령 및 부령에서 규정하고 있다. 행정조직은 국가 또는 행정부의 행정사무를 수행하기 위하여 설치하며, 넓은 의미에서는 입법부와 사법부의 조직을 포함하기도 하나 일반적으로는 행정부의 조직을 의미한다. 행정부는 국가행정기관과 지방자치단체로 구분된다. 국가행정기관은 정부조직법상의 정부조직을 의미하며, 중앙행정기관, 특별지방행정기관, 부속기관, 합의제행정기관 등으로 구성된다.

첫째, 중앙행정기관은 「정부조직법」에 의해 설치된 부·처·청으로, 관할권의 범위가 전국에 미치는 기관을 말한다. 행정각부(部)는 대통령 및 국무총리의 통할 하에 고유의 국가행정사무를 수행하기 위해 기능별 또는 대상별로 설치한 기관이다. 처(處)는 국무총리 소속으로 설치하며, 여러 부와 관련된 기능을 통합하는 참모적 업무를 수행하는 기관이다. 청(廳)은 업무의 독자성이 높고 집행적인 사무를 독자적으로 관장하기 위하여 행정각부 소속으로 설치하는 기관이다. 2025년 5월 현재 19부 3처 20청이 있다.

둘째, 특별지방행정기관은 당해 중앙행정기관의 소속하에 설치되며, 중앙행정기관의 업무 중 지역적 업무를 처리하도록 해당 지역에 설치한 행정기관을 말한다. 예를 들면, 지방국세청, 지방경찰청, 지방검찰청, 우체국 등이 이에 해당한다.

셋째, 부속기관은 중앙행정기관에 부속하여 그 업무를 지원하는 기관을 말하며, 시험연구, 교육훈련, 문화, 의료, 제조, 자문 등의 기능을 수행한다. 국립과학수사연구원, 국가공무원인재개발원, 국립현대미술관 등이 그 예이다. 특별지방행정기관과 부속기관을 합하여 소속기관이라고 한다.

넷째, 행정기관은 소관 사무 중 일부를 독립적으로 수행할 필요가 있는 경우에는 법률이 정하는 바에 의하여 행정위원회(commission) 등 합의제행정기관을 둘 수 있다. 규제개혁위원회, 사행산업통합감독위원회, 고용보험심사위원회 등이 그 예이다. 합의제행정기관은 소속에 따라 헌법상 설치기관, 대통령·총리소속 기관, 각 부처 소속기관으로 분류된다. 합의제행정기관인 행정위원회와 자문위원회를 통틀어 정부위원회라고 한다.

지방자치단체는 국가 영토의 일부를 구역으로 하여 그 구역 내에서 법이 인정하는 한도의 지배권을 소유하는 단체를 말하며, 광역자치단체와 기초자치단체로 구분된다. 광역자치단체는 17개로, 특별시(서울), 광역시(부산, 대구, 인천, 광주, 대전, 울산), 특별자치시(세종), 도(경기, 경남, 경북, 전남, 충남, 충북), 특별자치도(강원, 전북, 제주)가 있다. 기초자치단체는 226개이며, 시(75개), 군(82개), 구(69개)가 있다. 인구 100만 명 이상인 수원, 고양, 용인, 창원, 화성은 특례시로 지정되었다. 특례시는 광역자치단체인 도 산하의 기초자치단체이지만 광역시급의 자치권한을 갖는다.

2. 공공기관

공공기관(public institution)은 공공수요를 효율적으로 충족시키기 위하여 중앙정부 또는 지방자치단체의 출연·출자 또는 재정지원으로 설립·운영되는 기관을 의미한다. 정부가 단일한 공공서비스 주체가 되어 국민이 필요한 사회기반시설 및 행정서비스를 전부 제공하는 것은 현실적으로 어렵기 때문에, 이를 대신 수행하기 위한 조직으로 공공기관이 설립되었다(국회예산정책처, 2024). 공공기관은 사회간접자본 및 생활필수품 제공, 정책금융 제공, 문화체육 진흥 및 국민생활 향상, 산업 육성 및 기술 지원, 연구개발(R&D), 사회복지서비스 제공, 검사·검증사업 수행 등 다양한 기능을 수행한다. 공공기관은 크게 세 가지 유형으로 구분할 수 있다.

첫째, 「공공기관의 운영에 관한 법률」 제4조 제1항의 요건에 해당하는 공공기관이다. 2025년도 현재 공공기관은 모두 331개이며, 공기업(31개), 준정부기관(57개), 기타공공기관(243개)으로 구분된다. 공기업은 시장형 공기업(14개)과 준시장형 공기업(17개)으로 나눈다. 시장형 공기업에는 한국도로공사, 한국수력원자력, 한국공항공사 등이, 준시장형 공기업은 한국조폐공사, 한국마사회, 한국토지주택공사 등이 있다. 준정부기관은 기금관리형 준정부기관과 위탁집행형 준정부기관으로 나눈다. 기금관리형 준정부기관(12개)에는 국민연금공단, 근로복지공단, 국민체육진흥공단이, 위탁집행형 준정부기관(45개)은 한국장학재단, 한국관광공사, 한국농어촌공사 등이 있다. 기타공공기관에는 한국행정연구원, 서울대학교병원, 한국원자력의학원 등이 포함된다.

둘째, 정부에 의해 공공기관으로 지정되지는 않았으나 공공수요를 효율적으로 충족시키기 위하여 정부의 출연·출자 또는 재정지원 등으로 설립·운영되는 기관이다. 여기에는 ① 과학기술 분야의 정부출연연구기관, ② 공공기관으로 지정되었다가 이후에 빠진 금융감독원, 한국거래소, 한국표준협회 등, ③ 독립성 보장을 위해 공공기관 지정에서 제외된 한국은행, 한국방송공사(KBS), 한국교육방송공사(EBS), ④ 개별 설치법에 따른 농업협동조합, 중소기업협동조합, 대한상공회의소 등의 공공법인들이 포함된다.

셋째, 지방공공기관으로, 「지방공기업법」에 따른 지방공기업과 「지방자치단체 출자·출연기관의 운영에 관한 법률」에 의한 지방출자·출연기관이다. 지방공기업이란 지방자치단체가 직접 기업을 설치·운영하거나 법인을 설립하여 경영하는 기업으로, 2024년 현재 전국에는 416개가 있다. 지방출자·출연기관은 지방자치단체가 문화, 예술, 장학, 체육, 의료 등의 분야에서 주민 복리 증진에 이바지할 수 있는 사업 또는 주민 소득 증대, 지역경제 발전, 지역개발 촉진 등에 이바지하는 사업을 효율적으로 수행하기 위하여 자본금 또는 재산의 전액 또는 일부를 출자하거나 출연하여 주식회사나 재단법인으로 설립한 기관을 말한다. 전국적으로 2024년 현재 852개 지방출자·출연기관이 운영되고 있다.

3. 준공공조직

준공공조직(quasi-public organization)은 공공의 목적을 수행하면서도 민간 소유 또는 민간의 운영방식을 따르는 조직을 의미한다. 이 조직들은 주로 정부의 예산 지원이나 정책적 관여를 통해 공공서비스를 제공하며, Wamsley와 Zald(1973)의 민간 소유 및 공공재원 유형에 해당한다. 준공공조직의 예로는 사회적기업, 민간 위탁기관, 시민단체, 공공재단과 공익법인을 들 수 있다. 사회적기업은 취약계층에게 사회서비스 또는 일자리를 제공하거나 지역사회에 공헌함으로써 주민의 삶의 질을 높이는 등의 사회적 목적을 추구하면서 재화 및 서비스의 생산·판매 등 영업활동을 하는 기업을 말한다. 예로는 한빛예술단, (사)충남교육연구소, 유한회사 행복도시락, (재)아름다운가게, 농업회사법인홍성유기농주식회사를 들 수 있다. 민간 위탁기관은 공공서비스를 정부로부터 위탁받아 운영하는 법인이나 단체를 말하며, 환경보호, 사회복지, 교육, 문화 및 관광 등 다양한 분야에서 민간 위탁이 이루어지고 있다. 공익을 위한 활동을 수행하며 정부 지원금을 통해 재정적 기반을 확보하는 시민단체와 특정 공공 목적으로 설립되며 정부와 협력 관계를 유지하는 공공재단과 공익법인도 준공공조직에 해당한다고 볼 수 있다.

Ⅳ. 공공조직의 특성

민간조직과 비교하여 공공조직의 특성을 규명하는 일은 공공관리의 기반이 된다. 선행연구에서는 환경적 요인, 조직-환경 상호작용, 내부 구조 및 과정을 중심으로 공공조직의 특성을 제시한다(Rainey, Backoff, & Levine, 1976; Rainey, Fernandez, & Malatesta, 2021). 환경적 요인에서는 경제적 시장의 존재 여부, 공식적·법적 제약, 정치적 영향을 중심으로 공공조직의 특성을 설명한다. 조직-환경 상호작용에서는 강제성, 영향의 범위, 대중의 감시, 독특한 대중의 기대 측면에서 공공조직은 다르다고 한다. 조직의 역할, 구조 및 과정에서는 조직목표, 관리자의 역할, 권한과 리더십, 조직구조, 전략적 의사결정 과정, 유인(incentive)과 유인 구조, 조직구성원의 직무태도와 행동, 조직 및 개인 성과 측면에서 상이하다고 한다.

전영한(2009)은 국내외 비교연구들에 대한 메타분석을 통하여 조직환경, 조직목표, 조직구조, 동기부여, 직무태도, 리더십, 조직변화 등 7가지 차원에서 공공조직과 민간조직 간에 실제 차이가 있는지 검증하였다. 첫째, 공공조직은 민간조직에 비하여 환경적 영향에 보다 개방적이며, 최신 유행의 관리방식을 추종하려는 제도화 경향이 더 높다고 한다. 둘째, 공공조직은 민간조직에 비해 조직목표가 더 모호하며, 수는 더 많고 더 다양하다는 가설을 설정하였으나, 이러한 차이를 지지하는 증거는 약하게 나타났다. 하지만, 국내 연구에서는 모두 공공조직은 민간조직에 비하여 조직목표의 모호성이 높다고 하였다. 셋째, 공공조직이 민간조직보다 더 관료주의적이며 더 집권적이고 형식주의(red tape)가 더 많다는 이론적 주장은 상당히 강한 경험적 증거에 의해 지지되었다. 넷째, 민간조직 직원들보다 공공조직 직원들은 금전적 보상 등 외재적 유인보다는 직무 자체의 중요성 등 내재적 유인에 의해 보다 동기부여되며, 또한 공공봉사동기 수준이 더 높다는 가설들은 지지되었다. 다섯째, 공공조직 직원들의 직무만족 및 조직몰입 수준은 민간조직 직원들보다 낮다고 한다. 여섯째, 공공조직 관리자는 민간조직 관리자보다 역할 수행에 있어 외부 정치환경과의 상호작용 비중이 더 높고, 관리상의 권한은 더 제약되어 있다는 가설은 높은 지지를 받았다. 일곱째, 공공조직은 민간조직에 비해 조직변화에 대한 저항이 더 심하며 덜 혁신적이다는 가설은 비교적 높은 수준의 경험적 지지를 확보하였다. 이러한 분석 결과를 종합하면, 조직구조, 동기부여, 직무태도, 리더십, 조직변화 차원에서 공공조직과 구성원들은 민간조직과 대비되는 분명한 특징이 있다고 볼 수 있다. 이에 비하여 조직환경과 조직목표 차원에서는 공공조직과 민간조직의 차이를 지지하는 증거가 약하게 나타났으나, 엄격한 방법론을 활용하여 최근에 수행된 연구일수록 조직환경과 조직목표에 관한 차이 가설을 지지하는 경향을 보인다.

표 1-2 공공조직과 민간조직 비교 메타분석 요약

차원	주요 가설	경험적 지지 수준
조직환경	공공조직은 환경적 영향에 더 개방적이며 제도화 경향이 높다	국외: 중간 국내: 사례 없음
조직목표	공공조직의 목표는 더 모호하고 수가 많고 다양하다	국외: 낮음 국내: 높음
조직구조	공공조직은 더 관료적이고 집권적이며 형식주의가 많다	국외: 높음 국내: 높음
동기부여	공공조직 직원은 내재적 유인을 중시하고 공공봉사동기가 더 강하다	국외: 높음 국내: 높음
직무태도	공공조직 직원은 직무만족과 조직몰입이 더 낮다	국외: 중간 국내: 중간
리더십/역할	공공 관리자는 외부 정치환경과의 상호작용이 많고 권한이 더 제약된다	국외: 높음 국내: 사례 없음
조직변화	공공조직은 변화에 더 저항적이고 덜 혁신적이다	국외: 높음 국내: 사례 없음

출처: 전영한(2009).

제 3 절 공공관리

앞에서 공공관리에서는 공공과 관리를 균형 있게 강조하여야 한다고 하였다. 이와 관련하여, Perry와 Kraemer(1983)는 공공관리란 공공문제를 관리하는 두 가지 지향성의 결합이라고 한다. 즉, 전통적 행정학의 특징인 규범적 지향성(normative orientation)과

일반 관리의 도구적 지향성(instrumental orientation)의 결합이다. 이는 공공조직의 효과성을 높이는 가치체계와 과정을 모두 중시한다. 즉, '무엇을', '왜'에 해당하는 공공조직의 과업과 목표는 행정에서 유래하지만, '어떻게'에 해당하는 실행방법은 민간 경영조직에서 사용하는 관리 기술과 방법을 차용할 수 있다는 의미이다.

공공관리와 민간관리는 고유한 특성과 함께 공통점도 지닌다(Boye et al., 2024; Boyne, 2002). 공공관리와 민간관리는 궁극적인 목적과 환경, 성과 기준 등에서 중요한 차이가 있지만 유사한 관리 기법과 전략을 공유하기도 한다. Sowa와 Lu(2017)는 공공관리가 민간관리와 차별화되는 점으로 다원적 가치, 구조적 복잡성, 책임성의 강조 등을 들면서, 동시에 성과관리, 리더십, 전략적 사고 등에서는 유사하다고 분석한다. 또한, 공공관리는 단순한 기술적 관리가 아니라 정책과 정치, 문화가 교차하는 다차원적 영역임을 강조한다. 공공성을 이분법이 아닌 연속선상의 개념으로 이해하는 경우(Bozeman, 1987; Perry & Rainey, 1988), 조직의 공공성 정도에 따라 공공관리의 특성은 달라질 수 있다.

Ⅰ. 공공관리의 특징

1. 정치적 통제

공공관리는 본질적으로 정치적 맥락 속에서 이루어진다(Rainey, Fernandez, & Malatesta, 2021). 공공조직은 국민에 의해 선출된 정치인의 정책을 집행하는 기관으로, 정치적 변화에 민감하게 반응하여야 한다. 공공부문 관리자는 정치지도자에 의해 주로 설정된 외부적 의제에 대응해야 하며, 정치적 권위의 존재는 공공관리에 단순히 영향을 미치는 수준을 넘어 그것을 규정짓는 특징이다. 공공 관리자는 선출직 정치인의 의사를 구체화하고 집행하는 과정에서 법률, 정책 목표, 예산 편성, 정치적 이해관계자의 기대 등을 종합적으로 고려해야 한다. 이러한 점에서 공공조직은 민간조직보다 정치적 통제의 영향을 더 크게 받으며, 공공 관리자의 행동 범위도 상대적으로 제약을 많이 받는다(Hughes, 2003).

2. 목표의 다원성과 모호성

공공조직의 목표는 대체로 다원적이고 모호한 특성을 가진다(Boyne, 2002; Rainey, Fernandez, & Malatesta, 2021). 공공조직은 다양한 이해관계자의 요구와 공익적 가치를 동시에 고려해야 한다. 따라서 공공조직의 목표는 애매모호하고 목표 달성 여부를 평가하기 어렵다(전영한, 2004). 예컨대 교육, 복지, 환경, 치안 등 다양한 분야의 공공서비스 제공 과정에서는 서로 상충할 수 있는 여러 목표를 동시에 고려해야 하며, 이는 목표의 명확성과 측정 가능성을 낮춘다. 또한 시민, 입법부, 언론, 시민사회단체 등 다양한 주체들이 정책 목표 설정에 영향을 미치므로, 공공 관리자는 명확한 단일 목표 설정보다는 균형 잡힌 목표의 추구에 집중하게 된다.

3. 성과 측정의 복잡성

공공조직의 성과 측정은 복잡하고 정량화가 어려운 경우가 많다(Van Dooren, Bouckaert, & Halligan, 2015). 성과관리는 공공관리에서도 중요한 이슈이지만, 성과의 기준과 측정방식은 민간조직보다 훨씬 복잡하다(Desmarais & de Chatillon, 2010). 공공조직의 성과는 단순한 재무적 지표가 아닌 형평성, 공정성, 대응성 등 다차원적 기준에 의해 평가된다. 예컨대, 공립병원이 재정적으로 손실을 보더라도 지역 주민에게 필수 의료서비스를 안정적으로 제공한다면, 이는 긍정적인 성과로 간주될 수 있다. 또한 정치적 판단이 성과평가에 영향을 미치는 경우도 많아서 공공 관리자는 높은 분석 능력과 균형 감각을 요구받는다(Moore, 1995).

4. 법적·제도적 제약

공공관리는 법률과 제도적 규범에 근거하여 운영된다. 이는 법치주의 원칙에 따라 관리자의 자율성을 일정 수준 제약하는 역할을 한다(Boye et al., 2024). 공공조직은 행정부의 여러 계층, 감독기관, 입법부, 사법부로부터 정교하고 강도 높은 법적·공식적 제약을 받으며, 외부 기관들은 다양한 규정을 통해 공공조직의 목표, 전략, 운영 절차 및 범위 등을 통제한다(Rainey, Fernandez, & Malatesta, 2021). 특히 재정 지출, 인사관리, 계약 체결 등의 분야에는 엄격한 절차와 규정이 존재하며, 관리자는 이러한 절차적 규정을 준수해야 한다. 이는 예측가능성과 공정성 확보에 기여하지만, 민간부문의 신속한 의사결정과 유연한 조직 운영에 비해 상대적으로 경직성을 강하게 한다.

5. 다양한 이해관계자의 요구

공공조직은 다양한 이해관계자 및 시민의 요구와 필요에 대응하여야 한다. 공공 관리자들은 정당, 이익집단, 민간기업, 시민단체, 일반 대중 등 여러 이질적인 이해관계자들을 상대해야 한다. 이들의 다양한 요구에 대응하면서 이들과의 관계를 형성하고 조율하는 역할을 수행해야 한다(Meier & O'Toole, 2011; O'Toole, Meier, & Nicholson-Crotty, 2005). 공공 관리자들은 외부 이해관계자들과 긴밀한 상호작용을 통해 정치적 지지를 유도해야 한다(전영한, 2009; Rainey, Fernandez, & Malatesta, 2021). 공공서비스는 국민의 일상생활과 밀접하게 연관되기 때문에, 공공조직은 환경 변화와 다양한 요구에 대응하여 시민의 신뢰를 유지하고 민주적 정당성을 확보해야 한다. 공공 관리자는 단순한 서비스 제공자에 머무르지 않고, 공공문제 해결의 조정자 또는 정책 갈등의 중재자 등의 역할도 수행해야 한다.

Ⅱ. 공공관리와 민간관리

1. 공공관리와 민간관리의 유사점

첫째, 공공관리와 민간관리 모두 목표지향적이다. 공공과 민간 모두 조직이라는 형태를 통해 인적·물적 자원을 동원하고 관리기능을 수행하여 목표를 달성하고자 한다(박희봉, 2005). 공공관리에서는 시민에게 양질의 공공서비스를 제공하고 공익을 실현하는 것이 목표이다. 예를 들어, 지방자치단체의 상수도 관리 부서는 모든 시민이 안전하고 깨끗한 식수를 안정적으로 공급받도록 관리하고, 이를 통해 지역의 공중보건 수준을 향상시키는 것을 주요 목표로 삼는다. 반면, 민간관리에서는 수익성과 경쟁력 강화를 통해 조직의 생존과 성장을 도모하는 것이 중요하다. 생수 제조업체의 경우, 품질 관리와 유통망 확보, 마케팅 전략 등을 통해 소비자의 선택을 받고 판매량을 증대시켜 수익을 창출하는 데 주력한다. 이처럼 양측 모두 조직의 목표 달성 여부가 관리의 성공을 좌우한다는 점에서 유사하다.

둘째, 공공관리와 민간관리 모두 효과적인 리더십이 필요하다. 조직이 설정한 목표를 실현하기 위해서는 유능한 지도자가 비전을 제시하고 전략적으로 자원을 배분하며 다양한 조직구성원들을 통합하고 조정해야 한다. 특히 환경 변화와 불확실성이 일상화된 상황에서는 리더의 방향 설정 능력과 구성원의 참여 유도 역량이 조직의 성과와 지속가능성을 좌우한다. 리더십은 단순한 관리기술이 아니라 조직의 핵심 경쟁력이다(Ireland & Hitt, 1999). 예를 들어, 대형 종합병원에서는 병원장 또는 경영진이 장기적인 의료서비스 개선을 목표로 설정하고 의사·간호사·행정직 등 다양한 인력의 효과적 배치 및 의료 장비나 병상 등 물리적 자원의 적절한 운영을 통해 직원들의 조직몰입과 직무만족 수준을 높이고 병원의 효율성을 제고한다. 관리자가 리더십을 발휘하여 경영 효율화 및 환자 중심의 서비스 혁신을 주도하기도 한다. 이 경우 병원이 공공 소유이든, 민간 소유이든 관계없이 이러한 관리자의 효과적인 리더십은 동일하게 중요하다(정병을·안상윤, 2010).

셋째, 공공관리와 민간관리 모두 핵심 관리기능인 계획(planning), 조직화(organizing), 인사(staffing), 지휘(directing), 통제(controlling)는 필수적이다(Allison, 2017). 공공조직은 이러한 기능을 활용하여 정책을 기획하고 행정서비스를 조직적으로 제공하며, 민간조직은 시장의 수요에 부합하는 제품 및 서비스를 기획하고 판매한다. 예컨대 보건복지부가 고령화에 대응하여 장기요양서비스 확대 정책을 추진할 경우, 인구통계 분석을 통한 계획 수립, 조직구조 개편, 인력 충원 및 배치, 관련 기관과의 조정과 협력, 예산 집행 및 성과 평가 등을 체계적으로 수행한다. 이 과정은 다국적 제약회사가 신약 출시를 위해 시장조사, 제품 기획, 조직 구성, 생산 계획 및 마케팅 전략 수립, 판매, 수익 평가 등의 절차를 따르는 것과 본질적으로 유사하다.

넷째, 공공관리와 민간관리 모두 다양한 이해관계자(stakeholders)에 대해 책무성을 갖는다. 민간조직은 주로 주주, 고객, 직원, 공급업체 등에 대해 재무적·윤리적 책임을 지며, 공공조직은 시민, 선출직 공무원, 의회, 감사기관, 시민단체 등 다양한 대내외 이해관계자에 대해 정치적·법적·윤리적 책임을 진다(박희정·오윤섭·강민아, 2024; Mulgan, 2000). 예를 들어, 세계적 기업인 애플(Apple)은 ESG(Environmental, Social, and Governance) 기준에 따라 공급망의 노동 환경을 개선하고 탄소 배출 감축 목표를 공시함으로써 주주와 소비자에게 책임을 다하고자 한다. 이와 유사하게, 환경부는 2050 탄소중립 목표 달성을 위해 국가온실가스감축목표(Nationally Determined Contribution)를 수립·관리하고, 관련 정책에 대한 공청회와 국민 참여 절차를 통해 정책의 정당성과 책무성을 강화하고자 한다. 서로 다른 이해관계자이기는 하지만, 공공관리와 민간관리 모두 이들에 대한 책무성을 확보하기 위해 노력한다.

다섯째, 공공관리와 민간관리 모두 성과를 관리한다. 물론 성과평가 기준이나 방식은 차이를 보일 수 있지만, 성과에 대한 평가는 모든 조직에서 중요하다(김태룡·안희정, 2007). 민간조직은 수익률, 매출성장률, 시장 점유율, 주가 상승률 등 주로 재무적 지표를 중심으로 성과를 평가하고, 공공조직은 공공서비스의 질, 형평성, 시민 만족도, 정책의 사회적 효과성 등 다양한 정성적·정량적 지표를 통해 성과를 측정한다. 예를 들어, 공공도서관은 도서 대출 건수, 프로그램 참여율, 주민 만족도 조사 결과 등을 통해 운영 성과를 파악할 수 있으며, 이러한 평가 결과는 서비스 개선이나 예산 편성 등에 활용된다. 대형서점에서는 판매 수익, 온라인회원 수, 고객의 재구매율 등의 성과지표를 활용하여 경영전략을 조정한다. 이처럼 성과를 평가하고 높이려는 노력은 공공관리와 민간관리 모두에서 중요하다.

2. 공공관리와 민간관리의 차이점

첫째, 조직의 목표와 관리 초점이 다르다. 공공관리는 시민 전체의 삶의 질 향상, 사회적 형평성의 실현, 공익의 증진을 우선적 목표로 한다. 이러한 목표는 정치적·윤리적 가치를 포함하고 있으며, 측정이 어렵고 단기간 내에 가시적 성과가 나타나지 않는 경우가 많다. 공공관리의 초점은 공공가치 창출, 법적 정당성, 시민참여, 책임성을 강조하지만, 민간관리의 초점은 수익성, 경쟁력, 고객 만족, 혁신을 강조한다(Sowa & Lu, 2017). 예를 들어, 정부가 시행하는 복지정책은 취약계층의 삶을 개선하고 사회적 약자에게 기회를 보장하는 것을 목적으로 하는데, 이와 같은 목표는 단순한 숫자로 성과를 측정하기 어렵고 장기적인 시각에서 평가되어야 한다. 노인 기초연금 확대 정책의 경우, 단기적으로는 재정 부담이 증가할 수 있지만, 장기적으로는 노인 빈곤율 완화라는 사회적 효과를 기대할 수 있다. 이에 비하여, 민간관리는 명확한 경제적 성과, 즉 이윤 추구, 고객 만족도 향상, 시장 점유율 확대 등을 주요 목표로 설정한다. 민간조직의 목표는 구체적이고 단기적인 경우가 많으며, 일반적으로 성과는 수치로 명확하게 측정되는 경우가 많다. 물론 최근 민간기업에서 ESG 경영과 기업의 사회적 책임이 강조되는 경향은 주목할 만하다(김양민·박지현, 2021). 그리고 공공 관리자는 규칙 준수를 성과의 핵심 기준으로 인식하는 반면, 민간 관리자는 성과 목표 달성에 더 초점을 둔다고 한다(Desmarais & de Chatillon, 2010).

둘째, 이해관계자의 범위와 복잡성이 다르다(Boye et al., 2024). 공공관리는 다수의, 종종 상충하는 이해관계자의 요구를 조정하는 과정을 반드시 수반한다. 시민, 국회, 감사원, 언론, 시민단체, 정책대상집단 등 다양한 주체들이 공공조직의 운영에 직·간접적으로 영향을 미친다. 이들 이해관계자는 각기 다른 이해와 가치를 가지고 있으며, 특정 정책이나 사업에 대해 엇갈린 요구를 제시할 수 있다. 예를 들어, 도로 건설사업을 추진하는 공공기관은 인근 지역 주민의 편익을 고려함과 동시에 환경단체의 반대, 지방정부의 예산 제약, 정치권의 민원 등을 종합적으로 고려해야 한다. 이처럼 다양한 이해관계자의 요구 조정은 공공관리의 핵심적 기능이자 어려운 과제이다. 반면 민간관리에서는 상대적으로 이해관계자의 수와 요구가 명확하며, 그 중심에는 고객과 투자자, 주주, 직원이 있다. 민간조직은 주주가치 극대화와 고객 충성도 확보를 중심으로 전략을 수립하며, 이해관계자 간 조정 또한 시장 원칙과 계약관계에 기반하여 비교적 간결하게 이루어진다. 예를 들어, 한 민간 건설회사가 아파트단지를 개발하는 경우 주요 고려사항은 고객 수요 분석, 투자 수익률, 시공 품질 등이 되며, 지역사회 전체의 공익이나 환경적 영향은 제한적으로 고려될 수 있다. 물론 최근에는 기업들도 ESG에 관심을 가지면서 다양한 이해관계자의 요구에 주의를 기울이는 경향도 보인다(이형종·송양민, 2021). 아울러 공공관리 및 민간관리 모두 고객지향성(user orientation)을 중시하며 서비스에 대한 사용자 만족도를 최우선에 두는 경향이 강화되는 추세이다(Poole et al., 2006).

셋째, 책무성의 체계가 다르다. 공공부문은 법적·정치적·윤리적 책임이 강하게 요구되며, 공공관리는 법적 규제, 민주적 통제, 정치적 감시의 틀 안에서 운영된다(박희정·오윤섭·강민아, 2024). 공공조직은 정치적 이해관계자에게 직접적인 책임을 지며, 이들을 통해 시민에게도 책임을 진다. 공공조직의 활동은 입법부의 예산 통제, 감사원의 사후 감사, 시민의 감시와 참여 등을 통해 지속적으로 검증되고 책임을 요구받는다. 공공조직은 더 높은 수준의 투명성을 요구받으며, 강한 책무성 요구는 계층제, 공식화, 규제, 통제 메커니즘과 같은 관료제적 절차를 통해 나타난다(Boye et al., 2024). 예컨대 공공병원의 경우, 정부의 의료정책과 관련 법률에 따라 운영되며, 공공예산을 집행하므로 사용의 적절성 여부에 대해 정기적으로 감사를 받는다. 또한 감사나 언론 보도를 통해 병원의 서비스 질, 예산 낭비 여부, 의료 접근성 등의 측면에서 책임을 지게 된다. 한편, 민간관리에서는 주주총회, 이사회, 외부 감사기관 등을 중심으로 한 기업지배구조가 운영되며, 주요 이해관계자인 주주와 고객에 대한 성과 책무성(performance accountability)이 강조된다. 민간병원은 경영진의 판단에 따라 고가의 의료장비를 도입하거나 수익성이 낮은 진료과를 축소하는 결정을 상대적으로 자유롭게 내릴 수 있다. 공공 관리자는 민간 관리자보다 더 다양하고 엄격한 책임성 요구에 직면하며, 이에 걸맞게 행동해야 한다.

넷째, 의사결정의 속도와 과정이 다르다. 공공관리의 의사결정은 다단계적이며, 정치적 정당성과 법적·제도적 절차의 준수를 요구한다. 새로운 정책을 수립하거나 사업을 추진하기 위해서는 다양한 이해관계자의 의견 수렴, 공청회, 입법 절차, 예산 승인 등을 거쳐야 하며, 이러한 과정에서 상당한 시간과 자원을 소모해야 한다. 예를 들어, 초등학교 무상급식 정책을 도입하기 위해서는 중앙정부와 지방자치단체 간의 협의, 지방의회의 예산 승인, 교육청과 학교 간 역할 분담과 조정, 급식업체 선정 등의 복잡한 절차를 거쳐야 한다. 이 과정에서 시민 여론, 정당 간 정치적 논쟁, 예산 문제 등이 얽혀 정책 결정이 지연되거나 수정되기도 한다. 하지만, 민간조직은 시장 경쟁 속에서 빠른 의사결정이 중요하기 때문에, 조직 내부의 자율적 판단에 따라 신속하게 결정을 내리는 경우가 많다. 예를 들어, 유통기업은 경쟁사의 할인 전략에 대응하여 즉각적인 가격 인하를 단행하거나 특정 제품의 판매를 중단하는 결정을 빨리 내릴 수 있다. 최근 공공부문에서도 환경의 끊임없는 변화에 맞추어 적응하고 유연하게 대응하며 빠른 의사결정을 하는 민첩성(agility)을 지향하는 경향이 나타나고 있다(박승규·김태형·문명재, 2021; Mergel, Gong, & Bertot, 2018).

다섯째, 자원의 조달 및 운용 방식이 다르다. 공공조직은 주로 조세 수입, 기금, 보조금 등 정부 재원을 통해 자금을 조달하며, 예산 편성과 집행이 법률 및 회계 규정에 따라 엄격하게 통제된다(Bozeman, 1987; Perry & Rainey, 1988). 예를 들어, 지방자치단체가 공공도서관을 건립하는 경우 관련 조례 제정, 예산 확보, 건축 승인, 운영인력 확보 등 복잡한 행정절차를 거쳐야 하며, 예산 사용의 투명성 또한 높은 수준으로 요구된다. 이러한 구조는 자원 활용의 타당성과 공정성 확보에는 도움이 되지만, 신속한 대응과 전략적 자원 배분에는 제약이 된다. 이에 비하여 민간조직은 자체 수익, 투자 유치, 금융기관 대출 등을 통해 자원을 조달하며, 내부 의사결정에 따라 보다 유연하게 자원을 배분할 수 있다. 예컨대 부동산 개발업체는 시장조사 후 빠르게 투자자를 모집하고 토지를 매입하여 프로젝트를 시작할 수 있으며, 수익성이 낮다고 판단되면 신속하게 계획을 중단하거나 수정할 수 있다.

여섯째, 성과 측정 기준과 방식이 다르다. 공공관리에서는 형평성, 시민 만족도, 정책 효과, 제도적 적절성 등 다양한 사회적·정치적 기준에 따라 성과를 측정한다. 예를 들어, 경찰서의 성과는 단순히 검거율이 아닌 범죄 예방 효과, 치안 서비스에 대한 시민 만족도, 특정 계층에 대한 차별 없는 접근성 등을 통해 평가되어야 한다. 이처럼 공공조직의 성과는 다차원적이며, 측정의 어려움과 더불어 정치적 해석의 여지도 많다(곽채기·박현식, 2021; 여영현·김선자, 2022). 반면 민간조직은 이윤, 매출, 시장 점유율, 주주 수익률 등의 재무적 지표를 중심으로 성과를 측정한다. 예를 들어, 자동차 제조업체는 연간 판매량, 이익률, 신차 출시 효과, 브랜드가치 등을 정량적으로 측정하고, 이를 토대로 성과를 판단한다. 최근에는 기업의 사회적 책임이나 ESG 지표도 보완적으로 사용되지만, 여전히 재무적 성과가 주요 기준이다(김양민·박지현, 2021; 이형종·송양민, 2021). 또한 공공조직은 성과 측정의 불확실성이 클 뿐만 아니라 여러 조직이 공동으로 결과에 기여하는 경우가 많아서 단일 조직의 효과를 측정하기 어려운 데 비하여 민간조직은 성과지표 설정이 명확하고 직접적인 평가가 가능하다(Christensen, Lægreid, & Røvik, 2020).

표 1-3 공공관리와 민간관리의 차이점 비교

구분	공공관리	민간관리
조직의 목표와 관리 초점	• 삶의 질, 사회적 형평성, 공익 증진 목표 • 공공가치 창출, 법적 정당성, 시민참여, 책임성 강조	• 이윤, 고객 만족도, 시장 점유율 확대 목표 • 수익성, 경쟁력, 고객 만족, 혁신 강조
이해관계자의 범위와 복잡성	• 상충 가능성이 높은 다양한 이해관계자의 요구 조정이 필수적	• 상대적으로 이해관계자의 수와 요구가 명확함
책무성의 체계	• 법적·정치적·윤리적 책임 강조 • 관리자는 다양하고 엄격한 책임성 요구에 직면	• 주주와 고객에 대한 성과 책무성 강조 • 관리자는 보다 자율적인 결정과 행동 가능

의사결정의 속도와 과정	• 의견 수렴, 공청회, 입법 절차 등 다단계적, 정당성 중심의 의사결정	• 조직 내부의 자율적 판단에 따른 신속한 의사결정 가능
자원의 조달과 운용 방식	• 세금, 기금, 보조금 등 정부 재원에 의존 • 예산 편성과 집행에 대한 엄격한 통제	• 수익, 투자, 대출 등 민간 자본에 의존 • 유연한 자원 배분 가능
성과 측정 기준과 방식	• 다양한 사회적·정치적 기준에 의한 성과 측정	• 정량적인 재무적 지표 중심의 성과 측정

3. 공공 및 민간 관리자의 차이

최근 공공 및 민간 관리자 간의 인식적·행동적 차이를 다룬 실증적 연구들에 대한 체계적 검토가 수행되었다(Boye et al., 2024). 검토된 연구 결과는 공공 관리자는 민간 관리자보다 더 복잡한 이해관계자 환경, 더 엄격한 책임 요구, 더 모호한 목표, 더 적은 자율성, 그리고 다른 가치관을 갖는다는 가설을 뒷받침하는 증거를 제공한다.

- 공공 관리자와 민간 관리자는 서로 다른 이해관계자 환경에 직면하며, 공공 관리자는 정치적 통제의 영향을 더 크게 받는다.
- 공공 관리자는 민간 관리자보다 더 엄격한 책무성 요구를 경험하며, 이는 규칙적 제약과 형식주의와 같은 관료주의적이고 공식화된 구조로 인해 발생한다.
- 공공 관리자는 민간 관리자보다 더 적은 자율성을 경험한다.
- 공공 관리자는 물질적 가치지향성이 낮고, 조직에 대한 유대감이 약한 경향이 있다. 또한, 공공 관리자는 책무성, 공정성, 합법성, 투명성을 민간 관리자보다 더 중요하게 여기지만, 민간 관리자는 수익성과 혁신성을 더 중시한다.
- 공공 관리자는 민간 관리자보다 더 참여적이고 변혁적 리더십을 발휘하는 경향이 있다.

그림 1-1 공공관리와 민간관리, 공공관리론과 행정학

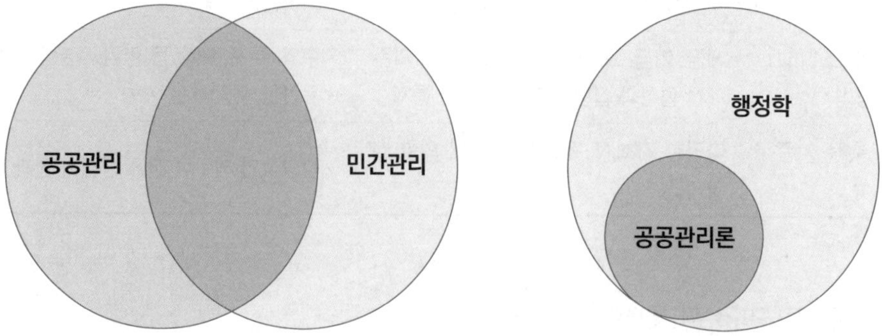

Ⅲ. 공공관리론과 행정학

공공관리를 연구하는 공공관리론(公共管理論, Public Management)은 행정학(行政學, Public Administration)의 세부 학문분야이다(Ott, Hyde, & Shafritz, 1991; Sowa & Lu, 2017). 이는 행정학의 광범한 범위와 역사적 발전 그리고 공공관리론의 명확한 초점에 기반한다. "행정은 정부의 규제 및 서비스 기능 제공을 위한 입법부, 행정부, 사법부의 명령을 수행하기 위해 관리적, 정치적, 법적 이론과 과정을 사용하는 것"이다(Rosenbloom, Kravchuk, & Clerkin, 2015: 5). Lynn(2006: 10)은 "행정은 정치·행정적 제도 전체를 포괄한다고 볼 수 있지만, 관리는 제도적 틀 안에서 정부의 실제적 운영을 담당하는 조직에 초점을 둔다"고 한다. 즉, 공공관리는 행정의 관리적 측면에 초점을 둔다.

또한, "공공관리는 직업으로서의 행정, 그리고 이 직업의 실천자인 공공 관리자에 초점을 둔다"(Ott, Hyde, & Shafritz, 1991: 1). "공공 관리자는 정치, 법률, 구조, 역할의 산물이면서 동시에 전략, 역량, 성과를 창출하는 존재이다"(Hill & Lynn, 2009: 10). 따라서 공공관리를 온전히 이해하기 위해서는 공공 관리자의 행동, 이들이 활동하는 환경과 구조, 그리고 사람, 구조, 정치, 법률, 전략이 어떻게 상호작용하여 공공가치를 창출하는지를 분석해야 한다. 따라서 공공관리론은 행정이라는 광범위한 영역 내에서 정부와 공공조직이 어떻게 작동하는지를 탐구하는 행정학의 하위 분야이면서도 독자적인 연구 영역이다(Sowa & Lu, 2017).

공공관리론의 연구 경향은 다음 저서들을 통해 살펴볼 수 있다. 먼저 미국에서 발행된 *Public Management: Organizations, Governance, and Performance*(O'Toole & Meier, 2011)는 공공관리의 역할을 체계적으로 분석한 대표적인 연구이다. O'Toole과 Meier는 "관리자는 성과에 어떤 영향을 미치는가?"라는 질문을 중심으로 이론적 모델을 만들고, 이를 미국 내 1,000여 개 공공조직(특히 텍사스 교육구)을 대상으로 한 대규모 실증적 연구를 통해 검증한다. 저자들은 네트워킹 능력과 조직의 안정성이 공공조직의 성과 향상에 중요하며, 공공관리는 단순한 기술이 아니라 전략적 선택과 환경 대응을 요구하는 복합적 활동임을 보여준다. 공공 관리자는 조직성과에 실질적이고 측정가능한 영향을 미치며, 그 효과는 환경, 자원, 네트워크 조건에 따라 증폭되거나 제한된다고 주장한다.

또한 미국에서 발행된 *Public Management: Thinking and Acting in Three Dimensions*(Hill & Lynn, 2016)에서는 공공관리의 독립적이면서도 상호연관된 세 가지 차원인 구조, 문화, 기량으로 구성된 분석틀을 제시한다. 구조(structure)란 정책 및 프로그램 목표를 수행하기 위해 공공조직과 구성원들에게 법적으로 부여된 권한과 책임의 위임을 의미한다. 문화(culture)란 조직 내에서 구성원들에게 의미, 목적, 동기를 부여하는 규범, 가치, 행동기준을 말한다. 기량(craft)은 공공 관리자가 목표를 설정하고 적절한 조치를 취하며 조직을 이끌고 조직의 활동을 설명하고 정당화하는 개인적 노력을 뜻한다. 저자들은 공공관리에는 이들 차원 간의 상호작용에 대한 이해가 필요하다고 한다.

영국에서 출간된 *Public Management: A Research Overview*(Entwistle, 2022)는 관료제, 자율성, 시장화(marketization), 협력의 네 가지 주제를 중심으로 공공관리 연구의 최신 동향을 검토한다. 관료제에 대해서는 공식화, 실적주의, 계층적 감독과 같은 전통적인 관료제 원칙의 지속적인 중요성을 조명하면서, 관료제가 여전히 중요한 역할을 하고 있음을 강조한다. 자율성에 대해서는 조직의 자율성과 통제의 분권화를 강조하면서, 과도한 통제를 완화하면 보다 혁신지향적인 문화를 형성하여 성과를 향상시킬 수 있다고 한다. 시장화에 대해서는 시장기반 메커니즘과 민간부문의 참여가 증가하는 현상을 탐색하고, 공공부문에의 시장 경쟁 도입이 항상 성과를 개선하는 것이 아니라 맥락에 따라 다를 수 있다고 주장한다. 협력에 대해서는 협력적 접근법(collaborative approach)의 부상을 다루면서, 이는 관료제나 시장이 없이도 조정을 가능하게 한다고 설명한다. 저자는 공공조직은 관료제 원칙이 적용되면서도 협력, 경쟁, 자율성의 요소들이 결합된 혼합형으로 이해해야 한다고 주장한다.

제 4 절 공공관리의 핵심 가치

공공조직은 공익 증진을 목표로 한다. 공익은 사회 전체의 이익 또는 공동의 이익을 말한다. "특정한 맥락에서 공익이란 "공공"(public)으로 간주되는 사회집단의 장기적인 생존과 복지에 가장 도움이 되는 결과를 의미한다"(Bozeman, 2007: 12). 공익은 포괄적이고 이상(理想)적인 개념이기에 매우 추상적이다(김구, 2019). 따라서 공공관리는 이보다는 구체적이고 식별가능한 가치를 추구해야 한다.

가치(價値, value)는 무엇을 지향하며 어떻게 판단하고 과업을 수행할 것인지의 기준이나 원칙으로 작용하고, 사람들의 태도나 행동에 영향을 미치는 소망스런 목표이다. 공공조직이 추구하는 가치는 공익을 증진하기 위하여 조직이 추구하고 창출하는 가치이다. 즉, 공공가치(public value)는 공공조직이 사회에 기여하는 가치이다(김명환·강제상, 2022). 공익은 추구해야 할 이상으로 어떤 특정한 내용에 국한되지 않지만, 공공가치는 매우 일반적이라 하더라도 구체적인 내용이 있으며 많은 경우 쉽게 파악되고 측정·평가할 수 있다(Bozeman, 2007). Moore(1995: 28)는 "공공 관리자의 업무 목표는 공공가치를 창출하는 것이며, 이는 민간부문에서 관리자의 업무 목표가 사적 가치를 창출하는 것과 동일하다"고 한다. 공공조직은 공공가치를 창출함으로써 존재 이유와 당위성을 인정받을 수 있다. Jørgensen과 Bozeman(2007)은 행정학과 정치학 문헌에서 도출한 공공가치 목록을 다음과 같이 제시한다.

표 1-4 범주별 공공가치

가치 범주	가치 집합
사회에 대한 공공부문의 기여	• 공공선(공익, 사회적 응집성) • 이타주의(인간의 존엄성) • 지속가능성(미래세대의 주장) • 체제의 존엄성(체제의 안정성)
이해관계의 결정으로의 전환	• 다수결 원칙(민주주의, 국민의 의지, 집합적 선택) • 사용자 민주주의(지역 거버넌스, 시민참여) • 소수자 보호(개인의 권리 보호)

정치와 행정과의 관계	• 정치적 충성(책무성, 반응성)
정부와 환경과의 관계	• 개방성-비밀주의(대응성, 여론 청취) • 옹호-중립(타협, 이해관계의 균형) • 경쟁-협력(이해관계자의 가치)
행정의 조직 내부 측면	• 강건성(적응성, 안정성, 신뢰성, 적시성) • 혁신(열정, 위기 대응력) • 생산성(효과성, 절약, 기업적 접근방법) • 직원의 자기개발(좋은 근무환경)
공공부문 직원의 행태	• 책무성(전문직업주의, 정직, 도덕적 기준, 윤리의식, 진정성)
행정과 시민의 관계	• 합법성(개인 권리의 보호, 동등한 대우, 법의 지배, 정의) • 형평성(합리성, 공정성, 전문직업주의) • 대화(대응성, 사용자 민주주의, 시민참여, 시민의 자기개발) • 사용자 지향성(적시성, 친화성)

출처: Jørgensen & Bozeman (2007: 360-361).

공공가치 측정에 대한 체계적 문헌검토(Faulkner & Kaufman, 2018)에 따르면, 공공가치는 성과 달성, 신뢰와 정당성, 서비스 품질, 효율성의 네 가지 차원을 갖는다고 한다. 성과 달성(outcome achievement)은 공공조직이 다양한 분야에서 공적으로 가치 있는 성과를 얼마나 향상시키는지를 의미한다. 예를 들면, 국가 안보, 식품 안전, 국민 건강, 사회적 응집성, 그리고 오염, 폐기물, 지구 온난화 감소 등 환경적 결과가 여기에 해당한다. 신뢰와 정당성(trust and legitimacy)은 조직과 그 활동이 국민과 주요 이해관계자로부터 얼마나 신뢰받고 정당하게 인식되는지를 의미한다. 이 차원은 특정 공공조직에 대한 국민의 신뢰, 조직이 제공하는 프로그램이나 서비스에 대한 신뢰, 조직이 서비스를 투명하고 공정하게 제공한다는 국민의 인식 등을 포함한다. 서비스 품질(service delivery quality)은 서비스가 사용자의 요구를 고려하여 높은 품질로 제공되고 있다고 경험되는 정도를 의미한다. 사용자가 서비스에 만족하며, 서비스가 사용자의 요구에 반응하고, 서비스 접근성이 높고 편리하며, 충분한 시민참여가 이루어진다고 인식할수록 서비스의 품질이 높다고 본다. 효율성(efficiency)은 조직이 최소한의 자원으로 최대한의 혜택을 달성하는 정도를 의미한다. 조직이 제공하는 편익이 비용을 초과하는 경우, 불필요한 관료주의가 회피된 경우, 조직이 비용에 합당한 가치를 제공한다고 인식되는 경우 효율성이 높다고 본다.

공공조직과 관리자들은 공공가치를 창출하고 규정하고 혁신함으로써 시민들의 요구에 대응하고 시민들이 소망하는 결과에 대해 책임을 져야 한다. 이를 위해서는 시민들이 어떤 공공가치를 보다 중요하게 여기는지 알아야 한다. 최근 한 연구는 한국, 네덜란드, 미국 시민들을 대상으로 한 조사에서 "이상적인 공무원에게 가장 중요하다고 생각하는 가치"에 대한 질문을 사용하여 시민들이 인식하는 중요한 공공가치를 조사하였다(Neo et al., 2023). 놀랍게도, 시민들은 효과성, 효율성, 책무성을 거의 중요하게 여기지 않았다. 시민들이 가장 원하는 공공가치는 서비스정신, 대응성, 헌신이었다. 이 세 가지 중요한 가치는 국가, 연령, 성별, 학력과 상관없이 공통적으로 나타났다. 시민들은 공무원이 질문에 신속하게 응답하고, 적절한 서비스를 제공하며, 업무에 헌신하기를 원한다. 이외에도, 한국 응답자들은 도덕성, 정직, 청렴성, 공정성, 책무성, 전문성, 혁신성의 순으로 중요하게 고려하였다.[6] 따라서 공공 관리자들은 조직의 활동과 직원의 행동이 시민들의 기대와 요구에 보다 부합하도록 관리하여야 한다.

---

6 이 논문에서는 각 가치의 의미를 다음과 같이 정의하고 있다(Neo et al., 2023: 855).
서비스정신(serviceability): 시민과 고객에게 도움을 주고 질 높은 서비스를 제공하는 것
대응성(responsiveness): 시민과 고객의 선호에 따라 행동하는 것
헌신(dedication): 성실함, 열정, 인내심을 가지고 행동하는 것
도덕성(morality): 옳고 그름의 원칙에 따라 행동하는 것
정직(honesty): 진실되게 행동하고 약속을 준수하는 것
청렴성(incorruptibility): 사적 이익에 치우치지 않고 편견 없이 행동하는 것
공정성(impartiality): 특정 집단의 이익에 치우치지 않고 행동하는 것
책무성(accountability): 관련 이해관계자에게 행동을 기꺼이 정당화하고 설명하는 것
전문성(expertise): 능력, 기술, 지식을 갖추어 행동하는 것
혁신성(innovativeness): 새로운 정책이나 제품을 발명하거나 도입하기 위해 창의적으로 행동하는 것
효과성(effectiveness): 원하는 결과를 달성하기 위해 행동하는 것
효율성(efficiency): 최소한의 자원으로 결과를 달성하기 위해 행동하는 것

요약

관리란 조직의 목표 달성을 위해 자원을 계획, 조직, 지휘, 통제하는 일련의 과정이다. 공공조직은 공익을 추구하며 소유권이나 재정지원을 통해 정부가 영향력을 행사하는 조직이다. 공공관리란 공공조직의 다양한 자원을 배분하고 활용하여 조직의 목표를 달성하는 과정이다.

공공조직은 행정조직, 공공기관, 준공공조직으로 유형화할 수 있다. 행정조직은 중앙정부와 지방자치단체를 포함하는 모든 정부조직을 말한다. 공공기관은 중앙정부 또는 지방자치단체의 출연·출자 또는 재정지원으로 설립·운영되는 기관이다. 준공공조직은 공공의 목적을 수행하면서도 민간 소유 또는 민간의 운영방식을 따르는 조직이다.

공공조직은 민간조직에 비하여 조직환경, 조직목표, 조직구조, 동기부여, 직무태도, 리더십, 조직변화 등에 있어서 차이가 있다.

공공부문 고유의 제도적 맥락과 정치적 환경으로 인해 공공관리는 정치적 통제, 목표의 다원성과 모호성, 성과 측정의 복잡성, 법적·제도적 제약, 다양한 이해관계자의 요구 등에서 분명한 특징을 보인다.

공공관리와 민간관리는 목표지향성, 효과적 리더십의 필요성, 핵심 관리기능의 수행, 이해관계자에 대한 책무성, 성과관리 등에서 유사하다.

공공관리와 민간관리는 조직의 목표와 관리 초점, 이해관계자의 범위와 복잡성, 책무성의 체계, 의사결정 속도와 과정, 자원의 조달과 운용 방식, 성과 측정 기준과 방식 등에서 차이가 있다.

공공조직은 공익 증진을 목표로 하며, 공공가치를 창출하고 규정하고 혁신함으로써 시민들의 요구에 대응하고 시민들이 소망하는 결과에 대해 책임을 져야 한다.

자기평가

체감공공성

체감공공성(felt organizational publicness)은 조직의 공공성에 대한 구성원의 인식이나 지각을 의미한다. 이는 개인적 선호보다는 조직이 강조하거나 구성원에게 요구하는 것으로, 조직구성원이 공공성과 관련된 조직의 특성을 어떻게 이해하는지를 보여준다. 체감공공성 척도는 조직의 공공성 수준을 측정·비교하거나 체감공공성 인식이 개인의 태도, 행동, 의사결정 등에 어떻게 영향을 미치는지 분석하는데 활용할 수 있다(Yang, Liu, & Min, 2025).

차원	하위차원	측정문항
목적 공공성	공공봉사	• 이 조직의 구성원들은 공공에 대한 봉사가 최우선이라고 이해한다 • 이 조직은 지역사회에 기여하는 역할을 강조한다 • 이 조직은 시민을 돕기 위한 노력을 중요하게 여긴다
	추가 노력	• 이 조직은 공익 증진을 위해서라면 추가 업무도 기꺼이 수행하기를 기대한다 • 이 조직은 공익을 위해서 맡은 일 외의 업무도 수행하기를 권장한다
외부환경 공공성	상호작용	• 이 조직의 구성원들은 시민 등 대중과의 상호작용이 많은 편이다 • 이 조직은 시민과의 접점을 넓히기 위한 외부 홍보활동을 적극 추진한다
	대중의 압력	• 이 조직의 결정은 대중의 면밀한 감시를 받는다 • 이 조직의 구성원들은 항상 대중의 감시에 노출되어 있다고 느낀다 • 언론과 기자들은 이 조직의 활동에 큰 관심을 가지고 있다
가치 공공성	투명성	• 이 조직은 결정의 투명성을 요구한다 • 대중에게 정보를 제공할 때, 이 조직은 시민들이 이해하기 쉽도록 명확하고 쉬운 표현을 사용하기를 권장한다 • 이 조직의 리더는 결정을 대중에게 투명하게 공개하기를 강조한다
	시민참여	• 이 조직은 의사결정에 일반 대중의 참여를 권장한다 • 이 조직에서는 결정을 내리기 전에 시민들의 요구사항을 듣는 것이 중요하다 • 이 조직은 시민참여를 중요하게 여긴다
	공정성	• 이 조직은 소외된 이웃을 돕는 노력을 가치있다고 여긴다 • 이 조직은 사회적 약자에게 도움이 되는 방향으로 결정하려고 한다 • 이 조직은 소외계층에 관심을 가지고 있다
	책무성	• 이 조직의 구성원들은 헌법 수호를 가장 기본적인 책임으로 인식한다 • 이 조직의 구성원들은 납세자에게 책임을 진다는 의식을 강하게 가지고 있다 • 이 조직의 구성원들은 입법부(국회)에 대한 책임의식을 강하게 가지고 있다
행태 공공성	서비스 정신	• 우리는 시민에게 최상의 서비스를 제공하려고 노력한다 • 국민 행복이 우리의 최우선 과제이다 • 이 조직은 국민과 좋은 관계 형성을 요구한다 • 이 조직은 국민을 돕기 위해 최대한 노력한다 • 이 조직은 소통할 때 시민의 입장에서 생각하려고 노력한다

결과 공공성	대중 영향력	• 이 조직은 결정이 대중에 미치는 영향을 중요하게 생각한다 • 이 조직의 구성원들은 국민의 삶에 미치는 영향을 인식하고 있다 • 이 조직의 구성원들은 사회 전반에 미치는 광범위한 영향을 이해한다
	평판	• 이 조직의 구성원들은 조직의 평판을 의식한다 • 이 조직의 구성원들은 시민들이 자신들의 노고를 인정하는지에 신경을 쓴다

비고: 척도를 한글로 번역해준 민나온 교수(숙명여대)께 감사드린다.
출처: Yang et al. (2025: Table 2)

사례연구

제25회 세계스카우트잼버리는 'Draw your Dream'이라는 주제로 2023년 8월에 전라북도 새만금과 대한민국 일원에서 개최되었으며, 156개국 42,646명이 참가하였다. 세계스카우트연맹은 폭염과 준비 부족으로 사실상 조기 폐막한 새만금 잼버리에 대한 평가보고서를 공개했다. 이 보고서는 "한국 정부가 막대한 자금을 지원하며 사실상 대회 주최자가 됐고 한국스카우트연맹은 소외되었다"고 하면서 "(행사 준비를 위한) 공무원이 해마다 혹은 어떤 경우 더 자주 교체됐고, 이는 행사 계획 및 지원을 강화하기 위한 프로세스 구축이 제대로 되지 않았음을 의미한다"고 지적했다. 또 "(준비 인력이) 변화하는 동안 인수인계가 제대로 이루어지지 않았고, 이는 불분명한 역할과 책임 문제로 이어졌다"고 했다.

평가보고서는 새만금 잼버리의 준비와 운영 과정에서 나타난 여러 문제점도 지적했다. "적절한 부지(야영지)를 준비하려면 토지 매립을 포함한 상당한 기반시설 (설치) 작업이 필요했지만 한국스카우트연맹은 (야영지 조성을 위해) 대규모 나무 심기와 같은 약속을 이행하지 않았다"고 하면서, "식품 제공·유통 과정에서 품목 누락, 부정확한 배송, 더운 날씨 속 식품 저장, 과도한 포장 및 음식물 쓰레기 등 심각한 문제들이 있었다"고 밝혔다. 이어 "(대회) 처음 며칠 동안 샤워실·화장실을 포함한 위생 시설을 정기적으로 제대로 청소하지 않았다"고 하면서 "대회 초기엔 일부 진료소에 전기가 공급되지 않았고 병상도 부족했다. 환자를 위한 음식 지원도 심각하게 부족했고, 의료 상황은 놀랄 만큼 준비가 부족했다"고 지적했다. 그리고 "(폭염에 대비한) 더 철저한 준비가 있었어야 했다"고 밝혔다.

또한, 감사원은 새만금 잼버리의 파행은 대회조직위원회와 감독기관인 여성가족부, 대회를 유치한 전라북도의 부실·무책임 행정이 겹쳐 일어난 사태라고 지적했다. 감사원의 감사보고서는 "추진 주체(조직위·여가부·전북도 등)의 역량이 부족하고 행사 준비 중요성에 대한 인식이 미흡한 가운데, 생활 서비스 준비 부족, 시설 부실 설치, 현장 대응 미숙, 부적합 부지 선정 등 업무 처리가 총체적으로 부실해 새만금 잼버리 성공 개최에 실패했다"고 진단했다.

문제: 왜 새만금 잼버리는 제대로 성과를 내지 못하였을까? 공공관리 측면에서 주요 원인을 찾아보시오.

(자료)
한겨레신문, https://www.hani.co.kr/arti/society/society_general/1137864.html
한국스카우트연맹, https://scout.or.kr/notice_view?BRDCTSNO=4075
김사원, https://www.bai.go.kr/bai/result/branch/detail?srno=3153

토의질문

1. 좋은 공공관리란 무엇인가? 제1절의 사례들을 바탕으로, 공공부문에서 '좋은 관리'가 갖추어야 할 요소는 무엇인지 설명하시오.
2. 메르스 사태에서 나타난 '나쁜 공공관리'의 원인은 무엇일까? 사스와 비교했을 때, 메르스 대응 실패의 원인을 공공관리 차원에서 분석하시오.
3. 왜 공공부문에는 민간부문의 관리방식을 그대로 적용할 수 없을까? 공공부문과 민간부문의 목적, 환경, 성과 측정방식 등을 비교하며 설명하시오.
4. 공공성의 개념은 왜 연속선상으로 이해되어야 할까? 특정 조직을 선택하여, 공공성 수준을 평가하고, 또한 공공성과 사적성이 어떻게 공존할 수 있는지 토론하시오. (예: 질병관리청, 서울교통공사, KBS, 서울대학교병원, 재단법인 아름다운 가게)
5. 공공부문에서 직무만족이 낮아지고 이직률이 높아지는 원인을 어떻게 해결할 수 있을까? 최근 공무원의 이직 증가 현상을 토대로 조직 차원의 개선방안을 제시하시오.
6. "어느 지방자치단체는 예산 문제로 일부 지역의 보건소를 폐쇄하고, 도시 중심지에만 보건시설을 집중하고 있다. 이로 인해 농촌 주민들은 의료서비스를 받기 어려워졌다." 이 상황에서 어떤 공공관리의 가치가 침해되었는지를 판단하시오.

참고문헌

고대유·박재희. (2018). 감염병 재난 거버넌스 비교연구: 사스와 메르스 사례를 중심으로. 「한국정책학회보」, 27(1): 243-280.

곽채기·박현식. (2021). 공공기관 경영평가 지표체계에 대한 형성적 메타평가. 「사회과학연구」, 28(4): 89-112.

국회예산정책처. (2024). 「2024 대한민국 공공기관」.

권향원. (2020). 공공성 개념: 학제적 이해 및 현실적 쟁점. 「정부학연구」, 26(1): 1-36.

김 구. (2019). 「인간과 공공사회」. 서울: 윤성사.

김명환·강제상 편. (2022). 「공공가치: 이론과 실제」. 서울: 윤성사.

김양민·박지현. (2021). ESG 또는 기업의 사회적 책임, 그리고 기업 재무성과: 실증연구 고찰과 향후 발전 방향. 「전략경영연구」, 24(2): 75-114.

김정숙·엄영호. 2018. 공공조직의 공공성과 수익성에 미치는 영향요인 분석: 행위자, 제도, 환경을 중심으로. 「지방정부연구」, 22(3): 137-160.

김준형. (2023). 정보공유가 협력적 거버넌스 작동기제에 미치는 영향에 관한 탐색적 연구: 한국정부의 사스(SARS)와 메르스(MERS) 대응 비교사례분석. 「한국조직학회보」, 20(3): 77-114.

김태룡·안희정. (2007). 성과평가에 대한 연구경향. 「한국행정논집」, 19(4): 1097-1118.

노한동. (2024). 「나라를 위한다는 거짓말: 한국 공직사회는 왜 그토록 무능해졌는가」. 서울: 사이드웨이.

박승규·김태형·문명재. (2021). 정부의 민첩성이 정부성과에 미치는 영향: 소통의 조절효과를 중심으로. 「지방정부연구」, 25(2): 157-178.

박희봉. (2005). 조직효과성에 대한 비판적 고찰. 「한국조직학회보」, 2(1): 1-20.

박희정·오윤섭·강민아. (2024). 「공공 책무성」. 고양: 대영문화사.

여영현·김선자. (2022). 정부업무평가와 지방공기업평가에 대한 연구. 「한국지방공기업학회보」, 18(1): 1-26.

이도석. (2014). 「한국의 공·사조직 비교에 대한 인식조사」. KIPA 조사보고서(2014-02). 서울: 한국행정연구원.

이승훈. (2008). 근대와 공공성 딜레마: 개념과 사상을 중심으로. 「민주사회와 정책연구」, 13: 13-45.

이재원·허형조. (2021). 「행정과 경제」. 서울: 윤성사.

이형종·송양민. (2021). 「ESG 경영과 자본주의 혁신」. 파주: 21세기북스.

임의영. (2003). 공공성의 개념, 위기, 활성화 조건. 「정부학연구」, 9(1): 23-50.

_____. (2019). 「공공성의 이론적 기초」. 서울: 박영사.

전영한. (2004). 공공조직의 목표모호성: 개념, 측정 그리고 타당화. 「한국행정학보」, 38(5): 49-66.

전영한. (2009). 공공·민간조직 비교연구 메타분석: Sayre 명제의 재검증. 「행정논총」, 47(2): 61-93.

정병을·안상윤. (2010). 공공의료기관장의 리더십이 조직유효성에 미치는 영향: 변혁적-거래적 리더십을 중심으로. 「한국병원경영학회지」, 15(3): 97-122.

허준영·김경동·김다니·김문현. (2024). 「한국의 공·사조직 구성원 인식 비교 조사」. 한국행정연구원 수시연구보고서(2024-03). 서울: 한국행정연구원.

Allison, G. T. (2017). Public and Private Management: Are They Fundamentally Alike in All Unimportant Respects? In J. M. Shafritz & A. C. Hyde (Eds.), *Classics of Public Administration*, 8th ed., 384-401. Boston: Cengage Learning. (Original work published in 1980)

Boye, S., Nørgaard, R. R., Tangsgaard, E. R., Winsløw, M. A., & Østergaard-Nielsen, M. R. (2024). Public and Private Management: Now, Is There a Difference? A Systematic Review. *International Public Management Journal*, 27(2): 109-142.

Boyne, G. A. (2002). Public and Private Management: What's the Difference? *Journal of Management Studies*. 39(1): 97-122.

Bozeman, B. (1987). *All Organizations Are Public: Bridging Public and Private Organi-*

zational Theories. San Francisco: Jossey-Bass.

__________. (2007). *Public Values and Public Interest: Counterbalancing Economic Individualism*. Washington, DC: Georgetown University Press.

Bozeman, B., & Bretschneider, S. (1994). The "Publicness Puzzle" in Organization Theory: A Test of Alternative Explanations of Differences between Public and Private Organizations. *Journal of Public Administration Research and Theory*, 4(2): 197-224.

Christensen, T., Lægreid, P., & Røvik, K. A. (2020). *Organization Theory and the Public Sector: Instrument, Culture and Myth*. 2nd ed. Routledge: London.

Daft, R. L. (2022). *Management*, 14th ed. Boston: Cengage Learning.

Desmarais, C., & de Chatillon, E. A. (2010). Are There Still Differences Between the Roles of Private and Public Sector Managers? *Public Management Review*, 12(1): 127-149.

Entwistle, T. (2022). *Public Management: A Research Overview*. London: Routledge.

Faulkner, N., & Kaufman, S. (2018). Avoiding Theoretical Stagnation: A Systematic Review and Framework for Measuring Public Value. *Australian Journal of Public Administration*, 77(1): 69-86.

Hill, C. J., & Lynn, L. E., Jr. (2009). *Public Management: A Three-Dimensional Approach*. Washington, DC: CQ Press.

______________________. (2016). *Public Management: Thinking and Acting in Three Dimensions*, 2nd ed. Thousand Oaks: CQ Press.

Hughes, O. E. (2003). *Public Management and Administration*, 3rd ed. New York: Palgrave Macmillan.

Ireland, R. D., & Hitt, M. A. (1999). Achieving and Maintaining Strategic Competitiveness in the 21st Century: The Role of Strategic Leadership. *Academy of Management Perspectives*, 13(1): 43-57.

Jørgensen, T. B., & Bozeman, B. (2007). Public Values: An Inventory. *Administration & Society*, 39(3): 354-381.

Lynn, L. E., Jr. (2006). *Public Management: Old and New*. New York: Routledge.

Meier, K. J., & O'Toole, Jr, L. J. (2011). Comparing Public and Private Management: Theoretical Expectations. *Journal of Public Administration Research and Theory*, 21(suppl_3): i283-i299.

Mergel, I., Gong, Y., & Bertot, J. (2018). Agile Government: Systematic Literature Review and Future Research. *Government Information Quarterly*, 35(2): 291-298.

Moore, M. H. (1995). *Creating Public Value: Strategic Management in Government*. Cambridge: Harvard University Press.

Mulgan, R. (2000). Comparing Accountability in the Public and Private Sectors. *Australian Journal of Public Administration*, 59(1): 87-97.

Neo, S., Grimmelikhuijsen, S., & Tummers, L. (2023). Core Values for Ideal Civil Servants: Service-Oriented, Responsive and Dedicated. *Public Administration Review*, 83(4): 838-862.

O'Toole, Jr, L. J., & Meier, K. J. (2011). *Public Management: Organizations, Governance, and Performance*. Cambridge: Cambridge University Press.

O'Toole, Jr, L. J., Meier, K. J., & Nicholson-Crotty, S. (2005). Managing Upward, Downward and Outward: Networks, Hierarchical Relationships and Performance. *Public Management Review*, 7(1): 45-68.

Ott, J. S., Hyde, A. C., & Shafritz, J. M. (Eds.). (1991). *Public Management: The Essential Readings*. Chicago: Lyceum/Nelson-Hall.

Perry, J. L., & Kraemer, K. L. (1983). *Public Management: Public and Private Perspectives*. Palo Alto: Mayfield Publishing.

Perry, J. L., & Rainey, H. G. (1988). The Public-Private Distinction in Organization Theory: A Critique and Research Strategy. *The Academy of Management Review*, 13(2): 182-201.

Pesch, U. (2008). The Publicness of Public Administration. *Administration & Society*, 40(2): 170-193.

Poole, M., Mansfield, R., & Gould-Williams, J. (2006). Public and Private Sector Managers over 20 Years: A Test of the 'Convergence Thesis'. *Public Administration*, 84(4):1051-76.

Rainey, H. G., Backoff, R. W., & Levine, C. H. (1976). Comparing Public and Private Organizations. *Public Administration Review*, 36(2): 233-244.

Rainey, H. G., Fernandez, S., & Malatesta, D. (2021). *Understanding and Managing Public Organizations*, 6th ed. Hoboken: John Wiley & Sons.

Rosenbloom, D. H., Kravchuk, R. S., & Clerkin, R. M. (2015). *Public Administration: Understanding Management, Politics, and Law in the Public Sector*, 8th ed. New York: McGraw-Hill Education.

Sowa, J. E., & Lu, J. (2017). Policy and Management: Considering Public Management and Its Relationship to Policy Studies. *Policy Studies Journal*, 45(1): 74-100.

Van Dooren, W., Bouckaert, G., & Halligan, J. (2015). *Performance Management in the Public Sector*. London: Routledge.

Yang, K., Liu, Y, & Min, N. (2025). Felt Organizational Publicness: Scale Development and Initial Validation. *Public Organization Review*. https://doi.org/10.1007/s11115-025-00822-3.

2장 공공관리의 기원과 진화

| 노종호 |

☐ 학습목표

1. 공공관리의 시초, 의미, 차원에 대해 학습한다.
2. 시대적 변천에 따른 공공관리의 발달과정을 살펴보고, 각 시대별 주요 논점과 내용을 이해한다.
3. 신공공관리의 대두배경, 주요 특성, 문제점에 대해 학습한다.
4. 공공관리론의 새로운 이론으로서 신공공서비스론과 공공가치관리론의 의미, 주요 내용, 문제점에 대해 학습한다.

제 1 절 공공관리의 시초와 의미

I. 공공관리의 시초

일반적으로 행정은 Woodrow Wilson이 1887년 *Administrative Science Quarterly*란 학술지에 "The Study of Administration"이란 제목의 논문을 게재하면서 시작되었다고 본다. 19세기 말 미국의 시대적 상황은 엽관제의 폐해로 인해 행정이 제 기능을 발휘하지 못하고 있었다. 그래서 Wilson은 행정 본연의 기능을 되찾기 위해서는 정치로부터 분리되어 중립적이고 효율적인 접근이 필요하다고 보았다. Wilson은 기본적으로 공·사 행정을 구분하지 않았으며, 행정의 분야는 사무, 즉 관리[1](management)로 보았다. 관리는 바람직한 목표의 달성을 위한 자원의 효율적인 배분과 운영이라고 정의할 수 있다(Hood, 2007). 관리의 의미를 좀 더 세분화하면 관리의 주체는 조직 내의 관리자일 것이며, 목적은 조직목표의 효율적 달성, 대상은 인적·물적 자원, 주요 기능은 전략설정, 내부 구성요소의 관리, 외부 이해관련 당사자(stakeholders)의 관리라고 할 수 있다(오세덕 외, 2013; Hughes, 2003).

위에서 설명한 관리의 개념과 의미는 공·사 관리를 구분하지 않는 것이다. 그러나 1장에서 논의된 것처럼, 여러 가지 이유에서 공공관리(public management)와 민간관리(private management)는 차이가 있다는 점에서 이 장에서는 공공관리에 초점을 맞추어 논의를 전개하고자 한다. 일반적으로 공공관리는 정부에서 공공 서비스의 효율적 제공을 위한 배열의 설계와 운영이라고 정의할 수 있으며, 이를 위해 다양한 자원과 기술을 사용한다. 이러한 공공관리에 대한 연구가 언제 시작되었는지는 명확치 않지만, 다음 네 가지로 나누어 볼 수 있다(Lynn, 2007). 첫째, 공공관리에 대한 연구는 미국에서는 새로운 공공정책대학원의 커리큘럼과 연구에서, 그리고 유럽에서는 영국과 뉴질랜드에서 효율성을 강조하는 관리 개혁에서 기원을 찾는다. 둘째, 공공관리의 분야는 19세기 말과 20세기 초에 미국에서 시작된 현재 행정국가의 과학적 연구에서 뿌리를 갖는다. 셋째, 공공관리 분야의 기원은 17세기와 18세기 독일과 오스트리아에서 시작된 중상주의와 국가학에 대한 체계적인 연구와 실제에서 찾을 수 있다. 마지막으로, 공공관리의 분야는 관료정부(bureaucratic government)와 행정국가의 초기 출현, 고대 중국에서의 모범 경영(best practices), 동양과 서양의 중세 시대에 뿌리를 갖는다.

Ⅱ. 공공관리의 의미와 차원

이처럼 다양한 시기에 여러 국가에서 공공관리에 대한 연구가 시작되었다. Lynn(2006)은 미국과 유럽에서의 시각을 중심으로 주어진 정책과 제도적 상황 내에서 관리적 행동과 관련된 것으로서 공공관리를 인식하고 이를 세 가지 차원으로 나누어 설명

1 'management'란 단어는 16세기에 이탈리아어 동사인 *manegiare*에서 영어로 처음 유입된 것으로서 숙련된 말을 훈련하거나 타는 기술을 의미한다(Hood, 2007: 8).

하였다.

첫째, 구조와 과정(structure and process)으로서 공공관리를 접근한다. 이러한 접근에서의 공공관리는 공공조직 내에서 구성원들이 공식적 권위의 테두리 내에서 업무를 수행하며, 그러한 권위가 구성원들의 활동에 정당성을 부여하거나 제약요소가 되기도 한다. 일반적으로 공공조직은 계층제적 구조적 특성을 가지며, 이러한 조직구조에서 효율적인 업무처리가 가능하다고 믿는다. 그런데 계층제적 조직구조에서 효율적인 업무처리는 가능하지만, 다양한 이해관련 당사자들의 의견을 협상과 타협을 통해 수용하는 것에는 취약성을 갖는다. 이럴 경우 공공조직은 계층제적 조직구조만을 고집할 것이 아니라 사안에 따라 수평적 조직 구조나 매트릭스 조직구조를 활용할 필요가 있다.

둘째, 전문기술(craft)로서 공공관리를 접근하는 것이다. 전문기술의 본질은 특별한 관리적 역할에서 관료들이 업무를 효율적으로 수행하기 위해 필요한 개인적 기량(skill)이다. 이러한 전문기술의 차원은 관리적 책임을 가지고 있는 관료들의 운영적이고 실용적인 관심을 포함하고 있으며, 그들이 직면하고 있는 문제들을 해결하기 위한 타당한 해결책과 관련된다. 이러한 전문기술을 획득하기 위해 관료들은 지속적인 교육훈련과 역량개발이 필요하며, 전문가로서의 책무성(accountability)을 확보할 수 있다.

마지막으로, 제도화된 가치(institutionalized values)로서의 공공관리는 공공조직에서 발생하는 문제를 해결하는 과정에서 의도적이든 또는 비의도적이든 간에 어떤 가치를 추구한다는 것이다. 어떤 가치를 추구하는냐에 따라 관리의 방향과 목표가 달라질 수 있다. Hood(1991)는 공공관리에서 추구해야할 세 가지 영역의 핵심 가치로서 간결성(parsimony)과 경제성(economy), 정직성(honesty)과 공정성(fairness), 그리고 신뢰성(reliability), 생존능력(survivability), 적응력(adaptive capacity)을 꼽았다. 이러한 가치들이 실제 정부에서 서비스를 전달하거나 행정업무를 수행할 때 적용된다. 예를 들면, 어떤 도시에서 새로운 공공시설을 건립하려고 할 때, 경제성의 가치와 형평성의 가치가 충돌할 수 있다. 경제성의 가치를 최우선순위로 고려한다면 가장 높은 수익을 창출할 수 있는 곳에 시설을 건립해야 할 것이다. 반면, 형평성의 가치를 최우선순위로 고려한다면 그 지역에서 그동안 사회적·경제적 혜택을 받지 못했거나 그 시설의 이용을 가장 필요로 하는 곳에 건립해야 할 것이다. 결국 이러한 다수의 가치들이 충돌할 때는 최고결정권자가 시민들의 의견을 수렴하여 객관적이고 타당한 기준에 따라 우선순위를 정해 결정할 수밖에 없다. 그래야지만 가치 간의 충돌을 최소화할 수 있고, 그 결정의 정당성과 수용성을 확보할 수 있다.

제 2 절 공공관리의 변천

Ⅰ. 고전 행정학에서의 공공관리(19세기 말~20세기 초)

제1절에서 언급했던 것처럼, 19세기 말 Woodrow Wilson은 정치의 세계로부터 행정 본연의 기능을 찾기 위해 정치와 행정이 분리되는 정치·행정 이원론(politics-administration dichotomy)을 주장하였다. 그는 행정의 본질을 관리로 인식하였다. 즉 주어진 행정업무나 정책을 효율적으로 집행하고 관리하는 것이 행정이라는 것이다. 이러한 인식에 기초할 때, 행정은 최소의 비용으로 최대의 성과를 가져오는 효율성을 추구해야 할 가장 중요한 가치로 여겼다. 그런데 여기서의 관리는 공·사조직에 다르게 적용되는 것이 아닌 모든 조직에 적용되는 것이었다.

이러한 전통적인 관리에 대한 인식은 20세기 초까지 지속되었다. 1911년 Taylor가 쓴 "과학적 관리"(The Principles of Scientific Management)는 행정의 역사에서 중요한 저술이었다. 그는 시간과 동작과정을 세분화해서 생산량을 극대화할 수 있는 최선의 방법이 있다고 믿었으며, 그 방법이 바로 과학적 관리법이다. 과학적 관리법은 시간과 동작의 연구, 작업의 분할, 작업의 분석과 집행, 정밀한 측정 및 작업의 구체적 분류 등으로 특징지울 수 있다(백완기, 2006: 21). 과학적 관리법에서의 관리도 공·사를 구별하지 않는 보편적으로 적용가능한 것이었다.

이러한 과학적 관리법은 1930년대까지 지속되었으며, Gulick은 이러한 전통을 이어받아 어디에나 적용될 수 있는 보편타당한 원리주의를 주장하였다. 그는 행정의 내용을 POSDCORB로 약칭되는 즉, 기획(planning), 조직화(organizing), 인사(staffing), 지휘(directing), 조정(coordinating), 보고(reporting), 그리고 예산(budgeting)으로 이해하였다. 그가 제시한 보편타당한 원리는 전문화의 원리, 명령통일의 원리, 통솔범위의 원리, 부서

편성의 원리 등이다. 먼저, 전문화의 원리는 구성원들의 전문화를 통해 행정 능률을 올릴 수 있다는 것이다. 즉, 한 사람이 전문적 지식과 기술을 가지고 세분된 업무를 담당함으로써 전문성을 기할 수 있고, 그러한 전문성 속에서 행정 능률을 달성할 수 있다는 것이다. 명령통일의 원리는 부하가 여러 사람으로부터 명령을 받으면 지휘체계가 서지 않고 명령의 내용이 일관되게 전달될 수 없기 때문에 명령은 오직 한 사람의 상관으로부터 받아야 한다는 것이다(정정길 외, 2017). 이러한 명령통일의 원리가 잘 지켜질 때, 업무가 신속하게 처리되고 행정 능률이 올라갈 수 있다. 통솔범위의 원리는 상관이 통솔할 수 있는 부하 직원들의 수가 적정해야 한다는 것을 말한다. 부하 직원의 수가 너무 많으면 통솔하기가 힘들고, 반대로 부하 직원의 수가 너무 적으면 통솔의 의미가 없을 수 있다. 따라서 상관이 부하 직원들을 효율적으로 조정하고 지휘하기 위해서는 부하 직원의 수가 적정해야 하는데, 일반적으로 5~6인을 적정한 수로 보고 있다. 마지막으로, 부서편성의 원리는 조직을 편성하는 기준에 관한 것으로서 목적(purpose), 과정(process), 고객(clientele), 장소(place)를 말한다(백완기, 2006). 목적은 행정이 추구하는 방향, 과정은 사용되는 기술이나 과정, 고객은 주요 수요 집단이나 대상, 그리고 장소는 위치나 장소를 기준으로 조직을 편성하는 것을 의미한다.

Ⅱ. 현대 행정학에서의 공공관리(20세기 중반~현재)

1. 신공공관리론

행정학에서의 전통적 관리주의의 역사는 1970년대에 접어들면서 큰 변화를 겪게 된다. 1970년대 초 세계 경제의 경기침체와 재정적자는 정부 서비스의 비효율성과 서비스 질의 저하를 가져왔으며, 비대해진 정부 역할과 기능 축소에 관심을 갖게 만들었다. 이러한 문제를 해결하기 위한 대안으로서 등장한 것이 신공공관리론(New Public Management)이다. 신공공관리론은 민간부문에서 강조하는 경쟁과 성과의 논리를 공공부문에 과감히 도입해서 정부성과와 경쟁력 강화를 목표로 하는 새로운 사조를 말한다(Hood, 1991). 1970년대 말 이후 영국과 미국을 중심으로 도입된 신공공관리론의 이론적 토대는 신고전파 경제학의 자유시장논리였다(김정렬, 2000). 즉, 시장의 우수성을 인정하고, 정부 규모와 개입을 최소화하며, 공공 서비스의 질을 높이기 위해 공공 서비스를 민영화하고 정부 규제를 완화하는 내용을 담고 있었다. 이러한 신공공관리론은 영국과 미국에서 처음 도입된 이후로 점차 유럽과 아시아로 확대되었으며, 1980년대를 걸쳐 1990년대까지 공공관리의 지배적인 패러다임으로 운영되었다(Islam, 2015). 신공공관리론에 대해서는 자세하게 후술하기로 한다.

2. 거버넌스

2000년대 이후 신공공관리론에 대한 이론적·실천적 비판이 제기되었다. 즉, 민간부문과 공공부문의 차이에 대한 인식부족, 공공부문의 공적 가치에 대한 소홀, 시민을 소비자화함으로써 시민의 정치적 성격을 간과, 지나친 성과를 강조하는 결과 지상주의로 인한 절차와 과정에 대한 경시 등이 신공공관리론에 대한 비판이었다. 더군다나 행정을 둘러싼 대내적·대외적 환경이 점점 불확실해지고, 행정업무가 복잡해지면서 정부가 모든 업무와 서비스 제공을 도맡아 하기에는 정책능력 및 자원·정보 동원능력에 한계가 있었다. 따라서 효과적인 정부운영을 위해서 정부 이외의 비정부부문인 기업, 시민단체 등과의 협력적 관계를 통해 공공의 문제를 해결해 나가는 새로운 관리방식으로서 관리 대신 '거버넌스'(governance)가 등장하게 되었다.

거버넌스는 정부를 둘러싼 새롭게 변화하는 환경에 적응하기 위한 대안적 패러다임으로 이해될 수 있다. 많은 행정학자가 거버넌스라는 용어를 행정이라는 용어와 비교하거나 대체 용어로 사용했다(Frederickson, 1997; Lynn, Jr., Heinrich, & Hill, 2001; Peters & Pierre, 1998; Rhodes, 1996). 그러나 많은 행정학자나 전문가가 광범위하게 수용할 수 있는 거버넌스에 대한 공유된 개념적 정의를 찾기는 어렵다. 이는 부분적으로 거버넌스라는 용어가 정부를 둘러싼 환경의 변화에 적응하기 위한 반복적인 반응의 결과가 아니라 정부의 미래를 설명하는 단순한 은유로 인식된다는 사실에서 비롯된다. 거버넌스는 확실히 기존과는 다른 차원의 새로운 문제해결 방식으로서 정부, 기업(시장), 시민사회 간의 상호신뢰를 바탕으로 한 협력적 통치(shared governance)를 강조한다(박종민, 2006). 이러한 행위자들 간에 협력적 관계가 잘 형성되었을 때 우리는 좋은 거버넌스(good governance)를 기대할 수 있다(Bovaird & Löffler, 2009). 좋은 거버넌스는 어떤 공공문제나 이슈에 대해 그것과 관련을 맺고 있는 이해관련 당사자들 간에 협상과 타협의 과정을 통해 바람직한 결과를 달성하는 것을 의미한다.

행정의 맥락에서 거버넌스는 몇 가지 중요한 의미를 갖는다. 첫째, 거버넌스는 공공의 활동에 참여하는 광범위한 유형의 조직과 기관으로 구성되며, 정부, 민간, 비영리 부문 간의 상호신뢰와 협력을 바탕으로 공공의 문제를 해결해 나가는 새로운 관리방식을 말한다. 이런 의미에서 거버넌스는 일반적으로 다중 조직 시스템 또는 네트워크의 상호작용 패턴을 설명하는 은유로 받아들여진다. 이러한 네트워크는 행정 목표를 달성하기 위해 여러 행위자 간의 신뢰, 호혜성 및 상호 의존성을 강조한다. 특히 네트워크 구조로서의 거버넌스는 공공 서비스의 효율적인 제공을 설명하는 데 유용한 개념이다. 모든 수준의 정부는 공공 서비스를 제공하는 데 있어 중요한 역할을 담당해 왔다. 그러나 정부 효율성의 약화와 서비스 질의 저하는 정부 역할에 대한 냉혹한 반성을 요구하게 되었고, 더 이상 정부 중심의 공공 서비스 제공이 한계가 있다는 인식에 도달하게 되었다. 이러한 문제를 극복하기 위한 새로운 관리방식으로서 정부, 기업, 비영리 및 영리 조직 간의 네트워크를 통한 협력적 통치를 의미하는 거버넌스가 각광을 받게 되었다.

거버넌스의 두 번째 의미는 신공공관리와 관련이 있다. 거버넌스는 신공공관리와 많은 특징을 공유하지만, 두 개념 간에는 몇 가지 중요한 차이점이 있다. 첫째, 새로운 형태의 거버넌스는 궁극적으로 공공 서비스에 대한 어느 정도의 정치적 통제를 유지하지만, 신공공관리는 제품이나 서비스의 효율성을 위해 민간조직의 경쟁과 성과의 원리를 공공조직에 도입하여 이를 변화시키려고 한다(Peters & Pierre, 1998). 둘째, 두 개념 간에 실질적인 초점에 있어 차이가 있다. 거버넌스는 과정 지향적인(process-oriented) 반면, 신공공관리는 결과 지향적(result-oriented)이다. 거버넌스는 공공 정책이 만들어지고, 실행되고, 관리되는 과정을 이해하는 것과 관련이 있다. 반면, 신공공관리에서는 과정보다는 고객 만족과 효율성을 보장하는 관리 기술에 초점을 맞추며, 고객들의 만족을 위해 효율적인 결과를 달성하는 것을 강조한다.

마지막으로, 거버넌스는 본질적으로 시장 중심적인 원리에 기초하지 않고, 공공의 문제를 해결할 수 있다고 믿는다. 그러나 신공공관리는 시장 메커니즘을 사용하여 공공 서비스 제공에 기업가적 정신과 가치를 주입하려고 한다. 또한 거버넌스는 인간의 다양한 측면, 예를 들면, 정치적, 경제적, 사회적 인간을 포괄하는 반면, 신공공관리에서의 인간에 대한 기본 가정은 경쟁적 자기 이익에 의해 주도되는 합리적인 경제 행위자만을 강조한다. 이러한 인간의 한 단면만을 강조하는 행동 모델은 정치적, 문화적, 사회적 측면과 같은 다양한 인간의 모습을 외면할 수 있어 인간의 행태와 선호를 해석하는 데 한계를 가질 수 있다.

제 3 절 신공공관리론의 내용과 비판

Ⅰ. 신공공관리론의 출현과 이론적 배경

앞에서 기술했던 것처럼, 1970년대 말 세계 경제의 경기 침체, 정부 서비스의 비효율성과 서비스 질의 저하 등이 나타나면서 이를 해결하기 위한 새로운 사조가 등장하게 되었는데 이것이 바로 신공공관리론이다. 신공공관리론은 정부를 포함한 공공부문의 개혁운동이며, 전통적인 공공관리론과 구별되는 새로운 공공관리 방식을 의미한다. 이러한 신공공관리론의 이론적 배경으로서 먼저 신자유주의(neo-liberalism)를 들 수 있다. 신자유주의는 한마디로 정부의 시장개입을 최소화하고 시장의 기능과 민간부문의 자유로운 활동을 중시하는 이론이라고 할 수 있다. 즉, 정부보다는 민간부문의 우월성을 인정하고, 민간부문에서의 경영기법과 운영원리를 정부를 포함한 공공부문에 도입하여 정부를 개혁하여 성과를 높이고 서비스 질을 개선하자는 것이다. 이러한 신자유주의는 세 가지 측면을 강조하였는데, 첫째, 정부의 기능을 축소하고, 그 기능과 역할을 시장기구가 대체해야 한다. 둘째, 정부 기능이 시장에 의해 효율적으로 작동될 수 있도록 협조해야 한다. 셋째, 공공부문에 경쟁의 원리를 도입하여 개혁을 추진해야 한다는 것이다(이영철, 2003).

또 다른 이론적 배경으로서 신관리주의(neo-managerialism)를 들 수 있다. 이는 조직 내 주요 가치로서 효율성을 추구하되, 행정가가 기업가적인 혁신적이고 진취적인 역할을 수행하는 것을 의미한다. 이러한 신관리주의의 주요 목표는 공공부문에서 경쟁의 원칙을 도입하여 정부성과를 개선하는 것이며, 이 과정에서 효율성, 인센티브, 성과 기반 계약 및 적극적인 기업가 정신이 강조된다. 관리 이념으로서의 시장 중심의 관리방식은 시장의 효율성과 민간부문의 관리 기술의 우월성이라는 두 가지 근본적인 아이디어에 기반을 둔다(Terry, 1998).

첫 번째 아이디어는 시장 주도적 접근 방식을 옹호하는 사람들은 경쟁적 시장 메커니즘을 통해 공공재나 서비스를 보다 효율적으로 생산할 수 있다고 주장한다(Peter, 2001). 시장 메커니즘에서의 경쟁은 정부성과를 개선하기 위한 실행 가능한 전략으로 간주된다. 시장 메커니즘의 대부분의 이론적 근거는 공공선택론(public choice theory)에서 파생되었다. 그 기본 가정은 개인이 경쟁적 시장 메커니즘을 통해 개인적 선호도를 보다 효율적으로 표현할 수 있다는 것이다(Hodge, 2000). 공공부문과 달리, 민간부문에서의 경쟁은 소비자 만족, 혁신, 효과적인 서비스 제공 및 비용 절감의 효과를 가질 수 있다.

두 번째 아이디어는 민간부문의 관리 기술이 공공부문의 관리 기술보다 우월하다는 믿음이다. 행정법규에 의한 법적 제약과 경쟁의 부재와 같은 공공부문의 내재적인 한계는 공공 부문의 효과적인 관리 기술을 어렵게 만든다. 이러한 믿음은 시장 주도적 접근 방식을 옹호하는 사람들에게 공공관리와 민간관리 간의 구별이 무의미하다는 인식을 심어주고, 공공부문의 혁신과 개혁을 위해 민간부문의 관리 기술을 과감하게 도입하는 것이 필요하다는 것을 정당화시켜준다.

Ⅱ. 신공공관리론의 주요 특성

신공공관리론은 여러 가지 특성을 포함하고 있으나 여기서는 주요한 몇 가지 특성에 대해 살펴보기로 한다.

1. 민간부문의 경쟁 원리 도입을 통한 정부성과의 향상

공공부문은 내재적으로 경쟁의 부재에 시달려왔다. 전통적으로 정부가 공공 서비스 제공을 독점함으로써 경쟁을 통한 서비스 질의 향상을 기대하기 어려웠다. 그러나 신공공관리론에서는 민간부문의 경쟁 원리를 공공부문에 과감히 도입하여 구성원 간 내부경쟁을 유도하고 더 열심히 일할 수 있는 환경을 조성하여 개인 및 조직성과를 높이고 서비스 질의 개선을 도모할 것을 강조한다. 경쟁은 개인 차원에서 구성원들을 동기부여시키는 효과가 있을 뿐만 아니라 조직 차원에서는 조직성과 달성을 위한 효율적인 관리모형을 고안하는 데 도움을 줄 수 있다(Gruening, 2001). 공공부문에 경쟁 원리가 성공적으로 정착되기 위해서는 경쟁의 조건이 공정하고 객관적이어야 하며, 성과가 타당한 지표에 의해 측정될 수 있어야 한다(권인석, 2004). 그러한 경쟁에 의해 성과를 거둔 구성원에게는 그에 상응하는 정당한 보상이 주어져야 하며, 그래야지만 공공조직 내에 경쟁에 기초한 성과중심적인 문화가 조성될 수 있으며, 구성원에게 열심히 일하고자 하는 동기가 싹틀 수 있다.

2. 정부 기능의 축소를 통한 작고 효율적인 정부 추구

신공공관리론은 시장의 역할과 기능이 정부보다 우월하다는 전제하에 불필요하고 과다한 정부 기능을 대폭 축소하고, 이를 시장에 맡김으로써 작지만 효율적인 정부를 추구하는 것을 특징으로 한다. 이를 위해 정부 서비스를 민간에 위탁하여 공공부문의 효율성 제고는 물론 서비스 질의 향상을 도모하고자 한다(김정렬, 2000; Gruening, 2001). 그리고 불필요한 정부의 권한들을 대폭 하위기관에 위임함으로써 전통적인 통제 위주의 관리방식을 자율적이고 성과지향적인 관리방식으로 바꾸고자 한다(김태룡, 2017). 또한 작고 효율적인 정부를 추진하기 위해서는 불필요한 규제를 완화하는 것이 필요하다. 왜냐하면 기본적으로 규제는 행정업무나 서비스의 감독과 통제를 강화하는 측면이 있기 때문이다. 미국에서 대폭적인 규제완화가 미국 경제의 효율성 증대와 장기호황의 핵심 요인이었다는 것이 이의 필요성을 뒷받침한다.

3. 고객 지향적인 행정

신공공관리론은 기본적으로 시민을 경제적 이익을 추구하는 고객(customers)으로 간주하며, 이들의 다양한 욕구와 기대를 충족시키는 데 초점을 맞춘다(이영철, 2003). 따라서 정부는 시민인 고객의 요구에 대한 반응성(responsiveness)에 주목하지 않을 수 없다. 즉, 이들이 정부가 제공하는 서비스에 대해 어떠한 요구와 기대를 가지고 있는지에 대해 늘 관심을 가지고 지켜보아야 한다. 결국 정부는 공공 서비스의 제공에 있어 과정보다는 결과를 중시하게 되며, 효율적인 행정을 통해 성과를 달성하는 것에 목표를 두게 된다.

4. 기업가적 정부

신공공관리론은 시민을 최우선시하고 혁신적이고 진취적인 마인드를 가지고 운영되는 기업가적 정부(entrepreneurial government)를 추구한다. 기업가적 정부는 정부 활동의 효율성과 효과성을 제고하기 위해 정부를 기업가적 혁신 마인드를 가지고 새로운 방식으로 운영하는 정부형태를 말한다. 이러한 정부형태에서 일하는 구성원들은 혁신적인 정책 아이디어를 제안하고, 이를 새로운 정책으로 개발할 수 있는 정책기업가(policy entrepreneur)가 된다(이원종·유민봉, 2008). 이러한 기업가적 정부가 등장하게 된 배경은 크게 세 가지 요인으로 설명할 수 있다(차성덕·최호진, 2003: 3). 첫째, 1970년대 전 세계적인 경제불황으로 공공부문의 비효율성을 제거하기 위해 강력한 개혁요구의 일환으로 기업가적 정부가 등장하였다. 둘째, 세계화 추세에 따라 국가경쟁력 확보가 시급히 요청되는바, 이러한 경쟁력 확보를 위해서는 정부를 개혁하는 것이 요구되었으며, 그러한 방법 중의 하나로 정부혁신과 성과를 강조하는 기업가적 정부가 필요했다. 마지막으로, 공공부문의 생산성이 민간부문에 비해 뒤떨어진다는 인식이 확산되면서 민간부문의 우수한 경영기법과 성과의 논리를 공공부문에 도입하여 정부개혁을 추구해야 한다는 목소리가 커졌으며, 이를 위해 기업가적 정부가 등장하게 되었다. 기업가적 정부에서는 고객을 우선시하며, 불필요한 규칙과 절차를 제거 또는 완화함으로써 공무원들이 시민을 위해 적극적으로 일할 수 있는 환경을 조성해준다. 또한 공무원들에게 권한을 위임하고, 자율성을 부여함으로써 책임감을 가지고 스스로 문제를 해결할 수 있는 역량을 키워 나간다.

Ⅲ. 신공공관리론의 비판

시장 중심적인 관리에 기반한 신공공관리론은 행정비용의 절감, 정부기관의 권한 분산, 공무원에게 권한부여(empowerment), 조직문화의 변화 및 서비스 질의 개선을 특징으로 하였다. 이러한 특징들은 민간관리가 공공관리와 차이가 없다는 기본 가정에서 출발한다. 그러나 공공 및 민간조직에 관계 없이 유사한 관리 기능이 있을 수 있으나, 두 조직 간에 근본적인 차이가 있다는 것을 부인하기는 어렵다. 공공관리와 민간관리 사이에 실질적인 차이가 없다면 시장 중심적인 관리에 기반한 정부개혁으로 인해 발생하는 여러 문제들을 설명하는 데 한계가 있다. 민간관리에 크게 의존하는 신공공관리론은 공정성(fairness), 형평성(equity), 적법 절차(due process)와 같은 민주적 가치를 증진하는 데 있어 본질적으로 한계가 있다. 특히 신공공관리론은 행정 및 정치적 과정이 아닌 결과와 고객 만족에 초점을 맞추기 때문에 책무성을 잘 설명하지 못한다는 단점이 있다(Riccucci,

2001). 다음에서는 신공공관리의 여러가지 비판들에 대해 논의하고자 한다.

1. 공공부문과 민간부문의 차이 무시

앞에서도 언급했듯이 신공공관리론은 기본적으로 공공관리와 민간관리의 차이를 무시하며, 민간부문의 경쟁과 성과의 논리가 공공부문에 그대로 적용될 수 있다고 믿는다. 그러나 공공관리는 다음과 같은 여러 가지 면에서 민간관리와 차이가 있다(Rainey, Fernandez, & Malatesta, 2021). 첫째, 목표와 성과기준에서 차이가 난다. 공공부문은 민간부문과 비교해볼 때 상대적으로 목표가 불분명하거나 다양하고, 성과기준이 비가시적(invisible)이거나 측정하기 어려운 경우가 많다. 이러한 공공부문의 불분명한 목표와 비계량적인 성과기준들이 공공관리와 민간관리의 차이를 정당화시키는 요소로 작용한다. 둘째, 공공부문과 민간부문 간에 일반적인 관리역할에서 차이가 난다. 한 예로서, 정부의 많은 관리자는 이직집단과 입법가들로부터 직접적인 압력을 받는 경우가 많으며, 이해 관련 당사자들의 다양한 요구와 기대를 충족시켜줘야 한다. 셋째, 행정권한(administrative authority)의 측면에서 공공부문에서 일하는 관리자들이 민간부문에서 일하는 관리자들보다 그들의 역할을 수행하는데 있어 더 많은 권한을 행사하고, 새로운 규칙과 계층제적 통제에 더 많은 영향을 받게 된다. 넷째, 인센티브 구조 측면에서 공공조직이 민간조직보다 보수, 승진, 성과급 등에서 더 많은 제약요인과 어려움을 갖는다. 더 나아가 공공조직에서 일하는 구성원들이 민간조직에서 일하는 구성원들보다 성과와 보수, 승진 기회에 있어 상대적으로 만족도가 낮다. 마지막으로, 업무 관련 가치와 태도 측면에서 기존의 많은 연구가 공공조직에서 일하는 구성원들이 민간조직에서 일하는 구성원들보다 더 낮은 수준의 금전적 인센티브, 더 높은 수준의 공공봉사동기(public service motivation)와 이타적인 동기를 갖는다고 보았다. 공공부문과 민간부문의 이러한 여러 가지 차이가 민간부문의 경영기법과 성과의 논리를 그대로 공공조직에 적용해서는 안 된다는 것을 정당화한다.

2. 효율성 이외의 다른 공공가치에 대한 경시

신공공관리론은 기본적으로 적은 비용을 가지고 최대의 성과를 거두는 효율성의 가치를 가장 중시한다. 그러나 공공부문은 효율성의 가치만을 추구할 수 없으며, 그 이외에 민주성, 형평성, 책무성 등의 가치를 추구해야 한다. Terry(1998)는 이러한 효율성 위주의 가치 추구는 책무성 문제를 무시하기 때문에 민주주의에 대한 심각한 위협이 될 수 있다고 경고하였다. 그리고 정부는 근본적으로 공동체의 존재를 바탕으로 공익(public interest)을 최우선의 가치로 설정하고 이러한 가치를 실현하기 위해 시민, 이해 관련 집단 등의 다양한 의견을 수렴하여 이를 민주적 과정을 거쳐 합의에 도달하는 역할과 기능을 수행해야 한다.

신공공관리론에서 이야기하는 민주성 또는 대응성은 효율성을 높이기 위한 수단으로서의 성격이 강하며, 구성원의 민주적 참여를 통한 의사결정과는 거리가 멀다(이영철, 2003). 형평성의 가치에 대해서도 신공공관리론은 그리 큰 관심을 기울이지 않는다. 정부는 공공 서비스를 제공하거나 행정업무를 수행할 때, 계층 간, 지역 간의 형평을 고려해야 할 경우가 많으며, 단순히 효율성의 논리로만 공공문제를 해결할 수 없다. 책무성의 가치도 정부가 추구해야 할 중요한 가치 중의 하나이다. 그러나 신공공관리론에서의 책무성은 정부성과에 대해 고객에게 책임을 진다는 단순한 차원에 그친다. 그러나 정부에서의 책무성은 공공조직 내에서의 규칙과 절차를 따르는 계층적 책무성(hierarchical accountability), 법률과 규칙을 준수하는 법적 책무성(legal accountability), 공무원으로서 갖추어야 할 전문적 지식과 기술의 소유 여부에 관한 전문적 책무성(professional accountability), 어떤 공공 이슈나 주제와 관련된 이해 관련 당사자들의 다양한 욕구와 기대를 충족시키는 것과 관련된 정치적 책무성(political accountability)을 모두 포함한다(Romzek & Dubnick, 1987).

민주주의에서 정부의 근본적인 임무는 공익을 추구하는 것이다. 시장 중심적인 신공공관리론에서는 민주성, 사회적 형평성, 책무성과 같은 중요한 민주적 가치를 추구하는 데 내재적인 한계가 있다. Kettl(1997)이 주장하듯이 진정한 개혁은 시장 중심적인 접근방식을 기반으로 하는 새로운 관리 메커니즘과 다양한 민주적 가치 간에 균형을 끊임없이 모색해야 한다.

3. 고객 이외의 시민의 다양한 성격을 간과

신공공관리론은 자기 이익을 추구하는 경제적 인간만을 전제함으로써 고객 이외의 시민의 다양한 성격을 간과하고 있다. 신공공관리론에서는 기본적으로 인간을 사회와 관련성이 약한 원자화된 개인으로 전제하기 때문에 오직 성과중심적인 마인드를 갖게 되고, 효율성의 논리에만 집착하게 된다. 그러나 경제적 용어로서 고객은 개인적 지향과 고정된 선호도를 가정하는데, 이는 민주 사회의 공적 가정과 대조된다(Kaboolian, 1998). 시민은 경제적 행위를 하는 주체로서 소비자뿐만 아니라 공동체 내에서 형성된 가치를 추구하고 공익을 고려하는 사회적 구성원이다. 따라서 시민을 경제적인 이익을 추구하는 고객으로서만 간주하는 것은 다양한 시민의 이질적인 성격을 포착하지 못하는 원인이 될 수 있다. 예를 들면, 선거 때 시민들은 소중한 한 표를 행사하는 유권자로서의 정치적 성격을 띠게 되며, 각종 문화행사에 참여할 때는 관람객으로서의 문화적 성격을 띠게 된다. 결국 신공공관리론에서 시민을 오직 경제적 성격의 고객으로서만 접근하는 것은 시민의 다양한 성격을 왜곡하는 오류를 범할 수 있다.

4. 기업가적 정부의 문제

신공공관리론이 강조하는 기업가적 정부는 몇 가지 문제가 있다. Terry(1993)는 공공 기업가적 정부의 세 가지 문제를 지적한다. 첫째, 공공 기업가적 정부는 공공 관리자를 엄청난 권력을 가진 영웅이나 정복자로 묘사함으로써 비민주적인 이미지를 영속화하여 조직의 주요 의사결정을 본인의 주관적 판단이나 재량에 따라 변경시킬 수 있다고 본다. 그러나 민주주의 사회에서 이러한 형태의 통제되지 않은 권력과 지배를 수용하는 시도는 바람직하지 않다. 둘째, 변화 문제와 관련이 있다. 기업가는 종종 기존의 행동에서 혁명적 변화를 선호하는 혁신가로 묘사되는데, 이러한 기업가는 부족한 공공 자원을 공정한 규칙과 절차의 적용을 통해 적절하게 분배할 가능성이 낮다. 마지막으로, 기업가적 정부는 기존 정부에서 유지해왔던 각종 사업이나 프로그램 등을 무시하는 경향이 있다. 왜냐하면 이러한 기존의 사업이나 프로그램이 혁신적인 변화에 장애물로 여겨진다고 생각하기 때문이다. 따라서 이러한 인식은 기존에 확립된 가치와 축적된 지식을 무시하는 부정적인 시각을 양산해 낼 수 있다는 점에서 문제라고 할 수 있다. 그러나 기존의 가치와 지식도 점진적이고 집단적인 방식으로 정치 공동체의 발전을 위한 유용한 수단을 제공함으로써 민주 사회에서 중요한 기능을 수행할 수 있다(Dobel, 2001).

제 4 절 공공관리의 새로운 이론

신공공관리론이 신자유주의와 관리주의를 이론적 배경으로 하여 민간의 경영기법을 공공부문에 과감히 도입하여 상호 경쟁을 통한 공공 서비스 질과 성과 향상에 기여했다는 것은 긍정적으로 평가할 만하다. 그러나 1990년대 후반부터 민간의 관리기법을 공공부문에 적용하는데 따른 근본적 문제점이 지적되면서 신공공관리론의 부작용에 대한 비판과 한계가 제기되었다. 이러한 비판을 극복하기 위한 다양한 논의가 전개되었고, 더 나아가 새로운 이론들이 소개되었는데, 이를 통합하여 '후기 신공공관리'(post- NPM)로 개념화하였다(박치성·백두산, 2021; 이종수, 2010). 여기서는 후기 신공공관리 이론 중에서 대표적인 신공공서비스론(New Public Service)과 공공가치관리론(Public Value Management)에 대해 살펴보기로 한다.

Ⅰ. 신공공서비스론

1. 신공공서비스론의 개념

신공공관리론이 공공부문에 적용되었을 때 여러 가지 부작용과 문제점이 지적됨에 따라 이를 대체할 새로운 관리 패러다임의 출현이 요구되었다. 신공공공서비스론을 제안한 대표적 학자인 Denhardt와 Denhardt(2000, 2003)는 민주적 시민권 이론(theories of democratic citizenship), 공동체와 시민사회(community and civil society), 조직 인본주의와 담론(organizational humanism and discourse theory) 등의 이론적 배경을 바탕으로 정부의 주인은 시민이라는 인식하에 시민들로 하여금 공공의 이해관계에 관심을 갖도록 하고, 행정활동에서 시민에게 봉사하고 그들의 삶의 질을 향상시키기 위해 정부가 책무성을 가지고 적극적인 역할을 수행할 것을 주장하였다.

신공공서비스론은 세 가지 이론적 뿌리를 가지고 있다. 첫째, 민주적 시민권 이론이다. 시민권은 법적 차원에서는 시민의 권리와 의무, 정치적 차원에서는 정치적 공동체에 영향을 미칠 수 있는 개인의 역량에 초점을 맞춘다(권용수, 2005: 818). 민주적 시민권에서의 시민은 자기 이익보다 더 포괄적이고 장기적인 공익에 관심을 갖는 것을 가정한다. 더 나아가 행정관료들도 시민들과 신뢰감을 형성하여 실질적인 파트너십을 통해 강한 책무성과 반응성을 추구한다(김대성·이현선, 2008).

둘째, 지역 공동체 및 시민사회 모델은 과거보다 쇠퇴된 지역 공동체에 대한 시민들의 관심의 증가와 정부, 특히 지방정부의 역할이 지역공동체를 다시 부활시키고 지원하는데 도움을 주어야 한다는 시각을 반영한다. 이를 위해 지방정부는 지역 공동체 내에서 시민들의 바램과 관심이 무엇인지에 초점을 맞추어야 하며, 지역 공동체와 지속적이고 유기적인 상호관계를 형성·촉진·지원하는 역할을 담당해야 한다(King & Stivers, 1998).

마지막으로, 신공공서비스론은 조직 인본주의와 담론에 뿌리를 둔다. 조직 인본주의는 전통적인 계층제적 관료제 내에서의 경직화, 비사인주의를 비판하면서 조직 구성원의 창의성, 자율성, 자발성을 강조한다. 포스트모던 행정이론으로 불리는 담론은 해석학과 비판이론에 뿌리를 두고 있으며, 시민, 관료 등을 포함한 모든 집단 사이에 진실되고 개방적인 대화와 토론을 강조한다.

2. 신공공서비스론의 기본원칙

Denhardt와 Denhardt(2000, 2003)는 새로운 관점에서 신공공서비스론의 일곱 가지 기본원칙을 제시하였다.

(1) 방향 조종보다 봉사(Serve, rather than steer)

공무원의 중요한 역할은 새로운 방향에서 사회를 통제하거나 조종하기보다 시민들의 공유된 이익을 설명하거나 충족시키는 것을 도와주는 것이다. 과거 정부는 사회의 조종자로서 중심적인 역할을 담당해 왔다. 그러나 복잡한 현대 사회에서 정부의 그러한 역할은 더 이상 타당하지도 않고 불가능하다. 공공 정책은 더 이상 정부만의 의사결정 과정의 결과로 볼 수 없으며 다양한 집단과 조직의 결과물로 인식해야 한다. 따라서 정부의 주요 역할은 일반 시민을 통제하거나 지시하는 것이 아니라 사회를 움직이는 과정에서 중요한 행위자가 되어야 하며, 공공문제를 해결하기 위해 서로 다른 의견을 가지 집단과 세력들 간에 화합하고, 타협하고, 협상하는데 있어 조정자가 되어야 한다. 이러한 정부 역할의 변화에서 가장 중요하게 요구되는 것은 정부의 기본적 인식의 변화이며, 그 변화의 핵심은 시민들에게 봉사하는 마음가짐이라고 할 수 있다.

(2) 공익은 부산물이 아닌 목표 그 자체(The public interest is the aim, not by-product)

행정관료들은 집합적이고 공유된 공익의 개념을 형성하는 데 노력해야 한다. 목표는 개인 선택에 의해 유인되는 빠른 해결책을 찾는 것이 아니라 공유된 이익과 책임의 생성이다. 신공공서비스론에서는 사회를 위한 비전을 설립하는 과정이 단지 정치 지도자나 선출직 공직자들에 의해서가 아니라 광범위한 대중의 대화와 숙의가 핵심이란 것을 강조한다(Bryson & Crobsy, 1992; Luke, 1998). 정부의 역할은 사회가 나아가야 할 방향에 대해 시민들이 자유롭고 진정한 대화가 가능하도록 환경을 조성해주는 것이다. 또한 행정관료는 시민들이 공유된 가치를 표현하고, 공익을 발전시킬 수 있는 토론의 장을 만들어주는 데 있어 적극적인 역할을 담당해야 한다. 이것은 단순히 타협을 통해 시민들의 다양한 의견에 반응하기보다 장기적이고 더 넓은 의미의 지역 공동체와 사회적 이익을 위해 노력해야 한다는 것을 의미한다. 이러한 과정을 통해 공익은 개인 이익의 집합이 아닌 시민들의 공유된 가치의 담론의 결과물로 인식해야 한다(이종수 외, 2022).

(3) 전략적으로 사고, 민주적으로 행동(Think strategically, act democratically)

공공의 욕구를 충족시키는 정책과 프로그램은 집합적 노력과 협업적 과정을 통해 가장 효과적이고 책임감 있게 달성될 수 있다. 단순히 정부에게 정책을 집행하도록 하는 것이 아니라 사회의 바람직한 방향으로 나아가기 위해 정부 정책 또는 프로그램과 관련된 모든 이해 관련 당사자들을 참여시키는 것이 중요하다. 시민들을 시민 교육 프로그램에 참여시키고, 넓은 의미의 시민 리더를 양성함으로써 정부는 새로운 시민 자부심(civic pride)과 시민 책임성(civic responsibility)을 촉진할 수 있다. 그래서 모든 이해 관련 당사자들이 참여, 협업, 지역 공동체를 위한 기회를 만들기 위해 함께 노력해야 한다. 이것이 가능하기 위해서는 우선 정치 리더십을 발휘하기 위한 분명하고 중요한 역할이 있다. 그것은 시민들의 책무성을 강화하고, 지역 공동체의 유대감을 형성하기 위해 집단과 개인들을 지원하는 것이다. 또한 정부는 개방성, 접근 가능성, 대응성을 통해 시민들에게 봉사하고, 시민들은 그들의 다양한 욕구와 기대를 충족시키기 위해 정부가 존재한다는 것을 인식해야 한다.

(4) 고객이 아닌 시민에 봉사(Serve citizens, not customers)

신공공서비스론에서는 정부와 상호작용하는 주체로서 고객이 아닌 시민을 강조한다(권용수, 2005). 공익 또한 공동체 내에서 시민들 간의 상호작용의 결과로서 이해된다. 즉 공익은 개인의 자기 이익의 집합체라기 보다 공유된 가치에 관한 담론의 결과이다. 그러므로 관료들은 단지 고객의 요구에 반응하는 것이 아니라 시민들과의 신뢰와 협업을 형성하는데 초점을 맞추어야 한다. 신공공서비스론에서는 정부가 고객의 이기적이고 단기적인 이익에 배타적으로 반응하지 말아야 한다는 것을 강조한다. 대신에 시민으로서 행동하는 사람들이 그들의 이웃과 지역 공동체에서 발생하는 문제들에 대해 개인적 책임감을 가지고 단기적인 이익을 초월한 더 광범위한 지역 공동체를 위한 문제에 관심을 기울여야 한다. 결국 이러한 것들은 효과적이고 책임감 있는 시민권의 요소들을 정의하는 것이다. 그 다음 정부는 시민들의 요구와 이익에 반응하면서 그들이 지역 공동체에 참여할 수 있도록 지원하는 역할을 담당해야 한다. 어떤 경우에도, 더 많은 사람이 시민으로서의 책임감을 가질 수 있도록 격려하고, 정부는 특히 시민들의 목소리에 귀 기울일 수 있도록 노력해야 한다.

(5) 책무성은 단순하지 않다(Accountability is not simple)

관료들은 민간부문보다 책무성에 더 많은 관심을 가져야 한다. 또한 그들은 법령과 헌법, 지역 공동체의 가치, 정치적 규범, 전문적 기준(professional standards), 그리고 시민의 이익에도 관심을 기울여야 한다. 책무성의 문제는 극도로 복잡하다. 전통행정이론과 신공공관리론에서는 책무성 이슈를 과도하게 단순화시켰다. 예를 들면, 전통행정이론에서는 관료의 책무성을 정치인에게 전가했고, 신공공관리론에서는 관료에게 기업가로서의 책무성을 요구하였다(김대성·이현선, 2008). 그러나 관료는 공익, 법령과 헌법, 다른 기관, 다른 정부, 미디어, 지역 공동체의 가치와 같은 다양한 제도와 기준에 의해 영향을 받거나 영향을 미친다. 신공공서비스론에서의 책무성은 관료들이 공익 차원에서 시민에게 봉사해야 한다는 점에 초점을 맞춘다(권용수, 2005). 따라서 책무성은 시민의 다양한 요구와 선호에 대해 정부가 얼마나 잘 대응했는지 여부에 의해 평가되어야 한다.

신공공서비스론에서는 책무성을 추구하기 위한 현실과 복잡성을 인식한다. 관료들은 갈등하는 복잡한 규범의 상황에서 어떤 가치를 추구해야 할지에 대해 고민한다. 이럴 경우, 관료들은 스스로 의사결정을 하는 것이 아니다. 시민들과의 대화, 조정, 참여 등의 방법을 통해 공공의 문제들을 해결해 나가야 한다. 이러한 과정을 통해 관료들은 그들에게 주어진 책무성의 가치를 실현해 나갈 수 있다.

(6) 단순히 생산성이 아닌 사람에게 가치 부여(Value people, not just productivity)

공공조직과 네트워크가 모든 사람의 존중에 기반한 협업과 공유된 리더십의 과정을 통해 작동된다면 장기적으로 성공하기 쉽다. 관리와 조직에 대한 접근에서 신공공서비스론은 사람들을 통한 관리의 중요성을 강조한다. 전통적인 관리시스템으로서 생산성 개선, 과정 리엔지니어링, 성과측정이 관리시스템을 설계하는데 있어 중요한 도구로 보인다. 그러나 신공공서비스론은 인간 행태를 통제하기 위한 그런 합리적인 시도가 장기적으로는 실패하기 쉽고, 조직 구성원들의 가치와 이익에는 적은 관심을 갖게 된다. 신공공관리론에서 강조하는 공유된 리더십은 조직 구성원과 시민들이 공공 서비스의 동기와 가치를 확인하기 위한 기회를 제공하는 데 있어 중요하다. 공유된 리더십, 협업, 권한부여가 조직 내부와 외부 모두에서 하나의 규범이 된다. 또한 공유된 리더십은 공공조직과 지역 공동체가 함께 나아가야 할 목표, 가치, 이상에 초점을 맞추어야 하며, 그러한 리더십은 상호존중, 수용, 지원에 의해 실현될 수 있다.

(7) 기업가적 정신보다 시민권과 공공서비스에 가치 부여(Value citizenship and public service above entrepreneurship)

공익은 공금(public money)이 마치 자신의 소유인 것처럼 행동하는 기업가적 관리자보다 사회에 의미 있는 기여를 하는 데 몰입하는 관료들과 시민들에 의해 더 잘 진척될 수 있다. 신공공관리론에서 가정하는 것과는 달리, 관료들은 공공 프로그램과 자원이 그들의 것이 아니라는 것을 인식해야 한다. 다소 관료들은 공공 자원의 조달자(stewards), 공공조직의 보존자(conservators), 시민권과 민주적 대화의 촉진자(facilitators), 지역 공동체를 위한 촉매제(catalysts), 그리고 일선 지도자(street-level leaders)로서 행동함으로써 시민들에게 봉사하는 책임감을 가져야 한다. 이것이 이윤과 효율성에 초점을 맞추는 기업 소유주와는 매우 다른 시각이다. 신공공서비스론에서는 관료들이 권력을 공유하고, 해결책을 중재해야 할 뿐만 아니라 기업가가 아닌 책임 있는 참여자로서 거버넌스 시스템하에서 그들의 역할을 재개념화해야 한다.

관료들의 역할에서 이러한 변화가 그들이 직면한 도전과 책임의 형태를 위한 중요한 의미를 가진다. 첫째, 관료들은 공공 프로그램이나 정책의 요구와 자원 그 이상을 인식하고 관리해야 한다. 시민에게 봉사하기 위해 관료들은 그들 기관의 자원을 관리해야 할 뿐만 아니라 시민과 지역 공동체를 위한 지원과 원조의 다른 자원들을 인식해야 한다. 둘째, 관료들이 위험에 처했을 때, 실패의 결과가 대부분 자신에게 달려 있다는 것을 알면서도 그러한 결정을 내릴 수 있는 기업가는 아니다. 신공공서비스론에서 위험과 기회는 민주적 시민권과 공유된 책임이라는 더 큰 틀 안에서 존재한다. 고려해야 할 중요한 요소로서 즉각적이고 도전적인 행동을 취하는 관료에 대한 평가는 신뢰, 협업, 공유된 책임감을 가지고 업무를 처리하는지 여부에 달려 있다.

3. 신공공서비론에 대한 평가

신공공서비스론이 기존의 신공공관리론을 비판하면서 시민을 위한 봉사의 강조, 민주성의 가치 실현, 시민권과 시민참여의 확대, 민주적 거버넌스를 강조하면서 행정과 관료의 역할을 민주적이고 규범적으로 제시했다는 점에서 높이 평가할 만하다. 특히, 관료는 시민을 단순한 고객이 아닌 봉사의 대상임을 인식하고, 장기적 관점에서 그들과 상호작용하면서 신뢰를 형성하고, 문제를 해결해 나가야 하는 동반자라는 인식을 가져야 한다. 민주 사회에서 민주적 가치에 대한 관심은 거버넌스 체제에 대한 것과 동등해야 한다. 효율성, 생산성과 같은 가치도 중요하지만, 동시에 이러한 가치들은 민주주의, 지역 공동체, 공익의 더 큰 맥락 속에서 논의되어져야 한다. 이렇듯 신공공서비스론은 시민을 위한 민주적 가치를 강조하면서 어떻게 이러한 가치가 시민들과 상호작용하면서 형성되고 발전되어 가는지에 관심을 갖는다.

그러나 신공공서비스론은 행정의 규범적 특성과 가치를 지나치게 강조한 나머지 행정이 추구해야 할 효율성, 생산성의 수단적 가치의 중요성을 간과한 측면이 있다(권용수, 2005). 시민들의 입장에서 공공서비스가 얼마나 효율적으로 전달되는지도 상당히 중요한 요소이다. 왜냐하면 결국 시민들은 이러한 서비스 전달과정에서의 효율성을 기준으로 정부 서비스를 평가하기 때문이다. 또한 신공공서비스론은 민주적 행정을 지향하면서 시민지향적이고 가치지향적인 행정이론의 큰 청사진을 제시했지만, 정교하고 체계적인 행정이론을 제시하지는 못했다(김대성·이현선, 2008).

표 2-1 신공공관리론과 신공공서비론의 비교 시각

비교 대상	신공공관리론	신공공서비스론
주요 이론적, 인식론적 기초	- 경제이론 - 실증적 사회과학에 기반한 정교한 대화	- 민주주의 이론 - 실증적, 해석적, 비판적, 모스트모더니즘을 포함한 지식체계
지배적 합리성과 인간행태모형	- 기술적, 경제적 합리성 - 경제인, 자기 이익에 기초한 의사결정자	- 전략적 합리성 - 정치적, 경제적, 조직적 합리성에 대한 다원적 검증
공익의 개념	개인 이익의 총합	공유된 가치에 관한 담론의 결과
관료의 반응대상	고객	시민
정부의 역할	방향잡기(시장의 힘을 활용한 촉매제로서 행동)	봉사(시민과 공동체 집단 간 협상, 이익조정, 공유된 가치 창출)
정책목표 달성을 위한 기제	민간 및 비영리 기관을 통해 정책목표를 달성하기 위한 기제와 인센티브 구조의 창출	상호합의된 욕구를 충족시키기 위한 공공, 비영리 및 민간기관 간 연합 형성
책무성에 대한 접근	시장지향적(자기 이익의 축적이 시민 또는 고객의 광범위한 집단에 의한 바람직한 결과를 창출함)	다면적(관료는 법, 공동체 가치, 정치규범, 전문가적 표준, 시민 이익을 존중해야 함)
행정재량	기업가적 목표를 충족시키기 위한 폭넓은 재량	자유재량이 필요하지만 제약된 책임수반
가정된 조직구조	기관 내 주요 통제권이 유보된 분권화된 공공조직	내재적, 외재적으로 공유된 리더십을 가진 협업적 구조
관료와 행정가의 가정된 동기부여 기초	기업가적 정신, 정부의 규모를 축소하기 위한 이념적 바람	공공봉사, 사회에 기여하려는 바람

출처: Denhardt & Denhardt (2000: 554).

Ⅱ. 공공가치관리론

공공가치관리론은 행정의 공공성 약화를 극복하고 정부활동과 정책, 서비스 제공에 있어 공공가치를 중시하는 관리방식을 말한다(이종수 외, 2022; 주은혜, 2022; O'Flynn, 2007). 공공가치관리론에 대한 논의는 이미 30년 전 Moore(1995)가 공공부문의 관리전략으로서 공공가치의 창출(creating public value)을 제안함으로써 시작되었다고 볼 수 있다. 이하에서는 공공가치관리론의 의의 및 주요 내용을 살펴보고, 공공관리론의 시각에서 이를 평가하고자 한다.

1. 공공가치론의 의의와 전략적 삼각형(Strategic Triangle)

앞에서 언급한 것처럼, 공공가치관리론이 Moore(1995)의 저서인 "Creating Public Value: Strategic Management in Government"가 출간된 이후 시작되었다고 볼 수 있다. 그의 주장의 핵심적 전제는 민간기업에서 가치를 창출하는 것처럼, 공공부문에서도 공적 자원의 사용을 통해 공공가치를 창출할 수 있어야 하고, 그러한 공공가치가 공공선을 실현하는데 있어서 행정의 성공 여부를 결정하는 핵심적 요인이 된다는 것이다(신희영, 2018; 주은혜, 2022). 공공부문에서의 전략적 관리는 공공가치를 찾아서 정의하고, 시민과 이해 관련 당사자들로부터 이의 정당성과 지지를 확보하고, 이를 실행해 옮기기 위한 운영역량을 형성하여 구축하는 것이다. Moore(2014)는 이를 전략적 삼각형으로 구성하여 제안하였다.

(1) 공공가치의 정의

전략적 삼각형의 첫 번째 요소는 공공가치를 정의하는 것이다. 즉 공공가치를 구성하는 것이 무엇인가에 대한 해답을 제공하는 것이다. 공공가치란 다양한 이해 관련 당사자들이 숙의의 과정을 통해 결정되며, 개인적 선호의 총합 그 이상을 의미한다(Stoker, 2006). 이러한 공공가치는 조직의 미션이나 목표 등으로 표출되며, 구성원의 행동 지침이나 정당성을 부여하는 역할로서 기능한다. 공공가치는 일단 형성되고 나면 지속성을 띠지만, 환경 조건이 변화함에 따라 공공가치의 개념도 변할 수 있다. 예를 들면, 정치적 환경 또는 새로운 공공문제가 발생한다면, 이러한 변화에 대응하기 위해 공공 관리자들은 이전의 공공가치를 조정하고, 새로운 현실과 가능성을 수용하기 위해 새로운 가치를 정의하고 제안해야 한다(Moore, 2014).

(2) 정당성(Legitimacy)과 지지(Support)

전략적 삼각형의 두 번째 요소로서 공공가치를 창출하고 적용하기 위한 관리적 노력이 정당성과 지지를 형성하는데 있어서 중요한 역할을 담당한다. 공공가치를 창출하고 실현하기 위해서는 선출직 대표에 대한 책무성, 시민사회와의 관계, 대중 매체의 평판 등과 같은 외부환경으로부터 정당성과 지지를 얻는 것이 중요하다(이종수 외, 2022). 공공가치에 대한 정당성과 지지를 획득하는 것이 중요한 이유는 첫째, 공공 관리자가 자신이 달성한 성과에 대해 책임을 져야 한다는 명확한 증거를 제공할 수 있기 때문이며, 둘째, 시민과 그 대표자들이 공공기관이나 조직에서 창출될 공공가치와 시민과 그 대표자들이 추구하는 가치가 일치한다는 것을 확신시켜 주기 때문이다.

(3) 운영역량(Operational Capacity)

공공가치를 창출하기 위해서는 조직의 운영역량을 구축하는 것이 중요하다. 공공조직은 조직 내외의 자원을 확보하고, 주어진 임무를 잘 수행하고 있는지에 대해 꾸준한 피드백을 받아야 하며, 공공조직 내외의 기관과의 조정과 협력을 통해 공공가치를 창출해 낼 수 있는 기관의 운영역량이 무엇보다 중요하다. 특히 복잡하고 불확실한 현대 행정에서는 기관 간의 상호협력과 네트워크의 형성을 통해 문제를 해결해 나갈 수 있는 운영역량을 키우는 것이 더 중요할 것으로 본다.

표 2-2 신공공관리론과 공공가치관리론의 비교

비교 대상	신공공관리론	공공가치관리론
공익에 대한 인식	개인 선호의 집합	숙의를 거친 공공의 선호
성과목표	효율성: 고객 대응성과 경제성 보장	공공가치 달성 - 서비스 제공, 만족, 사회적 결과, 신뢰 및 정당성

책무성 확보	성과계약을 통한 상위 기관에 대한 책임, 시장 메커니즘을 통한 고객에 대한 책임	다원적 차원 - 정부 감시자로서의 시민 - 사용자로서의 고객 - 납세자
서비스 전달체계	민간조직, 책임행정기관	대안적 전달체계를 실용적으로 선택 - 공공부문, 공공기관, 책임행정기관, 민간기업, 공동체조직
관리자의 역할	동의하는 성과목표를 정의하고 달성	숙의 절차와 전달 네트워크를 운영·조정하고 전체 시스템의 역량 유지에 기여
공공서비스 정신	공공서비스 정신에 대해 회의적	공공서비스 정신의 독점보다는 공유된 가치를 통한 관계 유지가 중요
민주적 과정의 기여	목표의 전달: 목표의 형성 및 성과 점검으로 한정되고, 관리자가 수단을 선택	대화의 형성과 전달: 지속적인 민주적 소통 과정이 필수적
공공참여	고객만족도 조사 등을 제한적으로 허용	다원적(소비자, 시민, 이해관계자 등) 참여 보장

출처: 이종수 외(2022: 134)에서 재인용.

2. 공공가치관리론에 대한 평가

공공가치관리론은 전통적 행정과 신공공관리론에서 소홀하게 다루어졌던 공익, 공공가치, 민주주의, 시민성 등의 가치를 복원하면서 정부 활동이나 정책에 이를 투입하여 활용하는 것을 강조하였다(신희영, 2018). 특히 공공가치관리론은 공공가치를 창출하고 실현하기 위해 공공가치를 정의하고, 시민과 이해 관련당사자들로부터 그러한 가치의 정당성과 지지를 획득하고, 실제 이를 정부의 운영과 기능, 그리고 관리방식에 적용하기 위해 새로운 운영전략을 설계하는 전략적 삼각형을 제안하였다.

공공가치관리론이 기존의 공공관리론에서 소홀히 다루었던 공공가치의 정체성과 특성을 체계적으로 정리하고, 이를 정부 활동이나 정책에 적용하기 위한 실천적 대안을 제공했다는 점에서 나름대로 의의를 갖는다고 할 수 있다. 그러나 공공가치를 적용하는 데 있어 서로 다른 의견이나 견해를 가진 개인 또는 집단 간의 권력의 문제와 갈등의 이슈를 적절히 다루지 못했다는 점에서 한계를 갖는다. 또한 공공가치의 정교한 개념화와 측정의 개발, 실증적 검증의 문제와 관련하여 더 많은 연구가 필요할 것으로 보인다(신희영, 2018).

요약

본 절에서는 공공관리가 어디서부터 유래되었는지 그 시초와 의미에 대해 살펴보았다. 공공관리의 의미를 구체적으로 파악하기 위해 이를 구조와 과정, 전문기술, 제도화된 가치의 세 가지 차원으로 나누어 살펴보았다. 그리고 정치-행정 이원론, 과학적 관리법, 원리주의 등으로 대표되는 고전 행정학의 공공관리론으로부터 신공공관리론과 거버넌스로 대표되는 현대 행정학의 공공관리론에 이르기까지 공공관리론이 시대적 변천에 따라 어떻게 발전해왔는지 살펴보았다. 특히 1990년 행정학의 주요 사조로 등장했던 신공공관리론의 대두배경, 주요 특성, 비판점에 대해서는 좀 더 자세하게 설명하였다. 마지막으로, 신공공곤리론을 비판하면서 나타난 후기 신공공관리론으로서 신공공서비스론과 공공가치관리론의 의미와 내용, 그리고 이들 이론을 어떻게 평가할 수 있는지에 대해 설명하였다.

사례연구

한국전력공사의 민영화

1990년대 이후 신공공관리론에 기초한 공공부문 개혁의 일환으로서 민영화가 논의되었다. 하나의 예로서 1980년대 말부터 꾸준히 논의된 한국전력공사의 민영화를 들 수 있다. 한국전력공사는 1989년 이후 급격한 주가하락으로 지지부진한 성과를 보임에 따라 이를 해결하기 위한 방법으로서 민영화의 필요성이 제기되었다.

김영삼 정부 초기인 1993년부터 민영화에 대한 타당성과 실현성 검토가 시작된 이래 공청회 개최, 전력노조의 파업 등의 많은 사건을 거쳤다. 7년여의 진통 끝에 김대중 정부시절인 2000년 12월에 정기국회에서'전력산업구조개편촉진법'등 관련 3법이 여야 만장일치로 제·개정되면서 한국전력공사의 민영화는 본격적으로 시작되었다. 그 결과 2001년 4월에는 한국전력에서 발전부문이 분리되면서 6개의 발전회사가 출범했다. 이준 남동발전의 매각을 우선적으로 추진하는 동시에 이를 관리할 전기위원회와 전력거래소를 설치하였다. 후속조치로 배전부문이 6개 회사로 분할되었고, 각각의 발전회사와 배전회사가 민간에 매각되면 한국전력의 민영화가 완결된다는 것이었다.

그러나 한국전력의 민영화 문제는 그 출발점부터 상당한 논란이 있었다. 전력산업의 민영화가 과연 공공부문 개혁을 위한 최선의 선택인가에 대한 국가적 합의가 없었다. 정부는 공공사업의 독점에 따른 방만한 운영과 효율성 저하를 근거로 민영화를 주장했지만, 국내 민간자본에 의한 또 다른 사적 독점과 외국기업에 헐값으로 매각하는 데 따른 부작용 등이 민영화의 반대 논거로 제시되었다. 또한 고용 불안을 이유로 민영화에 대한 노조의 강력한 반대가 있었고, 시민단체도 반대세력이 우세하였다.

이처럼 심각한 논란에 휩싸였던 한국전력의 민영화 문제는 노무현 정부 이후 재검토 방침이 정해졌다. 이에 따라 노사정위 공동연구단의 한국전력 민영화에 대한 재검토 결과, 배전부문을 문할 민영화할 경우 전력요금과 공급의 안정성이 불확실할 뿐만 아니라 분할 민영화에 따른 위험이 크다는 지적에 따라 배전사업 분할을 통한 민영화 계획은 결국 실패로 돌아갔다.

출처: 정병걸(2004). 동형화를 통한 정책이전과 공기업 민영화: 한국전력공사 민영화 사례를 중심으로. 「행정논총」, 42(4): 107- 132.

기업가형 정부

중앙정부 주도의 경제 성장은 한계가 있으므로 권한 이양과 규제 완화로 민간 중심의 경제 성장을 추구하겠다는 것이다. 반면 지방분권 강화를 위한 권한 이양 등의 내용은 포함되지 않아 기업가형 국가의 진정한 의미를 살리지 못했다는 지적도 나오고 있다.

한국개발연구원(KDI)과 노동연구원 등 10개 기관으로 구성된 정부 산하 중장기 전략 연구작업반은 17일 최경환 경제부총리 겸 기획재정부 장관 주재로 열린 중장기전략위원회에서 향후 5~10년의 중장기적 관점에서 필요한 경제 발전 전략과 정책 과제를 담은 '대한민국 중장기 경제발전전략'을 보고했다. 이날 발표된 내용은 앞으로 각 정부 부처별 정책의 가이드라인 역할을 하게 된다. 특히 이날 발표의 핵심은 정부 역할을 재정립해서 민간이 이끄는 경제 체제를 만들어야 한다는 것이다.

한국 경제가 지금까지 중앙정부 주도로 빠른 성장을 이뤘지만, 글로벌 경제 환경이 급격히 변하고 있어 기존 방식으로는 성장이 어려워졌기 때문이다. 이에 작업반은 유연한 시장경제 실현과 혁신적 기업 생태계 조성을 위해'기업가형 국가'로 정부 역할을 재정립해야 한다고 제안했다. 행정·경제학 전문가들에 따르면'기업가형 국가'는 시장과 작은 정부를 중시하는 신공공관리론의'기업가형 정부'에서 착안한 개념이다. 기업가형 정부는 중앙의 사전적 통제를 줄이는 대신 지역에 권한을 이양해 결과에 책임을 지도록 하는 지역사회로의 권한이양을 강조한다. 반면, 중장기 전략에서 연구작업반은"각 경제주체의 역할과 책임이 분산되는 유연한 경제운영이 토대가 돼 경쟁력을 제고할 수 있는 전략이 필요하다"고 강조하면서도 정작 중요 경제주체 중 하나인 지방정부의 역할과 관련해선 특별한 언급이 없었다. 다만, 지방자치단체가 지역 내 대학에 대한 재정투자를 늘리고 중장기적으로 대학을 직접 평가한 뒤 행정·재정지원을 결정할 수 있도록 지방정부의 역할과 기능을 강화해야 한다는 내용이 담겼을 뿐이다.

출처: "기업가형 국가로 정부 역할 재정립해야" 영남일보, 2015. 12.18.

토의질문

1. 고전 행정학 시대에서의 공공관리는 어떤 의미를 가지며, 이 시대를 관통하는 관리의 주요 내용은 무엇인가?
2. 거버넌스 이론에서는 책무성의 문제가 다소 모호할 수 있다. 책임의 소재 측면에서 이를 어떻게 이해하고 접근하는 것이 필요한가?
3. 신공공관리론이 행정에서의 공사 관리 차이의 무시, 가치문제의 소홀, 고객 이외의 시민의 다양한 특성을 간과했다는 이유로 비판을 받고 있는데, 반대로 신공공관리론이 공공관리에 미친 긍정적 영향은 무엇인가?
4. 새로운 공공관리론으로서 신공공서비스론과 공공가치관리론 모두 공공관리에서 가치를 중요시한다. 그 이유는 무엇인가? 이러한 가치중심적인 공공관리를 시민들의 입장에서는 어떻게 평가할 수 있는가?

참고문헌

권용수. (2005). Janet V. Denhardt와 Robert B. Denhardt의 신공공서비스론. 오석홍(편). 「행정학의 주요이론」(제3판), PP. 816-828. 파주: 법문사.

권인석. (2004). 신공공관리론의 논리, 한계, 그리고 극복. 「한국공공관리학보」, 18(2): 31-46.

김대성·이현선. (2008). 행정관료의 변형적 역할에 대한 비판: 신공공서비스이론을 중심으로. 「한국정책연구」, 8(1): 21-35.

김정렬. (2000). 정부의 미래와 거버넌스: 신공공관리와 정책네트워크. 「한국행정학보」, 34(1): 21-39.

김태룡. (2017). 「행정이론」(4정판). 서울: 대영문화사.

박종민. (2006). 한국 행정이론을 위한 비판적 성찰. 한국행정학회(편). 「한국행정학오십년: 1956-2006」, PP. 37-59. 서울: 조명문화사.

박치성·백두산. (2021). 정책 아이디어에 기반한 대통령별 공공가치 비교연구-대통령 연설문에 등장한 신공공관리와 후기 신공공관리의 주요 가치를 중심으로. 「한국정책학회보」, 30(4): 377-418.

백완기. (2006). 「행정학」. 서울: 박영사.

신희영. (2018). 공공행정의 정당성 위기와 공공부문 개혁 모델로서의 공공가치접근. 「한국사회와 행정연구」, 29(2): 31-56.

오세덕·이명재·강제상·임영제. (2013). 「행정관리론」. 서울: 대영문화사.

이영철. (2003). 신공공관리론의 이론적 비판: 원자화된 개인, 강력한 시장, 축소지향형 정부. 「정부학연구」, 9(1): 51-80.

이원종·유민봉. (2008). 「공공정책과 기업가형 리더십: 이원종 전 충북지사의 현장사례」. 서울: 박영사.

이종수. (2010). 탈신공공관리(Post-NPM) 개혁 전략의 모색. 「한국사회와 행정연구」, 21(1): 29-47.

이종수 외. (2022). 「새 행정학 3.0」. 서울: 대영문화사

정정길 외. (2017). 「새로운 패러다임 행정학」. 서울: 대명출판사.

주은혜. (2022). 공공가치관리론(Public Value Management) 패러다임의 적용을 위한 시론적 연구. 「정부행정」, 18(2): 1-34.

차성덕·최호진. (2003). 한국에 있어서 기업가적 정부혁신모형 도입의 적실성에 관한 연구. 「한국정책과학학회보」, 7(2): 159-188.

Bovaird, T. & Löffler, E. (2009). Understanding Public Management and Governance. In Tony Bovaird & Elke Löffler(2nd ed), *Public Management and Governance*, PP. 3-13. Oxford: Oxford University Press.

Bryson, J., & Crosby, B. (1992). *Leadership for the Common Good*. San Francisco, CA: Jossey-Bass.

Denhardt, R. B., & Denhardt, J. V. (2000). The New Public Service: Serving Rather than Steering. *Public Administration Review*, 60(6): 549-559.

______________________________. (2003). *The New Public Service: Serving Rather than Steering*. New York, NY: M. E. Sharpe.

Dobel, J. P. (2001). Paradigm, Tradition, and Keeping the Faith. *Public Administration Review*, 61(2): 166-171.

Frederickson, H. G. (1997). *The Spirit of Public Administration*. San Francisco, CA: Jossey-Bass Publishers.

Gruening, G. (2001). Origin and Theoretical Basis of New Public Management. *International Public Management Journal*, 4(1): 1-25.

Hodge, G. A. (2000). *Privatization: An International Review of Performance*, Boulder, CO: Westview.

Hood, C. (1991). A Public Management for All Seasons? *Public Administration*, 69(1): 3-19.

________. (2007). Public Management: The Word, The Movement, The Science. In E.

Ferlie, L. E. Lynn Jr., & C. Pollitt(ed), *The Oxford Handbook of Public Management*, PP. 7-26. Oxford: Oxford University Press.

Hughes, O. E. (2003). *Public Management and Administration*(3rd ed). New York, NY: Palgrave Macmillan.

Islam, F. (2015). New Public Management(NPM): A Dominating paradigm in Public Sectors. *African Journal of Political Science and International Relations*, 9(4): 141-152.

Kaboolian, L. (1998). The New Public Management: Challenging the Boundaries of the Management vs. Administration Debate. *Public Administration Review*, 58(3): 189-193.

Kettl, D. F. (1997). The Global Revolution in Public Management: Driving Themes, Missing Links. *Journal of Policy Analysis and Management*, 16(3): 446-462.

King, C. S., & Stivers, C. (1998). *Government is US*. London: Sage Publications.

Luke, J. (1998). *Catalytic Leadership*. San Francisco, CA: Jossey-Bass.

Lynn, L. E. (2006). *Public Management: Old and New*. New York, NY: Routledge.

________. (2007). Public Management: A Concise History of the Field. In E. Ferlie, L. E. Lynn Jr., & C. Pollitt(ed), *The Oxford Handbook of Public Management*, PP. 27-50. Oxford: Oxford University Press.

Lynn, L. E., Heinrich, C. J., & Hill, C. J. (2001). *Improving Governance: A New Logic for Empirical Research*. Washington, D.C.: Georgetown University Press.

Moore, M. (1995). *Creating Public Value: Strategic Management in Government*. Cambridge, MA: Harvard University Press.

________. (2014). Public Value Accounting: Establishing the Philosophical Basis. *Public Administration Review*, 74(4): 465-477.

O'Flynn, J. (2007). From New Public Management to Public Value: Paradigmatic Change and Managerial Implications. *Australian Journal of Public Administration*, 66(3): 353-366.

Peter, B. G. (2001). *The Future of Governing*(2nd ed), Lawrence, KS: University Press of

Kansas.

Peters, B. G. & Pierre, J. (1998). Governance without Government Rethinking Public Administration. *Journal of Public Administration Research and Theory*, 8(2): 223-243.

Rainey, H. G., Fernandez, S., & Malatesta, D. (2021). *Understanding and Managing Public Organizations* (6th ed). Hoboken, NJ: John Wiley & Sons, Inc.

Rhodes, R. A. W. (1996). The New Governance: Governing without Government. *Political Studies*, 44(4): 652-667.

Riccucci, N. M. (2001). The "Old" Public Management Versus the "New" Public Management: Where Does Public Administration Fit In? *Public Administration Review*, 61(2): 172-175.

Romzek, Barbara S. & Dubnick, M. J. (1987). Accountability in the Public Sector: Lessons from the Challenger Tragedy. *Public Administration Review*, 47(3): 227-238.

Stoker, G. (2006). Public Value Management: A New Narrative for Networked Governance. *American Review of Public Administration*, 36(1): 41-57.

Terry, L. D. (1993). Why We Should Abandon the Misconceived Quest to Reconcile Public Entrepreneurship with Democracy: A Response to Bellone and Goerl's "Reconciling Public Entrepreneurship and Democracy." *Public Administration Review*, 53(4): 393-395.

__________. (1998). Administrative Leadership, Neo-Managerialism, and the Public Management Movement. *Public Administration Review*, 58(3): 194-200.

3장 공공관리에서의 책무성

| 이슬기 |

학습목표

1. 책무성이란 무엇이며, 공공관리에서 왜 중요한 가치인지 이해하고 설명할 수 있다.
2. 책무성의 다양한 유형을 구분하고, 서로 다른 책무성 간에 충돌이 발생하는 이유를 설명할 수 있다.
3. 전통적 행정, 시장기반 거버넌스, 협력적 거버넌스 등 각각의 거버넌스 모델에서 책무성이 어떻게 작동하는지 비교할 수 있다.
4. 현대 행정에서 발생하는 책무성의 문제를 살펴보고, 한국 행정에 적합한 책무성 제도를 어떻게 설계하고 실천할 수 있을지 생각해볼 수 있다.

제 1 절 책무성의 개념

행정의 책무성(責務性, accountability)은 공공관리의 핵심 가치이다. '책무'의 사전적 의미는 직무에 따른 책임이나 의무를 말하며, 책무성이란 책무의 성질 또는 책임이나 의무를 지려는 태도를 의미한다. 대한민국 헌법 제7조는 "공무원은 국민 전체에 대한 봉사자이며, 국민에 대하여 책임을 진다"고 명시하고 있다. 이 조항은 공무원이 단순히 정부 조직의 일부로서 역할을 수행하는 것이 아니라, 국민에게 봉사하고 책임을 다해야 함을 강조하는 헌법적 원칙이다. 정부기관들은 "책임을 다하는 정부"라는 슬로건을 내세우며 정책을 집행하고, 국가의 책무를 완수하겠다고 다짐한다. 국민들은 공공기관이 책임을 회피하고 문제 해결을 미루는 것을 비판하면서, 적극적으로 국민의 삶을 책임지는 정부를 요구한다.

정부의 책임과 의무가 확대되면서 행정의 책무성에 대한 논의가 더욱 중요해지고 있다. 행정국가(administrative state)화 현상이 심화되면서 정부는 단순한 규제 기관을 넘어, 사회 전반에서 중요한 역할을 수행하는 핵심 행위자가 되었다. 이는 복지 정책, 경제 개발, 환경 보호, 재난 대응 등 다양한 공공서비스 영역에서 정부의 개입이 필요하다는 요구가 증가한 결과이기도 하다. 특히 정부 주도의 경제 성장을 경험한 한국의 경우, 정부의 책임과 책무가 더욱 넓게 인식되는 경향이 있다(한승주, 2013). 산업화와 민주화 과정을 거치면서 정부는 경제 발전을 주도할 뿐만 아니라, 국민의 삶의 질을 보장하고 사회적 갈등을 조정하는 핵심 행위자로 자리 잡았다.

이처럼 책무성이 정부와 행정, 공공관리에 대한 논의에서 빈번하게 다루어지고 있음에도 불구하고, 그 개념은 여전히 모호하다. 정치권, 공공기관, 민간 부문 등 각 부문과 영역에서 책무성을 다르게 해석하며, 제도적 맥락 및 정치적 관점에 따라 그 의미가 변화하기도 한다(박희정 외, 2024). 일부에서는 책무성이 공공기관 또는 공무원 개인이 갖추어야 할 기본 자질 또는 덕목(virtue)으로 간주되며, 투명성, 신뢰성, 공정성 등의 민주적 가치를 포괄하는 개념으로 사용되기도 한다. 그러나 이렇게 포괄적인 개념 사용은 책무성의 의미를 더욱 모호하게 만들고, 명확한 기준 없이 주관적인 판단에 따라 해석될 위험이 있다.

이러한 책무성 개념의 혼란은 정책 실패의 책임 소재를 모호하게 만들어 정책 실패의 원인 진단을 어렵게 하며, 궁극적으로 정부의 정책 역량 약화로 이어질 수 있다(엄석진, 2009). 정책 실패에 대한 책임이 명확하지 않으면, 공공기관은 문제 해결보다는 책임 회피에 집중할 가능성이 높아진다. 이는 공공문제 해결 가능성에 대한 시민들의 냉소주의를 심화시키고, 더 나아가 민주주의 정치체제의 정당성에도 부정적인 영향을 미칠 수 있다.

또한, 행정 환경의 변화로 인해 새로운 책무성의 문제가 대두되고 있다. 과거에는 정부 내부에서의 위계적 구조를 통한 통제가 중심이었다면, 현재는 시장기반 거버넌스(market-based governance), 협력적 거버넌스(collaborative governance), 시민 참여 행정 등이 강조되면서 책무성이 보다 복합적인 양상을 띠고 있다. 예를 들어, 민관협력(public-private partnership, PPP)과 같은 형태에서는 정부와 민간 부문이 공동으로 공공 서비스를 제공하는 과정에서 책무성이 어떻게 적용되어야 하는지에 대한 논의가 필요하다. 또한, 기술 발전과 디지털 행정의 확산으로 인해 데이터 거버넌스와 알고리즘 기반 의사결정에서의 책무성 문제도 중요한 쟁점으로 떠오르고 있다.

이에 본 장에서는 공공행정에서 책무성이 어떻게 이해되고 적용되는지 논의한다. 특히 책임성(responsibility)보다는 책무성(accountability)에 주목하여,[1] 그 개념적 요소, 유형, 과정 등을 체계적으로 살펴보고자 한다. 이를 통해 실제 행정에서 책무성을 확보하기 위한 제도적 방안을 모색할 것이다.

본 장은 네 절로 구성되어 있다. 제1절에서는 책무성의 개념과 정의를 살펴보고, 유사 개념들과의 차이를 정리한다. 제2절에서는 책무성의 유형을 중심으로 이론적 틀을 정립하며, 제3절에서는 행정의 패러다임 변화에 따라 책무성이 어떻게 재구성되어야 하는지를 논의한다. 제4절에서는 오늘날 공공행정의 환경에서 책무성 확보를 위한 주요 과제와 전략에 대해 살펴본다.

Ⅰ. 책무성의 정의

책무성(accountability)은 다음과 같이 정의될 수 있다.

> "책무성이란 행위자(actor)와 포럼(forum) 간의 관계로, 행위자는 자신의 행동에 대해 설명하고 정당화할 의무를 가지며, 포럼은 이에 대해 질문을 제기하고 판단을 내릴 수 있으며, 행위자는 그 결과에 따라 영향을 받을 수 있는 관계이다"
>
> (Bovens 2007, 450)

이를 공공관리의 맥락에서 적용하면, '행위자(actor)'는 공공기관이나 공공부문 종사자와 같이 정책 결정 및 집행에 책임을 지는 주체를, '포럼(forum)'은 이들에게 설명을 요구하고 정당성을 평가할 수 있는 주체를 의미한다. 포럼에는 국민, 시민사회, 의회, 감사기

1 국내 문헌에서는 accountability를 '책임성'으로 번역하거나, '책무성'을 포괄하는 개념으로서 '책임성'이라는 용어를 사용하는 경우가 많다. 본 장에서는 두 개념을 구분하여 accountability는 '책무성'으로 번역해 사용한다. 이들 개념의 구분에 대해서는 아래에서 자세히 논의한다.

관 등 다양한 이해관계자가 포함될 수 있다. 위 책무성의 정의에 따르면 공공관리에서의 책무성이란 정부와 공공기관이 정책 결정과 집행 과정에서 국민과 이해관계자에게 자신의 행동이나 결정을 설명하고 정당화하며, 그에 대한 평가와 결과를 수용하는 정치적·행정적 과정 의미한다(박희정 외, 2024). Brandsma와 Schillemans(2013)는 책무성의 과정을 ① 정보 제공, ② 토론, ③ 결과의 세 단계로 구분해 설명한다.

첫 번째 '정보 제공' 단계에서는 공공조직이나 공직자와 같은 행위자가 자신의 활동에 관한 구체적인 정보를 시민과 이해관계자에게 공개해야 한다. 예를 들어, 정부가 새로운 청년 정책을 수립하는 경우, 해당 정책의 필요성과 목표, 주요 내용, 예산 규모 등에 대해 담당 부처는 국민에게 명확히 설명해야 한다. 이에 "누구에게 무엇을 설명해야 하는가(accountability to whom and for what)"라는 질문은 책무성 논의의 핵심이 된다.

두 번째 '토론' 단계에서는 정보 제공을 통해 드러난 정책의 내용과 방향에 대해 사회 각계의 검토와 평가가 이루어진다. 시민, 청년 단체, 언론, 전문가 집단 등 다양한 포럼이 정책의 타당성과 효과성에 대해 비판적 시각을 제기할 수 있다. 예컨대 일부 청년들은 특정 정책이 실제 청년의 삶과 동떨어져 있거나, 특정 계층에 편중되어 있다고 느낄 수 있으며, 정책 수립 과정에서의 청년 참여 부족에 대해 문제를 제기할 수도 있다. 이러한 과정은 단순한 피드백을 넘어 정책에 대한 사회적 검증과 숙의를 가능하게 한다.

세 번째 '결과' 단계에서는 포럼이 정부의 설명과 해명을 바탕으로 정책의 적절성과 책임 이행 여부에 대해 평가하고, 그에 따른 결과가 공공조직이나 담당자에게 영향을 미치게 된다. 결과가 긍정적인 경우 적절한 보상이, 부정적인 경우 제재가 주어진다. 예를 들어, 정책이 기대한 성과를 달성하지 못했거나 정책 추진 과정에서 문제가 발견된 경우, 국회나 감사원, 언론, 시민사회는 비판과 함께 제도 개선을 요구할 수 있다. 반대로 정책이 청년의 실제 문제 해결에 기여하고 긍정적인 평가를 받을 경우, 유사 정책으로 확대되거나 해당 부처와 공무원이 우수 사례로 인정받고 승진 등의 보상이 있을 수 있다.

이처럼 책무성은 정보 제공에서 시작하여 토론과 결과의 과정을 거쳐 책임과 의무가 실질적으로 이행되는 상호작용적이고 순환적인 과정이다. 정책 과정에서 정책 수요자의 요구를 적극 반영하고, 정책 효과에 대한 평가와 환류를 통해 지속적인 개선이 이뤄져야 하기 때문에, 책무성 메커니즘의 작동이 특히 중요하다. 정보의 일방적 제공이 아니라, 여러 이해관계자들과의 토론과 평가, 결과 반영으로 이어지는 과정이 있어야 공공정책의 정당성과 신뢰성을 확보할 수 있다. 아래 책무성의 구성 요소에 대한 이해를 통해 책무성의 과정이 어떻게 이루어지는지 더욱 깊이 이해할 수 있다.

Ⅱ. 책무성의 구성 요소

일반적으로 책무성은 ① 책무성 관계(accountability relationship), ② 책무성 속성(attribute of accountability), ③ 책무성 기준(standards) 등의 세 가지 개념적 요소로 구성된다(Lee & Ospina 2022). 이 세 가지 요소는 책무성이 작동하는 방식과 그 과정에서 발생하는 다양한 이슈를 설명하는 중요한 틀을 제공한다.

1. 책무성 관계

앞서 제시한 책무성의 정의에 따르면 책무성은 자신의 행위에 대해 설명을 제공하는 행위자(account-giving actor; 책무 주체; 설명자)와 설명을 요구하는 주체(account-holding forum; 책무 대상; 피설명자) 간의 사회적 관계 속에서 형성된다(박희정 외, 2024). 이는 '누가 누구에게 책임을 질 것인가' 또는 '누가 누구에게 설명을 해야하는가'라는 질문에 대한 답을 제공한다. 공공관리 내 책무성 관계에서 설명을 제공하는 행위자는 주로 정부 기관이나 공무원이 될 수 있으며, 설명을 요구하는 주체는 공공, 민간, 또는 비영리 부문에 속한 개인, 집단, 또는 조직이 될 수 있다.

예를 들어, 공무원은 국회에 정책 수행 결과를 보고할 의무가 있으며, 정부 기관은 감사원이나 사법부와 같은 독립적인 기관으로부터 감사를 받는다. 또한, 시민사회와 언론은 정부의 정책을 감시하고, 문제 발생 시 이에 대한 해명을 요구할 수 있다. 2020년 코로나19 팬데믹 당시, 대한민국 정부는 중앙재난안전대책본부를 통해 방역 정책의 진행 상황을 국민과 언론에 정기적으로 브리핑하며 정책의 근거와 결과를 설명해야 했다. 이는 책무성이 단순한 제도적 규정이 아니라 실질적으로 작동하는 사회적 관계임을 보여주는 사례이다.

2. 책무성 속성

책무성의 두번째 요소는 책무성 관계의 속성이다. 책무성의 속성은 책무성이 작동하는 방식과 그 관계의 성격을 정의하는 중요한 요소이며, 다양한 속성을 가질 수 있다. 일반적으로 다음과 같은 유형으로 구분된다.

첫째, 책무성 관계의 특성이 수직적(vertical)인가 수평적(horizontal)인가의 여부이다. 수직적 책무성(vertical accountability, 위계적 책무성)은 공식적인 위계 구조를 기반으로 하는 책무성이다. 이는 상급 기관과 하급 기관의 관계, 관료제 내에서의 명령과 통제 체계에 따른 관계를 설명한다. 반면 수평적 책무성(horizontal accountability)은 동등한 관계에서 이루어지는 책무성을 의미한다. 예를 들어 정부는 언론, 시민사회, 비정부기구(NGO) 등의 행위자에게 정책을 설명하고 이를 공론화하는 과정을 진행한다. 이러한 책무성 관계는 위계적인 구조를 기반으로 하지 않는 수평적인 관계이다.

둘째, 책무성 관계의 특성이 공식적인가 비공식적인가의 여부이다. 책무성 관계가 공식적이라는 것은 법과 제도를 기반으로 이루어지는 책무성이다. 공직자윤리법, 부패방지권익위법, 정보공개법 등은 공무원과 공공기관이 법적으로 준수해야 할 책무성을 규정하고 있으며, 이를 위반할 경우 징계나 법적 처벌을 받을 수 있다. 비공식적 책무성(informal accountability)은 법적 규정보다는 사회적 규범과 신뢰를 기반으로 작동하는 책무성을 의미한다. 예를 들어, 정책 네트워크 내에서의 신뢰 관계, 언론을 통한 사회적 압력, 시민사회의 여론 형성 과정 등은 비공식적 책무성이 작동하는 방식이다. 책무성 관계와 속성은 공공 행정에서 중요한 역할을 하며, 각각의 상황에 따라 책무성이 작동하는 방식이 달라질 수 있다.

3. 책무성 판단기준

책무성의 또다른 중요 요소는 무엇에 대한 책무인가를 결정하는 책무성 기준이다. 책무성이 효과적으로 작동하려면 특정한 기준이 필요하다. 책무성 기준은 공공기관과 공무원이 어떤 원칙과 절차를 따라 행동해야 하는지를 결정하는 요소이며, 이를 바탕으로 행위의 적절성을 평가할 수 있다. 대표적인 책무성 기준에는 법과 규정 등의 공식적 기준과 행위자 간의 신뢰와 규범을 바탕으로 하는 비공식적 기준이 있다.

공식적 책무성 기준으로는 헌법, 행정법, 공무원 윤리법과 같은 법적 기준(legal standards)과 성과 기준(performance standards)이 대표적이다. 예를 들어 「정부업무평가 기본법」은 중앙행정기관과 지방자치단체가 수행하는 주요 정책과 사업의 추진 실적을 체계적으로 평가하고, 그 결과를 국무총리실과 대통령에게 보고하도록 규정한다. 평가 결과는 예산 편성, 인사, 조직 개편 등에 반영되며, 기관 간 비교 평가를 통해 성과에 따른 인센티브나 경고가 주어지기도 한다. 이를 통해 정부는 정책 집행의 책임성과 성과 중심 행정을 강화하고자 한다. 이처럼 법률에 기반한 성과 평가는 공식적인 책무성 기준으로서 정부 활동의 정당성과 효율성을 동시에 확보하려는 제도적 노력이라 할 수 있다.[2]

비공식적 책무성 기준에는 책무성 관계의 행위자들이 공유하는 규범이 포함된다. 이는 국민과 이해관계자의 기대 및 사회적 책임성을 반영하는 기준이다. 비공식적 책무성 기준은 법적 또는 성과 기준 등 공식적 책무성 기준으로 충분히 설명되지 않는 여러 가치와 규범 등을 포함한다. 시민들의 기대나 사회적 규범은 명문화되어 있지 않지만, 때로는 공식적인 법적 기준이나 성과 지표보다 더 강한 영향력을 발휘하기도 한다.

Ⅲ. 유사 개념과의 구분

책무성(accountability)은 공공 행정에서 핵심적인 가치이지만, 유사한 개념들과 혼용되거나 구별되지 않고 사용되는 경우가 많다. 특히 책임성(responsibility), 투명성(transparency), 대응성(responsiveness)과 같은 개념과 긴밀하게 연관되어 있으며, 때로는 동일한 의미로 혼동되기도 한다. 그러나 이러한 개념들은 책무성과 유사하지만, 적용되는 맥락과 강조하는 요소에서 차이가 있다. 따라서 책무성을 보다 명확하게 이해하기 위해서는 이 개념들과의 차이점을 정리할 필요가 있다.[3]

---

2 이와 유사한 제도로서 미국의 「정부성과결과법(Government Performance and Results Act, GPRA)」은 연방 정부 기관이 성과 목표를 설정하고 이를 측정하도록 요구하여, 성과 기반 책무성을 강화하는 법적 장치를 마련하였다. 정부 기관은 예산 집행 효율성, 행정 서비스의 품질, 정책 시행 후 나타난 결과 등에 따라 기관의 성과를 평가하고 그 결과를 상급기관 또는 시민들에게 설명하며 그에 따른 보상 또는 처벌을 받는다.

3 책무성을 협의(narrow)로 볼 것인가, 광의(broad)로 볼 것인가에 따라 투명성, 책임성, 대응성과 같은 개념들이 책무성의 구성 요소로 포함되기도 한다. 예를 들어, Koppell(2005)은 책무성을 다섯 가지 유형—투명성(Transparency), 책임성(Responsibility), 대응성(Responsiveness), 통제가능성(Controllability), 법적 책임성(Liability)—으로 구분하고, 이들 간의 긴장과 균형이 공공조직 운영에서 핵심 과제임을 강조한다. 본 장에서는 개념의 혼용을 방지하고자 책무성을 협의의 관점에서 정의하며, 다른 행정 가치들과의 구분을 중심으로 논의를 전개하고자 한다.

1. 책임성(responsibility)과의 관계

책임성과 책무성은 특히 자주 혼용되는 개념이다. 책임성은 개인이나 조직이 주어진 역할과 의무를 다하는 내부적인 책임을 의미하며, 주로 도덕적·윤리적 차원에서 강조된다. 이에 반해 책무성은 외부적인 감시와 평가를 수반하며, 특정 행위자가 자신의 행동과 결정에 대해 설명하고 정당화해야 하는 의무를 포함한다.

책임성과 책무성의 관계는 행정학자 프리드리히(Carl J. Friedrich)와 파이너(Herman Finer)의 논쟁을 통해 잘 드러난다. 프리드리히는 행정가들이 법과 규칙에 의해 통제되기보다, 전문가로서의 내적 책임성(주관적 책임성)을 바탕으로 도덕적이고 전문적인 판단을 내려야 한다고 주장했다. 반면, 파이너는 행정가들이 민주적 통제와 법적 규범에 따라 감시받아야 하며, 외적 책임성(객관적 책임성, 책무성)이 강화되어야 한다고 강조했다. 이러한 논쟁은 책임성과 책무성이 상호 보완적이면서도 서로 다른 개념임을 시사한다. 즉, 책임성은 내부적인 자율성과 전문성을 강조하는 반면, 책무성은 외부적인 감시와 평가를 통한 책임 이행을 강조한다.

예를 들어 공무원에게는 '위법하지 않으나 부당한 행위'를 피할 의무와 '법적 의무를 넘어선 옳은 행위'를 할 의무인 윤리적 책임이 있다(박천오, 2016). 즉 법적으로 부과된 의무를 수행했더라도 이로써 책임을 다했다고는 할 수 없으며 나아가 공무원 직업윤리와 공익관에 부합하는 행동을 할 의무가 있다. 또한 도덕적 해이 또는 무사안일의 행태 등으로 맡은 일에 적극성을 보이지 않는 경우에도 책임성의 비판에서 벗어나기 어렵다. 이는 책임성이 도덕적·주관적 측면에서의 책임을 강조한다는 것을 보여준다. 책무성은 도덕적 책임보다는 법적·제도적 차원에서 행위자의 설명 책임에 초점을 둔다.

2. 투명성(transparency)과의 관계

투명성은 공공기관이 정책 결정 및 행정 과정에서 정보를 공개하고, 이를 통해 시민과 이해관계자가 정부의 행위를 감시하고 통제할 수 있도록 하는 토대를 제공한다. 정부의 의사결정 과정이 개방적이고 접근 가능할수록 시민들이 정책을 평가하고 이에 대한 책임을 요구할 수 있는 기회가 많아진다.

책무성과 투명성은 밀접한 관련이 있지만, 동일한 개념은 아니다. 투명성은 정보의 공개 자체에 초점을 맞추는 반면, 책무성은 공개된 정보를 바탕으로 행위자가 자신의 결정과 행동을 설명하고 정당화하며 평가를 받는 과정까지 포함한다. 예를 들어, 정부가 예산 지출 내역을 웹사이트에 게시하는 것은 투명성을 의미하지만, 해당 예산이 적절하게 사용되었는지에 대한 평가를 받고, 문제 발생 시 이에 대한 해명을 제공하는 것은 책무성의 영역이다. 즉, 투명성은 시민들이 정부 활동을 감시할 수 있도록 정보를 제공하는 데 중점을 두지만, 책무성은 공개된 정보를 바탕으로 정부가 자신의 행동을 정당화하고 책임을 지는 과정까지 포함한다.

우리나라의 경우, 「공공기관의 정보공개에 관한 법률」에 따라 국민이 정보 공개를 청구할 경우 공공기관은 보유한 정보를 청구인에게 공개해야 한다. 이에 따라 많은 공공기관이 정책 결정 과정과 행정 정보를 국민에게 제공하며, 일부 기관은 보다 적극적으로 주요 정보를 온라인상에 자발적으로 공개하기도 한다. 이는 정부의 투명성을 증대시키는 중요한 조치이지만, 단순한 정보 공개만으로 책무성이 확보되었다고 볼 수는 없다. 예를 들어, 정부가 특정 사업의 예산 집행 내역을 공개했더라도, 해당 예산이 실제로 얼마나 효과적으로 사용되었는지에 대한 평가와 설명이 없다면, 국민들은 정책의 정당성을 충분히 검토하기 어려울 것이다.

행정안전부에서 운영하는 '정보공개 포털'[4]은 우리나라 정부가 책무성과 투명성을 제고하기 위해 마련한 대표적인 제도적 장치이다. 이 포털은 중앙행정기관, 지방자치단체, 공공기관 등 약 900여 개 기관이 보유한 정보를 국민이 온라인으로 청구하고 열람할 수 있도록 통합적으로 제공하는 시스템이다. 예를 들어, 국민은 이 포털을 통해 특정 사업의 예산 집행 내역, 정책 추진 경과, 조직 및 인사운영 정보, 계약 현황 등 다양한 공공정보를 청구하거나 직접 열람할 수 있다. 특히 이 시스템은 청구인의 신원을 보호하며, 비공개 결정 시 그 사유를 명확히 밝히도록 의무화하고 있어 정보 접근권과 정부의 설명 책임을 동시에 보장하려는 취지를 담고 있다.

또한 행정안전부는 자주 열람되는 정보나 국민의 관심이 높은 정보를 '사전정보공표' 형태로 자발적으로 공개하고 있으며, 공개 정보의 통계를 월별·연도별로 시각화해 제공함으로써 국민의 정책 이해도를 높이고 정책 신뢰성을 제고하려 노력하고 있다. 이러한 기능은 단순한 정보 전달을 넘어, 국민이 정부의 정책에 대해 질문을 제기하고 평가할 수 있는 기초 자료를 제공함으로써 앞서 책무성의 정의에서 논의된 '포럼(forum)'의 역할을

4 https://www.open.go.kr/

가능하게 한다.

그러나 이러한 정보공개 시스템이 책무성을 실질적으로 확보하려면, 공개된 정보가 정책평가나 결과에 대한 설명과 연결되어야 한다. 예를 들어, 특정 부처가 정책 목표 대비 성과 달성 여부를 설명하거나, 예산 낭비 지적에 대해 제도적 개선책을 제시하는 등의 피드백과 정당화 과정이 수반되어야 한다. 그렇지 않으면 정보공개는 투명성 확보에는 기여할 수 있어도, 책임을 묻고 결과에 따라 영향을 줄 수 있는 책무성의 실현에는 한계가 있다.

따라서 행정안전부 정보공개 포털은 투명성과 책무성 사이의 관계를 이해하는 데 유용한 사례이다. 정보공개를 통한 투명성 확대는 책무성 실현의 전제 조건일 수는 있으나, 그 자체가 책무성을 보장하지는 않는다. 정부와 공공기관은 정보를 단순히 공개하는 것을 넘어, 해당 정보의 의미를 국민들에게 설명하고 국민들의 질문에 답하는 과정과 함께, 정책의 정당성을 적극적으로 입증하며, 필요할 경우 정책의 한계와 개선 방안을 제시하는 노력이 함께 이루어져야 한다. 결국, 투명성과 책무성은 상호 보완적 관계에 있으며, 정보 공개를 기반으로 책임을 다하는 노력이 뒷받침될 때 진정한 책무성이 구현될 수 있다.

3. 대응성(responsiveness)과의 관계

대응성은 정부와 공공기관이 국민과 이해관계자의 요구에 민감하게 반응하는 태도를 의미한다. 즉, 정책 결정 및 행정 서비스 제공 과정에서 시민들의 의견을 수렴하고, 이들이 원하는 방향으로 신속하게 조치를 취하는 능력을 포함한다.

책무성과 대응성은 밀접하게 연결되어 있지만, 강조하는 측면에서 차이가 있다. 대응성이 정부가 시민의 요구에 얼마나 신속하게 대응하는지를 의미한다면, 책무성은 정부가 대응한 조치의 결과에 대해 어떻게 설명하고 정당화하는지를 포함한다. 예를 들어, 정부가 국민의 요구에 따라 새로운 부동산 정책을 추진하는 것은 대응성의 표현이지만, 그 정책 변화가 초래한 결과를 시민들에게 설명하고 그에 대한 책임을 지는 과정은 책무성의 영역에 속한다.

실제 사례로 2020년 대한민국 정부의 코로나19 대응 정책을 살펴볼 수 있다. 정부는 감염병 확산 초기부터 마스크 공급 문제와 방역 정책에 대한 국민의 불만을 적극적으로 수렴했다. 이에 따라 긴급 마스크 공급 체계를 마련하고, 공적 마스크 판매 제도를 도입하는 등의 조치를 취했다. 이는 정부의 높은 대응성을 보여주는 사례였다. 하지만 이후 공적 마스크 배분 과정에서 일부 지역 간 공급 불균형이 발생하면서 비판이 제기되었고, 이에 대한 설명과 책임이 충분하지 않다는 지적이 나왔다. 즉, 정부의 빠른 대응(대응성)과 더불어, 그러한 조치의 효과와 한계를 국민에게 설명하는 과정(책무성)이 함께 이루어져야 정책의 정당성이 강화될 수 있다.

대응성이 높은 정부는 시민들의 요구를 빠르게 반영할 수 있지만, 책무성이 동반되지 않으면 신뢰를 확보하기 어렵다. 정부는 신속하게 국민의 요구에 대응하는 한편, 장기적으로 이것이 어떤 영향을 미칠 것인지에 대한 충분한 설명과 책임 이행이 이루어질 때, 대응성과 책무성은 함께 작동할 수 있다.

제 2 절 책무성의 유형과 유형간 충돌

Ⅰ. 책무성의 유형

책무성의 각 구성요소들이 어떻게 조합되는가에 따라 책무성은 매우 다양한 방식으로 발현된다. 이에 행정의 책무성을 연구한 여러 학자들이 다양한 책무성의 유형화(typology)를 제시하였다. 공공부문 행위자는 다양한 이해관계자에게 자신의 행위를 설명해야 하는데 이 때 그 대상이 누구인지에 따라 정치적 책무성(입법부 대상), 법적 책무성(사법부 대상), 소비자 책무성(고객/시민 대상), 관리적 책무성(상급관리자 대상), 전문적 책무성(소속 전문가 집단 대상)으로 분류할 수 있다(박희정 외, 2024; 엄석진, 2009; Bovens 2007).

가장 널리 쓰이는 책무성의 유형은 Romzek과 Dubnick(1987)이 제시한 책임성 유형의 분석틀이다. 이들은 미국 NASA의 챌린저호 폭발 사건을 분석하며, 통제의 원천(source of control)과 통제의 강도(strength of control)를 기준으로 다음과 같은 네 가지 유형을 도출하였다. 각 유형에 따라 제1절에서 설명한 세 가지 책무성 구성요소를 살펴보도록 한다.

표 3-1 책무성의 유형

		통제의 원천	
		조직 내부	조직 외부
통제수준	높은 통제수준	계층적 책무성 (Bureaucratic)	법적 책무성(Legal)
	낮은 통제수준	전문가적 책무성 (Professional)	정치적 책무성(Political)

출처: Romzek & Dubnick (1987).

1. 계층적 책무성

계층적 책무성은 공공조직 내·외부의 상하 관계에서 발생한다. 조직의 위계 구조에 따라 상급자와 하급자가 책무성의 관계를 형성한다. 공무원은 상급자의 명령과 지시, 규정에 따라 행동해야 하며, 상급자는 하급자의 행위를 평가하고 결과에 따라 보상하거나 제재할 수 있다. 이때 책무성 관계는 수직적이고 공식적인 특성을 갖으며, 통제는 강하고 명확하며, 주로 내부적이고 공식적인 규칙에 기반한다. 책무성의 기준은 조직 내 규칙, 내부 지침, 표준운영절차(SOP) 등이다. 업무 지시나 계획서, 직무기술서에 명시된 규범에 따라 공무원의 행위가 평가된다. 한편 공공조직간의 수직적 관계에서도 계층적 책무성이 발생한다. 예를 들어 중앙행정기관과 지방자치단체는 계층적 상하관계를 갖으며, 문화체육관광부는 국립중앙박물관, 국립국어원, 국립극장 등 소속기관의 상위기관이다. 하위기관은 상위기관의 업무상 지시와 명령에 따라야할 의무가 있으며, 상위기관이 하위기관에 예산을 지원하는 경우 이러한 수직적 관계는 더욱 강해지는 경향이 있다.

2. 법적 책무성

법적 책무성은 외부의 공식 제도와 규범을 집행하는 공무원과, 법 제정자 또는 통제기관(입법부, 사법부, 감사원 등) 간의 관계에서 나타난다. 주체와 객체는 상호 자율성을 갖지만, 제도적 규칙을 통해 연결된다. 이 책무성의 관계는 외부적이고 공식적인 제도에 기반하며, 강한 통제가 작동한다. 법이나 계약에 따라 명확히 책임이 규정되고, 위반 시 제재가 발생한다. 법률, 규정, 헌법, 감사기준, 계약서 등 명문화된 기준이 책무성의 기준으로 적용된다. 법적 정당성과 규칙 준수가 핵심 평가 기준이다. 예를 들어 감사원이 지방자치단체의 예산 사용 내역을 감사하여 특정 항목이 법령 위반임을 지적하고, 해당 공무원에게 징계를 요구하는 사례는 법적 책무성이 어떻게 운영되는지 보여준다.

3. 전문가적 책무성

전문가적 책무성은 공무원과 그가 속한 전문 직업 집단(예: 의사, 과학자 등) 간의 관계에 기반한다. 행위자(책무 주체)는 전문 지식을 가진 공무원이며, 포럼(책무 대상)은 동료 전문가, 전문가 협회, 사회적 기대를 포함한다. 전문가적 책무성의 속성은 내부적이며 비공식적인 특성을 가진다. 법적 강제나 위계적 명령보다 전문적 판단과 윤리적 기준이 더 큰 영향을 미친다. 직업윤리, 전문 기준, 사회화된 가치, 경험과 교육을 통해 내면화된 규범 등 비공식적이고 내재화된 기준이 중심이 된다. 질병관리청의 역학조사관이 감염병 대응 방안을 설계할 때 정치적 고려나 행정 지시보다 감염병 전문가로서의 원칙과 윤리에 따라 판단하는 경우 전문가적 책무성이 높았다고 할 수 있다.

4. 정치적 책무성

정치적 책무성은 공무원과 일반 시민, 이익집단, 언론, 선출직 정치인 등 외부 이해관계자와의 관계에 기반한다. 이 관계는 공식적인 위계보다는 사회적 기대와 반응성에 기초한다. 정치적 책무성은 외부적이고 비공식적인 속성을 가지며, 통제는 간접적이다. 공무원은 법적 의무가 아닌 사회적 압력, 여론, 정치적 요구 등에 반응하여 행동한다. 이에 정치적 책무성은 시민의 기대, 여론, 언론 보도, 정치적 지지 등 비공식적이고 유동적인 기준에 따라 판단된다.

Ⅱ. 책무성 유형간 충돌

Romzek과 Dubnick(1987)의 분석은 책무성이 단일한 기준에 따라 작동하지 않으며, 상황과 조직의 특성에 따라 다양한 책무성 유형이 공존하거나 상호 충돌할 수 있음을 강조한다. 이 연구에서 다룬 챌린저 호 우주왕복선 폭발 사건은 서로 다른 책무성 유형 간의 충돌이 비극적인 결과를 초래한 대표적 사례이다. 당시 NASA 내부에서는 계층적 책무성이 강하게 작동하여, 현장 기술자들의 우려에도 불구하고 상급자의 발사 강행 지시에 따라 의사결정이 내려졌다. 동시에, 정치적 책무성에 대한 압력도 작용했는데, 이는 예산 확보와 대국민 이미지 제고를 위한 정치적 일정에 맞춰 발사를 서둘러야 한다는 외부 기대에서 비롯된 것이었다. 그러나 현장 기술자들은 부품의 결빙 가능성을 우려하며 전문가적 책무성에 따라 발사 연기를 요구했지만, 그들의 전문적 판단은 계층적 명령 체계와 정치적 압력에 묵살되었다. 또한, 법적 책무성이 충분히 제도화되어 있지 않아 위험 판단과 책임 분산 구조가 불분명했고, 결과적으로 중대한 안전 문제가 경고되었음에도 불구하고 발사가 강행되었다. 이 사건은 각기 다른 책무성이 충돌하거나 무시될 때, 공공조직의 결정이 어떻게 실패로 이어질 수 있는지를 잘 보여준다.

공공조직과 공직자가 다양한 유형의 책무성과 그들의 충돌 및 갈등을 관리해야 한다는 점은 공공관리의 오래된 과제 중 하나이다. 예를 들어, 보건 분야 공무원은 방역 지침에 대해 법적 책무성을 충실히 이행해야 할 뿐 아니라, 전문가 집단의 기준에 부합하는 과학적 판단을 내려야 하며, 동시에 시민과 언론의 요구에 반응하는 정치적 책무성도 감당해야 한다. 또한, 위계적 질서에 따라 조직 내 상급자의 지침에 따르는 계층적 책무성도 무시할 수 없다. 이러한 다중 책무성 구조에서는 서로 다른 책무성 기준 간의 충돌이 불가피하며, 공무원은 자칫 상반되는 기대 사이에서 딜레마에 직면하게 된다.

따라서 공공관리에서 책무성을 이해하고 설계할 때는 단지 법적·제도적 장치에만 의존할 것이 아니라, 다양한 관계, 속성, 기준을 종합적으로 고려하여 복합적이고 유연한 책무성 체계를 마련하는 것이 필요하다. 특히 다수의 책무성 요구가 동시에 작동하는 현대 행정환경에서는, 책무성 간의 균형 조정 능력과 우선순위 설정 기준을 갖추는 것이 핵심 과제가 된다.

책무성의 다면성과 복잡성은 행정의 패러다임이 변화함에 따라 더욱 심화되고 있다. 행정의 역할이 단순한 집행에서 협력과 참여, 네트워크 중심으로 전환되면서, 책무성을 어떻게 정의하고 확보할 것인가에 대한 문제는 한층 더 복잡해지고 있다. 특히 정당성, 신뢰, 참여와 같은 새로운 가치의 중요성이 확대되는 맥락 속에서 책무성 개념은 재구성될 필요가 있으며, 이러한 논의는 다음 절에서 이어서 살펴본다.

제 3 절 행정 패러다임 변화와 책무성 확보의 과제

행정의 패러다임은 시대적 요구와 환경 변화에 따라 끊임없이 변화해 왔다. 이에 따라 공공관리에서 책무성을 설계하고 운영하는 방식 또한 달라졌으며, 각 패러다임마다 책무성 확보의 방식과 도전 과제가 다르게 나타나고 있다. 과거에는 법과 규칙 중심의 위계적 통제체계가 중심이었으나, 이후 시장 논리를 도입한 민간위탁 및 성과 관리 중심의 체계로 변화하였고, 오늘날에는 다양한 이해관계자가 함께 참여하는 협력적 거버넌스 체계로 전환되고 있다.

이러한 변화는 책무성의 관계 구조, 작동 방식, 판단 기준에 중대한 영향을 미쳤으며, 그에 따라 기존의 통제 중심적 책무성 모델은 점차 복잡성과 상호의존성을 고려한 책무성 접근으로 확장될 필요성이 제기되고 있다(Lee & Ospina, 2022). 본 절에서는 전통적 행정, 시장기반 거버넌스, 협력적 거버넌스로 이어지는 행정의 패러다임을 중심으로 공공관리에서의 책무성 주요 요소들을 고찰하고, 각 패러다임에서 대두된 핵심적인 책무성 과제와 그 사례들을 살펴본다(〈표 3-2〉 참조).

표 3-2 행정 패러다임 변화에 따른 책무성 주요 구성 요소

	전통적 행정	시장기반 거버넌스	협력적 거버넌스
책무성 관계	• 선출직 공무원과 관료 간의 관계 중심	• 정부(발주자)와 민간기업/비영리조직(수탁자) 간의 계약 관계 중심	• 공무원, 시민, NGO, 지역사회 단체, 민간 기업 등 거버넌스 참여자 간의 다자간 관계
책무성 속성	• 수직적·위계적 • 공식적 통제 강조	• 계약 기반의 수직적· 공식적 관계 중심 • 장기적 협력과 신뢰를 통한 수평적·비공식적 관계도 병존	• 수평적·비공식적 관계 중심 • 수직적·공식적 관계도 병존
책무성 기준	• 법률, 행정규칙, 표준운영절차(SOP) 등	• 계약서와 성과지표, 고객만족도 평가, 성과보고서 중심	• 명문화된 계약서 및 규정 등의 공식 기준과 함께 공공가치, 상호 신뢰 등의 규범이 중요

출처: Lee & Ospina(2022)를 재구성.

Ⅰ. 전통적 행정에서의 책무성

전통적 행정 패러다임은 20세기 중반까지 행정이론의 주류를 이루었던 관료제 중심의 접근 방식에 바탕을 두고 있다. 이 이론은 막스 베버(Max Weber)가 정립한 이상적 관료제 모델에 근거하며, 법과 규칙을 기반으로 한 합리적·합법적 지배를 이상적인 행정 운영 방식으로 제시한다. 관료제에서는 공공조직이 정치로부터 일정 정도 분리되어야 하며, 조직 구성원들은 정해진 규칙과 절차에 따라 업무를 수행해야 한다고 본다. 이러한 구조 속에서 행정조직은 위계적으로 구성되고, 각 구성원의 역할과 권한은 명확히 문서화되며, 상급자의 명령과 감독을 통해 조직이 운영된다.

이러한 관점에서 책무성은 위계적인 명령 체계와 공식적 절차를 통해 보장된다. 선출된 정치 권력이 정책을 결정하면, 행정조직은 그 결정을 충실히 집행해야 하며, 그 과정에서 정해진 법과 절차를 준수하는 것이 곧 책임을 다하는 것으로 간주된다. 행정기관과 공무원은 상급 기관이나 국민의 대표 기관인 국회에 대해 정책 집행 결과를 보고하고, 그 정당성을 설명해야 할 의무가 있다. 이처럼 전통적 행정에서 책무성은 수직적이고 공식적인 관계 속에서 형성되며, 정당한 권한을 가진 상급자가 하급자의 행정 수행을 감시하고 평가함으로써 실현된다.

행정행위는 반드시 법적 근거와 절차에 따라 이루어져야 하며, 이 과정에서 형식적 합법성은 책무성을 판단하는 핵심 기준이 된다. 공무원의 자율성과 재량은 최소화되고, 규정과 표준운영절차(SOP)에 따라 업무를 수행하는 것이 이상적이라고 여겨진다(Light, 1993). 따라서 공공조직의 행위는 조직 내부의 규칙이나 행정규범에 의해 평가되며, 외부의 시민이나 언론, 이해관계자에 의한 감시보다는 상급자나 제도적 통제 기구에 의해 책임을 묻는 구조가 일반적이다.

예를 들어, 보건복지부가 감염병 대응 지침을 수립해 전국 지방자치단체에 하달하고, 지자체는 해당 지침을 기반으로 방역 조치를 시행한 후 그 결과를 중앙정부에 보고하는 방식은 전통적 행정의 책무성 구조를 잘 보여준다. 이러한 구조는 「감염병예방법」이나 시행령과 같은 명확한 법적 근거에 기반하며, 규정 위반 시 법적 제재를 수반한다. 마찬가지로, 공무원의 인사평가 제도 역시 전형적인 계층적 책무성의 사례라 할 수 있다. 공무원은 직무 수행에 대해 상급자의 평가를 받으며, 그 결과는 승진, 보직 배치 등에 직접적으로 영향을 미친다. 이처럼 명확한 상하 관계와 평가 시스템은 전통적 행정에서 책무성이 어떻게 제도화되어 있는지를 보여준다.

전통적 행정 패러다임의 책무성 체계는 분명한 장점을 가진다. 무엇보다 법과 규칙에 근거한 명확한 책임 분배는 행정의 일관성과 안정성을 보장한다. 규정에 따라 일관되게 업무가 수행되므로 조직 운영이 예측 가능하고, 공무원의 자의적인 판단이나 임의적 행동을 방지함으로써 행정의 중립성과 공정성을 확보할 수 있다. 또한, 공식화된 절차와 문서화된 기준은 공공조직의 업무 흐름을 표준화하고 행정 품질을 유지하는 데 기여한다.

하지만 전통적 행정에서의 책무성은 다음과 같은 한계를 안고 있다. 첫째, 변화하는 사회 문제나 복잡한 행정 환경에 유연하게 대응하기 어렵다는 점이다. 모든 행정행위가 규정과 절차에 얽매이기 때문에 상황에 맞는 창의적이고 민첩한 대응이 제한될 수 있다. 둘째, 책무성이 수직적 관계에 집중되어 있어 시민이나 외부 이해관계자의 참여나 요구를 충분히 반영하기 어렵다. 시민사회나 언론의 감시와 같은 수평적 책무성은 전통적 모델에서는 그 영향력이 약화될 가능성이 있다. 셋째, 법과 규칙을 지켰다는 이유만으로 책임이 다한 것으로 간주되는 형식주의적 관행이 발생할 수 있다. 이는 정책의 실질적 효과나 행정 서비스의 품질보다는 규정 준수 여부만을 기준으로 평가하게 만들며, 결과적으로 책임 회피를 정당화하는 도구로 전락할 위험도 내포한다.

Ⅱ. 시장 기반 거버넌스에서의 책무성

1980년대 이후 영미권을 중심으로 전통적 행정의 경직성과 비효율성에 대한 비판이 고조되면서, 정부 운영 방식에도 근본적인 변화가 나타났다. 이 과정에서 등장한 신공공관리(New Public Management, NPM)는 민간 부문의 관리 기법과 시장 원리를 공공부문에 도입하여, 정부의 효율성과 성과를 높이고자 하는 행정 패러다임이었다. 신공공관리는 정부를 '지시하고 통제하는 역할'보다는 '조정하고 계약하는 역할'로 재정의하였으며, 행정의 책무성 구조 역시 법적·절차적 준수에서 벗어나 성과와 결과 중심으로 재편되었다. 이에 따라 공공조직은 시민이 아닌 '고객'을 상대하는 서비스 제공자로 간주되었고, 공공서비스의 생산과 전달은 내부 조직이 아닌 외부 민간 부문이나 비영리조직(NGO)에 위탁하는 방식이 확산되었다.

이러한 변화 속에서 책무성의 구조도 근본적으로 변화하였다. 기존의 상명하복식 위계 구조 대신, 계약에 기반한 정부(발주자)와 민간기업 또는 비영리조직(수탁자) 간의 관계가 중심이 되었으며, 이는 정부가 직접 수행하던 서비스를 외부 기관에 맡기고 그 결과에 대해 책임을 묻는 '계약 기반 책무성(contractual accountability)'으로 이해될 수 있다(Allen et al. 2016; Goldsmith & Eggers, 2004). 정부는 계약서에 명시된 성과목표, 예산 집행 기준, 보고 의무 등을 통해 수탁자의 책임 이행을 관리하며, 계약 불이행 시 계약 해지나 재계약 거부와 같은 제재 수단을 활용할 수 있다. 책무성 관계는 공식적이고 외부적인 통제 속에서 성과 중심으로 이루어지며, 동시에 장기적 협력과 신뢰를 중시하는 비공식적 관계도 때로 병존한다. 계약서와 성과지표, 고객만족도 평가, 성과보고서 등은 이 체계에서 책무성을 판단하는 핵심 기준으로 작용한다.

서울시의 청소 용역 사업은 이러한 시장 기반 책무성의 대표적인 사례이다. 서울시는 청소 용역을 민간 업체에 위탁하고, 정해진 구역별로 쓰레기 수거율, 민원 발생 건수 등 구체적인 성과지표를 설정하여 사업 성과를 측정한다. 민간업체는 정해진 지표를 충족시켜야 재계약이 가능하며, 성과가 미흡한 경우에는 감점이나 계약 해지의 불이익을 받을 수 있다. 이처럼 계약 이행 여부와 성과 달성 수준이 곧 책무성의 판단 기준이 되는 구조는 신공공관리의 핵심 특징을 보여준다. 이외에도 공공병원 위탁운영, 사회복지서비스 전달 과정에서의 민간기관 위탁, 직업훈련 프로그램의 위탁 등 다양한 분야에서 이와 유사한 계약 기반 책무성이 운영되고 있다.

시장 중심 행정에서의 책무성은 성과 측정이 가능하다는 점, 민간의 전문성과 유연성을 활용할 수 있다는 점에서 일정한 장점을 가진다. 특히 예산 낭비를 방지하고 공공서비스의 질을 개선하는 데 기여할 수 있다는 기대가 있었다. 그러나 동시에 다음과 같은 한계와 쟁점도 분명히 존재한다. 첫째, 계약자와 수탁자 간의 정보 비대칭 문제로 인해 성과 이행 여부를 제대로 점검하기 어렵고, 결과적으로 문제가 발생했을 때 책임 소재가 불분명해질 수 있다. 둘째, 민간 기업이나 위탁 기관은 정치적 책임을 지지 않기 때문에 공공성이 훼손될 가능성이 존재한다(Forrer et al., 2010). 이들은 이윤을 추구하거나 비용을 절감하는 데 집중하면서, 시민의 권리나 서비스의 질을 부차적인 요소로 간주할 수 있다. 셋째, 성과지표 중심의 관리 방식은 행정의 목표를 지나치게 단순화하거나, 단기적 성과에 집중하도록 유도할 위험이 있다(구주영, 2024; 박순애·이영미, 2018; Dias & Maynard-

Moody, 2007).

결국 시장 논리가 중심이 된 행정에서의 책무성은 전통적 행정이 제공하지 못했던 효율성과 성과 중심의 논리를 도입함으로써 공공부문의 한계를 극복하고자 하였지만, 그 과정에서 공공성의 가치와 민주적 책임이라는 측면에서는 새로운 도전을 마주하게 되었다. 이러한 문제의식은 다음 절에서 다룰 협력적 거버넌스 모델에서 책무성을 재구성하는 중요한 배경이 된다.

Ⅲ. 협력적 거버넌스에서의 책무성

오늘날 공공문제는 점점 더 복잡해지고 다원화되고 있다. 기후위기, 인구감소, 감염병 대응, 지역복지 등 현대의 많은 행정 과제는 단일 행위자의 노력만으로는 해결이 어려우며, 다양한 주체 간의 협력이 필수적인 상황이 되었다. 이러한 맥락에서 정부와 민간, 시민사회, 전문가 집단 등 여러 이해관계자들이 공동의 목표를 위해 참여하고 조정하는 협력적 거버넌스(collaborative governance) 모델이 확산되었으며, 그에 따라 책무성 개념 역시 새로운 방식으로 재정의되고 있다.

협력적 거버넌스에서 책무성은 더 이상 단일한 보고선이나 명확한 위계 구조를 통해 실현되지 않는다. 오히려 다자간(multilateral) 관계 속에서 다양한 행위자가 서로를 감시하고 설명을 요구하는 구조로 전환되며, 이는 전통적 수직 구조와는 다른 복합적인 책무성 체계를 형성한다(Koliba, Mills, & Zia, 2011). 공무원, 민간기업, NGO, 지역사회 단체, 시민 등 협력적 거버넌스의 참여자들은 각각의 역할과 권한에 따라 상호 책임을 지며, 일방적 명령과 복종이 아닌 상호 조정과 협의를 통해 의사결정을 이끌어낸다. 이러한 관계 속에서 책무성은 공식적인 제도와 법령뿐만 아니라, 비공식적인 신뢰, 공동 가치, 상호 존중과 같은 사회적 자본을 통해 유지된다(Wachhaus, 2012).

협력적 거버넌스 내 책무성에서는 통제보다는 합의와 조정, 설명과 이해의 과정이 더 중요하게 작동한다. 명문화된 계약서나 규정과 같은 공식 기준도 여전히 중요하지만, 동시에 공동체적 비전, 지역사회의 기대, 사회적 신뢰와 같은 암묵적 규범 역시 중요한 기준이 된다. 다시 말해, 책무성의 판단 기준은 법률과 성과지표에만 국한되지 않고, 구성원들이 공유하는 실천적 기대와 공동의 가치가 병행되어 적용된다.

예컨대 경기도의 한 기초지자체에서 운영된 지역 아동돌봄 협의체는 협력적 책무성의 대표적인 사례이다. 이 협의체에는 시청, 지역 아동센터, 학부모 단체, 교회, 복지관 등 다양한 주체가 참여하여 아동 보호 대책을 함께 수립하고 실행하였다. 이들은 정기적인 회의를 통해 문제를 함께 논의하고, 사업 진행 상황을 공유하였으며, 정책 성과뿐 아니라 구성원의 협력도, 공동체적 가치 실현 여부도 중요한 평가 기준으로 활용되었다. 여기서 행정기관은 단순한 조정자가 아니라 공동 참여자이자 협력자로서 역할을 수행하며, 다양한 주체들이 서로에게 설명 책임을 지는 구조가 형성되었다.

그러나 협력적 책무성이 새로운 가능성을 제시하는 동시에 여러 과제도 동반한다. 가장 대표적인 문제는 책임의 모호성이다. 수많은 행위자가 협업하는 상황에서 누가 무엇에 대해 책임을 지는지 불분명해지는 '많은 손의 문제'(the problem of many hands)가 발생하기 쉽다(한승주·최흥석, 2018; Bovens, 2007; Thompson, 1980). 하나의 정책 실패가 발생했을 때 그 원인과 책임을 명확히 가리기 어려워지고, 결과적으로 실질적인 책무 이행이 어려워질 수 있다. 또한, 기존의 수직적 보고 체계와 수평적 협력 체계가 충돌하면서 행정조직 내부에서 역할 혼란이 발생하거나, 외부 이해관계자의 기대와 내부 행정 규범이 상충하는 경우도 빈번히 나타난다. 예를 들어, 어떤 공무원은 상급자의 명령에 따라야 하는 동시에, 협의체 내 시민단체의 비판과 요구에도 답해야 하는 이중적 책무 상황에 놓이기도 한다.

신뢰 기반의 협력 구조 역시 쉽게 구축되기 어려우며, 일단 신뢰가 무너지면 협력 자체가 와해되기 쉽다. 특히 위기 상황에서는 협력적 책무성이 더욱 취약해질 수 있다. 예를 들어, 재난 대응 체계에서 정부와 민간기관 간 정보 공유가 원활하지 않아 초기 대응에 혼선이 빚어졌던 사례는 협력적 책무성이 실질적으로 작동하지 않았던 대표적 사례이다. 이는 공식 제도가 마련되어 있더라도, 신뢰와 조정이 동반되지 않으면 책무성이 제대로 구현되기 어렵다는 점을 잘 보여준다.

결과적으로 협력적 거버넌스에서의 책무성은 단순히 외부 감시나 위계적 통제를 통해 실현될 수 없으며, 다양한 이해관계자가 참여하는 과정 속에서 형성되는 상호 설명 책임, 신뢰와 공동 가치 기반의 실천적 책무성으로 실현될 수 있다(Lee & Ospina, 2022). 이는 전통적 또는 시장 기반의 책무성과는 질적으로 다른 형태이며, 새로운 행정 환경에서 책무성을 실현하기 위한 대안적 모델로 주목받고 있다. 그러나 그 가능성만큼이나 제도 설계, 관계 구축, 조정 능력 측면에서 세심한 관리와 운영이 요구되는 것도 사실이다. 협력적 책무성이 제대로 작동하기 위해서는 단순한 참여 구조를 넘어서, 책임의 분배와 평가 기준, 신뢰 기반의 운영 원칙에 대한 정교한 설계가 뒷받침되어야 한다.

제 4 절 책무성의 실천과 과제

현대 공공행정의 환경은 단일한 논리나 원칙으로 설명되기 어렵다. 전통적 계층제에 기반한 행정, 시장 메커니즘을 활용한 신공공관리, 그리고 다양한 행위자 간의 협력을 강조하는 협력적 거버넌스가 혼재하고 있으며, 실제 행정 운영은 이 세 가지 패러다임이 복합적으로 얽힌 형태로 나타난다. 이러한 상황 속에서 책무성 역시 단일한 기준이나 모델로 구현하기에는 한계가 명확하다. 공무원은 위계적 상급자, 계약에 의한 민간 파트너, 시민과 지역사회 등으로부터 다양한 책무성 요구에 직면하며, 서로 상충하는 기대와 기준 사이에서 균형과 조화를 추구해야 하는 현실적 과제를 안고 있다.

따라서 책무성의 실천은 단순히 이론적인 유형 분류나 제도 도입만으로는 충분하지 않다. 현실 행정에서는 서로 다른 책무성 모델 간의 긴장을 조정하고, 상황에 맞는 제도적 설계와 우선순위 설정, 그리고 문화적·조직적 맥락을 반영한 운용 전략이 함께 요구된다. 이 절에서는 그러한 책무성 실천의 주요 과제와 전략을 세 가지 측면에서 정리하고자 한다.

Ⅰ. 다층적 책무성 간의 갈등 관리

공공조직은 다양한 이해관계자로부터 서로 다른 책무성 요구를 받으며, 때로는 이들 간의 충돌을 조정해야 하는 상황에 직면한다. 예컨대 성과 중심의 계약 책무성과 장기적인 신뢰 기반의 협력 책무성은 종종 긴장 관계를 형성한다. 단기적 성과를 중시하다 보면 협력관계의 안정성과 지속 가능성이 약화되고, 반대로 관계 유지만을 중시할 경우 객관적인 성과 평가와 관리가 희석될 수 있다. 또 다른 예로는 법적·형식적 기준과 시민의 실질적 기대 사이의 괴리를 들 수 있다. 공무원은 법령에 따라 행정 행위를 수행했음에도 불구하고, 시민의 눈높이에 부합하지 않는다는 이유로 비판을 받는 경우가 적지 않다. 이러한 상황은 공무원에게 선택의 딜레마와 책무성 스트레스를 유발할 수 있다.

서로 충돌할 가능성이 있는 책무성 기준은 제도 설계 단계에서 명확히 분리하거나 역할을 재구조화하여 중복과 충돌을 최소화해야 한다. 예를 들어 시민참여제도를 도입할 때 기존의 감사체계와 기능이 중첩되는지 분석하거나, 참여 결과가 의사결정 구조에 어떻게 반영될지 사전에 명확히 규정할 필요가 있다.

하지만 다양한 이해관계자와 사회 집단으로부터 각기 다른 요구와 기대에 충족해야 하는 오늘날의 행정환경에서 모든 책무성의 도구와 제도의 갈등과 충돌을 미연에 방지하는 것은 불가능에 가깝다. 이와 관련하여 Lee(2022)는 협력적 거버넌스에서 나타나는 책무성 갈등(accountability tensions)을 단순한 문제나 장애물이 아니라, 협력체계의 목표를 강화하고 전체 네트워크의 책무성을 제고할 수 있는 기회로 전환할 수 있음을 보여준다. 외국인 관광객 대상 공공서비스 제공을 위한 여러 기관간의 협력 사례를 다룬 이 연구는 수직적 책무성과 수평적 책무성 간의 긴장이 가장 자주 발생하며, 조직 간 역할 모호성과 제도적 미비로 인해 갈등이 발생한다고 설명한다. 그러나 이러한 갈등에 대응하는 방식에 따라 책무성의 수준은 달라질 수 있다고 주장한다. 일부 행위자는 갈등을 회피하거나 상급기관 지침에만 따르는 전략(conflict-driven strategies)을 택하는 반면, 다른 행위자들은 네트워크의 공동 목적에 기반한 적극적 조정과 제도 개선을 시도하는 전략(mission-driven strategies)을 통해 책무성 갈등을 해결하고 협력성과를 증진시켰다. 이 연구는 책무성 갈등을 단순히 피해야 할 것이 아닌 전략적으로 관리하고 활용할 수 있는 요소로 이해할 필요가 있음을 시사한다.

이에 따라 행정 실무에서는 책무성 유형간 갈등이 불가피하다는 점을 전제하고, 공공가치를 훼손하지 않는 범위 내에서 책무성 기준 간 유연한 조정과 상호 조율을 가능하게 하는 제도적 장치와 문화적 기반을 구축하는 것이 중요하다. 이러한 관점은 책무성을 단일 모델이 아닌 역동적인 실천의 결과물로 이해하게 하며, 책무성의 질적 향상과 협력적 행정의 지속 가능성 모두에 기여할 수 있다.

Ⅱ. 시민참여 확대를 통한 참여형 책무성 체계로의 전환

전통적인 행정은 위계적 구조와 법령에 기반한 감독과 통제를 중심으로 책무성을 확보하고자 하였다. 이러한 방식은 행정의 일관성과 통제력을 높이는 데는 효과적일 수 있으나, 복잡하고 다양해진 현대 행정 환경에서는 그 한계가 점점 분명해지고 있다. 특히 사회적 가치의 다원화, 정책 대상자의 요구 다양성, 행정에 대한 불신 확대 등의 문제는 기존의 관료제 중심 책무성 체계로는 충분히 대응하기 어려운 현실을 만들어내고 있다.

이에 따라 최근에는 시민과 함께 행정을 만들어가는 공동생산(co-production) 방식이 주목받고 있다. 이는 행정서비스의 수요자이자 주권자인 시민이 단순한 감시자가 아니라, 정책 형성, 집행, 평가의 전 과정에 참여하면서 공공가치 창출에 기여하는 것을 의미한다. 이러한 접근은 책무성을 강화하는 효과적인 대안이 될 수 있으며, 행정의 투명성과 수용성, 신뢰성 제고에도 긍정적인 영향을 미친다.

우리나라에서도 시민참여를 통해 공공관리의 책무성을 강화하려는 다양한 노력이 이루어지고 있다. 예를 들어, 주민참여예산제는 예산 편성과정에 시민이 직접 참여하여 재정 운영의 투명성과 책무성을 제고하는 제도이다. 시민감사관 제도는 외부 시민이 감사과정에 참여함으로써 행정 내부에 대한 감시 기능을 확장하고, 제도적 정당성을 높이고 있다. 또한 공론화와 같은 숙의 기반 참여 제도는 특정 사회적 갈등 사안에 대해 시민이 토론과 숙의를 통해 의견을 수렴하고 정책 권고안을 제시하는 과정을 제도화한 방식이다. 이러한 제도들은 단순한 형식적 참여를 넘어서 실질적인 책무성 구조로 발전할 수 있는 가능성을 보여준다.

다만 시민참여 제도가 실질적인 책무성 체계로 작동하기 위해서는 몇 가지 조건이 뒷받침되어야 한다. 첫째, 시민에게 충분한 정보와 학습 기회가 제공되어야 하며, 둘째, 참여의 결과가 실제 정책 결정과정에 반영될 수 있도록 제도적 연계가 확보되어야 한다. 셋째, 행정조직 내에서도 시민의 의견을 경청하고 수용하는 문화적 변화와 유연한 운영 시스템이 함께 필요하다. 이와 같은 조건이 충족될 때, 시민참여는 단순한 수단이 아니라 책무성을 구현하는 핵심 장치로 기능할 수 있다(이승종·김혜정, 2018).

Ⅲ. 책무성 설계를 위한 전략적 고려

현대 행정환경에서 책무성을 효과적으로 실현하기 위해서는 단일한 통제 장치만으로는 부족하며, 다양한 요소들을 종합적으로 반영한 설계 전략이 필요하다. 먼저 법적 장치는 여전히 책무성을 확보하는 데 핵심적인 기반이 되지만, 지나치게 경직된 법적 규정은 유연한 행정 대응을 가로막을 수 있다. 따라서 법적 통제와 함께 자율적 책임, 협의와 신뢰 기반의 관계를 조화롭게 설계하는 것이 중요하다.

특히 협력적 거버넌스나 다기관 네트워크 상황에서는 신뢰를 기반으로 한 책무성 메커니즘이 핵심이 된다. 관계의 지속성, 상호 존중, 소통의 질 등 비공식적 요소들이 오히려 공식적 성과지표 못지않게 중요한 책무성 판단 기준이 되며, 이를 기반으로 한 제도 설계가 필요하다. 시민참여 제도 역시 외부 감시 기능에만 머물지 않고, 정책의 전 과정에서 시민 의견이 반영될 수 있도록 구성되어야 한다. 이를 위해서는 정책 형성-집행-평가를 아우르는 참여 구조가 사전 정보 제공, 공정한 진행, 그리고 후속 피드백 체계를 포함하여 운영되어야 한다.

정책 도구 측면에서도 재설계가 필요하다. 예를 들어 성과 기반 계약은 단순 수치 중심 지표를 넘어, 공공가치 실현 여부나 시민 체감도를 반영하는 정성적 지표를 함께 포함해야 한다. 이는 형식적 목표 달성을 위한 요식행위를 줄이고, 실제 사회적 영향에 기반한 책임 평가로 전환하는 데 기여할 수 있다. 또한 다양한 이해관계자 간 책무성 흐름을 시각화한 네트워크 분석을 통해 누락되거나 중복된 책임 영역을 사전에 파악하고 조정할 수 있다(Provan et al., 2005).

오늘날의 행정환경에서는 획일적인 책무성 모델이나 단선적 책임 구조만으로는 복잡한 공공 문제를 다룰 수 없다. 공공조직은 법과 절차에 근거한 형식적 책무성은 물론, 성과 중심의 관리, 시민참여에 기반한 응답성, 협력적 관계에서의 상호 책임 등 다양한 책무성 요구에 동시에 대응해야 한다. 이러한 복잡한 책무성의 시스템 속에서는 책무성의 결핍(accountability deficit)만큼이나 책무성의 과중(accountability overload)이 문제될 수 있다(한유성, 2023). 예를 들어 공공기관이 다양한 이해관계자에 대한 정보제공의 의무를 다하기 위해 너무 많은 보고서를 제출해야하는 경우 업무 과부하로 인한 부작용이 발생할 수 있다.

특히 한국 행정의 맥락에서는 전통적인 규범 중심, 위계 중심 책무성 모델의 한계를 극복하고, 상황에 맞게 조정 가능한 유연한 책무성 체계로의 전환이 요구된다. 이는 단순히 제도적 도입이 아니라, 실질적인 운영과 실천 전략의 변화로 이어져야 하며, 공무원과 시민, 민간 부문 모두가 책임의 주체로서 책무성을 인식하고 실행하는 문화를 함께 만들어나가야 한다. 향후 책무성 체계는 '누가 책임을 지는가'뿐 아니라, '어떻게 함께 책임을 나누고 조정할 것인가'에 대한 사회적 합의와 설계로 나아가야 할 것이다.

요약

책무성은 공공조직이나 공무원이 자신의 행동과 결정에 대해 시민이나 입법부, 사법부, 이해관계자 등에게 설명하고 그 결과에 따라 책임을 지는 사회적 관계이다. 이는 책임성(responsibility)이나 투명성(transparency), 대응성(responsiveness)과는 구별되며, 공공조직의 정당성과 신뢰를 높이는 데 핵심적인 역할을 한다.

책무성은 '누가 누구에게 설명하는가'라는 관계, 수직·수평 또는 공식·비공식 같은 작동 방식, 그리고 법적 기준, 성과 기준, 사회적 기대와 같은 판단 기준으로 구성된다.

책무성은 다양한 방식으로 작동하며, Romzek과 Dubnick(1987)은 이를 계층적, 법적, 전문가적, 정치적 책무성으로 나누었다. 실제 행정에서는 이들 책무성 유형이 동시에 작동하거나 서로 충돌할 수도 있다.

전통적 행정에서는 위계와 법 중심의 책무성이 강조되며, 시장기반 거버넌스에서는 계약과 성과를 중심으로 책무성이 운영된다. 협력적 거버넌스에서는 정부, 민간, 시민 등 다양한 주체들이 다자간 협력을 통해 형성된 신뢰와 공동 규범에 기초한 복합적 책무성 구조를 형성한다. 각 패러다임은 고유한 책무성 구조를 가지며, 이들을 비교하며 이해할 수 있다.

오늘날 행정에서는 다양한 책무성 기준과 요구가 동시에 존재하기 때문에, 이들 사이의 갈등을 조정하고 균형 있게 운영하는 것이 중요하다. 법적 통제와 성과 평가, 시민참여와 신뢰 기반 협력이 함께 작동할 수 있도록 행정 제도를 설계하고, 한국의 행정 환경에 맞는 실천 전략을 고민해야 한다.

사례연구

Dias와 Maynard-Moody(2007)는 미국의 민간 영리 복지훈련기관인 WorkOpts를 사례로, 성과 중심 계약(performance-based contract)이 조직 내부의 관계, 실무자의 행태, 서비스 결과에 어떤 영향을 미치는지를 분석하였다. WorkOpts는 미국 북동부 한 도시에서 운영된 정부-민간 위탁 기반의 직업훈련 프로그램으로, 장기 복지 수급자를 대상으로 취업 연계를 목표로 설계되었다. 정부는 이 프로그램을 영리 민간기업에 위탁하였고, 성과기반 계약을 통해 연간 1,200명을 대상으로 서비스를 제공하고, 그 중 10% 이상을 취업시킬 경우 재정적 보상을 제공하였다.

주요 연구 결과는 다음과 같다. 첫째, WorkOpts는 정부로부터 "참여자의 10%를 취업시킬 것"을 조건으로 보조금을 받는 계약 구조를 가지고 있었다. 이에 따라 조직은 단기 성과(즉각적 취업률)를 우선시했고, 장기적인 역량 강화나 사례관리 서비스에는 인센티브가 부여되지 않았다. 둘째, 참여자들은 단순한 취업보다 교육, 기술 습득, 경력 개발 등을 희망했으나, 프로그램은 이를 지원하지 못했다. 성과기반 계약이 '최소한의 결과'를 목표로 설계되었기 때문에, 실질적인 빈곤 탈출과 고용안정은 달성되지 못했다. 셋째, 관리자는 계약 성과 달성을 최우선 과제로 삼고, 실무자에게 빠른 취업을 종용하였다. 반면 실무자들은 사회복지적 소명의식과 사례관리 중심의 가치관을 바탕으로, 참여자의 장기적 자립과 심리적 지원을 중요시하였다. 이로 인해 관리자와 실무자 간에 지속적인 갈등이 발생하였다. 넷째, 조직 내 갈등은 이직률 상승, 업무 비효율, 참여자의 불만 증가 등으로 이어졌으며, 결과적으로 정책 목표와는 정반대의 결과가 나타났다. 저자는 이를 '성과 역설(performance paradox)'로 설명하였다.

'성과 역설(performance paradox)'이란, 성과를 높이기 위한 제도나 동기가 단기적으로는 목표를 촉진하는 듯 보이지만, 장기적으로는 조직의 핵심 가치나 목표를 왜곡하거나 저해하게 되는 현상을 말한다. 성과 중심 계약제도는 책무성을 강화하는 유용한 수단일 수 있지만, 그 설계 방식과 운용 과정에서 부작용이 발생할 수 있으며, 결과적으로 공공서비스의 질과 이용자의 만족도, 실무자의 전문성 모두에 악영향을 줄 수 있다.

이러한 성과 역설은 한국의 사례에서도 발견된다. 예를 들어 고용노동부가 추진한 일부 직업훈련 프로그램의 경우, 수탁 기관들이 성과 기준으로 설정된 수료율을 인위적으로 높이기 위해 교육 효과와 무관한 방식으로 수료생을 늘리는 사례가 보고되었다. 이는 단기적 수치 달성을 위해 실질적인 교육 품질이나 수혜자의 역량 강화보다 형식적인 결과물에 집중하는 현상으로, 성과 중심 행정이 책무성 강화에 기여하기보다 오히려 공공성 저해로 이어질 수 있음을 보여준다.

토의질문

1. 위 사례에서 발생한 '성과 역설'의 원인은 무엇인가? 정부의 계약 설계에서 어떤 점이 실무자와 이용자의 행태에 부정적 영향을 미쳤는지 설명하시오.
2. 위 사례와 유사한 국내 사례를 찾아 분석하시오. 이러한 문제를 완화하기 위해 계약 설계나 조직 운영 측면에서 어떤 개선방안을 제안할 수 있을지 토론해보시오.

참고문헌

박순애·이영미(2018). 성과관리의 역설. 「한국행정학보」, 52(4): 151-176.

박천오. (2016). 한국 공무원의 책임 확장: 법적, 계층적 책임에서 윤리적, 개인적 책임으로. 「한국행정학보」, 50(1): 1-25.

박희정 오윤섭 강민아 (2024). 「공공 책무성」, 서울: 대영문화사.

이승종·김혜정. (2018). 「시민참여론」 (제2판), 서울: 박영사.

엄석진. (2009). 행정의 책임성: 행정이론간 충돌과 논쟁. 「한국행정학보」, 43(4):19-45.

한승주. (2013). 공무원의 주관적 책임성. 「한국행정학보」, 47(1): 25-45.

한승주·최흥석. (2018). 공직자의 집단적 책임감과 영향요인 탐색. 「행정논총」, 56(2): 55-82.

한유성. (2023). 정부관료제 책무성의 다양성: 분석모형 개발과 활용방안. 「정부학연구」, 29(1): 105-134.

Allen, P., D. Hughes, P. Vincent-Jones, C. Petsoulas, S. Doheny, & J. A. Roberts. (2016). Public contracts as accountability mechanisms: Assuring quality in public health care in England and Wales. *Public Management Review*, 18(1): 20-39.

Bovens, Mark. (2007). Analysing and Assessing Accountability: A Conceptual Framework. *European Law Journal*, 13(4): 447-468.

Brandsma, G. J., & Schillemans, T. (2013). The accountability cube: Measuring accountability. *Journal of Public Administration Research and Theory*, 23(4): 953-975.

Dias, J. J., & Maynard-Moody, S. (2007). For-profit welfare: Contracts, conflicts, and the performance paradox. *Journal of Public Administration Research and Theory*,17(2), 189-211.

Goldsmith, S., & Eggers. (2004). Governing by network: The new shape of the public sector. Washington, DC: Brookings Institution Press.

Koliba, C. J., R. M. Mills, & A. Zia. (2011). Accountability in governance networks: An assessment of public, private, and nonprofit emergency management practices following Hurricane Katrina. *Public Administration Review*, 71(2): 210-220.

Koppell, J. G. (2005). Pathologies of accountability: ICANN and the challenge of "multiple accountabilities disorder". *Public Administration Review*, 65(1): 94-108.

Light, P. (1993). *Monitoring government: Inspectors general and the search for accountability*. Washington, DC: The Brookings Institutions.

Lee, S. (2022). When tensions become opportunities: Managing accountability demands in collaborative governance. *Journal of Public Administration Research and Theory*, 32(4): 641-655.

Lee, S., & Ospina, S. M. (2022). A framework for assessing accountability in collaborative governance: A process-based approach. *Perspectives on Public Management and Governance*, 5(1): 63-75.

Provan, K. G., Veazie, M. A., Staten, L. K., & Teufel-Shone, N. I. (2005). The use of network analysis to strengthen community partnerships. *Public Administration Review*, 65(5): 603-613.

Romzek, Barbara S., & Dubnick, Melvin, J. (1987). Accountability in the Public Sector: Lessons from the Challenger Tragedy. *Public Administration Review*, 47(3): 227-238.

Thompson, D. F. (1980). Moral responsibility of public officials: The problem of many hands. *American Political Science Review*, 74(4): 905-916.

Wachhaus, T. A. (2012). Anarchy as a model for network governance. *Public Administration Review*, 72(1): 33-42.

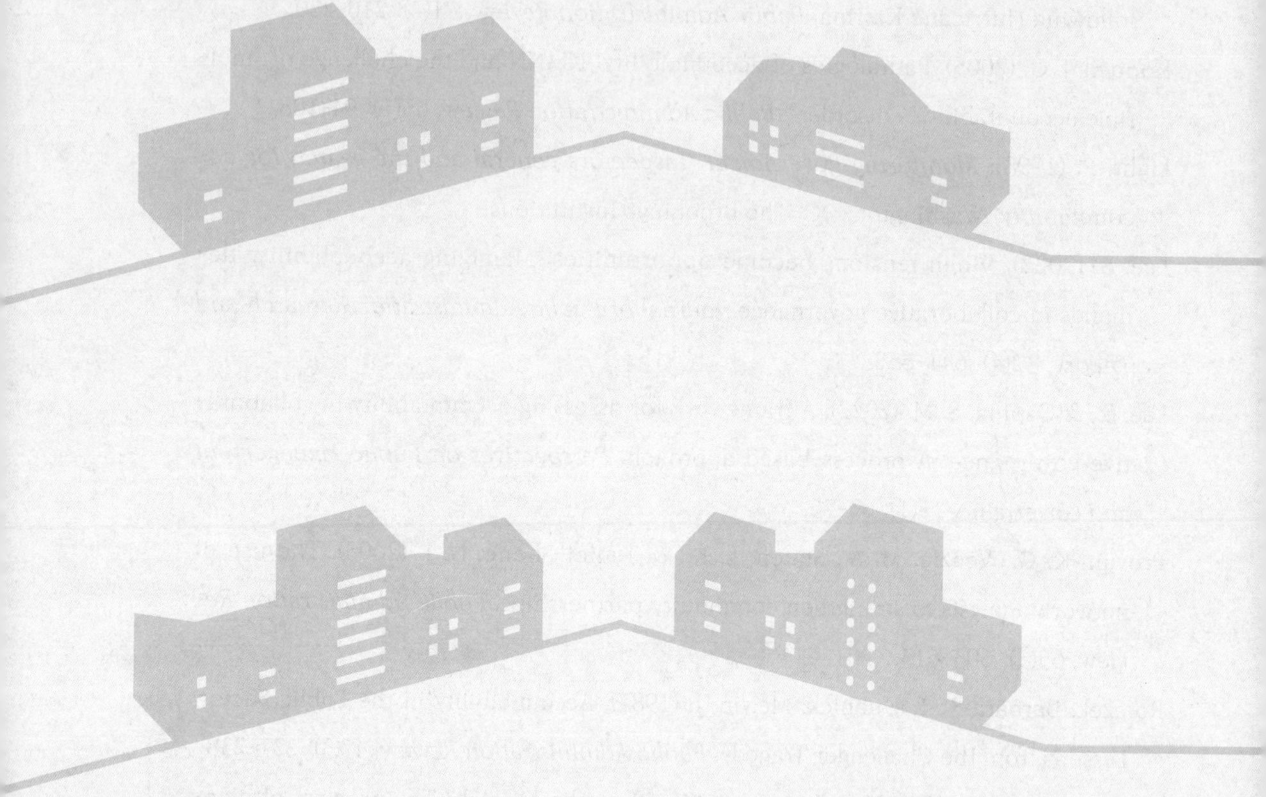

2부

조직과 자원

- **제4장** 공공관리에서의 목표와 이해
- **제5장** 공공부문의 성과관리
- **제6장** 공공관리 관점에서의 예산과 재정
- **제7장** 디지털 전환시대의 공공관리: 전자정부에서 인공지능(AI)까지

4장 공공관리에서의 목표와 이해

| 윤태원 |

학습목표

1. 목표관리의 중요성을 이해한다.
2. 목표의 기능과 유형을 이해한다.
3. 민간분야와 공공분야에서의 목표가 갖는 유사점과 차이점을 이해한다.
4. 목표로 공공조직 및 공공관리의 특성을 이해한다.
5. 목표의 효과적 달성을 위해 목표가 형성되고 전략이 체계화되는 과정을 이해한다.

제 1 절 관리에서의 목표

목표는 관리의 시작이자 출발점으로, 관리에 있어 목표는 필수조건이라 할 수 있다. 관리상의 접근과 기술들은 목표를 적절하게 달성하기 위한 수단으로 목표가 없는 관리상의 기술들은 목적지 없이 뛰는 헛된 열심을 내는 것과 같다. 같은 수의 사람이더라도 각자의 관심과 목적에 따라 자신의 갈 길을 가는 사람들이 우연히 군집해 있을 때 보이는 특성과 특정한 공동의 목적과 의도성을 바탕으로 모이게 된 사람들이 그 목적을 달성하기 위해 보이는 특성이 다르듯, 목표의 유무는 관리를 위한 전제조건이 되며, 그만큼 목표를 고려하지 않은 상황에서 추구되는 관리상의 접근들은 적절성이나 효과성이 결여된 단순 기술에 불과할 것이다. 본 장에서는 이러한 목표가 가지는 기능과 관점에 따라 유형들을 다루고, 목표가 적절하게 달성되기 위해 어떻게 구조화되고 형성될 수 있는지, 이러한 가운데 무엇을 주의해야 하는지에 대해 다루고자 한다.

Ⅰ. 목표가 가지는 의의와 기능

1. 목표의 의의

목표는 실현하고자 하는 바람직한 상태(desired state)로서 이를 추구하는 주체를 정의하는 기본적이고 필수적인 요소라고 할 수 있다. 이와 관련해 민간과 공공부문과 이에 해당되는 다양한 영리 및 비영리 기관과 정부 조직들은 조직 및 사업(프로그램)과 관련한 핵심 신념이나 목적을 전달하기 위해 임무(mission)나 비전에 대한 선언문(statement)을 활용하고 있는 것을 살펴볼 수 있다. 보통 기관의 소개자료, 홈페이지, 성과계획서 및 보고서 등에서 찾아볼 수 있는 임무와 비전은 하나의 진술로 다루어질 수도 있으나, 일반적으로 임무는 존재 이유로써, 비전은 미래상으로써 각각의 독립적인 의미를 가진다. 임무와 비전, 비전과 임무 무엇이 먼저 고려되어야 하는가에 대한 논의들도 있지만, 임무와 비전은 핵심적 목표로써 전략 관리 프로세스의 시작점으로 함께 다루어지고 있다(Darbi, 2012).

임무와 비전은 우리가 왜 존재하고 무엇을 하는지 어떠한 미래를 향해가고 어떠한 수준에 이르고자 하는지를 알려주는 가장 핵심적인 자료로 이를 함께 만들어가는 내부 이해관계자들의 동기를 부여하고 외부 이해관계자들을 설득하고 그들의 이해와 지지를 확보하는 데 필수적인 역할을 한다. 임무와 비전 선언문은 전략적 관리에 필수적이지만, 그 효과는 작성, 전달, 조직적 실천이 얼마나 잘 통합되느냐에 달려 있다. 임무와 비전은 간결하게 제시되는 것 만큼이나 용어상의 추상성이 함께 한다. 이에 따라 임무와 비전에는 여러 가치들이 내재되고 있으며 최근에는 조직이나 사업이 추구하는 가치에 대한 진술을 통해 고유성을 강조하는 측면이 방법적으로 선호가 되고 있다(Cady et al., 2011). 다만, 명시적이고 선언적인 제시가 조직과 정책을 둘러싼 실제적인 대내외 이해관계자들의 활동과 행동으로 이어지기 위해서는 전략적인 실행체계를 갖추는 것과 동시에 홍보 및 내재화라는 관리상의 노력이 필요하다.

이와 관련해 〈표 4-1〉은 다양한 유형의 기관들이 내세우는 임무와 비전을 보여준다.

스타벅스의 경우, 외부 이해관계자들로 하여금 자신들의 커피가 사람의 영혼의 풍요로움을 채우는 것과 동시에 한 사람과 한 잔, 이웃을 소중하게 생각하고 있다는 인상을 주고 있다. 추구하는 가치 제시를 통해 내부구성원들로 하여금 장인정신(Craft)과 성과(Results)라는 전문성과 결과를 중요시함과 동시에 용기(Courage), 소속감(Belonging)을 통해 포용성과 수용성 높은 조직문화를 추구하며 기쁨(Joy)을 통해 긍정적이고 즐거운 조직분위기를 추구하고 있음을 제시하고 있다. 삼성 일렉트로 메카닉스도 또한 존재이유로서 임무에 다소 전문적인 용어를 담고 있지만 독창성을 바탕으로 하는 가치 있는 경험을 제공하고 있음을 내세우고 동시에 조직의 미래상으로 일하고 싶은 성장기업으로써의 방향성을 제시하고 있다. 서울대학교와 서울과기대학교는 상이한 형태의 임무와 비전체계를 갖추고 있으나 고등교육기관으로써 인재양성과 국가와 사회에 대한 기여의 내용을 공통적으로 임무와 비전에 담고 있다. 고용노동부, 선거관리위원회, 환경부와 같은 정부기관들은 각각의 맡겨진 기능수행의 임무를 제시하고 있으며, 지속가능하고, 포용적인 미래를 위한 공공성 및 가치의 확보를 목표로 하고 있음을 보여 준다.

표 4-1 다양한 유형의 기관들의 임무와 비전

기관명	임무와 비전
스타벅스	• 임무: 한 사람, 한 잔, 한 지역을 시작으로 사람의 영혼을 풍요롭게 하고 고취시키는 세계에서 가장 우수한 커피를 제공하는 특급 공급업자(To be the premier purveyor of the finest coffee in the world, inspiring and nurturing the human spirit — one person, one cup and one neighborhood at a time) • 가치: Craft, Results, Courage, Belonging, Joy
삼성 일렉트로 메카닉스	• 임무: 최고의 컴포넌트와 독창적인 솔루션으로 모두에게 가치 있는 경험을 제공합니다. • 비전: 나도 일하고 싶고, 누구나 함께 일하고 싶어하는 최고의 성장기업
서울대학교	• 임무: 융합적 인재양성, 인류 난제해결과 과학기술의 가치화 • 비전: 대전환 시대를 이끌어가는 학문공동체
서울과학기술대학교	• 비전: 우리의 상상이 미래를 만든다. Our Dream, Your Furue • 교육이념: 조국과 인류의 미래에 기여하는 세계속의 대학 • 교육목적: 창의의 정신을 바탕으로 학문의 이론과 응용방법을 연구하고 교육하며 도덕적 품성과 전문지식을 갖춘 인재를 양성함으로써 국가와 사회의 발전과 인류의 번영에 기여함

고용노동부	• 임무: 양질의 일자리 창출 기반을 마련하고 노동의 가치가 존중받는 사회를 만든다. • 비전: 지속가능하고 미래지향적인 노동시장 구축
선거관리위원회	• 임무: 자유롭고 공정한 선진 민주선거를 구현한다. • 비전: 좋은 정치를 지향하고 국민과 함께하며, 미래를 열어가는 선거관리위원회
환경부	• 임무: 국민이 건강하고 쾌적한 삶을 누릴 수 있도록 환경권을 보장한다. • 비전: 환경적 가치와 지속가능성이 회복된 건강한 대한민국

앞서 제시된 다양한 유형의 기관별 임무와 비전과 다른 관점으로 하나의 기관과 그 기관내에서 수행사업들에 대한 임무와 비전을 살펴보는 것도 목표의 체계 및 일관성의 관점에서 의미가 있다. 〈표 4-2〉는 우리나라 인사혁신처의 법령상 설치근거와 홈페이지 소개자료, 기관 및 기관사업 성과와 관련된 계획서들에서 제시된 사항들을 정리한 자료이다. 인사혁신처는 우리나라의 행정부의 중앙인사관장기관으로써 설립의 목적과 이유가 정부조직법을 통해 제시되고 있다.

이에 따라 공무원 인사, 윤리, 복무 및 연금에 관한 사무를 담당하고 있음이 명시되고 있으며, 현재 기준(2025년 5월) 홈페이지 소개자료에서는 목표와 관련한 임무나 비전을 별도로 다루지 않지만 국익과 실용 및 공정과 상식에 기반한 역량있는 공직사회 실현이라는 슬로건과 국가 인적자원관리의 효율성과 정부인사의 공정성 확보라는 중앙인사관장기관으로서의 역할을 명시하고 있다. 중앙인사관장기구로서의 인사혁신처의 일반적 역할의 제시 외에도 슬로건의 경우, 현 행정부의 국정과제와 연계하여 공직사회 역량에 있어 '국익과 실용', '공정과 상식'이라는 가치에 무게를 두고 있는 것을 살펴볼 수 있다.

또한 2022년부터 2026년 사이 고려되는 인사혁신처의 장기적 성과관리 전략계획을 다루는 보고서에서는 크게 ① 공직전문성 제고와 생산적 공직문화 조성을 통한 유능한 공직사회 구현과 ② 인사시스템의 공정성과 공직윤리 확보를 통한 국민상식에 부합한 공직사회 구현이라는 2개의 목표를 제시하고 있는데, 이는 앞서 홈페이지 슬로건상에 제시된 가치들과 일치하고 있음을 보여준다. 2022년과 2026년이라는 중장기적인 기간 동안 추구되는 전략계획 속에서 연도별 성과관리 계획을 다루는 2025년 성과시행계획서에서 다루어지는 임무와 비전, 그에 따른 전략목표는 장기적 관점의 전략계획에서 제시되는 임무와 비전, 그리고 전략목표와 유기적으로 연계되어 있음을 보여준다. 마지막으로 인사혁신처에서 다루는 사업프로그램 운영과 관련한 2025년 성과계획서 상에서의 미션과 비전은 다소 함축적이고 추상적인 용어를 담고 있으나 홈페이지상의 슬로건과 동일한 맥락에서 이해가 될 수 있으며, 그에 따른 전략목표들은 인사혁신처에서 수행하고 있는 각각의 사업들을 포괄적으로 제시하고 있다.

표 4-2 인사혁신처 설치근거 및 임무와 비전의 정리

<table>
<tr><th colspan="2"></th><th>내용</th></tr>
<tr><td rowspan="4">인사혁신처</td><td>설치근거</td><td>• 정부조직법 제22조의3(인사혁신처) ① 공무원의 인사·윤리·복무 및 연금에 관한 사무를 관장하기 위하여 국무총리 소속으로 인사혁신처를 둔다.</td></tr>
<tr><td>홈페이지 소개</td><td>• 국익과 실용 및 공정과 상식에 기반한 역량있는 공직사회 실현
• 중앙인사관장기관으로서 국가 인적자원관리의 효율성과 정부인사의 공정성 확보</td></tr>
<tr><td>성과관리 전략계획서 (2022-2026)</td><td>• 임무: 공직 전문성을 제고하고 생산적인 공직문화를 조성하여 유능한 공직사회 구현, 공정한 인사시스템과 공직윤리를 확립하여 국민 상식에 부합하는 공직사회 구현
• 비전: 국민에게 신뢰받는 일 잘하는 공직사회
- 전략목표 I: 직무역량 중심으로 채용제도를 개편하고 공정한 시험관리체계를 확립하여 우수한 인재를 선발한다.
- 전략목표 II: 미래대비 공직 전문성을 강화하고 인사혁신을 확산·정착하여 공직 경쟁력을 제고한다
- 전략목표 III: 성과중심 인사관리 공무원 인재육성 및 복지체계 구축으로 생산적인 공직문화를 실현한다.
- 전략목표 IV: 공직사회 근무여건을 개선하고, 공직윤리 확립 및 건전한 노사관계 구축으로 공정과 책임에 기반한 신뢰받는 공직사회를 실현한다.</td></tr>
<tr><td>성과시행 계획서상의 목표체계 (2025)</td><td>• 임무: 공직 전문성을 제고하고 생산적인 공직문화를 조성하여 유능한 공직사회 구현, 공정한 인사시스템과 공직윤리를 확립하여 국민 상식에 부합하는 공직사회 구현
• 비전: 국민에게 신뢰받는 일 잘하는 공직사회
- 전략목표 I: 수요자 중심으로 채용제도를 개편하고 공정한 시험관리체계를 확립하여 우수한 인재를 선발한다.
- 전략목표 II: 미래대비 공직 전문성을 강화하고 인사혁신을 확산·정착하여 공직 경쟁력을 제고한다
- 전략목표 III: 성과중심 인사관리 공무원 인재육성 및 복지체계 구축으로 생산적인 공직문화를 실현한다.
- 전략목표 IV: 공직사회 근무여건을 개선하고, 공직윤리 확립 및 건전한 노사관계 구축으로 공정과 책임에 기반한 신뢰받는 공직사회를 실현한다.</td></tr>
</table>

성과계획 서상의 목표체계 (2025)	• 임무: 미래를 이끌어가는 공무원, 국민이 체감할 수 있는 공직혁신 • 비전: 국익을 실현하는 정부, 국민과 함께하는 공무원 - 전략목표 I: 우수 국가인재 채용 - 전략목표 II: 공무원 인재육성 - 전략목표 III: 신뢰받는 공직사회 구현 - 전략목표 IV: 인사혁신 제반여건 조성 - 전략목표 V: 공무원 복리후생 지원

2. 목표의 기능

앞서 제시된 사례들을 통해 부분적으로 나타나기는 하였지만, 목표는 관리의 시작으로써 다양한 기능을 수행하며, 목표가 주는 관리상 의미는 다음과 같이 정리할 수 있다: ① 정당성의 근거, ② 방향성 제시, ③ 전략 및 기획, ④ 조직구조 및 의사결정, ⑤ 효과성 평가

(1) 정당성의 근거

각각의 조직이 활동하고 사업들이 수행되는 것에 있어, 목표는 활동과 수행의 정당성을 제시하는 것과 동시에 이것이 적절했는가를 판단하는 근거가 된다. 앞서 살펴 본 인사혁신처 사례에서 살펴볼 수 있듯이, 조직 및 사업(프로그램)과 관련한 핵심 신념이나 목적을 전달할 때 임무 선언문(mission statement)이 활용되고 있으며, 조직과 사업의 근본적인 존재 이유와 관련된 정체성이 원칙과 가치들을 통해 제시되고 있다. 이는 사회를 구성하는 한 기능적 체제로서의 적합성(Lippit & Lippitt, 1986)과 동시에 다른 주체들과의 차별성(Aktan, 2003)을 제시한다.

(2) 방향성 제시

목표는 조직의 정책, 전략, 운영 및 활동을 위한 지침과 방향을 제시한다. 비전제시는 향후 어떠한 미래를 만들고 싶은지, 어떠한 수준에 도달하고자 하는지를 보여주는 역할을 한다. 다만, 이러한 비전은 추상적인 방향성을 제시하는 것에 불과하며, 구성원들이 공통의 목표와 방향성을 가지고 이에 참여하기 위해서는 추가적인 노력이 필요하다.

(3) 전략 및 기획

목표는 조직과 사업의 관리자들이 전략적 방향을 명확히하고 이에 따른 계획을 구체화하는 데 도움을 준다(Moore, 1995; Poister & Streib, 2005; Bryson, 2018; Ferlie& Ongaro, 2022). 구체적으로 대외적 환경변화와 이해관계자들의 수요, 대내적인 조직 역량을 바탕으로 목표를 재검토하고, 이를 달성하기 위한 적절한 목표의 체계, 이를 실행하기 위한 수행체계와 수단을 모색하게 된다. 또한 목표는 참모역할을 하는 예산, 인적자원과 관련해 조직과 사업을 실행하기 위한 적절한 자원과 인력의 확보가 이루어질 수 있도록 중장기적인 계획과 방침을 제시하는 역할을 한다.

(4) 조직구조 및 의사결정

조직의 목표 설정은 조직이 이를 달성하기 위한 합리적이고 합당한 구조를 갖는 것에 도움을 준다. 이는 조직의 목표를 효과적으로 달성하기 위한 조직의 구조를 디자인하고, 그에 따른 직무의 배분과 인력의 배치하는 것을 의미하기도 하지만 조직 내 전 인력이 목표달성을 위한 효과적 의사결정 체계를 갖추고 참여와 동기를 부여하는 것과도 관련있다. 예를 들어, 조직의 성과를 관리하기 위한 목표에 의한 관리(MBO)에서 목표는 관리자와 구성원들이 협력하여 설정하며, 주기적인 의사소통과 피드백을 통해 개인의 목표가 조직의 목표와 그 우선순위와 일치하도록 한다. 이러한 과정들은 내부구성원들의 조직에 대한 정체성을 확고히하고 목표달성에 대한 구성원들의 동기부여와 헌신을 촉진하여 성과를 향상시킨다(Campbell, 2015; Tosi et al., 1970).

(5) 효과성 평가

조직의 목표는 조직의 업무수행의 결과, 성공여부, 효과성 혹은 능률성의 정도를 평가·통제하는 기준이 된다. 목표 관리 시스템은 조직의 성공을 위한 구체적이고 측정 가능한 기준을 정의할 수 있도록 하며 의도되고 계획된 목표가 실제로 어떻게 달성이 되고 있는가를 확인하는 데 도움을 준다.

이와 같이 목표는 관리의 방향과 전략에 영향을 주며, 이를 효과적으로 실행하고 달성하고 있는가, 무엇이 개선되어야 하는가를 점검·평가하고 이를 이후 목표를 달성하기 위한 전략에 반영하는 순환적 과정의 정당성과 적절성을 가늠하는 큰 기준점으로서 역할을 하며, 목표의 집합을 이루는 하나의 체계로서 역할을 하게 된다. 이러한 연계적 과정은 종합적 이해를 필요로 한다, 다만, 본 장에서는 목표의 특성과 유형, 그리고 전략적 방향과 계획에 초점을 두고 다음 장에서 성과 관리의 측면에 대해 살펴보고자 한다.

Ⅱ. 목표의 특성 및 유형

1. 목표의 특성

(1) 목표의 계층성과 목표-수단의 연계성

극단적으로 목표가 하나의 실행적 단일목표로 구성되어 있는 경우도 있을 수가 있겠지만, 보통 조직과 사업들은 궁극적으로 추구하는 목표를 성취하기 위해 세부 하위 목표들을 함께 고려하고 있다. 이들 목표들은 구조적으로 연쇄적인 상위목표와 하위목표의 연결 속에서 위계적 계층을 갖는 모습을 보인다. 조직의 목표들은 이러한 측면에서 목표와 수단의 연쇄로써 상호연결성을 가지며 수단으로써 하위목표는 상위목표에 대한 수단의 적합성과 합리성을 갖추고 있어야 한다. 즉, 하위목표들은 상위목표들을 달성과 관련한 내용을 포괄적으로 담고 있어야 하며, 반대로 상위목표는 하위목표들의 집합을 대표성 있게 설명할 수 있어야 한다.

다음의 〈그림 4-1〉은 목표 위계성을 바탕으로 하는 목표의 체계를 보여주는 그림이다. 임무·비전·가치가 이루어지기를 바라는(aspirational) 미래지향적·이상적 목표인 상위목표로 제시되고, 이를 실현하기 위한 전략과 중간 수준의 목표들이 구성되고, 이를 보다 구체화하여 측정이 가능하고 실천계획을 통해 직접적 산출이 가능한 하위 수준의 목표들이 구성된다.

그림 4-1 목표의 위계와 수준

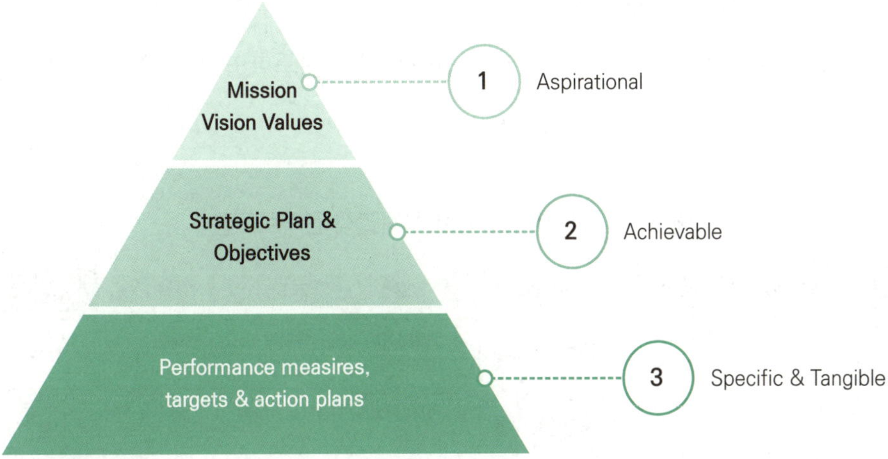

출처: Paiva(2021)[1]

(2) 목표의 다양성과 다차원성

어떻게 조직의 목표를 성취할 것인가에 있어서, 목표는 다양성을 가질 수 있다. 예를 들어, 민간회사에서 이익을 최대화 시켜야 한다는 목적은 방법론적으로 여러 차원으로 다루어질 수 있다. 예를 들어 시장의 점유율을 높이는 것, 현재 수익을 최대화하는 것, 장기 성장을 위한 이익을 극대화하는 것 등 다양하게 생각해볼 수 있을 것이다(Ethiraj & Levinthal, 2009).

일차적으로 이는 목표의 수와 연관이 있으며 이를 달성하기 위한 자원과 인력의 배분, 전문성과 연계된다. 더불어 이러한 다양하고 다차원적인 목표의 추구는 상호 독립적으로 계획되고 실행되나 상호 약한 연결고리를 갖고 있으며, 이러한 부분적 노력들이 상호 연계가 되어 상위목표를 달성하고, 전체 프로그램을 설명하는 것이 필요하다.

(3) 목표의 시계열적 구조화

목표라는 것은 결국 달성하고자 하는 미래상으로써 성취하는데 여러 단계적 계획과 전략이 요구된다. 목표를 달성하기 위한 횡단면적 목표 전략체계를 갖추는 것과 같이 시계열적 관점에서 이러한 전략을 체계화하고 실행하는 것에 있어 관리가 요구된다. 중장

1 https://blog.architect2architect.com/strategic-alignment-of-digital-transformation-initiatives-5af637e98a9d

기적인 목표에 대한 가시적 방향성 제시와 단계별 전략 목표의 수립, 연도별 실행을 통한 달성이 요구되며, 이러한 과정 중에 지속적으로 조직과 사업을 둘러싼 환경 및 역량의 변화를 살펴보고, 중장기적으로 세운 전략들이 유효한가를 검토하여 이를 지속적으로 수정하고 조정할 필요성이 있다.

그림 4-2 목표달성을 위한 시계열적 전략로드맵

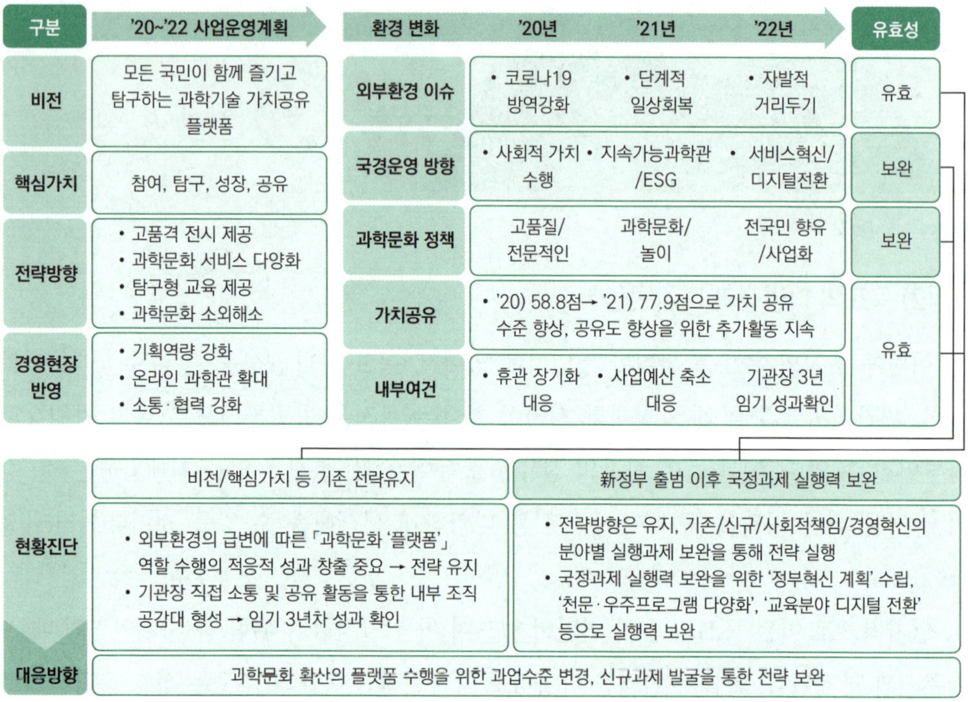

출처: 2022년도 과천과학관 관리역량실적보고서.

2. 목표의 유형

목표는 상호 유사한 측면이 있지만 다양한 관점에서 유형이 분류될 수 있다. 단일의 목표가 가지는 특성이 있겠지만, 한 목표를 달성하기 위한 체계 내에서 존재하는 다수의 다양한 목표 체계 속에서 유형을 이해해볼 수 있다.

(1) 공식적 목표와 실질적(운영) 목표

먼저, 목표는 크게 공식적 목표와 실질적 목표로 나누어 볼 수 있다. 정부부처, 공공기

관, 민간기업, 비영리단체 등의 조직들은 기관이 무엇을 하고, 어떠한 미래를 향해 나아가는가를 각 기관의 홈페이지나 소개자료, 성과계획서나 보고서 등을 통해 보여주고 있다. 공식적 목표는 이렇게 대외적으로 표방하는 공식적인 목적이나 사명을 말한다. 조직과 사업들의 운영에 있어 공식적 목표는 목표의 계층 구조에서 주로 상위목표에 해당된다. 조직의 존재 이유나 사회에 대한 기여와 관련한 조직의 이상과 가치를 담은 선언적 목표로서 모호하거나 추상적인 표현으로 제시되어 다양한 대내외적 이해관계자들의 수용, 지지를 목적으로 한다. 실질적 목표들이란 이러한 공식적 목표를 위해 내부적으로 추구하는 구체적 목표로 내부 구성원들의 실질적 목표수행에 필요한 운영상의 행동지침을 다루는 목표를 다룬다. 당연히 공식적 목표와 실질적 목표의 연계와 일치는 중요한 사안이라 할 수 있지만, 조직이 외부에 표방하는 공식적 목표와는 별개로 조직에서 실제로 수행하고 있는 일차적 활동과 산출들을 다루게 되며, 이에 따라 비교적 측정이 가능한 구체적 수치와 달성기준을 도출할 수 있는 관리상의 의미와 성과평가에 도움을 줄 수 있는 지표로 구성할 필요가 있다.

(2) 상위목표와 하위목표

상위목표와 하위목표를 직관적으로 바라보았을 때, 앞서 살펴본 공식적 목표와 실질적 목표의 구분과 큰 차이가 없이 상위목표가 공식적 목표, 하위목표가 실질적 목표로 매칭이 될 수 있다고 판단할 수도 있겠으나, 상위목표와 하위목표는 모두 공식적 목표가 될 수도 있고, 또한 실질적 목표가 될 수도 있다.

공식적 목표로써 상위목표와 하위목표를 본다면, 상위목표는 조직 전체의 목표로 일반적으로 해당 조직이 가지는 목표 중 가장 추상적인 형태를 가지고 있다. 하위목표는 이에 대한 수단으로써 구체성과 사실성을 가지고 있다. 앞서 살펴 본 조직목표의 기능과 성격에서와 같이 합리적 생각과 과정에 따른 상하위 목표간의 목적과 수단으로써의 계층화가 나타난다.

(3) 무형목표와 유형목표

목표는 또한 무형목표와 유형목표로 분리될 수 있다. 무형목표는 내용이 추상적이고 구체성이 부족하여 계량화하기 어려운 목표를 말한다. 반드시 그렇지는 않지만 상대적인 측면에서 한 조직 내에서는 상위목표가 해당 될 가능성이 높다. 반면 유형 목표는 내용이 구체적이고 계량화가 가능한 목표를 말한다. 한 조직 내 목표 중에서는 당연히 하위목표가 이러한 유형목표로 다루어질 가능성이 높을 것이다.

무형목표와 유형목표의 차이는 민간부분과 공공부문의 목표들에서도 발견된다. 성과에 있어 비교적 재화의 가치로 과정과 결과가 측정이 가능한 민간부문의 경우 상위목표와 하위목표 모두가 유형목표로써의 특징을 가질 수 있을 것이다. 이에 반해, 다소 공공가치를 다루는 공공부문의 경우, 상위목표의 추상성은 물론 하위목표들까지도 계량적으로 측정하고자 하는 것에 대해 적절성이 의심될 만큼 계량화가 어려운 부분이 있을 수 있다.

무형목표의 장점 중 하나는, 목표가 다루는 내용을 비교적 포괄적으로 수용할 수 있다는 점이다. 그러나 이러한 포괄적 수용과 대표성 확보에 대한 기대는 경우에 따라 성과를 적절하게 판단하는 것에 있어 어려움이 되어 도리어 성과에 대한 낮은 수용을 초래할 수 있다. 반면, 유형목표는 수치로 명확히 제시되기 때문에 누구나 쉽게 이해할 수 있으며, 별도의 합의 과정이나 포괄적인 수용이 필요하지 않으며, 따라서, 목표 달성 방식에 대한 기대와 실망이 발생할 가능성도 줄어든다.

첫 번째 특징은 무형목표의 추상성과 관련이 있다. 무형목표는 본질적으로 추상적이기 때문에, 이를 해석하고 추구하는 과정에서 다양한 이해관계자 간의 합의가 필요하다. 이러한 과정은 때때로 성취 방법이나 결과에 대한 실망과 오해를 불러올 수 있다.

두 번째로, 무형목표는 융통성이 뛰어나다는 장점이 있다. 환경 변화나 사회적 요구의 변화에 따라 목표를 유연하게 조정할 수 있기 때문이다. 무형목표는 구체적인 수치나 조건으로 고정되어 있지 않기 때문에, 빠르게 변하는 환경에서도 조직의 정체성과 목표를 적절히 수정해 나갈 수 있다. 반대로, 목표가 지나치게 구체적으로 정의되어 있을 경우, 변화에 맞추어 목표를 바꾸기 어렵고, 이에 따라 조직의 제도나 기능까지 함께 개편해야 하는 부담이 발생할 수 있다. 그러나 무형목표가 지나치게 추상적일 경우, 목표 달성 방법이 불명확해져 조직 내에 불안감이 커질 수 있다. 이로 인한 구성원 간 생각의 차이는 곧 역할 갈등으로 이어질 위험이 있다.

마지막으로 무형목표는 일반적으로 극적인 표현이 가능하며, 이상적이고 고차원적인 가치를 강조할 수 있다. 이로 인해 조직 구성원들은 목표에 대해 높은 의욕을 가지고 업무에 임할 수 있지만, 실제 결과가 기대에 미치지 못할 경우 현실과 이상의 괴리로 인해 실망할 수도 있다. 반면, 유형목표는 가치판단보다는 사실의 문제를 다룬다. 목표가 명확하게 측정 가능하기 때문에, 그 달성 정도를 쉽게 평가할 수 있다. 이로 인해 업적 평가 기준으로 삼기에 적합하며, 조직 내 성과관리에 매우 유용한 특성을 가지고 있다.

(4) 장기목표와 단기목표

목표간 연계는 시간적 프레임 속에서도 서로 연결되어 있다. 조직의 목표는 달성하고자 하는 미래상으로, 성취하는 데 오랜 기간이 걸리고 이를 성취하기 위한 전략적인 접근이 필요하다. 이로 인해 궁극적인 목표를 위한 단기적인 목표부터 중장기 목표가 적절하게 연결되어 결합이 될 필요가 있다. 조직 및 사업 프로그램이 장기적으로 나아가야 할 방향과 달성하고자 하는 미래에 대한 목표와 전략을 고려하는 시간적 범위의 기준은 다양하게 생각해볼 수 있을 것이다. 일반적으로, 약 3년에서 5년 사이의 중장기 목표와 계획들을 세우고 이를 바탕으로 단계별 연도별 목표들을 구성하고 있는 것을 살펴볼 수 있다. 중장기 목표와 계획은 환경변화에 따라 연도별 계획에서 목표간 우선순위가 조정되거나 목표가 변경 혹은 조정될 수 있으며 이러한 연도별 목표는 분기별 집행과 실행 속에서 모니터링되고 변화가 필요하다면 롤링 등을 통해 다시 재고될 수 있다.

제 2 절 공공관리에서의 목표의 설정 및 구조화

Ⅰ. 공공관리에서의 목표

앞서 목표의 의미와 기능 그리고 유형들에 대해 살펴보았다. 관리의 측면에 있어 공공부문의 목표가 일반적인 목표에 대한 이해와 다르게 다루어져야 할 필요성이 있을까? 정부부문의 비효율을 극복하고 민간부문의 경영기법을 도입하고자 하였던 신공공관리 운동과 더불어 공공부문과 민간부문의 관리 차이를 비교하는 연구가 1980년대와 90년대 활성화되었다. 이러한 과정 중 공공부문의 독특한 특성으로 제기되었던 대표적 특징 중 하나가 공공부문의 목표가 갖는 모호성에 대한 측면이었다(Rainey, 1983).

Herbert Simon(1964)은 조직의 목표를 "계층 구조의 상위 수준에서 조직의 역할에 의해 부과되는 제약 조건 또는 제약 조건의 집합"으로 정의하였다(p. 1). Simon의 이러한 정의 자체는 공공과 민간의 차이가 없겠지만, 정부 조직에서 조직 설계, 특히 목표는 정치적 타협이나 법과 같은 기관적 외부적 요인들에 의해 큰 제약을 받는다. 정부기관들의 기본 설립목적과 구조는 의회에서 만들어지는 법에 의해 결정된다. 이어서 정부기관은 이러한 법의 해석에 따라 법에 부합하는 세부 규칙(예: 행정 규정, 부서 정책, 절차 등)을 수립하는 데 참여한다. 이렇게 만들어지는 정부부처의 목표와 구조의 특성은 법에 의해 구속되며 제약 조건의 집합으로 작용한다.

우리나라 역시 정부 행정조직은 행정각부의 설치 조직과 직무범위를 법률로 정한다는 헌법 제4장 제96조에 따라 정부조직법 및 개별법률, 하위법령들을 통해 행정조직의 설치와 이를 바탕으로 하는 기능과 직무범위 규정, 관련 조직 및 정원 규모와 구조를 법령에 의해 다루는, 정부조직법정주의를 체택하고 있다. 이러한 조직의 목표와 절차는 시스템을 안정적으로 유지하는 제도적 틀로 잠재적 위험과 불확실성 속에서도 직원들의 책임을 명확히 하는 눈에 띄지 않는 통제 역할을 한다(Perrow, 1986).

정부기관을 포함한 공공기관은 목표의 모호성이 상대적으로 더 높은 것으로 알려져 있다. 몇몇 연구자들은 공공기관 내의 목표 모호성이 그 설계와 구조 과정에 내재되는 것이라고 주장한다. 정치인들에게 모호성은 정치적 행위자들 간의 불필요한 갈등을 피하고 경쟁하는 가치를 타협하는 좋은 전략이 될 수 있다(Jung, 2013; Matland, 1995; Davis & Stazyk, 2016). 이러한 모호성을 포함한 채 구조, 기능, 프로세스가 설계된 조직은 목표 방향과 이를 구현하기 위한 방법 선택에 동일한 모호함을 내제할 수밖에 없다.

공공 조직이 달성해야 할 결과물로써 공익과 공공가치는 사익 및 개인 가치의 단순한 집합이 아니다. 개인적 사익의 추구의 집합이 공동체 전체의 공익 달성에 기여를 하는 경우도 있겠으나, 대체로 이러한 사익의 추구는 다른 집단이나 공동체의 이익을 침해하거나 공익적 가치 달성으로 이어지지 않는다(Bozeman, 2007; Bozeman & Moulton, 2011; Moore, 1995). 또한 공공 조직이 제공하는 재화와 서비스는 측정하기 어려운 특성 때문에 시장에서도 적절하게 상품화되어 제공되기 어려운 측면도 있다. 이러한 점에서 공공기관의 목표는 민간부문과는 다른모호성, 무형성, 다중성이라는 차별적인 특성들을 지니게 된다.

Ⅱ. 목표의 형성 및 변동

1. 공공부문 목표 형성과정의 모형

목표와 관련된 논의는 목표의 설정이나 목표에 따른 효과성을 다루는 부분에 집중하여 이루어져 왔으나 다른 한편으로 목표가 어떻게 형성되고 시간이 지남에 따라 변화하고 형성되는지, 지속적인 전략적 관리에 어떻게 부합할 수 있을지에 대해서도 관심이 요구된다(Bryson et al., 2024). 목표는 임무와 비전 선언문이나 그에 따른 공식적 목표체계 속에서 실질적인 구조를 갖출 수 있다. 다만, 이러한 목표는 고정적 결과물이 아니라 조직이 외부 환경과 상호작용하며 전략적으로 형성하고 조정해 가는 지향점으로, 조직은 외부구성원을 직간접적으로 만족시키며 생존하며 전략적 선택으로 이해할 수 있다(Bryson et al., 2024).

〈그림 4-3〉은 목표가 구체화되고 구조화되는 목표의 전략적 형성(goal formation)과정에 영향을 미치는 요인들을 미시적, 중범위, 거시적 수준의 종합적인 차원으로 정리한 모형이다. 먼저, ① 목표의 형성과정과 관련하여 목표가 다양한 고려(이해관계자, 합리적 증거, 점증적 계획적 변화, 조정등의 기재) 속에서 공식화되는 수립(formulation)과 체계적 목표 설정에 있어 목표가 갖추어야 할 특성(characteristics), 참여자들의 네트워크 속에서의 목표에 대한 역할과 행동의 정합성, 목표에 적응하는 전환구조와 환류적 성과관리와 관련한 목표의 실행과 집행(implementation)에 대한 내용을 아우르는 미시적 수준의 요인들이 있다. 두 번째로 목표형성에 영향을 미칠 수 있는 외부환경으로 국가적 수준의 문화, 규범 가치와 같은 일반적 환경적 조건과 정책이슈들을 다루는 다양한 정책분야, 정책행위자들이 있는 정책영역과 이들이 조직이나 사업의 목표들로 구현이 되고 내재화에 영향을 미치는 제도적 조건 및 결정요인을 거시적 수준의 요소로 고려하고 있다. 마지막으로 거시적 수준의 압력과 요구들에 대해 미시적 목표형성의 내용들이 상호작용할 것인가에 대한 중개적 역할로 상황요인과 조직성과와 책무성, 학습적 요인들에 대한 내용이 중범위 수준에서 다루고 있다.

그림 4-3 공공기관의 전략적 목표형성(strategic goal formation) 과정에 대한 이론적 모형

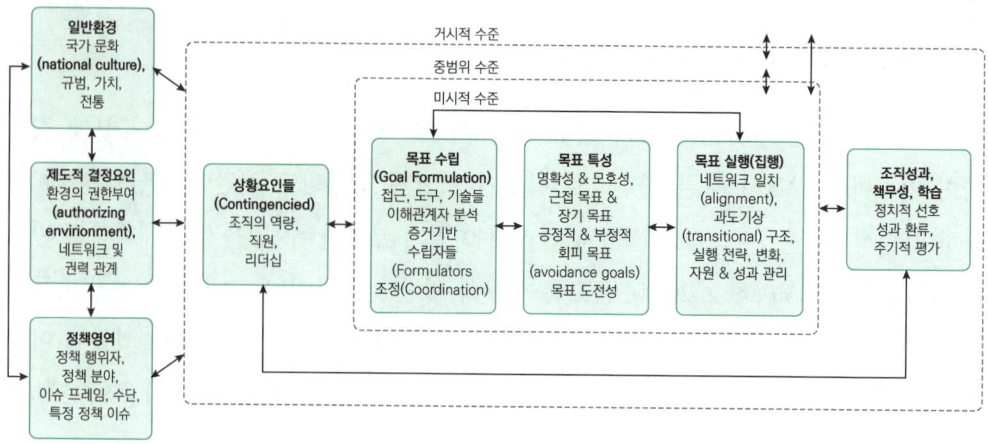

출처: Bryson, George, & Seo(2024: 7)의 내용을 수정.

2. 목표 형성과정 관련 이론들

전략적 목표 형성과정을 포괄적으로 설명하기 위해 다양한 이론들을 고려할 수 있다. 전략적 경영이론, 전략적 기준점 이론, 기업의 행동이론, 제도이론, 목표설정이론 등이 그 예로, 이들 이론들은 그동안 일반적 경영 및 관리 영역에서 개발되어 발전해 왔으나, 공공부문의 환경과 특징들 속에서도 적용되어 연구가 진행되어 왔다.

먼저, 전략적 경영이론(strategic management theory)은 조직의 생존과 성공을 위해 관리자들의 외부 환경 변화 및 이해관계자의 요구에 대한 이해와 내부역량의 평가를 바탕으로 하는 목표 및 전략설정을 강조한다(Shinkle, 2012).

마찬가지로 전략적 기준점 이론(strategic reference point theory)은 조직의 성공과 실패를 가늠하는 기준점을 설정하는 데 있어 벤치마킹 사례 등을 통한 외부 기준점과 성과 등과 관련된 조직 내부의 기준점을 선택하여 목표수준과 전략적 선택이 달라짐을 제시한다.

행동적 기업이론(behavioral theory of the firm)은 조직의 목표가 합리적으로 구성되기 보다는 조직을 둘러싼 다양한 이해관계자들의 연합으로부터의 합의와 의사결정을 통해 도출이 된다고 보고 만족스러운 수준에서 목표가 설정되는 것을 설명한다. 이에 따라 조직이 설정한 열망 수준(aspiration level)과 실제 성과를 비교하여, 전략적 방향과 관리

방식을 조정하는 과정을 설명한다. 이러한 목표의 설정은 과거의 역사적 기준과 사회적 기준을 통해 이루어진다(Cyert & March, 1963; Greve, 2003)

제도이론(institutional theory)은 조직이 외부 제도적 압력으로부터의 적응(adaptation)이나 순응(formal compliance)을 하거나 반대로 의식적으로 반응하지 않거나 분리(de-coupling)될 수도 있으며, 이러한 과정 속에서 목표를 직접 다루지는 않지만, 조직이 외부 영향에 대해 실질적으로나 상징적으로 대응을 함으로써 목표를 설정하고 전략을 수정하는데 자율적이고 선택적 대응을 하는 것을 설명한다.

목표 설정 이론은 Edwin Locke와 Gary Latham에 의해 개발된 동기부여 이론으로 구체적이고 도전적인 목표를 설정이 구성원들로 하여금 목표달성에 대한 동기부여와 그에 따른 성과를 향상시키는 데 중요하다는 이론이다. 성취동기와 자기효능감의 역할과, 건설적인 피드백과 강화는 구성원들의 목표달성에 대한 동기부여를 유지하는 데 중요한 역할을 한다.

이러한 전략적 경영이론, 행동적 기업이론, 제도이론들은 목표설정과 전략계획에 있어 외부적 환경으로부터의 영향과 그에 대한 대응을 다루고, 이 과정에서 다양한 기준들을 활용하고 있음을 보여준다. 이와 반해 목표설정이론은 보다 미시적인 관점에서 목표의 설정에 있어 내부 구성원들의 참여와 헌신, 그에 따른 성과와 관련이 있다.

Bryson 등(2024)은 전략적 경영이론을 설명함에 있어 관리자들이 기대하는 목표로서 전략적 열망과 운영상의 열망을 구분해야 한다고 설명한다. 이는 앞서 살펴본 실질적 목표와 운영상의 목표와 관련이 있는 것으로 보이며, 내용을 정리하자면 다음의 〈표 4-3〉과 같다.

표 4-3 기대 목표로서 전략적 열망과 운영상의 열망(aspiration)의 구분

구분	정의	초점
전략적 열망 (Strategic Aspiration)	조직의 장기적인 방향성과 성과에 대한 열망	미래 비전, 경쟁 우위, 혁신, 성장
운영상 열망 (Operational Aspiration)	일상적인 업무 수준의 성과 목표	단기 성과, 효율, 실행력, 운영 안정성

출처: Bryson, George, & Seo(2024, p. 7)의 내용을 바탕으로 작성.

3. 목표 형성과정에 고려되는 실무적 분석

많은 공공기관들은 목표를 형성하기 위해 여러 전략개발의 프로세스를 거치게 된다. 앞서 전략적 목표형성 모형에서 제시된 것과 같이 정치, 경제, 사회, 기술의 현황, 국가정책의 방향, 이해관계자 파악 및 수요 파악을 통한 환경분석과 동시에 현재의 조직 및 사업을 둘러싼 대내적 현황 파악 및 역량조사를 통한 시사점을 도출하는 것을 시작으로 한다. 이에 따라 중장기적 관점에서 기관이 나아가야 할 방안을 리더십의 경영 철학과 의지를 반영하여 검토하고 이에 맞는 중장기 전략체계를 도출하게 된다. 여기에는 임무 비전의 상위목표에 대한 재검토 및 그에 따른 전략방안을 수립하고 그에 따른 세부 사업을 선정하고 이에 대한 성과를 살펴볼 성과지표를 구성한다. 이러한 전략적 체계는 일체성 있게(cascading) 구성될 필요가 있다. 이러한 중장기적 전략체계와 함께 단기적으로 수행할 단계별 전략을 일관성 있게 수립하고 구체적 실행체계로 자원배분 계획을 수립하고 실행하는 과정을 거치게 된다(〈그림 4-4〉 참조).

그림 4-4 목표체계를 갖추기 전략개발 프로세스

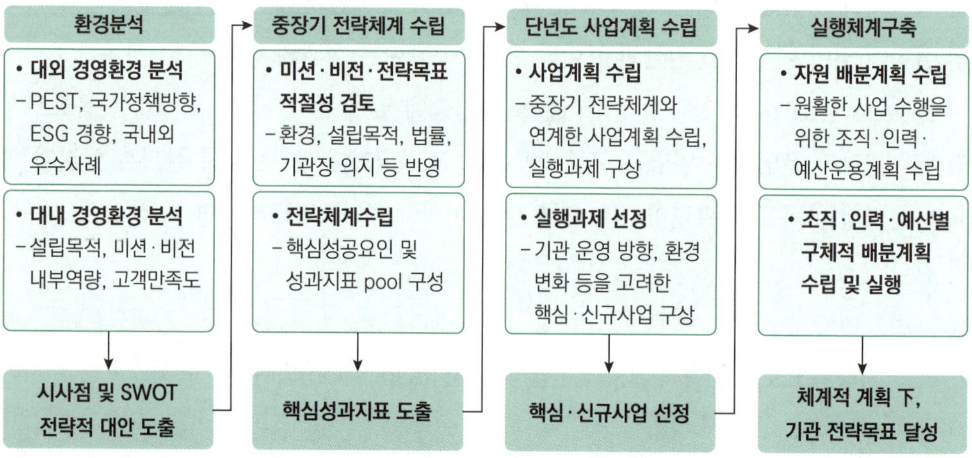

더불어 목표를 달성하기 위해 조직은 여러 관리적 접근들을 활용한다. 대표적으로 계획-실행-검토·평가-조치(Plan-Do-Check-Act: PDCA) 4단계의 끊임없는 순환적 과정을 통해 프로세스상의 개선을 모색하는 데밍 사이클(Deming cycle), 조직의 목표와 구성원 개개인의 목표를 일치시키기 위해 관리자와 직원이 합의를 통해 목표를 설정하고, 주기

적으로 모니터링 및 조정을 하고, 평가와 보상을 하는 목표에 의한 관리(Management By Objectives: MBO), 고객 및 이해관계자들의 수요를 반영한 가치 프로세스 체계를 통해 프로세스의 흐름을 최적화하고 낭비를 줄이는 린(Lean) 경영과 같은 전통적 방법들이 많은 정부기관 및 공공기관에서 활용되고 있다. 최근에는 변화에 유연하게 대응하고 고객의 가치를 빠르게 전달하기 위한 목적으로 짧은 주기와 소규모 팀 중심의 지속적 피드백을 통한 민첩성과 유연성을 확보하고자 하는 에자일 조직의 운영 등이 관심을 받고 있다.

4. 목표의 변동

존재 이유와 미래의 방향을 제시하는 임무와 비전이 자주 바뀌는 것을 보게 된다면 아직 해당 조직이나 사업들이 자리를 잡지 못하거나 정체성에 위기가 있는 것으로 받아들여질 수 있을 것이다. 다른 한편으로 하위 실행적 목표들의 경우 많은 부분 시간이 지남에 따라 변경되고 수정되는 것을 살펴볼 수 있다. 이러한 변화는 조직을 둘러싼 환경이 변화하면서 전략이 변하고 그에 따라 목표가 바뀌는 자연스러운 과정부터 실질적 운영구조 내에서 잘못된 방향으로 목표의 변동이 일어나는 경우 모두를 포함한다.

(1) 목표의 대치(displacement)

목표의 대치란 목표의 위계 구조 내에서 목표를 달성하기 위한 수단으로 활용되던 하위 목표가 상위목표로 전환이 되는 것으로, 원래의 수단이 목표가 되고, 목표가 수단이 되는 현상을 말한다. 결국 상위목표를 이루기 위한 합리적 수단으로써 하위목표가 제시되어야 함에도, 실제 조직운영에 있어서 하위목표가 강조된 나머지 상위목표가 하위목표를 위해 존재하는 현상이 일어날 수 있다. 이러한 현상은 관료제의 역설(bureaucratic paradox)로 효율적이고 체계적인 목표관리를 위한 목표의 분화, 기능의 분업화, 전문화의 구조 속에서 조직의 하위 단위들이 전체의 일부를 전담하면서 어느덧 큰 그림을 보지 못하고, 부분적 목표 혹은 운영상의 목표들에 몰입하는 경우에 주로 나타난다. 때때로 의도적으로 조직이 실질적 목표를 위해 명분상의 공식적 목표를 내세우는 경우 역시 목표의 대치로 볼 수 있다.

(2) 목표의 승계

목표의 승계는 본래의 조직목표가 달성이 불가능할 때 새로운 대체 목표를 발견하여 선택하는 것으로 목표의 대치와는 구분된 개념이다. Simon(1964)은 조직의 목표가 대안을 찾고 이를 테스트하는 과정을 겪게 된다고 하였는데, 목표의 승계는 현존하는 목표의 필요성이 약해지거나 달성이 불가함에 따라 새로운 목표를 탐색하고 선정하는 변화의 과정을 설명한다.

(3) 목표의 다원화(multiplication) 및 확대(expansion)

또한 기존의 목표에 새로운 목표를 추가하는 목표의 다원화와 목표 자체가 가지는 범위를 확장하는 목표의 확대도 목표가 변동하는 경우에 나타나는 경우로 이 두 경우는 서로 유사하지만 서로 다른 개념이다. 주로, 환경의 변화로 인한 목표의 수정이 필요한 경우 전략적으로 이루어진다.

제 3 절 목표 관련 문제와 해결

Ⅰ. 목표 특성 관련 용어

목표와 관련한 특징들을 설명하기 위한 용어들은 다양하다. 각각의 문제들을 다루기 앞서 이와 관련한 용어들을 정리하면 다음과 같다.

1. 목표 복잡성(Goal complexity)

목표의 복잡성은 목표의 수와 관련이 있으며 또한 목표달성 방법론상의 다중적·차원적인 특징이 문제가 되어 나타나는 것을 의미한다(Locke & Latham, 2015). 이는 여러 목표들을 처리해야 하는 상황에서 초래되는 복잡성의 문제이다. 복수의 접근과 방법들을 활용하면서 나타나는 것으로 어떠한 결과를 초래할지 모르는 불확실성(uncertainty)과 무엇을 우선으로 해야하는 가를 비교불가능성(incomparability), 규범이나 가치 선호로 인한 수용성(acceptance)으로 인한 문제와는 분리된 개념이다.

2. 목표 갈등(Goal conflict)

정부기관의 임무는 일반적으로 공익을 실현하기 위한 방향을 제시하지만, 그 안에 포함된 가치나 목표가 상호 갈등(conflict or competing)을 일으킬 수 있는 경우가 실제로 자주 존재한다. 보통은 정부의 다양한 기능 수행에 있어 우리나라 산업통상자원부와 같이 산업을 장려하는 기관이 있거나, 환경부 등과 같이 반대로 규제를 하는 기관이 나뉘어 있거나, 북한과의 관계에 있어 외교부, 통일부와 국방부가 다차원적인 접근을 하는 등 기관을 분리해서 대응을 한다. 목표 갈등과 관련해서 대표적인 사례로 흔히 언급되는 사례는 미국 FDA의 사례이다. 시민들에게 의약품을 공급에 있어 안전성을 확보하면서도 빠르게 이를 공급하는 것을 목표로 제시하는데 이는 하나를 추구하면 다른 하나의 가치는 달성하기 어려워지는 상반된 가치들이 공존하는 사례이다(Frederickson, 2006).

다른 한편으로 목표 갈등은 기관에서 목표달성에 대한 우선순위가 명확하지 않거나, 부처 및 부서할거주의를 통해 각자의 부서들이 자신의 목표를 우선시하면서 나타나는 문제를 포함한다. 이는 단순히 다수의 목표로 인해 생기는 복잡성의 문제와는 다른 차원의 목표의 특징이다.

3. 목표 모호성(Goal ambiguity)

목표 모호성은 목표가 하나 이상의 뜻으로 해석되어질 수 있는 정도, 목표가 해석의 여지를 허용하는 정도(Chun & Rainey, 2005a; b)로 정의된다. 동일한 상황이나 현상에 대해 여러 가지 방식으로 생각할 수 있는 상태(Feldman, 1989)부터, 상충되는 해석의 상태(Feldman, 1989), 동시에 여러 다른 해석을 지원하는 모호성이나 지속적인 흐름(Weick, 2005), 다중 해석(Kelemen, 2000) 등 모호성이라는 뜻 만큼이나 다양한 정의를 가지고 있다. 이에 따라 목표 자체가 해석상의 여지를 제공하는 고유의 특성을 갖춘 것으로 측면과 목표를 받아들이고 이해하는 실제로 여러 해석적 의미들을 만드는 개인 및 집단의 측면을 동시에 고려해볼 수 있다(Rainey, 1983; Chun & Rainey, 2005a; b).

Ⅱ. 목표로 인한 문제점과 해결

앞서 제시된 목표의 특성으로서 목표 복잡성, 목표 갈등, 목표 모호성은 적절한 조직과 사업의 목표 달성이 무엇인가에 대한 방향과 해석에 영향을 주게 된다. 이로 인해 조직과 사업 내에서는 무엇을 그리고 어떻게 성취하면 목표를 달성할 것인가와 관련하여 여러 문제점을 노출하게 될 것이다. 이들은 최종 목표를 달성하기 위한 다차원적 전략을 위한 노력으로서 여러 가지 목표를 설정하거나, 보다 명확하고 객관적인 목표를 제시하고 이를 확인하기 위한 노력을 하거나, 또는 목표를 달성하기 위해 각자 맡은 자리에서 본인의 역할에 충실하고자 할 때, 역시 발생하게 된다. 이러한 문제점들을 정리하면 다음과 같다.

1. 목표의 수: 단일목표와 다중목표

종종 단일목표에 집중할지, 아니면 여러 목표를 동시에 추구할지 선택해야 하는 전략적 상황에 직면할 수 있으며 각 접근 방식은 각각 전략적 장점과 단점이 있다. 단일 목표 전략이 보다 적절한 상황으로는 결과 달성을 위해 노력과 자원을 집중시켜야 하는 경우로 특정 맥락에서 간소화된 의사결정 구조 속에서 복잡성과 잠재적 갈등을 줄이고 효율성과 성공의 확률을 높이고자 할 때이다(Venugopal, 2005). 반대로 단일목표보다 다중목표 전략이 상대적으로 적절한 상황은 복잡하고 동적인 환경과 다양한 이해관계자 속에서 유연성과 대응력을 확보하여 조직이 단기 및 중장기의 다양한 목표를 균형 있게 조정하고 변화하는 환경으로부터 충격을 완화하거나 적응하는 것을 생각하는 경우이다((Eggers et al., 2023; Ethiraj & Levinthal, 2008). 다중목표는 구성원들의 가치와 목표-성과 차이와 같은 요소를 반영하여 구성원들로 하여금 목표를 우선하게 하고 이들의 동기부여와 참여를 높일 수 있다(Unsworth et al., 2014).

조직에서의 복수의 다중목표 활용의 단점은 ① 상호 갈등이 있을 수 있는 목표로 조직 구성원의 시간과 노력, 수단과 우선순위를 설정하는 데 있어 혼란 및 갈등이 생길 수 있고, ② 이로 말미암아 전문성이 떨어지는 모습을 보이거나 복수의 목표로 조직의 전문화를 가져오는데 어려움이 있을 수 있으며, ③ 특정 목표가 다른 목표보다 중요시되면서 등한시될 수 있다는 것이다. 이러한 목표 수 설정은 절대적 기준이 있다기보다는 상황에 적합한 조직 목표의 전략적 추구와도 연관이 있다.

Ethiraj와 Levinthal(2008)은 〈표 4-4〉에서 제시된 것처럼 다중의 목표들이 가지는 문제점을 보다 상세하게 서술하였다. 이들은 다중 목표가 적절하게 관리되고 조정되지 않을 경우, 갈등과 비효율이 초래될 수 있으므로 조직은 목표의 우선순위를 정하고 조정하는 효과적인 전략을 개발하여 서로 보완되도록 해야 한다고 제시하였다. 또한 다중목표는 종종 조직의 집중력을 분산시키고 여러 목표들을 동시에 최적화하는 어려움들로 성과 동결(performance freeze) 현상을 초래할 수 있다. 또한 목표에 대한 측정 불완전성으로 인해 노력에 대한 정당한 보상들을 받기 어려운 문제가 나타날 수 있음을 제시하였다(Ethiraj & Levinthal, 2008).

표 4-4 다중목표가 가질 수 있는 문제점

특징	내용
상호 충돌 가능성 (goal conflict)	하나의 목표를 향한 결정이 다른 목표의 달성 가능성을 저해할 수 있음 (예: 새로운 고객 유치 vs 기존 고객 관리)
일대다 관계 (one-to-many mapping)	하나의 행동 또는 결정이 동시에 여러 목표에 영향을 미침
측정 불완정성으로 인한 보상 왜곡 문제	측정하기 쉬운 목표는 과도하게 강조되고, 측정이 어려운 목표는 간과되는 노력의 왜곡(effort distortion) 발생

동시에 조직이 다중의 목표들에 효과적으로 대응하기 위한 전략으로 Ethiraj와 Levinthal(2008)은 복잡한 목표 구조 속에서도 의사결정을 가능하게 하는 3가지 방안을 제시하였다. 하나의 시점에 하나의 목표에만 집중하도록 명확한 지침을 제공(Goal myopia)하거나, 부서별로 상이한 목표를 부여하여 역할을 분리(Spatial Difference)하거나, 특정시기마다 목표를 다리 설정해서 시계열적으로 목표를 분산적으로 수행(Temporal Differentiation)하는 방안들이 고려될 수 있다.

이 전략들은 모두 제한된 합리성을 인정하고 전략적 불완전성(strategic incompleteness)을 의도적으로 활용하여 물리적·시간적 구분을 통한 목표의 부분적·단기적 접근을 제공하여 의사결정의 마비와 문제점을 해결하고자 하는 방법들이다. 단순히 다양하고 다차원적인 다중의 목표들에 대한 병렬적 관심의 공존이 아닌, 하나의 행동이 여러 목표들에 영향을 주는 구조(one-to-many) 속에서 제한된 합리성을 인정하고 목표에 대한 집중을 가능하게 하는 조정의 중요함을 강조하였다.

표 4-5 다중목표의 문제점을 해결하기 위한 전략

전략	설명
단기적 목표 (Goal myopia)	한 시점에 하나의 목표에만 집중하도록 설정 (좁은 범위의 명확한 지침 제공)
공간적 차별화 (Spatial differentiation)	부서별로 상이한 목표를 부여하여 역할을 분리
시간적 차별화 (Temporal differentiation)	특정 시기마다 목표를 달리 설정하여 시계열적으로 목표를 분산 수행

2. 목표의 과다측정

목표의 과다측정은 목표에 대한 성과를 측정하는 것과 관련이 있으며 측정 가능한 것에만 지나치게 의존하고자 할 때 생기는 문제를 말한다. 추상성과 모호성으로 상대적으로 측정되기 어려운 상황에서도 이를 유형지표로 측정하고자 할 때 이러한 문제가 발생할 수 있다. 예를 들어, 상위 부서가 하위 부서의 업무를 얼마나 잘 관리하고 있는지를 평가할 때, 단순히 방문 횟수를 측정하는 경우를 생각해 볼 수 있다. 방문 횟수는 쉽게 수집할 수 있는 정량적 지표이지만, 방문의 질적인 내용이나 심도 있는 점검 활동은 수치로 나타내기 어렵다. 단순히 방문 횟수가 많다고 해서 반드시 더 효과적인 관리가 이루어졌다고 볼 수는 없다. 오히려 방문 횟수가 적더라도 충실하고 심층적인 점검이 이루어졌다면 관리 성과는 더 우수할 수 있기 때문이다.

그럼에도 불구하고 조직에서는 정량적 지표가 주는 명확성과 직관성 때문에 이를 선호하는 경향이 강하다. 특히 관리자는 외부 이해관계자들에게 조직의 성과를 설명하고 설득해야 하므로, 간단하고 임팩트 있는 정량적 수치가 유리하게 작용한다. 이에 따라 조직에서는 정량적 성과 목표를 강조하는 문화가 확산되기 쉽다.

하지만 이러한 수치 중심의 평가 방식은 현장 공무원에게 부정적인 영향을 미칠 수 있다. 일선 공무원들은 질적으로 우수한 서비스 제공이나 상황에 맞는 유연한 대응을 목표로 삼는 것보다 수치화된 성과 목표를 맞추는 데 더 많은 노력을 기울이게 될 것이다. 이로 인해 목표 왜곡(goal displacement)현상이 발생할 수 있다. 즉, 본래 지향했던 무형 목표의 가치가 퇴색하고, 단순히 숫자 달성에 치중하는 결과가 초래될 수 있다. 목표 왜곡이 반복되면 일선 관료들은 목표와 현실 사이의 괴리감을 느끼게 된다. 이는 직무 동기 저하로 이어질 수 있으며제공하고자 했던 질 높은 서비스 대신, 형식적인 수치 성과를 위해 일하게 되며, 결국 직무에 대한 만족도와 몰입도가 감소하게 된다. 이러한 문제는 조직 전체의 성과와 신뢰성에도 부정적인 영향을 미칠 수 있다.

3. 목표의 불일치

목표의 연계에 있어 다양한 목표들이 있고 상호연결이 되어 있는 만큼 이러한 목표들이 서로 적대적 경쟁이나 갈등관계를 갖도록 하는 것보다 목표들 사이의 조정을 통해서 서로 보완 관계가 되어야 할 필요성이 있다. 이를 목표의 일치라 하고, 크게 수직적 목표일치(vertical goal alignment)와 수평적 목표일치(horizontal goal alignment)로 나누어 볼 수 있다. 먼저, 수직적 목표일치는 상위목표와 하위목표라는 목표와 수단의 연쇄적인 목표의 계층 속에서 하위목표들의 성취의 합이 바로 상위목표를 충분히 포괄적으로 달성할 수 있어야 하고 모든 이러한 연쇄가 궁극적인 조직의 최종상위목표와 일관성과 통일성이 있어야 함을 나타낸다.

반면, 수평적 목표일치는 목표의 연계에 있어 동일선상에 있는 여러 하위목표들이 서로 갈등하거나 방해가 되는 부분 없이 잘 조화가 되어야 한다는 것이다. 조직에서 보통 이런 하위목표들은 각각의 하위부서에 다루어지기 마련이다. 조직 전체 차원에서는 유기적으로 연결되어 있고 전체의 부분으로 맡은 바 한 몫을 잘 수행하면 아무 문제가 없이 목표가 성취될 수 있을 것이라 판단하기 쉽지만 실제로는 유기적 연계와 상호작용이 요구된다.

예를 들어 각각의 하위부서들은 각각 다른 업무의 우선순위와 직무에 있어 다른 타임프레임을 가지고 있다. 이러한 하위부서의 목표들은 서로 독립적인 모습도 있지만 서로 연계가 되어있고 협력이 필요한 경우가 많은데, 각각의 부서가 조직 전체로써 도움이 될 협력이 아닌 자신들에게 주어진 목표의 성취에 좀 더 치중하거나, 자신들의 시간과 우선순위를 다른 부서들이 따르기를 원하고 다른 부서의 요청을 무시하는 부처할거주의 현상이 발생할 수 있다.

다른 한편으로는 명목상 목표와 실제 운영 목표의 불일치가 나타날 수도 있다. 조직은 외부에 내건 공식적 목표와 다르게 내부적으로는 다른 우선순위를 추구하기도 한다. 예를 들어, 기업의 경우 공식적으로 '고객 만족 최우선'을 표방하면서, 실제로는 분기별 이윤 극대화나 시장점유율 확대와 같은 실질적 목표에 집중하는 등의 사례가 나타날 수 있다. 공공부문 역시 국민들의 고용을 돕기 위한 지원기관들의 경우, 구직자들의 취업률을 높이는 것에 집중하는 것이 아닌 수단인 지원 프로그램 운영에 몰입하는 사례가 나타날 수 있다.

요약

목표는 관리의 출발점으로, 조직이 지향하는 바람직한 미래 상태를 정의하며, 모든 관리 활동의 기준이 된다. 목표 없이는 관리 기법도 방향성을 잃어버리며, 목표는 내부구성원의 동기부여와 외부 이해관계자의 지지 확보에 필수적이다.

목표는 조직의 활동에 정당성을 부여하고, 정책과 전략 수립을 위한 방향성을 제공한다. 또한 조직구조와 의사결정 체계를 형성하는 기반이 되며, 성과평가의 기준을 마련해 효과성 판단을 가능하게 한다.

조직의 목표는 상위목표(임무, 비전, 가치)에서 하위목표(전략, 실행계획)로 이어지는 계층적 구조를 가지며, 각 하위목표는 상위목표를 실현하기 위한 구체적 수단으로 기능한다. 목표의 체계적 연계성은 전략적 실행의 효과성을 높인다.

조직은 다양한 이해관계자와 복잡한 환경 속에서 다양한 목표를 설정한다. 목표들은 독립적이지만 약한 연계를 가지며, 전반적인 프로그램 목표를 달성하기 위해 조정과 통합이 필요하다. 이를 통해 조직은 외부 요구에 유연하게 대응할 수 있다.

공공부문 목표는 법적·제도적 제약 하에서 형성되며, 민간부문과 달리 높은 모호성, 다중성, 무형성의 특성을 지닌다. 목표는 정치적 타협의 결과로 설정되기도 하며, 공공성과 공익을 추구하는 과정에서 단일성과 명확성이 약화된다.

목표는 고정된 결과물이 아니라 외부환경 변화와 내부 역량을 고려해 전략적으로 형성되고 조정된다. 목표 형성에는 이해관계자 분석, 정책환경 분석, 전략기획 등 다양한 요소가 작용하며, 조직의 지속 가능한 성장과 적응을 돕는다.

전략적 경영이론, 전략적 기준점 이론, 행동적 기업이론, 제도이론, 목표설정이론 등 다양한 이론이 공공조직의 목표 설정 과정을 설명한다. 이론들은 목표 설정 시 외부 환경, 내부 참여자, 전략적 열망과 실행력의 균형을 강조한다.

목표는 환경 변화에 따라 대치, 승계, 다원화, 확대의 과정을 통해 변화한다. 하위목표가 상위목표로 대치되거나, 달성 불가능한 목표는 새로운 목표로 승계되며, 목표 범위가 확장되기도 한다. 변화 과정은 조직의 생존과 적응을 위한 필수 전략이다.

목표 복잡성, 목표 간 갈등, 목표 모호성 등 다양한 문제가 발생한다. 다중 목표는 우선순위 설정의 어려움을 낳고, 목표의 모호성은 평가와 집행 과정에서 해석상의 불확실성을 초래해 성과 관리에 난점을 제공한다.

복잡하고 다차원적인 목표 체계를 효과적으로 관리하기 위해 시간적 차별화(단기적 집중), 공간적 차별화(부서별 분리), 목표 집착 완화(Goal Myopia) 등의 전략이 제시된다. 이를 통해 조직은 목표 간 충돌을 최소화하고, 효과적인 전략적 조정을 도모할 수 있다.

사례연구

목표의 연계성(Cascading): 국정과제-부처-소속기관의 목표 연계

목표의 효과적 관리와 성과 달성을 위해 상위목표에서 하위목표로 이어지는 체계적 연계, 즉 목표의 연계(cascading)가 중요하다. 이를 통해 전체 조직이 공유하는 방향성을 유지하면서 각 부문과 개인 단위까지 목표를 일관성 있게 연결할 수 있다. 기관들은 정부의 국정운영 방향과 연계하여 목표의 전략체계를 구성할 필요성이 있다. 다음의 사례1과 사례2는 각각 한국과 미국의 사례를 보여준다.

먼저, 우리나라의 경우, 대통령의 임기동안 국정아젠다를 제시하고 있으며, 현재 다시 대한민국! 새로운 국민의 나라라는 국정비전과 더불어 이를 구성하는 6개의 국정목표, 23개의 약속, 이를 실행하기 위한 120개의 구체적인 국정과제들로 이루어져 있다.

국정비전 · 목표 · 약속

국정비전	다시 대한민국! 새로운 국민의 나라					
6대 국정목표	상식이 회복된 반듯한 나라	민간이 끌고 정부가 미는 역동적 경제	따뜻한 동행, 모두가 행복한 사회	자유와 책임이 만드는 담대한 미래	자유, 평화, 번영에 기여하는 국제사회 책임 국가, 글로벌 중추국가	대한민국 어디서나 살기 좋은 지방시대
국민께 드리는 23개 약속	1. 상식과 공정의 원칙을 바로 세우겠습니다. 2. 국민의 눈높이에서 부동산 정책을 바로 잡겠습니다. 3. 소통하는 대통령, 일 잘하는 정부가 되겠습니다.	1. 경제체질을 선진화하여 혁신성장의 디딤돌을 놓겠습니다. 2. 핵심전략산업 육성으로 경제 재도약을 견인하겠습니다. 3. 중소 · 벤처기업이 경제의 중심에 서는 나라를 만들겠습니다. 4. 디지털 변환기의 혁신금융시스템을 마련하겠습니다. 5. 하늘 · 땅 · 바다를 잇는 성장인프라를 구축하겠습니다.	1. 필요한 국민께 더 두텁게 지원하겠습니다. 2. 노동의 가치가 존중받는 사회를 만들겠습니다. 3. 국민과 함께하는 일류 문화매력국가를 만들겠습니다. 4. 국민의 안전과 건강, 최우선으로 챙기겠습니다. 5. 살고 싶은 농산어촌을 만들겠습니다.	1. 과학기술이 선도하는 도약의 발판을 놓겠습니다. 2. 창의적 교육으로 미래 인재를 키워내겠습니다. 3. 탄소중립 실현으로 지속가능한 미래를 만들겠습니다. 4. 청년의 꿈을 응원하는 희망의 다리를 놓겠습니다.	1. 남북관계를 정상화하고, 평화의 한반도를 만들겠습니다. 2. 자유민주주의 가치를 지키고, 지구촌 번영에 기여하겠습니다. 3. 과학기술 강군을 육성하고, 영웅을 영원히 기억하겠습니다.	1. 진정한 지역주도 균형발전 시대를 열겠습니다. 2. 혁신성장기반 강화를 통해 지역의 좋은 일자리를 만들겠습니다. 3. 지역 스스로 고유한 특성을 살릴 수 있도록 원하겠습니다.
120대 국정과제	15개 과제	26개 과제	32개 과제	19개 과제	18개 과제	10개 과제

출처: 정부업무평가 홈페이지 중 국정비전 · 목표 · 약속[2]

2 https://www.evaluation.go.kr/web/page.do?menu_id=54

이러한 국정과제들은 하나의 부처가 단독으로 전담하거나 혹은 여러 부처가 함께 참여하는 형태로 진행되며 각각의 과제들에 대한 세부실천 과제들에 대한 추진현황이 지속적으로 업데이트되어 현재는 지난 2022년 2분기부터 2024년도까지의 분기별 추진현황이 제시하고 있다.

다음으로 제시된 그림은 농림축산식품부에서 담당하고 있는 국정목표 3번(따뜻한 동행, 모두가 행복한 사회), 국민께 드리는 약속 중 살고 싶은 농산어촌을 만들겠습니다에 속해 있는 국정과제 72번(식량주권 확보와 농가 경영안전 강화)의 내용이다.

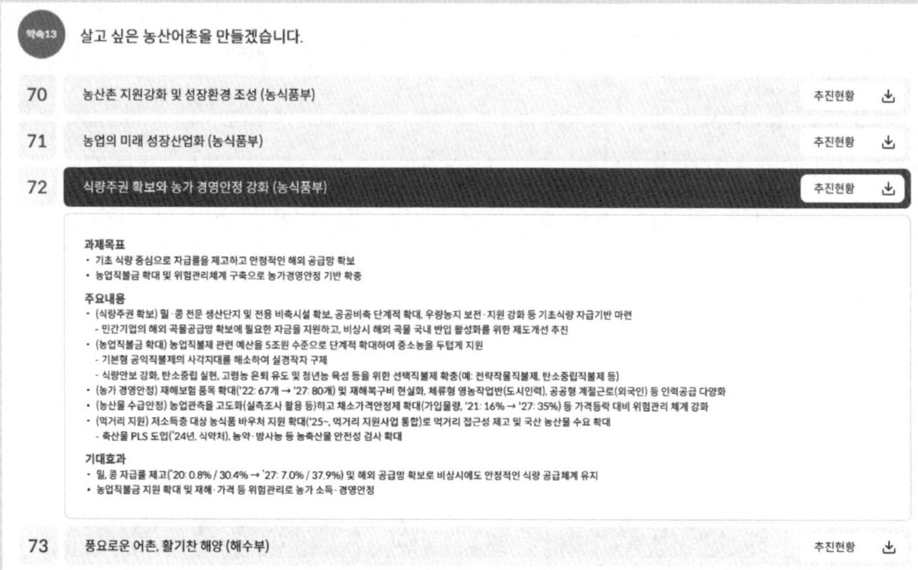

출처: 정부업무평가 홈페이지 중 120대 국정과제 소개[3]

이를 바탕으로 농림축산식품부는 튼튼한 농업, 활기천 농촌, 잘사는 농민의 비전과 농업과 농촌의 지속가능한 발전과 공익적 기능을 증진하고 안전한 농산품과 품질 좋은 식품을 안정적으로 공급하며, 농업 인력 육성, 농업인과 농촌주민의 소득안정과 삶의 질을 향상시켜 국민 행복과 국가발전에 이바지한다는 임무를 바탕으로 3개의 중장기 전략목표를 제시하고 있다. 이 중 첫 번째 식량주권 확보와 농가경영안정 강화는 국정과제에 72번의 내용과 동일한 것을 살펴볼 수 있다. 식량주권 확보와 농가경여안전 강화는 농가소득액을 통해 성과를 판단하고 있으며, 농림축산식품부는 전략목표 달성을 위한 하위 목표들로 5개의 성과목표와 하위 관리과제들의 수행을 통해 목표를 달성하고자 노력하고 있다.

3 https://www.evaluation.go.kr/web/page.do?menu_id=162

임무

농업과 농촌의 지속가능한 발전과 공익적 기능을 증진하고, 안전한 농산물과 품질 좋은 식품을 안정적으로 공급하며, 농업 인력 육성, 농업인과 농촌주민의 소득향상과 삶의 질을 향상시켜 국민 행복과 국가발전에 이바지 한다.

비전

튼튼한 농업, 활기찬 농촌, 잘사는 농민

구분	Ⅰ.	Ⅱ.	Ⅲ.
전략목표	식량주권 확보와 농기업경영안정 강화	농업의 미래 성장산업화	농촌지역강화, 동물과 함께하는 사회 구현
성과지표	• 농가소득액(천원)	• 친환경 농업지구 조성(개소, 누적) • 스마트농업 확산 지수(ls)	• 농촌사회 만족도
성과목표	• 식량안보 강화	• 청년농업인 양성 및 영농정착 지원	• 농촌공간계획 수립 및 농촌재생지원
성과지표	• 쌀 수요 대비 공급비율(%)	• 청년층 영농창업자 수(명)	• 농촌지역개발사업 추친율(%)
성과목표	• 직불금 확대 및 농가경영안전망 구축	• 스마트 농업 확산 및 농산업 혁신생태계 조성	• 농촌 맞춤형 사회안전망 구축
성과지표	• 5개년 평균 증가율 이상의 농가소득 증가(천원)	• 스마트팜 온실 보급 면적(ha, 누적)	• 농업인 복지사업 만족도(점)
성과목표	• 농축산물 수급안정 및 유통효율화	• 식품·외식 산업 육성 및 수출 확대	• 농촌 경제 활성화
성과지표	• 신유통경로 비중(%)	• 국내 식품산업 규모(천억원) • 농식품 수출액(백만불)	• 농촌융복합산업 인증사업자 비대면 판로매출액(백만원) • 농촌관광 방문객 수(만명)
성과목표	• 먹거리 지원체계 구축 및 안전관리 강화	• 탄소중립, 환경친화적 농축산업 전환	• 반려동물 생명 보장과 동물보호 문화 확산
성과지표	• 농식품 바우처 신청률(%) • GAP 내부심사자 지정률(%)	• 친환경농산물 인증 제도 종합만족도(점)	• 반려견 양육자의 안전관리 준수정도(%) • 진료항목 표준개발(건)
성과목표	• 농업분야 시장개방 대응 및 국제협력 강화	• 가축 전염병 방역체계 고도화	
성과지표	• 국제회의·협상 대응을 위한 국내외 이해관계자 소통 횟수(회)	• 주요 가축전염병 발생률(%)	

출처: 농림축산식품부 성과관리 전략계획(2022-2026).

다음의 그림은 농림축산식품부의 산하기관이자 책임운영기관은 국립종자원의 관리역량실적보고서의 내용으로 국립종자원이 기관의 전략체계 수립 프로세스를 수립함에 있어 어떠한 프로세스를 거쳤는지를 보여줌과 동시에 국정과제와 본부인 농림축산식품부의 전략과의 연계를 통해 어떻게 기관의 사업계획 실행력을 강화하고자 노력하였는지를 보여준다. 앞서 살펴 본 농림축산식품부와 마찬가지로 국립종자원 역시 개별적인 목표 전략체계도를 구성하고 그에 따른 실행체계를 수립하고 달성하는 데 있어 국정과제와 농림축산식품부와 연계된 성과를 달성하기 위해 노력하고 있는 것을 살펴볼 수 있다.

1 기관 고유기능의 충실한 이행을 위한 전략체계 수립 프로세스 개선

○ 기상이변, 식량안보, 고령화 등 농업·농촌 환경변화에 선제적 대응을 위한 전략개발

	환경분석		가치체계 및 전략체계 수립			실행계획 수립 및 실행	
농식품 국정과제 상위전략	대외환경 분석	내부역량 분석	가치체계 고도화	전략체계 구축	핵심·신규 사업 관리	자원배분 계획 수립	자원배분 점검·환류
	STEEP+3C	7S	정합성 검증 방향성 도출	전략목표 수립	핵심신규사업 선정	핵심기능 도출	자원배분
	종자산업 전망	기능+문화 진단	경영비전· 목표 설정	전략과제 선정	실행체계 구축	핵심기능별 자원 분석	목표 부여
		전년도 환류	대내외 공유확산	성과지표 설정	실행 및 점검	자원배분 전략 수립	점검 및 환류

○ 농식품 국정과제 및 기관 상위전략과의 연계를 통한 사업계획 실행력 강화

국정과제	1 식량주권 확보와 농가 경영안정 강화 2 농업의 미래 성장 산업화 3 농산촌 지원강화 및 성장환경 조성
중기전략	제3차 종자산업 5개년 계획('23~'27, 5년), 국립종자원 3대 주요업무 효율화 방안('23~'30)
중기 경영 목표	○ 기관장 부임 후 종자주권 확립을 위한 3대 주요업무 중장기 경영목표 수립 ○ (목표) ①보급종 공급률 65%, ②세계 종자시장 비중 2%, ③신품종 출원 세계 5위
단기전략	○ 중기전략과 연계한 사업 운영계획('22~'25년)과 사업계획(2024년) 수립 중기전략 (3대 주요업무) → 사업운영계획 (전략·기관 운영체계) → 사업계획 (사업실행 계획) → 사업실행 (KPI성과관리) → 평가결과 환류 → 기관 운영방침 → 환경분석 → 상위목표 → 중기전략

목표의 연계성(Cascading): 미국 대통령 국정 아젠다와 부처의 목표 연계

미국 연방정부의 경우, 대통령의 국정 아젠다를 바탕으로, Cross Agency Priority Goal: CAP Goal을 제시하고 있다. 우리나라에 비해 숫자는 많지 않지만 크게 3가지 차원의 맥락에서 CAP Goal들이 다루어지고 있다. 아래의 그림은 트럼프 1기(2017-2021) 사이에 제시되었던 것으로, 먼저 연방정부 변화의 기반 마련을 위한 주요 동력(key drivers)로 디지털, 데이터, 인력과 관련한 사안(CAP Goal 1-3번)이 범정부 차원에서 다루어졌으며, 3개의 과제가(CAP goal 4-6) 부처 간 경계를 넘어선 공통과제로 Cross-Cutting Priority Goals라는 명칭으로 제시되었다. 또한 부처/기능별 실무과제로서 5개의 과제(CAP Goal 7-11번)가 개별부처의 기능별 과제로 제시되었다.

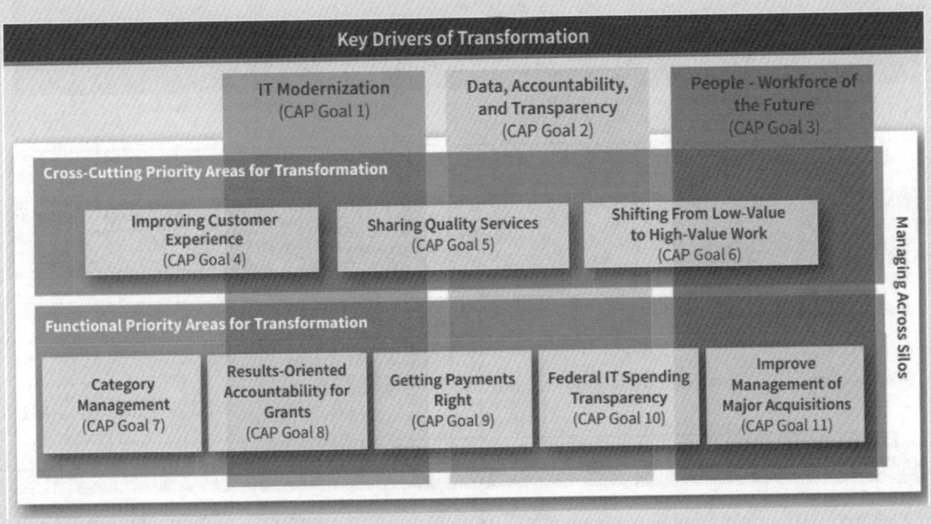

예를 들어 CAP Goal 4번인 Improving Customer Experience는 4개의 전략으로 구성되어 있고, 이에 따라 USDA, PPM, GSA, VA등의 기관이 참여하고 있다. 이 중 Strategy 2에 해당되는 Increase Transparency to Drive Accountability는 Program Management and Performance와 General Service Adminsitration이 수행을 하고 있으며, 구체적인 실행 이정표와 달성 여부와 현황이 제시되고 있다.

STRATEGY 1: Improve the Digital Experience (USDS)	**STRATEGY 2:** Increase Transparency to Drive Accountability (PPM + GSA)	**STRATEGY 3:** Apply Proven Practices to Raise the Standard of Service in Priority Areas (PPM)
1. Keep up-to-date on USDS projects at https://usds.gov	1. Create and operate on-ramp for CX feedback collections for agencies (Touchpoints) 2. Build performance.gov/cx as central interface for CX performance 3. Enable agencies to share stories of learning, growth, and success with each other and the public	1. Update and refine A-11 Section 280 and associated activities (HISP list, CX assessments, action plans, reporting) 2. Provide support and resources in developing customer understanding 3. Explore mechanisms for embedding CX into standard practice (SES performance plans, CFR, APGs, etc.) 4. Conduct govt-wide hiring action (PPM)

STRATEGY 4:
Empower Agencies to Manage Customer Experience at Enterprise Level (VA + GSA)

1. Leverage lessons learned and resources to improve the capacity of the Federal workforce to deliver and manage CX (VA)
2. Streamline centralized support for operational and technology CX-related capabilities (GSA)

Government-wide CX Actions (PPM)

1. Research legislative and budgetary improvements that could enable more effective management of customer experiences (PPM)
2. Develop central CX governance structure and strategy (PPM)

Key Milestones	Milestone Due Date	Milestone Status	Change from last quarter	Owner	Anticipated Barriers or other Issues Related to Milestone Completion
Action 1					
Develop capability of Touchpoints to automate generation of PRA documents	2Q FY20	Completed	No change	GSA	
Develop capability of automated agency certification of data for reporting	4Q FY20	Completed	Completed	GSA	Touchpoint users can opt-in to auto reporting
Develop capability of automated reporting for non-Touchpoints users	4Q FY20	On hold	On hold	GSA	De-prioritized for now for team to spend time on social listening pilot; Agencies currently uploading excel documents to OMB max
Prototype simplified A-11 survey form delivery as individual modular components	2Q FY20	Completed	No change	GSA	
Action 2					
Create centralized, government-wide data dashboard / website to post aggregate customer experience performance data publicly	1Q FY20	Completed	No change	PPM, GSA	Central page created; unable to aggregate data for public use at this time
Develop interactive data comparison per HISP (e.g., by quarter, by channel)	2Q FY20	Completed	No change	GSA	
Develop interactive data comparison across HISPs (e.g., by geography, like service)	4Q FY20	Completed	Completed	GSA	
Conduct analysis on the connection between employee engagement metrics and customer experience measures with Federal data	4Q FY20	Completed	Completed	GSA / VA / TSA / OMB	See performance.gov/cx resources section
Action 3					
Regular Performance.gov blogs on CX success stories / lessons learned Support development of HISP video stories and shorter written/photo stories	4QFY20	Completed	Completed	GSA / VA	Cookbook and Action Plan collections of HISP successes, Blogposts drafted and shared on performance.gov (see /CX resources section)

이러한 CAP goal 4의 내용이 이를 담당하는 General Service Administration(GSA)의 전략목표(Strategic goal) 중 하나로 다루어지고, 하위 Strategic Objectives와 Performance Goal과 연계되어 목표전략체계 내에서 다루어지고 있음을 살펴볼 수 있다. 기본적으로 대통령의 임기와 각 부처별 전략의 주기가 일치하도록 4년 단위 전략계획을 수립하고 있다.

STRATEGIC GOALS (G)			
(G1) REAL ESTATE Save taxpayer money through better management of Federal real estate.	**(G2) ACQUISITION** Establish GSA as the premier provider of efficient and effective acquisition solutions across the Federal Government.	**(G3) TECHNOLOGY** Improve the way Federal agencies buy, build, and use technology.	**(G4) SHARED SERVICES** Design and deliver expanded shared services within GSA and across the Federal Government to improve performance and save taxpayer money.
STRATEGIC OBJECTIVES (SO) an PERFORMANCE GOALS (PG)			
SO 1.1 Reduce the cost of the Federal inventory. • **PG 1.1.1** Reduce vacant space in inventory • **PG 1.1.2** Generate savings by negotiating leases at or below market rates *(Agency Priority Goal (APG))* • **PG 1.1.3** Generate sufficient funds from operations to effectively operate GSA leased buildings • **PG 1.1.4** Timely award of non-competitive sales and donations • **PG 1.1.5** Timely award of public sale properties • **PG 1.1.6** Generate revenue from GSA disposals	SO 2.1 Design and deliver GSA products and services that yield measurable savings while aligning with customer mission objectives and changing market demand. • **PG 2.1.1** Increase customer satisfaction • **PG 2.1.2** Expand the use of GSA acquisition solutions across the Government	SO 3.1 Lead Government-wide technology modernization initiatives. • **PG 3.1.1** Provide agencies with cloud authorizations to modernize IT portfolios • **PG 3.1.2** Expand agencies' use of GSA technology solutions	SO 4.1 Develop new organizational capabilities to understand customer demand and deliver integrated offerings to support common business processes Government-wide. • **PG 4.1.1** Expansion of centralized service
	SO 2.2 Make it easier to do business with the Government by simplifying processes and streamlining access for our customers and suppliers. • **PG 2.2.1** Increase supplier satisfaction • **PG 2.2.2** Consolidate Multiple Award Schedules *(APG)*	SO 3.2 Drive more efficient and innovative Government procurement of technology services. • **PG 3.2.1** Improve agency technology procurement capabilities through acquisition consulting	SO 4.2 Promote adoption of shared services by agencies through policy, guidance, and benchmarking. • **PG 4.2.1** Reduce barriers to entry to facilitate easier adoption of shared services
SO 1.2 Establish GSA as a more effective provider of real estate services for all agencies. • **PG 1.2.1** Reduce total energy intensity • **PG 1.2.2** Complete capital projects on schedule and on budget • **PG 1.2.3** Improve tenant satisfaction in Government-owned and -leased space • **PG 1.2.4** Provide building cleaning and maintenance at competitive costs	SO 2.3 Enhance customer agency access to qualified small and socio-economic businesses. • **PG 2.3.1** Create more opportunities for small and socio-economic businesses	SO 3.3 Lead implementation of technical standards, policies, and strategies. • **PG 3.3.1** Provide agencies with the tools and resources to implement IT standards and policies	SO 4.3 Support the overall mission of GSA by investing in our employees and modeling how GSA delivers internal support services, while providing policy guidance across Government. • **PG 4.3.1** Efficient and effective mission-support services at GSA (CXO and non-CXO functions) • **PG 4.3.2** Highly engaged GSA workforce that is prepared to support and deliver new and expanded offerings

토의질문

1. 관리의 측면에서 공공부문과 민간부문에서 추구하는 목표에는 어떠한 공통점과 차이점이 있을까? 이러한 차이를 가져오는 것은 무엇일까?
2. 목표설정이론에서는 명확한 목표가 이를 수행하는 구성원들의 목표성취 동기와 성과를 높이는 데 도움이 될 것이라 이야기하는데 목표의 다양성이 가지는 공공조직의 목표는 명확할수록 좋은 것일까? 공공조직의 목표가 명확할 때 긍정적 인부분과 명확하지 않았을 때 긍정적인 부분을 함께 나누어주시오.
3. 공공조직의 목표 연계(cascading) 체계가 제대로 작동하지 않을 때 발생할 수 있는 문제는 무엇일까?
4. 공공조직의 목표 설정시 중요하다고 판단되는 요인으로는 무엇이 있을까?

참고문헌

Bart, C.K., & Tabone, J.C. (1998). Mission statement rationales and organizational Alignment in the Not-for-profit health care sector. *Health Care Management Review*, 23(4): 54-69.

Bozeman, B. (2007). *Public values and public interest: Counterbalancing economic individualism*. Georgetown University Press.

Bozeman, B., & Moulton, S. (2011). Integrative publicness: A framework for public management strategy and performance.*Journal of public administration research and theory*, 21(suppl_3): i363-i380.

Bryson, J. M. (2018). *Strategic Planning for Public and Nonprofit Organizations: A Guide to Strengthening and Sustaining Organizational Achievement*. New Jersey: John Wiley & Sons.

Bryson, J. M., George, B., & Seo, D. (2024). Understanding goal formation in strategic public management: a proposed theoretical framework. *Public Management Review*, 26(2): 539-564.

Cady, S. H., Wheeler, J. V., DeWolf, J., & Brodke, M. (2011). Mission, vision, and values: what do they say? *Organization Development Journal*, 29(1): 63-78.

Chun, Y. H., & H. G. Rainey. (2005)a. Goal ambiguity in U.S. Federal agencies. *Journal of Public Administration Research and Theory*, 15(1): 1-30.

__________________________. (2005)b. Goal ambiguity and organizational performance in U.S. Federal agencies. *Journal of Public Administration Research and Theory*, 15(4): 529-557.

Cyert, R. M. & J. G. March. (1963). *A behavioral theory of the firm* (Vol. 2), Englewood Cliffs, NJ.

Dam, S., Waegeneer, A., & Debruyne, J. (2016). Do Flexible Goal Adjustment and Acceptance Help Preserve Quality of Life in Patients with Multiple Sclerosis. *International Journal of Behavioral Medicine*, 23(3):333-339.

Darbi, W. P. K. (2012). Of Mission and Vision Statements and their Potential Impact on Employee Behavior and Attitudes: The case study of a public but profit oriented tertiary institution. *International Journal of Business and Social Sciences,* 3(14): 95-109.

Davis, R. S., & Stazyk, E. C. (2014). Developing and testing a new goal taxonomy: Accounting for the complexity of ambiguity and political support. *Journal of Public Administration and Theory,* 25(3): 751-775.

Eggers, J. P., Keum, D. D., Greve, H. R., Sengul, M., Battilana, J., & Ahmadi, S. (2023). Navigating Organizations through Multiple Goals.Proceedings - *Academy of Management*,2023(1). https://doi.org/10.5465/amproc.2023.14464symposium

Erez, M., & Kanfer, F. H. (1983). The Role of Goal Acceptance in Goal Setting and Task Performance. *Academy of Management Review*, 8(3): 454-463.

Ethiraj, S. K., & Levinthal, D. (2009). Hoping for A to Z while rewarding only A: Complex organizations and multiple goals. *Organization Science*, 20(1): 4-21.

Feldman, M. (1989). Order without design: Information production and policy making. Stanford, CA: Stanford University Press.

Ferlie, E., & Ongaro, E. (2022). Strategic management in public services organizations: Concepts, schools and contemporary issues. Routledge.

Festinger, L. (1954). A theory of social comparison processes. *Human relations*, 7(2): 117-140.

Frederickson, D. G. (2006). *Measuring the performance of the hollow state*. Georgetown University Press.

Hong, S. (2019). A behavioral model of public organizations: Bounded rationality, performance feedback, and negativity bias. *Journal of Public Administration Re-*

search and Theory, 29(1): 1-17.

Jung, C. S. (2013). Organizational goal ambiguity and job satisfaction in the public sector. *Journal of Public Administration Research and Theory*, 24:955-981.

Jung, C. S., & H. G. Rainey. (2011). Organizational goal characteristics and public duty motivation in U.S. Federal agencies. *Review of Public Personnel Administration*, 31: 28-47.

Kelemen, M. (2000). Too much or too little ambiguity: The language of total quality management. *Journal of Management Studies*, 37(4): 483-498.

Latham, G. P., & Arshoff, A. S. (2013). The Relevance of Goal Setting Theory for Human Resource Management. 355-366. https://doi.org/10.4324/9780203082744-35

Levinthal, D., & March, J. G. (1981). A model of adaptive organizational search. *Journal of Economic Behavior & Organization*, 2(4): 307-333.

Lippitt, G. L., & Lippitt, R. (1986). The consulting process in action.(2nd ed.). San Francisco: Jossey-Bass/Pfeiffer.

Locke, E., & Latham, G. (2015). Goal-setting theory. In *Organizational Behavior 1*(pp. 159-183). Routledge.

Locke, E. A., & Latham, G. P. (Eds.). (2013). *New developments in goal setting and task performance*. Routledge.

Matland, R. E. (1995). Synthesizing the implementation literature: The ambiguity-conflict model of policy implementation. *Journal of public administration research and theory*, *5*(2): 145-174.

Moore, M. H. (1995). *Creating public value: Strategic management in government*. Harvard university press.

Min, B. H., Oh, Y., & Brower, R. S. (2021). The Effects of Diverse Feedback Dynamics on Performance Improvement: A Typology of Performance Feedback Signals. *Administration & Society*, 53(1): 123-157.

Nielsen, P. A. (2014). Learning from performance feedback: Performance information, aspiration levels, and managerial priorities. *Public Administration*, 92(1): 142-160.

Obloj, T., & Sengul, M. (2020). What do multiple objectives really mean for performance? Empirical evidence from the French manufacturing sector. *Strategic Management Journal*, 41(13): 2518-2547.

Oldham, G. R. (1982). The Impact of Supervisory Characteristics on Goal Acceptance. *IEEE Engineering Management Review*, 10(1): 22-36.

Perrow, C. (1986). *Complex Organizations: A Critical Essay.*, Third edition. New York: Random House.

Podsakoff, P. M., MacKenzie, S. B., & Ahearne, M. (1997). *Moderating Effects of Goal Acceptance on the Relationship between Group Cohesiveness and Productivity.* Social Science Research Network.

Poister, T H., & G Streib. (2005). Elements of Strategic Planning and Management in Municipal Government: Status After Two Decades. *Public Administration Review*, 65(1): 45-56.

Rainey, H. G. (1983). Public agencies and private firms: Incentive structure, goals and individual roles. *Administration and Society*, 15: 207-242.

Scholkmann, A. (2011). Deans in German Universities: Goal acceptance and task characteristics. *Tertiary Education and Management*, 17(4): 337-353.

Shinkle, G. A. (2012). Organizational aspirations, reference points, and goals: Building on the past and aiming for the future. *Journal of Management*,38(1): 415-455.

Simon, H. A. (1964). On the concept of organizational goal. *Administrative Science Quarterly*, 9: 1-22.

Taiwo, A. A., & Lawal, F. A. (2016). Vision and mission in organization: Myth or heuristic device? *The International Journal of Business & Management*, 4(3): 127-134.

Terdoslavich, W. (1996, September 16). Vision is at the heart of every company's growth. Computer Reseller News, p. 115.

Thompson, J. D., & McEwen, W. J. (1958). Organizational goals and environment:

Goal-setting as an interaction process. *American Sociological Review*, 23(1): 23-31.

Venugopal, C. (2005). Single goal set: a new paradigm for IT megaproject success. *IEEE Software*, 22(5): 48-53.

Weick, K. E. (2005). Sensemaking in organizations. Thousand Oaks, CA: Sage Publications.

White, E., & Flores, B. E. (1987). Goal Setting in the Management of Operations. *International Journal of Operations & Production Management*, 7(6): 5-16.

5장 공공부문의 성과관리

| 김태희 |

□ 학습목표

1. 공공부문의 성과(performance)의 개념 및 기준을 이해한다.
2. 공공조직 성과관리(performance management)의 이론적 기반 및 제도적 발전과정을 체계적으로 학습한다.
3. 성과정보의 유형을 구분하고, 이를 효과적으로 활용하는 방안에 대해 이해한다.
4. 공공부문 성과관리의 기대효과뿐 아니라 발생 가능한 역기능과 한계를 비판적으로 분석한다.
5. 성과관리제도의 성공적인 운영 및 활용을 도모하기 위한 제도적 및 조직적 요건을 이해한다.

제 1 절 공공조직 성과의 이해

Ⅰ. 공공조직의 성과(Public Performance) 개념과 기준

1. 공공조직성과의 개념 정의: 생산성(public productivity)에서 성과(performance)로

공공분야 성과관리 관련 이론적 논의를 이해하기 위해서는 먼저 공공조직의 성과(public performance)의 개념에 대한 이해가 필요하다. 1970년대부터 1980년대까지는 공공 생산성(public productivity)이라는 개념이 주로 사용되었으며, 이 시기에는 공공기관의 성과를 산출(output) 중심의 행정 효율성 및 효과성 관점에서 평가하는 경향이 강했다. 즉, '공공조직의 자원을 얼마나 효율적이고 효과적으로 사용했는지 여부'가 성과판단의 핵심 기준이었다(Hatry, 1978; Berman & West, 1998). 그러나, 이러한 생산성 중심의 접근은 성과의 질적 측면 혹은 사회적 가치실현 정도를 제시하기엔 한계가 있다는 비판이 제시되었고, 이에 따라 보다 포괄적인 개념인 성과(performance)라는 개념으로의 전환이 이루어졌다. 성과는 단순한 산출(output) 외에도, 정책이 실제로 유발한 사회적 변화 혹은 효과를 지칭하는 결과(outcome), 서비스 수혜자의 만족도 수준, 효과성(effectiveness), 형평성(equity), 책임성(accountability) 등의 다차원적 공공가치를 고려한 다의적이고 다차원적인 개념으로 정립되었다(Holzer, 2019). 예를 들어, 예술의전당의 경우 문화 햇살사업을 통해 지역 내 취약계층을 대상으로 무료 공연 관람 기회를 제공하고 있다. 이 경우의 성과는 단순한 관객 수 증가와 같은 산출(output) 지표를 넘어서, 문화 접근성 확대(형평성), 문화 향유 기회 제공을 통한 삶의 질 제고(효과성), 사회적 약자에 대한 배려와 책임 수행(공공성 및 사회적 형평성)과 같은 질적 성과를 포함한다. 궁극적으로, 성과관리 관점에서의 성과는, 조직의 목적 및 성과 목표에 근거하여 조직 및 구성원의 활동 결과를 관리하는 것으로 이해할 수 있다. 따라서 성과란 대상 기관의 목표 달성 정도, 혹은 특정 활동의 목표 대비 부가가치 창출 결과로 보는 것이 타당하다(이윤식, 2007: 4). 요컨대, 공공조직의 성과는 단순히 생산성 수준으로 환원되는 개념이 아니라, 다층적인 공공가치를 종합적으로 반영하는 복합적이고 다의적인 개념임을 확인할 수 있다. 종합하면, 공공조직의 성과는 "성과를 달성하기 위한 자원의 효과적 및 효율적 사용(effective and efficient use of resources to achieve results)"으로 정의될 수 있으며(Berman, 2006: 9), 혹은 "조직 혹은 그 구성원이 서비스를 생산 및 제공하기 위해 수행한 업무, 활동, 정책 등의 현황 및 효과" 로 정의될 수 있다(이윤식, 2007: 3).

2. 공공부문 성과와 관련된 주요기준(performance criteria)

공공부문 성과관리는 다양한 성과 기준(performance criteria)을 통해 조직 및 정책의 성과를 평가한다. 일반적으로 경제성(economy), 효율성(efficiency), 효과성(effectiveness), 형평성(equity), 대응성(responsiveness), 그리고 서비스의 질(quality) 등이 핵심 성과 기준으로 간주된다(Hansen, 2017).

경제성(economy)은 주어진 성과를 달성하기 위해 투입되는 자원의 규모를 최소화하는 정도를 의미하며, 비교적 측정이 용이한 지표로 평가된다. 유럽연합(EU)과 다수 국가의 정부는 수십 년간 공공부문 예산 관리의 핵심 가치로 경제성을 중시해 왔다.

효율성(efficiency)은 공공부문에서 가장 전통적이면서 널리 사용되는 성과 기준으로, 산출물(output)이나 성과(result)에 대한 투입(input)의 비율을 의미한다. 예를 들어, 교육부문에서는 학생 1인당 교육비용이나 강의 1회당 비용으로 환산할 수 있다.

효과성(effectiveness)은 공공서비스나 정책 개입의 결과(outcome)를 얼마나 잘 달성했는지를 평가하는 지표로, 종종 투입 대비 성과(cost-effectiveness)로 측정된다. 그러나 효과성은 측정 가능한 적절한 지표 확보의 어려움, 시간에 따른 정책 효과의 변화, 외생 변수의 영향 등으로 인해 실제 성과관리 차원에서 적용이 어려운 도전적인 기준이다. 그럼에도 불구하고 정책 평가에서 핵심적인 기준으로 간주되며, 이를 정량화하기 위한 비용-편익 분석(cost-benefit analysis), 비용-효과 분석(cost-effectiveness analysis) 등의 다양한 방법론이 발전해 왔다.

형평성과 공정성(equity and fairness)은 공공부문에서 매우 중요한 성과 기준으로, 사회정의와 밀접한 관련이 있다. 이 기준은 사회적 또는 지리적 자원의 분배, 법 앞의 평등, 서비스의 접근성·이용률·성과의 평등 등 다양한 차원으로 세분화될 수 있다.

대응성(responsiveness)은 민주주의의 규범적 출발점과 맞닿아 있으며, 공공서비스 이용자의 참여와 만족도 조사, 시민 위원회 등의 방식으로 성과관리 체계에 반영된다. 서비스의 질(quality)은 공공조직이 제공하는 서비스가 고객 또는 수혜자의 기대와 요구를 얼마나 충족시키는지를 평가하는 기준이다. 예를 들어, 민원 서비스의 경우, 접수부터 처리 전 과정에서 얼마나 신속하고, 정확하며, 공정하고, 친절하게 이루어졌는지를 기준으로 평가할 수 있다.

표 5-1 공공부문의 제도화된 성과 기준과 비교 기준

성과 기준(Performance criteria)	비교 기준(Points of Reference)
1. 경제성(Economy): 자원 활용도	1. 목표(우리는 목표를 달성했는가?)
2. 효율성(efficiency): 단위 산출당 비용	2. 과거와의 비교(작년보다 효율성이 높거나 낮은가?)

3. 효과성(Effectiveness): 결과·영향 - 종종 비용 대비 효과로 표현됨	3. 국내 다른 조직과의 비교(우리는 다른 공공기관보다 더 나은가 혹은 못한가?)
4. 형평성과 공정성(Equity and Fairness): 기회의 평등, 절차적 정당성, 분배의 공정성 등	4. 국제 비교(우리는 다른 나라와 비교해 더 나은가?)
5. 대응성(Responsiveness): 민주적 의사결정 과정, 참여, 이용자 의견 등	5. 벤치마크(우리는 모범적 사례와 비교해 어느 정도 수준인가?)
6. 질(quality): 산출물, 결과, 과정의 질	6. 최소/최적 기준(우리는 사전에 설정된 최소/최대 기준에 비해 어떤가?)

출처: Hansen(2017) 재인용, 원출처: Vedung(1997).

제 2 절 공공조직 성과관리(Public Performance Management)

Ⅰ. 성과관리 관련 이론적 전개

공공조직의 성과관리는 단순한 기술적 도구가 아니라, 이론적 기초 위에서 발전해 온 제도적 메커니즘이다. 가장 전통적인 성과관리의 이론적 기반 중 하나는 피터 드러커(Peter Drucker)가 제안한 목표관리(MBO: Management by Objectives)이다(Drucker, 1954). 드러커는 목표관리를 조직과 경영의 틀 안에서 구성원 스스로가 자신을 통제하고, 조직의 목표 달성을 위해 능동적으로 참여하도록 유도하는 과정으로 정의하였다. 이는 조직의 목표와 개인의 목표를 연결하여 조직 전체의 성과 향상을 도모하는 접근으로, 이후 성과관리의 근간을 이루는 중요한 아이디어로 평가받는다. 이러한 논의는 1980년대 이후 신공공관리론(NPM: New Public Management)의 확산과 함께 더 체계적이고 제도화된 성과관리논의로 발전하게 된다. NPM은 1980년대 이후 영국, 뉴질랜드, 미국 등을 중심으로 확산된 행정개혁 사조로, 민간의 경영 기법을 공공부문에 도입하려는 움직임이었다. 이 이론은 효율성, 경쟁, 성과 중심 운영을 핵심 가치로 내세우며, 성과계약제, 책임경영제, 민간위탁, 고객 중심 행정 등의 개념과 맞물려 성과관리의 실천적 토대를 제공하였다. 특히 성과관리를 통해 행정의 효율성을 제고하고, 조직 및 개인의 책임성을 명확히

하려는 시도가 활발히 전개되었다. 예를 들어, 미국의 경우 신 공공관리론의 영향을 받아 1993년 클린턴 행정부 시기에 정부성과결과법(GPRA: Government Performance and Results Act)이 제정되었다. 이 법은 연방 정부가 전략적 계획을 수립하고, 이를 바탕으로 성과를 측정하며, 고객 만족 제고를 포함한 성과 중심 행정을 실현하도록 요구하였다. GPRA는 다음과 같은 목표를 제시하였다(Radin, 1998).

- 연방 기관이 성과에 책임을 지도록 하여 국민의 정부 신뢰를 향상
- 파일럿 프로젝트를 통해 성과관리 개혁을 시범적으로 추진
- 성과, 서비스 품질, 국민 만족에 초점 맞추기
- 프로그램 결과에 대한 정보를 통해 관리자들이 서비스 전달을 개선할 수 있도록 지원
- 법적 목표달성 및 프로그램의 상대적 효과성에 대한 정보를 제공하여 의회의 정책 결정 개선
- 연방정부 내부의 관리체계 개선

이를 Roberts(2002: 659)는 행정적 책임모형(administrative model of accountability)이라 명명하며, 다음의 세 가지 책무성을 결합한 형태로 설명하였다.

- **방향 기반 책무성(Direction-based accountability):** 조직의 목표와 목적이 정치적 권위와 주민의 이해관계에 부합하도록 설정되어야 함을 의미한다. 이는 조직의 전략적 방향이 정치적 정당성과 주민의 기대에 부합하도록 정립되어야 한다는 책임을 강조한다.
- **성과 기반 책무성(Performance-based accountability):** 성과와 결과를 구체적으로 설정하고 이를 조직의 목표와 연계하여 관리하는 방식이다. 조직이 설정한 성과목표를 성과지표를 통해 측정하고, 그 실현 여부를 점검함으로써 책임을 이행하는 형태이다.
- **절차 기반 책무성(Procedure-based accountability):** 조직의 활동이 관련 법령과 규정에 따라 적절하게 수행되도록 보장하는 책무성이다. 이는 조직이 주어진 업무를 적법하고 정당한 절차에 따라 수행하는지를 점검하는 방식이다.

이후 성과관리는 단순한 측정 및 보고를 넘어서, 성과정보의 활용과 환류(feedback), 성과 기반 예산편성 등 다양한 관리 기능과 결합되며 제도적·조직적 수준으로 확장되었다. Kaplan과 Norton(2001)은 초기의 균형성과표(Balanced Scorecard, BSC)를 단순한

성과 측정 도구에서 벗어나, 조직의 전략과 연계된 전략 실행을 위한 핵심 관리체계로 확장하였다. 이 과정에서 BSC는 전통적인 재무 지표(financial perspective)뿐만 아니라 고객 관점(customer perspective), 내부 프로세스 관점(internal business process), 학습과 성장 관점(learning and growth) 등 비재무적이고 미래지향적인 요소들을 전략적 관점에서 통합하여 관리할 수 있도록 설계되었다. 먼저, 재무관점에서는 주주(shareholder)의 관점에서 바라본 성장, 수익성, 그리고 리스크에 대한 전략을 의미한다. 고객 관점은 고객의 관점에서 가치 창출과 차별화를 이루기 위한 전략을, 내부 비즈니스 프로세스 관점(Internal Business Processes)은 고객 및 주주의 만족을 창출하는 다양한 업무 프로세스의 전략적 우선순위를 의미한다. 학습과 성장 관점(Learning and Growth)은 조직의 변화, 혁신, 성장을 뒷받침하는 환경을 조성하기 위한 전략적 우선순위설정을 의미한다. 이처럼 BSC는 단순한 성과 측정 중심에서 벗어나, 조직 전체의 전략을 실행하기 위한 통합적 관리시스템으로 성과관리를 재정립하는 계기를 제공하였다(Kaplan & Norton, 2001).

2000년대에 들어서면서 성과관리 시스템이 본격적으로 도입된 이후, 제도의 실질적 활용과 실효성에 대한 논의가 활발히 전개되었으며, 이에 따라 성과정보의 실제 활용(performance information use)의 중요성이 더욱 강조되기 시작하였다. 예를 들어, Moynihan과 Ingraham(2004)은 성과관리 시스템의 제도화를 넘어 실질적인 활용도를 높이기 위해, 단순한 시스템의 도입만으로는 부족하며, 리더가 실질적으로 성과정보를 활용하고 관리시스템 간 연계성을 창출하려는 통합적 접근(integrative approach)이 필요하다고 강조하였다. 성과정보 활용에 관한 연구들에서는, 성과정보가 목적 지향적으로 활용될 때(Purposeful Performance Information Use) 조직의 성과 향상에 실질적으로 기여할 수 있음을 확인하였다(Kroll, 2015; Kim et al., 2020). Pollitt(2006) 또한 성과정보가 기관 내부의 관리자, 평가자, 이해관계자 간의 기술적 대화에 국한되어서는 안 되며, 민주적 책임성 제고와 공공부문 의사결정의 질적 향상에 이바지할 수 있도록 설계되고 활용되어야 한다고 주장하였다. 그는 성과정보가 시민과 정치인의 실질적 활용으로 이어지기 위해서는 이를 가능하게 하는 제도적 장치와 정보 전달 메커니즘의 확보가 필요하다고 강조하였으며, 이러한 연결이 부재할 경우 이를 '잃어버린 연결고리(the missing link)'라고 지적한 바 있다. 즉, 성과정보는 단순한 내부 관리 수단에 국한될 것이 아니라 공공의 이익을 증진시키는 중요한 자원으로 간주되어야 하며, 시민과 정치인이 실제로 활용하고 책임성과 의사결정의 질을 높이는 데 기여할 수 있도록 제도와 전달 체계가 뒷받침되어야 한다는 것이다.

이러한 맥락에서, Yang과 Holzer(2006)는 성과측정이 관리 도구(management tool)를 넘어, 시민 참여 기반의 학습 도구가 되어야 한다고 강조하였다. 이들은 성과관리 과정에서 시민이 단순한 서비스의 소비자에 그치지 않고, 공동생산자(co-producer)이자 이해당사자(stakeholder)로서 성과측정 및 관리 과정 전반에 능동적으로 참여할 수 있어야 한다고 주장하였다. 이와 함께, 성과관리의 실효성을 확보하기 위한 조건으로 조직 구성원들의 성과관리 체계에 대한 수용성이 중요한 요인으로 강조되었다. 즉, 성과평가의 방법과 운영 절차에 대한 타당성 인식, 그리고 성과평가 제도가 조직 성과 향상에 기여할 수 있다는 실용적 인식의 확보가 필수적이라는 것이다. 이러한 배경 속에서, 성과관리 제도에 대한 구성원의 수용성 제고를 위한 다양한 연구들이 진행되어 왔으며, 그 과정에서 다음과 같은 주요 선행 요인들이 제시되었다:

- 평가 취지에 대한 이해도
- 평가절차의 타당성
- 평가지표의 적절성과 신뢰성,
- 성과보수의 합리성과 수용 가능성 등이 그것이다(국경복 외, 2007; 남창우·이명숙, 2008; 이석환·조주연, 2010; 이정철·이정욱, 2017).

이처럼 성과관리는 시대적 변화와 행정적 맥락에 따라 다양한 이론과 결합하며 발전해왔다. 효과적인 성과관리 체계를 구축하기 위해서는 이러한 이론적 기반들을 균형 있게 이해하고, 조직의 환경과 특성에 부합하도록 적절히 적용하려는 노력이 필요하다.

Ⅱ. 성과관리(Performance Management)의 개념 및 구성요소

성과관리는 공공조직에서 조직 성과를 체계적으로 계획, 측정, 평가, 환류하는 일련의 관리 활동을 의미하며, 단순한 기술적 도구를 넘어 제도적 학습과 지속적 개선을 위한 핵심 장치로 기능한다. 성과관리는 일반적으로 "조직과 개인에게 목표(objectives)가 부여되고, 그 목표로부터 측정 가능한 목표치(measurable targets)가 도출되며, 이후 다양한 권한

부여 수단이나 성과보수(instruments of authority or incentive)가 활용되는 체계"로 정의될 수 있다(Pollitt, 2013: s.346-347). 또한, 정부업무평가 기본법 제2조 제6항에서는 성과관리를 "정부 업무를 추진하면서 기관의 임무, 중·장기 목표, 연도별 목표 및 성과지표를 수립하고, 그 집행과정 및 결과를 경제성·능률성·효과성 등의 관점에서 관리하는 일련의 활동"으로 정의하고 있다.

성과관리의 개념 정의는 학자마다 상이하나, 다음의 네 가지 핵심 구성요소로 나누어 설명할 수 있다. 첫째, 성과계획(performance planning)은 조직의 목표설정(goal formulation)과정을 의미하며, 조직의 핵심 목표와 성과 기준을 식별하고 이에 대해 합의하는 단계이다(Hansen, 2017). 성과계획은 조직이 달성하고자 하는 목표를 설정하고, 이를 구체적인 지표와 실행 활동으로 전개하는 과정으로 정의된다. Behn(2003: 588)은 이를 "조직이 무엇을 달성하고자 하는지를 명확히 하고, 그 성공을 어떻게 인식할지를 정의하는 과정"이라고 설명한다. 이 단계는 단순한 목표 설정을 넘어, 정책 우선순위의 결정, 부서별 목표의 배분, 실행 전략의 수립 등 전반적인 전략적 기획을 포함한다. 예를 들어, 미국의 연방 기관들은 정부성과결과법(GPRA)에 따라 전략계획(strategic plan)과 연간 성과계획(annual performance plan)을 작성하여 성과목표를 명확히 설정한다. Behn(2003)은 성과계획이 성과관리의 출발점이자 정책 목표의 정합성을 확보하는 핵심 절차라고 강조하며, 정책의 목적에 따라 성과의 측정 방식과 지표 또한 달라질 수 있음을 지적한다.

둘째, 성과측정(Performance Measurement)은 계획된 목표에 대한 실적을 측정하고 관련 자료를 수집하는 활동을 의미한다. 여기에는 정량적 지표(예: 민원 처리 기간, 예산 집행률)뿐 아니라 정성적 지표(예: 고객 만족도, 정책 수용성)도 포함될 수 있다. 이 과정의 핵심 도전은 조직의 근본적인 목표를 의미 있고 측정 가능한 지표로 변환하는 데 있으며(Hansen, 2017), 성과관리의 실효성을 좌우하는 중요한 단계로 간주된다. 특히, Behn(2003)은 성과측정이 효과적으로 작동하기 위해서는 목표 지향적인 측정 요소를 조직이 명확히 개발해야 함을 강조하였다. 예를 들어, 공공기관의 성과를 평가하기 위해서 관리자가 성과를 판단할 수 있는 기준점으로 기대결과(desired result)에 대한 명확한 이해를 바탕으로 성과를 판단할 수 있어야 하며, 이러한 기준이 성과 판단의 핵심이 된다고 지적한다. 더불어, Ammons(2014)는 성과측정이 곧 성과관리를 의미하지 않는다고 지적하며, 수집된 데이터가 '행동 가능한 정보(actionable information)'로 기능할 때 비로소 실효성을 갖는다고 주장하였다. 그는 많은 지방정부가 성과지표를 수집하고도 실제 정책 결정이나 조직 운영에 반영하지 못하는 현실을 비판하면서, 단순한 계량화 작업이 아니라 의사결정의 방향을 제시하고 개선 조치를 이끌어내는 지표 활용의 중요성을 강조하였다. 예를 들어, 민원 처리 평균 시간이 단축되었다는 수치는 그 자체로는 유의미하지 않으며, 그것이 시민 만족도의 향상이나 조직 운영의 변화로 연결될 때에야 비로소 성과관리 도구로서의 유효성이 인정된다. 따라서 성과지표는 단순한 숫자에 머무르지 않고, 조직의 전략적 목표, 정책의 본질, 그리고 이해관계자의 관심과 밀접히 연계되어야 한다. 일부 지방정부는 성과지표를 시민공청회나 시의회와 협력하여 설정하기도 하며, 이는 민주성과 대응성 강화를 위한 시도로 해석할 수 있다.

셋째, 성과평가(performance evaluation) 혹은 성과정보의 이용단계(Implementation of performance information use)는 수집된 성과정보를 해석하고 그 의미를 판단하는 과정이다. 이 단계에서는 목표 대비 성과의 달성 수준을 진단하며, 이를 통해 정책 조정이나 전략적 의사결정의 근거를 제공한다. 성과평가는 조직 내 주요 의사결정 과정에서 성과정보를 실제로 활용하는 행위를 의미하며, 이는 성과관리 체계의 제도화와 지속 가능성 확보를 가능하게 하는 핵심 요소로 간주된다(de Lancer Julnes & Holzer, 2001). 이는 단순히 '무엇을 얼마나 했는가'를 넘어 '왜 그런 성과가 나왔는가'와 '어떻게 개선할 수 있는가'에 대한 통찰을 요구하는 분석적·전략적 활동이다. 따라서 성과측정(performance measurement)과는 구분되며, 이는 단순한 수치 수집에 머무는 것이 아니라, 조직의 전략과 목적에 부합하는 결과인지, 지표가 정책 목표와 일치하는지를 평가하는 과정이다. 평가 활동은 일반적으로 효율성(efficiency), 효과성(effectiveness), 형평성(equity), 지속가능성(sustainability) 등 다양한 공공가치 기준을 중심으로 이루어지며, 질적 자료와 정성적 판단도 함께 활용된다. 특히, Ammons(2002)는 성과측정이 단순히 업무량이나 산출(output)에 초점을 둘 경우, 조직의 실질적 개선으로 이어지기 어렵다고 지적하였다. 그는 성과평가가 효율성과 효과성 등 고차원적 지표를 통해 관리자와 실무자에게 문제 인식을 유도하고, 대안을 제시할 때 조직학습과 성과개선이 가능하다고 강조한다. 그는 성과측정은 성과개선의 촉매제일 수 있으나, 그것만으로는 변화를 이끌어낼 수 없으며, 성과정보를 해석하고 활용하는 평가 과정이 반드시 수반되어야 함을 역설하였다. 이처럼 성과평가는 관리자뿐 아니라 조직구성원 전체의 전략적 사고를 자극하는 '성과정보의 활용(performance information use)'이라는 점에서, 성과관리의 핵심적 단계로 간주한다. 한편, 성과평가는 내부 평가와 외부 평가로 구분될 수 있으며, 외부 평가의 경우 공정성과 신뢰성 제고를 위해 민간 전문가의 참여가 제도화되어 있는 사례도 많다.

마지막으로 환류(feedback loop)는 평가결과를 기반으로 조직의 학습과 개선 활동을 촉진하는 단계이다. 이는 단순히 결과를 보고하는 수준을 넘어, 정책과 조직 운영 전반을 개선하기 위한 실천적 조치를 동반해야 하며, Moynihan(2008)이 말한 '학습 포럼(learning forum)'으로서 기능할 수 있어야 한다. 예를 들어, 성과보고서(performance report)가 단순한 문서 제출로 그치는 것이 아니라, 부처 간 공동 워크숍, 예산 협의, 조직 개편 논의 등의 실질적 환류 활동으로 이어질 때 성과관리의 학습 효과는 비로소 실현된다. 이러한 환류는 조직 내부의 변화에 국한되지 않고, 정책 집행 방식, 자원 배분, 인사 제도 등 다양한 행정 영역에서 실질적인 개선 조치를 유도하는 동력으로 작용한다. 결국, 성과환류는 단순한 피드백의 수용을 넘어, 정책학습(policy learning)과 제도혁신을 연결하는 핵심 연결고리로 작동한다.

이러한 구성요소들은 서로 순환적으로 연계되며, 성과관리 시스템의 전반적인 효과성과 지속가능성을 결정짓는 핵심 메커니즘으로 작용한다. 특히 각 구성요소가 독립적으로 존재하는 것이 아니라, 계획-측정-평가-환류의 선순환 고리가 제대로 작동할 때 비로소 성과관리의 제도적 가치는 실현된다.

Ⅲ. 성과정보 유형(Categories of Performance Information)

공공부문의 성과정보(performance information)는 성과를 측정하고 평가하기 위해 수집되는 다양한 유형의 데이터를 의미하며, 이는 성과지표(performance indicators)를 구성하는 기초자료로 기능한다. 성과정보는 일반적으로 투입(input), 과정(process), 산출(output), 결과(outcome), 영향(impact) 등의 범주로 구분된다. 성과지표(performance measures, 혹은 performance indicator)는 성과목표 달성여부를 객관적으로 측정하기 위한 양적 혹은 질적 기준 및 척도를 의미한다. 먼저, 투입(input)기관이 정책이나 사업을 수행하기 위해 실제로 사용한 자원의 양을 의미하며, 일반적으로 집행된 예산, 인력 규모, 장비 등이 포함된다. 이때 기준이 되는 것은 계획된 예산이 아니라 실제 집행된 자원이며, 이는 산출(output)이나 결과(outcome)와 결합하여 효율성 지표를 도출하는 데 활용될 수 있다. 과정(process)일반적으로 업무량(workload) 또는 혹은 활동량(activities)을 의미하며, 아직 완료되지 않았거나 진행 중인 업무를 포함한다. 예를 들어, 대민서비스 기관에서 서비스를 요청한 고객 수는 해당 기관의 업무량을 나타내는 대표적인 지표이다. 그러나 이러한 과정 정보는 조직이 실제로 생산하거나 공급한 산출물(output)을 직접적으로 반영하지 않기 때문에, 성과관리의 핵심 성과지표로 간주되지는 않는다. 그런데도, 과정 정보는 조직 내부의 인력 배치, 업무 분담, 운영 효율성 향상 등의 목적에 있어 중요한 참고 자료로 활용될 수 있다.

산출(output)은 성과 모니터링 기간 동안 조직이 실제로 생산하거나 제공한 재화 및 서비스의 양을 의미한다. 이는 기관 구성원이 수행한 업무의 직접적인 결과로, 예를 들어 보고서 작성 건수, 프로그램 운영 횟수, 교육 수료 인원 등이 해당한다. 다만, 산출 정보만으로는 조직 전체의 성과 수준이나 정책의 궁극적 효과를 충분히 설명하기 어렵다. 산출이 반드시 기관이 의도한 결과로 이어지는 것은 아니라는 점에 주목할 필요가 있다.

결과(outcome)는 조직의 미션이나 정책 목표와 직접적으로 연계되는 성과로, 프로그램 자체의 실행이 아닌 그 실행을 통해 유도된 변화에 초점을 둔다. 즉, 결과는 서비스나 사업이 수혜자 혹은 사회에 미친 실질적인 영향을 의미한다. 예를 들어, 디지털 리터러시 향상을 위한 교육사업의 경우, 총 수업 횟수는 산출에 해당하지만, 이 교육을 통해 참여자의 디지털 역량이나 인식 수준이 향상되었다면, 이는 결과로 간주된다. 즉, 산출을 넘어서 정책 혹은 사업이 궁극적으로 달성하고자 하는 목표 및 사회적 가치의 실현 정도를 평가하는데 핵심적인 역할을 하는 정보라 하겠다. 효율성(efficiency) 혹은 서비스 품질 등도 대표적인 결과 지표라 하겠다.

마지막으로 영향(impacts)은 특정 정책이나 사업이 사회 전체에 미친 실질적이고 장기적인 효과를 입증하기 위해 사용되는 성과 정보이다. 많은 경우 성과 결과(outcome)가 제시되더라도, 해당 결과가 실제로 정책 개입에 의해 발생했는지를 명확히 입증하는 것은 쉽지 않다. 즉, 어떤 변화가 관찰되더라도 그것이 해당 조직의 개입으로 인한 것인지에 대한 인과관계(causality)를 분명히 밝히는 데에는 한계가 존재한다. 이처럼 '영향'은 결과보다 더 높은 수준의 성과 개념으로, 정책의 궁극적 기여 정도를 평가하는 데 사용된다. 관련하여 Ammons(2002)는 공공부문 성과관리에서 서비스 품질, 효율성 및 효과성 등의 결과 중심의 지표를 고차원의 성과지표(Higher-order measure)로 구분하였다. 그는 단순한 산출·활동 중심의 측정에서 벗어나, 정책이나 사업이 실제로 주민에게 어떠한 가치를 전달하고, 지역사회에 어떠한 영향을 미치는지를 파악하기 위해서는 고차원 지표의 개발과 활용이 필수적이라고 지적한다. 이는 성과관리가 단순한 수치화(quantification) 작업을 넘어, 공공서비스의 질적 향상과 사회적 가치 실현을 위한 전략적 도구로 기능해야 함을 시사한다(Hatry, 2006).

그림 5-1 성과정보의 구성요소 및 지표 유형

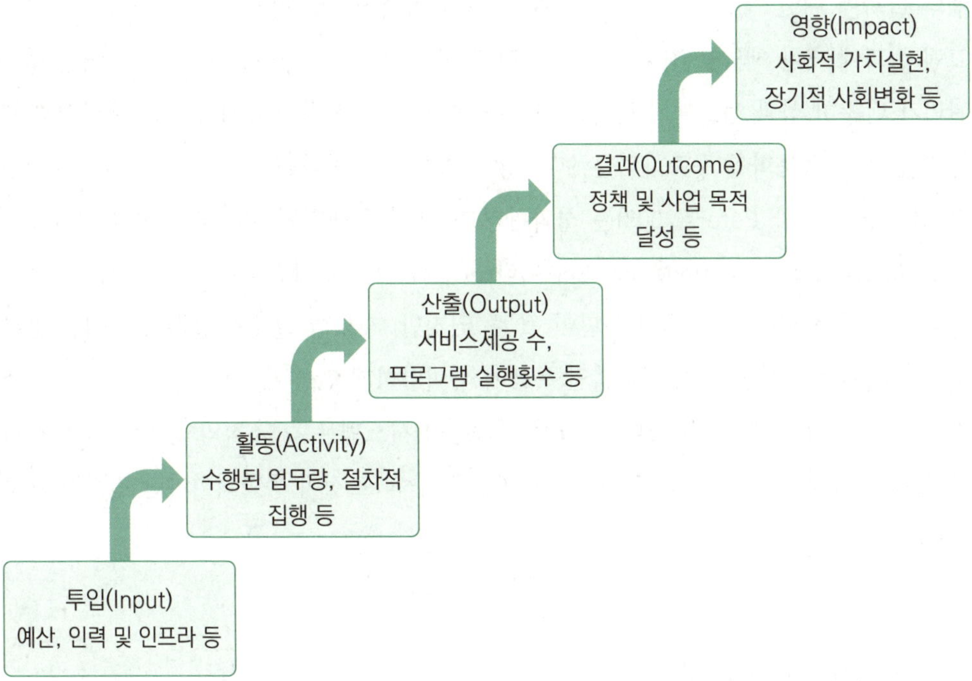

출처: 저자 작성.

제 3 절 공공부문 성과관리: 제도적 기반과 실행 체계

성과관리는 공무원 개인, 특정 프로그램, 부처, 그리고 정부 전체 등 다양한 수준에서 수행되며, 그에 따라 다양한 명칭과 접근 방식으로 진화해왔다. 단순한 기술적 도구를 넘어, 성과관리는 정부가 직면한 재정 압박, 서비스 품질 저하, 관료제의 비효율성 등의 문제에 대응하기 위한 관리 전략으로 점진적으로 발전해왔다. Heinrich(2007)는 이러한 흐름을 '성과정보 운동(performance movement)'으로 개념화하며, 이를 "기관 또는 프로그램의 결과에 대한 정보를 사용하여 정부 성과를 정기적으로 평가하고, 관리자에게 프로그램 성과에 대한 책임을 지우려는 시도"라고 설명하였다(Heinrich, 2007: 56). 이는 성과관리가 단순히 성과 정보를 수집하는 활동을 넘어서, 이를 실제로 활용하고, 책임성과 학습 기반의 행정문화를 구축하려는 보다 광범위한 행정 변화를 내포하고 있음을 시사한다. Bouckaert와 Peters(2002)는 성과관리를 '행정 현대화의 아킬레스건(the Achilles' Heel in Administrative Modernization)'이라 표현하였다. 성과관리는 공공서비스 개선과 책임성 강화를 위한 핵심 개혁 수단이 될 수 있지만, 제도의 설계와 실행이 부실할 경우 조직의 사기를 저하시키고, 근본적인 목표에서 이탈하게 만들 수 있는 잠재적 위험 요소가 될 수 있다고 지적한 바 있다. 따라서 성과관리 시스템은 각 조직의 상황에 맞춘 신중한 설계와 단계적 실행, 그리고 지속적인 제도 학습과 조정이 동반되어야만 진정한 개혁 도구가 될 수 있다.

Ⅰ. 미국의 성과관리제도

미국의 성과관리 제도는 1990년대 이후 정부 개혁과 함께 본격적으로 제도화되었으며, 이후 여러 행정부를 거치며 지속해서 수정·보완되어 왔다. 미국 연방정부의 성과관리 제도는 1993년 클린턴 행정부 시기에 제정된 「정부 성과와 결과에 관한 법(GPRA: Government Performance and Results Act)」을 통해 출발하였다. 이 법은 각 부처가 연차별 성과계획과 목표를 수립하고, 성과보고서를 통해 실행 결과를 평가하도록 규정함으로써, 성과 중심 행정의 제도적 기반을 마련하고자 하였다.

해당 법안 서명식에서 당시 클린턴 대통령은 다음과 같이 연설하였다:

"이 법은 우리가 국민의 세금을 사용하는 모든 사업에 대해 명확한 방향을 설정하고, 그 진행 상황을 점검하며, 그 결과를 국민에게 보고하고, 효과가 없는 일은 중단하고, 투자할 가치가 있는 일은 끊임없이 개선하도록 요구합니다."(원문: "The law simply requires that we chart a course for every endeavor that we take the people's money for, see how well we are progressing, tell the public how we are doing, stop the things that don't work, and never stop improving the things that we think are worth investing in"[1].). 이처럼 GPRA는 성과 중심의 행정 운영과 국민에 대한 설명 책임 강화를 명확히 지향하고 있었다. 그러나 이 제도는 이후 성과정보와 예산 간 실질적인 연계 부족이라는 구조적 한계를 드러냈다.

이러한 문제의식 속에서, 부시 행정부는 2002년 「프로그램 평정 도구(PART: Program Assessment Rating Tool)」를 도입하였다. PART는 연방 예산 프로그램 중 매년 1/5을 선정하여 5년 주기로 정기 평가하고, 성과등급에 따라 예산편성과 프로그램 개선에 반영하는 시스템이었다. 그러나 PART는 기대했던 수준의 예산 합리화 효과를 충분히 달성하지 못했으며, 시간이 지나면서 평가 결과를 예산과 직접 연계하기보다는, 프로그램 운영 개선에 제도적 초점이 옮겨지게 되었다. 이에 따라 2007년에는 각 부처에 성과개선담당관(PIO: Performance Improvement Officer)을 지정하여 성과목표 이행을 지속해서 점검하고 개선하는 방식이 도입되었다.

오바마 행정부는 이전 행정부의 흐름을 계승하면서도 보다 체계적이고 실용적인 성과관리 개혁을 추진하였다(Kamensky, 2011). 기존의 PART는 공식적으로 폐지되었으며, 2010년 「정부 성과와 결과 현대화법(GPRA Modernization Act of 2010)」이 제정되어 성과관리 체계 전반이 개편되었다. 새로운 법은 포괄적·전면적 평가 방식에서 벗어나, 각 부처가 2~8개의 핵심성과목표(High Priority Performance Goals, HPPGs)를 설정하고 이를 집중적으로 관리하는 선별적 성과관리 체계로의 전환을 이끌었다. 또한, 전략계획 수립 주기도 기존의 '3년마다 5년 계획' 방식에서 벗어나, 대통령 임기(4년)와 일치하도록

---

1 The American Presidency Project, "Remarks on Signing the Government Performance and Results Act of 1993 and an Exchange With Reporters," https://www.presidency.ucsb.edu/documents/remarks-signing-the-government-performance-and-results-act-1993-and-exchange-with (접속일: 2025.05.26).

조정되었다. 각 부처의 전략 및 성과목표는 정부 전체의 우선 목표와 타 기관과의 연계성을 고려해 수립하도록 하여, 정책의 일관성과 협업체계를 강화하였다. 백악관 차원에서는 성과관리 총괄책임자(CPO: Chief Performance Officer)를 임명하여 정부 차원의 성과관리 리더십을 강화하였고, 각 부처에는. 최고운영책임자(COO: Chief Operating Officer)와 성과개선책임자(PIO: Performance Improvement Officer)를 제도적으로 지정하여 기관 내 성과관리 책무성과 추진력을 강화하였다. 아울러, 부처 간 성과관리 협력과 학습을 촉진하기 위해 정부 전체 성과개선 협의체(Performance Improvement Council, PIC)를 설치하여, 기관 간 교차적 성과 이슈를 논의하고 우수사례를 공유하는 협업 기반을 마련하였다. 또한, 개정법은 정부 전체 차원의 연례 성과계획 수립체계도 구체화하였다. 기존 GPRA 하에서는 OMB가 대통령 예산을 통해 이를 대체해왔지만, 별도로 연방정부의 우선 목표(Federal Government Priority Goals)를 설정하고 이를 실현하기 위한 구체적인 책임 구조를 마련할 것을 요구하였다. 각 정부 차원의 ① 교차적 우선 목표에 대한 성과목표(performance goals for each crosscutting federal government priority goal)를 설정하고, ② 해당 목표에 이바지하는 기관, 프로그램, 규제, 조세감면, 정책 등의 수단을 식별하며, ③ 목표별로 책임 리더(lead official)를 지정하도록 하였다. 이 과정에서 의회와의 정기적인 협업(최소 2년마다)을 의무화한 것 또한 특징이라 하겠다. 이러한 전환은 과거의 사후평가 중심 성과관리에서 실시간 모니터링과 학습 중심의 성과관리로의 패러다임 전환을 의미한다(Kamensky, 2011).

성과정보는 더 이상 단순한 보고용 도구가 아니라, 조직 내 학습과 전략적 개선을 유도하는 수단으로 인식되었다. 특히, GPRA Modernization Act는 부처별 전략계획, 성과계획, 보고체계 간의 연계를 강화하고, 이를 통해 성과-정책학습-예산-국민 신뢰 간 연결고리를 제도적으로 정착시키고자 하였다. 특히, GPRA Modernization Act는 부처별 전략계획, 성과계획, 보고체계 간 연계를 강화하고, 이를 통해 성과와 정책학습, 예산, 국민 신뢰 간 연결고리를 제도적으로 정착시키고자 하였다. 이러한 구조는 바이든 행정부에서도 유지되었으며, performance.gov를 통해 성과계획과 결과를 대국민에 공개하였는데, 특히, 연방 전체의 우선 목표(Cross-Agency Priority Goals) 및 기관별 핵심성과목표(Agency Priority Goals)의 진행 현황도 분기별로 업데이트하는 등, 성과관리와 증거기반정책(Evidence-Based Policy)의 통합을 추진하는 등 성과관리의 투명성과 신뢰성 제고에 중점을 두고 있다.

바이든 행정부는 정부의 신뢰 회복 및 성과에 기반한 정책운영을 핵심 국정운영 방향으로 제시하였으며, 2021년 11월에 "증거기반 정책 수립을 위한 학습 어젠다 및 평가계획(Evidence-Based Policymaking: Learning Agendas and Annual Evaluation Plans: OMB M-21-27)을 발표하며 행정부의 증거기반 추진을 제도화하였다. 이 지침에 따라 각 부처는 매년 5개년 평가계획(evaluation plan)을 수립하고, 주요 정책 및 프로그램에 대한 정기적·체계적 평가를 시행하도록 하였으며, 각 부처에 전담평가책임자(Chief Evaluation Officer)를 두고 정책기획-성과관리-증거생성- 예산 간의 연계를 강화하고, 증거기반 의사결정 체계를 기관 운영 전반에 통합할 것을 강조하였다(Office of Management and Budget, 2021).

이러한 성과관리는 연방정부 수준뿐 아니라 주 정부 및 지방정부 수준에서도 확고히 자리 잡고 있다. 주 예산관리자협회(National Association of State Budget Offices: NASBO), the Pew Charitable Trusts의 Results First 이니셔티브 등은 각 주 정부에서 수집·활용되고 있는 성과관리의 발전 및 현황을 보여주는 자료를 지속해서 제공하고 있다. 지방정부 수준에서는 국제시·군 관리자협회(International City/County Managers Association)와 존스홉킨스대학의 정부 우수성 센터(Center for Government Excellence)가 유사한 정보를 제공하는 주요 기관이다. 예를 들어, 2019년 전국 주 예산관리자협회(NASBO)[2]의 조사에 따르면, 2019년 기준 미국 내 44개 주에서 성과 관련 제도를 운영하는 것으로 제시되었는데, 특히, 31개 주는 공식적인 성과관리(performance management) 시스템을 운영 중이며, 이외에도 성과예산 제도(performance budgeting, 19개 주), 업무 프로세스 개선(process improvement, 23개 주), 데이터 분석(data analytics, 18개 주), 증거기반 정책 수립(evidence-based policymaking, 17개 주)과 같은 다양한 접근 방식이 병행되고 있다. 대부분은 주 정부의 예산국(State Budget Office)을 중심으로 기획·운영되며, 성과정보의 수집과 분석, 활용을 통해 정책 및 예산 결정의 합리성과 효과성을 높이려는 목적을 지닌다. 예를 들어, 캘리포니아주는 성과관리 및 증거기반 정책 추진을 위한 전담 조직과 인프라를 단계적으로 구축해왔다. 2019년에는 디지털혁신청(Office of Digital Innovation)을 신설하여 데이터 기반 정책 설계와 행정 효율화를 추진하고 있으며, 기존 보건복지

2 주 예산관리자협회 웹사이트: https://www.nasbo.org/reports-data/using-data-and-evidence

분야의 'Whole Person Care' 시범사업을 통해 사업성과를 예산 결정에 반영하는 구조를 시도하였다. 아울러, 성과개선과 데이터 활용을 총괄할 성과관리 책임자(Performance Improvement Director) 직위를 설치하여 실무적 역량을 강화했다. 한편 델라웨어주는 성과관리에 대한 공무원의 참여를 장려하기 위해, 성과개선에 이바지한 직원을 포상하는 성과혁신 공무원 시상제도(Performance Recognition Program for State Employees)를 도입하였다. 이 제도는 기관 내 실무자들이 자율적으로 데이터를 활용하고, 정책성과 제고에 이바지할 수 있는 동기를 부여하는 데 목적이 있다. 이처럼 여러 주 정부들은 단순히 성과측정에 그치지 않고, 데이터를 전략적으로 활용하고 분석 역량을 제도화하며, 구성원들의 성과보수 구조를 연계하는 방향으로 성과관리 체계를 고도화하고 있다(Holzer, 2019).

Ⅱ. 한국의 성과관리제도

한국의 성과관리 제도는 비교적 긴 역사가 있으며, 그 기원을 1961년으로까지 거슬러 올라갈 수 있다(Yang & Torneo, 2016). 그러나 제도적 차원에서 전면적이고 체계적인 성과관리의 도입은 1998년 외환위기 이후 본격화되었다. 외환위기는 정부에 대한 신뢰를 심각하게 훼손하였고, 그동안 효율적이고 유능한 관료제로 평가받던 한국 행정체제에 대한 인식 전환을 촉발하는 계기가 되었다(Lucas, 1993). 1998년 정권 교체로 들어선 진보 정권은 공공기관의 투명성과 시민에 대한 책임성 강화를 목표로 행정개혁을 추진하였고, 이와 함께 정부 차원의 성과관리제도가 본격적으로 도입되었다(Ko & Kim, 2023).

2000년대에 들어서면서 성과관리는 중앙부처를 넘어 지방정부 전반으로까지 폭넓게 확산되었다. 각 부처와 지방자치단체는 목표관리제(MBO), 업무 프로세스 재설계(BPR), 균형성과표(BSC) 등 다양한 관리 도구를 도입하였으며, 정부 프로그램의 성과를 체계적으로 평가하기 위한 여러 평가도구들이 적용되었다. 행정안전부는 조직관리, 인사관리, 정보화 전략 등 세 가지 핵심 기능을 중심으로 부처 성과를 평가하였고, 기획재정부와 국무총리실은 프로그램의 특성과 목적에 따라 개별적인 평가를 수행하였다. 특히 국무총리실 산하에는 정부업무평가위원회(GPEC)가 설치되어 대통령 국정과제 관련 정책은 물론, 각 부처의 자체평가 활동을 총괄·감독하는 기능을 수행하였다. 지방자치단체 및 공기업에 대한 성과관리 또한 중앙정부 차원에서 평가되었으며, 이는 성과관리 제도가 국가 전체로 제도화·정착되는 기반이 되었다.

한국의 경우, 성과관리는 주로 법률적 근거를 바탕으로 제도화되며 추진되었다는 점에서 뚜렷한 특징을 가진다. 이는 단순한 대통령령이나 일시적 행정지시에 의존하는 방식이 아니라, 법제화된 체계 속에서 각 부처와 기관이 일정 수준의 자율성과 유연성을 바탕으로 성과관리 체계를 설계·운영할 수 있도록 한 제도적 기반의 마련을 의미한다.

「정부업무평가 기본법」은 2006년 제정 이후 총 다섯 차례 개정되었으며, 초기 개정은 「예산회계법」과 「국가재정법」 등 타 법령의 변경에 따른 조문 정비가 중심이었고, 정권 교체에 따른 정부조직법 개편에 따라 부처 명칭 변경 등의 내용이 포함되었다. 하위법령인 「정부업무평가 기본법 시행령」은 총 여섯 차례 개정되었으며, 초기에는 고위공무원단 제도의 도입(2006)을 반영하였고, 이후에는 실무위원회 폐지(2008), 통합 평가 범위 명확화 등 보다 실질적인 제도 설계와 운영구조 개선이 이루어졌다. 특히 성과평가 항목은 기존의 5개 영역에서 정책, 재정, 기관역량 등 3개 영역으로 축소·통합되어 평가의 효율성을 제고하였다. 또한, 성과관리는 정책평가 및 예산편성과의 연계를 통해 보다 실효성 있는 관리 수단으로 발전해 왔다. 「국가재정법」, 「예산성과관리지침」 등과의 연계를 통해 정부업무평가 결과가 예산편성과 재정 성과지표에 반영되도록 유도하고 있으며, 각 부처는 자체 성과관리계획과 자체평가계획을 수립하여 중앙-부처 간 평가의 수직적·수평적 정합성을 확보하고자 노력하고 있다. 특히 대통령 소속의 정부 업무평가위원회를 중심으로 한 중앙 조정체계는 국가 정책의 우선순위에 따라 평가의 방향성을 조율하며, 정책 일관성과 정부 책임성 확보에 이바지하고 있다. 또한, 정보화 관련 평가 항목이 「정보화촉진 기본법」 등에서 「국가정보화 기본법」으로 통합 개편되는 등 법령 간 정합성 확보를 위한 체계 정비도 병행되었다(김주한, 2013). 이처럼 한국의 성과관리제도는 법률-시행령-부처 운영지침으로 이어지는 다층적 법·제도 체계 속에서 설계되고 진화해 왔으며, 정권 교체나 정책 우선순위의 변화에도 불구하고 일관된 제도적 기반을 바탕으로 평가와 성과관리의 연속성을 유지해왔다는 점에서 제도적 안정성을 갖추고 있다고 평가할 수 있다. 한편, 한국 성과관리제도의 또 다른 특징은 외부 민간 전문가의 활발한 제도 참여이다. 정부업무평가위원회를 비롯한 다양한 평가 기구 및 절차에는 대학 및 연구기관 소속의 학계 전문가들이 성과측정, 기준 개발, 정책 자문, 성과 감사 등의 과정에 참여하고 있으며, 이들은 평가의 공정성, 전문성, 신뢰성 확보에 핵심적인 역할을 수행하고 있다. 이러한 외부 전문가의 제도적 참여는 정부 내부의 자기평가 한계를 보완하고, 평가결과의 수용성을 높이는 데에도 이바지하고 있다. 특히 정권과 독립적인 평가 인력을 제도적으로 확보함으로써, 성과관리의 정치적 중립성과 객관성 확보에도 일정 부분 이바지하고 있다는 점에서 주목할 필요가 있다.

이처럼 한국의 성과관리 제도는 법률-시행령-운영지침으로 이어지는 다층적 체계 속에서 설계되었으며, 중앙정부뿐만 아니라 지방정부, 공공기관, 정부출연연구기관에 이르기까지 광범위하게 적용되고 있다. 중앙정부 차원에서는 각 부처가 5개년 전략계획과 연간 성과계획을 수립하도록 하고, 이를 바탕으로 부처 자체평가와 국무총리실 주도의 특정평가를 병행하여 수행하고 있다. 각 부처는 성과지표 설정, 평가계획 수립, 성과보고 및 환류까지의 전 과정을 자율적으로 책임지며, 그 결과는 인사관리 및 예산편성 등 행정 운영의 주요 요소에 실질적으로 반영된다. 평가는 부처가 위촉한 평가위원회와 실무지원단이 수행하며, 이 과정에서 학계 및 연구기관 소속 전문가들의 활발한 참여가 이루어지고 있다. 성과지표는 정책기획, 집행, 성과, 효과성, 환류 등 다양한 항목으로 구성되며, 정량적 지표뿐 아니라 정성적 지표도 활용된다. 이는 정책 실패 원인 분석과 개선 방향 도출 등 학습 도구로 기능하며, 평가가 단순한 보고를 넘어 실질적인 조직학습과 정책 개선으로 이어지도록 유도하고 있다.

제 4 절 성과관리의 효과성과 한계

Ⅰ. 성과관리제도의 기대효과

성과관리 제도의 도입 배경은 공공조직을 둘러싼 다양한 이해관계자들의 다층적 요구에 기인한다. 먼저 조직관리 측면에서 성과관리는 조직의 효율성과 효과성을 제고하는 핵심 도구로 기능한다. 성과관리는 조직 구성원들에게 명확한 목표와 기대치를 제시하고, 이들의 성과에 따라 적절한 보상 또는 제재를 제공함으로써 책무성(accountability)을 강화할 수 있다. 또한, 성과정보를 활용하여 조직의 개선 수준을 평가하고, 변화하는 환경 속에서 우선순위를 설정하며, 중장기 전략을 수립하는 데에도 기여한다. 이를 통해 한정된 조직 자원의 효율적·효과적 배분이 가능해진다(Behn, 2003; Kim & Hoontis, 2012).

둘째, 대외적 책무성과 신뢰 확보의 측면에서 성과측정은 공공조직의 목표 달성 여부를 시민을 비롯한 주요 이해관계자에게 전달함으로써, 기관의 책무성을 높이고 대중과의 신뢰를 강화하는 데 기여한다. 정부의 활동 및 성과에 대한 정보가 제한된 상태에서는 납세자가 공무원의 공익추구 활동이나 세금의 효율적 사용 여부를 판단하기 어렵지만, 성과측정과 성과정보의 공유는 이러한 정보 비대칭을 해소하는 수단이 될 수 있다(Wholey & Newcomer, 1997). Yang과 Holzer(2006)의 연구에 따르면, 성과측정은 시민의 정부에 대한 긍정적 인식을 형성하고, 궁극적으로 정부에 대한 신뢰 제고에 긍정적 영향을 미친다. 다만, 성과정보의 공유에는 정보 왜곡 및 부적절한 활용에 대한 우려도 존재한다. Hoontis와 Kim(2012)은 뉴저지의 한 타운십 행정관리자와의 인터뷰를 통해, 지방정부가 실제로는 최선을 다해 성과를 창출하고 있음에도 불구하고, 언론이 특정 정보를 선택적으로 부각하거나 왜곡·과장함으로써 오히려 조직의 평판에 부정적 영향을 미칠 수 있다는 우려를 제기하였다.

또한, 성과관리를 통해 공공조직의 책무성(accountability) 제고에 이바지할 수 있다. 성과데이터는 감독기관이나 시민이 공공기관의 실적을 모니터링하고 검증할 수 있게 하며, 이를 바탕으로 정책 개입 또는 운영상의 조정이 가능하도록 한다. 이러한 구조는 공공조직 구성원들이 정직하고 책임감 있게 행동하도록 유도하는 역할을 수행한다(Pollitt, 2006; Kroll, 2015).

Ⅱ. 성과측정 및 관리의 역기능(dysfunctional use of performance measurement)

공공기관은 성과측정 과정에서 다양한 역기능에 취약한 구조를 지닌다. 특히, 공공조직의 특성상 목표가 모호하거나 복수로 존재하는 경우가 많아, 이러한 다원적 목표 속에서 어떤 성과정보를 핵심으로 간주하고 해석할 것인지에 대한 판단에 있어 불일치가 발생할 수 있다. 이는 성과측정 결과에 대한 편향된 해석이나 선택적 활용으로 이어질 가능성을 높이며, 궁극적으로 왜곡된 정책 판단을 야기할 수 있다(Smith, 1995; van Thiel & Leeuw, 2002). 이와 관련하여 Smith(1995)는 8가지의 의도치 않은 성과 모니터링 및 감사의 결과를 제시하였는데, 첫째, 터널 비전(tunnel vision)으로 양적 성과지표에 치중한 나머지 정량화되지 않은 조직의 주요 활동은 간과하게 되는 현상으로, 공공조직의 활동 중 성과의 측정이 용이하지 않거나 모호한 경우 발생하게 된다. 특히, 정책 목표의 경우 정량지표로 측정하기 용이하지 않을 수 있는데, 예를 들어 국가의 안전(national safety) 혹은 국민건강(public health)은 어떻게 측정할 수 있을까? 검거된 범죄자의 수가 증가한다고 해서 우리가 더 안전하다고 느낄까, 아니면 오히려 덜 안전하다고 느낄까(van Thiel & Leeuw, 2002)?

둘째, 부분 최적화(sub optimization)는 상위 조직의 목표와 하위 조직의 세부 목표 간의 정합성 결여로 인해, 하위 단위가 조직 전체의 장기적·전략적 목표보다 자체의 단기적 성과를 우선시하는 현상을 의미한다. 예를 들어, 공공병원의 상위목표는 '모든 시민에게 질 높은 의료서비스를 제공하는 것'이라 하더라도, 진료를 담당하는 부서의 성과목표가 병상 활용률(bed occupancy rate)에 집중될 경우, 이에 대한 성과를 높이기 위해 환자의 조기 퇴원을 유도하여 재입원율을 증가시키거나, 중증환자보다는 회전율이 높은 경증환자를 우선적으로 진료하는 등의 역기능적 행태가 나타날 수 있다. 이러한 경우 중증 환자 진료 소홀, 재입원율 증가, 의료서비스 질 저하 등 상위 목표와의 충돌이 초래될 수 있다. 셋째, 근시안적 목표추구(myopia)로 단기적인 성과만 달성하려는 경향으로 인해 중장기적인 지속 가능한 목표에 관한 관심이 낮아지는 현상을 지칭한다. 이러한 현상은 특히 정치적 임기나 성과 보고 주기가 짧은 행정 환경에서 빈번하게 발생하며, 공공조직의 전략적 기획 역량과 혁신 여력을 저하시킬 수 있다.

넷째, 특정 성과지표에 대한 집착(measure fixation)으로 근본적인 목적보다는 단일 지표의 성공 여부에 집착하게 되는 현상이 존재할 수 있다. 이는 성과관리 체계가 본래 추구해야 할 목적지향성을 약화시키고, 지표 달성을 위한 형식적 활동이나 기계적 대응으로 이어질 수 있다. 다섯째, 정보왜곡(misrepresentation)으로 평가나 처벌을 회피하고자 조직 내부에서 성과정보를 의도적으로 조작하거나 과장하는 행위를 말한다. 이러한 성과정보의 왜곡행위는 성과평가 결과를 무력화할 뿐 아니라, 조직의 성과 자체를 훼손시키는 부정적인 영향을 초래할 수 있다. 여섯째, 정보에 대한 잘못된 해석(Misinterpretation)

은 성과지표에 대한 부정확한 해석이나 의미의 왜곡으로 인해 잘못된 의사결정이 이루어지는 현상을 뜻한다. 이는 지표 해석에 대한 역량 부족, 맥락 고려의 결여, 혹은 의도적 오독으로 인해 발생할 수 있으며, 정책 방향 설정이나 자원 배분 등 주요 결정에 오류를 초래할 수 있다.

일곱째, 게이밍(gaming)으로 성과 기준을 충족시키기 위해 실질적인 성과개선 노력을 기울이기보다 형식적 기준 충족을 위한 행동에 나서는 경우를 지칭한다. 이는 지표 중심의 성과관리 체계가 의도치 않게 조직의 행태 왜곡을 유발할 수 있음을 보여주는 대표적 사례다. 마지막으로 경직화(ossification)로 성과관리 시스템에 대한 지나친 의존으로 조직의 유연성 및 혁신이 저해되는 상황을 의미한다. 정해진 지표와 절차에만 몰두함으로써 변화하는 환경에 탄력적으로 대응하지 못하는 상황을 초래할 수 있다.

그 외에도 임곗값 효과(threshold effect)가 존재할 수 있는데, 조직이 정해진 목표 수준만 달성하면 추가적인 개선 노력을 기울이지 않는 현상을 말한다. 이는 성과기준이 최소 충족 수준으로 작동함으로써, 성과의 질적 향상이나 초과성과에 대한 유인을 약화시킬 수 있다. 예를 들어, 민원서비스의 성과목표가 '만족도 80% 이상'으로 설정되어 있는 경우, 당해 연도 평균 만족도가 82%를 기록하더라도 그 이상의 개선 노력이 중단되는 현상이 나타날 수 있다(Choi & Park, 2023). 또한, 평가결과의 부적절한 활용의 사례가 존재할 수 있는데, 이질적인 업무특성 및 환경을 가진 복수의 기관에 대하여 일률적인 성과평가 기준에 근거하여 점수를 부여하고 소위 '부처 간 줄 세우기'를 통한 보상 및 제재를 가할 시에 게이밍 등의 왜곡된 활동을 유발하는 결과를 초래할 수 있다(금재덕·이성도, 2009; 이석원, 2005). 이는 성과관리 제도의 공정성과 수용성을 저해할 뿐 아니라, 성과지표 자체의 신뢰성과 타당성을 약화시키는 결과를 초래할 수 있다.

이러한 성과평가의 의도치 않은 부작용을 방지하기 위해서는 공공부문의 특성을 반영한 성과관리체계의 개발 및 도입이 요구된다. 무엇보다도 공공기관의 성과를 측정하면서 정량적 그리고 정성적인 요소를 아우르는 다차원적 지표의 구성 및 활용이 요구된다. 또한, 공공기관의 성과에 대한 다양한 이해관계자의 관심이 반영될 필요가 있으며, 정부 및 외부 감사기관 주도의 성과측정 및 관리 외에 시민헌장(Citizen Charter) 및 정보공개제도 등의 수평적 모니터링 제도의 활용 등을 통한 보완 노력이 요구된다.

Ⅲ. 성과관리의 실효성 제고를 위한 조직 및 제도적 요건

성과관리는 공공조직에서 활용할 수 있는 핵심적인 전략 도구이지만, 그 실효성을 확보하기 위해서는 단순한 통제 수단을 넘어서 '성과를 위한 관리(Managing for Performance 또는 Managing for Results)'라는 개념이 조직 전반에 내재화되어야 한다(Gerrish, 2016). 이는 성과지표의 설정과 평가를 넘어서, 성과 목표 달성을 중심으로 조직의 의사결정, 운영방식, 전략 수립이 이루어져야 함을 의미한다. 즉, 조직의 전략적 계획 수립, 성과측정 및 성과정보 기반의 의사결정 간의 내적 정합성(internal alignment)이 높을수록 긍정적인 성과결과가 제시될 수 있다.

성과측정을 통해 성과정보를 생산하는 것과, 이를 조직 운영에 실질적으로 활용하는 것은 구별되는 과정이다. 즉, 성과관리제도의 도입 및 성과정보 생산 단계(adoption)와 실제 정책 결정 및 조직 운영에 성과정보를 적용하는 활용 단계(implementation & utilization) 간에는 명확한 차이가 존재하며, 양자 간 연계성을 강화하기 위한 전략적 노력이 필요하다. 먼저, 이성적·기술적 측면에서는 성과관리를 효과적으로 수행하기 위해 전담 인력 확보와 재정 자원 배분이 필수적이다. 성과측정은 전략적 목표 및 성과목표 설정, 지표 설계, 측정과 해석 등 전 과정에서 전문적 기술 역량과 데이터 활용 능력을 요구하며, 이를 지원하기 위한 지속적인 교육 및 훈련 체계의 구축이 병행되어야 한다(de lander Julnes & Holzer, 2001). 문화적·정치적 측면에서는 무엇보다 성과지향적 조직문화(performance-oriented organizational culture)의 형성이 핵심적인 선결요건이다. 성과측정 및 보고의 과정이 단순히 외부에 대한 책무성 제고나 통제를 위한 수단으로 인식되기보다는, 조직의 학습과 성과개선을 위한 전략적 관리 도구로 자리 잡을 수 있도록 조직 구성원들의 인식 전환이 필요하다. 이러한 문화 정착을 위해서는 조직 최고위 리더십의 관심과 적극적 참여가 필수적이다. 리더의 의지가 성과관리의 실행 가능성과 활용도를 실질적으로 제고하는 촉매 역할을 한다(최형준·이정욱, 2016; Moynihan et al., 2012b). 마지막으로, 법적·제도적 환경(external mandates) 역시 성과관리의 활용을 촉진하는 외생적 요인으로 작용할 수 있다. 특히 성과보고를 의무화하는 법률, 상급기관의 정기적인 모니터링 체계가 구축되어 있는 경우, 성과정보의 실제 활용 가능성이 높아지며 제도의 정착과 실효성 확보에 기여할 수 있다(de lancer Julnes & Holzer, 2001).

무엇보다도, 성과관리는 성과측정과 모니터링을 통해 생성된 성과정보가 조직 내 의사결정에 실질적으로 활용된다는 전제를 바탕으로 작동한다. 그러나 관리자 입장에서 성과정보 활용에 대한 명확한 유인이나 인센티브가 부재할 경우, 성과정보는 형식적으로 수집·보고될 뿐, 실제 의사결정에는 제한적으로만 활용될 가능성이 있다. 미국 지방정부 관리자를 대상으로 한 설문조사 결과에 따르면(Moynihan & Pandey, 2010), 공공봉사동기(Public Service Motivation, PSM)가 높은 관리자일수록 성과정보를 더 자주 활용하는 경향이 있으며, 성과정보가 조직의 전략계획이나 예산 등 핵심 관리 시스템과 연계되어 있을수록 활용 빈도가 높은 것으로 나타났다. 또한, 혁신성과 유연성을 중시하는 조직문화가 조성되어 있고, 조직 운영에 대한 자율성이 관리자에게 부여된 경우에도 성과정보 활용이 더욱 활발히 이루어지는 것으로 확인되었다. 성과관리 시스템을 설계할 때에는 단순한 제도적 장치 마련에 그치지 않고, 관리자와 의사결정자가 실질적이고 자발적으로 성과정보를 활용할 수 있도록 하는 조직문화의 형성이 선행되어야 한다(이석환, 2012). 더불어, 성과관리의 효과성을 높이기 위해서는 공공봉사동기와 같은 내재적 동기를 촉진할 수 있는 조직 환경 조성이 병행되어야 한다.

더불어, 성과정보 활용에 대한 유인책이 관리자에게 부여되어 있다 하더라도, 이를 실제로 생산하고 효과적으로 활용하기 위해서는 조직 및 조직구성원 차원의 역량(capacity)이 요구된다. 성과측정 및 평가를 수행하기 위해서는 각 사업에 대한 이해는 물론, 성과관리 전반에 대한 전문적 지식과 기술을 갖춘 인력의 참여가 필요하며, 이를 위해 체계적인 역량 강화 노력이 병행되어야 한다. 아울러, 성과평가가 지속적이고 일관성 있게 운영되기 위해서는, 조직 차원의 평가역량과 축적된 조직지식(organizational memory)이 뒷받침되어야 하며, 이를 위해 평가 전담조직 및 인력에 대한 중장기적 투자 및 관리가 필요하다(이상미·장정연, 2022). 특히, 우리나라의 순환보직제도라는 행정조직의 특성을 고려할 때, 성과관리의 지속성과 일관성을 저해하는 구조적 요인이 존재한다. 이와 같은 환경에서는 성과관리의 각 과정별로 구체적인 업무 매뉴얼을 마련하고 이를 표준화하는 작업이 필수적이다. 이를 통해 담당자의 교체에도 불구하고 업무의 연속성과 시스템 운영의 일관성을 확보할 수 있으며, 궁극적으로 성과관리 시스템의 신뢰성과 실효성을 높일 수 있다.

성과관리 측면에서의 궁극적인 성과는 조직이 설정한 목표의 달성 및 이를 통한 긍정적인 영향의 구현이다. 이를 위해서는 무엇보다 조직 구성원들이 조직의 사명 및 성과목표를 명확히 이해하고 인식하는 것이 선결 요건이다. 실제로 Moynihan, Pandey, 그리고 Wright(2012a)의 연구에서도 목표 명확성(goal clarity)은 성과정보의 목적 지향적 활용(purposeful use)에 정(+)의 영향을 미치는 변수로 확인된 바 있다.

더불어, 성과관리 전반에 대한 조직구성원의 수용성 확보가 주요 선결과제라 하겠다. 성과관리 체계가 제도적으로 잘 구축되어 있더라도, 이를 실제로 활용하고 실행하는 구성원이 동기화되어 있지 않다면, 성과관리 제도의 목적을 달성하기는 어렵다. 성과관리 제도에 대한 수용성은 공공조직을 대상으로 운영되는 성과관리제도 및 절차에 대한 조직 구성원이 이를 얼마나 내면적으로 받아들이고, 이에 대한 긍정적 태도 및 정서적 공감을 토대로 수용하고 있는지 여부를 의미한다(이정철·이정욱, 2017; 최형준·이정욱, 2016). 따라서 성과관리를 조직 내 일상적 실천으로 정착시키기 위해서는 구성원의 이해와 공감, 그리고 적극적인 참여를 유도할 수 있는 환경 조성이 필수적이다. 성과관리제도의 유용성과 사용용이성에 대한 조직구성원의 인식을 제고하기 위한 노력이 요구된다. 이를 위해서는 성과목표 설정 및 지표 개발 전 과정에 걸쳐 구성원의 의견이 충분히 반영되고, 이를 검토·조정하는 절차가 체계적으로 마련되어야 한다. 이러한 과정을 통해 성과관리제도에 대한 구성원의 이해와 수용성을 높이고, 실제 활용 가능성 또한 제고할 수 있다 (이정철·이정욱, 2017).

마지막으로, 성과관리를 위한 체계적인 매뉴얼의 마련과 활용도 제고가 요구된다. 성과관리 매뉴얼의 구비와 관련 교육의 시행은, 성과관리 과정에서 나타날 수 있는 전문성 부족을 보완하고, 성과지표의 설정-관리-활용 진반에 대한 명확한 기준을 제공함으로써 성과정보의 실질적 활용을 촉진하는 유인책으로 기능할 수 있다. 더불어, 이는 성과정보의 오용이나 왜곡을 예방하는 사전적 장치로서의 역할도 수행할 수 있다. 다만, 성과관리 매뉴얼이 형식적으로 존재하는 데 그치지 않고, 실제 실무에 부합하는 방향으로 개발·활용될 수 있도록 지속적인 내용 검토와 피드백 체계가 필요하다. 아울러, 조직 구성원들의 적극적인 활용을 유도할 수 있는 전략 마련 또한 병행되어야 한다(구주영, 2024).

요약

본 절에서는 공공부문 성과관리의 이론적 배경과 제도적 발전 과정을 검토하고, 성과관리의 기대효과와 한계에 대한 통합적 논의를 시도하였다. 공공부문의 성과 개념은 전통적인 생산성 중심의 관점에서 벗어나, 경제성, 효율성, 효과성, 형평성 등 다차원적인 성과 기준을 포괄하는 방향으로 진화해 왔다. 성과관리는 GPRA 및 「정부업무평가 기본법」과 같은 법적 기반을 통해 제도화되었으며, 단순한 성과 측정을 넘어 정부 및 조직 차원의 전략 수립과 성과 개선을 위한 핵심 관리 수단으로 자리매김하고 있다.

성과관리는 공공조직의 책무성 강화와 조직학습 촉진이라는 이중적 목표를 지니고 있으며, 이 둘 간의 균형적 접근이 요구된다. 특히, 지나친 책무성 중심의 성과관리는 성과정보의 왜곡, 지표 집착, 게이밍 등의 부작용을 초래할 수 있다는 점에서 성과관리의 역기능에 대한 경계 또한 필요하다. 이에 따라 실질적인 성과 향상과 제도의 정착을 위해서는 다차원적 성과지표 개발, 구성원 수용성 제고, 성과정보의 전략적 활용을 위한 조직 역량 강화가 병행되어야 한다.

사례연구

뉴욕시 경찰국(NYPD)은 1994년 당시 경찰청장 윌리엄 브랜튼(William Bratton) 및 시장 루돌프 줄리아니(Rudolph Giuliani)의 지지를 토대로 경찰국의 경영전략 혁신을 도모하였는데, 그 일환으로 데이터 기반의 성과관리 체계인 Compstat(compare statistics의 줄임말)을 개발 및 도입하였다. 이는 실시간으로 범죄 관련 데이터를 수집 및 분석하여 결과를 토대로 치안 전략을 수립하여 현장지휘관의 책무성을 제고하는 것을 목적으로하는 성과관리제도이다. 이는 최신 통계기반의 데이터 분석을 통한 지역별 범죄양상 파악 및 범죄 발생위치를 지도로 시각화하여 제시함으로써 공간적 패턴 분석을 가능하게 한다는 특징을 갖는다. 더불어, 각 지역별 경찰서장을 포함한 담당자는 주기적으로 성과보고회에 참여하여 범죄동향에 대한 보고 및 대응전략 및 연계 성과결과를 설명하도록 되어있다. 이를 통해 현장 지휘관이 지역의 범죄감소 및 치안 유지에 직접적인 책임을 지게하는 형태이다. 무엇보다도 성공 사례를 타 지역에 공유하고 관련하여 지속적인 조직학습을 유도할 수 있다는 점에서 긍정적으로 평가된 제도이다. 특히, 도입 초기에만 해도 살인, 강도 및 절도 등의 주요 범죄율 감소를 견인하는 성과를 거두었으며, 다수의 지역 및 국가가 유사 시스템을 개발 및 도입하는 계기가 되었다. 그러나 이러한 시스템이 현장 담당자에게 성과관리에 대한 과도한 실적압박을 부여하고, 결국 범죄 통계의 왜곡을 초래했다는 비판도 존재한다. Eterno

와 Silverman(2010)의 연구에서 전·현직 NYPD 관료를 대상으로 설문조사를 시행하였는데 응답자의 과반수가 성과 압박(performance pressure)하에서 범죄 통계를 의도적으로 축소하거나 사건을 경미하게 분류하는 관행이 존재한다고 응답하였다. 예를 들어, 일부 경찰관들은 도난당한 물건의 가격을 실제보다 낮게 평가하기 위해 이베이(eBay) 등에서 유사 물품의 낮은 가격을 찾아 고소 내용을 중범죄인 대규모 절도(grand larceny)에서 경범죄인 소규모 절도(petit larceny)로 조정하는 사례가 있었다고 증언하였다. 이러한 관행은 범죄율을 인위적으로 낮춰 조직의 성과를 부풀리는 방식으로, 통계의 신뢰성과 공공 신뢰를 저해할 수 있는 문제로 지적되었다. 또 다른 인터뷰에서는 "얼마나 절박했는지를 보여준다. 그들은 범죄가 발생한 현장에 직접 가서 사건을 평가하고, 신고자에게 진술을 바꾸도록 설득하려 했다([They would] go to [the] scene where index crime occurred, assess, try to get [the] complainant to change story)"고 언급하였다(Eterno & Silverman, 2010: 12). 이는 경찰이 범죄 통계에서 중범죄로 분류되는 index crime으로 기록되지 않도록 사건의 성격을 의도적으로 축소하거나 다른 범죄 유형으로 분류하려는 노력이 있었음을 보여준다. 이러한 행위는 범죄의 실제 심각도를 축소시키고, 성과 압박에 따른 통계 조작의 가능성을 시사한다는 점에서 심각한 문제로 지적된다. 이러한 조작 행위는 실제 언론에서도 다뤄진 바 있으며, The New York Times는 전·현직 경찰관의 증언을 인용해 성과 압박 하에서 통계 조작이 존재하였음을 보도하였다(Chen & Baker, 2010).[3]

3 Chen, D. W., & Baker, A. (2010, February 6). Retired officers say pressure to meet crime targets led to manipulation. The New York Times.
https://www.nytimes.com/2010/02/07/nyregion/07crime.html

그림 5-2 뉴욕시 경찰청(NYPD) CompStat 범죄통계 예시 (40번 관할서)

Police Department
City of New York

Eric L. Adams
Mayor

Jessica S. Tisch
Police Commissioner

Volume 32 Number 21

CompStat

Report Covering the Week
5/19/2025 Through 5/25/2025

40th Precinct

Crime Complaints	Week to Date			28 Day			Year to Date*			2 Year	15 Year	32 Year
	2025	2024	% Chg	2025	2024	% Chg	2025	2024	% Chg	% Chg	% Chg	% Chg
Murder	0	0	***.*	1	0	***.*	6	6	0.0	20.0	50.0	-80.0
Rape	1	1	0.0	4	4	0.0	22	17	29.4	0.0	175.0	-4.3
Robbery	14	10	40.0	67	56	19.6	220	235	-6.4	2.3	30.2	-69.8
Fel. Assault	18	26	-30.8	70	80	-12.5	391	392	-0.3	4.8	127.3	-4.4
Burglary	12	9	33.3	27	32	-15.6	163	141	15.6	26.4	98.8	-69.9
Gr. Larceny	11	18	-38.9	65	67	-3.0	350	365	-4.1	29.6	136.5	33.6
G.L.A.	5	4	25.0	23	11	109.1	104	80	30.0	-27.3	141.9	-59.7
TOTAL	*61*	*68*	*-10.29*	*257*	*250*	*2.80*	*1,256*	*1,236*	*1.62*	*8.56*	*100.64*	*-44.25*
Transit	1	2	-50.0	3	4	-25.0	27	31	-12.9	58.8	12.5	***.*
Housing	7	7	0.0	31	34	-8.8	196	196	0.0	-5.8	81.5	***.*
Petit Larceny	31	27	14.8	150	115	30.4	687	635	8.2	9.6	40.8	***.*
Retail Theft	12	6	100.0	54	38	42.1	268	255	5.1	15.0	***.*	***.*
Misd. Assault	17	27	-37.0	92	100	-8.0	490	478	2.5	11.1	17.2	***.*
UCR Rape*	1	1	0.0	4	5	-20.0	27	24	12.5	-15.6	***.*	***.*
Other Sex Crimes	1	3	-66.7	6	19	-68.4	44	64	-31.2	-15.4	***.*	***.*
Shooting Vic.	0	0	***.*	3	2	50.0	20	14	42.9	185.7	-16.7	-72.6
Shooting Inc.	0	0	***.*	2	2	0.0	17	13	30.8	142.9	0.0	-73.0
Hate Crimes	0	0	***.*	0	0	***.*	1	1	0.0	***.*	***.*	***.*
Traffic Statistics												
Traffic Fatalities	0	0	***.*	0	0	***.*	2	1	100.0	0.0	***.*	***.*

출처: New York Police Department. (2025). CompStat, 40th Precinct Crime Statistics (Week of 5/13/2024 through 5/19/2024). Retrieved from https://www.nyc.gov/assets/nypd/downloads/pdf/crime_statistics/cs-en-us-040pct.pdf

토의질문

1. 성과측정이 어려운 공공서비스에는 어떤 것이 있으며, 그 이유는 무엇인가?
2. 성과정보를 단순히 측정·보고하는 것을 넘어서 '활용'하기 위한 방안에는 어떤 것들이 있는가?
3. 성과관리제도의 제도화(GPRA, 정부업무평가법 등)가 실질적인 성과 개선으로 이어지기 위해 어떤 조건이 충족되어야 한다고 보는가?
4. 성과측정에서 시민의 참여는 어떤 방식으로 이뤄질 수 있으며, 어떤 장단점이 있는가?
5. CompStat 사례의 경우처럼 성과관리 시스템이 왜곡된 성과를 유도하지 않도록 하기 위해서, 공공조직은 어떠한 제도적 장치와 운영상 노력을 마련해야 하는가?

참고문헌

구주영. (2024). 공공부문 성과관리 병리현상의 개선 요인에 관한 연구: 성과역설을 중심으로. 「한국공공관리학보」, 38(2): 31-60.

국경복·목진휴·이석환. (2007). 공공부문 성과관리제도의 수용성과 효과성 인식에 관한 경험적 연구: 국가보훈처의 사례를 중심으로: 국가보훈처의 사례를 중심으로. 「정책분석평가학회보」, 17(3): 31-54.

금재덕·이성도. (2009). 성과관리체계의 부정적 효과에 관한 실증연구: 중앙정부 각 부처 공무원의 인식도를 중심으로: 중앙정부 각 부처 공무원의 인식도를 중심으로. 「한국사회와 행정연구」, 20(2): 347-377.

남창우·이명숙. (2008). 공공부문의 BSC 수용성 및 조직성과의 영향요인 분석: 조직구성원의 인식을 중심으로. 「한국행정학보」, 42(3): 165-190.

이상미·장정연. (2022). 지방자치단체 재정사업평가제도의 메타평가 연구: 경기도 평가제도 운영사례를 중심으로. 「한국정책연구」, 22(4): 91-121.

이석환·조주연. (2010). 성과평가제도의 수용성에 영향을 미치는 요인에 대한 연구: 평가체계요인과 내부동기요인을 중심으로: 평가체계요인과 내부동기요인을 중심으로. 「한국사회와 행정연구」, 20(4): 269-291.

이석환. (2012). 공공부문 성과관리의 7 가지 치명적인 도덕적 죄: 이론과 실제간 연계를 위한 함의: 이론과 실제간 연계를 위한 함의. 「지방정부연구, 16(1): 353-380.

이석원. (2005). 조정성과지표를 사용한 공공기관의 성과측정: 정부투자기관경영평가에의 적용. 「한국행정학보」, 39(4): 81-105.

이윤식. (2007). 우리나라에 있어서 성과관리를 위한 평가의 개선방안에 관한 연구: 중앙부처 사례를 중심으로: 중앙부처 사례를 중심으로. 「정책분석평가학회보」, 17(3): 1-32.

이정철·이정욱. (2017). 공공조직 구성원의 성과관리 수용성에 관한 연구: 중앙행정기관을 중심으로: 중앙행정기관을 중심으로. 「한국조직학회보」, 13(4): 33-69.

Ammons, D. N. (2002). Performance measurement and managerial thinking. *Public Performance & Management Review*, 25(4): 344-347.

Ammons, D. (2014). *Municipal benchmarks: Assessing local performance and establishing community standards*. Routledge.

Behn, R. D. (2003). Why measure performance? Different purposes require different measures. *Public Administration Review*, 63(5): 586-606.

Berman, E. M., & West, J. P. (1998). Productivity enhancement efforts in public and nonprofit organisations. *Public Productivity & Management Review*, 22(2): 207-219.

Berman, E. M. (2015). *Performance and productivity in public and nonprofit organizations*. Routledge.

Bouckaert, G., & Peters, B. G. (2002). Performance measurement and management: The Achilles' heel in administrative modernization. *Public Performance & Management Review*, 25(4): 359-362.

Choi, S., & Park, S. (2023). Exploring performance paradox in public organizations: Analyzing the predictors of distortive behaviors in performance measurement. *International Review of Administrative Sciences*, 89(2): 501-518.

Eterno, J. A., & Silverman, E. B. (2010). The NYPD's Compstat: compare statistics or compose statistics?. *International Journal of Police Science & Management*, 12(3): 426-449.

Julnes, P. D. L., & Holzer, M. (2001). Promoting the utilization of performance measures in public organizations: An empirical study of factors affecting adoption and implementation. *Public Administration Review*, 61(6): 693-708.

Drucker, P. F. (1954) *The Practice of Management*, Collins, NY.

Gerrish, E. (2016). The impact of performance management on performance in public organizations: A meta-analysis. *Public Administration Review*, 76(1): 48-66.

Hansen, M. B. (2017). *Performance management and evaluation*. In Handbook of Social Policy Evaluation (pp. 223-241). Edward Elgar Publishing.

Hatry, H. P. (1978). The status of productivity measurement in the public sector. *Public Administration Review*, 38(1): 28-33.

Hatry, H. P. (2006). *Performance measurement: Getting results*. The Urban Insitute.

Holzer, M. (2019). *Public Productivity Handbook*. CRC Press.

Heinrich, C. J. (2007). Evidence-based policy and performance management: Challenges and prospects in two parallel movements. *The American Review of Public Administration*, 37(3): 255-277.

Hoontis, P., & Kim, T. (2012). Antecedents to municipal performance measurement implementation: A case study of two New Jersey Municipalities. *Public Performance & Management Review*, 36(1): 158-173.

Kaplan, R. S., & Norton, D. P. (2001). *Transforming the balanced scorecard from performance measurement to strategic management*: Part II. *Accounting Horizons*, 15(2): 147-160.

Kamensky, J. M. (2011). The Obama performance approach: A midterm snapshot. *Public Performance & Management Review*, 35(1): 133-148.

Ko, K., & Kim, T. (2023). Critical review of multi-dimensional aspects of performance management of South Korea. In A. Farazmand (Ed.), *Handbook on Asian Public Administration* (pp. 55-74). Edward Elgar Publishing.

Kim, T., Johansen, M., & Zhu, L. (2020). The effects of managers' purposeful performance information use on American hospital performance. *Public Performance & Management Review*, 43(1): 129-156.

Kroll, A. (2015). Exploring the link between performance information use and organizational performance: A contingency approach. *Public Performance & Management Review*, 39(1): 7-32.

Moynihan, D. P., & Ingraham, P. W. (2004). Integrative leadership in the public sector: A model of performance-information use. *Administration & Society*, 36(4): 427-453.

Moynihan, D. P. (2008). *The dynamics of performance management: Constructing in-*

formation and reform. Georgetown University Press.

Moynihan, D. P., Pandey, S. K., & Wright, B. E. (2012a). Prosocial values and performance management theory: Linking perceived social impact and performance information use. *Governance*, 25(3): 463-483.

_______________. (2012b). Setting the table: How transformational leadership fosters performance information use. *Journal of Public Administration Research and Theory*, 22(1): 143-164.

Office of Management and Budget (OMB). (2021). Evidence-Based Policymaking: Learning Agendas and Annual Evaluation Plans (M-21-27).

https://www.whitehouse.gov/wp-content/uploads/2021/06/M-21-27.pdf

Pollitt, C. (2006). Performance information for democracy: the missing link?. *Evaluation*, 12(1): 38-55.

_______. (2013). The logics of performance management. *Evaluation*, 19(4): 346-363.

Radin, B. A. (1998). Searching for government performance: The government performance and results act. *PS: Political Science & Politics*, 31(3): 553-555.

Smith, P. (1995). On the unintended consequences of publishing performance data in the public sector. *International Journal of Public Administration*, 18(2-3): 277-310.

The American Presidency Project. (1993, August 3). Remarks on signing the Government Performance and Results Act of 1993 and an exchange with reporters. University of California, Santa Barbara. https://www.presidency.ucsb.edu/documents/remarks-signing-the-government-performance-and-results-act-1993-and-exchange-with (접속일: 2025.05.26).

Van Thiel, S., & Leeuw, F. L. (2002). The performance paradox in the public sector. *Public performance & management review*, 25(3): 267-281.

Vedung, E. (2017). *Public policy and program evaluation*. Routledge.

Yang, K., & Holzer, M. (2006). The performance-trust link: Implications for performance measurement. *Public Administration Review*, 66(1): 114-126.

Yang, S. B., & Torneo, A. R. (2016). Government performance management and evaluation in South Korea: History and current practices. *Public Performance & Management Review*, 39(2): 279-296.

Wholey, J. S., & Newcomer, K. E. (1997). Clarifying goals, reporting results. *New Directions for Evaluation*, 75: 91-98.

6장 공공관리 관점에서의 예산과 재정

| 조병우 |

학습목표

1. 예산의 기능과 성격을 공공관리적 관점에서 이해한다.
2. 공공조직 내 예산 과정의 주요 단계를 관리적 시각에서 분석한다.
3. 결과중심 예산개혁과 성과주의 예산제도에 대해 알고, 전략적 기획, 관리, 성과평가와 예산이 어떻게 연결되는지를 파악한다.
4. 예산에 대한 관리적 접근방식의 한계와 개선 과제를 비판적으로 논의할 수 있다.

제 1 절 정부예산과 재무행정의 의미와 성격

Ⅰ. 정부예산과 재무행정의 의미

현대 사회를 구성하는 핵심 제도는 시장과 정부이다. 자본주의 체제에서 시장은 재화와 서비스의 효율적 배분을 담당하며, 개인 간 경제적 관계의 주요 매개로 기능한다. 그러나 시장은 본질적으로 공공재의 공급, 외부효과의 조정, 소득의 재분배 등 사회 전체의 복리와 직결된 문제에 효과적으로 대응하기 어렵다. 이로 인해 정부는 시장의 제도적 기반을 마련하고, 시장의 실패가 발생하는 영역에서 적극적으로 개입하여 공공의 문제를 해결하며 사회적 가치를 실현하는 역할을 수행하게 된다. 국방, 치안, 환경보호, 공공보건, 공교육 등은 그 대표적인 사례이다. 그러나, 이러한 정부의 역할 수행은 선언이나 제도만으로 가능하지 않다. 이를 실현하기 위한 재정적 자원의 확보와 배분이 필수적이다. 즉, 정부는 국민으로부터 세금을 걷고, 이를 체계적으로 관리·운영하여 공공목표를 실현해야 한다. 이러한 활동을 재무행정이라고 부르며, 이는 "정부와 공공기관이 조직의 목적을 달성하는 데 필요한 재원을 조달·배분하며, 이를 관리·운용하는 것과 연관된 일련의 활동"을 의미한다(하연섭, 2022: 4).

재무행정은 경제적·정치적·관리적 측면을 모두 다루는 다차원적 접근을 필요로 하는 행위이다(하연섭, 2009; 2022; Caiden, 1985; 1990; Doern et al., 1988). 먼저, 경제적 측면에서 예산은 Musgrave(1959)가 제시한 정부의 세 가지 재정 기능—자원배분, 소득재분배, 경제성장과 안정화—을 통해서 주로 논의된다. 정부는 재정활동을 통해서 시장에서 충분히 공급되지 않는 국방, 치안, 환경, 보건 등의 서비스가 제공될 수 있도록 자원을 배분하는 역할을 수행하여 사회 전체의 복지 극대화를 꾀한다. 또한, 조세정책이나 지출 정책을 통해 사회의 구성원들이 바람직하다고 생각하는 방향으로 개인의 소득분배를 추진하여 경제적 불평등을 완화하고 사회적인 통합을 촉진하기도 한다. 마지막으로, 시장의 실패에 대비하여 재정지출을 통한 경기 부양이나, 재정지출 억제를 통한 시장과열의 방지 등 거시경제의 조정자 역할을 수행하여 국가경제의 성장과 안정을 도모하기도 한다. 이와 함께, 재무행정의 핵심 활동인 예산과정은 정부의 재정활동을 위한 재원의 동원과 배분 과정에서 누가 비용을 부담할 것이며, 누가 혜택을 받을 것인가를 결정하는 정치적 행위라고 할 수 있다. 정치를 사회적으로 가치 있는 것에 대한 권위적 배분활동이라고 정의한다면(Easton, 1953), 예산은 바로 이 정의를 가장 체계적으로 구현하는 행위라 할 수 있다. 이는 다양한 이해관계자들이 자원의 배분을 둘러싸고 경쟁하고 타협하는 정치적 협상과정을 통해 정책의 우선순위를 결정하는 사회집단간의 권력게임이기도 하다. 마지막으로, 재무행정은 관리와 행정활동이다. 정부의 목표를 효과적이고 효율적으로 달성하기 위해 재원을 사용한다는 측면에서 예산은 기획, 통제, 관리에 초점을 맞춘다(Caiden, 1990). 관리적 측면의 핵심 가치는 합리성(rationality)이다. 공공관리자는 조직의 계획 수립, 자원 배분, 집행에 대한 통제와 관리, 성과 평가의 전 과정을 예산과 연결시켜 합리적이고 결과중심의 관리 활동을 통해 제한된 자원을 효율적으로 활용하고 더 높은 수준의 성과를 창출해야 한다는 책무를 지니고 있다.

그림 6-1 재무행정의 다차원성

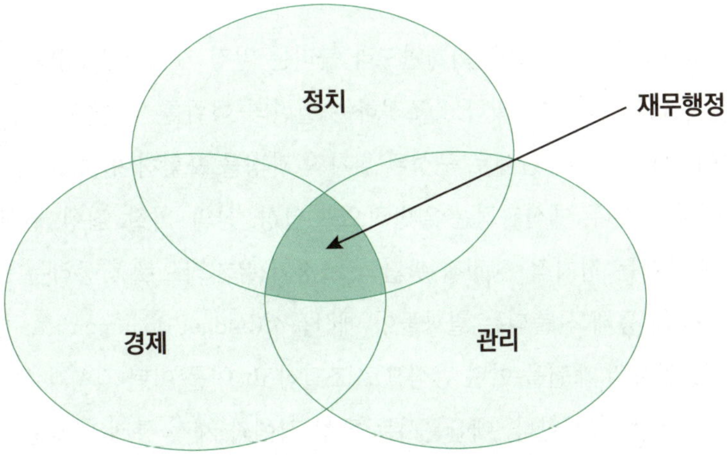

출처: 하연섭(2022: 5).

‘공공관리자를 위한 예산과 재정’을 논할 때, 일반적으로는 예산의 계획 수립, 집행 통제, 성과 관리 등 관리적 기능에 집중하는 경향이 있다. 그러나 예산은 단순한 행정 운영의 도구를 넘어, 경제적 합리성, 정치적 정당성, 그리고 행정적 실행 가능성이라는 서로 다른 가치들이 교차하고 긴장하는 복합적인 정책 수단이다. 특히 예산의 핵심인 재원의 조달, 배분, 운용은 경제 활동이자 동시에 정치적 의사결정이며, 이러한 이중적 성격은 공공관리자의 전략적 판단과 균형 감각을 요구한다. 따라서 공공관리자는 예산이 지닌 정치성과 관리적 합리성의 조화를 어떻게 구현할 것인가에 대해 성찰적으로 접근해야 한다. 예산 과정은 자원의 효율적 배분이라는 기능적 목적에 더해, 다양한 이해관계자 간의 갈등을 조정하고 사회적 정당성을 확보하는 정치적 협상과 제도 설계의 공간이기도 하다. 이에 따라 예산의 편성과 집행 과정에서 제기되는 다양한 제약과 이해 충돌 속에서, 자원을 어떻게 배분하고 성과를 어떻게 창출할 것인가에 대한 판단은 단순한 관리기술을 넘어서는 과업이며, 이는 정치, 경제, 행정에 대한 통합적 이해와 균형 잡힌 실천 역량을 전제로 한다.

Ⅱ. 예산 및 재정체계의 성격

예산(budget 또는 budgeting)은 회계연도라 불리는 일정 기간(통상 1년)을 기준으로, 정부의 수입과 지출을 사전에 계획하고 조정하는 일련의 행위를 의미한다. 이러한 계획은 단일한 사건이 아니라 여러 단계로 구성된 절차적 과정을 포함하며, 이를 예산과정(budget process)이라 부른다. 예산과정은 일반적으로 편성, 심의·의결, 집행, 결산의 네 단계를 거치며, 각 단계는 정치적·행정적 판단과 조정이 유기적으로 작동하는 구조를 지닌다. 이러한 과정을 통해 산출되는 결과물이 예산문서(budget document)로, 해당 회계연도 동안 정부가 얼마의 재원을 어떤 방식으로 조달하고, 이를 어떤 정책과 사업에 지출할 것인지를 공식적으로 명시한다. 예산문서는 행정 집행과 재정 통제의 기준이 되는 동시에, 조직의 자원 배분 구조와 정책 활동을 드러내는 정보 제공 기능, 재정 투입과 성과 간의 인과관계 설명 기능, 그리고 예산 배분을 통해 사회의 집합적 선호를 반영하는 기능을 동시에 수행한다(Lee et al., 2008).

하연섭(2022)은 예산이 수행하는 기능을 다섯 가지로 제시하는데, 이는 예산이 단순한 세입·세출의 결정을 넘어 정책 결정과 자원 배분의 복합적 과정을 내포하고 있음을 시사한다. 첫째, 목표의 우선순위 설정 기능은 제한된 자원의 배분을 통해 다양한 정책 목표 간의 상대적 중요도를 결정하는 것으로, 예산은 국가의 정책적 방향성과 정치적 선택을 수치화하는 역할을 수행한다. 둘째, 수단의 선택 기능은 설정된 목표를 달성하기 위한 가장 적절한 정책 수단 내지 프로그램을 식별하고 이에 대해 어떻게 자원을 배분할지를 결정하는 기능으로, 예산은 정책의 실현 가능성과 전략적 효율성을 함께 고려하는 기제로 작동한다. 셋째, 서비스 공급대상자의 선택 기능은 공공서비스의 수혜 범위와 대상 집단을 설정하는 과정을 통해 정책의 사회적 분배 구조를 형성하는 기능이며, 이는 예산이 정치적 가치와 사회적 형평의 기준을 구체화하는 수단이 됨을 보여준다. 넷째, 비용부담의 배분 기능은 조세 구조와 사용자 부담 체계를 통해 공공재의 공급 비용을 사회 구성원 간에 어떻게 분배할 것인지에 대한 정치·경제적 판단을 반영한다. 마지막으로, 행정적 관리 기능은 예산을 통해 자원이 정부가 달성하고자 하는 목표에 맞게 사용되었는지, 실제 계획한 성과를 거두었는지를 확인하는 기능을 의미한다.

정부 예산의 성격을 온전히 이해하기 위해서는 그것이 작동하는 공공부문의 제도적 구조에 대한 이해가 선행되어야 한다. 일반적으로 공공부문은 그 기능과 회계단위에 따라 일반정부와 공기업으로 구분된다. 일반정부는 중앙정부와 지방정부로 구성되며, 조세를 통해 자원을 조달하여 비시장 서비스를 주로 제공하는 역할을 한다. 주로 중앙정부는 국가 차원의 입법·행정·사법 기능과 대외적 주권 행사를 담당하는 반면, 지방정부는 지역주민의 생활 밀착형 서비스를 제공하고 지역 개발 및 행정을 수행하는 기능을 담당한다. 반면 공기업은 일반정부와 달리 시장에서의 대가 수입을 기반으로 자율적 운영이 가능하도록 설계된 조직이며, 일정 수준의 영리성을 전제로 하되 공공성이 병행되는 준시장적 성격을 지닌다.

우리나라의 재정체계는 이러한 공공부문의 조직 구조를 반영하여 중앙정부 재정과 지방정부 재정으로 이원화되어 있다. 중앙정부 재정은 예산과 기금으로 구성되며, 예산은 다시 일반회계와 특별회계로 구분된다. 일반회계는 중앙정부의 기본적 기능 수행을 위한 수입과 지출을 포괄하는 재정의 기본 단위로, 대부분의 공공정책이 이 회계 내에서 편성·집행된다. 이에 반해 특별회계는 특정한 목적이나 특정 수입원과 연계된 지출을 별도로 관리하기 위한 것으로, 법률에 의해 설치되며 자금의 흐름과 용도를 명확히 구분하려는 목적을 지닌다. 예를 들어 우편사업특별회계, 양곡관리 특별회계 등이 그 예다. 반면, 기금은 특정 목적을 달성하기 위해 조성된 재원을 장기적으로 운영하기 위한 재정 장치로, 예산과는 별도로 운영되며 그 재원과 지출이 일반회계나 특별회계에 귀속되지 않는다. 국민연금, 고용보험과 같은 사회보장성 기금, 기술보증기금, 무역보험기금과 같은 금융성 기금, 언론진흥기금, 복권기금과 같은 사업성 기금으로 구분된다. 지방정부 재정 역시 중앙정부와 동일하게 예산과 기금으로 구성되며, 예산은 일반회계와 특별회계로 구분된다. 우리나라 지방재정의 구조적 특성상 지방세 및 세외수입 등 자주재원의 비중이 상대적으로 낮고, 지방교부세나 국고보조금 등 중앙정부로부터의 의존재원 비중이 높기 때문에, 지방정부의 재정 자율성과 책임성 확보는 지속적인 정책적 과제이자 제도적 도전으로 제기되고 있다.

제 2 절 관리적 측면에서 바라본 정부 예산과정

Ⅰ. 정부 예산과정에 대한 개괄

정부의 예산과정은 헌법적 권한과 법률적 규율에 기초하여 국가 자원의 배분 방향과 행정 집행의 틀을 설정하는 핵심적인 통치 행위이다. 헌법 제54조는 "국회는 국가의 예산안을 심의·확정한다"고 명시함으로써, 입법부에 '국고관리권(Power of the Purse)'을 부여하고 있으며, 이는 행정부에 대한 민주적 통제의 제도적 장치로 작동하여 재정민주주의 확립의 기틀을 형성한다. 이러한 헌법적 근거에 따라, 국가재정법·국회법·감사원법 등 관련 법률을 통해 예산과정의 절차와 책임구조가 제도적으로 규율되고 있다. 예산과정은 통상 네 개의 주요 단계—① 정부의 예산안 편성 및 국회 제출, ② 국회의 예산안 심의 및 확정, ③ 정부의 예산 집행, ④ 결산 및 회계검사—로 구성된다. 이 과정은 시계열적으로 선형적 구조를 지니지만, 동시에 하나의 회계연도를 중심으로 서로 다른 연도의 예산활동이 중첩되어 전개된다는 점에서 시간구조적으로 복합성을 띤다. 예컨대, 2026년도에 집행될 예산은 그 전년도인 2025년에 편성 및 심의되어야 하며, 그 집행 결과에 대한 결산은 회계연도 종료 이후인 2027년에 수행된다. 이와 동시에 2025년은 2025년도 예산의 집행이 이루어지는 해이자, 2024년도 예산의 결산이 진행되는 해이며, 2026년도 예산안의 편성과 국회 심의가 이루어지는 해이기도 하다. 이처럼 복수 회계연도의 예산과정이 동시적으로 전개되는 예산의 운영 현실은 회계연도 간 유기적 연계성과 행정적 정합성을 요구하는 고도의 정책관리 활동임을 시사한다.

표 6-1 예산주기의 중복

비교 대상	연도		
	2025	2026	2027
회계연도 2025	집행	결산	
회계연도 2026	편성 및 심의	집행	결산
회계연도 2027		편성 및 심의	집행

예산과 관련된 주요 정부 기관으로는 예산의 총괄 편성 기능을 담당하는 중앙예산기관인 기획재정부, 국가의 수입과 지출을 관리하는 국고국, 국고금의 수납·지출·이체·보관 등 출납업무를 대행하는 한국은행(중앙은행), 그리고 정책을 집행하는 실질적인 예산 집행 주체인 각 실무 부처가 있다. 각 부처의 장은 예산의 공식적인 집행 책임자이지만, 예산의 편성과 관리 실무는 일반적으로 부처 내에 설치된 예산 전담 조직(예: 기획조정실 예산담당관)이 수행한다. 공공관리자를 실무 국·과의 책임자로 간주할 경우, 이들은 소속 부서의 정책 목표 달성을 위해 필요한 재원을 확보하고 이를 효과적으로 집행하는 데 실질적 책임을 지닌다. 공공관리자는 조직의 역량과 영향력을 확대하고, 궁극적으로 인사상 이점을 확보하기 위해 예산의 극대화(budget maximizing)를 추구하는 경향이 있으며(Niskanen, 1971), 이를 위해 부처 내의 다른 관리자들과 경쟁적 관계를 형성한다. 공공관리자는 예산과정에서 다양한 역할을 수행한다(〈표 6-2〉 참조). 부처 예산담당관과 협력하여 예산요구서를 구성하고, 기획재정부 담당자와의 협의를 통해 해당 요구가 정부 예산안에 반영될 수 있도록 전략적으로 대응한다. 이어 국회의 심의 과정에서는 관련 상임위원회 및 예산결산특별위원회와의 소통을 통해 예산안이 확정될 수 있도록 조율한다. 예산이 확정된 이후에는 확보된 재원을 효과적이고 합목적적으로 집행하여 설정된 정책 목표를 달성해야 하며, 회계연도 종료 후에는 예산 집행 결과와 정책 성과를 종합적으로 정리하여 결산보고서 및 성과평가서를 제출해야 한다. 이처럼 예산과정은 공공관리자에게 전략적 자원 배분과 정책성과 창출이라는 복합적이고 실천적인 행정활동을 수행하기 위한 핵심 활동이라 할 수 있다.

표 6-2 우리나라의 예산과정

과정	내용	제출기한
예산편성 (t-1)	국가재정운용계획 수립지침 시달(기획재정부)	전년도(t-2) 12월 31일
	중기사업계획서 제출(각 부처)	1월 31일
	예산안편성지침 통보(기획재정부)	3월 31일
	예산 요구서 작성 및 제출(각 부처)	5월 31일
	정부예산안편성(기획재정부)	6~8월
	예산안의 국회제출(기획재정부)	회계연도 개시 120일 전(9월 3일)

예산심의 (t-1)	정부 시정연설(대통령 → 국회)	
	국회 소관상임위원회 예비심사	
	국회 예산결산특별위원회 종합심사	
	국회 본회의 심의·의결	회계연도 개시 30일 전(12월 2일)
예산집행 (t)	예산배정(기획재정부)	
	예산재배정(부처 기획조정실 예산담당관)	
	지출원인행위(부처 공공관리자)	
	자금배정(부처 기획조정실 예산담당관)	
결산 및 회계검사 (t+1)	총세입부·총세출부 마감(각 부처)	2월 10일
	중앙관서 결산보고서 작성 및 제출(각 부처)	2월 말
	국가결산보고서 작성 및 감사원 제출(기획재정부)	4월 10일
	감사원 결산 검사 및 결과보고서 기획재정부 제출	5월 20일
	국가결산보고서의 국회 제출(기획재정부)	5월 31일
	국회 상임위원회 예비심사	
	국회 예결위원회 종합심사	
	국회 본회의 심의·의결	

출처: 하연섭 (2022, 104) 표5-2를 저자가 재구성함
주: t는 회계연도를 의미함

Ⅱ. 예산 편성 및 심의 과정에서 공공관리자의 역할

정부의 예산 편성 과정은 다음 회계연도에 집행될 예산안을 마련하기 위한 절차로, 정책과 사업을 체계적으로 기획하고, 이에 필요한 재정 소요를 산정·확정하는 일련의 전략적 행정활동이다. 우리나라는 총액배분자율편성제도를 도입·운영함으로써, 기획재정부가 각 부처에 예산 총액을 사전에 배분하고, 개별 부처가 해당 한도 내에서 자율적으로 사업별 예산을 편성하도록 하고 있다. 이는 정부 전체 재정 운용의 효율성과 전략성을 제고하는 한편, 각 부처의 자율성과 책임성을 강화하기 위한 제도적 장치로 평가된다. 부처 내부에서는 각 실·국·과 단위의 공공관리자들이 부처 내 예산 전담 조직과 긴밀한 협의

와 조정을 거친다. 이러한 내부 조정은 조직 간 자원 경쟁 구도 속에서 진행되며, 제한된 총액 한도 내에서 사업의 우선순위를 설정하고, 정책의 타당성과 재정 집행 가능성을 확보하기 위한 과정으로 기능한다. 이후 부처 차원에서 구성된 예산 요구안은 중앙예산기관인 기획재정부와의 협상 대상이 되며, 기획재정부는 국가 전체의 재정 기조, 정책 우선순위, 거시경제 여건 등을 종합적으로 고려하여 부처 간 자원의 배분과 조정을 수행한다.

이 과정에서 각 부처의 예산담당 조직과 중앙예산기관은 일반적으로 자신이 관장하는 예산 항목에 대한 '수호자'(guardian)의 역할을 수행하게 되며, 전체 재정의 균형과 건전성을 유지하기 위해 일부 항목의 삭감 또는 구조조정을 지향하는 경향을 보인다. 이러한 구조 하에서 실무 부처의 공공관리자는 기획재정부가 제시하는 예산안 편성지침, 부처의 자체 예산 기준, 전년도 사업성과 및 외부 환경 변화 등을 종합적으로 고려하여 예산 요구서를 작성하게 된다. 이 요구서에는 사업의 타당성을 증거할 합리적 분석 근거(예: 비용편익분석, 비용효과분석, 예비타당성 조사 등)가 제시되는 동시에 사업의 전략적 중요성, 국가정책과의 연계성등 정치적인 요인들에 대한 설명이 제시된다. 예산 편성 과정은 수치적 분석과 정책 논리의 정합성을 요구하는 기술적 조정 과정이면서도, 제한된 자원 속에서 부처 간 우선순위를 결정하는 정치적 협상의 장이기도 한 것이다. 이와 함께, 공공관리자는 조직의 목표 실현과 영향력 확대를 위해 예산의 극대화(budget maximization)를 추구하며, 해당 사업에 대한 정보를 가장 많이 가지고 있는 것은 자신들이라는 점을 이용하여 다양한 예산 요구 전략을 통해 예산을 확보하고자 한다.

표 6-3 예산편성과정에서 일선 부처의 예산요구 전략

* 인기 있는 사업의 예산을 미리 삭감해서 제출한다. 이렇게 하면 부처에서 처음 제출하는 예산이 그리 크지 않게 보일 수 있다. 그러나 인기 있는 사업이기 때문에 어차피 다시 살아나게 되어 있다는 것을 알고 있다.
* 조금이라도 예산삭감이 이루어지면 전체 사업 자체가 추진 불가능하다고 주장한다.
* 새로운 사업이나 예산 반영이 어렵다고 생각되는 사업을 인기있는 사업과 결합해서 제출한다. 이렇게 하면 사업의 안정성을 높일 수 있기 때문이다.
* 새로운 사업이 실제로는 지금까지 해 온 사업이라고 강변한다.
* 새로운 사업을 일단 소규모로 시작한다. 일단 사업이 시작되면 매몰비용 때문에 쉽게 사업을 종료시키지 못한다는 것을 알기 때문에, 1~2년 후에 예산 증액을 요구한다.
* 사업에 포함된 특정 지출은 일시적인 것이라고 강변한다.

* 업무량 데이터를 제공함으로써 예산의 필요성을 주장한다.
* 사용료나 수수료 등의 징수를 통해 사업이 자체 수입으로 지탱될 수 있다고 주장한다.
* 이번의 지출증가가 다음 번에는 예산절약으로 나타날 수 있다고 주장한다.
* 위기가 발생했을 경우 위기를 이용해 예산을 증액시킨다.
* 사업이 꼭 필요한 이익집단과 합동작전을 펼친다. 이익집단이 중앙예산기관, 의회 등에 사업의 필요성을 주장한다.

출처: 하연섭(2022: 124)에서 재인용 (Wildavsky & Caiden, 2004: 57-67; Riley & Colby, 1991: 69-70).

정부안이 국회에 제출된 이후, 예산은 입법부의 심의와 의결이라는 제도적 절차를 거쳐야만 법적 효력을 부여받아 집행이 가능하다. 이 과정에서 공공관리자는 소속 부처의 예산안이 국회에서 수정되지 않고 원안대로 통과될 수 있도록 실무 차원의 전략적 대응을 수행한다. 특히 상임위원회 산하 소위원회의 예비심사나 예산결산특별위원회의 종합정책질의 등 주요 심의 절차에 대응하는 것은 핵심적인 과업이다. 공공관리자는 해당 사업의 정책적 필요성과 실현 가능성에 대해 정량적 자료, 과거의 사업 성과 등 객관적인 근거를 제시함과 동시에, 정책의 우선순위, 국민 수요, 정치적 중요도 등 정치적 고려 요인을 함께 설명함으로써 심의 과정에서의 설득력을 제고해야 한다. 이때 단순히 행정부 내부의 정책 방향과 예산 편성 논리를 반복하는 것을 넘어서, 해당 예산안을 평가·의결하는 국회의원들의 관심사와 판단 기준을 면밀히 분석하고, 이에 부합하는 맞춤형 설득 전략을 구성하는 것이 요구된다.

Ⅲ. 예산 집행 및 결산 과정에서 공공관리자의 역할

정부 예산의 집행은 국회에서 의결된 예산안을 근거로 실제 자원을 배분·사용함으로써 정책 목표를 실현하는 행정적 실행 단계이다. 이 과정에서 공공관리자는 편성된 예산이 당초 목적에 부합되도록 집행함으로써 입법부의 의도를 충실히 반영하고, 동시에 예산 낭비를 방지하기 위한 통제 기능을 수행한다. 그러나 정책 환경의 불확실성과 현장의 행정적 제약을 고려할 때, 예산 집행의 효율성과 효과성을 확보하기 위해서는 일정 수준의 신축성이 불가피하게 요구된다. 기획재정부는 국회에서 승인받은 예산을 일선 부처에 배정하는 '예산 배정' 기능을 통해서 예산의 구체적인 모습을 결정하고, 일선 부처의 지출

패턴을 통제하며 예산 의결후의 상황변화에 대해 능동적이고 신축적으로 대응한다.

예산 집행의 신축성을 확보하기 위한 제도적 장치는 크게 예산 항목 간 융통성 확보와 시기적 융통성 확보로 구분할 수 있다. 첫째, 동일 회계연도 내에서 예산 항목 간 조정을 가능하게 하는 수단으로는 '이용'(입법과목 간 조정), '전용'(행정과목 간 조정), '이체'(기관 간 기능 이동), '예비비'(불확실한 사태 대비), '추가경정예산'(경제·사회적 여건 변화 대응) 등이 있다. 이들은 모두 국회의 심의·승인을 받거나 사후 보고 절차를 수반함으로써 예산 통제와 신축성 간의 균형을 도모한다. 둘째, 예산의 시기적 유연성을 확보하는 제도로는 '이월'(다음 회계연도로 지출 이관), '계속비'(수년간 사업지속 가능 재원), '국고채무부담행위'(미래 예산에 지출 약정) 등이 있으며, 이는 중장기 사업의 안정적 수행을 위한 관리 수단으로 활용된다. 공공관리자는 이러한 제도적 수단을 적절히 활용함으로써 집행률을 관리하고 정책성과를 제고할 수 있는 예산운영 능력을 갖추어야 한다.

결산은 단순한 회계적 정산 절차를 넘어, 예산 집행의 적정성과 성과를 종합적으로 점검하는 관리적 피드백 단계이다. 결산 과정에서 공공관리자는 해당 회계연도의 집행 실적을 정리하고, 예산의 사용 결과를 체계적으로 평가하여 차년도 예산 편성에 반영될 수 있도록 한다. 최근에는 단순하게 지출의 적정성이나 법령 준수 여부를 확인하는 전통적 회계감사 외에도, 정책의 성과에 대한 평가 및 환류 체계 구축이 강조되며 '성과 감사(performance audit)'의 중요성이 커지고 있다. 총액배분자율편성제도의 도입을 통해 공공관리자의 자율성이 강조되는 만큼, 그에 따른 책임성도 요구되고 있기 때문이다. 이에 따라 공공관리자는 집행 과정에서부터 정량적 성과지표, 정책효과성 분석 등 성과평가 기반의 정보 축적에 노력해야 하며, 이는 차년도 예산의 논리와 정당성을 확보하는 데 중요한 자원이 된다. 예산 집행과 결산은 서로 단절된 절차가 아니라, 예산과정 전반을 순환시키는 관리적 루프(loop)로 기능하며, 공공관리자의 전략적 역량이 가장 집약적으로 요구되는 단계라 할 수 있다.

제 3 절 결과중심 예산제도에서 공공관리자의 역할

Ⅰ. 결과중심 예산개혁의 등장 배경과 한국의 성과예산제도 발전

결과중심 예산개혁을 통해 등장한 성과주의 예산제도는 공공관리자의 역할이 가장 적극적으로 요구되는 예산제도라 할 수 있다. 1980년대 정부실패에 대한 비판과 함께 관료제의 경직성과 비효율성, 낮은 책무성 등 기존 행정 시스템의 한계가 지적되었고, 이는 공공부문에 시장원리를 도입하고 경쟁과 성과 중심 운영을 강화하려는 개혁적 흐름으로 이어졌다. 이러한 흐름은 1980년대 후반부터 1990년대 초반에 걸쳐 '신공공관리론(New Public Management, NPM)'으로 구체화되었으며, 민간부문의 관리기법과 성과 중심 운영 방식을 행정조직에 도입하는 것이 주요 특징이었다. 신공공관리론은 행정의 성과와 효율성, 고객 중심성을 핵심 가치로 제시하며, 기존의 투입(input) 중심 예산체계를 산출(output) 및 결과(outcome) 중심으로 전환할 필요성을 제기하였다.

이러한 이념적·제도적 전환은 예산제도에도 구조적 개혁을 요구하였으며, 그 결과 OECD 국가들을 중심으로 성과중심 재정운용을 지향하는 결과중심 예산제도가 본격적으로 도입되었다(하연섭, 2022). 해당 시기의 예산개혁 노력은 국가별 제도적 환경과 행정문화에 따라 다양한 형태로 발전하였다. 하지만, OECD에 따르면 당시의 예산개혁은 다음과 같은 공통적 특징을 가진다.

1) 중기적 시계에서의 재정운용(중기재정계획체계의 활용)
2) top-down 예산제도의 도입을 통해 예산의 총체적 배분에 대한 중앙예산기관의 권한 강화
3) 서비스의 직접적 공급기관에 대한 예산운용권한의 위임과 자율성·신축성의 확대
4) 투입에 대한 사전적 통제위주의 전통적 예산제도로부터의 탈피
5) 결과중심의 예산운용과 예산을 통한 성과관리
6) 정부지출의 가치(value for money)에 대한 강조와 재무관리의 혁신
7) 예산, 성과평가, 감사의 연계(하연섭, 2022: 262)

우리나라는 1997년 외환위기를 계기로 국가 재정운용의 투명성과 효율성을 제고

할 필요성이 제기되면서 성과주의 예산제도의 도입을 본격화하였다(공동성, 2012). 김대중 정부 시기 기획예산위원회는 정부부문의 생산성과 책임성을 강화하기 위한 제도 개편의 일환으로 1999년 16개 기관을 대상으로 성과계획서 작성을 시범 도입하였다. 이후, 2003년에는 재정사업 성과목표관리제도가, 2005년에는 재정사업 자율평가제도가 도입되었고, 2006년 제정된 「국가재정법」은 제8조와 제16조에서 성과중심 재정운영의 원칙을 명시하였다. 이 제도는 큰 틀에서 2015년까지 유지되었으며, 이후 통합재정사업평가제도(2016), 핵심사업평가제도(2018) 등이 연이어 도입되며 성과관리의 체계화를 지향하였다. 나아가, 2021년 12월 「국가재정법」 개정을 통해 제4장의2 '성과관리' 장이 신설되면서 성과주의 예산제도는 제도적으로 더욱 구체화되었다. 이 법은 제85조의2를 통해 성과관리를 "재정사업의 성과목표를 설정하고, 이를 달성하기 위한 활동을 체계적으로 관리·평가하는 것"으로 정의하고, 제85조의3에서는 성과관리를 통해 재정운용의 효율성과 책임성을 제고함을 명시하고 있다. 또한 제85조의4에 따라 5년마다 재정사업 성과관리 기본계획을 수립하도록 하여, 2022년부터 2026년까지의 제1차 기본계획이 수립·시행 중에 있다. 이에 따라 각 부처는 연도별 추진계획을 통해 재정사업의 성과를 관리하고 있으며, 국가 차원에서도 성과정보의 질 제고와 관리역량 강화를 위한 정책적 노력이 지속되고 있다.

표 6-4 국가재정법 제4장의2 성과관리

국가재정법[시행 2024.12.31.] 법률 제20610호, 2024.12.31., 일부개정

제4장의2 성과관리 〈신설 2021. 12. 21.〉

제85조의2(재정사업의 성과관리) ① 정부는 성과중심의 재정운용을 위하여 다음 각 호의 성과목표관리 및 성과평가를 내용으로 하는 재정사업의 성과관리(이하 "재정사업 성과관리"라 한다)를 시행한다.
1. 성과목표관리: 재정사업에 대한 성과목표, 성과지표 등의 설정 및 그 달성을 위한 집행과정·결과의 관리
2. 성과평가: 재정사업의 계획 수립, 집행과정 및 결과 등에 대한 점검·분석·평가

② 재정사업 성과관리의 대상이 되는 재정사업의 기준은 성과관리의 비용 및 효과를 고려하여 기획재정부장관이 정한다. 다만, 개별 법령에 따라 실시되는 평가의 대상은 관계 중앙관서의 장이 별도로 정한다. [본조신설 2021. 12. 21.]

제85조의3(재정사업 성과관리의 원칙) ① 정부는 재정사업 성과관리를 통하여 재정운용에 대한 효율성과 책임성을 높이도록 노력하여야 한다.

② 정부는 재정사업 성과관리를 실시할 때 전문성과 공정성을 확보하여 평가결과에 대한 신뢰도를 높이도록 노력하여야 한다.
③ 정부는 재정사업 성과관리의 결과를 공개하여 재정운용에 대한 투명성을 확보하도록 노력하여야 한다.
[본조신설 2021. 12. 21.]

출처: 법제처 국가법령정보센터 (law.go.kr)

Ⅱ. 성과주의예산제도의 주요 내용과 장단점

성과주의 예산제도(performance budgeting)는 공공부문의 재정운용에서 성과 향상을 궁극적 목적으로 삼으며, 성과 정보를 예산 편성과 배분 과정에 연계하여 활용하는 체계를 의미한다 (하연섭, 2022; Curristine & Flynn, 2013; Robinson, 2013). 이러한 정의에 따르면 성과주의 예산제도는 성과관리 시스템의 한 하위 구성요소라고 할 수 있다. 성과주의 예산제도의 핵심 구성요소는 일반적으로 ① 명확한 목표 설정과 전략적 계획, ② 유연한 예산 집행 체계, ③ 측정 가능한 성과지표의 설정, ④ 성과에 대한 체계적 보고 및 환류, ⑤ 성과에 대한 유인 제공(보상 또는 제약)의 메커니즘 등으로 구성된다. 한편, 성과주의 예산제도는 국가별로 도입 배경, 행정문화, 재정운용체계에 따라 다양한 형태로 구현되고 있다. 성과 정보를 수집하고 보고하되, 실제 예산 편성에는 직접적으로 연계하지 않거나, 성과 정보를 예산편성과 의사결정에 보조적 기준으로 활용하거나, 성과 결과가 예산 배정의 핵심 결정요인으로 작용하는 방식 등으로 다양한 제도가 존재하고 있다. 성과주의 예산제도가 지향하는 바는 공공조직의 자원 투입(input), 활동(process), 산출(output), 결과(outcome) 사이의 논리적 연계를 바탕으로 한 성과관리의 실현이다. 이러한 성과관리의 논리모형은 공공조직이 추구하는 미션과 비전을 중심으로 성과목표를 체계화하고, 이를 통해 경제성(economy), 효율성(efficiency), 효과성(effectiveness)이라는 재정 운영의 3대 핵심가치를 달성하고자 한다. 여기서 경제성은 최소비용을, 효율성은 투입대비 산출을, 효과성은 결과의 달성정도를 중점적으로 다루는데, 사안에 따라 강조해야 하는 목표가 다르다.

성과주의 예산제도는 전통적인 투입 중심의 예산제도가 지닌 한계를 보완하고, 공공부문의 책무성과 성과 지향성을 제고하고자 도입된 제도적 장치로서, 여러 측면에서 긍정적 효과를 기대할 수 있다. 첫째, 결과 중심의 예산 운용을 통해 예산과 정책 성과 간의 연계가 강화됨에 따라 정부의 책무성(accountability)이 높아진다. 둘째, 성과정보에 기반한 예산 배분은 기존의 연례적·관성적 배분 관행에서 탈피하여 자원 배분의 합리성(rationality)을 높이는 데 기여한다. 셋째, 성과주의 예산제도는 조직의 목표 달성 여부에 대한 평가를 통해 내부 관리기능을 강화하고, 사업 간 우선순위 조정과 자원 재배분의 기반을 제공함으로써 전반적인 행정관리의 개선으로 이어진다. 넷째, 정책성과에 대한 정보가 국민과 의회에 제공됨으로써 예산운용의 투명성(transparency)이 제고되며, 이는 민주적 통제 기능을 실질화하는 기반이 된다.

그러나 성과주의 예산제도의 실효성은 다수의 제약 요인에 직면하고 있으며, 이로 인해 제도의 도입 목적이 부분적으로만 달성되는 경우도 빈번하다. 첫째, 정부의 산출(output)을 넘어서 결과(outcome) 차원의 성과를 측정하기 위해서는 지표 개발, 자료 수집, 평가 분석 등 추가적인 행정 비용과 인력이 요구되며, 이는 예산운용의 효율성에 역설적으로 부담이 될 수 있다. 둘째, 정책의 결과는 외부 환경, 수혜자의 특성, 경기 상황 등 다양한 요인의 영향을 받기 때문에, 실제로는 정부의 성과를 직접적으로 측정하기 어렵다. 셋째, 정책의 산출과 최종 결과 간에는 상당한 시간 차이(time lag)가 존재하는 경우가 많아, 단기적 예산 편성과정에서 실질적인 성과 반영이 어렵다는 구조적 한계가 존재한다. 넷째, 성과주의 예산제도의 핵심인 명확한 목표 설정 자체가 쉬운 과제가 아니며, 공공부문 사업의 성격상 복합적이고 다원적인 목표가 존재하기 때문에 측정 가능하고 구체적인 목표로 전환하는 데 한계가 따를 수 있다.

Ⅲ. 성과주의 예산제도 하에서 공공관리자의 실무적 대응 전략

성과주의 예산제도의 도입은 공공관리자에게 단순한 예산 집행자 이상의 역할을 요구한다. 전통적인 투입 중심의 예산체계에서는 정해진 절차와 기준에 따라 자원을 배분하고 사용하는 데 초점을 맞추었다면, 성과주의 예산제도에서는 정책의 목표를 설정하고, 성과지표를 개발하며, 예산과 직접적으로 연결되는 성과를 관리하는 역량이 요구된다. 이에 따라 공공관리자는 사업기획 초기 단계부터 성과지향적 사고와 논리를 내재화해야 하며, 정책 목표가 조직의 미션 및 중장기 전략과 정합성을 갖도록 설정해야 한다. 특히, 성과지표는 구체적(Specific)이어야 하고, 측정 가능(Measurable)하며, 달성 가능(Achievable)하고, 정책 목적과의 관련성(Relevant)을 확보하며, 적시성(Timely)을 지녀야 한다는 SMART 원칙에 부합하도록 구성되어야 한다. 이러한 성과지표의 설계는 실무자의 분석 능력뿐 아니라 정책 환경에 대한 이해와 목표설정 역량을 종합적으로 요구한다.

나아가, 공공관리자는 예산 편성과 집행, 성과 평가의 전 과정에서 성과정보를 전략적으로 활용하는 실무적 대응 능력을 갖추어야 한다. 이는 단순히 성과 평가 결과를 보고하는 데 그치지 않고, 사업의 정당성과 재정지원을 정당화하기 위한 근거로 활용하는 것을 의미한다. 예컨대, 과거 성과를 토대로 유사사업 간 우선순위를 제안하거나, 성과 부진의 원인을 외부 요인과 분리하여 설명함으로써 조직의 책임을 방어하는 등의 논리 전개가 필요하다. 또한, 평가 결과에 대한 대응 전략도 중요하다. 부정적 평가가 조직과 정책의 지속성에 위협이 될 수 있기 때문에, 공공관리자는 성과 개선 계획과 성과 기반의 의사결정 프레임을 사전적으로 준비하고, 이를 내·외부 이해관계자에게 설득력 있게 제시할 수 있어야 한다. 이처럼 공공관리자가 성과주의 예산제도에 대해 정확하게 이해하고 전략적으로 활용할 수 있는 능력을 갖춘다면 단순히 예산 확보 가능성을 높이는 데 그치지 않고, 확보된 자원의 효율적·효과적 사용을 통해 궁극적으로 정책 성과를 제고하는 데에도 기여할 수 있을 것으로 기대된다.

제 4 절 주목해야 할 주제: 공공투자사업, 가치예산, 예산과정에의 주민참여

Ⅰ. 공공투자사업관리

공공투자사업이란 일반적으로 "장기간에 걸쳐 생산적으로 사용되는 물리적 인프라(도로, 철도, 청사 등)와 소프트웨어적 인프라(연구개발 등)에 대한 투자"를 의미한다(최영은 외, 2022: 6). 공공투자는 대체로 대규모로 이루어지며, 설계와 집행에 장기간이 소요되고, 상당한 초기 비용이 요구된다. 또한 사업의 성격상 지역적으로 특정되며, 일단 설치되면 긴 수명을 가지는 동시에 긍정적인 외부효과를 창출할 것으로 기대된다(하연섭, 2022). 이러한 특성으로 인해, 공공투자사업이 실패할 경우 막대한 매몰비용이 발생할 수 있으며, 이를 방지하기 위한 체계적이고 효율적인 관리가 필수적이다. 그러나 사회간접자본에 대한 공공투자는 비용은 광범위하게 분산되는 반면, 편익은 특정 지역에 집중되는 경향이 있어 고객정치(client politics)의 대상으로 전락할 가능성이 높다. 특히 분배정책의 일환으로서의 공공투자는 현직 의원의 재선 전략에 이용될 수 있는 위험이 존재하며, 이는 소선거구제, 개인 중심의 투표 방식, 단순다수대표제와 결합되어 선심성 예산정치로 이어지기 쉽다. 그 결과, 공공투자가 정치적으로 왜곡되어 집행될 경우 재원의 비효율적 배분과 지역 간 불평등이 심화될 수 있다.

우리나라의 예비타당성조사 제도는 국가재정법 제38조 및 동법 시행령 제13조에 근거하여, "대규모 신규 사업에 대한 예산편성 및 기금운용계획을 수립하기 위하여 기획재정부장관 주관으로 실시하는 사전적인 타당성 검증·평가"로 정의된다(KDI 공공투자관리센터, n.d.). 1999년 제도 도입 이후, 예비타당성조사는 국가재정의 비효율적 지출을 방지하고 정책 결정의 합리성과 책임성을 제고하는 핵심 수단으로 기능해 왔다. 특히 사업 시행 전 단계에서 비용-편익 분석, 수요 예측, 정책적 목적의 적절성 평가 등을 통해 의사결정의 객관성과 투명성을 높이는 데 기여하고 있다. 예비타당성조사의 실시 여부는 기획재정부 장관의 권한으로, 각 중앙관서의 장이 요청한 사업 또는 장관 직권으로 조사가 필요하다고 판단되는 사업을 대상으로 재정사업평가위원회의 심의를 거쳐 선정된다. 선정된 사업의 소관 부처는 조사 수행을 위한 기초자료를 성실히 제공해야 한다. 조사의 주요 절차는 ① 사업 개요 및 기초자료 분석, ② 수요·편익·비용 추정을 통한 경제성 분석, ③ 사업 추진 여건 및 정책 효과에 대한 정책성 분석, ④ 지역낙후도 개선 및 지역경제 파급효과 평가, 그리고 ⑤ 종합평가 순으로 이루어진다(〈그림 6-2〉 참조). 2022년 8월 기준, 총 975개 사업이 예비타당성조사를 받았으며, 이 중 35.9%에 해당하는 350개 사업(184.1조 원 규모)은 조사를 통과하지 못한 것으로 나타났다. 이는 예타 제도가 재정사업의 효율성과 타당성을 검증하는 데 실질적 제약 기제로 작동하고 있음을 보여준다. 한편, 국가재정법 제38조 제2항은 국가정책상 긴급하거나 중대한 사업에 대해 국무회의를 거쳐 예비타당성조사를 면제할 수 있도록 규정하고 있다. 이에 따라 2017년부터 2024년 9월까지 총 76건, 88조8,651억 원 규모의 사업이 조사 면제를 받았으며, 이로 인해 일부 대규모 재정사업이 충분한 사전 검토 없이 추진될 수 있다는 점에서 정책적 우려가 제기되고 있다(동아일보, 2024. 10. 8.).

그림 6-2 예비타당성조사 수행 흐름도

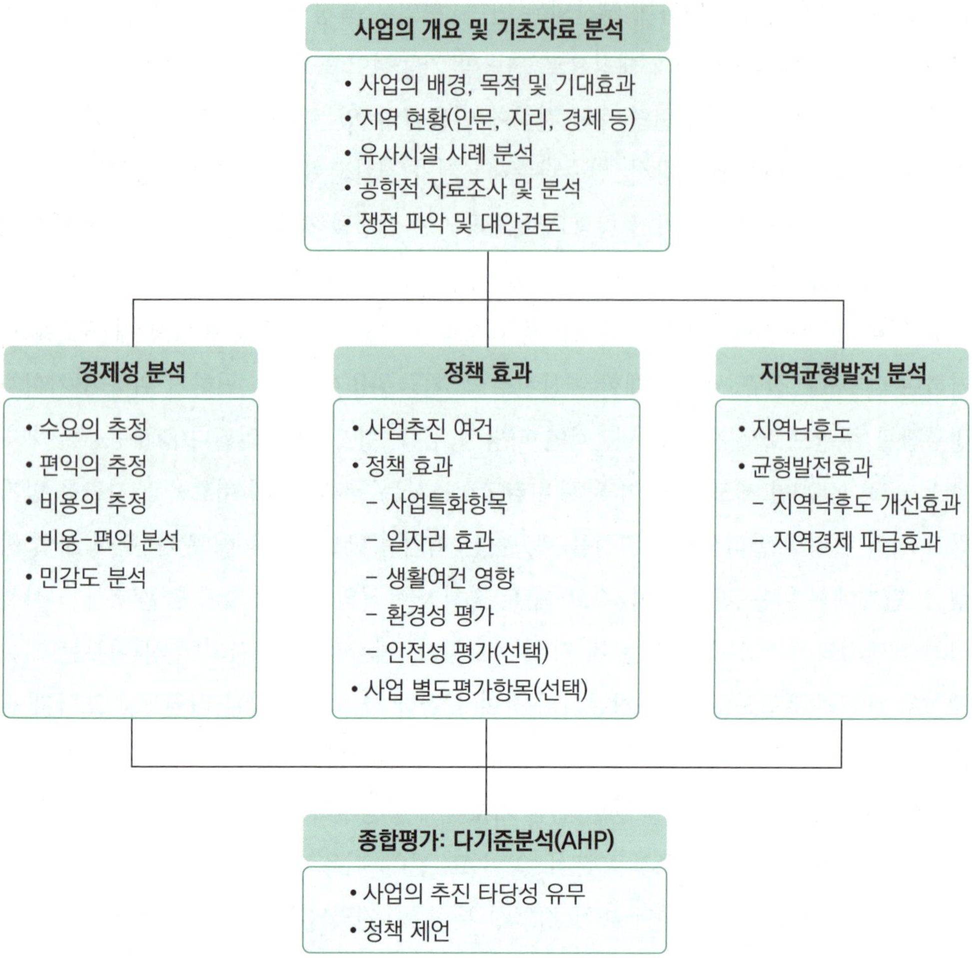

출처: 기획재정부 예비타당성조사 운용 지침(2023: 12); KDI공공투자관리센터(2024: 18)에서 재인용.

공공시설에 대한 민간투자사업(public-private partnershinp)은 전통적으로 정부 재정으로 건설·운영되어 왔던 도로, 철도, 항만, 환경 및 교육 인프라 등 사회기반시설에 민간의 자본과 효율성을 유입시키기 위해 도입된 제도이다. 우리나라는 1994년 「사회간접자본시설에 대한 민자유치촉진법」을 통해 처음으로 민간투자를 허용하였으며, 1998년 「사회간접자본시설에 대한 민간투자법」으로 전면 개정되면서 민간의 참여가 본격화되었다. 이후 2005년에는 법률 명칭을 「사회기반시설에 대한 민간투자법」으로 변경하였다. 민간투자를 추진하는 방식은 크게 수익형(BTO, BOT, BOO)과 임대형(BTL)방식으로 구분할 수 있다. BTO방식은 시설의 준공(build)과 동시에 해당 시설의 소유권이 국가 또는 지방자치단체에 귀속(transfer)되며, 사업시행자에게 일정기간의 시설관리운영권(operate)을 인정하는 방식이고, BOT방식은 시설의 준공(build) 후 일정기간 동안 사업시행자에게 해당 시설의 소유권(ownership)이 인정되며 기간이 만료되면 시설소유권이 국가 또는 지방자치단체에 귀속(transfer)되는 방식이다. 반면, BOO방식은 시설의 준공(build)과 동시에 사업시행자에게 해당 시설의 소유권(ownership)과 관리운영권(operate)이 귀속되는 방식이다. 반면 BTL방식은 시설의 준공(build)과 동시에 해당 시설의 소유권이 국가 또는 지방자치단체에 귀속(transfer)되나 사업시행자에게 일정기간의 시설관리운영권을 인정하고 그 시설을 국가 또는 지방자치단체 등이 협약에서 정한 기간 동안 임차(lease)하여 사용하는 방식이다.

공공투자사업의 전 주기에 걸쳐 공공관리자는 단순한 절차 관리자 이상의 전략적 행위자로서 기능해야 한다. 사업의 기획 단계에서는 사회적 수요와 정책목표를 명확히 정의하고, 이를 토대로 타당성 있는 사업구조를 설계할 수 있는 정책분석 역량과 기획력이 필수적이다. 특히 예비타당성조사 등 사전 평가 과정에서는 경제성, 정책성, 지역균형발전 등 다양한 가치 기준을 통합적으로 고려하여 자원의 배분 우선순위를 설정해야 하며, 이를 통해 재정운용의 전략성과 책임성을 동시에 확보해야 한다. 또한, 공공투자사업이 정치적 이해관계나 선심성 요구에 휘둘려 비효율적으로 추진되는 것을 방지하고, 공익성과 지속가능성을 중심에 둔 사업이 실행되도록 노력해야 한다. 추진 단계에서는 사업의 계약조건과 일정·비용·성과지표에 기반한 체계적 이행관리 역량이 요구되며, 민간사업자 또는 공공시행기관과의 협업 속에서 리스크를 조기에 인식하고 적절히 조정·통제할 수 있는 실행능력을 발휘해야 한다. 아울러 사업 종료 이후에는 성과를 정량·정성적으로 평가하고, 이를 다음 사업에 반영함으로써 조직학습과 제도개선을 유도하는 피드백 역량도 갖추어야 한다. 요컨대 공공관리자는 공공투자사업의 생애주기 전반에 걸쳐 기획, 집행, 평가 각 단계별로 전문적 식견과 종합적 판단능력을 지속적으로 개발·활용할 뿐만 아니라, 공공성과 합리성을 중심으로 한 책임 있는 의사결정자로서의 책무를 다해야 한다.

Ⅱ. 가치예산

예산은 단순한 재정 운영 도구를 넘어, 공공정책의 방향성과 사회적 우선순위를 반영하는 본질적으로 정치적인 수단이다. 이러한 맥락에서 예산은 다양한 공공가치 간의 선택과 조율을 통해, 사회가 추구하는 핵심 가치를 실현하기 위한 자원의 배분과정으로 이해될 수 있다. 최근에는 특정한 공공가치를 실현하고자 예산제도 자체에 해당 가치를 구조적으로 내재화하려는 제도적 시도가 나타나고 있으며, 성평등 실현을 목표로 한 성인지예산제도(gender budgeting), 탄소중립을 지향하는 기후예산제도(climate budgeting) 등이 그 대표적인 사례이다. 이들 제도는 공공자원의 편성과 배분 과정에서 성평등이나 기후정의와 같은 특정 가치를 핵심 원칙으로 설정함으로써, 예산제도를 보다 명확하게 공공가치 실현의 수단으로 재정립하고자 한다. 이러한 흐름은 '가치예산'이라는 포괄적 개념으로 이해될 수 있으며, 이는 예산의 정당성과 책무성을 높이는 새로운 재정운영 패러다임으로 주목받고 있다.

성인지예산제도는 "예산에 대한 성 기반 평가로서, 예산 과정의 모든 단계에 성 평등 관점을 통합하고, 성 평등을 촉진하기 위해 세입과 세출을 재구조화하는 것"을 의미한다(Downes et al., 2017: 6, Rubin & Bartle, 2021: 393). 성인지예산제도는 여성 관련 프로그램에 자원을 더 투입해야 한다는 것이 아니라, 모든 예산 항목이 여성과 남성에게 미치는 영향을 고려하여 예산이 보다 형평성 있게 집행되도록 설계하는 접근 방식이다. 이 제도는 UN Women, IMF, OECD 등 국제기구의 지원과 함께 여러 국가에서 점차 확산되고 있다. 한국은 성인지예산제도의 성공 사례로 여겨진다(Chakraborty, 2016). 제도 도입은 2002년 여성 국회의원의 의제화와 여성단체의 예산 감시 운동을 통해 본격화되었으며, 2006년 「국가재정법」 개정을 통해 법적 근거를 확보하였다. 이후 2010 회계연도부터 중앙정부의 성인지 예산서 및 결산서 제출이 의무화되었고, 2013년부터는 지방자치단체로 제도 운영이 확대되었다. 성인지 예산제도는 예산의 전 주기적 과정—즉, 편성, 심의, 집행, 평가—에 성인지적 기준을 적용함으로써 자원의 공정하고 균형있는 배분을 추구한다. 이러한 접근은 공공정책이 구조적 성차별을 무비판적으로 재생산하는 것을 방지하고, 재정운용의 형평성과 책임성을 제고하는 데 기여한다. 결과적으로 성인지 예산제도는 단순한 재정운영 기법이 아니라, 예산이라는 제도를 통해 사회적 불평등을 완화하고 실질적 성평등을 지향하는 가치기반 예산의 대표적 사례로 평가된다.

표 6-5 단년도 예산과정과 국가재정운용에서의 성인지 예산제도

<table>
<tr><th colspan="2">단년도 예산과정과 중기 재정운용</th><th>성인지예산제도</th></tr>
<tr><td rowspan="4">단년도 예산</td><td>예산편성</td><td>해당부처의 성평등 목표, 사업총괄표 작성, 사업의 일반정보, 성평등 목표분야, 성평등 기대효과, 성별 수혜분석, 성과목표를 작성하여 성인지예산서를 제출하고, 성인지 예산안을 사정 및 편성</td></tr>
<tr><td>예산심의</td><td>성인지예산서 심의</td></tr>
<tr><td>예산집행</td><td>성인지예산서 작성사업의 지출, 회계처리</td></tr>
<tr><td>결산 및 회계 검사</td><td>성인지예산서 작성사업의 성과평가, 결산심의</td></tr>
<tr><td>중기재정운용</td><td>• 중기 거시경제 전망
• 중기 재정목표
• 총 지출한도
• 분야별 재원배분</td><td>정책우선순위</td></tr>
</table>

* 출처: 여성정책연구원 홈페이지.

온실가스 감축인지 예산제도는 「기후위기 대응을 위한 탄소중립·녹색성장 기본법」 제24조에 근거한 제도로, 국가 및 지방자치단체가 운용하는 모든 예산과 기금이 온실가스 감축 및 기후변화에 미치는 영향을 체계적으로 평가하고, 그 결과를 예산의 편성·집행 등 재정운용 전반에 반영하는 것을 목표로 한다(예산정책처, 2024). 본 제도는 2023 회계연도부터 시행되었으며, 「국가재정법」 제27조 및 제68조의3에 따라 중앙정부는 예산안 및 기금운용계획서에 온실가스 감축 기대효과, 성과목표, 정량적·정성적 효과분석 등을 포함한 온실가스감축인지 예산서 및 기금운용계획서를 첨부하여 국회에 제출해야 한다. 이는 온실가스 감축목표의 이행을 회계적 관점에서 점검할 뿐 아니라, 국제사회에 대한 국가의 감축공약 이행 실태를 보여주는 공식적 수단으로 기능한다. 나아가 결산 단계에서도 예산 집행이 실제로 온실가스 감축에 기여했는지를 평가하는 온실가스감축인지 결산서 및 관련 기금결산서를 작성·보고하도록 의무화되어 있으며, 2024년 5월에는 제도 시행 이후 첫 번째 온실가스감축인지 결산서가 국회에 제출되었다.

온실가스감축인지예산제도는 기획재정부가 총괄하며, 환경부와의 협의를 바탕으로 온실가스감축인지 예산제도의 운영계획을 수립하고, 온실가스감축인지 예·결산서 작성 기준을 마련하며, 각 부처에 해당 내용을 배포한다. 환경부 산하의 한국환경공단은 관계 부처 담당자에 대한 온실가스 감축인지 예·결산서 작성교육, 실무지원, 사업별 온실가스 감축기여도 및 목표 달성 여부에 대한 분석을 담당한다. 각 중앙관서의 장은 온실가스감축인지예산제도를 선정하는 주체이다. 먼저 각 부처의 공공관리자(사업부서의 장)가 온실가스감축인지예산제도를 1차 선정하면, 각 부처의 총괄 부서(기조실 등)가 이를 검토하여 기획재정부에 제출한다. 기획재정부는 환경부 및 환경공단의 검토 지원을 받아 제출된 내용을 검토한 뒤 각 부처에 의견을 제공하고, 각 부처에서는 그 의견을 바탕을 최종 사업을 선정하여 제출하는 과정으로 진행된다.

가치예산제도는 공공예산을 통해 특정한 사회적 가치를 실현하고자 하는 제도로, 전통적인 예산의 기능을 넘어선 전략적 재정운용을 요구한다. 이에 따라 공공관리자는 단순한 집행자의 역할을 넘어서, 예산의 설계 단계에서부터 공공가치를 구조화하고 구체화할 수 있는 핵심적 실천자로서의 역할을 수행해야 한다. 첫째, 해당 가치 실현에 기여할 수 있는 사업을 선별하고 구조화하는 역량이 요구된다. 공공관리자는 부서 내의 다양한 사업 중에서 성평등, 온실가스감축 등 특정 가치에 기여할 수 있는 사업을 식별하고, 그 기여 가능성에 대한 논리적·정량적 근거를 제시할 수 있어야 한다. 이는 단순한 기능별 분류나 회계적 접근을 넘어, 정책 효과의 사회적 파급과 가치 실현 가능성에 대한 구조적 이해를 요구한다. 둘째, 가치예산 관련 작성지침에 따라 문서를 체계적으로 작성·조정할 수 있는 관리 능력이 필수적이다. 실무부서에서 제출한 사업자료를 총괄 부서에서 종합·검토하고, 해당 가치와의 연계성, 효과성, 측정 가능성을 중심으로 예산서 및 기금운용계획서의 완성도를 높여야 한다. 이는 가치의 내재화를 위해 예산서의 형식적 요건뿐 아니라 내용적 정합성을 정교하게 다듬는 작업이기도 하다. 셋째, 부처 간 및 부처 내 협업을 조율하고 외부 피드백을 정책과 예산 기획에 반영하는 조정자 역할이 중요하다. 기획재정부, 관련 부처, 전문기관 등으로부터 환류되는 의견을 수용하고, 해당 가치를 보다 효과적으로 반영하기 위한 재설계를 추진하는 과정에서 공공관리자의 정책 해석력과 전략적 설득력이 요구된다. 이는 가치예산이 단지 형식적 첨부서류에 머무르지 않고, 실질적인 정책 수단으로 작동하도록 만드는 핵심적 실천 도구이다. 결국, 공공관리자는 예산을 통해 공공가치 실현이라는 정부의 정책 목적을 달성하기 위한 전략적 기획자이자, 다

성 제고 노력, 현실적 제약 등을 다루고, 공공관리자가 전략적으로 대응하기 위해 갖추어야 할 역량과 실무전략을 제시한다. 나아가 공공투자관리제도, 가치예산, 주민참여예산 등 최근 제도적 변화에 주목하며, 이에 능동적으로 대응하는 공공관리자의 역할을 강조함으로써, 예산과 재정에 대한 관리적 접근이 현대 행정의 성과 달성에 얼마나 중요한지를 통합적으로 보여준다.

사례연구

1조 5천억 원이 투입된 김포골드라인은 어떻게 애물단지가 됐나

김포골드라인은 김포시 양촌역에서 서울 김포공항역까지 약 23.67km를 운행하는 경전철 노선으로, 하루 평균 10만 명 이상의 승객이 이용하고 있다. 하지만 2량짜리 열차로는 출퇴근 시간대의 수요를 감당할 수 없어 혼잡률이 285%에 달하는 등 심각한 문제를 드러냈다. 혼잡에 따른 승객 간 충돌, 호흡곤란, 사고 등이 빈번하며, 시민들 사이에서는 '김포골병라인'이라는 비아냥까지 나오는 등 광범위한 불만이 표출되고 있다.

김포 도시철도 사업은 1997년 최초 제안되었으나 낮은 경제성(B/C 0.29)으로 좌절됐다. 이후 김포 한강신도시 조성(2기 신도시 개발)의 일환으로 교통망 확충 필요성이 커졌고, 2005년에는 서울 지하철 9호선 연장안이 채택되었으나 군사보호구역 통과 문제로 무산되었다. 이후 5호선 연장, GTX 연계 등 다양한 방안이 논의되었지만 정치적·기술적·재정적 한계 속에서 경전철 노선으로 방향이 굳어졌다.

김포골드라인 추진 과정에서 가장 큰 혼선은 김포시장의 선거 공약에 따라 중전철과 경전철 사이를 반복하며 입장이 번복된 점이었다. 강경구 시장 시절에는 9호선 연장이 추진되었으나 좌절되었고, 이어 선출된 김동식 시장은 비용 문제로 경전철 노선을 택했다. 그러나 후임 유영록 시장은 도시 미관과 소음 문제를 제기하며 고가철도 대신 지하철화를 공약했고, 2008년엔 중전철(5호선 연장)을 추진했다가 다시 경전철로 입장을 바꾸었다. 이러한 정치적 유동성은 수요 예측과 장기 전략 부재를 초래하였고, 결과적으로 김포시는 국비와 도비 없이 전액 자부담으로 1조 5천억 원 규모의 경전철 사업을 독자 추진하는 결과를 낳았다.

김포시는 사업비 절감을 위해 당초 4량 편성안을 2량으로 축소했으며, 이에 따라 역사 설계도 2량 기준으로 확정되었다. 이 결정은 후속 증편이 사실상 불가능한 구조를 고착화시켰다. 실제로 2011년 기본계획 당시 김포시 인구는 약 25만 명이었으나, 2019년 개통 시점에는 44만 명, 현재는 50만 명을 넘어

서며 교통 수요가 급증하고 있다. 수요 증가를 충분히 예측할 수 있었음에도 불구하고 2량 결정을 고수한 것은, 단기적인 사업비 절감에만 몰두한 행정 판단의 오류이며, 이러한 구조적 결함은 시민들의 극심한 불편으로 이어졌다.

김포골드라인 사례는 정치권의 단기적 이해관계와 비일관적 공약, 행정기관의 수요예측 실패, 재정 운용의 전략 부재가 복합적으로 작용한 결과이다. 특히, 지하화 요구에 따른 사업비 급증에도 불구하고 중앙정부와의 협의 없이 전액 자부담을 선택한 결정은 재정적 부담을 시민에게 전가하였고, 결과적으로 비용 대비 편익이 현저히 낮은 교통수단이 탄생하게 되었다. 이 사례는 대규모 공공투자 사업에서의 일관된 정책 추진과 정밀한 수요 예측, 정치적 책임성의 중요성을 시사한다.

출처: "1.5조 투입된 김포골드라인은 어떻게 애물단지가 됐나" 한국일보, 2023. 4. 23.

주민참여예산에 대한 감사 결과: 참여예산제도는 어떻게 훼손될 수 있는가

주민참여예산제는 예산이라는 핵심적이고 희소한 자원을 분배하는 과정에 주민들이 직접 개입하는 제도라는 점에서, 여타의 시민참여제도보다 훨씬 높은 수준의 공정성과 정당성이 요구된다. 실제로 참여예산제를 다룬 언론 보도에서도 '공정성'과 '투명성'은 가장 빈번히 등장하는 핵심 키워드로 나타나며, 제도의 신뢰성과 효과성을 좌우하는 기준이 되고 있다. 하지만 이러한 이상에도 불구하고, 실제 운영에서 주민 주도성과 정당성이 심각하게 훼손된 사례들이 나타나고 있으며, 이는 참여예산제의 취지를 무색하게 만들고 제도 전반에 대한 신뢰를 저해하는 결과로 이어지고 있다. 대구와 인천의 참여예산에 대한 감사 결과 보고서는 이러한 문제점을 잘 보여주는 대표적인 사례이다.

대구광역시에 대한 감사결과는 '주민에 의한 참여'라는 참여예산제의 핵심 가치를 훼손한 사례로 지적된다. 2022년 감사원이 발표한 감사 결과에 따르면, 대구시설공단의 이사장이 소속 직원을 동원하여 주민제안사업을 제출하게 하고, 다시 이 직원들이 투표에 참여하도록 지시한 사실이 확인되었다. 이는 "대구광역시 참여예산 운영 조례"가 명시한 바, 공무원 및 산하기관 종사자를 주민 참여의 주체에서 명백히 배제한 규정에 위배되는 행위였다. 더 심각한 문제는 이 부당한 개입이 2017년부터 2020년까지 반복적으로 이뤄졌다는 점이다. 감사 결과, 공단 소속 사업 중 약 34억 원 규모의 40개 사업이 모두 직원 또는 직원의 가족·지인을 통해 제출된 것으로 드러났고, 공단 직원 630명이 투표에 참여한 사실도 밝혀졌다. 사실상 산하기관이 예산편성 권한을 우회적으로 행사하며 제도를 전면적으로 왜곡한 것이다. 이 과정에서 공단 이사장은 부서별 최소 제안 사업 수를 명시적으로 요구했으며, 제안된 사업들에 대한 직접 검토와 보완 지시까지 내렸다. 담당자는 제안의 적법성 문제를 인식하고 있었음에도 '고객을 통해 우회 제안하면 문제 없다'는 논리로 제도를 무력화하였다. 이에 따라 총 230건, 185억 원 규모의 사업이 직원 제안으로 추진된 것으로 나타났으며, 이는 제도의 운영 주체가 오히려 제도의 공정성과 정당성을 훼손한 사례로 기록될 수밖에 없다. 감사원은 '주의 조치'에 그쳤지만, 이러한 사안은 제도 전반에 대한 시민 신뢰를 근본적으로 흔드는 계기가 되었고, 참여의욕 자체를 약화시키는 부작용을 초래하였다.

반면 인천광역시의 사례는 행정기관이 아니라 일부 시민참여기구 내부에서의 비정상적 운영으로 인해 참여예산제의 정당성이 훼손된 경우다. 2023년 인천시 감사관의 감사 결과, 총 17건의 위법·부당 사례와 함께 500만 원의 회수 조치가 내려졌으며, 참여예산기구가 사업제안, 심사, 선정의 모든 과정에서 규정을 위반하고 자의적으로 절차를 생략한 정황이 다수 발견되었다. 시정참여형 제안 사업의 경우, 분과위원회나 협의회 심의 없이 총회에 상정된 사례가 있었으며, 이는 주어진 예산규모를 맞추기 위해 편의적으로 절차를 생략한 결과였다. 민관숙의형 사업 유형에서도 유사한 문제가 발생했으며, 총 161억 원 규모의 사업 중 절반 가까운 제안이 절차적 심의를 거치지 않은 것으로 드러났다. 이러한 상황은 참여예산기구 내부의 특정 인물이 과도한 영향력을 행사하고, 운영 계획이나 조례에서 정한 절차와 규칙을 무시하면서 발생하였다. 감사 결과, 2019년부터 2022년까지 시장 추천 위원 32명 중 31명이 부서 추천 없이 임의로 위촉되었고, 예산학교 이수를 하지 않은 위원이 다수 활동 중이었다. 더욱이, 원래 제도 운영 지원 역할에 국한되어야 할 참여예산지원협의회가 직접 사업을 제안하고 결정하는 등 사실상 위원회를 넘어서는 상위 기구처럼 기능한 것으로 밝혀졌다. 이는 참여예산제도의 권력 분산 원칙을 근본적으로 위배한 사례다.

대구와 인천의 사례는 각각 행정조직과 시민참여기구에 의한 제도 훼손이라는 점에서 차이를 보이지만, 공통적으로 주민주도성과 재정민주주의의 가치를 심각하게 저해했다는 점에서 중대한 문제다. 참여예산제가 오히려 제도에 대한 시민의 불신을 확대하고, 참여의 정당성과 신뢰를 저해하는 결과를 초래한 것이다. 이러한 문제를 극복하기 위해서는 첫째, 제도의 전 과정에서 투명성을 제고해야 하며, 참여예산기구의 회의록, 제안사업, 심사결과 등 모든 절차의 자료가 시민에게 공개되어야 한다. 둘째, 운영계획의 내용이 보다 구체화되어 예외적 절차 운영의 여지를 줄여야 한다. 셋째, 제도 및 사업 운영에 대한 객관적 평가 체계를 구축하여 제도 개선과 시민의 정책 학습을 동시에 달성할 수 있도록 해야 한다. 결국, 참여예산제는 예산의 민주적 통제라는 이상을 구현하기 위한 제도이며, 그 운영의 정당성과 투명성은 공공행정의 최소한이자 시민사회의 기본 기대라 할 수 있다.

출처: 김상철(2023. 5. 3.). 코로나 19 이후의 참여예산제 점검: 감사의 대상이 된 참여예산제. 나라살림View. https://narasallim.net/view3

토의질문

1. 예산은 본질적으로 정치적 선택을 내포하지만, 공공관리자는 전문성과 중립성에 기반해 예산을 편성해야 한다는 이중의 요구를 받는다. 공공관리자는 예산의 정치성과 합리성 사이에 어떻게 조화를 이루어야 하는가?
2. 성과주의 예산제도는 재정운영의 효율성을 높인다는 명분 아래 도입되었지만, 실제 정책성과의 측정 및 연계에 한계가 존재한다는 비판도 있다. 이러한 제도의 실효성을 높이기 위한 방안은 무엇인가?
3. 성인지 예산, 기후예산 등 특정 공공가치를 내재화한 예산제도의 등장에 따라, 공공관리자는 어떤 분석력, 조정능력, 정책 해석력을 갖추어야 하는가?
4. 예비타당성조사 제도가 공공투자의 효율성과 공익성 확보를 위한 제도적 장치라면, 공공관리자는 이 제도의 설계와 운영 과정에서 어떤 책임과 역량을 가져야 하는가?

참고문헌

김윤승·전성만. (2023). 주민참여예산제도 활성화를 위한 제도개선 방안에 관한 연구: 광역시를 중심으로. 「지방행정연구」, 37(2): 67-110.

공동성. (2012). 성과주의 예산제도와 국회예산정책처의 역할. 「예산정책연구」, 1(1): 173-199.

국회예산정책처. (2024). 「2025년도 온실가스감축인지 예산서 분석」, 서울: 국회예산정책처.

원구환. (2024). 「재무행정론」(제4개정판). 고양: 대영문화사.

윤성일·박형근·조병우. (2022). 예산과정에의 주민참여 권한 확장에 관한 연구: 주민참여예산제도의 제도화를 중심으로. 「한국사회와 행정연구」, 33(1): 135-152

최영은·김범식·김병수·반동인·윤영학. (2022). 「서울시 공공투자사업 패턴과 대응전략」. 서울: 서울연구원.

하연섭. (2022). 「정부예산과 재무행정」(제4판). 서울: 다산출판사.

KDI 공공투자관리센터. (2024). 「2023년도 KDI 공공투자관리센터 연차보고서」, 세종: KDI 공공투자관리센터.

Caiden, N. (1985). The Boundaries of Public Budgeting: Issues for Education in Tumultuous Times. *Public Administration Review*, 45(4): 495-502.

_________. (1990). Public Budgeting in the United States: the State of the Discipline. In Naomi B. Lynn & Aaron Wildavsky(eds.). *Public Administration: the State of the Discipline*, PP. 228-55. Chatham: Chatham House

Chakraborty, L. (2016). Asia: A Survey of Gender Budgeting Efforts. International Monetary Fund. Available from: https://www.imf.org/external/pubs/ft/wp/2016/wp16150.pdf

Curristine, T., & Flynn, S. (2013). In Search of Results: Strengthening Public Sector Performance. In Macro Cangiano, Teresa Curristine, & Michel Lazare(eds.). *Public financial management and its emerging architecture*, 225-258. Washington, DC: IMF

Doern, G. B. (1988). *Public Budgeting in Canada: Politics, Economics and Management*. Ottawa: Carleton University Press.

Downes, R., von Trapp, L. & Nicol, S. (2017) Gender budgeting in OECD countries. *OECD Journal on Budgeting*, 16(3): 1-37.

Ebdon, C. & Franklin, A. L. (2006). Citizen Participation in Budgeting Theory. *Public Administration Review*, 66(3): 437-447.

Easton, D. (1953). *The Political System: An Inquiry into the State of Political Science*. New York: Alfred A. Knopf.

Lee, R. D., Johnson, R., & Joyce, P. G. (2008). *Public Budgeting Systems,* (8th ed). Boston: Jones and Bartlett Publishers.

Musgrave, R. A. (1959). *The Theory of Public Finance: A Study in Public Finance*. New York: McGraw-Hill Book.

Niskanen, W. A. (1971). *Bureaucracy and Representative Government*. Chicago, IL: Aldine Atherton.

Riley, S. L. & Colby, P. W. (1991) *Practical Government Budgeting: A Workbook for Public Managers*. Albany: State University of New York Press.

Robinson, M. (2013). Performance Budgeting. In Richard Allen, Richard Hemming & Berry H. Potter(eds.). *The international handbook of public financial management*. 237-58. London: Palgrave Macmillan.

Rubin, M. M. & Bartle, J. R. (2023). Gender-responsive budgeting: A budget reform to address gender inequity. *Public Administration*, 101(2): 391-405.

Sintomer, Y., Herzberg, C. & Röcke, A. (2014). Transnational Models of Citizen Participation: The Case of Participatory Budgeting. In N. Dias (Ed.), *Hope for Democracy: 25 Years of Participatory*. 28-44. In Loco Association

budgeting worldwide. In Loco Association.

Wampler, B. (2007). *Participatory Budgeting in Brazil: Contestation, Cooperation, and*

Accountability. PA: Penn State Press.
Wildavsky, A. B. & Caiden, N. (2004). *The New Politics of the Budgetary Process*. (5th ed.). New York: Pearson/Longman.

기획재정부(2023. 12). 예비타당성조사 운용지침.
김상철(2023. 5. 3.). 코로나 19 이후의 참여예산제 점검: 2023년 참여예산제의 풍경들. *나라살림 View*. https://narasallim.net/view3
법제처 국가법령정보센터(www.law.go.kr)
KDI 공공투자관리센터(n.d.) 예비타당성 조사(https://pimac.kdi.re.kr/about/validity.jsp)
한국여성정책연구원(n.d.) 성인지예산제도(https://www.kwdi.re.kr/center/gb/intro.do)
김도형(2024. 10. 8.). "국책사업" 앞세워 예타 면제 8년간 90조 육박... 재정부실 우려. *동아일보*. https://www.donga.com/news/Economy/article/all/20241008/130172520/2

7장 디지털전환 시대의 공공관리: 전자정부에서 인공지능(AI)까지

| 최한별 |

학습목표

1. 디지털 시대 공공관리의 개념과 등장 배경, 주요 발전과정을 이해한다.
2. 전자정부에서 디지털정부, 인공지능정부로 진화하는 각 단계의 특징을 학습한다.
3. 인공지능 기술이 행정 서비스의 효율성과 품질 향상에 기여하는 방식을 이해하고 적용 사례를 파악한다.
4. 디지털정부와 인공지능 행정의 윤리적 쟁점 및 해결 과제를 이해하고, 공공관리에서의 책임성, 투명성, 형평성의 중요성을 학습한다.

제 1 절 디지털 시대 공공관리의 부상

오늘날 행정환경에서 빅데이터, 인공지능(AI), 클라우드, 로보틱 프로세스 자동화(RPA) 등 디지털 기술이 핵심 전략 수단으로 급부상하고 있다. 초기의 전자정부(e-government)가 행정 업무의 온라인화 및 프로세스 전산화에 중점을 두었다면, 이제는 디지털정부(digital government)와 인공지능정부(AI government)로 발전하면서 공공서비스의 혁신, 정책결정의 과학화, 그리고 시민참여 확대를 통한 민주적 거버넌스의 강화까지 포괄하는 단계로 진화하고 있다.

디지털전환(digital transformation)은 행정의 본질적 측면에도 큰 영향을 미치고 있다.

신공공관리(New Public Management, NPM)가 강조한 효율성과 성과관리 목표는 빅데이터 분석과 AI 기반 업무 자동화 기술을 통해 새로운 차원에서 구현되고 있다. 한편, 신공공서비스(New Public Service, NPS)가 제시한 시민참여와 공동생산(co-production)이라는 개념은 디지털 기술을 통해 실현 가능한 수준으로 발전하고 있다. 특히 플랫폼 정부와 공공데이터(open data) 전략은 시민을 단순한 서비스 수혜자가 아닌 협력적 파트너로 끌어들여 함께 공공가치를 창출하는 동반자로 만들고 있다.

공공가치이론(Public Value Theory)의 관점에서 디지털 기술, 특히 AI의 도입은 효율성과 함께 공공부문의 투명성, 책임성, 형평성 등 다양한 공공가치를 동시에 실현할 수 있는 기회를 제공한다. AI가 제공하는 증거기반 정책 결정(Evidence-Based Policy) 및 데이터 기반 의사결정(Data-Driven Decision Making)은 과학적이고 공정한 행정으로의 발전 가능성을 높이고 있다. 그러나 이러한 변화는 동시에 알고리즘 편향, 개인정보 보호, 설명 가능성(explainability), 민주적 정당성(democratic legitimacy) 등 복합적인 윤리적·법적 문제를 야기하며, 공공부문에 새로운 책임성과 통제 기제의 구축을 요구하고 있다.

디지털 시대 거버넌스(Digital Era Governance, DEG)의 개념은 이러한 변화 속에서 정부의 역할과 조직 구조가 재편될 필요성을 강조한다. 디지털 시대 거버넌스는 기존 관료제적 조직 경계를 넘어 디지털 플랫폼을 통해 부처 간 협력을 촉진하고, 민간·시민과의 파트너십을 적극적으로 추구하여 혁신적인 서비스 전달 체계를 구축하는 방향을 제시한다.

본 장에서는 이러한 흐름을 체계적으로 이해하기 위해, 전자정부에서 디지털정부, 그리고 인공지능 행정으로 이어지는 발전 경로를 공공관리의 주요 이론(NPM, NPS, 공공가치이론, DEG)과 연계하여 분석한다. 또한 빅데이터, AI, RPA와 같은 디지털 기술이 행정 현장에서 어떻게 활용되고 있으며, 그로 인해 어떤 새로운 과제와 가능성이 제기되는지를 구체적인 사례와 함께 고찰한다.

이 장을 통해 독자들은 단순한 기술 도입 이상의 맥락에서 디지털 혁신을 바라보고, 기술이 행정 효율성뿐 아니라 민주적 참여, 공공가치 실현, 윤리적 책임성 강화와 조화를 이루며 발전할 수 있음을 이해할 수 있을 것이다. 아울러, 기술 변화에 따른 조직적·제도적 혁신 과제를 균형 있게 파악하고 실천할 수 있는 역량을 함양하도록 돕고자 한다.

제 2 절 전자정부에서 디지털정부로: 흐름과 특징

Ⅰ. 전자정부(e-government)의 등장과 성과

1. 전자정부 확산 배경과 초기 성과

전자정부(e-government)는 1990년대 정보통신기술(ICT)을 적극 활용하여 정부 운영의 효율성을 높이고 행정서비스 품질을 개선하려는 목적으로 등장했다(Manoharan & Ingrams, 2018; Yildiz, 2007). 이는 당시 신공공관리(NPM) 흐름과 맞물려, 정부가 민간 경영기법을 도입해 비용 절감과 고객(시민) 만족도 제고를 지향했던 분위기를 더욱 강화시켰다(Dunleavy et al., 2006). 초기 전자정부 사업은 행정정보시스템을 구축해 종이 서류를 전산화하고, 온라인 민원을 제공함으로써 국민이 시간·공간 제약 없이 정부 서비스에 접근할 수 있도록 하는 데 주력했다(Fountain, 2007; Quinn & Ramasubramanian, 2007). 예컨대 세금 납부나 주민등록 등본 발급 등을 인터넷으로 처리하게 함으로써, 시민이 직접 관공서를 방문해야 하는 횟수를 크게 줄였다.

전자정부가 본격적으로 확산된 배경에는 인터넷의 대중화, PC·모바일 기기의 급속한 보급 등 기술적 환경 변화가 있다(Weerakkody et al., 2011). 2000년대 초·중반 세계 각국은 부처별로 웹사이트를 개설해 다양한 행정 정보를 공개하고, 민원 서비스를 단계적으로 온라인화했다(Yildiz, 2007). 이를 통해 정부는 기존 오프라인 행정 절차에 비해 처리 속도를 높이고, 인력·종이 비용 등 운영 비용을 절감하는 효과를 얻었다. 동시에 시민은 24시간 언제든 민원을 신청하거나 정보를 열람할 수 있게 되어, "정부 접근성"이 과거보다 비약적으로 향상되었다는 평가가 제기되었다(Manoharan & Ingrams, 2018).

이처럼 프로세스 자동화와 시간·비용 절감이라는 성과가 누적되면서, 전자정부는 행정 현대화의 핵심 수단으로 인식됐다(Yildiz, 2007). 예를 들어 미국, 영국 등 선진국 정부는 2000년대 초반부터 국가 차원의 전자정부 전략을 수립하고, 각 부처별 웹사이트나 포털을 통해 정부 대민 서비스를 일괄 제공하는 체계를 갖추었다(National Audit Office, 2013). 한국도 2000년대 초 "전자정부 11대 과제"를 추진하며 민원24(현 정부24), 전자조달(나라장터), 전자세금 등 각종 온라인 서비스를 속속 도입해, UN 전자정부 평가 등 국제 지표에서 선도적 위치를 차지했다(행정안전부, 2022). 이 시기에 구축된 전자문서·전자결재 시스템은 공무원들이 신속·투명하게 결재를 올리도록 하여 내부 행정 효율을 높였고, 정부-지자체 간 협업에도 도움을 주었다.

2. NPM 관점의 고객만족과 내부 혁신 효과

전자정부 사업은 시민을 "고객(customer)"으로 간주해 정부 고객만족도를 중시한다는 NPM 관점에 부합한다(Hood, 1991). 온라인 민원 포털은 시민의 행정서비스 이용 편의성을 크게 높였고, 민원인의 대기 시간을 획기적으로 단축함으로써 "고객만족" 개념이 행정 전반에 자리 잡았다(Dunleavy et al., 2006). 전자민원 창을 통해 오프라인 대면 접촉을 최소화하고, 각종 안내 자료나 FAQ를 언제든 조회할 수 있게 되자, 시민들이 관공서를 직접 방문할 필요가 줄어들어 시간적·금전적 비용 절감 효과도 발생했다(Quinn & Ramasubramanian, 2007).

아울러 전자정부의 확산은 행정 내부적으로도 "데이터 기반 의사결정"과 "IT 인프라" 활용 문화를 촉진했다(Janssen & Kuk, 2016). 부처별로 전산화된 업무가 축적되면서, 부서 간 정보 공유와 통계 분석 시도가 활발해졌고, 특히 국세청·관세청 등 대규모 데이터를 다루는 기관들은 대민 서비스뿐만 아니라 내부 행정관리 효율을 크게 끌어올렸다(Weerakkody et al., 2011). 선제적 정책 설계를 위한 데이터 분석이나 전산 시스템 간 연계를 시도하는 등 "공공부문 혁신"이 전자정부 도입 이후 보다 본격화되었다는 분석도 존재한다(Janssen et al., 2012).

즉, 전자정부의 등장은 행정 전산화와 온라인화를 통해 행정서비스 접근성을 높이고 운영 비용을 줄였으며, 정부-시민 간 상호작용 방식을 과거와 달리 디지털화했다는 점에서 큰 의미를 지닌다(Twizeyimana & Andersson, 2019). 이러한 흐름은 행정업무를 고객 중심으로 재편하려는 NPM 기조와 맞물려, 전 세계적으로 전자정부 프로젝트가 활발히 전개되도록 하는 원동력이 되었다(Margetts & Dunleavy, 2013). 각국 정부는 전자민원·전자조달·전자세금 등 다양한 온라인 서비스를 개발해 효율성과 편의성을 증진했고, 그 성과는 국제 기구(UN·OECD) 평가에서 지속적으로 확인되었다. 다만 전자정부는 "기존 프로세스의 온라인화"에 머물렀다는 한계도 지적받으나, 이후 디지털정부로 진화할 수 있는 토대를 마련했다는 점에서 역사적 의의가 크다고 볼 수 있다(National Audit Office, 2013; Mergel et al., 2019).

Ⅱ. 전자정부 한계: '온라인화' 이상의 혁신 미흡

전자정부(e-government)는 1990년대 후반부터 정부 업무와 서비스를 온라인화하여 행정 효율성과 고객(시민) 만족도를 높이려는 시도로 발전해 왔다. 이는 초기에는 부처별 웹사이트, 전자민원 시스템 구현, 대국민 정보 제공 등을 통해 정부 접근성을 확장하고 문서 업무를 자동화함으로써 행정에 새로운 편의를 가져다주었다(Weerakkody et al., 2011). 그러나 이러한 전자정부 모델은 주로 기존 행정 프로세스를 인터넷으로 옮기는 수준에 머물러, 협업 측면이나 맞춤형 서비스 구현에는 여전히 한계가 있었다(황성수 외, 2023; Margetts & Dunleavy, 2013). 무엇보다 전자정부 프로젝트는 기존 행정 프로세스를 그대로 온라인으로 옮기는 데 초점을 맞추는 경향이 강했다(Welby, 2019). 즉, 각 부처가 별도의 웹사이트나 전산 시스템을 구축하는 것으로 전자정부 목표를 달성했다고 여겼으며, 부처 간 협업이나 사전 예방적·통합적 서비스 설계는 충분히 고민되지 않았다(Margetts & Dunleavy, 2013).

1. 부처 간 칸막이와 중복 절차의 지속

이로 인해 나타난 대표적 문제는 '칸막이 행정'의 지속이다. 부처마다 데이터 표준과 시스템 아키텍처가 달라, 서로 정보를 연계·공유하기 어려운 상황이 이어지면서, 국민이 여러 사이트를 일일이 방문해 정보를 제출하거나 민원을 처리해야 하는 불편이 가시화되었다(National Audit Office, 2013). 예컨대 서류 한 장을 떼기 위해 부처별 웹사이트나 앱을 따로 설치·가입하는 절차가 필요해, 결국 행정 이용자가 체감하는 행정서비스는 파편화된 형태에 머무르는 사례가 보고되었다(정충식, 2023). 이는 전자정부가 "인터넷 기반의 정보 제공" 수준에서는 성과를 거뒀어도, 단절된 부처 간 업무 프로세스를 연결해 통합적인 편의를 제공하는 데에는 미흡했다는 점을 의미한다(Mossberger et al., 2013).

2. "종이 서류를 PDF로 만든 것"에 그친 혁신

일부 학자들은 전자정부를 "종이 서류를 PDF로 만든 것"이라고 강하게 비유하기도 하는데, 이는 행정업무 프로세스 자체가 근본적으로 변하지 않았다는 사실을 지적하는 표현이다(정충식, 2023; Mossberger et al., 2013). 원래의 오프라인 업무 흐름을 그대로 전산화만 했을 뿐, 업무 절차나 승인 체계, 민원인의 사용자 경험(UX)을 재설계하지 않았다는 얘기다(Margetts & Dunleavy, 2013). 이런 방식의 단편적 전산화는 행정 구문이나 부처 내부 규제 등을 그대로 디지털로 옮겨놓는 데 그쳐, 시민 중심이나 혁신적 거버넌스 도입으로 이어지지 못했다. 실제로 여러 국가에서, 전자정부 사이트나 전자 결재 시스템을 도입했음에도 불구하고 여전히 종이 문서를 함께 사용하는 이중 구조가 유지되거나, 공문서 형식만 디지털 문서로 복사해 사용하는 관행이 남아 있다는 보고가 있다(National Audit Office, 2013).

3. 민주적 참여와 민간 협업의 부재

또한 전자정부 모델은 시민을 '고객'으로 바라보고 편의성을 높이는 데 집중하긴 했지만, 정작 민간 협업이나 시민 참여 측면에서는 크게 진전되지 못했다(Welby, 2019). 초기 전자정부는 정부가 웹사이트를 만들어 일방적으로 정보를 제공하고, 시민이 필요한 서식을 다운받아 제출하는 식의 "1세대 전자정부(전자민원 1.0)" 모델이 주류를 이뤘다. 시민이 정책 과정에 실질적으로 관여하거나, 민간 기업·스타트업이 공공 데이터를 활용해 혁신적 서비스를 개발하도록 장려하는 등 '플랫폼' 관점은 비교적 소홀히 다루어졌다(OECD, 2020). 이로 인해 행정 혁신을 위해 필요한 민·관 협력 생태계는 형성되지 못했으며, NPM 시기가 요구하던 "시장적 경쟁"을 단순 아웃소싱이나 웹 개발 형태로만 적용하는 사례가 많았다.

4. 디지털정부로의 진화 필요성

결국 전자정부가 가져온 온라인화·전산화는 행정 효율을 높이는 데에는 유효했으나, 정작 행정 거버넌스 전반을 혁신하는 수준에는 이르지 못했다는 평가가 뒤따른다(Margetts & Dunleavy, 2013). 이는 부처 간 칸막이, 시민 중심 설계 부족, 민간·시민 참여 경로 미흡 등 구조적 문제가 해결되지 않은 채, 표면적 디지털화로만 전자정부가 구현되었기 때문이라는 분석이 지배적이다(Harrison & Luna-Reyes, 2024). 예컨대 영국 정부가 한때 수천 개의 각기 다른 웹사이트를 운영해 이용자가 불편을 겪었고, 한국도 일찍이 전자정부 프로젝트를 대대적으로 추진했으나, 부처 간 중복투자로 인해 예산 낭비 문제가 논란이 된 사례가 있었다(정충식, 2023; National Audit Office, 2013). 이는 전자정부가 본래의 목적대로 행정 통합과 사용자 중심을 달성하지 못한 대표적 예시로 종종 거론된다.

이처럼 전자정부가 갖는 한계를 극복하기 위해서는, 기존 프로세스의 단순 '온라인화'를 넘어서는 근본적인 조직·제도·문화 혁신이 요구된다. 부처 간 정보 연계를 제도화하고, 시민 의견을 행정 설계 과정에 반영하며, 민간이 공공 데이터를 활용해 새로운 가치를 창출하도록 촉진하는 '디지털정부(digital government)' 패러다임이 대두된 것도 이 같은 문제의식에서 출발한다(Mergel et al., 2018; OECD, 2020). 디지털정부는 데이터와 AI 등 신기술을 전략적 자산으로 삼아, 사용자 맞춤형 서비스, 정책결정의 과학화, 민관협력 플랫폼을 지향하는 종합적 행정 모델로 진화해가는 추세다(Scupola & Mergel, 2022).

결국 전자정부가 초기 전산화와 온라인 민원을 통한 행정 효율화에 기여했다면, 앞으로는 이러한 한계를 직시하고 플랫폼 정부, 디지털 시대 거버넌스 등 더욱 고도화된 혁신 모델로 확장해 나가야 한다는 지적이 많다(Mergel et al., 2019). 이 과정을 통해 부처 간 칸막이, 데이터 표준 불일치, 시민참여 미흡 같은 구조적 문제를 해결하고, 진정한 의미의 '정부 혁신'을 이루어낼 수 있을 것이라는 전망이 제기된다(Eom & Lee, 2022).

Ⅲ. 디지털정부의 개념과 특징

1. 전자정부에서 디지털정부로의 패러다임 변화

디지털정부(digital government)라는 개념은 전자정부(e-government) 논의가 효율성 제고와 온라인화에 국한되는 수준을 넘어서, 정부 운영 전반을 혁신할 필요성을 인식한 데에서 출발한다(Mergel et al., 2018; OECD, 2020). 전자정부는 정부가 정보기술을 활용해 행정 내부 효율과 대국민 서비스 품질을 향상시키는 데 초점을 두었으며, 오프라인 중심의 프로세스를 단순히 디지털 방식으로 옮기는 데 그치는 경우가 많았다(Manoharan & Ingrams, 2018; Yildiz, 2007). 그러나 디지털 기술이 사회 전반에 깊숙이 침투하고 시민의 기대치가 높아지면서, 정부가 시민·기업·기타 이해관계자와 협력적 거버넌스를 구축해야 한다는 요구가 증대되었다(Welby, 2019).

이런 맥락에서 등장한 디지털정부는, 기존의 행정 프로세스를 개선하고 서비스 접근성을 확대하는 차원을 넘어, 디지털 기술이 제공하는 기능과 데이터를 전략적 자산으로 삼아 행정의 근본적 재설계와 사회적 가치 창출을 추구하는 방향으로 발전한다(Scupola

& Mergel, 2022). 요컨대, 전자정부가 기술 도입의 효율성을 강조했다면, 디지털정부는 이를 바탕으로 정부 운영 철학과 거버넌스 구조 자체를 변혁함으로써, 보다 개방적이고 참여적이며 혁신적인 정부로 가는 여정을 의미한다고 볼 수 있다.

2. 데이터·기술의 전략적 활용: 개방과 협업의 가속화

디지털정부는 데이터와 디지털 기술을 정부 운영에서 핵심 전략 자원으로 활용한다. 이는 행정 내부의 업무처리를 전산화하는 데 그치지 않고, 정부와 시민·기업·NGO 간 상호작용 방식을 새롭게 설계하기 위한 근본적 접근이라고 볼 수 있다. 예컨대 정부가 빅데이터와 인공지능(AI) 기술을 활용하여 행정 사각지대를 사전에 파악하고, 정책 수요를 과학적으로 예측함으로써 선제적 행정을 구현하는 사례가 대표적이다(황한찬·최한별, 2023). 또한 정부가 자사가 보유한 데이터를 API 형태로 공개·개방하면, 민간 혹은 시민 개발자가 혁신적 애플리케이션이나 서비스를 창출할 기회가 크게 늘어나며(Tim O'Reilly, 2010), 이는 결과적으로 행정 효율성뿐 아니라 경제적 부가가치까지 창출할 수 있게 한다. 나아가 인증·결제·메시징 등 공통 모듈을 표준화하고 여러 부처를 통합 운영하는 이른바 플랫폼 정부(Government as a Platform) 개념을 도입하여, 국민이 하나의 통합된 행정서비스를 경험하도록 지원할 수도 있다(Mergel et al., 2019).

이처럼 데이터 중심의 전략적 활용은, 정부가 시민의 요구에 민첩하게 반응하고 다양한 이해관계자와 함께 공공문제 해결 과정에 참여하도록 유도하는 공동 생산(co-creation) 모델을 활성화하는 주요 수단으로 평가된다(Scupula & Mergel, 2022). 더 나아가 정부는 공공 부문과 민간 부문 간 협업을 제도화하는 과정을 통해 다층적 생태계를 형성하게 되는데, 이는 결과적으로 "플랫폼으로서의 정부" 기능을 강화하는 방향으로 이어지기도 한다(정지혜, 2023).

3. 투명성·시민참여·사회적 가치 창출

디지털정부의 또 다른 핵심 특징은 투명성, 시민참여, 그리고 사회적 가치 창출을 포괄적으로 접근한다는 점이다(Manoharan & Ingrams, 2018). 디지털정부가 제기된 배경에는 전자정부 시대에 이미 행정 효율성과 서비스 편의성은 어느 정도 성취했으나, 행정 거버넌스와 민주적 정당성 측면에서 발전이 더디다는 비판이 있다(Welby, 2019). 이에 따라 디지털정부는 다음과 같은 세 가지 영역에서 행정 운영을 한층 심화·확장하는 모습을 보인다.

우선 투명성과 시민 신뢰를 제고하기 위해, 정부는 행정정보(예산·결산, 공공조달 정보 등)를 폭넓게 공개하는 공공데이터 정책을 추진하고(OECD, 2020), 이를 통해 시민의 감시와 참여를 적극 장려한다. 더 나아가 전자적 청원이나 온라인 공청회 등의 방식을 도입하여 정책의사결정 과정을 개방하는데, 이는 결과적으로 행정 책임성과 정부 신뢰를 높이는 데 기여한다(Harrison & Luna-Reyes, 2024).

또한 시민참여와 협력 거버넌스를 구현하기 위해, 디지털정부는 전자정부 시대가 '정부에서 시민으로'라는 일방적인 정보 제공에 머물렀던 한계를 극복하고자 SNS나 온라인 플랫폼 등을 활용하여 시민과의 쌍방향 대화를 추구한다(Mergel et al., 2019). 이 과정에서 시민은 단순히 서비스를 받는 고객이 아니라, 정부와 함께 공공문제를 해결하는 협력 파트너이자 공동 가치 창출자(co-creator)로 자리매김하며, 행정서비스의 설계 단계부터 적극적으로 참여하게 된다(Torres et al., 2005).

나아가 사회적 가치와 포용적 서비스를 실현하기 위해, 디지털정부는 효율성을 넘어서 사회적 약자와 소외계층을 포용하는 맞춤형 서비스를 강조한다(Rose & Grant, 2010). 예컨대 장애인을 위한 접근성을 높이거나 다문화 가정을 지원하는 등의 특화된 프로그램을 선보이며, 인공지능(AI), 빅데이터 분석 등을 결합해 복지·교육·보건 같은 핵심 공공서비스 영역에서 정교함과 형평성을 동시에 추구하고 있다(황한찬·최한별·신승윤, 2023).

결과적으로, 디지털정부는 전자정부가 달성한 '온라인 서비스 제공 효율화'를 뛰어넘어 시민 중심과 사회적 가치 실현을 목표로 하는 포괄적이고 협력적인 모델이며, 이로 인해 공공관리 패러다임에 새로운 전환점을 제공한다는 평가를 받는다(Eom & Lee, 2022; Mergel et al., 2018).

4. 공공관리 관점에서의 의의와 향후 과제

공공관리 측면에서 디지털정부는 효율성·성과관리를 데이터 기반으로 한층 강화하는 동시에, 신공공서비스(NPS)와 공공가치이론이 강조하는 시민 협력과 가치 창출을 실천할 수 있는 장을 마련해 준다(Denhardt & Denhardt, 2015; Moore, 1995). 특히 민관협력 플랫폼을 구축해 시민과 기업이 정부 데이터를 활용하도록 열어두면, 혁신 생태계와 경제적

부가가치도 함께 창출할 수 있다는 긍정적 전망이 제기된다(O'Reilly, 2010).

다만 정부가 기술·데이터에만 치중할 경우, 행정 내부 인력의 디지털 역량 부족, 알고리즘 편향, 개인정보 보호 문제 등이 부각될 수 있어, 윤리·법적 규율과 조직문화 혁신 노력이 필수적이라는 지적이 많다(Harrison & Luna-Reyes, 2020). 또한 경제·사회 전반에서 높아지는 시민 기대치를 충족하기 위해선 기존 부처 간 칸막이를 해소하고, 사용자 중심으로 서비스를 재설계하는 과정에서 이해관계자 간 갈등과 협상도 불가피하다(Eom & Lee, 2022).

결과적으로 디지털정부는 데이터·기술을 전략적으로 활용하면서도, 투명성·시민참여·사회적 가치 등 공공관리의 핵심 가치를 균형 있게 추구하는 거버넌스를 갖춰야만 의미 있는 성과를 낼 수 있다(Mergel et al., 2019; OECD, 2020). 이는 전자정부 이후 끊임없이 제기되어 온 포괄적·협력적 행정 모델을 한 단계 진전시켜, 개방적이고 혁신적인 정부로 발전하게 할 기회이기도 하다(Scupola & Mergel, 2022).

제 3 절 인공지능(AI) 행정과 공공관리의 새로운 패러다임

I. 인공지능 행정: 전자정부를 넘어 공공관리의 새로운 패러다임

1. 인공지능 행정의 등장

앞서 살펴본 바와 같이 정부 행정은 지난 수십 년간 전자정부(e-government)와 디지털정부(digital government)를 거치며 디지털전환을 지속적으로 추진해 왔다(Manoharan & Ingrams, 2018; OECD, 2020). 전자정부는 정보통신기술(ICT)을 활용해 정부 서비스를 온라인으로 제공하고, 행정 효율성과 투명성을 높이는 개념으로 자리 잡았다(Dunleavy et al., 2006; Yildiz, 2007). 이를 통해 민원처리나 세금 납부 등 시민들이 자주 이용하는 서비스가 인터넷 기반으로 전환되면서, 행정업무 간소화와 대국민 편의가 획기적으로 향상됐다. 전자정부는 특히 신공공관리(NPM) 시기의 효율성·성과관리 논리와 결합해, 세계 여러 나라에서 정부 온라인화를 적극 추진하는 동력이 됐다(Weerakkody et al., 2011).

이후 디지털정부 시기에 들어서는 단순한 업무 전산화를 넘어, 정부 운영 전반에 데이터와 디지털 기술을 전략적으로 통합해 국민 맞춤형 서비스와 증거기반 정책을 지향하게 됐다(Eom & Lee, 2022; Mergel et al., 2019). 이는 부처 간 데이터 연계와 빅데이터 분석, 클라우드 인프라 등 한층 고도화된 정보기술을 통해, 과거에 분산돼 있던 행정 서비스를 한 창(원스톱)으로 묶고, 개인별 상황에 알맞은 서비스를 선제적으로 제공하려는 방향이다(OECD, 2020). 많은 국가가 디지털정부 추진을 국정과제로 채택해 행정조직과 법·제도를 재정비했고, 이 과정에서 플랫폼 기반 거버넌스와 시민참여 확대 같은 새로운 패러다임이 등장했다(Mergel et al., 2019). 예를 들어 영국은 GOV.UK 단일 포털을 구축해 모든 행정정보와 서비스를 통합했고, 에스토니아는 e-ID와 X-Road 시스템으로 행정절차를 거의 완전 온라인화해 디지털 선도국 이미지를 굳혔다(Kattel & Mergel, 2019).

이제 정부는 인공지능(AI) 기반 행정으로의 전환을 본격적으로 모색하고 있다(Mergel, 2024; OECD, 2020). 최근 시민들의 기대가 높아진 점이 큰 배경이다. 오늘날 시민들은 정부 서비스를 민간 플랫폼처럼 신속하고 개인화된 방식으로 누리고 싶어 하며, 복잡한 사회문제에 대해서는 과학적 근거와 정교한 분석에 근거해 정책이 결정되길 원한다(Zuiderwijk et al., 2021). 문제는 저출산·고령화, 기후위기 등 갈수록 복잡한 양상으로 나타나 과거 경험이나 직관만으로 해결이 어려워졌다는 사실이다(Head, 2022; Moore, 1995). 이런 구조적 변화 속에서 정부는 폭증하는 데이터를 활용해 AI로부터 새로운 통찰을 얻고, 데이터 중심 의사결정으로 복잡한 문제에 대응해야 하는 필요성이 커졌다(황성수 외, 2024; Janssen & Kuk, 2016).

기술적 발전도 중요한 맥락이다. 2010년대 후반부터 딥러닝과 같은 AI 기술이 급격히 발전했고, 2020년대 들어 GPT 등 생성형 AI가 행정 분야에서도 활용 가능성을 크게 확장하고 있다(Wirtz et al., 2020). 예컨대 머신러닝이나 자연어 처리(NLP), 예측분석 등은 행정 데이터를 실시간으로 분석해 정책 예측과 위기 경보 등 전에는 불가능했던 기능을 구현할 수 있게 한다(Mergel, 2024). OECD는 AI가 정부가 정책을 설계·집행·제공하는 방식을 근본적으로 혁신할 잠재력이 있다고 평가하면서, 공공부문에서 생산성 향상, 대응성 강화, 책임성 제고 등 다양한 가능성을 제시한다(OECD, 2020). 한국도 2022년 '디지털 플랫폼 정부' 구상에 이어 AI 정부로 발전한다는 구체적 로드맵을 밝히며(행정안전부, 2022), 한국정보사회진흥원(NIA)을 중심으로 공공 AI 인프라를 구축하고 시범사업을 추진 중이다(NIA, 2023).

이처럼 시민 요구 변화, 사회문제 복잡성, 데이터 및 AI 기술의 급속 발전이라는 흐름이 맞물려 인공지능 행정이 필연적 대안으로 부상하고 있다(Mergel, 2024). 행정이 과거처럼 전산화 수준에 머무르지 않고, AI 알고리즘이 의사결정에 관여하고 시민에게 맞춤형 서비스를 제공하는 단계로 진화함에 따라, 전자정부와 디지털정부를 넘어서는 새로운 공공관리 패러다임이 열릴 것이라는 기대가 높아지고 있다(Moore, 1995). 이러한 인공지능 행정은 행정 효율성·정확성을 크게 높일 뿐 아니라, 복잡한 사회문제에 선제적으로 대응하고 행정의 책임성과 투명성을 강화할 잠재력을 지닌다는 점에서 향후 행정혁신의 핵심 방향으로 주목받는다(Mergel, 2024; OECD, 2020).

2. 인공지능 행정에서 활용되는 주요 기술

인공지능 행정에서 구체적으로 도입되는 기술들을 살펴보면 다음과 같다.

• 머신러닝(기계학습)

행정기관이 과거 행정정보나 대민 데이터를 학습시켜 패턴을 찾고 예측할 수 있게 한다. 예를 들어, 복지부서가 복지 수혜 이력을 분석해 사각지대를 사전에 파악하고, 범죄 예측 모델로 특정 지역의 범죄 발생 가능성을 추산해 우선순위 대응하는 사례가 대표적이다(Janssen & Kuk, 2016).

• 자연어 처리(NLP)

민원 응대에 챗봇(Chatbot)을 배치해 24시간 자동 상담을 제공하거나, 대량 행정 문서를 자동 분류·요약하는 식으로 행정 효율을 높인다(행정안전부, 2022). 최근에는 생성형 AI와 결합해 대화형 비서나 문서 작성 보조 기능을 확대하고 있다(Wirtz et al., 2020).

• 예측분석(Predictive Analytics)

빅데이터와 통계모델, AI 알고리즘을 활용해 재난 위험이나 교통 혼잡 등을 사전에 경고하고 정책 타깃을 정교화한다(Mergel, 2024). 예를 들어, 경찰청은 교통사고 발생 위험을 예측해 순찰 시간을 효율적으로 배정하거나, 소방청이 화재·구급 수요를 예측해 장비를 배치하는 식이다(Janssen & Kuk, 2016).

• RPA(Robotic Process Automation)

정형화된 행정 절차나 서류 작업을 소프트웨어 로봇이 대신 수행해 공무원 업무 부담을 덜어준다(김동욱, 2021). AI와 결합한 지능형 RPA는 스캔 문서 인식, 내용 분석까지 수행해 민원 처리 시간을 획기적으로 줄일 수 있다(Mergel, 2024).

• 생성형 AI

대규모 언어모델(LLM) 기반으로 정책자료 요약, 다국어 번역, 법령 초안 작성 등 행정의 문서 업무를 보조한다(Wirtz et al., 2020). 다만 '환각 정보' 문제가 있어 의사결정에 직접 쓰기 위해서는 검증과 통제가 필수다.

OECD(2020)는 AI가 정부가 정책을 설계·집행·제공하는 방식을 근본적으로 혁신할(transform) 잠재력이 있다고 평가하면서, 공공부문에서 생산성 향상, 대응성 강화, 책임성 제고 등 다양한 가능성을 제시한다. 한국도 '디지털 플랫폼 정부' 구상에 이어 AI 정부로 발전한다는 구체적 로드맵을 공표했고(행정안전부, 2022), 한국지능정보사회진흥원(NIA)을 중심으로 공공 AI 인프라를 구축하며 시범사업을 추진 중이다(NIA, 2023). 예컨대 부처 간 데이터를 연계해 AI가 개인별 복지 자격여부를 자동으로 추천하거나, 구직 정보를 맞춤형으로 안내하는 등 "국민 맞춤" 행정 서비스를 시험하는 상황이다(황성수 외, 2024). 일부 지방정부는 AI 기술로 대규모 행정문서를 분류·검토해 업무 효율을 극대화하려고 시도 중이다.

종합하면 시민 요구 변화, 사회문제 복잡성, 데이터 및 AI 기술의 급속 발전이라는 흐름이 맞물려 인공지능 행정이 필연적 대안으로 부상한다(Mergel, 2024). 행정이 과거처럼 전산화 수준에 머무르지 않고, AI 알고리즘이 의사결정에 관여하고 시민에게 맞춤형 서비스를 제공하는 단계로 발전함에 따라, 전자정부와 디지털정부를 넘어서는 새로운 공공관리 패러다임이 열릴 것이라는 기대가 높아지고 있다(Moore, 1995; OECD, 2020). 이러한 인공지능 행정은 행정 효율성·정확성을 크게 높이는 동시에, 복잡한 사회문제에 대한 선제적 대응과 행정의 책임성·투명성 제고에 기여할 잠재력을 지니므로(Mergel, 2024; OECD, 2020), 향후 행정혁신의 핵심 동력으로 주목받고 있다.

Ⅱ. 인공지능 시대의 행정·정책이론 재해석[1]

인공지능(AI)이 행정과 정책 과정에 깊숙이 들어오면서, 정부는 방대한 데이터를 분석하고 의사결정을 지원하는 새로운 도구를 얻게 되었다. 예컨대 행정서비스 챗봇이 민원 응대를 자동화하거나, 머신러닝 예측모델이 범죄나 복지 수급 위험을 예측하는 등, 인공지능 행정은 효율성과 정확성을 높일 수 있는 잠재력을 보여준다. 그러나 이러한 기술적 가능성에도 불구하고, 정책 결정과 집행에는 여전히 인간의 가치 판단과 통찰이 필수적이다. AI 시대의 행정을 이해하려면, 전통적인 행정·정책 이론들과의 연결 속에서 AI를 재해석해야 한다. Lasswell의 문제중심 정책과학, Lindblom의 점증주의, Simon의 제한된 합리성, Pressman과 Wildavsky의 정책집행론, Rittel과 Webber의 복잡한 사회문제(이른바 wicked problems), Caplan의 두 공동체 이론 등이 AI 시대에 어떻게 새롭게 적용되고 있는지 살펴본다. 특히 기술의 한계, 정책학자의 중개자·통역자 역할, 인간적 가치의 중요성을 강조하며, 사례와 개념을 통해 유기적인 흐름으로 설명한다.

1. Lasswell의 문제중심 정책과학: AI 시대의 문제 해결

20세기 중반 Harold D. Lasswell은 정책학을 과학적으로 발전시키며 "문제중심 정책과학"을 주창하였다. 그는 정책과정 연구가 단순한 이론 탐구가 아니라 실제 사회문제 해결에 집중해야 한다고 강조했다. Lasswell의 접근법은 다학제적인 지식을 결합하여 문제 해결에 기여하는 것으로, 목표의 명확화, 경향 서술, 조건 분석, 미래 예측, 대안의 도출·평가·선택 등의 다섯 가지 지적 과업을 제시하였다(Lasswell, 1951). 이러한 문제지향적 분석 틀은 오늘날 AI를 활용한 정책 분석에도 시사점을 준다.

AI 기술은 Lasswell이 말한 몇 가지 지적 과업을 강력하게 지원할 수 있다. 예를 들어, 머신러닝은 방대한 데이터를 통해 사회현상의 경향을 서술하고 조건을 분석하며, 시뮬레이션 기법은 미래 전개를 예측하는 데 활용될 수 있다(Janssen & Kuk, 2016). 실제로 정부는 빅데이터를 통해 정책 문제의 동향을 파악하고, AI 모델로 여러 정책대안의 효과를 예측해 볼 수 있다. 이는 정책과학의 도구상자를 한층 확장하는 것이다. 그러나 목표

1 본 항에 대한 심층적인 탐구는 "최한별. (2025). 인공지능 시대의 정책학자 역할 재조명: 전통적 정책학 이론과 Caplan의 '두 집단' 이론 적용을 중심으로. 국가정책연구, 39(1), 163-190." 참고.

의 명확화와 대안 선택이라는 시작과 끝 단계에서는 여전히 인간의 판단이 핵심이다. AI는 "무엇을 최적화해야 하는가"를 스스로 결정하지 못하며, 사회적 가치와 우선순위 설정은 결국 정책입안자와 시민의 몫이기 때문이다. Lasswell은 정책학자가 민주적 가치를 염두에 두고 문제해결에 임해야 한다고 보았는데, AI 시대에도 기술 자체가 아닌 해결해야 할 문제에 집중하고, 기술을 인간의 목적에 부합하도록 사용하는 것이 중요하다. 기술적 유행에 휩쓸려 문제 정의가 잘못되면, 아무리 뛰어난 AI도 엉뚱한 해법을 낼 수 있다. 문제중심이라는 Lasswell의 가르침은, AI를 활용하더라도 문제 정의에서 분석, 그리고 대안 선택으로 이어지는 일련의 과정에서 인간과 기술의 역할을 균형 있게 배치해야 함을 시사한다. 정책학자는 AI라는 새로운 도구를 다루는 길잡이로서, 기술 전문가와 협력하여 사회문제를 정확히 규정하고 해결책을 모색하는 통합자 역할을 해야 한다.

2. Simon의 제한된 합리성과 AI 의사결정

Herbert A. Simon은 정책결정에서 완전한 합리성이 현실적으로 불가능하다는 점을 강조하며 제한된 합리성 개념을 제시하였다(Simon, 1955). 인간은 인지적, 시간적 자원이 제한되어 있어 가능한 대안 중 최선이 아니라 만족할만한 수준의 대안을 선택한다는 것이다. 이러한 관점은 정책결정 실무에서 반복적으로 확인되는 현실이며, 특히 공공정책의 복잡성과 불확실성 속에서 더욱 두드러진다.

AI는 이러한 인간의 한계를 일정 부분 보완할 수 있다. 기계학습 기반의 분석 시스템은 대규모 데이터를 빠르게 처리하며, 과거에는 상상하기 어려웠던 수준의 시뮬레이션과 예측을 가능케 한다. 예컨대 복지정책이나 도시교통 설계 등에서 다양한 대안의 결과를 비교 분석하고 정책적 영향을 예측하는 데 AI는 유용하다. 이는 Simon이 말한 제한된 합리성하에서의 의사결정 과정을 기술적으로 보완하는 수단이 될 수 있다.

그러나 AI 또한 완전한 합리성을 구현하지는 못한다. 알고리즘 편향, 데이터 오류, 결과 해석의 어려움 등은 여전히 존재하며, 정책결정자가 이러한 기술적 분석 결과를 어떤 사회적 가치와 연계하여 해석하고 판단하는지는 인간의 역할이다. 따라서 AI는 인간의 제한된 합리성을 보완하는 도구이자, 인간 판단의 품질을 높이기 위한 수단으로 자리매김한다.

3. Lindblom의 점증주의: 빅데이터 시대의 점진적 정책결정

Charles E. Lindblom은 정책결정이 불완전한 정보와 제한된 자원 하에서 이루어지기 때문에, 대규모의 급격한 변화보다는 기존 정책의 점진적 개선을 통해 진화한다고 보았다(Lindblom, 1959). 이른바 '과학적 종합'이 어려운 상황에서 정책결정자는 가능한 대안을 좁은 범위 내에서 제한적으로 비교하고 선택하며, 이러한 방식이 현실적으로 더 자주 적용된다고 설명하였다.

AI 기술은 점증주의의 한계를 보완하는 역할을 할 수 있다. 머신러닝과 데이터 기반 분석은 다양한 정책 대안을 시뮬레이션하고, 그 효과를 사전에 비교·평가하는 기능을 제공한다. 이를 통해 기존에는 어려웠던 광범위한 대안 비교가 가능해지고, 점증적 개선의 속도와 정밀도가 향상된다(황한찬·최한별, 2023).

그러나 Lindblom의 점증주의는 단순히 정보의 부족만이 아니라 정치적 합의, 제도적 제약, 이해관계 조정 등 현실 조건을 반영한 이론이다. 따라서 기술적 분석이 아무리 정교해지더라도, 정책변화는 여전히 점진적일 수밖에 없다. AI는 점증적 접근을 더욱 합리적이고 근거 있는 방식으로 전개하도록 돕는 조력자이며, 그 자체가 정책전환을 보장하지는 않는다.

4. Pressman & Wildavsky의 정책집행론: 알고리즘 행정의 도전

Jeffrey Pressman과 Aaron Wildavsky는 정책이 효과적으로 실현되기 위해서는 집행 과정의 복잡성과 협력 구조를 충분히 고려해야 한다고 주장하였다(Pressman & Wildavsky, 1973). 정책이 선언된 바 그대로 실현되지 못하는 이유는 수많은 집행 경로, 승인 절차, 기관 간 조정 실패 등 실행 과정의 제약 때문이라는 것이다.

AI 기술의 행정 도입 역시 이와 유사한 집행상의 문제에 직면한다. 예컨대 AI 기반의 복지대상자 선별 시스템이 설계되었더라도, 이를 현장에서 제대로 작동시키기 위해서는 공무원의 이해와 참여, 데이터의 정확성, 법적 정당성, 시민의 수용 등이 함께 확보되어야 한다. 그렇지 않으면 AI는 단순히 실험적 도구에 머물게 되며, 오히려 기존 행정보다 더 큰 신뢰 문제를 야기할 수 있다.

Pressman과 Wildavsky가 강조한 바와 같이, 정책설계 단계에서부터 집행 가능성과 실행 경로를 함께 고려해야 하며, 기술 도입 또한 단일 프로젝트가 아닌 다수의 행위자가 조율하는 협업적 과정으로 접근해야 한다. 이는 AI 기반 정책도 예외가 아니다.

5. Rittel & Webber의 Wicked Problems: 복잡한 사회문제와 AI의 한계

Horst Rittel과 Melvin Webber는 정책문제의 유형 중 일부는 기술적 해결이 불가능하거나 비현실적인 '악성문제(wicked problems)'라고 정의하였다(Rittel & Webber, 1973). 이들은 정책문제가 단일한 정의가 없고, 이해관계자에 따라 해결책이 다르며, 결과의 평가 또한 주관적이라는 점에서 일반 과학문제와는 본질적으로 다르다고 지적하였다.

AI는 복잡한 데이터 기반 문제해결에 강점을 지니지만, 악성문제와 같은 복합적·가치갈등 문제에서는 한계를 보인다. 예컨대 기후변화, 사회적 약자 정책, 범죄예방과 인권보호 간 균형 등의 이슈는 단순한 기술적 최적화로 해결되지 않는다. 오히려 AI는 한정된 지표나 과거 데이터에 기반하여 편향된 해법을 제시할 위험이 있다.

Rittel과 Webber의 이론은 AI 시대에도 여전히 유효하다. 기술은 복잡한 문제에 대한 다양한 분석을 제공할 수 있으나, 문제의 정의와 가치 판단, 이해당사자 간 조율은 인간과 사회의 몫이다. 악성문제에 접근할 때 AI는 단독 해법이 아닌 다자 협력과 공론장을 지원하는 도구로 활용되어야 한다.

6. Caplan의 두 공동체 이론: AI 시대의 지식 격차와 정책 중개자 역할

Nathan Caplan은 정책학자와 실무자(정책결정자) 간에는 지식의 내용, 관심사, 언어가 서로 달라 정책연구의 실질적 활용이 어렵다는 '두 공동체 이론'을 제시하였다 (Caplan, 1979). 이는 연구자와 실무자 간 소통의 단절이 지식의 정책반영을 저해한다고 설명한다.

AI 시대에는 여기에 기술전문가라는 제3의 공동체가 추가된다. 데이터 과학자, 알고리즘 개발자와 정책담당자는 사고방식과 평가기준이 다르기 때문에, 기술적 결과를 정책언어로 해석하고 조정할 수 있는 중개자 역할이 필요하다. 정책학자는 이 세 집단 간의 연결고리로서, 기술의 가능성과 한계를 정책의 언어로 설명하고, 정책의 요구를 기술 설계에 반영하도록 조정해야 한다.

Caplan의 이론은 AI 행정에서 정책학자의 역할이 더욱 중요해지는 이유를 뒷받침한다. 기술과 정책, 데이터와 가치 간의 조화를 이끌어낼 수 있는 번역자·조정자의 필요성은 앞으로도 지속될 것이다.

7. 기술과 인간의 조화, 미래 행정의 방향

AI 시대의 행정은 첨단 기술과 인간의 지혜가 만나는 지점에 서 있다. 앞서 살펴본 행정·정책 이론들은 각각의 관점에서 정책 과정의 본질과 한계를 말해주며, 이는 AI를 도입한 오늘날에도 유의미한 통찰을 제공한다. 종합하면 다음과 같다.

첫째, 기술적 가능성과 한계에 대한 사항이다. AI는 방대한 정보를 처리하고 새로운 통찰을 제공하며 행정 효율을 높일 막대한 잠재력이 있다. 그러나 데이터 편향, 설명력 부족, 가치 충돌 등 한계 또한 분명하다. Lasswell은 문제에 집중하고 맥락을 보라고 했고, Simon은 인간 합리성의 한계를 지적하였다. AI를 맹신하지 않고 도구로서 적절히 활용하려면, 이러한 한계를 인지하고 보완책(인간 검토, 윤리 가이드라인 등)을 마련해야 한다. 각국 정부와 학계에서는 AI의 투명성과 공정성, 책무성을 높이기 위한 원칙을 수립하고 있으며, 정부용 AI는 투명하고 설명 가능하며 정기 감사되어야 한다는 원칙이 논의되고 있다.

둘째, 정책학자의 중개자·통역자 역할이다. AI 시대에 정책학자는 기술 전문가와 협업하여 과학적 분석을 정책으로 번역하는 핵심 인력이 된다. Pressman과 Wildavsky가 집행의 중요성을, Caplan이 지식 전달의 중요성을 강조한 맥락에서 보면, 정책학자는 정책 설계-집행 전 과정에 기술적 식견을 통합하는 설계자이자, 서로 다른 공동체 간의 통역자로 활약해야 한다. 이를 위해서는 다분야에 대한 이해와 소통능력이 요구된다. 정책학자가 AI의 기능과 한계를 몰라서도, 반대로 기술자가 정책 과정의 현실을 몰라서도 안 된다. 양쪽 언어에 능통한 융합형 인재가 필요하며, 이는 현대 행정학 및 정책학 교육의 새로운 과제로 떠오르고 있다.

셋째, 가치 판단과 인간적 요소의 중요성이다. 아무리 정교한 AI라도 가치판단을 대체하지 못한다. Lindblom, Rittel과 Webber가 상기시킨 바와 같이, 정책결정은 합리적 분석뿐만 아니라 정치적 합의와 사회적 가치 고려가 필수이다. AI가 제시한 근거가 있어도 "이 방향이 옳은가?", "사회가 받아들일 준비가 되었는가?"를 묻는 것은 인간의 몫이다. 악성 문제(wicked problem)에서는 더욱 그러하며, 설령 잘 정의된 문제(tame problem) 영역에서 AI가 최적해를 주더라도, 최종 선택의 책임은 인간에게 있다. 이는 민주적 정당성의 요구이기도 하다. 정책은 효율성만이 아닌 공정성, 투명성, 책무성, 인간 존엄 등의 가치를 충족해야 하며, 이러한 가치는 오직 인간의 숙고와 공론을 통해서만 구현된다. 따라서 AI 시대일수록 인간적 판단과 가치의 기준점 역할이 중요해진다.

마지막으로, AI 시대 행정은 "인공지능 + 인간지성"의 조화 모델을 향해 나아가야 한다. 스마트 행정이란 인간과 기계가 각자 잘하는 것을 결합해 시너지를 내는 행정을 의미한다. AI는 방대한 지식과 연산으로 사실기반(fact-based) 정책을 뒷받침하고, 인간은 가치기반(value-based) 판단으로 정책의 방향과 한계를 설정한다. 이러한 이중 기반 위에서 정책을 설계하면, 우리는 과거보다 더 정보에 밝고, 동시에 더 인간적인 정책을 만들 수 있다. 예컨대 AI는 교통 흐름을 최적화하고, 인간은 교통 약자의 권리를 배려하는 식이다. 기술의 힘을 인간의 가치로 길들이는 것, 이것이 고전 이론들이 가르쳐주는 AI 행정의 길이다.

Ⅲ. 인공지능 행정의 기대효과: 인공지능이 가져올 행정 혁신

인공지능(AI)을 공공부문에 도입하면 행정서비스의 질과 정책 성과가 전반적으로 도약적으로 향상될 것으로 기대된다(Brynjolfsson & McAfee, 2017). 여기서는 AI가 행정·정책 과정에 가져올 주요 효과를 다섯 가지 측면에서 정리한다.

1. 업무 효율성과 생산성 향상

AI는 반복적이고 정형화된 업무를 자동화함으로써, 공무원이 보다 창의적이고 복합적인 과제에 집중할 수 있게 한다(행정안전부, 2022). 예를 들어 민원 접수 후 분류·처리 과정을 챗봇과 RPA(Robotic Process Automation)가 맡아 수작업 부담을 줄이거나, 세금 신고·교정 업무를 자동화해 담당 직원의 행정 절차를 간소화하는 식이다. 미국 국립일반의학연구소(NIGMS)는 AI 기반 문서 분류 솔루션을 도입해, 과거 2~3주 걸리던 연구비 지원 서류 검토를 단 이틀 내에 마칠 수 있었다. 이런 효율화가 쌓이면 행정조직 전반의 비용 절감과 신속 대응이 가능해진다. 동시에 단순 업무에서 벗어난 공무원들이 국민 접점 업무나 정책 기획 같은 고부가가치 활동에 더 많은 시간을 투입할 수 있어, 장기적으로 행정서비스 품질과 조직 역량까지 향상된다(행정안전부, 2022).

2. 정책 결정의 정확성 및 예측능력 강화

빅데이터와 AI 분석은 정책결정 과정에 과학적 근거를 제공해, 정책 실패나 시행착오를 줄인다(Janssen & Kuk, 2016). 머신러닝 기반 예측 모델은 과거의 방대한 행정 데이터를 학습해 앞으로 일어날 수 있는 범죄 위험이나 재난 발생 가능성을 사전에 경고하고, 문제 발생 전부터 예산과 인력을 효율적으로 배분하도록 돕는다(Mergel, 2024). 예컨대 일정 지역에서 범죄나 전염병 발병 패턴이 관찰되면, AI가 이를 실시간 모니터링해 위험도 지표를 산출하고, 정책 담당자가 곧바로 대응책을 마련할 수 있다. 이런 예측 능력은 교통 혼잡 완화나 복지 수혜 대상 선정 등에서도 효과를 발휘해, 정부가 더 정밀하게 정책 자원을 분배하도록 해준다(Janssen et al., 2012). 또한 과거에는 큰 비용이 들던 정책 시뮬레이션을, AI 알고리즘을 통해 신속하고 반복적으로 실행할 수 있게 됐다는 점도 정책 결정의 정확성을 높이는 요인이다(Mergel, 2024).

3. 대민 행정서비스의 질 향상과 개인화

인공지능 행정은 국민의 요구나 상황을 학습해 맞춤형 서비스를 제공한다(Manoharan & Ingrams, 2018). 행정과정에서 생성되는 데이터(예: 소득, 납세, 복지 이력 등)를 안전하게 분석하면, 개별 시민에게 알맞은 정책 혜택이나 정보를 선제적으로 안내할 수 있다(황성수 외, 2023). 예를 들어, 노인 인구가 많은 지자체에서 AI가 복지수요를 예측해 대상자에게 문자·앱 알림으로 복지 상담·신청 절차를 알려주는 식이다. AI 챗봇은 24시간 동안 민원을 접수·답변하면서 행정기관의 근무시간 제약을 허무는데, 이는 원거리에 사는 시민이나 근무시간 중 문의가 어려운 직장인에게도 균등한 접근성을 제공한다(Zuiderwijk et al., 2021). 나아가 여러 기관 간 데이터가 연계되면 시민은 복지·보건·교육 등 다양한 행정서비스를 한 번의 로그인으로 간편하게 활용할 수 있어, 종합적인 사용자 경험이 크게 향상된다. 이런 AI 기반 개인화 서비스는 궁극적으로 시민 만족도와 행정의 포용성을 동시에 높이는 방향으로 작용한다(Manoharan & Ingrams, 2018).

4. 신속한 대응 역량 강화

AI는 실시간 데이터를 분석해 위기나 위험을 조기 포착한다. 예컨대 자연재해, 전염병, 범죄 발생 가능성 등을 예측 모델로 돌려 행정기관에 사전 경보를 띄우고, 필요한 장비·인력을 미리 배치하도록 하는 시범사업들이 여러 국가에서 진행 중이다(Janssen & Kuk, 2016). 덴마크의 한 지방정부는 홍수위험 조기경보 시스템을 AI로 고도화해, 주민 대피 시간을 기존 대비 크게 단축했다고 보고했다(Mergel, 2024). 테러나 대규모 사고와 같은 안보·안전 분야에서도 CCTV·소셜미디어 데이터 등을 AI가 분석해 이상 징후를 감지함으로써, 골든타임 내 조치를 가능케 한다는 사례가 있다. 즉, AI의 상시 모니터링과 예측 분석을 통해 공공부문이 민첩하게 대응하고, 재난 발생 시 피해를 최소화하는 체계를 구축할 수 있다. 이는 국민 안전과 행정의 회복탄력성을 대폭 끌어올리는 요인이 된다(Mergel, 2024).

5. 책임성과 투명성 증진

행정 과정에서 생성되는 방대한 데이터를 AI가 분석하면, 부패·비효율이나 예산 집행 이상 징후를 자동 탐지하고, 부정수급 같은 불법행위를 줄이는 데 활용할 수 있다(Bertot et al., 2010). 예컨대 조달 계약 데이터를 머신러닝으로 전수 점검해, 특정 업체와의 과도한 거래가 반복되는 패턴을 조기 발견하거나 예산 중복 지출을 확인할 수 있다. 이런 자동화된 감시·분석 체계는 과거에 사람이 놓칠 수 있던 미세한 조작이나 비정상 거래를 실시간으로 인지해 행정투명성을 높인다(Dunleavy et al., 2006).

한편 AI 의사결정 과정을 적절히 관리한다면, 행정 책임성(Accountability)을 강화하는 데도 기여할 수 있다(Mergel, 2024). 알고리즘이 어떤 데이터로 어떻게 판단했는지 기록(log)을 남기면, 사후 감사나 이의제기 절차에서 정확한 근거 자료가 된다. 다만 동시에 알고리즘 투명성이나 책임소재가 불분명해지는 문제도 제기되므로, 제도적 뒷받침이 필요하다(Zuiderwijk et al., 2021). 핵심은 "AI가 결정한 결과라도, 최종 책임은 인간 행정조직이 진다"는 점을 명확히 하고, 설명가능 AI(XAI)나 윤리 가이드라인을 마련해 시민이 그 결과를 믿고 수용할 수 있게 하는 것이다(Aoki et al., 2022).

IV. 인공지능 행정의 쟁점사항: 책임성과 신뢰, 그리고 거버넌스 과제 —

인공지능 행정은 잠재력이 크지만, 공공관리 차원에서 해결해야 할 윤리·제도·조직 문제가 함께 발생한다. 여기서는 다섯 가지 핵심 쟁점을 살펴보고, 해당 문제들에 대한 제도적·조직적 보완책을 논의한다.

1. 책임성(Accountability) 및 투명성 부족 문제

AI가 행정 의사결정에 개입하면 책임 소재가 불투명해질 우려가 있다(Wirtz et al., 2020). 과거에는 담당 공무원이나 부처가 결과에 책임을 졌지만, AI 결정이 잘못돼 피해가 발생했을 때 "알고리즘이 원인"이라고 볼 수 있는지가 모호하다(Bertot et al., 2010). 특히 딥러닝 기반 모델은 '블랙박스' 구조여서 의사결정 과정을 설명하기 어려워, 행정책임을 묻기도 쉽지 않다(de Bruijn et al., 2022). 예컨대 복지 수급 대상자 선정에 AI가 과잉 선별을 했다면, 이를 모델 개발자의 실수인지, 데이터를 제공한 부처의 문제인지, 운영상의 오류인지 명확히 밝히기가 어렵다.

이런 상황을 방치하면 시민들이 행정 결과를 신뢰하기 어려워진다. 따라서 알고리즘 투명성을 최대한 확보하고, 결과적으로 '누가 최종 책임을 진다'는 것을 제도화해야 한다. 일부 국가나 지방정부에서는 AI 활용 시 행정 문서처럼 "결정 로그(log)와 근거"를 저장하도록 규정해, 사후 감사와 시민 이의제기가 가능하도록 마련하고 있다. 또한 설명가능 AI(XAI) 기술이나 알고리즘 감사(Algorithm Audit)를 통해 모델이 어떤 자료를 어떻게 활용했는지를 검증하는 방안도 제시된다(Horvath et al., 2023). 인간 공무원의 최종 승인 절차를 거치는 'Human-in-the-Loop' 원칙도 책임성 확보에 효과적이다. 즉, AI가 제안한 결정을 무조건 채택하는 것이 아니라, 담당 공무원이 일정 수준 검증과 최종 판단을 내리도록 해 행정 책임을 명확히 지는 방식이다(Wirtz et al., 2020).

2. 알고리즘 편향 및 형평성 문제

AI는 학습 데이터에 존재하는 편향(bias)을 그대로 학습하거나, 심지어 이를 더 강화할 위험이 있다(Janssen & Kuk, 2016). 예컨대 과거에 특정 지역이나 인종을 과도하게 단속한 범죄 데이터를 AI에 학습시키면, 모델 역시 그 지역·인종을 "범죄 가능성 높다"고 자동 판단해 악순환을 낳을 수 있다(Wirtz et al., 2020). 이는 특정 계층에게 불리한 결과를 유발해 사회적 형평성을 저해하고, 행정의 공정성을 훼손하는 심각한 부작용이다.

편향을 방지하려면 먼저 데이터 수집 단계부터 대표성과 다양성을 확보해야 한다. 기술적으로는 알고리즘이 어느 집단을 과대·과소 추정하는지 정기적으로 점검하고, 그 편향을 보정하는 모델 재학습(retraining) 절차를 실시할 수 있다(Janssen & Kuk, 2016). 하지만 이 역시 개발·운영 주체가 윤리 의식을 갖고 인적·재정적 자원을 투입해야 실현 가능하다(Wirtz et al., 2020). 공공관리적 차원에서는 편향 여부를 독립적으로 감독·평가하는 기구(예: AI 윤리위원회, 알고리즘 옴부즈맨)를 두는 방안도 논의된다. 나아가 시민단체나 외부 전문가가 주기적으로 알고리즘 성능과 영향을 검사하는 협력적 거버넌스 구조를 갖추면, 편향을 초기에 인지하고 수정할 가능성이 높아진다.

3. 시민 신뢰와 정당성

AI 활용이 성공하려면, 무엇보다 시민이 그 시스템을 신뢰해야 한다(Moore, 1995). 알고리즘이 불투명하거나 이전에 오류 사례가 공개되면, 시민은 거부감을 느끼고 정부에 대한 신뢰를 잃을 위험이 커진다. 예를 들어 AI가 복지 부정수급을 적발한다며 무리하게 의심 대상자를 늘렸다는 언론 보도가 나오면, 시민은 "AI가 부당하게 나를 감시한다"는 불안을 갖게 될 수 있다. 이런 불신은 나아가 전자정부 전반에 대한 회의와 반발로 이어질 수 있어, 행정 혁신에 걸림돌이 된다.

따라서 정부는 AI 활용 목적과 방법을 적극적으로 소통하고, 시민 참여를 보장하는 협력적 거버넌스 체계를 구축해야 한다(Eom & Lee, 2022). 예컨대 주요 AI 정책 수립 시 전문가와 시민이 함께하는 공청회나 자문단을 운영하거나, 알고리즘 정책을 사전에 공표·토론하는 방식을 시도할 수 있다(Mergel et al., 2019). AI 의사결정 과정에 설명가능성과 이의제기 절차를 마련하면, 시민이 부당하다고 느낄 때 항의·소송할 통로가 생기므로 행정의 민주적 정당성을 확보하는 데도 기여한다. 궁극적으로 "AI라는 기술 자체보다, 그것을 어떻게 운영하고 책임지는지"가 시민 신뢰의 핵심이라는 점이 확인되고 있다(Moore, 1995).

4. 공무원 역할 변화와 역량 개발

AI가 반복 업무를 대체할 경우, 공무원의 업무가 대폭 축소되거나 성격이 바뀔 수 있다(행정안전부, 2022). 예컨대 문서 분류·민원 접수 등 기계가 잘 수행하는 절차적 업무가 사라지고, 대신 공무원들은 창의적 기획, 대민 소통, AI 운영·감독 같은 더 복합적인 기능에 집중할 가능성이 크다(Mergel, 2024). 이는 단순 업무에서 해방돼 공직 전문성을 살릴 기회가 되기도 하지만, 동시에 인력 재배치와 교육훈련 문제가 뒤따른다.

정부가 AI를 도입해도 공무원이 이를 활용하려면 데이터 분석 능력과 디지털 리터러시가 필요하다. 데이터를 읽고, 알고리즘 결과를 해석하며, 문제 발생 시 적절히 대응하는 역량을 갖추지 못하면 AI 시스템이 제대로 작동하기 어렵다. 이에 따라 여러 정부·지자체가 공무원 대상 디지털 역량 강화 교육을 확대하거나, AI 분석 인력을 채용해 내부 코칭 체계를 만들고 있다(행정안전부, 2022). 조직문화 측면에서는 "실험과 혁신을 수용"하는 환경을 조성해, AI가 주는 결과에 대해 유연하게 대응하고 빠른 개선을 시도하는 자세가 필요하다(Zuiderwijk et al., 2021). 리더십 또한 중앙집권적 지시보다 적응적(adaptive)이고 협업을 장려하는 방향으로 진화해야 AI와 인간이 잘 협력할 수 있다.

5. 거버넌스 구조에서의 민주적 통제

AI 행정은 기술적 문제만이 아니라 제도·정치적 측면, 즉 거버넌스 차원에서 성패가 갈린다(OECD, 2020). 중요한 행정 결정을 AI가 수행하면, 의회·감사기구·시민사회가 이를 어떻게 견제·감독할지가 핵심 과제가 된다. 특정 부처나 개발업체가 알고리즘 권력을 쥘 경우, 부처 간 협력이나 시민 참여 없이 소수가 공공의사결정을 좌우할 수 있다는 비판이 제기된다(Aoki et al., 2022). 이런 민주적 정당성 약화는 정책 실행에서 심각한 갈등을 불러올 수 있다.

이를 막기 위해서는 알고리즘 설계 단계부터 다양한 이해관계자(민간 전문가, 시민, NGO)가 참여해 시스템 기준을 논의하고, 투명하게 공개하는 절차가 요구된다(Scupula & Mergel, 2022). 예컨대 국가 차원에서 '공공 AI 알고리즘 등록부'를 운영해, 사용 중인 모델명·데이터·의사결정 로직 등을 공개하고, 주기적으로 독립된 기관이 이행 여부를 점검하게 하는 방식이 논의되고 있다(OECD, 2020). 더 나아가 빠르게 진화하는 기술에 대응하기 위해 학습하고 조정할 수 있는 적응적 거버넌스(adaptive governance)가 필수적이다(Scupula & Mergel, 2022). 단일한 규제 틀로 모든 AI 문제를 해결하기보다는, '시범적 도입 → 평가 → 규범 보완 → 확산'이라는 루프를 반복하며, 시민과 이해관계자가 함께 진화해나가는 모델이 효과적이라고 지적된다(Mergel et al., 2019). 이는 전자정부 시기부터 제기된 협력적 거버넌스 논리를 한층 확장·고도화하는 흐름이다.

종합하면, 인공지능 행정의 거버넌스는 단순한 기술 도입을 넘어 민주적 통제, 투명성, 시민 신뢰를 함께 구축해야 하는 종합 과제다. 이는 공공관리적 차원에서 제도·조직·윤리가 결합한 다층적 접근이 필요함을 시사한다.

V. 국내외 주요 사례 비교: 한국, 미국, 유럽의 인공지능 행정

인공지능(AI)의 도입은 공공행정의 업무 방식과 서비스 전달을 혁신할 수 있는 잠재력을 지니고 있다. 정부는 AI를 활용해 정책을 더 잘 설계하고, 의사결정을 개선하며, 시민과의 관계를 강화하고, 서비스 품질을 향상시킬 수 있다. 이러한 공공가치의 실현 측면에서 보면, AI는 행정 효율성 증진뿐 아니라 책임성·투명성 제고, 형평성과 포용성 확보, 시민 참여 확대 등 다양한 가치 달성에 기여할 수 있다. 하지만 동시에 알고리즘 편향이나 책임 소재 불분명 같은 위험과 한계도 존재하여, 각국 정부는 기술 도입과 함께 제도적·윤리적 대응 방안을 모색하고 있다. 아래에서는 한국, 미국, 유럽의 공공부문 AI 도입 사례를 정책 배경과 추진 체계, 적용 분야와 기술 유형, 공공가치 실현 효과, 그리고 제도적·윤리적 대응 및 도전과제 측면에서 비교하여 살펴본다.

1. 대한민국: 중앙 주도의 지능형 행정 혁신

(1) 정책 배경 및 추진 체계

한국 정부는 2019년 「AI 국가전략」을 수립하고 이후 디지털 정부혁신 전략을 통해 행정 분야에 AI를 적극 도입하고 있다. 추진 체계는 중앙정부 주도로 관련 법·제도를 정비하며 범정부적 인프라를 구축하는 방향이다. 실제로 행정안전부는 2020년 제정된 「데이터기반행정 활성화법」을 개정하여 「인공지능 및 데이터 기반 행정 활성화에 관한 법률」로 확대할 계획을 밝혔다. 이를 통해 공공부문 AI 활용 원칙(국민권리 보호, 안전성·투명성 확보 등)을 법에 명시하고, AI 행정 영향평가 도입 및 범정부 AI 공통 플랫폼 구축 근거를 마련하려 하고 있다.

(2) 주요 적용 분야 및 기술 유형

한국의 행정 분야 AI 활용은 행정 서비스, 조세 행정, 복지·안전 관리 등 다양한 부처와 영역에서 이루어지고 있다. 예를 들어, 민원 행정 분야에서는 챗봇과 생성형 AI 기술이 도입되고 있다. 서울시의 경우 24시간 시민문의에 답변하는 AI 챗봇 '서울톡'을 운영하고 있으며, 시청 내부행정에도 AI를 접목하기 위해 '인공지능행정팀'을 신설하여 전 직원 대상 AI 활용 교육을 확대하고 있다. 중앙정부 차원에서도 2023년 행정안전부가 "AI 행정지원 서비스"를 실증하여, 공무원이 민원 내용을 입력하면 관련 법령과 사례를 즉시 찾아주고 답변 초안을 생성해주는 자연어 처리·생성형 AI 도구를 개발했다. 이 기술을 통해 초임 공무원도 복잡한 법규를 빠르게 찾아 민원에 응대할 수 있어 업무 숙련도에 따른 처리 격차를 줄였다. 조세 행정 분야에서도 국세청은 빅데이터 분석과 머신러닝을 활용한 탈세 적발 및 신고검증 AI 시스템을 구축하여 과학적인 세무조사 대상 선정, 신고 오류 자동검출 등에 사용하고 있다. 이 시스템은 신고 내용의 이상징후를 예측 분석해 탈루 혐의를 조기에 포착하고, 오류 정정을 자동 안내함으로써 자발적 성실신고를 유도하고 있다. 복지·안전 분야에서도 AI 활용이 두드러지는데, 행정안전부는 독거노인 등 취약계층을 발굴·지원하기 위해 "AI 안부전화" 모니터링을 2024년 시범 도입한 데 이어 2025년에는 16개 지자체로 확대 지원하고 있다. 이 서비스는 음성 AI가 정기적으로 대상 가구에 전화를 걸어 안부와 건강 상태를 묻고, 자연어 이해 기술로 응답 내용을 분석하여 위기 징후를 포착하면 담당 공무원에게 알림을 주는 방식이다. 그 밖에도 지능형 CCTV 영상분석을 통해 범죄나 재난을 감지하는 기술, 행정문서 분류 자동화 등 여러 유형의 AI가 공공부문에 도입되고 있다.

(3) 공공가치 실현 효과

한국의 사례들은 효율성 향상과 서비스 품질 제고에 있어 가시적 효과를 보여준다. AI 민원응대와 문서작성 보조 도구는 공무원의 반복적 업무 부담을 경감하고 처리 시간을 단축하여 행정 효율성을 높였다. 예컨대 AI 행정지원 서비스 도입으로 민원 법규 조회와 답변 작성에 소요되는 시간이 크게 감소하여, 시민들은 더 신속한 서비스를 받게 되었다. 이는 효과성 및 대응성 향상이라는 공공가치에 기여한다. 형평성과 포용성 측면에서도 AI는 도움을 주고 있다. 위기가구 AI 전화 모니터링의 경우, 기존에 행정의 손길이 닿지 않던 복지 사각지대를 선제적으로 찾아내어 지원함으로써 포용적 행정을 구현하고 있다. 또한 국세청의 탈세적발 AI처럼 데이터 기반의 일관된 의사결정은 자의적 판단을 줄여 공정성과 투명성을 높이는 데 기여한다. 과거 경험과 직관에 의존하던 세무조사 대상 선정이 알고리즘에 기반함으로써 납세자 입장에서 절차의 객관성과 예측가능성이 증대된 사례이다. 더불어 이러한 혁신들은 책임성 측면에서도 긍정적 효과가 있는데, 예를 들어 AI가 법적 근거와 사례를 자동 제시함으로써 행정처분의 이유 제시가 명확해지고, 이는 행정의 설명책임 강화로 이어진다. 다만 시민참여 측면에서는 아직 직접적인 AI 활용이 두드러지지 않으나, 일부 지자체의 챗봇 서비스가 24시간 민원을 접수하고 답변함으로써 접근성 향상과 참여 기회 확대를 가져오는 효과가 있다. 또한 행정절차에서 축적된 빅데이터 개방과 AI 분석 결과 공유를 통해 시민들이 정책 결정에 참고할 정보를 얻는 등 간접적인 참여 지원도 가능해지고 있다.

(4) 제도적·윤리적 대응 및 도전 과제

한국 정부는 AI 도입에 따른 윤리적 이슈와 법제 정비를 선제적으로 대응하고자 하고 있다. 2020년 과학기술정보통신부가 발표한 「인공지능 윤리기준」을 바탕으로, 행정 분야에서도 AI 활용 윤리 가이드를 마련하여 편향 제거와 차별 방지 등을 강조했다. 앞서 언급한 법률 개정안에는 공공기관 AI 활용원칙이 포함되어, 국민의 권리보호, 안전성, 투명성 확보를 법적으로 요구하고 있다. 이는 알고리즘 결정의 책임성과 투명성을 담보하려는 움직임으로 평가된다. 또한 행정안전부는 신뢰성 검증을 거친 AI 솔루션 우선 사용 원칙과 AI 도입 사전 영향평가 제도를 도입할 계획인데, 이를 통해 AI 오류나 편향으로 인한 피해를 예방하고 문제가 발생할 경우 책임 소재를 명확히 하려 한다.

그럼에도 현실적인 도전 과제가 남아 있다. 첫째, 알고리즘 편향 문제로, 한국에서도 얼굴인식 AI의 인종·성별 편향이나 채용전형 AI의 차별 가능성 등이 지적되고 있어 공공에서 사용하는 AI에 대한 공정성 검증이 요구된다. 둘째, 시민 신뢰 확보가 과제인데, 행정결정에 AI가 관여할 경우 시민들이 결과를 이해하고 받아들이도록 설명가능한 AI(XAI) 도입과 절차적 통제장치(이의제기 절차 등) 마련이 필요하다. 셋째, 데이터 거버넌스 측면에서 행정 AI의 성능과 투명성을 좌우하는 학습데이터 품질을 높이고 개인정보를 보호하는 일이 중요하다. 한국은 2020년 「데이터 3법」 개정으로 가명정보 활용 근거를 마련하고 2021년 「데이터기반행정 활성화법」 시행으로 공공 데이터 공유를 촉진했으나, 기관 간 데이터 칸막이나 민감정보 활용 한계 등은 여전히 개선해야 할 부분이다. 마지막으로,

인력과 역량 부족도 도전이다. 각 기관에서 AI를 이해하고 활용할 인재가 부족하여, 정부는 AI 리터러시 교육와 공무원 대상 전문교육(예: 서울시의 생성형 AI 교육 확대)을 추진하고 있다. 요약하면 한국은 정부 주도의 강력한 추진 의지와 법·제도 정비로 AI 행정 활성화를 뒷받침하면서, 동시에 윤리적 가이드와 규범을 구축하여 공공가치 훼손을 방지하려 노력하고 있으나 현장 적용에서의 편향 통제, 인력 역량 강화 등의 숙제가 남아 있다.

2. 미국: 혁신 가속과 신뢰성 확보를 위한 분권적 접근

(1) 정책 배경 및 추진 체계

미국의 공공부문 AI 도입은 연방정부 차원의 전략과 개별 기관의 분권적 혁신이 병행되는 양상이다. 2010년대 후반부터 미국 행정부는 AI를 국가 경쟁력과 안보의 핵심으로 인식하고 정책적으로 지원해왔다. 트럼프 행정부는 2019년 행정명령 13859호("미국의 AI 리더십 유지")를 통해 연방 차원의 AI 연구개발 투자 및 윤리 원칙 정립을 지시했고, 2020년 행정명령 13960호("연방정부에서 신뢰할 수 있는 AI 활용 촉진")를 통해 각 부처가 신뢰성·투명성·안전성 등을 고려해 AI를 도입하도록 지침을 마련했다 . 바이든 행정부는 한층 엄격한 접근을 취하는데, 2022년 백악관 과학기술정책실(OSTP)이 「AI 권리장전 청사진」을 발표하며 차별없는 안전한 AI 사용에 대한 원칙을 제시했고, 2023년 11월에는 역대 최초로 AI에 관한 포괄적 행정명령(EO 14110호)을 발령하였다. 이 행정명령은 개인정보 보호 강화, 알고리즘 편향 방지, 시민권 보호, 소비자·근로자 권익 증진 등을 목표로 연방 기관에 구체적인 조치를 요구하는 내용이다. 예를 들어 안전성 검증 기준 마련, 중요 AI 시스템에 대한 사전 위험성 평가 의무화, 연방조달 시 AI 기준 정립 등이 포함되었다. 또한 각 부처에 최고 AI 책임자(Chief AI Officer)를 지정하고 AI 활용계획을 수립하도록 지시하여, 정부 내에 AI 거버넌스 체계를 구축하려 하고 있다(AI타임스, 2023). 한편 입법 측면에서는 의회가 아직 본격적인 AI 규제법을 제정하지는 못했지만, 2023년 말 상원에서 SAFE Innovation 이니셔티브를 비롯한 초당적 논의가 진행되었고 수백 건의 법안이 발의되는 등 법률적 뒷받침을 모색 중이다. 전반적으로 미국은 민간 주도의 AI 혁신을 공공부문에도 받아들이되, 최근 들어 연방 차원의 가이드라인과 표준을 제시함으로써 분권적 혁신 속의 통일된 윤리기준을 세우려는 양상을 보인다.

(2) 주요 적용 분야 및 기술 유형

미국의 행정기관들은 광범위한 영역에서 AI를 활용하고 있으며, 각 기관의 특수한 미션에 AI 기술을 적용하는 분권적 사례들이 많다. 대민 서비스 분야에서는 채팅봇과 가상비서가 활발히 도입되었다. 예를 들어 연방 이민국(USCIS)은 챗봇 'Emma'를 통해 이민 신청자들의 질문에 영어와 스페인어로 자동 응답해주고 있으며, 국세청(IRS)도 전화문의 대응에 AI 음성봇을 시범 적용하여 납세자 대기시간을 줄였다. 주 정부 차원에서도 응답자의 50%가 이미 챗봇을 운영 중이라는 조사 결과가 있다. 행정 내부 프로세스에서도 머신러닝과 RPA(업무 프로세스 자동화)가 활용된다. 예컨대 재향군인부(VA)는 의료 AI를 통해 재해군인의 의료기록을 분석하여 위중 환자를 선별하거나, 농무부(USDA)는 위성영상과 ML 알고리즘으로 농지 보조금 부정수급을 감시한다. 치안 및 사법 분야에서도 일부 AI 활용이 시도되었는데, 도시 경찰들은 과거 범죄데이터로 범죄 발생을 예측하는 알고리즘(이른바 예측폴리싱)을 사용하거나, 수사에서 안면인식 기술을 용의자 식별에 활용하기도 했다. 또한 사이버보안은 주정부에서 가장 우선시하는 AI 활용 분야로 꼽히며, 자동 침입탐지나 이상행위 탐지 등에 AI가 쓰이고 있다. 교통 관리에서도 AI가 신호 최적화, 혼잡 예측 등에 적용되고, 사회복지 영역에서는 아동보호국이 위기 아동을 예측 식별하는 모델을 도입한 사례도 있다. 기술 유형 면에서, 자연어 처리(NLP)와 예측분석이 많이 쓰이며, 최근에는 생성형 AI도 행정 문서 요약, 보고서 작성 보조 등에 시험적으로 도입되고 있다. 예를 들어 일부 연방기관은 내부 업무에 OpenAI의 GPT 등 생성형 모델을 활용하는 파일럿 프로그램을 진행 중이며, 뉴욕 등 일부 주정부는 공무원들에게 생성형 AI 활용을 허용하면서도 가이드라인을 제시하고 있다. 이렇듯 미국은 연방부터 지방까지 다양한 행정 수요에 맞춰 분산적·자율적으로 AI를 활용하는 사례가 축적되어 있다.

(3) 공공가치 실현의 효과

미국 공공부문의 AI 활용은 행정 생산성 향상과 과학적 행정 구현에 특히 기여하고 있다는 평가다. 효율성 측면에서, 챗봇과 자동화 도구는 대량의 민원 응대를 실시간으로 처리하여 시민들의 대기시간을 단축하고 서비스 접근성을 향상시켰다. 내부 업무 자동화 역시 행정비용을 절감하고 신속한 정책집행을 돕는다. 예컨대 연방 조달청(GSA)은 AI 기반 계약서 분석으로 입찰 평가 소요시간을 크게 줄였고, 회계감사 등에 데이터 마이닝 AI

를 도입한 결과 부정 지출 적발률이 높아져 재정 집행의 책임성이 강화되었다. 투명성과 책임성 측면에서 미국의 노력은 주로 증거기반 정책결정(Evidence-Based Policy)을 뒷받침하는 AI 활용으로 나타난다. 복지 정책에서 AI 모델로 프로그램 효과를 예측·평가하여 객관적 근거를 제시하거나, 환경규제 집행에 AI를 활용해 위반사항을 선별 공개하는 식이다. 이는 정책 과정의 정보 투명성을 높이고 책임 행정을 촉진한다. 형평성과 포용성 측면에서는 일부 성과와 한계가 혼재한다. 긍정적으로는, 미국 보훈부의 사례처럼 AI가 위험에 처한 대상집단을 선제 식별하여 서비스 지원을 집중함으로써 취약계층 포용에 기여하는 부분이 있다. 또한 자연어 처리 기술로 수많은 시민의 의견서를 빠르게 분류·요약함으로써, 과거에는 일일이 검토하지 못했던 다수의 시민 의견이 정책에 반영될 수 있게 된 점도 참여 기회의 확대라는 공공가치 실현으로 볼 수 있다. 한편, 공정성 측면에서는 AI 활용이 오히려 논란을 부른 경우도 있다. 예를 들어 일부 경찰 기관의 범죄 예측 알고리즘은 편향된 데이터로 인해 특정 소수인종 거주지역을 집중 순찰하도록 하여 인종적 형평성에 어긋난다는 비판을 받았다. 이러한 부작용을 인지한 여러 도시에서는 경찰의 AI 활용에 대한 시의회 통제와 공개 검토를 거치도록 요구하고 있다. 종합하면, 미국 행정에서 AI는 서비스 품질 향상과 데이터 기반 행정으로 효율성과 효과성을 높이는 동시에, 공정성과 책임성 확보는 여전히 과제로 남아 있어 사례별로 명암이 엇갈린다.

(4) 제도적·윤리적 대응 및 도전 과제

미국은 기술 혁신을 장려하는 문화 속에서 자율적 실험이 활발하지만, 최근 공공 신뢰 확보를 위해 윤리·법제 정비 노력이 강화되고 있다. 행정명령 13960호와 14110호는 모두 연방기관이 준수해야 할 AI 윤리원칙을 담고 있는데, 여기에는 공정성, 비차별, 투명성, 안전성, 데이터보안 등의 가치가 포함된다. 예를 들어 행정명령은 AI 알고리즘이 차별을 초래하지 않도록 연방정부가 대책을 마련할 것을 지시하고, 범죄사법 분야에서 공정한 AI 활용 모범사례 개발을 주문하고 있다. 또 OMB(행정관리예산국)는 2024년에 연방기관용 AI 위험관리 지침을 발표하여, 각 기관이 AI 도입 시 위험도 평가와 영향 분석(AI Impact Assessment)을 수행하고 결과를 보고하도록 하는 등 거버넌스 체계를 구축 중이다.

기술적 대응으로는, NIST가 개발한 AI 위험관리 프레임워크(RMF)를 기반으로 신뢰할 수 있는 AI 구현을 위한 표준과 인증체계를 도입하려는 노력이 있다. 실제로 미국 국세청

(IRS)은 자사의 AI 모델에 대해 편향성 테스트와 인증 절차를 도입해 국제 표준 인증(ISO/IEC 42001)을 획득하기도 했다. 그럼에도 미국이 직면한 윤리적 도전은 적지 않다. 가장 큰 과제 중 하나는 사생활 침해와 감시 사회 우려다. 복지부서의 AI 활용이나 치안 분야 안면인식 등이 프라이버시 침해 논란을 불러와 몇몇 주와 도시는 경찰의 실시간 안면인식을 금지하거나 사용 모라토리엄을 선언했다.

또한 잘못된 AI 적용으로 인한 피해 사례도 발생했는데, 안면인식 오판으로 무고한 시민이 잘못 체포된 사건들이 알려지면서 AI 증거의 신뢰성 검증과 절차적 보호(예: 추가 수사절차 요구)가 필요하다는 목소리가 높아졌다. 책임소재의 불분명도 문제인데, 행정 결정에 AI가 관여했을 때 오류 발생 시 책임을 개발자, 공급업체, 기관 중 누가 질 것인지 법적 기준이 모호하다. 미국은 아직 행정절차법 등에서 자동결정에 대한 조항이 뚜렷하지 않아 향후 입법 과제가 될 전망이다.

3. 유럽: 인간 중심 AI와 엄격한 거버넌스

(1) 정책 배경 및 추진 체계

유럽은 "인간 중심적이고 신뢰할 수 있는 AI"를 기치로, EU 차원의 통합 전략과 회원국들의 노력을 조율하며 공공부문에 AI를 도입하고 있다. EU 집행위원회는 2018년부터 각국과 협력하여 「인공지능에 관한 공동 전략 계획(Coordinated Plan on AI)」을 수립하고 정기적으로 업데이트해왔고, 2019년에는 고위 전문가 그룹(HLEG)이 「신뢰worthy AI를 위한 윤리지침」을 발표하여 투명성, 설명가능성, 인간 감독, 프라이버시, 다양성과 비차별 등 원칙을 천명하였다. 이러한 가치 지향적 정책 배경 아래, 유럽 각국은 정부 주도와 분권적 실행의 혼합 형태로 AI 행정 혁신을 추진 중이다. EU 차원에서 가장 주목할 만한 것은 현재 입법 막바지에 있는 「AI Act(인공지능 법)」이다. AI Act는 세계 최초의 포괄적 AI 규제법으로, 위험 기반 접근법을 통해 사회적 고위험 분야 AI(예: 사법, 치안, 의료, 고용, 필수 공공서비스)에 대한 요건을 강화하고, 실시간 안면인식 등 부적절한 활용을 일부 금지하는 내용을 담고 있다. 이 법이 시행되면 회원국들의 공공행정에서 사용하는 AI 시스템에 대해 사전 인증, 투명성 의무, 인적 감독 등이 법적으로 요구될 예정이다.

추진 체계 면에서, 유럽연합은 디지털 분야에서 회원국 간 조정을 통해 역내 공동의 목표와 표준을 마련하고 각국이 이를 이행하도록 하는 방식을 취한다. 예컨대 EU는

「Digital Europe 프로그램」으로 회원국 정부에 AI 시범사업 예산을 지원하고, AI 테스트베드와 공공혁신 네트워크를 구축하여 우수 사례를 공유토록 했다. 유럽 위원회 산하 AI Watch는 각국 공공부문 AI 활용 사례를 조사·분석하여 정책에 반영하고 있는데, 2021년 조사에서 이미 유럽 전역에 230여 개의 공공 AI 사례가 식별되었다고 한다. 각 회원국은 자국 상황에 맞게 국가 AI 전략을 수립하여 공공행정 적용을 추진 중인데, 에스토니아, 핀란드, 프랑스, 독일 등이 비교적 적극적이다. 특히 에스토니아는 전자정부 선도국 답게 "Bürokratt(부로크라트)"이라는 국가 통합 AI 챗봇 플랫폼을 개발하여, 국민이 하나의 AI 어시스턴트를 통해 모든 정부 서비스를 음성이나 채팅으로 이용하도록 하는 야심찬 계획을 실행하고 있다. 핀란드는 "AuroraAI" 프로그램을 추진하여 AI로 여러 기관 서비스를 연결함으로써 국민 개개인이 생애 주기별로 맞춤형 서비스를 제공받도록 하는 실험을 하였다. 이러한 선도국의 모델은 유럽 내 타 국가로 확산되며 벤치마크가 되고 있다. 요약하면, 유럽의 AI 행정 도입은 EU의 규범적 가이드라인을 공통 기반으로 하면서 회원국들이 창의적으로 적용하는 다층적 거버넌스 체계를 띠고 있다.

(2) 주요 적용 분야 및 기술 유형

유럽의 공공부문 AI 활용 분야는 사회복지, 의료, 세금, 도시행정, 사법 등 광범위하며, 언어처리와 컴퓨터 비전 등 다양한 AI 기술이 사용된다. 시민 서비스 분야에서는 여러 정부가 챗봇과 가상비서를 도입했다. 에스토니아의 Bürokratt은 일종의 메타 챗봇으로, 각 기관의 서비스를 한데 묶어 시민이 질의하면 관련 서비스를 연결해주는 플랫폼이다. 스웨덴 세무청도 챗봇 "Skatti"를 통해 세무 상담을 자동화하여 납세자의 편의를 높였다. 언어가 다양한 유럽의 특성에 맞게, 기계번역 AI도 활발히 쓰인다. EU 위원회는 eTranslation이라는 AI 번역 서비스를 개발해 24개 공식언어 간 문서를 자동 번역함으로써 행정 효율을 높이고 언어 형평성을 제고했다. 사회복지 영역에서 핀란드 일부 지방자치단체는 머신러닝 모델로 실업급여 부정수급이나 아동 학대 위험 가정을 예측하는 위험예측 AI를 시범 활용하였다.

사법 및 치안 분야에서는, 영국 경찰이 한때 안면인식 카메라를 시범 운용하여 수배자 식별을 시도했고, 스페인 일부 자치경찰은 범죄 핫스팟 예측 소프트웨어를 사용해 순찰을 계획했다. 그러나 이러한 치안용 AI는 논란으로 이어져 일시 중단되거나 엄격한 감독

하에 제한적으로 운영되고 있다.

세금 행정에서도 독일, 네덜란드 등은 데이터 마이닝 AI로 탈루 혐의를 가려내 세무 조사 효율을 높이고자 했다. 의료 및 복지서비스 분야는 AI 적용이 두드러지는 영역으로, 영국 NHS(국민보건서비스)는 딥러닝을 통해 의료영상 진단을 보조하거나 환자 문진을 챗봇으로 처리하는 시범사업을 운영했고, 프랑스의 사회보험청은 AI로 보험 청구서의 사기 여부를 감지하는 시스템을 운용 중이다. 유럽 행정에서 눈에 띄는 것은 AI와 기존 전자정부 인프라의 결합이다. 에스토니아의 X-Road 플랫폼이나 오스트리아의 행정정보 시스템 등 기존 데이터 연계 인프라 위에 AI 분석을 얹어, 예산 편성, 교통흐름 관리, 환경 모니터링 등에 예측 분석 AI를 활용하는 식이다.

기술 유형을 보면, 자연어 처리(NLP)가 다국어 행정에 널리 쓰이고, 컴퓨터 비전은 도시의 교통 흐름 및 안전 감시에 적용되고 있다. 또한 규칙기반 Expert System 전통도 강해, 수당 지급여부 결정 등에 자동화된 결정트리 알고리즘을 사용하는 경우도 있다. 다만 유럽은 신중한 접근 때문에 생성형 AI의 공공 활용은 아직 제한적이어서, 몇몇 국가만이 행정문서 초안을 ChatGPT 등으로 작성해보는 시험단계에 있다(예: 아이슬란드 정부의 실험). 전반적으로 유럽은 시민과 밀접한 서비스 분야에서 AI를 적극 도입하면서도, 민감한 권리 관련 분야에서는 조심스럽게 접근하거나 별도 규제장치를 병행하는 양상이다.

(3) 공공가치 실현의 효과

유럽의 AI 행정은 서비스 개선과 권익 보호의 균형을 추구하기 때문에, 공공가치 실현에서도 효율성과 형평성의 조화를 도모하고 있다. 우선 행정 효율성과 효과성 측면에서, AI 도입으로 상당한 생산성 향상 사례들이 보고된다. 에스토니아의 챗봇 도입 이후 복잡한 행정절차에 대한 시민 문의 응답 시간이 대폭 단축되었고, 원스톱 서비스 제공으로 국민 만족도가 상승했다는 평가가 있다. 이는 시민들의 접근성 향상과 정부 신뢰 제고로 이어졌다. 프랑스의 파리시는 교통체증 예측 AI를 통해 신속히 신호체계를 조정함으로써 도시 서비스의 품질과 효과성을 높였다. 효율성 증진과 함께, 유럽은 형평성과 포용성 가치를 중시하여 AI를 설계한다. 다언어 번역 AI(eTranslation 등)의 활용은 유럽의 모든 시민이 모국어로 행정정보에 접근하도록 함으로써 언어적 포용성을 구현한 사례다. 또한 일부 복지 AI는 사회적 약자를 놓치지 않도록 위험계층을 선별해 공무원이 조치를 취하게 해 기회의 형평을 도왔다. 예컨대 핀란드의 시범사업에서 AI가 복지 서비스 미신청자 중 도움이 필요한 사람을 식별해냈고, 이후 이들에게 안내를 함으로써 더 많은 시민이 권리를 향유하게 된 사례가 있었다.

투명성과 책임성 측면에서도 유럽은 독자적인 진전을 보인다. 여러 국가에서 "알고리즘 투명성"을 법제화하여, 정부가 자동화된 의사결정을 할 경우 시민에게 해당 알고리즘의 논리와 기준을 공개하고 설명하도록 규정하고 있다. 프랑스는 2017년 「디지털공화국법」으로 공공부문 알고리즘의 원리를 공개할 권리를 보장했고, 이에 따라 시민이 요청하면 자신에게 적용된 행정 알고리즘의 작동 방식을 설명받을 수 있다. 이러한 제도를 통해 행정 결정의 투명성과 시민 통제권이 강화되어, AI 활용에도 민주적 정당성을 부여하고 있다. 아울러 시민참여의 측면에서, 유럽은 AI를 참여 도구로도 활용한다. 스페인 마드리드는 시정 참여 플랫폼에 접수된 수십만 건의 시민제안을 AI로 분류·요약하여 시의회에 보고함으로써, 정책 토론에 시민의 광범위한 목소리가 반영되도록 했다. 이것은 AI가 숙의 민주주의에 기여한 흥미로운 사례라 할 수 있다. 다만 유럽에서도 AI의 공공가치 실현에 도전과제는 존재한다. 특히 공정성 훼손 가능성에 민감한 유럽 사회에서는, AI 도입이 오히려 기존의 사회적 불평등을 기술로 강화하지 않을까 경계하고 있다. 이를 가장 극명하게 보여준 것이 네덜란드의 SyRI 사건이다. 네덜란드 정부는 복지 부정수급자 색출을 위한 AI 시스템 SyRI를 운용했으나, 취약계층 주민을 잠재적 사기꾼으로 프로파일링한다는 비판을 받았다. 결국 2020년 법원이 "과도한 개인정보 수집과 차별 위험"을 이유로 SyRI의 사용 중단을 명령했고, 이는 AI가 인권을 침해한 첫 사례로 국제적인 주목을 받았다. 이 판결은 사회적 약자에 대한 알고리즘 낙인 위험을 부각시켜, 이후 유럽 각국이 복지 분야 AI 활용에 신중을 기하는 계기가 되었다. 이러한 사례는 AI 활용이 효율성을 넘어 공공의 신뢰와 윤리까지 고려해야 함을 보여주며, 유럽의 공공가치 담론에서 AI에 대한 견제 장치 마련을 더욱 촉진했다.

(4) 제도적·윤리적 대응 및 도전 과제

유럽은 법과 제도로 AI의 윤리적 사용을 강제하는데 가장 적극적인 지역으로 평가된다. 앞서 언급한 EU AI Act는 투명성, 안전성, 비차별 등의 요건을 법규로 구체화하여, 기업과 정부 모두를 구속할 예정이다. 이와 함께 유럽위원회는 각 회원국에 공공부문 알고리즘 등록제 도입을 권고하고 있다. 현재 네덜란드와 스웨덴 등은 정부가 사용하는 AI 시스템 목록과 목적, 주요 논리를 공개하는 알고리즘 등록 사이트를 운영하여 시민 접근성을 높이고 있다. 독일은 2022년 연방정부 차원 AI 감독위원회를 설치해 정부기관의 AI 프로젝트를 점검하고 가이드하는 등 내부 통제 메커니즘도 구축했다.

윤리 가이드라인 측면에서는, 유럽공공행정연구소 등에서 공무원을 위한 AI 윤리지침을 개발하여 교육하고 있다. 이 지침은 공직자들이 AI 결정에 맹종하지 않고, 결과를 해석·검증하며, 오류 발견 시 책임지고 개입할 것을 강조한다. 프라이버시 보호는 유럽에서 특히 핵심 가치인데, GDPR(일반정보보호규정)이 자동화된 프로파일링에 대한 정보주체 권리를 명시하고 있어 공공기관도 이를 준수해야 한다. 예컨대 시민은 행정처리가 전적으로 자동화된 결정에 의한 것인지 통지받을 권리, 또 사람의 개입을 요구할 권리가 있으며, 이에 따라 몇몇 국가에서는 중요 결정에는 "인간 최종승인" 절차를 의무화했다. 이러한 장치는 AI 책임성 확보에 기여한다.

유럽이 직면한 도전과제는 주로 기술 발전 속도와 규제 간의 간극에서 나온다. 혁신 측면에서 유럽은 엄격한 규제로 인해 공공혁신의 민첩성이 저해될 수 있다는 우려도 존재한다. 예컨대 미국이나 중국에 비해 과도한 규제가 유럽 혁신을 늦춘다는 지적에 대해, EU 내에서도 규제수준을 둘러싼 논쟁이 있다. 또한 행정조직의 보수성으로 AI 도입 자체가 더딘 문제가 있다. 많은 유럽 공무원들이 AI를 신뢰하지 못하거나 사용법을 몰라 활용이 제한적이라는 조사도 있었다(OECD, 2021). 이를 개선하기 위해 EU는 공무원 대상 AI 역량강화 프로그램을 운영하고, 회원국들은 디지털 역량훈련을 강화하고 있다. 마지막으로, 범유럽 차원의 데이터 인프라 구축도 과제다. AI 효과를 극대화하려면 국경 간 데이터 공유가 필요한데, GDPR 등의 영향으로 국가 간 데이터 이동이 제한적일 수 있다. 이에 EU는 2024년 다수 국가 간 데이터 파트너십을 체결하고, 공공 데이터 공간(European Data Space) 구축을 추진 중이다. 이는 공공분야 AI의 데이터 부족 문제를 완화하고 더 다양한 데이터로 포용적 AI를 만드는 기반이 될 전망이다. 종합하면, 유럽은 가치와 권리를 최우선에 둔 원칙적 접근을 통해 AI 행정을 추진하고 있으며, 강력한 법제와 투명성 장치를 마련하여 공공가치 훼손을 예방하고 있다. 동시에 이러한 엄격한 거버넌스가 혁신의 속도를 떨어뜨리지 않도록 균형을 맞추는 것이 향후 지속적 과제가 될 것이다.

4. 비교 평가 및 이론적 시사점

이상에서 살펴본 한국, 미국, 유럽의 AI 행정 도입은 각기 정치·행정 환경과 가치 지향에 따라 다른 양상을 보이지만, 공공가치 실현이라는 궁극적 목표는 공유하고 있다. 한국은 중앙정부의 강력한 추진력 아래 신속한 기술 도입과 제도 정비를 이루며 효율성과 서비스 개선에 두드러진 성과를 보였다. 동시에 법적 기반을 마련해 책임성과 윤리성을 담보하려 노력하고 있으나, 현장 적용에서 편향 통제와 인적역량 문제가 숙제로 남았다. 미국은 분권적이고 실험적인 접근으로 다채로운 혁신을 이뤄 생산성과 효과성을 높였으나, 일부 사례에서 형평성과 신뢰성 논란이 발생하여 이에 대응한 연방 차원의 원칙 수립과 거버넌스 강화가 진행 중이다. 유럽은 애초부터 인권과 민주적 가치를 중심에 두고 신중하고 규범적으로 AI를 받아들여, 투명성·공정성 확보 면에서 가장 체계적인 노력을 보였다. 이는 시민 신뢰를 지키는 장점이 있지만, 동시에 민첩한 행정 혁신을 제약할 수 있는 양날의 검으로 작용하고 있다.

세 지역의 비교를 통해 몇 가지 이론적 시사점을 도출할 수 있다. 첫째, 공공가치론 관점에서 AI는 단순한 효율성 도구가 아니라 다양한 행정가치의 균형 실현자여야 한다는 점이다. 과거 신공공관리(NPM)에서는 효율성과 성과 중심으로 기술 도입을 평가했다면, 이제는 공공가치 관리(Public Value Management) 패러다임 하에서 형평, 투명, 참여, 신뢰 등 복합적 가치를 함께 고려해야 함을 각국 사례가 보여준다. 특히 유럽의 접근은 공공가치 중 절차적 정의와 권리 보호를 중시하는 행정국가의 면모를 나타내며, 한국과 미국의 경험 역시 결과적 효율뿐 아니라 과정의 정당성이 중요함을 일깨워준다. 둘째, 정부 역할 이론의 측면에서, 기술 혁신기에 정부는 조정자이자 조정대상이라는 이중적 역할을 수행한다. 한국과 미국 사례에서 정부는 AI를 활용한 문제 해결자로서 능력을 발휘하지만, 동시에 AI 기술 자체의 규율 대상이 되어 스스로 규칙을 지켜야 하는 행위자가 된다. 이는 자기조직 거버넌스와 메타거버넌스의 결합이 필요한 복잡성을 뜻하며, 공공부문은 민간과는 다른 윤리책임 기준을 내재화해야 함을 의미한다. 셋째, 신기술 수용 이론 관점에서 볼 때, 조직의 문화와 구조가 AI 성과에 영향을 준다는 점이다. 미국처럼 유연성이 큰 환경에서는 혁신 확산이 빠르지만 통일된 규범 확립이 어려웠고, 유럽처럼 엄격한 규범문화에서는 신뢰는 높지만 혁신 속도가 과제였다. 한국은 그 중간쯤에서 강력한 톱다운 추진으로 속도와 규범을 모두 잡으려 하나 관료제 관행과 역량 격차가 장애로 작용하였다. 이는 조직이 어떻게 학습하고 적응하는지에 따라 기술효과가 좌우됨을 보여준다. 넷째, 법제도적 시사점으로서, AI 시대 행정법·거버넌스는 "책임의 재조정"을 요구한다. 기존 행정절차와 책임체계는 인간 공무원을 전제로 했지만, 이제 기계와 알고리즘이 일부 역할을 대체함에 따라 법적 책임, 재량 통제, 사법심사의 원리도 재해석이 필요하다. 이를 위한 각국의 시도(예: 한국의 AI 영향평가, 미국의 AI 권리장전, EU의 AI Act)는 행정법 이론의 발전에도 도전을 주고 있다. 마지막으로, 시민의 역할에 대한 재인식이다. AI 행정은 행정과 시민의 관계 재설정을 초래한다. 서비스 측면에서는 시민경험(CX)을 향상시키지만, 결정과정에서는 시민이 알고리즘을 신뢰하고 수용하도록 하는 추가적 노력이 필요하다. 이는 궁극적으로 시민참여 거버넌스의 중요성을 부각시키며, AI를 통해 증강된 행정이라 해도 공동생산과 협치의 원리가 유효함을 시사한다.

결론적으로, 인공지능은 공공관리에서 새로운 도구이자 행정조직과 사회 전반을 변혁할 힘으로 자리잡고 있다. 한국, 미국, 유럽의 사례들은 서로 다른 경로를 통해서도 AI가 행정 효율을 높이고 포용적 서비스를 지원할 수 있음을 보여준다. 동시에 책임성과 신뢰 확보 없이는 기술의 이점이 공공가치로 연결되지 않음도 분명해졌다. 향후 성공적인 AI 행정을 위해서는 각국이 배운 교훈을 공유하며, "똑똑하지만 공정한(Smart and Fair)" 정부를 구현하는 데 매진해야 할 것이다. 이는 미래 공공관리와 정책과제의 핵심으로서, 기술과 가치의 동시 추구라는 어려운 과제를 우리에게 안겨주고 있다.

제 4 절 결론: 인공지능 행정의 공공가치와 거버넌스

인공지능(AI)의 공공행정 도입은 행정서비스의 효율성 증대, 정책 결정의 정확성 향상, 대민서비스의 질적 개선 등 다양한 공공가치를 창출하는 강력한 혁신 잠재력을 지니고 있다(Dunleavy et al., 2006; Moore, 1995). 인공지능 기술은 복잡한 데이터를 신속하게 분석하고 정확한 예측을 가능케 함으로써 행정업무를 효율적으로 처리하며, 민원 처리와 정책 결정 과정에서 발생하는 인적 오류를 최소화하고 신뢰성 있는 서비스를 제공할 수 있다(Mergel, 2024). 예컨대, AI 기반의 챗봇은 24시간 민원 응대가 가능하여 시민들의 서비스 접근성을 크게 높이고, 머신러닝 알고리즘을 활용한 정책 결정 지원 시스템은 보다 객관적이고 일관된 의사결정을 가능하게 한다.

하지만 이러한 기술의 잠재력에도 불구하고, 공공관리의 관점에서 볼 때 인공지능은 윤리적 문제, 책임성 문제, 시민 신뢰 구축이라는 중요한 쟁점을 동시에 제기한다(Wirtz et al., 2020; Aoki et al., 2022). 특히 AI가 정책 결정을 자동화할 경우, 의사결정 과정의 투명성 확보가 어려워지고 책임 소재가 불분명해지는 문제가 발생할 수 있다. 또한 학습 데이터에 내재된 편향성이 자동으로 의사결정 과정에 반영되어 사회적 형평성을 저해할 위험성도 있다. 이에 따라 민주적 통제와 설명가능한 인공지능(XAI, Explainable AI) 기술이 중요하게 부각된다(Scupula & Mergel, 2022). 즉, AI의 결정 근거를 명확히 설명할 수 있어야 하며, 시민과 이해관계자가 정책 결정 과정에 참여하고 이를 통제할 수 있는 메커니즘이 필요하다.

이러한 맥락에서 정부는 인공지능 기술의 도입뿐만 아니라 인간-기계 협업 체계를 효과적으로 구축하고, 투명하고 설명가능한 알고리즘 개발과 데이터 거버넌스를 위한 제도적 장치를 마련해야 한다(OECD, 2020). 예컨대, 시민이 정책결정 과정에 직접 참여하고 AI의 활용 방식을 감시할 수 있는 참여형 플랫폼을 개발하거나, AI 기반 정책결정의 결과에 이의를 제기할 수 있는 절차적 보호 장치를 확립하는 것이 필수적이다. 이 과정에서 공무원들은 AI 기술을 단순히 행정 업무를 대체하는 도구가 아니라 창의적이고 전략적인 업무에 더 집중할 수 있도록 돕는 협력 파트너로 인식하고 활용해야 한다(Denhardt & Denhardt, 2015).

각국 정부는 이러한 과제에 대해 다양한 방식으로 접근하며 제도적 대응을 시도하고 있다. 미국은 AI 활용을 위한 윤리적 원칙을 행정명령으로 명시하고 기관별 최고 AI 책임자 제도를 도입하여 책임성 있는 AI 활용을 추구하고 있다. 유럽연합은 AI Act를 통해 위험 기반 접근법을 제도화하고, 알고리즘 투명성을 법적으로 보장하여 민주적 통제를 강화하고 있다. 한국도 디지털플랫폼정부 로드맵과 AI 기본법을 통해 인공지능 기반의 혁신을 적극적으로 추진하면서, 동시에 시민의 권리 보호와 윤리적 활용 원칙을 법률로 명문화하고 있다.

결국 인공지능 행정의 성공 여부는 기술적 완성도뿐 아니라 시민들의 신뢰를 얼마나 얻을 수 있느냐에 달려 있다. 따라서 정부는 인공지능을 '사람 중심적'이고 '사회적 가치'를 고려한 방식으로 설계하고 운영해야 한다(Mergel et al., 2019). 이를 위해 공공부문 전반에 걸쳐 공무원의 디지털 역량을 강화하고, AI 도입 과정에서의 투명성과 책임성을 철저히 관리하며, 시민들이 정책 결정 과정에 적극적으로 참여할 수 있도록 제도적 기반을 마련하는 것이 중요하다. 이러한 노력을 통해 인공지능은 단순히 행정의 효율성을 높이는 도구를 넘어, 민주적 거버넌스를 강화하고 포용적이며 지속 가능한 사회를 구축하는 핵심적인 공공가치의 창출자로 자리매김할 것이다.

요약

디지털 시대 공공관리는 전자정부(e-government)에서 디지털정부(digital government), 그리고 최근의 인공지능(AI) 행정 단계로 진화하고 있다. 초기 전자정부는 인터넷과 ICT 기술로 행정서비스를 온라인화하여 민원처리의 편의성과 비용 절감 등 효율성을 높였지만, 기존의 행정 절차를 단순히 전산화하는 수준에 머물렀다. 이로 인해 부처 간 협력 부족과 시민 참여 미흡 등 구조적 한계를 드러냈다. 이를 극복하기 위해 등장한 디지털정부는 데이터를 전략적 자산으로 활용해 민관 협력과 시민 참여를 확대하고, 개방적이고 협력적인 플랫폼 기반의 거버넌스를 구축하고 있다. 이를 통해 효율성뿐 아니라 투명성, 형평성, 민주적 정당성 등 다양한 공공가치를 균형 있게 추구하고 있다.

최근에는 머신러닝, 자연어 처리(NLP), 예측 분석 등 AI 기술의 발전으로 행정의 효율성과 예측 정확성이 크게 향상되었고, 개인 맞춤형 서비스 제공도 가능해졌다. 그러나 동시에 알고리즘 편향, 책임 소재의 불분명성, 개인정보 보호 등 복합적 윤리·법적 문제가 제기된다. 이에 따라 각국 정부는 AI 윤리 가이드라인과 규제 체계를 마련하여 기술적 혁신과 민주적 가치 사이의 균형을 이루고자 노력하고 있다. 향후 공공부문의 AI 기술 활용이 성공하려면 효율성과 혁신뿐만 아니라 민주적 통제, 시민 신뢰, 윤리적 책임성을 종합적으로 고려한 제도적 대응이 필수적이다.

사례연구

디지털트윈 기술을 활용한 공공 정책과 공공관리의 역할

최근 공공관리 분야에서 디지털 기술 활용이 확대됨에 따라, 특히 디지털트윈(Digital Twin) 기술이 행정 현장에서 주목받고 있다. 디지털트윈이란 현실 세계의 대상물을 가상 환경에 똑같이 복제하여 다양한 정책 시나리오를 실험·예측할 수 있는 기술을 말한다. 세종시 공공자전거 정책에 디지털트윈 기술이 도입된 사례는 공공관리에서 인공지능 기술이 실질적으로 활용된 대표적인 예이다.

세종시는 정부의 행정 중심 복합도시로, 친환경 녹색 도시를 목표로 공공자전거 시스템인 '어울링'을 도입하였다. 하지만 어울링은 자전거 재배치 및 운영 효율성 문제로 인하여 이용률이 기대만큼 높지 않았다. 이를 해결하기 위해 세종시는 한국전자통신연구원(ETRI) 및 서울대학교 행정대학원과 협력하여 공공자전거 운영 개선을 위한 디지털트윈 시뮬레이션 모델을 구축하였다.

디지털트윈 구축 과정에서 서울대학교의 정책학자들은 공공관리의 관점에서 정책적 요구사항과 목표를 명확히 하고, 이를 한국전자통신연구원의 공학자들과 협력하여 기술적 모델링에 반영하였다. 그 결과 세종시 공공자전거 시스템의 운영 현황을 정확히 모사한 가상 환경을 조성하고, 다양한 정책 시나리오를 테스트하였다. 이 과정은 점진적이고 반복적인 학습을 중시하는 Lindblom(1959)의 점증주의 접근과 일치하는 사례이다.

구체적인 시뮬레이션 결과, 공공자전거의 대여소 배치와 자전거 재배치 전략을 최적화하는 방안이 도출되었다. 이는 행정의 효율성과 효과성을 실질적으로 향상시키는 성과를 거두었으며, 자원 배분의 효율성 측면에서도 공공관리의 핵심 목표를 달성하였다. 또한 정책학자들이 중개자로서 디지털 기술 전문가와 정책 결정자 간 소통과 협력을 촉진하여, 이 기술이 정책 과정에 원활하게 적용될 수 있도록 지원하였다.

이 사례는 또한 기술적 혁신을 넘어 윤리적·사회적 가치를 중시하는 현대 공공관리의 중요한 측면을 강조하고 있다. 디지털트윈 기술을 정책에 적용함에 있어서도 데이터의 투명성과 시민의 이해를 도모하는 등 공공성과 민주성을 강조하였다. 시민들이 정책결정 과정에 대한 신뢰를 가질 수 있도록, 디지털트윈을 통해 얻어진 시뮬레이션 결과를 적극적으로 공개하고 설명하는 과정을 거쳤다.

세종시의 디지털트윈 기술 도입 사례는 공공관리가 디지털 혁신 기술과 결합하여 행정 효율성, 공공성, 투명성 등을 동시에 달성할 수 있음을 보여주는 중요한 사례로 평가된다.

출처: 황한찬, 최한별, 신승윤 (2023). 디지털 트윈 기술을 통한 정책 미세조정의 가능성 - 세종시 공공자전거 어울링 사례를 중심으로. 「한국정책학회보」, 32(2), 57-83.

토의질문

1. 전자정부에서 디지털정부, 인공지능(AI) 정부로의 진화 과정에서 각 단계별로 강조되는 공공관리의 주요 가치는 무엇이며, 각 단계가 이전 단계의 한계를 극복하기 위해 어떻게 발전되었는지 설명하시오.
2. 신공공관리(NPM)와 신공공서비스(NPS)의 관점에서 디지털 기술(예: 빅데이터, AI, RPA 등)은 어떻게 다르게 활용될 수 있는가? 각 관점에서의 강점과 한계를 비교하여 논의하시오.
3. 공공가치이론(Public Value Theory)에 비추어 볼 때, 인공지능 기술 도입은 공공부문에 어떠한 가치를 창출할 수 있는가? 특히 투명성, 책임성, 형평성 등 가치 실현에서 발생할 수 있는 구체적 사례를 제시하고, 이를 달성하기 위한 전제 조건을 토의하시오.
4. 행정에서 인공지능(AI)의 활용이 확대될수록 '책임성(accountability)'과 '투명성(transparency)'의 문제가 더욱 부각될 수밖에 없다. 이를 해결하기 위해 정부가 마련할 수 있는 제도적·기술적 해결책에는 무엇이 있는가? 구체적인 국내외 사례를 들어 설명하시오.
5. AI 기반 정책결정 시스템이 과학적이고 정확한 의사결정을 가능하게 하지만, 결국 최종적인 결정과 책임은 인간에게 있다. 따라서 AI 기반 정책결정 과정에서 인간과 AI 간의 바람직한 역할 분담과 협력 모델은 무엇인지 사례를 통해 논의하시오.

참고문헌

은종환·류진. (2024). 윤석열정부의 디지털플랫폼정부와 정부혁신 방향에 대한 탐색적연구: 관료제혁신과 디지털전환의 관점에서. 「한국지역정보화학회지」, 27(1): 55-93.

정지혜. (2023). 디지털플랫폼정부 성과평가 프레임워크 및 지표 개발 연구: 전자정부, 디지털 정부, 플랫폼 정부와의 차이를 중심으로. 「한국지역정보화학회지」, 26(4): 71-110.

정충식. (2023). 전자정부에서 디지털플랫폼정부로의 전환: 과거 정부의 경험에서 얻는 교훈들. 「한국지역정보화학회지」, 26(4): 1-34.

최한별. (2025). 인공지능 시대의 정책학자 역할 재조명: 전통적 정책학 이론과 Caplan의 '두 집단' 이론 적용을 중심으로. 「국가정책연구」, 39(1): 163-190.

황성수·성욱준·윤건·은종환·최한별. (2024). 디지털정부 연구의 현재와 미래: 데이터기반행정과 공공영역에서의 인공지능에 관한 리뷰.「한국행정학보」, 58(5): 359-387.

황한찬·최한별. (2023). 디지털 트윈 기술을 통한 지능적인 공공 정책 의사결정의 가능성: 증거 기반 시나리오에 기반한 디지털 트윈 시뮬레이션 모델링. 「한국행정학보」, 57(1): 39-71.

황한찬, 최한별, 신승윤. (2023). 디지털 트윈 기술을 통한 정책 미세조정의 가능성 - 세종시 공공자전거 어울링 사례를 중심으로. 「한국정책학회보」, 32(2): 57-83.

행정안전부. (2022). 「디지털 플랫폼 정부 전략 보고서」. 행정안전부.

Aoki, N., Tatsumi, T., Naruse, G., & Maeda, K. (2024). Explainable AI for government: Does the type of explanation matter to the accuracy, fairness, and trustworthiness of an algorithmic decision as perceived by those who are affected? *Government Information Quarterly*, 41(4), 101965.

Bertot, J. C., Jaeger, P. T., & Grimes, J. M. (2010). Using ICTs to create a culture of transparency: E-government and social media as openness and anti-corruption tools for societies. *Government Information Quarterly*, 27(3): 264-271.

Brynjolfsson, E., & McAfee, A. (2017). *Machine, platform, crowd: Harnessing our digital future*. W. W. Norton & Company.

Caplan, N. (1979). The two-communities theory and knowledge utilization. *American Behavioral Scientist*, 22(3): 459-470.

De Bruijn, H., Warnier, M., & Janssen, M. (2022). The perils and pitfalls of explainable AI: Strategies for explaining algorithmic decision-making. *Government information Quarterly*, 39(2): 1-8.

Denhardt, R. B., & Denhardt, J. V. (2015). The new public service: Serving, not steering (4th ed.). Routledge.

Dunleavy, P., Margetts, H., Bastow, S., & Tinkler, J. (2006). *Digital era governance: IT corporations, the state, and e-government*. Oxford University Press.

Eom, S.-J. & Lee, J. (2022). Digital government transformation in turbulent times: Responses, challenges, and future direction. *Government Information Quarterly*, 39(2), 101690.

Fountain, J. E. (2007). Bureaucratic reform and e-government in the United States: An institutional perspective. In D. Norris (Ed.), *Current Issues and Trends in E-Government Research* (pp. 1-24). IGI Global.

Luna-Reyes, L. F., & Harrison, T. M. (2024). An enterprise view for artificial intelligence capability and governance: a system dynamics approach. *Digital Government: Research and Practice*, 5(1): 1-23.

Hood, C. (1991). A public management for all seasons? *Public Administration*, 69(1): 3-19.

Janssen, M., & Kuk, G. (2016). Big and open linked data (BOLD) in government: A challenge to transparency and privacy? *Government Information Quarterly*, 33(3): 429-437.

Lasswell, H. D. (1951). The policy orientation. In D. Lerner & H. D. Lasswell (Eds.), *The policy sciences: Recent developments in scope and method* (pp. 3-15). Stanford

University Press.

Lindblom, C. E. (1959). The science of "muddling through". *Public Administration Review*, 19(2): 79-88.

Manoharan, A., & Ingrams, A. (2018). Conceptualizing e-government from local government perspectives. *State and Local Government Review*, 50(1): 56-66.

Mergel, I., Gong, Y., & Bertot, J. (2019). Agile government: Systematic literature review and future research. *Government Information Quarterly*, 36(3): 101356.

Moore, M. H. (1995). *Creating public value: Strategic management in government*. Harvard University Press.

Mossberger, K., Wu, Y., & Crawford, J. (2013). Connecting citizens and local governments? Social media and interactivity in major US cities. *Government information quarterly*, 30(4), 351-358.

OECD. (2020). *OECD digital government studies: The path to becoming a data-driven public sector*. OECD Publishing.

O'Reilly, T. (2011). Government as a Platform. *Innovations: technology, Governance, globalization*, 6(1): 13-40.

Pressman, J. L., & Wildavsky, A. B. (1973). *Implementation: How great expectations in Washington are dashed in Oakland*. University of California Press.

Quinn, A. C., & Ramasubramanian, L. (2007). Information technologies and civic engagement: Perspectives from librarianship and planning. *Government Information Quarterly*, 24(3): 595-610.

Rittel, H. W., & Webber, M. M. (1973). Dilemmas in a general theory of planning. *Policy Sciences*, 4(2): 155-169.

Scupola, A., & Mergel, I. (2022). Co-production in digital transformation of public administration and public value creation: The case of Denmark. *Government Information Quarterly*, 39(1): 1-11.

Simon, H. A. (1955). A behavioral model of rational choice. *Quarterly Journal of Eco-*

nomics, 69(1): 99-118.

Twizeyimana, J. D., & Andersson, A. (2019). The public value of e-government: A literature review. *Government Information Quarterly*, 36(2): 167-178.

Weerakkody, V., El-Haddadeh, R., & Al-Shafi, S. (2011). Exploring the complexities of e-government implementation and diffusion in a developing country: Some lessons from the State of Qatar. *Journal of Enterprise Information Management*, 24(2): 172-196.

Welby, B. (2019). *The impact of digital government on citizen well-being (OECD Working Papers on Public Governance)*. Organisation for Economic Co-Operation and Development (OECD).

Wirtz, B. W., Weyerer, J. C., & Sturm, B. J. (2020). The dark sides of artificial intelligence: An integrated AI governance framework for public administration. *International Journal of Public Administration*, 43(9), 818-829.

Yildiz, M. (2007). E-government research: Reviewing the literature, limitations, and ways forward. *Government Information Quarterly*, 24(3): 646-665.

Zuiderwijk, A., Chen, Y. C., & Salem, F. (2021). Implications of the use of artificial intelligence in public governance: A systematic literature review and a research agenda. *Government information quarterly*, 38(3), 101577.

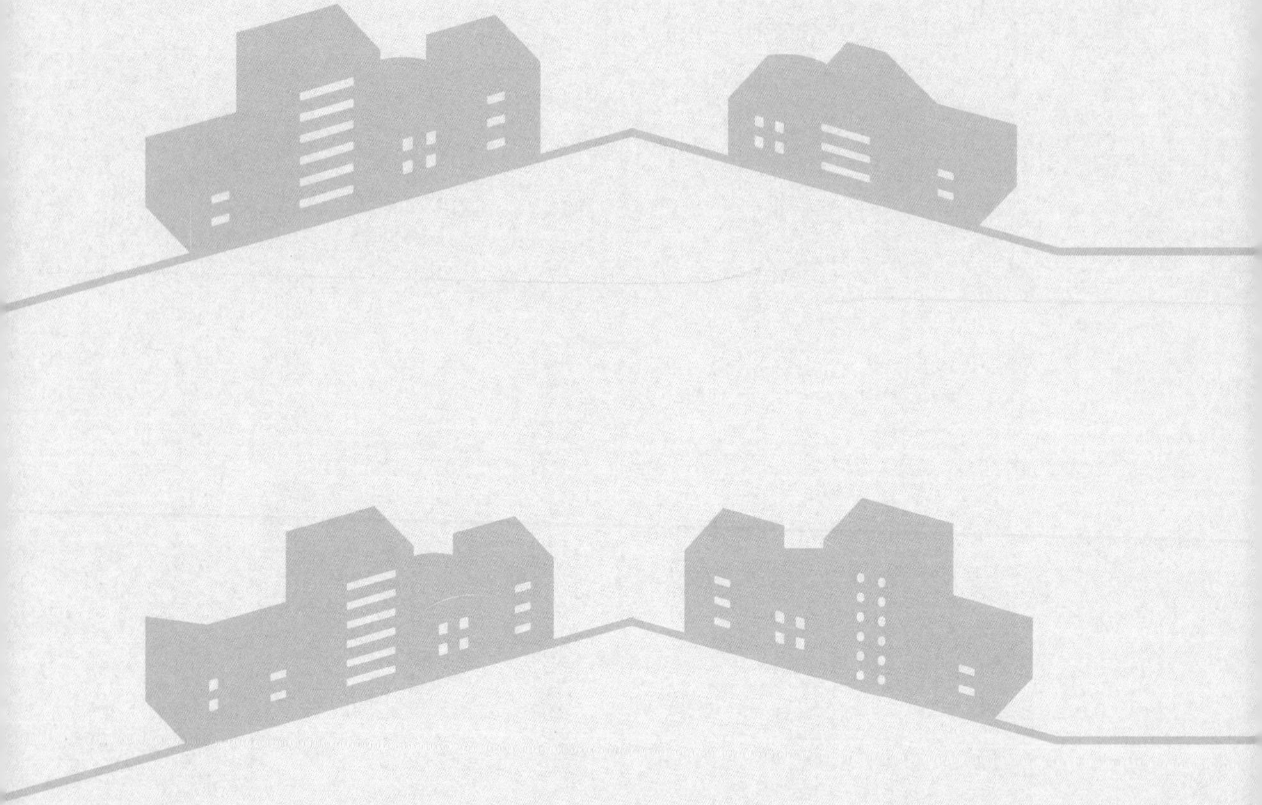

3부

사람과 행태

- 제8장 공공관리에서의 동기이론
- 제9장 공공관리와 공직윤리
- 제10장 공공관리와 조직공정성

8장 공공관리에서의 동기이론

| 심동철 |

☐ 학습목표

1. 동기(motivation)의 개념과 구성요소(행동의 방향, 강도, 지속성)를 이해하고, 공공조직에서 동기의 중요성과 역할을 설명할 수 있다.
2. 매슬로, 허츠버그, 맥클리랜드, 앨더퍼 등의 이론을 포함한 고전적 동기이론(내용이론)의 핵심 개념과 상호 차이점을 파악할 수 있다.
3. 기대이론, 공정성이론, 목표설정이론 등 과정 중심 동기이론의 구조와 적용 원리를 실제 공공조직 맥락에서 설명할 수 있다.
4. 자기결정이론과 직무특성이론, 공공봉사동기이론을 통해 내재적 동기의 조건과 조직 설계와의 연관성을 이해하고 설명할 수 있다.

제 1 절 동기이론의 이해: 기본 개념과 중요성

동기(Motivation)란 개인이 특정한 방식으로 행동하게 되는 원동력을 의미한다. 이는 왜 어떤 사람이 특정한 행동을 하고, 또 어떤 행동은 하지 않는지를 설명하는 핵심 열쇠다. 보다 구체적으로, 동기는 행동을 얼마나 강하게 유발하고(strength), 어떤 방향으로 행동하게 만들며(direction), 그 행동이 어떤 목표를 향해 나아가도록(desire) 하는지를 설명하는 개념이다. 다시 말해, 동기는 욕구가 행동으로 이어지고, 그 행동이 특정 목표를 향해 나아가는 과정 전체를 아우르는 심리적 에너지다. 이러한 동기의 흐름은 "욕구 → 행동 → 목표"라는 일련의 구조로 이해할 수 있으며, 이는 조직 내 구성원들의 업무 수행을 설명하고 예측하는 데 있어 핵심적인 틀을 제공한다.

조직이라는 맥락에서 보면, 구성원들이 맡은 업무를 효과적으로 수행하기 위해서는 단순한 지시나 통제가 아니라, 구성원 스스로의 내면에서 비롯된 에너지가 필요하다. 특히 공공조직처럼 복잡하고 다양한 이해관계 속에서 업무를 수행해야 하는 경우, 왜 사람들이 자발적으로 시민을 위해 일하려 하는지를 이해하기 위해서는 동기에 대한 이해가 필수적이다.

예를 들어, 민원 창구에서 하루에도 수십 명의 시민을 응대해야 하는 공무원을 상상해 보자. 단순한 급여만으로 이들이 불친절함 없이 공감과 인내심을 가지고 시민을 대하도록 만들 수 있을까? 많은 경우 이들의 친절함은 시민을 돕고자 하는 사명감, 즉 내재적인 동기에서 비롯된다. 공공부문은 민간조직과 달리 이윤이 아닌 공공의 이익을 추구하며, 정치적 중립성, 공정성, 법령 준수 등의 제약이 강하게 작용하는 환경이다. 이러한 맥락에서 공공조직 구성원들의 행동은 단순한 외재적 보상으로는 설명되기 어려우며, 내재적 동기나 공공가치에 대한 헌신이 중요하게 작용한다. 특히, 단일한 목표가 아닌 다원적이고 모호한 목표 속에서 직무를 수행해야 하는 경우가 많기 때문에 동기의 방향성과 지속성을 이해하는 것이 더욱 중요하다.

동기는 일반적으로 두 가지 유형으로 구분되는데, **내재적 동기**(intrinsic motivation)와 **외재적 동기**(extrinsic motivation)가 그것이다. 내재적 동기는 개인이 업무 자체에서 흥미, 의미, 만족감을 느낄 때 유발된다. 예컨대, 어떤 공무원이 정책기획 업무에 흥미를 느끼고, 시민의 삶을 향상시키는 데 기여한다는 데서 보람을 느낄 때, 이는 내재적 동기에 해당한다. 이처럼 내재적 동기는 외부의 보상이 없더라도 개인이 자발적으로 과업을 수행하도록 만든다. 반면, 외재적 동기는 급여, 승진, 인센티브, 포상 등 외부로부터 주어지는 보상에 의해 유도되는 동기다. 예를 들어, 성과평가 결과에 따라 인센티브가 주어지는 경우, 그것이 구성원들의 업무 수행을 자극하는 외재적 동기라 할 수 있다.

공공부문에서는 이 두 가지 동기가 동시에 작용할 수 있지만, 특히 내재적 동기와 공공가치에 기반한 동기가 강하게 작동하는 경우가 많다. 공공부문의 직무는 종종 복잡하고 결과가 장기적으로 나타나며, 뚜렷한 경제적 보상을 제공하기 어려운 경우가 많기 때문이다. 따라서 구성원의 사명감, 시민에 대한 책임의식, 공익에 대한 헌신과 같은 내재적 동기를 이해하고 이를 조직 차원에서 장려하는 것이 효과적인 공공관리의 출발점이 된다.

공공부문은 민간부문보다 직무 자체가 갖는 사회적 가치나 시민에 대한 기여가 강조되는 경향이 있다. 때문에 공무원이나 공공기관 직원의 경우, 직무 수행에서 느끼는 사회적 의미가 중요한 동기 요소로 작동한다. 하지만 이처럼 가치 중심의 동기만으로는 조직 전체의 성과를 유지하기 어렵기 때문에, 외재적 동기와의 균형이 필요하다. 예를 들어, 아무리 시민 봉사에 대한 열정이 크더라도 조직 내부의 인사 시스템이 불공정하거나, 적절한 보상이 이루어지지 않으면 직무 몰입이 약화될 수 있다. 공공관리자는 이처럼 다양한 동기 요인을 이해하고 조율함으로써 조직의 역량을 극대화할 수 있다.

이 장은 공공조직에서 동기이론을 어떻게 이해하고 적용할 수 있는지를 다룬다. 다음 절에서는 매슬로, 허츠버그, 브룸 등 전통적 동기이론을 소개하며 이들이 공공조직에 어떻게 적용될 수 있는지를 검토할 것이다. 이후 절에서는 공공봉사동기(Public Service Motivation)이론과 자기결정성이론(Self Determination Theory)을 중심으로 공공부문 특수성에 적합한 이론적 틀을 소개한다.

제 2 절 고전적 동기이론

Ⅰ. 고전적 동기이론의 분류

고전적 동기이론은 인간이 왜 일하려 하는가에 대한 설명을 시도한 초기 이론들로, 크게 두 가지 접근 방식으로 나뉜다.

- **내용이론(Content Theories):** 내용이론은 "무엇이 인간을 동기부여하게 하는가"에 초점을 맞추며, 인간 내부의 욕구나 필요를 중심으로 설명한다. 내용이론은 사람들의 행동을 이끄는 내면의 요인(예: 안전, 존중, 성취감 등)이 무엇인지 이해하고자 하며, 개인이 상황과 성향에 따라 다양한 욕구와 필요가 존재함을 제시한다. 뒤에 소개할 매슬로(Maslow)의 욕구위계이론, 허츠버그(Herzberg)의 동기-위생이론. 맥클리랜드(McClelland)의 성취동기이론 등이 내용이론에 속한다.

• **과정이론(Process Theories):** 반면 과정이론은 "어떻게 동기부여가 이루어지는가"에 관심을 둔다. 이는 개인이 주어진 상황을 어떻게 인식하고 판단하느냐에 따라 동기가 달라진다는 점을 강조한다. 과정이론의 관점에서 동기부여는 개인의 일을 할 것인가 말 것인가에 관한 의사결정과정이므로, 개인의 인지적 요소와 선택 과정을 중심으로 동기부여를 설명하는 데 초점을 맞춘다.

표 8-1 내용이론과 과정이론 비교

구분	내용이론	과정이론
초점	무엇이 인간을 동기부여하게 하는가	동기부여가 어떻게 작동하는가
접근 방식	욕구 중심, 본능적 설명	인지 중심, 선택과 판단 강조
설명 수준	정적(고정된) 욕구 구조 제시	동적(상황적) 판단과정 강조
대표 이론	매슬로, 허츠버그, 맥클리랜드	브룸, 애덤스, 로크

이처럼 내용이론은 동기의 '내용'에 대한 이해를 통해 인간의 기본적 욕구 충족을 중심으로 설명하는 데 강점이 있으며, 조직 설계나 복지정책 등에서 많이 활용된다. 반면 과정이론은 보상, 목표, 공정성 등의 요소가 개인의 행동 선택에 어떻게 영향을 주는지를 설명하는 데 유리하며, 성과관리, 평가제도 등 실무 적용 가능성이 높다.

Ⅱ. 내용이론(Content Theories)

조직 내 구성원들의 행동을 이해하고 설명하기 위해 다양한 동기부여 이론들이 제시되어 왔다. 고전적 동기이론 중 내용(content) 중심 이론은 '무엇이 사람을 동기부여하는가?'에 초점을 맞춘다. 즉, 인간의 욕구를 파악하고, 그러한 욕구가 어떻게 특정 행동을 유도하는지를 설명하고자 한다. 이 절에서는 대표적인 내용이론으로 매슬로(Maslow)의 욕구위계이론, 알더퍼(Alderfer)의 ERG 이론, 허츠버그(Herzberg)의 위생-동기요인이론, 맥클리랜드(McClelland)의 성취동기 이론을 소개하고자 한다.

이러한 이론들은 개인이 단순한 생존을 넘어서 자아실현이나 사회적 가치 실현 등 고차원적인 욕구에 의해 동기화된다는 점을 공통적으로 강조한다. 공공조직에서는 구성원의 행동이 물질적 보상 외에도 공익, 책임감, 시민에 대한 의무감 등에 의해 영향을 받을 수 있기 때문에 이러한 내용이론들은 중요한 이론적 기반이 된다.

1. 매슬로(Maslow)의 욕구 위계 이론

매슬로(Maslow, 1943)는 인간의 동기를 설명하기 위해 욕구 위계 이론(Hierarchy of Needs Theory)을 제시하였다. 이 이론은 본래 심리학적 관점에서 제안된 것이며, 조직 이론으로 개발된 것은 아니지만, 조직 내 구성원의 동기 이해에 있어 매우 널리 활용되고 있다. 매슬로는 인간은 다섯 가지 욕구를 계층적으로 가지고 있으며, 하위 단계 욕구가 충족되어야 상위 단계 욕구가 동기요인으로 작용할 수 있다고 제안한다. 그는 인간의 욕구를 다음의 다섯가지 욕구로 구분하였다(〈표 8-2〉 참조).

표 8-2 매슬로의 욕구 위계 이론

욕구 단계	설명	예시
생리적 욕구 (Physiological Needs)	생존을 위해 필요한 가장 기본적인 욕구	음식, 물, 수면, 주거 등
안전 욕구 (Safety Needs)	신체적, 정서적 안정성과 예측 가능성에 대한 욕구	고용 안정, 건강, 법적 보호, 재난 대비
사회적 욕구 (Social Needs)	타인과의 유대, 소속감, 애정과 같은 대인관계 욕구	동료와의 친밀감, 조직 내 소속감, 팀워크
존경 욕구 (Esteem Needs)	타인에게 인정받고, 자신에 대한 자부심을 느끼고자 하는 욕구	승진, 상벌제도, 자율성 부여, 책임 있는 직무
자아실현 욕구 (Self-Actualization Needs)	자신의 잠재력을 최대한 실현하고자 하는 욕구	창의적 과업 수행, 정책 기획 참여, 사회 기여

매슬로는 하위 욕구 충족이 상위 욕구 활성화의 전제조건임을 제시한다. 예를 들어, 배가 고프고 잠을 못 자는 상황에서는 시험 준비에 집중하기 어렵듯이, 조직 내에서도 생리적·안전 욕구가 보장되지 않으면 자기계발이나 조직 공헌과 같은 상위 동기가 작동하기 어렵다는 것이다. 예를 들어, 공무원이 자신의 직장이 안정적이지 않다고 느끼거나, 조직 내 불공정한 대우를 경험할 경우, 조직을 위한 헌신이나 정책 혁신에 대한 의지는

약화될 수 있다. 따라서, 욕구위계 이론에 따르면 관리자들은 생리적 욕구(근무환경 개선), 안전 욕구(신뢰할 수 있는 인사·보상제도), 사회적 욕구(동료 간 유대), 존경 욕구(업적 인정), 자아실현 욕구(정책기획 참여와 공익 기여 등)를 고르게 고려해야 한다.

매슬로의 이론은 직관적으로 이해하기 쉽고 여러 조직관리에 주는 함의가 크지만 과연 개인이 5가지의 위계를 가지는가에 대해서는 명확히 밝혀지지 않았다. 예를 들어, 저소득층 시민을 위한 복지 행정에 헌신하는 사회복지사는 자신의 생계가 넉넉하지 않아도 다른 사람을 돕겠다는 가치를 더 중요하게 생각할 수 있다. 또한, 사람마다 욕구의 우선순위가 다르고, 문화나 조직 맥락에 따라 각각의 욕구의 중요성이 달라질 가능성도 존재한다. 그럼에도 불구하고, 매슬로의 이론은 조직 관리자에게 구성원의 다양한 동기 상태를 파악하고, 이를 충족시키기 위한 환경을 조성하는 데 유용한 프레임을 제공해준다. 특히 공공부문처럼 금전적 보상이 제한적인 환경에서는 상위 욕구(존경, 자아실현)를 자극할 수 있는 제도와 문화 조성이 더욱 중요하다고 할 수 있다.

2. 앨더퍼(Alderfer)의 ERG 이론

앨더퍼(Alderfer,1969) 는 매슬로의 욕구 위계 이론을 수정·보완하여 ERG 이론(Existence, Relatedness, Growth Theory)을 제안하였다. 이 이론은 매슬로의 다섯 단계 욕구를 세 가지 범주로 단순화하고, 욕구가 위계적으로만 작동하지 않으며 퇴행(regression)도 가능하다는 점을 강조한다. ERG 이론의 세 가지 핵심 욕구는 〈표 8-3〉에 정리되어 있다.

표 8-3 엘더퍼의 ERG 이론

욕구 유형	설명	예시
생존 욕구 (Existence Needs)	생리적 욕구와 안전 욕구에 해당하며, 기본적인 생존에 필요한 요소들	급여, 근무환경, 안전한 고용 상태
관계 욕구 (Relatedness Needs)	타인과의 인간관계 및 소속감과 관련된 욕구	상사와의 신뢰, 동료와의 협력, 조직문화
성장 욕구 (Growth Needs)	개인의 내적 성장과 자아실현에 대한 욕구	직무 도전성, 자기개발, 정책 기획 참여

ERG 이론의 가장 큰 차별점은 퇴행 원칙(frustration-regression principle)이다. 이는 상위 욕구가 충족되지 않으면 개인이 하위 욕구에 더 집중하거나 집착하게 된다는 개념이다. 예를 들어, 조직 구성원이 성장 욕구(예: 정책 개발 참여)가 좌절될 경우, 더 많은 급여나 근무조건 개선(생존 욕구)에 관심을 갖게 될 수 있다는 것이다.

예를 들어, 인턴이나 계약직 공무원이 정책 참여나 책임 있는 업무를 통해 성장하고자 하는 욕구를 가졌다고 하더라도, 조직에서 이에 대한 기회가 제공되지 않으면 오히려 근무시간 단축이나 급여 인상 등 생존 욕구에 집중하게 된다. 이때 관리자는 단지 급여를 올려주는 것만이 아니라, 적절한 자율성과 참여 기회를 부여함으로써 구성원의 성장 욕구를 충족시킬 수 있다.

이처럼 ERG 이론은 개인차를 인정하고 유연한 동기구조를 설명한다는 점에서 실무에 적용 가능성이 높다. 특히 공공조직처럼 다양한 직위와 처우 수준이 혼재된 환경에서는 각 계층별 구성원이 어떤 욕구에 집중하고 있는지를 파악하는 데 유용한 틀을 제공한다. 다만, 욕구 간 우선순위나 작동 방식이 개인의 성향과 조직의 맥락에 따라 다양하게 달라질 수 있기 때문에, 관리자에게는 세 가지 욕구를 동시에 고려한 균형 있는 접근이 필요하다.

사례: 임금 불만과 성장 욕구 간의 충돌을 이해하는 두 가지 관점

공공기관에서 5년째 근무 중인 박 대리는 최근 상사에게 이렇게 토로했다. “성과에 비해 임금도 낮고, 요즘 조직 분위기도 너무 경직되어 있어서 일할 맛이 나지 않아요. 더 의미 있는 일을 하고 싶은데 그런 기회도 없고요...”

이 상황을 매슬로 이론의 관점에서 보면, 박 대리는 아직 생리적·안전 욕구(적절한 임금, 안정적 환경)가 충분히 충족되지 않아 상위 욕구인 자아실현(의미 있는 일, 성장)에 도달하지 못한 상태라고 해석할 수 있다. 따라서 조직관리자는 먼저 박 대리의 임금불만을 해결해주는 데 중점을 둘 수 있다.

반면 앨더퍼의 ERG의 관점에서, 박 대리는 원래 성장 욕구를 지니고 있었지만, 이 욕구가 조직에서 충족되지 않자 생존 욕구(임금, 조직문화)에 대한 불만으로 퇴행한 것으로 해석될 수 있다. 이 경우 조직관리자는 단순히 급여를 인상하는 것에 더해, 성장 기회를 다시 제공함으로써 박 대리의 원래 욕구를 되살리는 접근이 필요하다고 본다. 이처럼 이 사례는 두 이론이 같은 상황을 해석하면서도 조직 차원에서 제안하는 대응 전략이 다를 수 있음을 보여준다.

3. 허츠버그(Herzberg)의 동기-위생 이론(Two-Factor Theory)

"회사에서 점심도 제공하고, 쾌적한 사무실도 마련해줬어요. 그런데 왜 이렇게 일할 의욕이 안 생기죠?" 공공기관에서 7년째 근무 중인 김 주무관은 최근 복지제도와 근무환경이 눈에 띄게 개선되었음에도 불구하고 업무에 대한 무기력감을 호소했다. 이처럼 조직이 외형적으로 좋은 조건을 제공하고 있음에도 불구하고 구성원이 동기를 느끼지 못하는 상황은 허츠버그의 동기-위생 이론(Two-Factor Theory) 관점에서 설명될 수 있다.

허츠버그(Herzberg, et al, 1959)는 직무 만족과 불만족을 유발하는 요인이 동일하지 않다고 보았다. 그는 직무 만족을 유도하는 동기요인(motivators)과, 불만족을 예방하는 위생요인(hygiene factors)으로 구분했다. 〈표 8-4〉는 동기요인과 위생요인의 구성을 보여주고 있다. 동기요인은 조직원이 업무에 열의를 보이게 하는 요소로, 개인이 일에 대한 의미를 찾고 일에서 성취감과 성장기회를 얻을 수 있다고 느끼게 해주는 요인들을 말한다. 반면 위생요인은 급여와 직무 안정성과 같이 업무환경에 직접적으로 연결되는 요소로 이것이 부족할 경우 직무에 대한 불만족을 증가시키는 요인이다.

동기-위생 이론의 핵심은 단순히 급여나 조건과 같은 위생요인을 개선한다고 해서 직무만족이 증가하는 것은 아니라는 점이다. 예를 들어, 쾌적한 사무실 환경은 불만족을 줄일 수는 있지만, 그것만으로 구성원이 업무에 몰입하거나 창의적으로 일하도록 만들지는 않는다. 반면, 도전적인 과제나 성취 경험은 직원에게 자긍심을 주고, 자발적인 노력을 이끌어낼 수 있다. 다시 말해 동기요인은 일을 '하고 싶게' 만드는 요인이고, 위생요인은 그 일을 '계속하게' 만드는 기반이다. 즉, 동기요인은 구성원이 직무에 몰입하고 열정을 느끼는 데 필수적인 요소이지만, 위생요인이 충족되지 않으면 불만이 쌓이고, 조직을 떠나는 결과로 이어질 수 있다. 따라서 동기-위생이론에서는 두 요인이 함께 균형 있게 관리되어야 한다는 점을 암시한다.

표 8-4 허츠버그의 동기-위생이론

구분	설명	예시
동기요인(Motivators)	직무 내용과 직접 관련되며 직무에 만족과 몰입을 유발하는 요소	성취감, 책임감, 업무의 의미, 성장 기회, 인정
위생요인(Hygiene Factors)	직무 환경과 관련되며 부족할 경우 불만족을 유발하나, 충족되더라도 동기부여에는 직접적인 영향이 없음	급여, 직무 안정성, 근무조건, 조직 정책, 인간관계

앞서 김 주무관의 경우, 최근 사무실 환경이 개선되고 복지포인트와 점심 제공이 도입되었지만, 여전히 자신이 하는 일에 대해 조직이 관심을 갖지 않고, 성과가 평가에 반영되지 않는다는 점에서 회의감을 느낀다. 이는 위생요인은 충족되었지만, 동기요인이 충족되지 않아 직무 만족이 낮은 전형적인 사례다. 공공조직은 종종 급여나 고용안정성과 같은 위생요인을 갖춘 반면, 도전적 과업이나 정책 참여 기회, 개인의 성취감을 이끌어 낼 수 있는 동기요인은 상대적으로 부족할 수 있다. 예를 들어, 민원 처리 업무처럼 반복적이고 결과가 쉽게 눈에 띄지 않는 업무는 구성원 스스로 그 의미를 발견하기 어려울 수 있다. 하지만 그 업무가 시민의 삶에 실질적 도움을 준다는 점을 조직 내에서 인식시키고, 구성원의 기여를 공식적으로 인정하는 체계를 마련한다면, 해당 업무는 강력한 동기요인으로 전환될 수 있다.

이러한 점에서 허츠버그의 이론은 공공부문에서 유용하다. 공공조직은 민간기업보다 금전적 인센티브나 경쟁 중심의 동기 전략을 활용하기 어렵기 때문에, 업무 설계를 통해 직무의 의미를 부여하고, 구성원이 성취를 체감할 수 있는 환경을 마련하는 것이 매우 중요하다. 단순히 조건을 개선하는 데 그치지 않고, 구성원의 내면에서 동기를 유발할 수 있는 장치를 마련하는 것이 공공관리자의 핵심 과제라 할 수 있다.

4. 맥클리랜드(McClelland)의 성취동기 이론(Achievement Motivation Theory)

맥클리랜드(McClelland, 1961)는 인간의 동기가 단순히 생리적 욕구나 환경에 따라 결정되는 것이 아니라, 개인의 학습과 경험을 통해 형성된 사회적 욕구(socially acquired needs)에 의해 영향을 받는다고 보았다. 맥클리랜드는 연구를 통해 특히 직무와 조직 내 행동을 설명하는 데 유용한 세 가지 주요 욕구가 있음을 제시하였다.

성취 욕구(Need for Achievement, nAch)는 개인이 도전적인 목표를 스스로 설정하고, 그 목표를 성공적으로 달성함으로써 만족을 얻고자 하는 욕구를 의미한다. 이러한 사람들은 일의 난이도보다는 '스스로 해결 가능하지만 쉬운 일은 아닌' 과업을 선호하며, 결과에 대한 구체적인 피드백을 중요하게 여긴다.

권력 욕구(Need for Power, nPow)는 타인의 행동이나 조직의 의사결정에 영향을 미치고자 하는 욕구다. 이는 단순한 지배욕이라기보다는, 어떤 상황에서 자신이 중심이 되어 문제를 해결하거나 조직을 변화시키고자 하는 동기를 포함한다. 특히 정책 설계나 리더십 직위에 있는 사람들에게서 강하게 나타나는 경향이 있다.

친화 욕구(Need for Affiliation, nAff)는 타인과 긍정적인 관계를 유지하고, 소속감을 느끼며 협력적인 환경에서 일하고자 하는 욕구이다. 이러한 욕구가 높은 사람은 팀워크와 인간관계를 중요시하며, 갈등 상황을 회피하려는 성향도 보일 수 있다.

맥클리랜드는 이 세 가지 욕구를 실증적으로 파악하기 위해 TAT(Thematic Apperception Test, 주제통각검사)를 활용하였다. 이 검사는 피검사자에게 모호한 그림을 보여주고, 그 장면에 대해 자유롭게 이야기를 만들어 보게 하는 방식이다. 이를 통해 그 사람이 가지고 있는 성취, 권력, 친화 욕구의 상대적 강도를 간접적으로 확인할 수 있다.

그림 8-1 TAT에서 사용되는 그림의 예

예를 들어 〈그림 8-1〉에서 소년이 바이올린을 앞에 두고 앉아 있는 장면을 보고, 어떤 사람은 '바이올린 연주가가 되기 위해 열심히 연습 중인 인물'로 해석하고, 또 어떤 이는 '부모의 강요로 억지로 배우는 아이'로 해석할 수 있다. 전자는 성취욕구가, 후자는 친

화 또는 권력과 관련된 욕구가 더 많이 드러나는 경우이다. 이러한 TAT 분석은 성격 검사, 리더십 평가, 조직 내 직무 적합도 분석 등 다양한 조직관리 상황에서 응용되고 있다.

맥클리랜드는 기업가, 관리자, 공공부문 직원 등 다양한 직업군을 대상으로 장기간에 걸친 연구를 수행하였고, 다음과 같은 주요 결과를 제시하였다. 우선 성취욕구가 높은 사람일수록 장기적으로 더 높은 성과와 승진 가능성을 보이는 경향이 있었다. 이들은 특히 개인 목표 설정과 과업 완료에 대한 책임감을 강하게 가지고 있으며, 조직 내에서도 자율적이고 도전적인 과업을 선호했다. 반면, 권력욕구가 높은 사람은 집단 내 영향력 행사에 적극적이며, 공식적 직위뿐 아니라 비공식적 리더십을 확보하는 데도 능동적인 성향을 보였다. 그러나 이들이 공익보다 개인 영향력에 더 중점을 둘 경우, 조직 내 갈등이나 정치적 행위로 이어질 가능성도 존재한다. 마지막으로 친화 욕구가 높은 사람은 협력적 환경을 선호하며, 조직 내 갈등을 줄이고 안정적인 분위기를 조성하는 데 기여하는 것으로 나타났다. 하지만 지나치게 대인관계를 중시할 경우, 의사결정에서 타인의 눈치를 보거나 갈등 회피적 태도를 보일 수 있다는 한계도 발견되었다.

맥클리랜드의 연구는 공공조직 관리에 있어서도 여러 시사점을 제공한다. 예를 들어, 공공부문은 민간보다 정형화된 직무, 정치적 중립성, 시민과의 접점 등 다양한 특수성을 가지므로, 구성원의 동기 성향에 따라 적합한 직무를 배정하고, 맞춤형 동기 전략을 설계하는 것이 중요할 수 있다. 예컨대, 성취욕구가 높은 인재는 정책분석, 조직개선 프로젝트와 같은 도전적 과업에 배치하는 것이 적합하며, 친화 욕구가 높은 인력은 민원응대, 협업 중심 행정 서비스 분야에서 강점을 보일 수 있다. 또한, 관리자 입장에서는 단순히 모든 구성원에게 동일한 보상과 기회를 제공하기보다는, 구성원의 욕구 프로파일을 이해하고 그에 맞는 리더십과 피드백을 제공하는 것이 공공조직의 성과와 만족을 동시에 향상시키는 전략이 될 수 있다.

Ⅲ. 과정이론

내용이론이 인간 내면의 '욕구'가 무엇인가에 초점을 맞췄다면, 과정이론(Process Theories)은 '어떻게' 동기부여가 일어나는가에 초점을 맞춘다. 이 접근은 개인이 상황을 인식하고 해석하는 방식, 즉 인지적 판단과 기대에 따라 동기 수준이 달라진다는 점을 강조한다. 특히 공공조직과 같이 다양한 이해관계와 제약 속에서 운영되는 조직에서는, 단순히 욕구를 자극하는 것 이상으로 행동으로 이어지기 위한 심리적 경로를 이해하는 것이 중요하다.

1. 브룸(Vroom)의 기대이론(Expectancy Theory)

브룸(Vroom, 1964)은 개인의 동기부여는 기대(expectancy), 수단성(instrumentality), 유인가(valence)라는 세 요소로 구성되어 있으며, 이 중 어느 하나라도 낮으면 전체적인 동기 수준은 떨어지게 된다는 점을 제안하였다. 〈표 8-5〉는 기대이론의 세 가지 요인을 정리한 것이다.

기대(expectancy)란 개인이 일정한 노력을 기울였을 때 실제로 성과를 낼 수 있을 것이라는 믿음을 의미한다. 이는 개인의 능력, 경험, 자원, 지원 시스템 등과 밀접한 관련이 있다. 예를 들어 공공기관에서 새로운 전자결재 시스템을 도입했는데 교육이 충분히 이뤄지지 않은 상태라면, 직원은 "이 시스템을 활용해봤자 내가 원하는 업무 성과를 낼 수 있을까?"라는 회의를 가질 수 있다. 이 경우 기대는 낮아지고, 그만큼 동기도 줄어들게 된다.

수단성(instrumentality)은 성과를 달성했을 때 그것이 실제로 보상으로 이어질 것이라는 믿음이다. 이는 조직의 평가 시스템, 리더의 공정성, 제도의 투명성과 관련된다. 예컨대 어떤 공무원이 우수한 성과를 냈지만, 승진에 있어 정실이 개입되거나 평가 기준이 불명확하다면 "성과를 내도 보상이 따르지 않을 것"이라고 생각하게 되고, 수단성은 낮아지게 된다.

유인가(valence)는 보상 자체에 대한 개인의 선호나 가치 평가를 의미한다. 즉, 보상이 존재한다고 하더라도 그것이 나에게 의미 있고 매력적인 것이어야 동기부여가 발생한다. 예를 들어 어떤 직원은 '정책기획 참여 기회'를 매우 가치 있게 여기는 반면, 또 다른 직원은 '조기 퇴근권'이나 '재택근무 선택권'에 더 큰 가치를 둘 수 있다. 만약 제시된 보상이 개인에게 별다른 의미가 없다면, 유인가는 낮고, 따라서 동기도 낮아진다.

공공조직에서 이 세 가지 요소는 종종 간과되기 쉽지만, 실제로는 구성원의 참여, 창의성, 조직 몰입에 큰 영향을 미친다. 예를 들어 정책 아이디어를 제안하라는 과제가 주어졌을 때, 직원이 "이걸 열심히 해도 내 이름이 안 알려질 텐데"라고 생각하면 수단성이 낮아지고, "이 아이디어가 실제 채택되어 시민에게 도움이 되면 좋겠다"는 신념이 없다면 유인가도 낮아진다. 이 경우 아무리 정책 아이디어 공모전을 열어도 실질적 참여는 이끌어내기 어려울 것이다.

브룸(Vroom)은 개인이 특정 행동을 수행할 것인가를 결정하는 데 있어 세 가지 심리적 요소가 곱셈적으로 작용한다고 보았으며 이는 다음의 수식으로 표현된다.

$$\text{동기 수준} = \text{기대} \times \text{수단성} \times \text{유인가}$$

이 곱셈적 구조는 각 요소가 모두 긍정적일 때 가장 높은 동기를 유발할 수 있음을 의미한다. 그러나 세 요소 중 하나라도 0에 가깝다면 전체 동기는 매우 낮게 된다는 것이다.

이처럼 브룸의 기대이론은 공공조직 내에서 구성원이 왜 적극적으로 참여하지 않거나, 소극적 태도를 보이는지를 설명하는 데 매우 유용하다. 관리자는 구성원에게 '기대-수단성-유인가'의 세 고리를 모두 강화해야 한다. 즉, 업무 수행 능력을 키우고 목표를 명확히 제시함으로써 기대(expectancy)를 높이고, 성과 평가의 공정성과 예측 가능성을 강화하여 수단성(instrumentality)을 보장하며, 구성원이 실제로 원하는 보상이 무엇인지 파악하여 유인가(valence)를 높이는 보상체계를 설계해야 한다. 브룸의 이론은 행동을 단순한 반응이 아닌 인지적 판단의 결과로 본다는 점에서, 개인 차와 조직 맥락을 함께 고려해야 하는 공공부문에서 특히 설득력 있는 설명을 제공한다.

2. 아담스(Adams)의 공정성 이론(Equity Theory)

아담스(Adams, 1965)는 인간이 타인과의 사회적 비교(social comparison)를 통해 자신의 처우가 공정한지 판단하고, 그 인식이 동기부여에 영향을 미친다고 주장하였다. 이 점은 자신 내부의 기대나 목표에 기반한 기대이론이나 목표설정 이론과는 다르게, 외부의 타인과의 비교를 본질로 한다는 점에서 차별화된다.

아담스는 개인이 조직 내에서 경험하는 보상이 공정한지를 판단할 때, 다음 세 가지 요소를 고려한다고 보았다.

- **투입**(input): 개인이 조직에 기여한 시간, 노력, 지식, 경험, 자격, 헌신 등
- **산출**(output): 조직으로부터 받은 보상(급여, 승진, 인정, 복지 등)
- **준거 집단**(reference person): 비교 대상이 되는 동료, 타 부서 구성원, 외부 유사 직무자

개인은 자신의 투입 대비 산출 비율을 비교 대상의 투입 대비 산출 비율과 비교하여 공정성을 판단한다. 만약 두 비율이 일치한다고 느끼면 공정하다고 인식하고, 차이가 있다고 느끼면 불공정성을 경험하게 된다.

사례: 민원 담당자 A씨의 불공정 인식

시청 민원실의 A씨는 하루 평균 민원 처리량이 가장 많은 직원 중 한 명으로, 야근도 잦고 업무 강도가 높다. 그런데 같은 직급의 타 부서 직원 B씨가 상대적으로 여유 있는 업무 환경 속에서 비슷한 성과급을 받는 것을 알게 된다. A씨는 자신의 높은 투입에 비해 산출이 부족하다고 느끼며 불공정성을 인식하게 되고, 이후부터는 야근을 줄이고 최소한의 책임만 다하려는 태도를 보이게 된다. 이 사례는 투입-산출의 불균형이 공정성 인식에 어떤 영향을 미치는지 보여주는 예다.

아담스는 공정성 판단에서 불균형을 인지하게 될 경우, 개인은 이를 해소하려는 다양한 방식의 심리적, 행동적 반응을 보인다고 설명한다. 이때 반응의 방향은 자신이 불이익을 당했다고 느끼는 경우와 이익을 얻고 있다고 느끼는 경우에 따라 다르게 나타난다.

자신의 투입 대비 산출이 비교 대상보다 낮다고 인식되는 경우, 즉 상대적으로 불이익을 받는다고 판단한 사람은 첫째로 투입을 줄이려는 반응을 보일 수 있다. 예를 들어 야근을 줄이거나 업무에 대한 책임감이나 몰입도를 낮추는 방식으로 대응한다. 둘째로는 더 많은 산출을 요구하거나 기대하게 된다. 이는 상사에게 승진, 보상, 직무 재조정을 요구하거나 공식적으로 불만을 제기하는 형태로 나타난다. 셋째로는 인지적 왜곡을 통해 상황을 재구성하려는 경향도 보이는데, 상대방의 공헌도를 낮게 평가하거나, 자신의 업무 중요성을 과대평가하는 경우가 이에 해당한다. 넷째로는 비교 대상을 바꾸는 방식도 있으며, 같은 팀이 아닌 다른 부서나 타 기관의 직무와 비교하여 자신의 상황을 상대화한다. 마지막으로 불공정성이 지속되고 해결되지 않는다고 판단되면, 조직을 이탈하거나 부서를 옮기려는 행동으로 이어질 수 있다.

반면, 자신의 투입 대비 산출이 더 높다고 인식하는 경우에는 대체로 죄책감을 줄이기 위한 심리적 보상 메커니즘이 작동한다. 이 경우 자신의 성과를 정당화하려는 인지적 반응이나, 혹은 실제로 더 많은 노력을 기울이는 식으로 스스로 균형을 맞추려 하기도 한다. 공공조직에서는 드물지만, 과도한 인정이나 보상이 불편하게 느껴져 자신의 기여를 의도적으로 낮추는 태도를 취하는 경우도 있을 수 있다.

공정성 이론은 절대적 보상 수준보다 상대적 처우에 대한 인식이 조직 내 동기부여에 큰 영향을 미친다는 점을 강조한다. 특히 공공조직은 임금이나 보상이 획일적이고 직무 간 차별이 적은 구조적 특성이 있는 만큼, 직원들은 상대적으로 더 민감하게 자신의 위치를 타인과 비교할 수 있다. 따라서 관리자와 조직 설계자는 단지 보상의 분배 그 자체보다도 그 과정이 공정하다고 인식되도록 만드는 것이 핵심임을 인식해야 한다. 이를 위해서는 평가 기준과 보상 방식에 대한 충분한 설명, 비교 기준의 투명성, 주기적인 피드백과 의견 수렴 과정이 필요하다. 또한 준거 집단이 동료나 타 부서뿐 아니라 민간과의 비교로 확장될 수 있음을 인식하고, 조직의 외부 이미지와 내부 처우 간 균형도 고려할 필요가 있다.

공정성 이론은 매우 현실적인 설명 틀을 제공하지만, 몇 가지 한계점도 함께 갖고 있다. 첫째, 무엇이 공정한 투입이고 정당한 산출인지에 대한 기준이 사람마다 다르기 때문에, 동일한 보상 제도도 어떤 사람에게는 불공정하게 인식될 수 있다. 둘째, 비교 대상이 사람마다 다르기 때문에 관리자 입장에서 모든 구성원의 공정성 인식을 만족시키는 것은 사실상 불가능하다. 셋째, 비교 자체가 지나치게 강조되면 조직 내 경쟁과 갈등이 심화되고, 협력보다는 상대적인 유리함을 추구하는 조직문화로 이어질 수 있다. 이 때문에 공정성 이론은 절차적 공정성(procedural justice), 상호 존중의 조직문화와 함께 고려되어야 하며, 단순한 보상의 분배를 넘어서서 그 배경과 설명, 수용 과정까지 포함하는 통합적 접근이 필요하다.

3. 목표설정이론(Goal-Setting Theory)

로크와 레이덤(Locke & Latham, 1990)의 목표설정 이론(Goal-Setting Theory)은 개인이 명확하고 도전적인 목표를 가지고 있을 때 더 높은 동기와 성과를 보인다고 설명한다. 이 이론은 다른 동기이론과 달리, 욕구나 비교, 기대와 같은 간접적인 요인이 아니라 '목표 그 자체'가 동기의 직접적 원천이 된다고 본다.

로크는 사람들이 목표를 설정하고 이를 달성하고자 할 때, 동기가 자연스럽게 생겨난다고 보았다. 특히 다음과 같은 조건이 충족될 때 목표는 가장 효과적인 동기 수단이 된다고 지적한다.

- **구체성(Specificity):** 목표는 구체적이고 명확해야 한다(예: "더 열심히 일하겠다"보다 "이번 분기 민원처리 평균 10% 향상").
- **도전성(Challenge):** 너무 쉬운 목표는 성과를 높이지 못하며, 도전적이되 달성 가능해야 한다.
- **수용(Commitment):** 목표는 조직이 일방적으로 부여하기보다 개인이 동의하고 받아들여야 한다.
- **피드백(Feedback):** 목표 달성에 대한 진행 상황을 알 수 있어야 조절이 가능하다.

이러한 요소들은 동기를 지속적으로 유지하고, 구성원이 자신의 성과를 조정하며 몰입하게 만드는 핵심적인 조건이다.

목표설정이론과 공공부문 성과관리

한 시청의 민원 행정 부서가 "민원 만족도를 높이자"는 모호한 목표를 제시하는 대신, "3개월 내 민원 평균 처리 기간을 7일에서 5일로 단축"이라는 구체적이고 측정 가능한 목표를 제시했다면, 직원들은 그 목표를 기준으로 행동을 계획하고 성과를 추구하게 된다. 또 성과에 따라 주기적으로 피드백이 제공된다면, 목표 달성에 대한 책임감과 참여 의식은 더욱 높아질 수 있다. 또한 구성원 스스로 목표 설정 과정에 참여했을 때, 목표에 대한 몰입과 수용 수준이 높아지는 경향이 있다. 공공부문에서는 상향식 참여 기반의 목표관리제도(MBO)나 성과계약제도 등이 로크의 이론적 배경 위에 설계된 제도이다.

래이덤 등(Latham et al, 2008)은 공공부문에서 목표설정과 성과관리의 실증적 효과를 제시하였다. 미국 및 유럽의 여러 공공기관에서 구체적이고 도전적인 목표 설정 → 피드백 → 평가 및 코칭을 포함한 성과관리 시스템을 도입한 결과, 실제로 직원의 성과와 몰입 수준이 향상되었음을 확인하였다. 특히 이들은 고성과 사이클(High Performance Cycle) 모델을 통해 공공기관에서 높은 목표 설정 → 전략 탐색 → 성과 향상 → 보상 및 만족 → 장기 조직 몰입 및 도전 추구가 가능한 사이클이 이루어질때 공공조직의 성과가 향상될 수 있음을 확인하였다. 또한 이들은 학습이 필요한 상황에서는 성과목표(performance goal)보다는 학습목표(learning goal)를 설정하는 것이 더 적절하다고 주장하였다. 예컨대, 새로운 제도를 도입하거나 신규 직원이 업무 적응 중일 경우, 성과목표보다는 "제도 운영 절차 완전 숙지하기"와 같은 학습목표가 더 효과적이라는 것이다. .

공공부문에서 성과 목표는 종종 모호하거나 정치적 고려로 인해 명확히 설정되기 어렵다는 비판도 있다(Chun & Rainey, 2005a; 2005b). 이때는 행동 기반 목표(behavioral goal)를 중심으로 성과관리 제도를 설계하는 것이 대안이 될 수 있다. 예를 들어, "고객 민원 응대의 질 향상"이라는 모호한 목표 대신, "첫 응답 시 인사말 사용, 요청사항 반복 확인, 마무리 인사 포함" 등의 행동 척도(BOS: Behavioral Observation Scale)를 중심으로 구성원이 실천해야 할 구체적 행동을 제시할 수 있다.

목표설정 이론은 매우 실천적인 이론이지만, 한계도 존재한다. 첫째, 지나치게 도전적인 목표는 오히려 구성원에게 스트레스를 유발하거나 목표 회피로 이어질 수 있다. 둘째, 목표가 수치화된 성과 중심으로만 설정될 경우, 단기적 성과에만 몰두하고 공공성이나 질적 요소는 간과될 수 있다. 셋째, 구성원이 목표에 동의하지 않거나 목표 수립 과정에서 소외될 경우, 오히려 반감이 생기고 동기부여 효과가 떨어질 수 있다. 따라서 공공부문에서는 목표설정이론을 기반으로 하되, 목표의 정당성, 조직 문화와의 조화, 피드백 체계와의 연계 등 보다 세심한 접근이 필요하다.

제 3 절 내재적 동기와 관련된 이론들

Ⅰ. 자기결정 이론(Self-Determination Theory)

"사람은 누군가에게 인정받고, 스스로 의미 있다고 느낄 때 더 열심히 일한다." 데시와 라이언(Deci & Ryan, 1985)의 자기결정 이론(Self-Determination Theory)은 기존의 동기 이론들이 주로 외재적 보상(급여, 승진, 인센티브)에 초점을 맞췄던 것과 달리, 내재적 동기(intrinsic motivation)의 중요성을 강조하는 이론이다. 이 이론은 인간이 스스로 행동하고자 하는 내적인 힘이 어떻게 형성되는지를 설명한다.

자기결정 이론에 따르면 내재적 동기란 어떤 행동이 그 자체로 즐겁고 의미 있을 때 생기는 동기이며, 이러한 동기를 활성화하기 위해서는 다음의 세 가지 심리적 욕구(psychological needs)가 충족되어야 한다.

- **자율성(Autonomy):** 자신의 행동이 외부에 의해 강요된 것이 아니라, 스스로 선택하고 조절하고 있다는 감각
- **유능감(Competence):** 과업을 잘 수행할 수 있다는 능력감, 성취감과 성장 가능성에 대한 인식
- **관계성(Relatedness):** 타인과의 연결감, 소속감과 인정받고 있다는 느낌

이 세 가지는 인간이 본질적으로 추구하는 기본 심리욕구이며, 이를 충족할 때 사람은 외부 보상이 없어도 자발적으로 활동에 몰입하게 된다. 이는 특히 공공부문처럼 금전적 보상이 제한적이고, 공익성과 사회적 가치가 중요한 조직에서 매우 중요한 동기 메커니즘이다.

주민센터 A주무관의 민원 응대

한 지역 주민센터의 A주무관은 급여 인상이나 인센티브가 없더라도 민원인에게 먼저 인사하고, 불편함을 해결해주기 위해 정성을 다한다. 그는 "나 때문에 한 사람이 편해졌다는 게 뿌듯해요"라고 말한다. A주무관은 조직으로부터 구체적인 보상을 기대하지 않지만, 자신의 행동이 타인에게 의미가 있고, 자신의 역할이 중요하다고 느끼기 때문에 높은 몰입을 보이고 있다. 이는 자율성, 유능감, 관계성이라는 세 가지 욕구가 충족되었을 때 내재적 동기가 얼마나 강력하게 작동하는지를 보여주는 사례이다.

공공부문 구성원은 단순한 급여나 승진 외에도 공익 기여, 시민 만족, 사회 정의 실현 등 보다 고차원적인 가치를 중요하게 여긴다. 자기결정 이론은 이러한 공공봉사 가치(Public Service Values)를 내재적 동기의 근원으로 해석할 수 있는 이론적 토대를 제공한다. 조직이 구성원의 자율성과 유능감을 존중하고, 관계성을 형성할 수 있는 환경(상사와의 소통, 동료와의 협력, 시민과의 상호작용 등)을 제공한다면, 구성원은 외적 보상이 크지 않더

라도 스스로의 일에 헌신하게 된다. 또한 자기결정 이론은 교육훈련, 리더십 개발, 조직 문화 설계 등 다양한 분야에 적용 가능하다. 상사는 단순히 지시하기보다는 구성원이 왜 이 일을 해야 하는지 납득할 수 있도록 동기를 설계해야 하며, 지나친 통제보다 자율성과 성장 가능성을 지원해야 한다.

자기결정 이론은 동기를 '얼마나 높이느냐'보다 어떻게 좋은 질의 동기를 형성할 수 있는가에 초점을 둔다는 점에서 조직 관리에 중요한 방향성을 제시한다. 특히 동기부여를 단순한 인센티브 설계 문제가 아닌, 문화, 관계, 환경 전반의 설계 문제로 확장시키는 이론이라 할 수 있다. 그러나 내재적 동기는 측정이 어렵고, 외부 상황에 따라 쉽게 약화될 수 있다는 점에서 실천적 적용에는 한계도 존재한다. 따라서 외재적 동기를 완전히 배제하기보다는, 외재적 요소를 자율적 방식으로 내면화할 수 있도록 돕는 전략이 필요하다.

Ⅱ. 직무특성이론(Job Characteristics Theory)

핵맨과 올드햄(Hackman & Oldham)은 1976년 「직무를 통한 동기부여: 이론의 검증」(Motivation through the Design of Work: Test of a Theory)이라는 논문에서 직무 설계를 통해 내재적 동기를 높일 수 있는 이론적 틀을 제시하였다. 이 이론은 단순히 보상을 주는 방식이 아닌, 일(work) 자체의 특성이 개인의 동기와 만족에 어떤 영향을 미치는가를 설명하며, 오늘날까지 조직심리학과 인사행정 분야에서 널리 활용되고 있다.

핵맨과 올드햄의 이론에 따르면, 사람들이 내재적인 동기를 느끼기 위해서는 세 가지 심리적 상태가 충족되어야 한다. 첫째, 자신이 하는 일이 가치 있고 의미 있다는 느낌인 과업의 의미를 인식(meaningfulness)이 필요하다. 둘째, 수행한 일의 결과에 대해 스스로 책임감을 느끼는 상태(experienced responsibility)가 있어야 하며, 셋째로는 자신의 일이 어떤 성과를 내고 있는지에 대한 명확한 정보(knowledge of results)가 제공되어야 한다.

이러한 심리 상태는 다음과 같은 다섯 가지 직무 특성에 의해 유발된다. 첫 번째는 기능 다양성(skill variety)으로, 직무가 다양한 기술과 능력을 요구할수록 구성원은 업무를 더욱 도전적이고 흥미롭게 인식하게 된다. 두 번째는 과업 정체성(task identity)인데, 이는 업무 전체 과정을 처음부터 끝까지 완결적으로 수행할 수 있는 정도를 의미하며, 구성원은 자신의 기여를 명확히 인식할 수 있게 된다. 세 번째는 과업 중요성(task significance)으로, 해당 직무가 조직이나 사회, 타인에게 얼마나 큰 영향을 주는지에 대한 인식이다. 네 번째는 자율성(autonomy)이다. 자율성이 높은 직무는 구성원 스스로 의사결정을 하거나 업무 방식을 선택할 수 있는 자유를 제공하므로 책임감과 몰입을 유도할 수 있다. 마지막 다섯 번째는 피드백(feedback)으로, 자신의 업무 결과에 대해 즉각적이고 명확한 정보를 받을 수 있을 때 구성원은 학습과 성장의 기회를 갖게 되며, 지속적인 동기를 유지할 수 있다.

그림 8-2 직무특성 이론

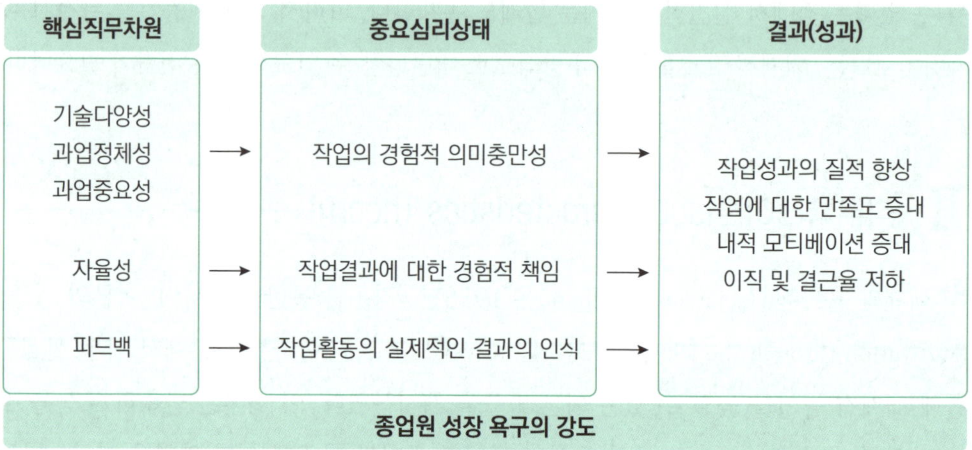

이 다섯 가지 직무특성이 조합되어 직무를 설계하면, 구성원이 자신의 일을 더욱 의미 있게 느끼고, 책임감을 가지며, 스스로 성장과 변화를 체감하게 된다. 특히 이 이론은 내재적 동기 유발의 구조를 이론적으로 설명하면서도 실천적 개입이 가능하다는 점에서 실무적으로 유용하다.

다만, 이러한 직무 특성과 내재적 동기 간의 관계는 모든 구성원에게 동일하게 작용하는 것이 아니라는 점도 주목할 필요가 있다. 핵맨과 올드햄은 특히 개인의 성장욕구 강도(growth need strength)가 이 관계를 조절한다고 강조하였다. 즉, 자신의 업무에서 배움과 성장을 추구하고자 하는 욕구가 높은 사람일수록 직무 특성의 긍정적인 영향을 강하게 받는다. 반면 성장에 대한 욕구가 낮은 경우에는 동일한 직무 특성을 갖추고 있더라도 내재적 동기 수준은 제한적일 수 있다. 이 점은 직무 재설계가 효과를 발휘하기 위해서는 조직 구성원의 특성과 동기유형을 충분히 고려해야 함을 시사한다.

공공조직은 직무가 세분화되어 있고, 절차와 규칙이 엄격한 경우가 많아 구성원이 자신의 일을 자율적이고 통합적으로 경험하기 어려운 구조일 수 있다. 따라서 직무특성이론은 공공부문에서 조직 구성원의 내재적 동기를 높이기 위한 직무 재설계의 방향을 제시해준다.

예를 들어, 민원창구 직원이 단순히 접수만 담당하는 것이 아니라, 문제 해결의 전 과정을 함께 경험할 수 있도록 업무 범위를 확장하거나, 시민 피드백을 직접 받을 수 있는 채널을 마련해주는 것 등이 이론의 적용 사례가 될 수 있다.

직무 확장을 통한 동기부여: 사회복지센터의 사례

사회복지센터의 B주무관은 지역 어르신 돌봄 프로그램을 담당하고 있다. 단순히 서류 처리만 하는 것이 아니라, 프로그램 기획부터 예산 신청, 현장 운영, 만족도 조사까지 모든 과정을 주도적으로 수행한다. 다양한 기술이 요구되고(skill variety), 처음부터 끝까지 자신이 책임지며(task identity), 어르신들의 삶의 질에 영향을 미친다는 점에서(task significance) 이 일은 매우 의미 있게 다가온다. 또한 프로그램 운영 방식을 직접 기획할 수 있는 자율성(autonomy)과, 참여자의 반응이나 수치를 통해 즉각적으로 피드백(feedback)을 받을 수 있는 환경이 조성되어 있다. 이처럼 다섯 가지 직무특성이 모두 충족되자, B주무관은 외부 보상이 크지 않더라도 스스로 동기를 느끼며 적극적으로 일에 몰입하고 있다.

직무특성이론은 동기의 근원을 직무 그 자체에 두며, 외적 보상에 의존하지 않고도 몰입을 유도할 수 있다는 점에서 매우 중요한 접근이다. 그러나 공공조직에 적용할 때 다음과 같은 구조적 제약이 존재한다.

첫째, 공공부문은 법과 규정 중심의 운영이 강조되기 때문에 직무의 자율성을 부여하기 어려운 경우가 많다. 표준화된 매뉴얼, 보고체계, 통제 중심의 관리 방식은 직무 재설계의 가능성을 제한한다. 둘째, 직무 확대나 기능 다양성 증진은 인력 배분이나 예산 제약으로 인해 실현이 어려운 경우가 있으며, 특히 저성과자 중심의 공정성 논란이 제기될 수 있다. 셋째, 피드백 체계의 부족 역시 문제가 될 수 있다. 성과에 대한 즉각적이고 명확한 피드백이 어려운 업무 특성상, 조직원은 자신의 기여를 체감하기 어렵고 동기화가 약화될 수 있다.

그럼에도 불구하고 직무특성이론은 다음과 같은 중요한 의의를 갖는다. 공공조직의 운영 효율성을 높이기 위해서는 단순한 성과평가보다는 직무 설계를 통한 내재적 동기의 유도가 더욱 지속 가능하고 장기적인 전략이 될 수 있다. 특히 자율성과 책임성을 동시에 부여하는 구조는, 공공의 신뢰를 회복하고, 구성원의 헌신을 이끌어낼 수 있는 중요한 조직 운영의 원칙이 될 수 있다. 또한 직무특성이론은 '보상이 없어도 몰입할 수 있는 일'의 조건이 무엇인지 명확하게 설명해준다. 조직은 단지 인센티브를 늘리는 방식이 아니라, 직무 자체의 의미를 어떻게 설계할 것인가에 대한 전략을 가져야 한다. 특히 공공조직은 '공익'이라는 가치를 구현하기 위한 수단으로 직무를 설계해야 하며, 구성원들이 자신이 하는 일이 타인에게 실질적 영향을 미친다는 감각을 느낄 수 있도록 도와야 한다. 직무가 곧 동기라는 관점에서 볼 때, 직무 설계의 방식은 공공조직의 성과뿐 아니라 구성원의 헌신과 만족도에 직결된다. 공공조직이 직무의 본질을 다시 설계할 때, 이 이론은 매우 실천적인 기준을 제공해준다.

Ⅲ. 공공봉사동기 이론(Public Service Motivation, PSM)

공공봉사동기(Public Service Motivation, PSM)는 다른 사람을 위하여 선행을 하거나, 공공성을 높이고 사회의 안녕에 기여하고자 하는 동기로 정의할 수 있다(Perry & Hondeghem, 2008). 기존의 동기부여 이론들이 개인의 욕구 충족을 중심으로 설명되었던 반면, 공공봉사동기 학자들은 이러한 쾌락주의적 접근은 공직자의 이타적 행동을 설명하기 어렵다고 비판하였다 .

페리와 와이즈(Perry & Wise, 1990)는 공공봉사동기에는 합리적(rational), 규범적(normative), 감성적(affective) 세 가지 모티브가 있을 수 있음을 제안하였다. 합리적 모티브는 개인의 이익과 사회의 이익이 떨어질 수 없는 것임을 인식하고, 공익을 추구함으로써 자신의 이익도 극대화하려는 동기를 말한다. 규범적 모티브는 공공의 이익과 국가에 충성하고 사회 정의를 달성하고자 하는 모티브를 말하며, 감성적 모티브는 타인의 고통에 대한 공감과 이타성에서 비롯된다. 이러한 세 가지 모티브를 바탕으로 페리(Perry, 1996)는 공공봉사동기를 네 가지 하위 차원으로 구체화하였다.

- **공공 정책 수립에 대한 호감(attraction to public policy making)**: 공공정책 과정에 참여하거나 특정 이해집단을 옹호하는 활동에 대한 관심을 의미하며, 이는 합리적 모티브와 연결된다.
- **공익과 시민 의무에 대한 헌신(commitment to public interest and civic duty)'**: 공익을 사익보다 중요하게 여기는 자세로, 규범적 모티브에 기반한다.
- **동정심(compassion)**: 타인의 고통이나 어려움을 공감하고 도와주려는 태도이다
- **자기희생(self-sacrifice)**: 더 큰 공익을 위해 자신의 이익을 기꺼이 희생하고자 하는 마음을 의미한다. 동점심과 자기희생은 감성적 모티브에 해당한다.

사례: "세상을 더 나은 방향으로 바꾸고자 하는 마음, 그것이 공직자의 진짜 연료다."

지방자치단체에서 재난안전 업무를 맡고 있는 김주무관은 태풍, 폭우 등 자연재해가 발생할 때마다 밤낮을 가리지 않고 현장 대응에 나선다. 그는 "사람들이 무사히 하루를 보내는 데 내가 기여할 수 있다는 것이 큰 보람입니다"라고 말한다. 수당이나 승진이 아닌, 시민의 안전이라는 공공의 가치를 실현하려는 동기가 그를 움직이게 한다. 김주무관의 사례는 공공봉사동기가 실제로 공직자의 태도와 행동에 어떤 영향을 미치는지를 잘 보여주는 사례이다.

공공봉사동기 이론은 다양한 방향으로 발전해 왔다. 페리(Perry, 1996)는 네 가지 측정차원을 통해 PSM의 경험적 기반을 마련하였으며, 반덴나빌(Vandenabeele, 2007; 2008)은 민주적 책임과 시민참여를 포함한 공공가치 중심의 접근을 강화하였다. 김상묵(Kim, 2009; 2011; 2012)은 다양한 문화권에서 PSM이 어떻게 다르게 발현되는지를 분석하고, 공공가치에 대한 헌신, 공공서비스에 대한 매력도 등을 반영한 측정도구를 개발하였다. 이처럼 공공봉사동기는 문화적 맥락에 따라 다양하게 조정 가능한 보편성과 유연성을 지닌 개념으로 발전하고 있다. 또한 초기에는 공공봉사동기를 개인의 성향(trait)으로 간주하는 경향이 강했으나, 최근에는 조직 내 사회화, 리더십, 조직문화 등을 통해 형성되고 강화될 수 있는 가치 기반의 동기로 이해하는 흐름이 강해지고 있다(Kim, 2009; Vandenabeele, 2007).

PSM은 단순히 윤리나 이상이 아닌, 실제 조직성과와 직무태도에 영향을 미치는 실질적 동기이다. 특히, 공공봉사동기는 공무원의 성과와 직무 만족에 중요한 영향을 미친다는 실증적 연구결과들이 다수 제시되어 왔다. 예를 들어, 김태호·노종호(2010), 류종

용·이창원(2016), 오화선·박성민(2014), 최낙범·전대성(2016) 등의 연구는 공공봉사동기가 높은 공무원이 업무에서 더 높은 몰입도와 만족감을 보이며, 적극적인 태도와 창의적인 문제 해결 역량을 갖는다는 점을 확인하였다. 공공봉사동기가 높은 공무원은 직무만족과 조직몰입 수준이 높고, 시민 중심의 태도와 헌신적인 직무수행을 보이며, 비상 상황에서도 공익을 중심으로 문제를 해결하려는 경향을 보인다. 또한 이들은 외재적 보상보다 내재적 보상을 더 중요하게 여기며, 이는 자기결정이론과 연결된다. 자율성, 성장 가능성, 인정, 그리고 공직이라는 일 자체의 의미를 더욱 중시한다는 점에서, 이들의 동기를 유도하기 위한 정책적 개입도 내재적 요인을 중심으로 설계되어야 한다.

그러나 공공봉사동기 이론에도 몇 가지 한계가 존재한다. 첫째, PSM은 일반적으로 긍정적 동기로 간주되지만, 공익에 대한 과도한 집착은 조직 규범과 충돌하거나 번아웃을 유발할 수 있다(Brewer & Selden, 1998). 둘째, 문화적 요인에 따라 PSM의 개념과 구성요소가 다르게 해석될 수 있어, 하나의 측정도구가 모든 상황에 적용되기 어렵다는 비판도 있다. 셋째, 한국과 같이 공직에 대한 인기가 높은 환경에서는 PSM이 입직 이전보다는 입직 이후 조직 내에서 어떻게 형성되고 강화될 수 있는지가 더 중요한 과제가 된다.

그렇다면, 나의 공공봉사동기는 얼마나 될까? 김상묵 등(Kim et al.. 2013)은 다국적 연구자들과 협력하여 12개국에서 사용할 수 있는 국제 공통의 공공봉사동기 측정도구를 개발하였다. 이 측정도구는 자기희생(self-sacrifice)을 핵심 요소로 두고, 다음과 같은 네 가지 차원으로 구성된다.

- **공공참여에 대한 매력(Attraction to Public Participation, APP):** 지역사회 문제 해결과 정책 과정 참여에 대해 적극적이고 긍정적인 태도를 나타낸다. 이는 기존의 정책 참여 선호 차원을 재정의한 것으로 볼 수 있다.
- **공공가치에 대한 헌신(Commitment to Public Values, CPV):** 평등, 지속가능성, 책임성과 같은 공공가치에 대한 개인의 내적 동의를 측정한다.
- **동정심(Compassion, COM):** 사회적 약자나 고통받는 사람들에 대한 감정적 공감 능력을 평가한다.
- **자기희생(Self-Sacrifice, SS):** 사회의 공동선을 위해 개인적 이익을 기꺼이 희생하려는 경향성을 의미한다.

이 설문지를 통해 자신의 공공봉사동기 성향을 측정해보고, 각 차원에서 높은 점수를 기록한 경우 어떤 방식으로 공공조직에서의 일에 적합한지를 탐색할 수 있다. 이는 단순한 적성 검사 이상의 의미를 가지며, 공공부문에서 요구되는 윤리적 책임감과 공동체적 사고방식을 갖춘 인재로 성장하기 위한 성찰적 기초가 될 수 있다.

표 8-5 공공봉사동기 측정 설문지[1]

	전혀 그렇지 않다	별로 그렇지 않다	그저 그렇다	대체로 그렇다	매우 그렇다
1. 나는 지역사회에 도움이 되는 활동에 참여하는 사람들을 존경한다.	☐	☐	☐	☐	☐
2. 시민에게 동등한 기회를 제공하는 것이 매우 중요하다.	☐	☐	☐	☐	☐
3. 나 자신보다 시민으로서의 의무를 우선시해야 한다.	☐	☐	☐	☐	☐
4. 어려움에 직면한 사람들을 보면 안타까운 마음이 든다.	☐	☐	☐	☐	☐
5. 공공정책을 만들 때에는 미래세대의 이익도 고려하는 게 중요하다.	☐	☐	☐	☐	☐
6. 사회를 위해 나 자신의 희생을 감수할 준비가 되어 있다.	☐	☐	☐	☐	☐
7. 윤리적으로 행동하는 것은 공무원에게 필수적이다.	☐	☐	☐	☐	☐
8. 내가 공공선(公共善)을 위해 기여하는 것은 중요하다.	☐	☐	☐	☐	☐
9. 사회적 약자의 어려운 처지를 보면 동정심을 느낀다.	☐	☐	☐	☐	☐
10. 나는 사회를 위해 개인적인 손실도 기꺼이 수용할 수 있다.	☐	☐	☐	☐	☐
11. 사회문제를 해결하려는 활동에 동참하는 것이 중요하다	☐	☐	☐	☐	☐
12. 의미 있는 공공봉사는 나에게 매우 중요하다.	☐	☐	☐	☐	☐

1 출처: Kim, S., Vandenabeele, W., Wright, B. E., Andersen, L. B., Cerase, F. P., Christensen, R. K., ... &Palidauskaite, J. (2013). Investigating the structure and meaning of public service motivation across populations: Developing an international instrument and addressing issues of measurement invariance. Journal of Public administration research and theory, 23(1), 79-102.

13. 시민들이 지속적으로 행정서비스를 제공받는 것이 중요하다.	☐	☐	☐	☐	☐
14. 부당하게 대우받는 사람들을 보면 매우 화가 난다.	☐	☐	☐	☐	☐
15. 다른 사람들의 복지를 고려하는 것이 매우 중요하다.	☐	☐	☐	☐	☐
16. 비록 내가 비용을 지불하게 되더라도, 가난한 사람들을 돕기 위한 좋은 계획에 찬성한다.	☐	☐	☐	☐	☐

출처: Kim, et al (2013).

요약

이 장에서는 공공조직 내에서 구성원들의 행동을 이끌어내는 핵심적인 심리적 원천인 '동기'의 개념을 중심으로 전통적 동기이론부터 공공부문에 특화된 이론까지 폭넓게 다루고 있다. 동기란 개인이 특정한 방식으로 행동하도록 유도하는 심리적 에너지로, 조직에서는 단순한 지시보다 구성원 스스로의 내적 에너지가 중요하다. 특히 공공조직은 이윤보다 공익을 추구하며 다양한 제약 속에서 업무를 수행해야 하므로 내재적 동기와 공공가치에 대한 헌신이 중요한 역할을 한다.

첫째, 고전적 동기이론에서는 매슬로의 욕구위계이론, 허츠버그의 동기-위생이론, 맥클리랜드의 성취동기이론, 앨더퍼의 ERG 이론 등이 소개되었다. 이들은 인간의 다양한 욕구가 어떻게 행동을 유도하는지 설명하며, 공공조직에서는 경제적 보상뿐 아니라 공익, 책임감, 자아실현 등 고차원적 욕구가 중요하다는 시사점을 제공한다. 이를 통해 조직관리자는 구성원의 욕구를 파악하고 이를 충족시키는 환경을 조성해야 함을 강조하고 있다.

둘째, 과정이론에서는 브룸의 기대이론, 아담스의 공정성이론, 로크의 목표설정이론이 소개되었다. 이들은 동기 형성과정에서 개인의 인지적 판단, 타인과의 비교, 명확한 목표 설정이 중요한 역할을 한다고 본다. 공공부문에서도 구성원이 보상을 기대하고 그것이 공정하게 이뤄질 것이라는 믿음이 있어야 지속적인 몰입이 가능하다는 점을 강조하며, 단순한 결과보다는 절차의 공정성과 피드백 체계가 중요함을 시사한다.

셋째, 내재적 동기에 주목한 이론으로는 자기결정이론과 직무특성이론이 다뤄졌다. 이들 이론은 보상보다 자율성, 유능감, 관계성 같은 심리적 욕구의 충족이 동기를 강화한다고 설명한다. 특히 직무특성이론은 직무 설계를 통해 내재적 동기를 유도할 수 있다고 보며, 공공조직에서도 구성원이 직무의 의미를 느끼고 자율적으로 일할 수 있도록 설계하는 것이 중요함을 강조한다.

마지막으로, 공공부문에 특화된 동기이론인 공공봉사동기(PSM)는 공공의 이익을 위해 일하고자 하는 동기를 측정하고 설명한다. 이 이론은 단순한 물질적 보상보다 공공정책에의 참여, 공익에 대한 헌신, 타인에 대한 공감과 자기희생이 중요한 요소임을 제시한다. 최근 연구에서는 PSM이 직무 만족과 조직 몰입에 긍정적인 영향을 준다는 점에서 실제 정책 설계 및 인사관리 전략에도 중요한 이론적 기반이 되고 있다.

사례연구

사례: 떠나는 MZ 공무원 '신의 직장은 옛말'

[앵커]

정년이 보장돼 '철밥통'이라고 불렸던 공무원, 요즘 이 철밥통을 걷어차고 나오는 젊은 공무원들이 크게 늘었습니다. 한때는 서울 명문대를 나와도 9급 공무원 시험을 칠 정도였는데, 공무원 인기가 시들해진 이유 따져보겠습니다.

김자민 기자, 공직을 떠나는 저연차 공무원들이 그렇게 많습니까?

[기자]

네, 1990년대 후반에는 공무원이 신의 직장으로 불렸는데요, 그 당시 태어난 젊은 공무원들은 공직을 떠나고 있습니다. 최근 5년간 퇴직한 10년차 이내 공무원들을 조사했더니, 10명 중 8명이 임용 5년차 이하의 저연차 공무원이였습니다. 5년 안에 그만두는 공무원들의 비율도 매해 증가해 2019년 전체 퇴직자의 17.1%에서 지난해에는 23.7%로 늘었습니다. 한 조사에 따르면 이들이 이직을 희망하는 가장 큰 이유는 '낮은 보수' 때문으로 전체 답변의 74.1%에 달했습니다.

[앵커]

공무원 박봉이란 얘기는 있지만 대체 얼마나 임금이 낮길래 어렵게 시험 합격하고도 그만두는겁니까?

[기자]

올해 9급 초임 공무원의 기본급은 187만7000원입니다. 월봉으로 환산한 최저임금 206만 704원보다 적습니다. 물론 공무원의 봉급에는 각종 수당이 붙습니다. 수당을 더한 월 평균 임금은 251만원이고, 연봉은 올해 처음으로 3000만원을 넘었습니다. 그나마 저연차 공무원 이탈이 늘자 정부가 임금을 전년대비 6.3% 올려준 결과입니다.

[앵커]

임금은 적지만 그래도 공무원들은 공무원 연금 혜택이 좋지 않습니까?

[기자]

네, 맞습니다. 그런데 공무원 연금도 예전같지 않다는 불만이 터져나옵니다.

김선태 주무관 / 충주시 유튜브

(근데 공무원은 연금이 있지 않나요) "연금 박살 난 지가 언젠데 여러분 공무원연금 국민연금보다 안 좋습니다. 공무원연금 없애주시고 퇴직금을 주세요. 퇴직금 퇴직금을 줘야 될 거 아니야"

공무원의 가장 큰 장점이었던 공무원 연금은 2015년 시작된 연금 체계 개편으로 기여금 부담률은 상승하고, 지급액은 하락했습니다. 장점이 희미해지자 공무원 인기도 뚝 떨어졌습니다. 2011년 93:1에 달했던 9급 공무원 시험 경쟁률은 해마나 낮아져 올해는 22:1 수준으로 역대 최저를 기록했습니다.

[앵커]

임금도 문제지만, MZ세대들한테 공무원의 수직적 조직 문화가 안 맞는 거 아닙니까?

[기자]

네, 사진 먼저 보실까요. 지난해 춘천시 새내기 공무원들이 자신의 명찰이 붙은 나무를 심는 모습입니다. 젊은 공무원들의 퇴직이 늘자 춘천시가 공무원 자긍심을 마련한다며 연 행사인데, 시대와 동떨어진 발상이라는 논란이 일었습니다. 낮은 임금, 효율성이 떨어지는 경직된 조직문화, 끊이지 않는 악성 민원, 그리고 평생직장에 대한 인식이 허물어지면서 MZ공무원 이탈이 늘고 있다는 분석이 나옵니다.

[교수 인터뷰]

"자기 커리어를 위해서 대기업에 다니시는 분들도 최소한 3, 4번은 바꾼다고 생각을 하고 있는데 그러한 현상들이 이제 공무원 조직에도 많이 들어오게 되는 거죠"

[앵커]

국민 세금으로 월급을 받다보니 모든 걸 감내하던 때도 있었지만, 이제 시대가 바뀐만큼 거기 걸맞는 대우와 문화가 있어야겠다 싶기도 하네요. 김자민 기자 수고했습니다.

출처: TV 조선, 2024 3.11 김지민 기자 https://news.tvchosun.com/site/data/html_dir/2024/03/11/2024031190198.html

사례분석질문

1. 직무특성이론(Job Characteristics Theory)의 관점에서 볼 때, MZ세대 공무원이 겪는 직무는 내재적 동기를 자극할 수 있는 요소(기능 다양성, 과업 정체성, 과업 중요성, 자율성, 피드백)를 충분히 제공하고 있는가? 각각의 요소가 어느 정도로 충족되었는지 추론해보라.
2. 공정성 이론(Equity Theory)에 따르면 사람들은 자신과 타인의 투입-산출 비율을 비교한다. MZ세대 공무원들이 체감하는 '불공정성'은 어떤 방식으로 나타나는가? 그에 대한 반응은 어떤 형태로 나타났는가(예: 이직, 무기력, 소극적 태도 등)?
3. 기대이론(Expectancy Theory)의 세 요소인 기대(expectancy), 수단성(instrumentality), 유인가(valence)를 기준으로, MZ세대 공무원의 퇴직 현상을 어떻게 설명할 수 있는가? 세 요소 중 어떤 부분에서 동기 저해가 발생했는지 분석해보라.
4. 공공봉사동기이론(PSM)의 관점에서 볼 때, MZ세대 공무원들은 공공가치 실현, 이타심, 자기희생에 기반한 동기를 갖고 입직했는가? 입직 이후 조직 환경은 이러한 동기를 강화하거나 약화시키는 방향으로 작용했는가?
5. 자기결정이론(Self-Determination Theory)의 세 핵심 욕구(자율성, 유능감, 관계성)가 충족되지 않았을 때 어떤 현상이 발생할 수 있는가? MZ세대의 조직문화 불만과 연계하여 해석해보라.
6. (발표 제안 문제) 위 이론 중 두 가지를 선택하여 본 사례를 분석하고, 이론 간 설명력의 차이를 비교하라. 뉴스 기사에 등장한 행정기관의 대응(예: 나무 이름표, 신입 직원 배려 캠페인 등)이 어떤 이론에 기반한 해결책인지 논의하라. 여러분이 정책 담당자라면, 이 문제를 해결하기 위해 어떤 전략을 도입하겠는가? 동기이론 중 하나를 근거로 설계하라.

연습문제 및 토의질문

연습문제

1. 매슬로의 욕구위계이론에서 '자아실현 욕구'는 어떤 의미이며, 공공조직에서는 어떤 방식으로 충족될 수 있는가?
2. 앨더퍼의 ERG 이론에서 세 가지 욕구 차원을 쓰고, 각각의 욕구는 어떤 상황에서 동시에 나타날 수 있는지 간단히 설명하라.
3. 허츠버그의 이요인이론에서 '동기요인'과 '위생요인'의 차이를 설명하고, 두 요인이 조직 몰입에 미치는 영향을 비교하라.
4. 맥클리랜드(McClelland)의 성취동기이론에서 성취욕구, 권력욕구, 친교욕구 각각의 특성과 조직 내에서 어떤 행동으로 나타나는지 간단히 서술하라.
5. 기대이론(expectancy theory)의 세 요소(expectancy, instrumentality, valence)를 정의하고, 세 가지 중 하나라도 낮을 경우 동기가 어떻게 영향을 받는지 설명하라.
6. 공정성이론에 따르면 개인은 자신의 투입-산출 비율을 어떻게 인식하고 비교하는가? 이때 불공정하다고 느낄 경우 나타나는 반응을 예를 들어 서술하라.
7. 목표설정이론(goal-setting theory)에 따르면 동기를 유발하는 효과적인 목표의 특성은 무엇인가?
8. 자기결정이론(self-determination theory)에서 자율성, 유능감, 관계성 각각의 욕구가 충족되지 않을 경우 어떤 현상이 나타날 수 있는지 서술하라.
9. 직무특성이론에서 동기유발 가능점수(MPS)를 계산하는 공식을 쓰고, 피드백 점수가 1점일 경우 전체 동기수준에 어떤 영향을 줄 수 있는지 예를 들어 설명하라.
10. 공공봉사동기(PSM)의 네 가지 차원을 쓰고, 공공조직에서 이를 높이기 위해 어떤 조직 문화를 조성해야 하는지 간단히 설명하라.

토의질문

1. MZ세대 공무원들이 조기 퇴직하는 현상은 어떤 동기 이론으로 설명할 수 있을까? 이론의 세부 요소와 실제 퇴직 원인 간의 연결점을 생각해보자.

2. 공공조직에서는 민간처럼 높은 보상을 기대하기 어렵다. 그렇다면 직무 설계를 어떻게 바꾸면 직원들의 내재적 동기를 높일 수 있을까?
3. 공공봉사동기는 타고난 성향일까, 아니면 조직에서 길러지는 걸까? 다양한 경험과 조직문화가 개인의 동기에 어떤 영향을 줄 수 있을지 이야기해보자.
4. 공정성이 부족하다고 느낄 때 사람들은 어떤 방식으로 반응하게 될까? 실제 공공기관에서의 사례를 바탕으로 다양한 반응과 그 결과를 떠올려보자.
5. 공공조직에서 도전적이고 구체적인 목표를 설정하는 것이 왜 중요한지, 그리고 그런 목표 설정이 현실적으로 어려운 이유는 무엇일까?
6. 외재적 보상이 너무 강조되면 오히려 동기를 떨어뜨릴 수도 있다는 이론이 있다. 공공조직에서 성과급이나 승진제도는 구성원의 동기에 어떤 영향을 줄 수 있을까?
7. 공공봉사동기를 가진 사람들을 채용하고, 그들의 동기를 계속 유지하기 위해 공공기관은 어떤 조직문화나 제도를 운영하는 것이 효과적일까?

참고 문헌

김태호·노종호. (2010). 공공봉사동기가 조직 구성원의 혁신행동에 미치는 영향에 관한 연구. 「행정논총」, 48(3): 143-168.

류종용·이창원. (2016). 우리나라 공무원의 변혁적 리더십, 거래적 리더십과 공공봉사동기가 하급공무원의 조직시민행동에 미치는 영향. 「정책분석평가학회보」, 26(3): 137-161.

오화선·박성민. (2014). 공직봉사동기가 직무만족에 미치는 영향력 분석: 개인-조직 적합성 및 개인-직무 적합성의 매개효과를 중심으로. 「한국정책학회 춘계학술발표논문집」, 231-258.

최낙범·전대성. (2016). 경찰관의 공공봉사동기(PSM)와 직무만족에 관한 연구: 직무특성의 조절효과를 중심으로.「한국정책학회보」, 25(1): 129-159.

Adams, J. S. (1965). Inequity in social exchange. In L. Berkowitz (Ed.), *Advances in experimental social psychology* (Vol. 2, pp. 267-299). Academic Press.

Alderfer, C. P. (1969). An empirical test of a new theory of human needs. *Organizational Behavior and Human Performance*, 4(2): 142-175.

Chun, Y. H. & H. G. Rainey. (2005a). Goal ambiguity in U.S. federal agencies. *Journal of Public Administration Research and Theory*, 15(1): 1-30.

____________________. (2005b). Goal ambiguity and organizational performance in U.S. federal agencies. *Journal of Public Administration Research and Theory*, 15(4): 529-557.

Deci, E. L. & R. M. Ryan. (1985). *Intrinsic motivation and self-determination in human behavior*. Plenum.

Hackman, J. R. & G. R. Oldham. (1976). Motivation through the design of work: Test of a theory. *Organizational Behavior and Human Performance*, 16(2): 250-279.

Herzberg, F., B. Mausner & B. B. Snyderman. (1959). *The motivation to work* (2nd ed.).

Wiley.

Kim, S. (2006). Public service motivation and organizational citizenship behavior in Korea. *International Journal of Manpower*, 27(8): 722-740.

______. (2009a). Revising Perry's measurement scale of public service motivation. *American Review of Public Administration*, 39(2): 149-163.

______. (2009b). Testing the structure of public service motivation in Korea: A research note. *Journal of Public Administration Research and Theory*, 19(4): 839-851.

______. (2011). Testing a revised measure of public service motivation: Reflective versus formative specification. *Journal of Public Administration Research and Theory*, 21(3): 521-546.

______. (2012). Does person-organization fit matter in the public sector? Testing the mediating effect of person-organization fit in the relationship between public service motivation and work attitudes. *Public Administration Review*, 72(6): 830-840.

______. (2017). Public service motivation, organizational social capital, and knowledge sharing in the Korean public sector. *Public Performance & Management Review*, 40(3): 576-596.

______. (2020). Education and public service motivation: A longitudinal study of high school graduates. *Public Administration Review*, 80(4): 606-615.

Latham, G. P., L. Borgogni & L. Petitta. (2008). Goal setting and performance management in the public sector. *International Public Management Journal*, 11(4): 385-403.

Locke, E. A. & G. P. Latham. (1990). *A theory of goal setting and task performance*. Prentice Hall.

Maslow, A. H. (1943). A theory of human motivation. *Psychological Review*, 50(4): 370-396.

McClelland, D. C. (1961). *The achieving society*. Van Nostrand.

Perry, J. L. (1996). Measuring public service motivation: An assessment of construct reliability and validity. *Journal of Public Administration Research and Theory*,

6(1): 5-22.

Perry, J. L. & A. Hondeghem (Eds.). (2008). *Motivation in public management: The call of public service*. Oxford University Press.

Perry, J. L. & L. R. Wise. (1990). The motivational bases of public service. *Public Administration Review*, 50(3): 367-373.

Vandenabeele, W. (2007). Toward a public administration theory of public service motivation: An institutional approach. *Public Management Review*, 9(4): 545-556.

________________. (2008). Government calling: Public service motivation as an element in selecting government as an employer of choice. *Public Administration*, 86(4): 1089-1105.

Vroom, V. H. (1964). *Work and motivation*. Wiley.

9장 공공관리와 공직윤리

| 전소희 |

학습목표

1. 공직윤리의 개념과 필요성을 이해할 수 있다.
2. 공무원의 책임성 유형에 대해 학습한다.
3. 공직윤리 확립을 위한 내·외적 통제 매커니즘을 비교하고 평가할 수 있다.
4. 우리나라의 주요 공직윤리제도를 이해하고 설명할 수 있다.
5. 공직윤리제도의 개선 방향에 대해 비판적으로 사고하고 대안을 제시할 수 있다.

제 1 절 공직윤리의 개념 및 중요성

공직윤리(public ethics)는 공직자가 그 업무를 수행함에 있어 지켜야 할 행동규범으로써, 이는 공직자의 책임성 있는 의사결정 및 행동을 담보함으로써 궁극적으로 공공조직이 추구하는 공익의 달성에 이바지함을 목표로 한다(전소희, 2024). 이윤의 극대화를 목표로 하는 민간 조직의 경우와 달리, 공공조직은 공익(public interest)의 추구를 그 존재 근거이자 목표로 한다(김태호·노종호, 2010). 이러한 목표를 가진 공공조직에 종사하는 이들, 즉 공무원은 전체 국민을 대신하여 국민을 위해 일하는 국민의 수탁자(fiduciary citizen)로 이해되며(Cooper, 2012), 공무원의 업무 수행 과정에서의 의사결정 및 행동은 공익의 달성에 이바지할 수 있는 것이어야 한다. 우리나라의 현행헌법 또한 "공무원은 국민전체에 대한 봉사자이며, 국민에 대하여 책임을 진다"고 함으로써(제7조 제1항), 공무원은 특정 집단을 위하여 일하는 것이 아니라 국민의 공복으로서 공익을 실현해야 할 의무가 있음을 규정하고 있다(한수웅, 2012). 이러한 맥락에서 공직윤리는 공무원의 책임성 있는 의사결정과 행동을 담보함으로써 공익 달성의 목표에 기여한다.

공직윤리와 유사한 개념으로 행정윤리, 정부윤리 등이 있다. 행정윤리(administrative ethics)는 공무원 가운데 실적제에 따라 임용되고 신분이 보장되는 경력직 공무원[1](professional civil service employees)에 초점을 두고 있다(Jeon, 2021). 공직윤리(public ethics)는 실적제에 따라 임용된 경력직 공무원으로 그 대상을 한정하지 않으며, 공공영역에 종사하는 공직자 전체를 그 대상으로 한다. 따라서 엄밀한 의미에서 공직윤리는 행정윤리보다 포괄하는 대상의 범위가 넓은 개념이다. 다만 본 장에서는 공직윤리와 행정윤리를 엄격하게 구분하여 사용하기보다 상호호환적으로 사용한다. 또한 공공영역에 종사하는 공직자 일반에 관련하여 공직윤리 논의를 전개하되, 경력직 공무원, 그 중에서도 특히 행정부 소속 공무원에 구체적 초점을 두고 행정윤리와 관련한 논의를 전개하기로 한다.

그렇다면 공공관리에 있어 공직윤리 논의의 중요성은 어디에 있는가? 이는 공무원의 재량권과도 밀접한 관련이 있다. 과거 정치-행정 이원론적 견해가 우세하고 행정을 단순한 정책 집행의 영역으로 보던 시기에는 이들의 재량권에 대한 인식 및 고려가 미진하였으나, 점차로 공무원들이 행사하는 재량권에 대한 인식이 확대되면서 공무원들의 책임성 있는 재량권 행사의 중요성 및 이를 확보하기 위한 방안의 중요성이 강조되기 시작하였다(전소희, 2024; Cooper, 2012). 즉, 공공관리에 있어 공직윤리 논의는 결국 국민의 수탁자로서 공무원의 책임성 있는 업무 수행을 위한 방안을 모색하는 데 그 핵심이 있으며, Cooper(2012)는 이러한 공무원의 모습을 '책임성 있는 행정인(the responsible administrator)'이라 명명한 바 있다.

1 우리나라 공무원의 구분에 관해서는 국가공무원법 제2조 및 지방공무원법 제2조에서 규정하고 있다. 국가공무원법 제2조와 지방공무원법 제2조는 각각 국가공무원와 지방자치단체 공무원의 구분에 대해 규정하고 있는데, 이들 규정에 따르면 공무원은 경력직 공무원과 특수경력직공무원으로 구분된다(각법 제2조 제1항). 경력직 공무원은 "실적과 자격에 따라 임용되고 그 신분이 보장되며 평생 동안(근무기간을 정하여 임용하는 공무원의 경우에는 그 기간 동안을 말한다) 공무원으로 근무할 것이 예정되는 공무원"을 말하며, 이는 다시 일반직공무원과 특정직 공무원으로 구분된다(각 법 제2조 제2항). 특수경력직공무원은 경력직공무원 외의 공무원을 말하며, 이는 다시 정무직공무원과 별정직공무원으로 구분된다(각 법 제2조 제2항).

제 2 절 책임성 있는 행정인

Ⅰ. 공무원의 책임성

앞서 공직윤리 논의는 공무원의 책임성 있는 업무 수행을 확보하는 방안을 모색하는 데 그 주요 목적이 있다고 하였다. 이는 공무원의 책임성 있는 업무 수행 없이는 공공조직의 존재 이유, 즉 공익의 추구와 실현을 온전히 달성할 수 없기 때문이다. 그렇다면 책임성 있는 행정인이란 구체적으로 어떤 의미인가? Cooper(2012)는 책임성 있는 행정인이 된다는 것은 객관적인 책임성과 주관적인 책임성 모두를 충족시킬 때 가능하다고 한다. 다시 말해, 공무원으로서 자신이 수행한 특정 행위가 어떻게 공익의 실현 혹은 증진에 기여하는지에 대해 상사, 선출직 공무원, 국민 등 관계자에게 설득력 있는 설명을 제시할 수 있어야 하며(객관적 책임성), 또한 공익의 수호자로서 무엇이 옳은 행동인지에 대한 자신의 내적 신념에 따라 행동할 수 있을 때(주관적 책임성), 비로소 책임성 있는 행정인이 된다는 것이다.

Cooper(2012)가 주장한 책임성 있는 행정인이 되기 위한 두 가지 요소 가운데 주관적 책임성은 윤리적 자아로서 공무원의 내면에 초점을 두어, 공무원의 의사결정과 행동이 자신의 내적 신념과 일관되는지의 문제를 다루고 있다. 이처럼 공무원의 자아에 초점을 두고 있는 주관적 책임성과 달리, 객관적 책임성은 타자와의 관계에 초점을 두고 있으며 공무원의 책임의 대상에 관한 문제(즉, 누구에게 책임을 지는가의 문제)와도 관련되어 있다(최태현·박신애, 2021).

Romzek과 Dubnick(1987)은 공무원의 책임의 대상을 통제의 정도(degree of control)와 통제의 원천(source of control)이라는 두 가지 기준을 중심으로 체계화하여 제시한 바 있다. 아래 〈표 9-1〉은 Romzek과 Dubnick(1987)의 분류에 따른 공무원의 책임성[2] 유형을 보여준다.

2 Romzek과 Dubnick(1987)의 경우 responsibility가 아닌 accountability라는 용어를 사용하고 있다. 이러한 Romzek과 Dubnick(1987)의 용어에 대하여 국내 학계에서는 일반적으로 책임성으로 해석하여 사용하고 있으므로(예: 권혁주, 2020; 김병섭·김정인, 2014; 김지현·문명재, 2024), 기존 문헌과의 일관성을 위하여 책임성이라는 용어를 사용하였다.

표 9-1 책임성의 유형

		통제의 원천	
		내부적	외부적
통제의 정도	높음	계층적(bureaucratic) 책임성	법적(legal) 책임성
	낮음	전문가적(professional) 책임성	정치적(political) 책임성

출처: Romzek & Dubnik(1987: 229). 그림 1.

Romzek과 Dubnick(1987)에 따르면 먼저 계층적 책임성은 공무원이 관료 조직 내부에서 가지는 책임 관계를 지칭하는 것으로, 조직 내부의 계층제에 복종하여 상급자의 감독이나 명령, 지시 등에 따라야 할 책임을 뜻한다. 다음으로, 법적 책임성은 헌법, 법률, 사법심판 등을 통하여 확보되는 것으로, 입법 내용의 준수를 통한 법의 지배와 연관되어 있다. 관료제 내부에서의 책임 관계에 초점을 둔 계층적 책임성과 달리, 법적 책임성은 법적 제재를 부여하고 통제하는 의회, 사법부, 감사기관 등의 외부기관과의 관계에서 발생한다. 셋째, 전문가적 책임성은 업무의 수행에 있어 관련 지식과 전문성을 갖추고, 전문가적 기준과 규범에 따라 업무를 수행할 책임을 의미한다. 따라서 전문가적 책임성 하에서 업무 수행과 관련한 권위는 계층적인 관료제 구조에서 도출되거나 법령 등에 기반한 것이 아니라 공무원 자신의 전문성에 기인하는 것이다. 끝으로 정치적 책임성은 민주주의 체제 하에서 공무원이 다양한 정치·사회적 요구에 대응해야 할 의무로써, 국민, 선출직 공무원, 이익집단, 언론 등의 요구 등을 총체적으로 파악하여 수렴하는 대응성 혹은 반응성(responsiveness)을 그 핵심으로 한다.

이러한 서로 다른 유형의 책임성은 상호 충돌하기도 하며, 앞서 언급한 공무원의 주관적 책임성과 충돌하기도 한다. 가령 법 규정에서 명시하는 내용과 조직 내 상급자의 지시가 서로 다른 경우 공무원은 계층적 책임성과 법적 책임성 간 충돌을 경험한다. 또한 조직 내 상급자의 지시와 공익을 위해 어떻게 행동해야 하는지에 대한 본인의 신념 간 충돌이 발생할 때 공무원은 계층적 책임성과 주관적 책임성 사이 갈등을 경험한다. 이처럼 서로 다른 유형의 책임성이 충돌하거나 서로 다른 윤리적 원리, 가치 등이 충돌 혹은 상호 경쟁 관계에 있을 때 공무원은 윤리적 딜레마를 경험하게 된다.

윤리적 딜레마 상황에서 의사결정 혹은 행동을 결정해야 하는 공무원에게 가장 근본적이고 중요한 의무(obligation)는 물론 공익을 추구할 의무이다(Moore, 1981). 여러 책임,

가치, 원리, 역할 등이 충돌하는 상황에서 공무원은 공익 추구 및 증진에 가장 도움이 되는 선택을 해야 하며, 이것이 바로 공무원으로서 책임성 있는 업무 수행이라 할 것이다. 그렇다면 공무원의 책임성 있는 업무 수행을 확보하기 위한 방안은 무엇인가? 이에 대해서는 아래에서 보다 구체적으로 논의하기로 한다.

Ⅱ. 책임성 확보를 위한 내·외적 통제의 매커니즘

책임성 있는 행정을 담보하기 위한 방안에 대해서는 내적 통제(inner check; internal control)를 강조하는 시각과 외적 통제(external control)를 강조하는 시각이 있다. 내적 통제를 강조하는 시각에서는 공무원의 내면에 초점을 두어, 개별 공무원들이 윤리적 기준, 공직 가치, 신념 등을 내재화함으로써 이들의 윤리적이고 책임성 있는 행동을 담보할 수 있다고 본다. 이들은 공무원들의 내적 통제는 훈련(training), 교육(education), 다른 조직 구성원들과 공식적 혹은 비공식적으로 나누는 윤리적 이슈에 대한 담론 등을 통해 발전하게 되며, 따라서 조직에서 공무원들에게 이러한 훈련 및 교육, 담론의 장을 마련해주는 것이 중요하다고 한다. 내적 통제의 중요성을 강조한 대표적인 학자로 칼 프리드리히(Carl Friedrich)가 있으며, 신행정학자들(new public administration scholars) 또한 내적 통제의 중요성을 강조한다.

반면 외적 통제를 강조하는 시각에서는 공무원의 행동에 대한 외부적 감시 및 제재를 강조한다. 이 때의 '외적'이란 용어는 공무원 개인의 내면에 반대되는 의미를 지니는 것으로, 공무원 개인을 둘러싼 외적, 즉 조직적·환경적 요인의 개입을 강조하는 것으로 이해할 수 있다. 외적 통제를 강조하는 시각에서는 윤리 관련 법령 등의 외적 제재수단을 통해 공무원의 행동에 영향을 미침으로써 이들의 윤리적이고 책임성 있는 행동을 담보할 수 있다고 본다. 외적 통제의 중요성을 강조한 대표적인 학자로는 허먼 파이너(Herman Finer)가 있다.

그러나 내적 통제와 외적 통제의 문제는 이분법적인 선택의 문제가 아니며, 공무원의 책임성 있는 의사결정과 행동을 담보하기 위해서는 양자가 모두 필요하다. 우리나라의 경우 역시 공직윤리와 관련한 법령 등 외적 통제 매커니즘과 교육, 훈련 등 공무원의 내적 통제를 촉진하기 위한 방안을 모두 마련하여 실시하고 있다. 궁극적으로는 양자 간 조화가 중요할 것이나, 다만 내적 통제와 외적 통제 가운데 어느 매커니즘에 보다 초점을 둘 것인가는 각 국가의 사회문화적인 발전의 정도와 맥락 등에 따라 달라질 수 있을 것이다.

제 3 절 공직윤리 관련 제도

우리나라의 공직윤리 확립을 위한 제도는 공무원의 부패 혹은 비윤리적 행위를 방지하고자 하는지 혹은 이미 이루어진 행위에 대해 적발, 처벌 및 시정하고자 하는지 그 목적에 따라 사전적 제도와 사후적 제도로 나눌 수 있다. 또한, 제도가 법규 준수 차원의 통제에 초점을 두고 있는지(소극적), 혹은 공무원이 공직 가치의 습득과 수용 등을 통하여 자발적으로 비윤리적 행동을 억제하고 윤리적 행위를 하도록 촉진하는 데 초점이 있는지(적극적)에 따라 소극적 제도와 적극적 제도로 나눌 수 있다(김보은·노승용, 2016). 김보은·노승용(2016)이 제시한 두 가지 축(사전적·사후적, 소극적·적극적)을 기준으로 현행 공직윤리 관련 제도를 유형화하면 아래 〈그림 9-1〉과 같다.

그림 9-1 공직윤리 관련 제도의 유형

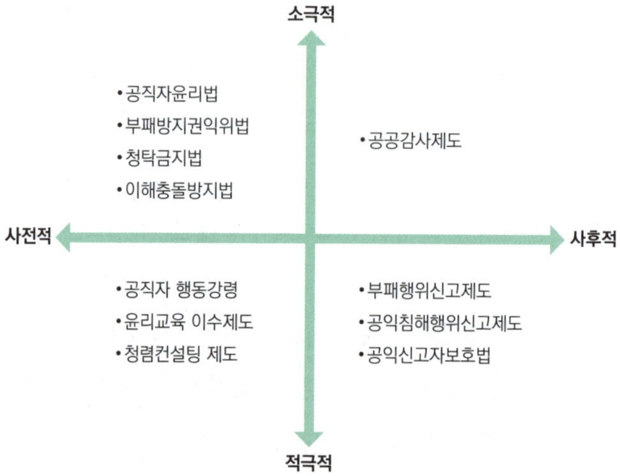

주: 그림에 제시된 공직윤리 관련 제도는 예시적인 것으로, 포괄적이지 않음을 밝혀둔다.

Ⅰ. 사전적·소극적 제도

사전적이고 소극적인 제도는 공무원의 부패행위와 비윤리적 행위를 사전 방지하고자 법규 준수 차원의 통제에 초점을 두고 있는 제도들로써, 공직자윤리법, 부정청탁 및 금품 등 수수의 금지에 관한 법률(약칭 청탁금지법), 부패방지 및 국민권익위원회의 설치와 운영에 관한 법률(약칭 부패방지권익위법), 공직자의 이해충돌 방지법(약칭 이해충돌방지법) 등이 이에 해당한다.

1. 공직자윤리법

공직자윤리법은 1981년 12월에 제정되어 1983년 1월 최초 시행된 이후로 수 차례 개정을 거쳐 현재에 이르고 있다. 공직자윤리법은 "공직자의 부정한 재산 증식을 방지하고, 공무집행의 공정성을 확보하는 등 공익과 사익의 이해충돌을 방지하여 국민에 대한 봉사자로서 가져야할 공직자의 윤리를 확립함을 목적으로 한다"(제1조). 이를 위하여 동법은 공직자 및 공직후보자의 재산등록 및 공개(제2장), 주식의 매각 또는 신탁 등(제2장의 2), 선물신고(제3장), 퇴직공직자의 취업제한 및 행위제한 등(제4장)에 대해 규정하고 있다.

먼저 재산등록 및 공개에 대해 살펴보면, 동법에서 규정하는 공직자[3]는 본인, 배우자, 본인의 직계존·비속의 재산을 등록하여야 한다(공직자윤리법 제3조 및 제4조). 또한 이들 가운데 동법 제10조에서 규정한 공직자[4]는 본인, 배우자, 본인의 직계존·비속의 재산에 관한 등록사항 등을 관보(공보) 또는 공직윤리시스템(PETI)을 통해 공개하여야 한다.

또한 기획재정부 및 금융위원회 소속 고위공직자 등에 대해서는 공무수행과정에서 발생할 수 있는 공익과 사익 간의 이해충돌을 방지하고자, 이들이 직무관련 주식을 소유한 경우 해당 주식을 매각하거나 백지신탁계약을 체결하도록 하고 있다(동법 제14조의 4).

---

3 공직자윤리법 제3조는 다음의 공직자에 대하여 재산등록 의무자로 규정하고 있다: 국가 및 지방자치단체의 정무직공무원, 4급 이상 공무원(일부 분야의 경우 7급 이상), 법관·검사, 헌법재판소 헌법연구관, 대령 이상의 장교, 대학의 총장·부총장·대학원장·학장, 교육감 및 교육장, 총경 이상의 경찰공무원과 소방정 이상의 소방공무원, 공기업의 장 및 부기관장, 공직유관단체 임원 등.

4 제10조는 국가 및 지방자치단체의 정무직공무원, 1급 이상 공무원, 고등법원 부장판사급 이상의 법관과 대검찰청 검사급 이상의 검사, 중장 이상의 장성급 장교, 대학의 총장·부총장·학장, 공기업의 장 및 부기관장, 일부 공직유관단체 임원 등을 등록재산 공개 대상자로 규정하고 있다.

단, 주식백지신탁 심사위원회로부터 직무관련성이 없다는 결정을 통지받은 경우에는 매각 혹은 백지신탁의 의무가 면제된다(동법 제14조의 4). 이외에도 공직자는 외국 혹은 외국인으로부터 직무와 관련하여 미화 100달러 이상 혹은 한화 10만원 이상의 선물을 받는 경우 소속 기관장에게 신고하고 선물을 인도하여야 하며, 이때 선물은 신고와 함께 국가 또는 지방자치단체에 귀속된다(동법 제15조 및 제16조; 공직자윤리법 시행령 제28조).

한편 공직자윤리법은 공직자가 퇴직 후 부당한 영향력을 행사하여 공정한 직무수행을 저해할 가능성을 고려하여 퇴직공직자의 취업제한 및 행위제한 규정을 두고 있다. 이에 따라 동법 17조에 따라 취업심사대상이 되는 공무원[5]은 퇴직 후 3년 간은 퇴직 전 5년 동안 소속했던 부서(고위공직자의 경우 퇴직 전 소속기관)와 밀접한 업무관련성을 가지는 기관에 취업할 수 없다. 다만, 관할 공직윤리위원회로부터 밀접한 업무관련성이 없다는 확인을 받거나 취업승인을 받은 경우는 예외로 한다.

또한 공직자윤리법은 동법에 따른 행위 및 행위제한 등에 대한 기획·총괄업무의 책임자로 인사혁신처장을 명시하고 있으며(제20조), 공직자윤리위원회의 국회 등에 대한 보고서 제출의무를 규정하고 있다(제20조의 2). 그리고 제6장을 통해 공직자윤리법을 위반한 공직자에 대한 징계 및 벌칙에 대해 규정하고 있다.

2. 부패방지권익위법

「부패방지 및 국민권익위원회의 설치와 운영에 관한 법률」(약칭 부패방지권익위법)은 국민권익위원회 설치의 법적 근거가 되는 법률로서, 제1조를 통해 그 목적에 대해 "이 법은 국민권익위원회를 설치하여 고충민원의 처리와 이에 관련된 불합리한 행정제도를 개선하고, 부패의 발생을 예방하여 부패행위를 효율적으로 규제함으로써 국민의 기본적 권익을 보호하고 행정의 적정성을 확보하며 청렴한 공직 및 사회풍토의 확립에 이바지함을 그 목적으로 한다"고 밝히고 있다.

이를 위해 동법은 반부패 총괄기관으로서 국민권익위원회의 설치 및 운영에 대해 규정하는 한편, 고충민원처리와 이를 위한 시민고충처리위원회의 설치에 대해 규정하고 있다. 또한 공직자의 청렴의무(제7조)에 대해 규정하는 한편, 제8조를 통해 공직자 행동강령

5 재산등록의무자인 공직자 등을 포함한다. 취업심사대상 퇴직공직자의 구체적인 범위에 대해서는 공직자윤리법 제17조 참고.

에 대해 규정함으로써 공직자의 청렴의무를 실질적으로 이행하기 위한 행동강령 제정의 법적 근거를 제공한다. 부패방지권익위법에 따라 국민 누구나 부패행위에 대해 알게 된 때에는 해당 사실을 국민권익위원회에 신고할 수 있으며(제55조), 공직자가 다른 공직자의 부패행위에 대해 알게 되었거나 부패행위를 강요 혹은 제의받은 경우에는 즉시 해당 사실을 수사기관, 감사원 또는 국민권익위원회에 신고하여야 한다(제56조). 또한 중앙행정기관의 장 및 지방자치단체의 장은 신고자 보호 및 불이익 방지를 위해 노력할 의무가 있다(제57조의 2). 또한 동법은 제81조의 2를 통하여 공직자를 대상으로 한 부패방지교육의 실시를 의무화하고 있다.

3. 청탁금지법

김영란 전 국민권익위원장이 추진하여 흔히 '김영란법'으로 불리기도 하는 「부정청탁 및 금품등 수수의 금지에 관한 법률」(약칭 청탁금지법)은 2015년 3월 제정되어 2016년 9월부터 시행된 후 몇 차례 개정을 거쳐 오늘에 이르고 있다. 청탁금지법은 반부패 정책의 일환으로서, "공직자 등에 대한 부정청탁 및 공직자 등의 금품 등의 수수를 금지함으로써 공직자 등의 공정한 직무수행을 보장하고 공공기관에 대한 국민의 신뢰를 확보하는 것을 목적으로 한다"(제1조).

공직자 등은 부정청탁을 받은 경우 그러한 청탁을 한 사람에게 부정청탁임을 알리고 이를 거절하는 의사를 명확히 표시하여야 하며(동법 제7조 제1항), 제1항에 따른 조치를 하였음에도 불구하고 재차 동일한 부정청탁을 받은 경우에는 해당 사실을 소속 기관장에게 신고하여야 한다(동법 제7조 제2항). 부정청탁 신고가 있는 경우 처리 절차는 〈그림 9-2〉와 같다.

그림 9-2 부정청탁 신고 처리 절차

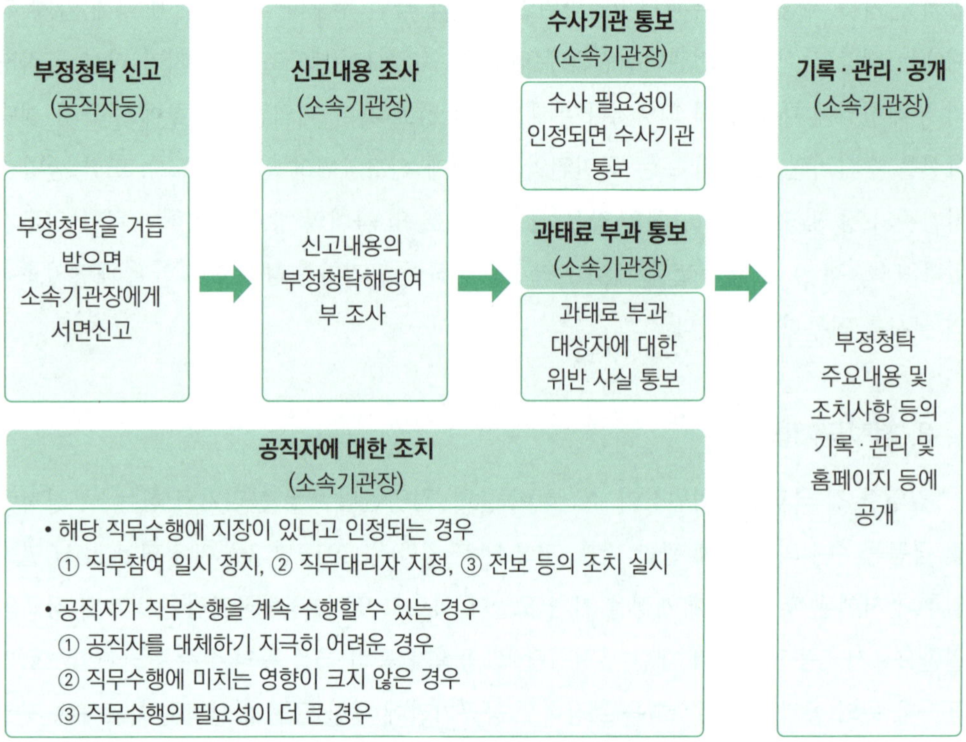

출처: 국민권익위원회(2024: 98).

공직자가 청탁금지법을 위반한 경우 징계처분을 받게 되는데, 부정청탁에 따른 징계처분의 수준은 〈표 9-2〉와 같다. 표에서 볼 수 있는 바와 같이 공직자는 부정청탁을 받고 이에 따라 직무를 수행한 경우뿐만 아니라, 타인을 위하여 부정청탁을 한 경우 역시 처벌을 받게 된다.

표 9-2 부정청탁에 따른 징계 수준

부정청탁에 따른 제재		
구성 요건		제재 수준
행위 주체	유형	
이해당사자	직접 자신을 위하여 부정청탁하는 경우	제재 없음
	제3자를 통하여 부정청탁하는 경우	1천만원 이하의 과태료

사인(私人)	제3자를 위하여 부정청탁하는 경우	2천만원 이하의 과태료
공직자등	제3자를 위하여 부정청탁하는 경우	3천만원 이하의 과태료
	부정청탁에 따라 직무 수행	2년 이하의 징역 또는 2천만원 이하의 벌금

출처: 국민권익위원회(2024: 106).

청탁금지법에 따라 공공기관의 장은 공직자 등에게 부정청탁 금지 및 금품등의 수수 금지에 관한 내용을 정기적으로 교육하여야 하며(제19조 제1항), 해당 내용에 관해 교육 및 상담을 실시하고, 청탁금지법에 따른 신고·신청을 접수·처리하여 내용을 조사할 담당관을 지정하여야 한다(제20조). 또한 해당 담당관은 소속 기관장이 부정청탁금지법을 위반한 경우 이를 법원 또는 수사기관에 통보할 의무를 가진다(제20조).

4. 이해충돌방지법

앞서 살펴본 청탁금지법의 공론화 당시 이해충돌방지규정의 포함이 청탁금지법의 핵심내용으로 논의되었다. 그러나 공직자의 이해충돌방지에 관한 규정은 청탁금지법에 포함되지 못한 채로 해당 법이 통과되었으며, 이는 반쪽짜리 입법이라는 비판과 함께 이해충돌방지법의 제정에 대한 요청이 지속적으로 제기되었다(조재현, 2023). 이후 한국토지주택공사(LH) 직원들이 업무수행 중 알게 된 부동산 관련 미공개 정보를 이용해 부동산 투기를 한 의혹이 제기된 이른바 LH사건이 기폭제가 되어 「공직자의 이해충돌 방지법」(약칭 이해충돌방지법)이 2021년 5월 제정되어 이듬해인 2022년 5월부터 시행되기에 이른다.

이해충돌방지법에 따라 공직자 이해충돌방지에 관한 업무는 국민권익위원회가 총괄하며(제17조), 공공기관의 장은 이해충돌방지에 관한 내용을 공직자에게 매년 1회 이상 교육하여야 한다(제24조). 동법은 공직자의 이해충돌방지를 위한 다섯 가지 신고·제출의무와 다섯 가지 제한·금지행위에 대해 규정하고 있는데, 구체적으로 ①사적 이해관계자의 신고 및 회피·기피신청(제5조), ② 공공기관 직무 관련 부동산 보유·매수 신고(제6조), ③ 고위공직자의 민간부문 업무활동 내역 제출 및 공개(제8조), ④ 직무관련자와의 거래 신고(제9조), ⑤ 퇴직자와의 사적 접촉 신고(제15조) 등 다섯 가지 사항에 대해서 신고·제출 의무를 규정하고 있다. 또한, ⑥ 직무 관련 외부 활동 제한(제10조), ⑦ 가족 채용 제한(제11조), ⑧ 수의 계약 체결 제한(제12조), ⑨ 공공기관 물품 등의 사적 사용·수익 금지(제13조), ⑩ 직무상 비밀 등 이용금지(제14조) 등 다섯 가지 제한·금지 행위 기준을 두고 있다.

Ⅱ. 사전적·적극적 제도

공직윤리 확립을 위한 사전적이고 적극적인 제도는 공무원들이 공직 가치의 습득과 수용 등을 통하여 자발적으로 비윤리적 행동을 억제하고 윤리적 행위를 하도록 촉진하는 데 초점을 두고 있는 제도들로써, 공직자 행동강령, 윤리교육 이수제도, 청렴컨설팅 제도 등이 이에 해당한다.

1. 공무원 행동강령[6]

공무원 행동강령은 공무원이 "직무수행과정에서 당면하게 되는 갈등상황에서 추구하여야 하는 바람직한 가치기준과 준수하여야 하는 행위기준을 구체적으로 제시한 규정"이다(국민권익위원회, n.d.). 공무원 행동강령은 부패방지권익위법에 그 법적 근거를 두고 있는데, 특히 공직자의 청렴의무에 대해 규정하고 있는 제7조[7]와 공직자 행동강령에 대해 규정하고 있는 제8조[8] 등을 근거 규정으로 한다.

6 부패방지권익위법은 행동강령의 제정과 관련해 그 대상 범위를 공직자라고 하여 공무원보다 폭넓게 정의하고 있다(동법 제2조, 제8조 등 참고). 이에 따라 현재 공직자 행동강령은 그 적용대상에 따라 「공무원 행동강령」, 「지방의회의원 행동강령」, 「공직유관단체 임직원 행동강령」 등으로 구분되어 있다(국민권익위원회, n.d.). 다만, 앞서 밝힌 바와 같이 본 장은 경력직 공무원, 그 중에서도 특히 행정부 소속 공무원(국가·지방 공무원)에 초점을 두고 논의를 전개하므로 「공직유관단체 임직원 행동강령」 등에 대해서는 따로 논의하지 아니하고, 「공무원 행동강령」에 초점을 맞추어 살펴본다.

7 제7조(공직자의 청렴의무) 공직자는 법령을 준수하고 친절하고 공정하게 집무하여야 하며 일체의 부패행위와 품위를 손상하는 행위를 하여서는 아니 된다.

8 제8조(공직자 행동강령) ① 제7조에 따라 공직자가 준수하여야 할 행동강령은 대통령령·국회규칙·대법원규칙·헌법재판소규칙·중앙선거관리위원회규칙 또는 공직유관단체의 내부규정으로 정한다.
② 제1항에 따른 공직자 행동강령은 다음 각 호의 사항을 규정한다.
1. 직무관련자로부터의 향응·금품 등을 받는 행위의 금지·제한에 관한 사항
2. 직위를 이용한 인사관여·이권개입·알선·청탁행위의 금지·제한에 관한 사항
3. 공정한 인사 등 건전한 공직풍토 조성을 위하여 공직자가 지켜야 할 사항
4. 그 밖에 부패의 방지와 공직자의 직무의 청렴성 및 품위유지 등을 위하여 필요한 사항

공무원 행동강령은 2003년 2월 최초 제정된 이래 현재까지 총 14회의 개정을 거쳐 대통령령으로 시행되고 있으며, 크게 공무원의 공정한 직무수행, 부당이득의 수수 금지 등, 그리고 건전한 공직풍토의 조성과 관련한 행위기준 15가지를 규정하고 있다. 또한, 「부패방지권익위법」 제8조와 「공무원 행동강령」에 따라 각 부처, 광역자치단체, 기초자치단체 등은 소속 공무원이 준수하여야 할 공무원 행동강령을 제정한다.[9] 〈그림 9-3〉은 공무원 행동강령 상 규정된 행위기준을 제시하고 있다.

그림 9-3 공무원 행동강령 행위기준

공무원 행동강령(대통령령) 행위기준(2022.6.2. 시행)		
공정한 직무수행(5개)	부당이득의 수수 금지(8개)	건전한 공직풍토의 조성(2개)
• 상급자의 부당지시 처리 • 특혜의 배제 • 예산의 목적 외 사용 금지 • 정치인 등의 부당한 요구 처리 • 인사 청탁의 금지	• 이권 개입 등의 금지 • 직위의 사적 이용 금지 • 알선·청탁 등의 금지 • 직무 관련 정보의 이용 제한 • 사적 노무 요구 금지 • 직무권한 등을 행사한 부당행위의 금지 • 금품등의 수수 금지 • 감독기관의 부당한 요구 금지	• 외부강의 등의 사례금 수수 제한 • 경조사의 통지 제한

출처: 국민권익위원회, 한눈에 보는 공직자 행동강령, https://www.acrc.go.kr/menu.es?mid=a10101080200.

그러나 이처럼 공무원 행동강령에 행위기준이 제시되어 있다고 하더라도, 여타 법령[10]과 마찬가지로 행동강령은 그 특성상 일반적인 원칙과 기준을 제시하며 구체적인 개별 상황에 대해 규정하지 않는다. 따라서 공무원은 구체적인 상황에서 특정 행위를 하는 것이 공무원 행동강령에 위배되는지 여부에 대해 판단하기가 어려운 경우에 직면할 수 있다. 이러한 경우에 대해 공무원 행동강령은 공무원이 "알선·청탁, 금품 등의 수수, 외부

③ 공직자가 제1항에 따른 공직자 행동강령을 위반한 때에는 징계처분을 할 수 있다.

④ 제3항에 따른 징계의 종류, 절차 및 효력은 당해 공직자가 소속된 기관 또는 단체의 징계관련 사항을 규정한 법령 또는 내부규정이 정하는 바에 따른다.

9 예: 기획재정부 공무원 행동강령, 고용노동부 공무원 행동강령, 부산광역시 공무원 행동강령 등.

10 법령은 헌법, 법률, 조약, 대통령령·총리령·부령, 지방자치단체의 조례와 규칙 등을 포괄하여 지칭하는 용어이다.

강의 등의 사례금 수수, 경조사의 통지 등과 관련해 이 영을 위반하는지가 분명하지 아니할 때에는 행동강령책임관과 상담한 후 처리하여야 한다"고 규정함으로써(제18조), 행동강령책임관과의 사전상담절차를 거치도록 하고 있다.

공무원이 행동강령을 위반한 경우 소속 기관의 장은 해당 공무원에 대해 징계조치 등 필요한 조치를 할 수 있다(제20조). 이 때, 금품 등의 수수 금지를 위반한 공무원에 대해서는 「공직자 행동강령 운영지침」 별표4에 제시된 징계양정기준을 참작하도록 하고 있다. 〈표 9-3〉은 해당 징계양정기준을 제시하는 표이다.

표 9-3 금품등 수수 금지 위반 징계양정기준

<table>
<tr><th rowspan="2">비위
유형</th><th rowspan="2">수수
행위</th><th colspan="4">금액</th></tr>
<tr><th>100만원 미만</th><th>100만원 이상
300만원 미만</th><th>300만원 이상
500만원 미만</th><th>500만원
이상</th></tr>
<tr><td rowspan="2">직무와 직접적인 관계 없이 금품 등을 직무관련자 또는 직무관련공무원으로부터 받거나 직무관련공무원에게 제공한 경우</td><td>수동</td><td>감봉 · 정직 · 강등</td><td>강등·해임·파면</td><td>해임·파면</td><td>파면</td></tr>
<tr><td>능동</td><td>정직 · 강등 · 해임</td><td>해임·파면</td><td colspan="2">파면</td></tr>
<tr><td rowspan="2">직무와 직접 관련하여 금품 등을 수수하였으나, 위법·부당한 처분을 하지 아니한 경우</td><td>수동</td><td>정직 · 강등 · 해임</td><td>해임·파면</td><td colspan="2">파면</td></tr>
<tr><td>능동</td><td>강등 · 해임 · 파면</td><td colspan="3">파면</td></tr>
<tr><td rowspan="2">직무와 직접 관련하여 금품등을 수수하고, 위법·부당한 처분을 한 경우</td><td>수동</td><td>강등 · 해임 · 파면</td><td colspan="3">파면</td></tr>
<tr><td>능동</td><td>해임·파면</td><td colspan="3">파면</td></tr>
</table>

주: 각 기관의 업무 특성에 따라 위 표의 기준보다 강화된 기준을 적용할 수 있음.
출처: 「공직자 행동강령 운영지침」 별표 4.

2. 윤리교육 이수제도

우리나라의 공직윤리 관련 법령 다수는 공직자에 대한 교육 실시에 대해 규정하고 있다. 「부패방지권익위법」 제81조의 2는 공직자 부패방지교육에 대해 명시하고 있는데, 구체적으로 제1항에서는 "공공기관[11]의 장은 부패방지교육을 실시하고 그 결과를 위원회에 제출하여야 한다"고 규정하고 있으며, 제2항과 제3항을 통해 국민권익위원회는 제1항에 따른 부패방지교육 실시 여부에 대한 점검을 실시해야 하며(제2항), 점검 결과 교육이 부실하다고 판단되는 기관 및 단체에 대해서는 관리자 특별교육 등의 조치를 취하도록 하고 있다(제3항). 「공무원 행동강령」 또한 제22조를 통해 중앙행정기관의 장 등은 소속 공무원에 대해 공무원 행동강령 준수를 위한 교육을 매년 1회 이상 실시하여야 하며(동조 제1항), 중앙행정기관의 장 등은 공무원을 신규임용할 때 공무원 행동강령의 교육을 실시하도록 하고 있다(동조 제2항).

이에 따라 각 부처 및 자치단체들 또한 소속 공무원이 준수해야 할 행동강령을 제정하면서 교육에 대한 규정을 두고 있다. 예를 들어, 고용노동부의 경우 「고용노동부 공무원 행동강령」 제22조 제4항을 통해 "신규임용, 승진(예정) 및 고위직 진입 공무원은 별표 4에 따른 청렴교육을 이수해야 한다"고 규정하고, [별표 4]를 통해 공직생애 주기별 청렴교육 의무이수기준을 명확히 하고 있다. 그러나 환경부의 경우 「환경부 공무원 행동강령」제30조에 교육에 대한 규정을 두고 있으나, 공직생애 주기별 청렴교육에 대해서는 별도로 규정을 두고 있지 않은 등 교육의 구체적인 내용은 각 부처 및 자치단체마다 조금씩 상이하다. 〈표 9-4〉는 고용노동부의 공직생애 주기별 청렴교육 의무이수 기준을 제시하는 표이다.

표 9-4 고용노동부 공직생애 주기별 청렴교육 의무이수기준

교육대상	교육분야	교육방법	교육시간
신규 임용자	공직자 행동강령, 기관별 부패취약 업무에 대한 초임 공직자 대응방안, 공직자의 바람직한 근무자세 등	기관장 및 행동강령책임관 특별교육, 교육훈련기관 집합교육 및 사이버교육 등	임용 후 1년 이내 연간 5시간 이상
승진 (예정)자	공직자 행동강령, 중간관리자의 바람직한 근무자세 및 역할, 주요 부패사례 및 슬기로운 대처법 등	기관장 및 행동강령책임관 특별교육, 교육훈련기관 집합교육 및 사이버교육 등	승진 전후 1년 이내 연간 5시간 이상

11 부패방지권익위법 상 공공기관은 정부조직법에 따른 각급 행정기관과 지방자치법에 따른 지방자치단체의 집행기관 및 지방의회 등을 포함한다. 부패방지권익위법 상 공공기관의 정의에 대해서는 동법 제2조를 참고할 것.

고위 공직자	노브레스 오블리주 함양, 공직자의 사회적 공헌, 청렴리더십 확립 등	기관장 특별교육, 교육훈련기관 집합교육 및 사이버교육 등	고위직 진입 후 1년 이내 연간 5시간 이상

출처: 「고용노동부 공무원 행동강령」 별표 4.

3. 청렴 컨설팅 제도

국민권익위원회는 2006년부터 공공기관 등을 대상으로 반부패 역량을 진단하고 맞춤형 개선방안을 제시하는 청렴컨설팅 제도를 운영하고 있다(국민권익위원회 보도자료, 2024). 제도 운영 초창기에는 청렴도 수준이 낮은 기관을 대상으로 1:1 맞춤형 컨설팅을 제공하였다. 그러나 현재는 종합청렴도 평가 결과 청렴도가 높은 기관들을 멘토기관으로 선정하고, 청렴 컨설팅 참여를 원하는 기관들의 신청을 받아 청렴정책 추진의지, 청렴 컨설팅 기대효과 등을 고려하여 멘티기관을 선정해 멘토기관과 그룹을 이루어 컨설팅을 진행하는 방식으로 운영하고 있다(국민권익위원회, 2025; 국민권익위원회 보도자료, 2022). 〈그림 9-4〉는 청렴컨설팅 진행 흐름도를 보여주고 있다.

그림 9-4 청렴컨설팅 진행 흐름도

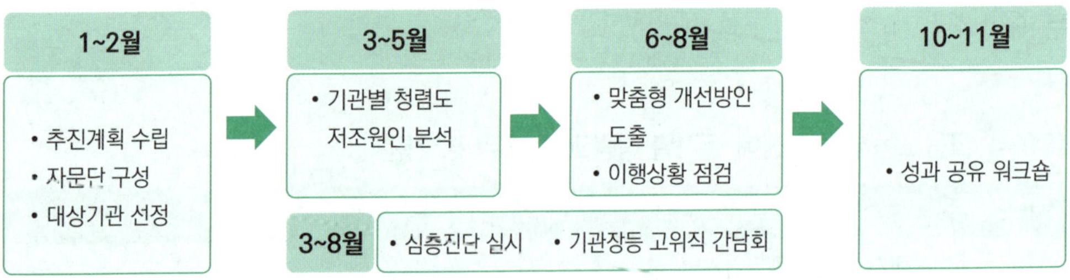

출처: 국민권익위원회(2025: 33).

Ⅲ. 사후적·소극적 제도

공직윤리 확립을 위한 사후적·소극적 제도는 공직자의 비윤리적인 행위 등이 이루어진 후에 이를 적발, 처벌 및 시정하기 위한 제도이면서(사후적), 기관이 이들의 적발 및 처벌과 관련한 행위를 할 수 있는 법적 근거가 되는 제도(소극적)를 의미한다. 공공감사제도가 이에 해당한다.

1. 공공감사제도

공공감사제도를 이해하기 위해서는 먼저 감사가 무엇인지 그 개념에 대해 이해할 필요가 있다. 감사는 “감사대상이 되는 조직 또는 조직 구성원의 업무나 행위가 일정한 기준에 부합되는지를 증거자료에 입각하여 조사·점검·확인·분석·검증하고 그 결과에 따라 시정·개선요구 또는 권고 등을 하는 체계적 과정”을 의미한다(감사원 공공감사운영단, 2012: 3). 공공감사는 공공부문에 대한 감사로서(공공감사기준 제1조), “공공 책임성 확보를 위해 권한이 있는 자가 공공부문 운영 전반을 합법성, 경제성, 효율성, 효과성 등의 판단기준에 따라 독립적이고 객관적으로 조사, 평가하고 그 결과를 처리하는 공공 책무성 확보 시스템의 일부”이다(김찬수 외, 2022: 4-5).

공공감사는 감사를 받는 기관을 기준으로 하였을 때, 감사 수행 주체가 기관의 외부에 있는지 혹은 내부에 있는지에 따라 외부감사와 내부감사로 구분할 수 있다. 외부감사는 감사원 감사, 중앙부처의 지방자치단체에 대한 행정감사, 위임사무에 대한 상급자치단체의 감사 등을 포함[12]하며, 내부감사는 기관 내부에 설치되어 있는 자체감사기구에서 실시하는 감사를 의미한다.[13] 외부감사와 내부감사의 수행 주체는 다르나, 양자 모두 감사를 통해 조직의 효율성, 효과성, 그리고 국민에 대한 책임성을 확보하는 것을 그 궁극적 목적으로 한다는 점에서 유사하다(전기정·남창우, 2023). 외부감사와 내부감사는 각각 장단점이 있는데, 외부감사는 수감기관, 즉 감사를 받는 기관의 외부에서 감사를 수행하기 때문에 보다 객관적이고 독립적인 위치에서 폭넓은 시각으로 문제를 진단함으로써 수감기관의 근본적이고 종합적인 개선을 유도할 수 있다는 장점이 있다(김찬수 외, 2022). 반면, 내부감사는 수감기관의 구조와 업무에 대한 상세한 지식과 이해를 바탕으로 감사를 수행할 수 있어 보다 구체적이고 전문적인 감사 결과를 제시할 수 있다는 장점이 있다(김찬수 외, 2022).

감사 종료 후에는 감사결과에 따라 수감기관에 적합한 처분을 요구할 수 있으며, 징계·시정·개선 등의 요구가 이에 해당한다.[14] 다만 감사원법과 공공감사법은 적극행정에 대한 면책 규정을 두어, 감사를 받는 사람이 “불합리한 규제의 개선 등 공공의 이익을 위

---

12 감사원 감사는 「감사원법」에 법적 근거를 두고 있으며, 중앙부처 장관 및 시·도지사가 실시하는 감사는 「지방자치법」, 「지방자치단체에 대한 행정감사규정」 등에 법적 근거를 두고 있다.

13 내부감사는 「공공감사에 관한 법률」(약칭 공공감사법) 등에 법적 근거를 두고 있다.

14 보다 상세한 내용은 감사원법 제6절과 공공감사에 관한 법률 제3장 등 참고.

하여 업무를 적극적으로 처리한 결과에 대하여 그의 행위에 고의나 중대한 과실이 없는 경우"에는 책임을 면책하고 있다(감사원법 제34조의 3; 공공감사법 제23조의 2). 즉, 공익성, 적극성, 고의·중과실의 부재를 요건으로 적극행정 면책을 판단하고 있으며, 이러한 요건을 충족하는 업무처리에 대하여 적극행정 면책을 인정함으로써 공익의 실현을 위한 공무원의 적극적인 역할을 장려하고 있다.

IV. 사후적·적극적 제도

공직윤리 확립을 위한 사후적이고 적극적 제도는 이미 발생한 공직자의 비윤리적인 행위 등에 대해 적발, 처벌 및 시정하기 위한 제도 가운데, 이들의 적발을 위해 개별 공직자의 적극적 참여를 촉진하기 위한 제도를 의미한다. 부패행위 및 공익침해행위 신고 제도, 공익신고자보호법 등이 이에 해당한다.

1. 부패행위 및 공익침해행위 신고 제도

내부고발(whistle-blowing)은 통상 "전·현직 조직 구성원이 조직 내부에서 발생하는 불법적, 비도덕적, 혹은 비합법적 행위에 대해, 이를 시정할 수 있는 사람이나 조직에 알리는 행위"[15]로 정의된다(Near & Miceli, 1985: 4). 즉, Near과 Miceli(1985)에 따르면 고발의 주체가 조직 구성원(전·현직)일 것, 조직 내 불법적, 비도덕적, 비합법적 행위에 대한 고발일 것, 그리고 그러한 행위를 시정할 수 있는 사람이나 조직에 고발하였을 것이라는 세 가지 요건이 모두 충족될 때 비로소 내부고발로 간주되며, 내부고발자는 이러한 요건을 모두 충족한 신고자인 것이다. 우리나라의 현행 제도를 살펴보면, Near과 Miceli(1985)의 정의에 따른 내부고발자만을 대상으로 하기보다는, 오히려 부패행위 및 공익행위의 침해를 알고 있는 사람은 누구든지 이를 신고할 수 있게 함으로써 보다 넓은 범위의 부패행위 신고 및 공익침해행위 신고 제도를 두고 있다.

부패행위 신고(corruption report)와 공익침해행위 신고(public interest violation re-

15 원문은 다음과 같다: "disclosure by organization members (former or current) of illegal, immoral, and illegitimate practices under the control of their employers, to persons or organizations that may be able to effect action"

port)는 부패방지권익위법과 공익신고자보호법에서 각각 관련 규정을 두고 있다. 부패방지권익위법 제55조는 "누구든지 부패행위를 알게 된 때에는 이를 [국민권익]위원회에 신고할 수 있다"고 하여 부패행위의 신고에 관해 규정하고 있으며, 제56조는 "공직자는 그 직무를 행함에 있어 다른 공직자가 부패행위를 한 사실을 알게 되었거나 부패행위를 강요 또는 제의받은 경우에는 지체없이 이를 수사기관·감사원 또는 위원회에 신고하여야 한다"고 하여 공직자의 부패행위 신고의무에 대해 규정하고 있다. 한편, 공익신고자보호법 제6조는 "누구든지 공익침해행위가 발생하였거나 발생할 우려가 있다고 인정하는 경우"에 공익신고를 할 수 있도록 규정하고 있으며, 제7조를 통해 공직자의 공익신고 의무에 대해 규정하고 있다. 이때 공익침해행위란 "국민의 건강과 안전, 환경, 소비자의 이익, 공정한 경쟁 및 이에 준하는 공공의 이익을 침해하는 행위"(동법 제2조)를 의미한다.

국민권익위원회는 부패행위에 대해서 우편신고, 팩스신고, 방문신고 뿐만 아니라 온라인 신고가 가능하도록 하여 다양한 신고 창구를 마련하고 있으며, 신분 유출을 우려하는 신고자를 위해 위원회에서 운영하는 비실명 대리신고 자문변호사단을 활용하여 변호사를 통한 비실명 대리신고도 할 수 있도록 하고 있다(청렴포털, n. d.). 〈그림 9-5〉는 국민권익위원회에 신고된 부패행위에 대한 처리 절차를 보여준다.[16]

그림 9-5 부패행위 신고 처리 절차

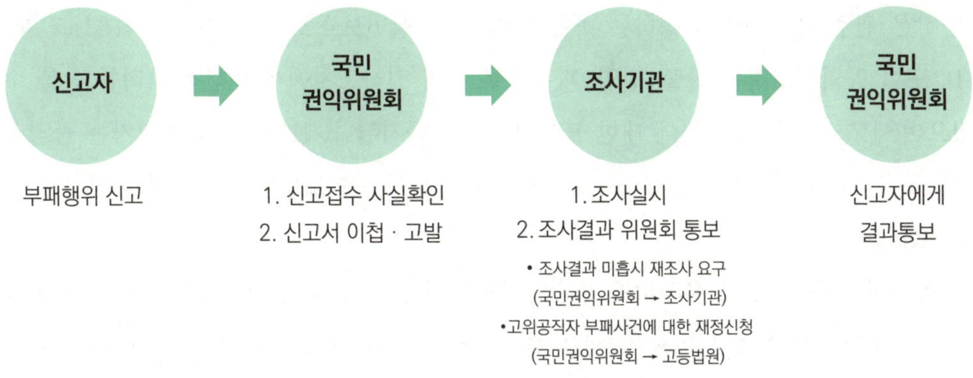

출처: 청렴포털(n.d.). https://www.clean.go.kr/menu.es?mid=a10602040000.

16 국민권익위원회에 접수된 공익침해행위 신고에 대한 처리도 기본적으로 <그림 9-5>와 동일한 절차를 거친다.

2. 공익신고자보호법

조직 내부에서 일어나는 불법적, 비도덕적, 혹은 비합법적 행위는 외부에서 적발하기에는 한계가 있으며, 조직 내부 구성원들에 의한 제보가 적발 및 시정에 중요한 역할을 한다. 따라서 이들의 내부고발을 촉진하기 위해서는 조직 구성원들에게 내부고발 창구 및 내부고발 방법에 대한 교육을 실시함과 더불어 내부고발자에 대한 보호장치를 마련하는 등의 제도적 노력이 중요하다(Berry, 2004; Near & Miceli, 2008). 특히, 보복에 대한 두려움이 내부고발을 주저하게 만드는 중요한 요인으로 작용하고 있어(Cho & Song, 2015; Jeon, 2017), 내부고발자에 대한 실질적이고 효과적인 보호제도의 마련이 필수적이라 할 수 있다.

우리나라는 공익신고자보호법을 통해 내부고발자를 비롯한 신고자들의 보호에 대해 규정하고 있다. 공익신고자의 인적사항 및 공익신고자임을 미루어 알 수 있는 사실에 대한 공개를 금지함으로써 공익신고자에 대한 비밀을 보장하고 있으며, 이러한 비밀보장 의무를 위반한 사람은 징계를 받을 수 있다(제12조). 또한, 공익신고자와 공익신고자의 친족, 동거인은 공익신고 등을 이유로 생명·신체에 중대한 위해를 입었거나 입을 우려가 명백한 경우 국민권익위원회에 신변보호조치를 요청할 수 있고, 위원회는 신변보호의 필요성이 인정된다고 판단하는 경우 경찰관서의 장에게 신고자의 신변보호조치를 요청할 수 있다(제13조 제1항). 위원회로부터 보호자에 대한 신변보호조치 요청을 받은 경찰관서의 장은 관련 대통령령이 정하는 바에 따라 즉시 신변보호조치를 해야 한다(제13조 제2항). 또한 공익신고자는 전출, 전입, 파견근무 등의 인사조치에서 우선적 고려를 받을 수 있으며(제16조), 공익신고자에 대한 불이익조치는 금지된다(제15조). 공익신고자는 공익신고로 인해 불이익조치를 받은 경우 이에 대한 원상회복을 포함한 보호조치를 신청할 수 있다(제17조).

공익신고자보호법과 유사하게 부패방지권익위법 역시 부패행위 신고자에 대한 비밀보장(제64조), 신변보호조치(제64조의2), 불이익조치 금지(제62조), 불이익조치에 대한 원상회복 등을 포함한 신분보장등조치(제62조의2)에 대해 규정함으로써 부패행위 신고자 및 그의 친족과 동거인에 대한 보호장치를 마련하고 있다. 다만, 부패행위 신고자가 신고 내용이 허위임을 알면서 혹은 알 수 있었음에도 불구하고 신고한 경우에는 부패방지권익위법상의 보호를 받지 못한다(제57조).

제 4 절 책임성 있는 행정을 위한 공직윤리제도의 개선 방향

제3절에서는 공직윤리 확립을 위한 제도를 그 특성에 따라 사전적·사후적 및 적극적·소극적이라는 두 가지 축을 기준으로 네 가지 유형으로 구분하고, 대표적인 제도들을 유형화하여 그 내용에 대해 살펴보았다. 제3절에서 살펴본 바와 같이 우리나라는 공직윤리의 확립을 위하여 다양한 제도를 마련하여 시행 중에 있으며, 이는 공직윤리를 확립함으로써 국민 전체에 대한 봉사 및 공익 실현에 이바지하는 공직사회를 구현하고자 하는 우리 정부의 의지를 보여주는 것으로 이해할 수 있다. 우리 정부의 청렴한 정부 구현을 위한 노력의 결과는 국제투명성기구(Transparency International)에서 매년 발표하는 부패인식지수(corruption perception index; CPI)의 변화를 통해서도 엿볼 수 있는데, 우리나라는 지난 10여 년간 CPI 점수가 소폭이나마 지속적으로 상승하는 추세를 보여왔으며,[17] 가장 최근 발표된 2024년 결과에 따르면 전체 180개 조사국 가운데 30위를 차지하였다(Transparency International, n.d.). 그러나 2024년 기준 우리나라의 경제 규모는 세계 12위를 차지하는 반면 청렴도 수준은 30위에 머물고 있다는 점은 경제 발전 수준에 비해 공공부문의 반부패·윤리 역량이 보다 개선될 여지가 있음을 보여준다.

역량의 개선을 위해서는 시행 중인 제도 및 접근방법에 대한 고찰이 요구되는 바, 본 절에서는 현행 공직윤리제도의 개선 방향에 대해 간략히 논의하고자 한다. 앞서 살펴본 바와 같이 우리나라의 경우 법령을 통한 외부적 통제가 많으며, 이는 대개 공직윤리 확립을 위한 소극적이고 수동적인 접근으로 이어진다. 즉, 공무원에게 재산공개 등 특정 행위를 법으로 요구하여 규제하거나, 공무원이 하지 않아야 할 행동에 대해 금지조항으로 규정하고 이를 위반할 경우 징계하는 방식의 접근이 많은 것이다. 이러한 특징은 일정 부분 규제를 그 속성으로 하는 법률 외에 공무원 행동강령에서도 관찰된다. 국민권익위원회에 따르면 공무원 행동강령은 공무원이 "직무수행과정에서 당면하게 되는 갈등상황에서 추구하여야 하는 바람직한 가치기준과 준수하여야 하는 행위기준을 구체적으로 제시한 규

17 국제투명성기구의 발표에 따르면 2012년부터 2024년까지 13년의 기간 동안 우리나라의 CPI 점수는 2012년 56점에서 2024년 64점으로 상승추세에 있다. CPI 점수는 0점을 최하점, 100점을 최고점으로 하며, 점수가 높을수록 청렴하다(Transparency International, n.d.).

정"(국민권익위원회, n.d.)이나, 실제 공무원 행동강령을 살펴보면 공무원이 추구해야 하는 바람직한 가치기준이나 긍정적인 행동지침보다는 금지행동에 대한 조항이 대다수를 차지하는 것을 볼 수 있다. 그러나 이러한 접근방식은 공무원의 윤리적 행동을 능동적으로 촉진하는 데 한계가 있으며, 자칫 공직윤리가 최소한의 책임만을 다하는 수준으로 축소되거나 단순한 규제 준수로 전락할 우려가 있다. 따라서 금지 위주의 소극적 접근에서 벗어나 공무원이 추구해야 하는 행정의 핵심 가치와 바람직한 행동의 방향성을 제시하는, 보다 능동적이고 적극적인 접근도 아울러 고려해야 한다.

다음으로 우리나라 법령에서 공직자에 대한 윤리교육의 실시를 규정하고 있는 것은 긍정적이다. 다만 현실에서 이루어지고 있는 구체적 교육방식에 대해 생각해 볼 필요가 있는데, 김호섭(2018)에 따르면 공무원을 대상으로 한 윤리교육의 방식으로 가장 널리 활용되는 것은 강사에 의한 강의였으며, 토론이나 사례연구 등의 방식은 활용도가 무척 낮았다.[18] 그러나 윤리교육이 실질적인 효과를 거두기 위해서는 강사에 의한 일방향적인 강의보다는 사례연구나 토론 등을 통해 교육에 참여하는 공무원들이 실제에서 일어날 수 있는 윤리적 딜레마 상황에 대해 능동적으로 고민해 볼 기회를 가지는 것이 중요하다(Warren, Gaspar, & Laufer, 2014). 즉, 공무원 스스로 윤리적 성찰을 해볼 수 있는 기회를 가짐으로써 윤리적 민감성과 윤리적 유능감을 함양할 수 있는 윤리교육이 필요하다. 또한 윤리교육을 통해 공직사회에서 일반적으로 경험할 수 있는 공통의 이슈뿐만 아니라 특정 조직이나 직무에서 겪을 수 있는 고유한 이슈에 대해서도 성찰하고 토론할 수 있는 기회를 제공할 때 공무원의 윤리적 판단력과 대응력을 실질적으로 향상시킬 수 있다(Bowman & West, 2022; Stewart & Sprinthall, 1993). 아울러 윤리교육이 일회성이나 단기성에 그치지 않고 지속적으로 이루어질 수 있도록 리더십의 지지 또한 필요하다.

끝으로 부패행위와 공익침해행위에 대한 익명신고의 제도적 허용에 대해 고려할 필요가 있다. 현재 부패행위 혹은 공익침해행위를 신고하려는 자는 반드시 본인의 이름을 포함한 인적사항을 함께 제출해야 하며, 익명신고는 불가능하다. 앞서 살펴본 바와 같이 신분 유출을 우려하는 신고자를 위해 비실명 대리신고제도를 운영하고 있으나, 변호사를 통해 대리신고하는 경우에도 신고자의 성명과 주민번호 등을 포함한 인적사항과 신분증

18 설문에 참여한 공무원의 82%가 강사에 의한 강의를 경험했다고 답하였으나, 토론 및 사례연구는 각각 18%, 15%에 그쳤다(김호섭, 2018).

사본 등 신고자임을 입증할 수 있는 자료를 함께 제출하도록 하고 있다(공익신고자보호법 제8조의 2; 부패방지권익위법 제58조의2; 청렴포털, n.d.). 물론 이러한 인적사항과 신고자임을 입증할 수 있는 자료는 대리신고를 하는 변호사가 봉인하여 제출하도록 하고 있으며(청렴포털, n.d.), 현행법상 국민권익위원회는 신고자 본인의 동의 없이 이를 열람할 수 없다(공익신고자보호법 제8조의 2; 부패방지권익위법 제58조의2). 그러나 대리신고를 하더라도 현행과 같이 익명이 보장되지 않고 기명으로만 신고가 가능하도록 하는 경우 신분 노출에 대한 두려움을 완전히 해소하기 어려우며, 따라서 부패행위 등에 대해 알고 있다고 하더라도 보복에 대한 공포로 인하여 신고를 하지 않음으로써 중대한 불법이나 비합법적 행위 등을 적발하지 못할 수 있다. 익명신고를 허용하지 않는 것이 무고성 신고를 예방하기 위한 것이라고는 하나(청렴포털, 2020), 우리나라의 경우 신고자로 하여금 신고 내용을 입증하는 증거자료를 제출하도록 하고 있고, 입증자료를 제출하지 않을 경우 신고로 접수하지 않고 있음을 고려할 때, 무분별한 신고는 사실상 많지 않을 것으로 생각된다. 따라서 무고성 신고에 대한 우려로 무조건 익명 신고를 불허하기보다는 익명신고 허용의 효과성과 부작용을 면밀히 분석하여 그 도입 여부를 판단해야 할 것이다.

요약

본 절에서는 공공관리에서 공직윤리가 왜 중요한지, 그리고 공무원의 책임성 있는 업무수행을 어떻게 담보할 수 있을지 논의하였다. 또한 공직윤리를 공무원의 내적 신념과 외적 통제를 통한 책임성 확보라는 관점에서 접근하고, 우리나라의 공직윤리제도를 사전·사후, 소극·적극의 틀로 유형화해 소개하였다. 주요법령으로 공직자윤리법, 부패방지권익위법, 청탁금지법, 이해충돌방지법 등을 살펴보고, 윤리교육 이수제도와 공익신고자 보호법 등 자발적 윤리성을 확보하기 위한 제도도 함께 살펴보았다. 끝으로 공직윤리 확립을 위한 기존의 제도들에 대한 보완 및 개선 방향을 제시하였다. 이를 통해 기존의 수동적 방식 위주의 접근에서 벗어나, 공무원의 자발적 윤리성을 함양할 수 있는 보다 능동적이고 적극적인 접근으로의 제도 개선이 필요함을 강조하였다.

사례연구

2021년 3월 참여연대와 민주사회를 위한 변호사모임은 기자회견을 통해 한국토지주택공사(LH) 직원 10여 명이 공공택지 예정지역인 광명시, 시흥시 일대의 토지 7천여 평(3.3㎡)을 개발계획 발표 이전에 구입했다고 폭로했다. 이들은 해당 지역이 개발된다는 내부정보를 이용해 본인이나 가족 명의로 토지를 매입하고, 일부는 토지보상금을 노리고 땅에 나무를 심는 등의 행위를 한 것으로 알려졌다. 이에 경찰이 3월 9일 LH 본사를 압수수색한 것을 시작으로 정부는 700명 이상 규모의 특별수사본부를 설치하여 본격적으로 이들에 대한 수사에 착수하였다.

특별수사본부는 2022년 3월 21일 수사 결과를 발표하여, 국회의원 6명, 고위공직자 42명, 공무원 197명, 공공기관 직원 82명, 민간인 3,900여 명을 포함하여 총 4,200여 명에 대한 수사를 완료하고 검찰에 송치하였다고 밝혔다. 그리고 아직 수사가 완료되지 않은 7,000여 명에 대해서는 계속 수사 중이며, 수사 과정에서 확인된 부당하게 취득한 재산 1,500억 원 상당에 대해 피의자가 임의로 처분하지 못하도록 조치를 완료하였다고 밝혔다.

그러나 1심에서는 유죄가 인정되고 수십억 원의 재산이 몰수 또는 추징되었으나, 이들 중 일부에 대해 항소심에서 무죄가 선고되었으며 대법원에서도 무죄가 확정되었다. 이유는 이 사건 해당 정보가 정말 비밀이었는지, 공직자가 해당 비밀을 부동산을 취득하기 전에 사전 입수하였는지, 그리고 해당 비밀을 실제 부동산 매입에 이용하였는지 등을 검사가 명확히 입증하지 못하였다는 것이다.

이 사건은 단순한 법 위반 여부를 넘어서, 공직자가 국민의 신뢰를 어떻게 저버릴 수 있는지를 단적으로 보여주는 대표적인 사례로, 공직윤리에 대한 전국적 논의를 촉발하였다. 이후 국회는 재발 방지를 위해 이해충돌방지법을 제정하여 처벌대상과 범위를 확대하고, 수사기관의 입증부담도 일부 완화하였다. 그러나 국민 사이에는 이미 깊은 실망과 불신이 자리잡았고, 공직자의 윤리성과 책임감을 둘러싼 논의는 여전히 이어지고 있다.

출처: 최재훈(2024)의 72-73쪽 내용을 일부 수정 및 보완하여 구성하였음.

사례와 관련해 생각해 볼 문제

1. LH 사건 이후 공직자에 대한 국민들의 신뢰는 크게 훼손되었다. 신뢰 회복을 위해 공직사회가 할 수 있는 윤리적 노력에는 어떤 것들이 있을까?
2. LH 사건에서 일부 공직자는 법적으로 무죄 판결을 받았으며, 최근 보도(헤럴드경제, 2025. 5. 28.자)

에 따르면 파면 처분에 대해서도 무효소송을 제기하여 승소함으로써 파면도 무효가 되었다. 법적으로 무죄인 공직자도 윤리적으로는 책임을 져야 한다는 주장에 대해 어떻게 생각하는가?

토의질문

1. 공무원의 윤리적 행동을 담보하기 위해 내적 통제와 외적 통제 중 어느 쪽이 더 효과적이라고 생각하는가? 그 이유는 무엇인가?
2. 내적 통제를 강화하기 위한 조직의 관심과 지원이 미흡한 상황에서 법령 등을 통한 외부통제 강화가 공무원의 공직윤리 개선에 미치는 영향은 무엇인가?
3. 청탁금지법(일명 김영란법)은 한국 사회의 관행적 청탁문화를 변화시키는데 실효성이 있다고 생각하는가? 법 시행 이후 나타난 긍정적·부정적 효과에 대해 논하시오.
4. 현행 공익신고자보호법이 공익신고자의 안전과 신분 보장을 충분히 담보한다고 평가할 수 있는가? 실례 사례를 바탕으로 공익신고자보호법의 실효성에 대해 논하시오.
5. 공무원 행동강령이 공무원의 윤리적 의사결정과 행동에 실질적인 영향을 미치기 위해서는 어떠한 요소들이 보완되어야 한다고 생각하는가?

참고문헌

감사원 공공감사운영단. (2012). 「자체감사 통합매뉴얼」. https://www.maip.kr/bbs/board.php?bo_table=b51&wr_id=210&device=pc.

국민권익위원회. (2024). 「부정청탁 및 금품등 수수의 금지에 관한 법률 해설집」.

______________. (2025). 「반부패·청렴정책 중점 추진과제(행정기관 배포용)」. https://www.acrc.go.kr/board.es?mid=a10106000000&bid=118&list_no=86170&act=view.

______________. (n.d.). 한눈에 보는 공직자 행동강령. https://www.acrc.go.kr/menu.es?mid=a10101080100

국민권익위원회 보도자료. (2022. 1. 9.). 국민권익위, '국토교통부, 산림청' 등 23개 공공기관대상 청렴컨설팅 실시. https://www.acrc.go.kr/board.es?mid=a10402010000&bid=4A&tag=&act=view&list_no=10331&nPage=#:~:text='%EC%B2%AD%EB%A0%B4%EC%BB%A8%EC%84%A4%ED%8C%85'%EC%9D%80%20%EB%B6%80%ED%8C%A8%20%EC%B7%A8%EC%95%BD,%EC%9D%98%20%EB%B0%98%EB%B6%80%ED%8C%A8%20%EC%A7%80%EC%9B%90%EC%A0%95%EC%B1%85%EC%9D%B4%EB%8B%A4.

________________________. (2024. 3. 7.). 맞춤형 진단과 처방으로 공공기관 청렴도 끌어올린다. https://www.acrc.go.kr/board.es?mid=a10402010000&bid=4A&act=view&list_no=67411&tag=&nPage=51

권혁주. (2020). 민주·공화주의 관점에서 정치·행정의 통제와 견제: 책임성, 정치적 중립을 중심으로. 「행정논총」, 58(3): 31-54.

김병섭·김정인. (2014). 관료 (무) 책임성의 재해석 세월호 사고를 중심으로. 「한국행정학보」, 48(3): 99-120.

김보은·노승용. (2016). 한국 공직윤리제도의 제도적 중층성. 「현대사회와 행정」, 26(3): 1-33.

김지현·문명재. (2024). 공무원의 책임성 결정요인에 관한 연구. 「한국인사행정학회보」, 23(2): 49-83.

김찬수·차경엽·양지숙·김태운·남창우·문광민·심광호·전훈·최진욱. (2022). 「공공감사의 이해」. 감사원 감사연구원 보고서.

김태호·노종호. (2010). 공공봉사동기가 조직 구성원의 혁신행동에 미치는 영향에 관한 연구. 「행정논총」, 48(3): 143-168.

김호섭. (2018). 「현대행정의 가치와 윤리」. 서울: 대영문화사.

안세연(2025. 5. 28). LH '내부 정보'로 192억 취득… 무죄 이어 파면도 무효. 「헤럴드경제」, https://biz.heraldcorp.com/article/10497539?ref=naver.

전소희. (2024). 행정윤리 연구의 발전과 미래: 우리는 무엇을 알고 있으며 무엇을 추구해야 하는가. 「한국행정학회보」, 58(5): 35-59.

조재현. (2023). 우리나라 부패방지정책의 최근 동향과 주요 이슈에 관한 제언. 「한국부패학회보」, 28(4): 63-86.

청렴포털. (2020.07.24.). 상담사례: (부패행위) 신고를 익명으로도 가능한지? https://www.clean.go.kr/board.es?mid=a10101000000&bid=2002&tag=&act=view&list_no=30002963&nPage=

________. (n.d.).비실명대리신고안내. https://www.clean.go.kr/menu.es?mid=a10615000000

최재훈. (2024). 이해충돌방지법상 직무상 비밀이용죄에 대한 수수상 착안점 검토: 연혁과 구성요건 분석을 중심으로. 「범죄수사학연구」, 10(2): 71-95.

최태현·박신애. (2021). 운명적 인간으로서 관료: 실존적 관료윤리를 위한 모색. 「행정논총」, 59(1): 1-28.

한수웅. (2012). 헌법 제 7 조의 의미 및 직업공무원제도의 보장. 「법조」, 61(11), 5-52.

Berry, B. (2004). Organizational culture: A framework and strategies for facilitating employee whistleblowing. *Employee Responsibilities and Rights Journal*, 16(1): 1-11.

Bowman, J. S., & West, J. P. (2022). *Public Service Ethics: Individual and Institutional Responsibilities* (3rd edition). New York, NY: Routledge.

Cho, Y. J., & Song, H. J. (2015). Determinants of whistleblowing within government agencies. *Public Personnel Management*, 44: 450-472.

Cooper, T. L. (2012). *The responsible administrator: An approach to ethics for the administrative role* (6th ed.). San Francisco, CA: Jossey-Bass.

Jeon, S. H. (2017). Where to report wrongdoings? Exploring the determinants of internal versus external whistleblowing. *International Review of Public Administration*, 22(2): 153-171.

________. (2021). Public administration ethics: looking back and moving forward. In T. A. Bryer(ed.,) *Handbook of Theories of Public Administration and Management* (pp. 30-42). Edward Elgar Publishing.

Moore, M. H. (1981). Realms of obligation and virtue. In Fleishman, J. L., Liebman, L., and Moore, M. H. (Eds.), *Public duties: The moral obligations of government officials* (pp. 3-31). Cambridge: Harvard University Press.

Near, J. P., & Miceli, M. P. (1985). Organizational dissidence: The case of whistle-blowing. *Journal of Business Ethics*, 4(1): 1-16.

____________________. (2008). Wrongdoing, whistle-blowing, and retaliation in the U.S. government: What have researchers learned from the Merit Systems Protection Board (MSPB) survey results? *Review of Public Personnel Administration*, 28: 263-281.

Stewart, D. W. and Sprinthall, N. A. (1993). The impact of demographic, professional, and organizational variables and domain on the moral reasoning of public administration. In Frederickson, H. G. (Eds.), *Ethics and Public Administration* (pp. 205-219), Armonk, NY: M. E. Sharpe.

Transparency International (n.d.). Corruption Perceptins Index. retrieved from https://www.transparency.org/en/cpi/2024/index/kor

Warren, D. E., Gaspar, J. P., & Laufer, W. S. (2014). Is formal ethics training merely cosmetic? A study of ethics training and ethical organizational culture. *Business Ethics Quarterly*, 24(1): 85-117.

법령 등

「감사원법」(시행 2020. 10. 20.). https://www.law.go.kr/%EB%B2%95%EB%A0%B9/%EA%B0%90%EC%82%AC%EC%9B%90%EB%B2%95

「고용노동부 공무원 행동강령」(시행 2024. 3. 4.). https://www.law.go.kr/LSW/admRulLsInfoP.do?admRulSeq=2100000237204#J2727261

「공공감사에 관한 법률」(시행 2022. 1. 13). https://www.law.go.kr/%EB%B2%95%EB%A0%B9/%EA%B3%B5%EA%B3%B5%EA%B0%90%EC%82%AC%EC%97%90%EA%B4%80%ED%95%9C%EB%B2%95%EB%A5%A0

「공공감사기준」(시행 1999. 8. 28.). https://www.law.go.kr/%EB%B2%95%EB%A0%B9/%EA%B3%B5%EA%B3%B5%EA%B0%90%EC%82%AC%EA%B8%B0%EC%A4%80

「공무원 행동강령」(시행 2022. 6. 2.). https://www.law.go.kr/%EB%B2%95%EB%A0%B9/%EA%B3%B5%EB%AC%B4%EC%9B%90%ED%96%89%EB%8F%99%EA%B0%95%EB%A0%B9

「공직자윤리법」(시행 2024. 7. 19.). https://www.law.go.kr/%EB%B2%95%EB%A0%B9/%EA%B3%B5%EC%A7%81%EC%9E%90%EC%9C%A4%EB%A6%AC%EB%B2%95

「공직자윤리법 시행령」(시행 2024. 6. 27). https://www.law.go.kr/%EB%B2%95%EB%A0%B9/%EA%B3%B5%EC%A7%81%EC%9E%90%EC%9C%A4%EB%A6%AC%EB%B2%95%EC%8B%9C%ED%96%89%EB%A0%B9

「공직자의 이해충돌 방지법」(시행 2022. 5. 19.). https://www.law.go.kr/%EB%B2%95%EB%A0%B9/%EA%B3%B5%EC%A7%81%EC%9E%90%EC%9D%98%EC%9D%B4%ED%95%B4%EC%B6%A9%EB%8F%8C%EB%B0%A9%EC%A7%80%EB%B2%95

「공직자 행동강령 운영지침」(시행 2024. 9. 10.). https://www.law.go.kr/%ED%96%89%EC%A0%95%EA%B7%9C%EC%B9%99/%EA%B3%B5%EC%A7%81%EC%9E%90%ED%96%89%EB%8F%99%EA%B0%95%EB%A0%B9%EC%9A%B4%EC%98%81%EC%A7%80%EC%B9%A8

「국가공무원법」. https://www.law.go.kr/%EB%B2%95%EB%A0%B9/%EA%B5%AD%EA%B0%80%EA%B3%B5%EB%AC%B4%EC%9B%90%EB%B2%95

「대한민국헌법」(시행 1988. 2. 25). https://www.law.go.kr/lsEfInfoP.do?lsiSeq=61603#

「부정청탁 및 금품등 수수의 금지에 관한 법률」(시행 2025. 1. 21). https://www.law.go.kr/%EB

%B2%95%EB%A0%B9/%EC%B2%AD%ED%83%81%EA%B8%88%EC%A7%80%EB%B2%95
「부패방지 및 국민권익위원회의 설치와 운영에 관한 법률」(시행 2025. 1. 21.). https://www.law.go.kr/%EB%B2%95%EB%A0%B9/%EB%B6%80%ED%8C%A8%EB%B0%A9%EC%A7%80%EB%B0%8F%EA%B5%AD%EB%AF%BC%EA%B6%8C%EC%9D%B5%EC%9C%84%EC%9B%90%ED%9A%8C%EC%9D%98%EC%84%A4%EC%B9%98%EC%99%80%EC%9A%B4%EC%98%81%EC%97%90%EA%B4%80%ED%95%9C%EB%B2%95%EB%A5%A0
「지방공무원법」. https://www.law.go.kr/%EB%B2%95%EB%A0%B9/%EC%A7%80%EB%B0%A9%EA%B3%B5%EB%AC%B4%EC%9B%90%EB%B2%95
「환경부 공무원 행동강령」 (시행 2024. 12. 23.). https://www.law.go.kr/LSW/admRulLsInfoP.do?admRulId=36699&efYd=0#J30-0:0

10장 공공관리와 조직공정성

| 강민성 |

학습목표

1. 행정학과 공공관리의 역사적 발달과 함께, 왜 최근들어 공정성이 조직 관리의 핵심적인 요소로 주목받고 있는지를 이해한다.
2. 다섯 가지 형태의 조직공정성(분배적, 절차적, 대인관계, 정보공유, 전반적 공정성)을 이해하고, 공정성의 개념을 세분화하여 공공관리에 적용할 수 있도록 한다.
3. 조직관리의 측면에서, 세 가지 형태의 공정의 효과(justice effects)를 이해한다.
4. 조직효과성의 측면에서, 공정의 효과가 개인과 조직의 성과에 미치는 영향에 관하여 이해한다.

제 1 절 행정학, 공공관리, 그리고 조직공정성

행정학(Public Administration)과 공공관리(Public Management)는 모두 공공부문을 다루는 학문이지만, 이 둘에는 핵심가치와 접근 방식에 있어 큰 관점의 차이가 존재한다. 전통적 행정학은 제도, 정치, 법률적 절차를 중심으로 정부의 정당성과 공익 실현을 강조하며, 규범적이며 제도 중심적 성격을 보인다(Raadschelders, 2011). 한편 공공관리는 1980년대 신공공관리 패러다임(New Public Management Paradigm)의 영향을 받아 발전하고 있는 하위분야 중 하나로, 조직의 성과, 효율성, 효과성, 시민 관점에서의 정부 운영 등 실용적 접근을 중시하는 관점이다(Hill & Lynn, 2015). 전자는 정치학과 법학의 관점에서 공공영역 전반의 거시적 이상형을 그려내려 한다면, 후자는 주로 경영학과 경제학적 시각에서 보다 명확한 단위를 설정하고(예: 조직, 리더, 개인 등) 이들에 대한 행태적 관리를 중시한다고 볼 수 있겠다. 전통적으로 한국 행정학 또한 전통적 행정학의 관점에서 법치 행정과 관료제의 설계에 중점을 두어 왔으나, 1990년대 이후 정부 혁신에 대한 담론으로 공공관리 관점이 도입되며 점진적으로 관리주의적 패러다임이 이를 대체하고 있다. 예컨대, 성과관리제도의 도입, 책임운영기관의 설치, 민간경영기법의 도입 등이 그것이다. 이러한 공공관리 패러다임의 전환에는 다음과 같은 중심적인 질문이 자리잡고 있다. 과연 무엇이 정부와 공직자들을 더 열심히 일하게 하는가?

전통적 행정학은 조직을 주로 법적-합리적 권위에 기초한 관료제적 구조로 개념화한다. Weber(1978)는 공공조직을 이상적 관료제의 형태로 설계할 필요가 있음을 주장하며, 분업과 계층화, 규칙 중심의 운영을 통해 예측 가능성과 합법성에 초점을 둔 설명을 제공한다. 마찬가지로 조직의 위계와 기계적 능률성을 중시했던 Taylor(1911)는 조직관리의 과학적 관리 원칙을 제시하며, 인간의 행태적이며 인지적 속성을 상수 혹은 오차항으로 간주하여 기계적이며 규범적으로 설계된 조직구조의 당위성을 제시한다. 이러한 전통적 행정학과 고전적 조직이론은 오늘날 우리가 잘 알고 있는 관료제의 모습과 일맥상통한다. 전통적 행정학에서 조직이론에서 인간은 정치 혹은 리더의 이상향에 종속된 존재로서, 수동적이고, 경제적 보상에 따라 좌우되며, 유능할 필요가 없는 대상으로 그려진다. 이러한 전통적 행정학의 세계관에서 조직의 공정성은 규율과 절차에 따라서 간접적으로 파생되는 수동적 개념으로 이해된다. 절차적 일관성과 개인적 판단의 배제, 그리고 성과 기반의 보상을 통하여 확보되는 조직함수의 종속변수로 여겨지곤 했다.

1980년대 이후 등장한 신공공관리 패러다임은 공공조직의 운영방식에 대한 근본적인 전환을 요구하였고, 이러한 전환의 핵심에는 조직과 인간을 바라보는 관점에 대한 변화가 자리잡고 있다(김정인, 2023). 전통적으로 절차, 규범, 도덕성 등을 중심으로 이해되던 행정의 역할이 효율성, 성과와 결과, 시민중심적 평가로 재편되면서 공공조직에서도 민간 부문의 관리 기법이 도입되기 시작한 것이다. 성과평가, 목표관리, 성과급제 등 다양한 관리기법이 도입되면서 특히 조직 내 인간의 행태(behavior)에 주목하기 시작했다. 즉, 조직을 더 이상은 합리적 기계가 아니라, 다양한 사람들이 모여 의사를 결정하는 사회적 행동체계로 바라볼 필요가 있게 된 것이다(Simon, 1955). 이러한 조직관에 대한 변화는 개개인의 차이를 면밀히 들여다보고, 무엇이 조직 내 인간을 업무에 몰입하고 성과를 내는지에 관하여 설명하고자 했다. 이러한 변화의 핵심에는 동기이론(motivation theory)이 존재한다. 동기이론은 전통행정학에서 주목했던 외재적 보상(external motivation)만이 능사는 아니라는 점을 지적하며, 사람들의 행태적 다양성에 관한 고찰을 요한다. 상당수의 인간은 일 자체에서 느끼는 흥미와 재미 그 자체에서 발생하는 내재적 동기(intrinsic motivation)를 자원으로 하고 있다는 점이다. 나아가 공공관리 측면에서는 공익을 위해 일하고자 하는 태생적 성향에 주목하여, 공직자의 공공봉사동기(public service motivation)라는 제3의 요인이 공직자의 동기에 상당부분을 차지한다고 보고 있다(Kim, 2004; Perry & Wise, 1990).

동기이론이 사람의 관점에서 조직행태를 규명하고자 하였다면, 조직공정성 이론은 그 중간 단위인 조직과 팀 관점의 상황적 차이에 주목한다(Adams, 1965; Blau, 1964; Leventhal, 1980; Shapiro et al., 1994). 동일한 보상과 과업이 주어지더라도, 구성원들이 이러한 과정에 관한 공정함을 어떻게 지각하고 해석하느냐에 따라 전혀 다른 행태가 발생한다는 것이다. 조직공정성 이론은 이러한 인지적 행태를 설명하고자, 공정성의 개념을 크게 분배적(distributive), 절차적(procedural), 상호작용(interpersonal), 정보공유(informational), 전반적(overall) 공정성으로 분류하고 이들이 성과, 만족, 몰입, 조직시민행동, 윤리적 행동에 어떠한 변주를 가져오는지에 주목한다(Colquitt et al., 2001). 즉, 동기이론이 개인단위의 행태에 주목하고 있다면, 조직공정성 이론은 조직과 인간의 연결고리인 공정한 대우를 중심으로 조직 단위의 행태에 초점을 두는 이론이다. 이는 특히 다음과 같은 질문에 대한 답을 찾는 과정으로 치환된다. 왜 동기와 의욕이 충만했던 사람들이, 조직 내에서는 유독 무기력해지는가? 공정성 이론은 이러한 물음에 명확한 답변을 제공한다. 조직이 작동하는 방식이 공정하지 않기 때문이라는 것이다.

조직공정성 이론은 조직과 인간에 대한 다양한 관점들을 연결짓는 이론적 가교의 역할을 한다. 공정성은 분명 행정학과 공공관리라는 학문에 있어 주재료라 볼 수는 없을 것이다. 이는 공정성이 조직과 인간 그 사이 어딘가에서 파생되며, 조미료와 같은 역할을 하고 있기 때문이다. 이에 Cropanzano와 Ambrose는 조직공정성의 이론적 가치를 다음과 같이 피력한다. “소금 한 줌이 음식의 맛을 완성하듯, 공정성은 조직과 인간을 조화롭게 만들어 주는 주재료와 같은 촉매제이다"(Cropanzano & Ambrose, 2015: 3).[1] 이러한 촉매제 혹은 상황변수로서 공정성의 역할은 공공관리의 핵심적인 가치들과 맞닿아 있다. 공공조직은 민간조직보다 규범과 절차와 공공가치에 관한 기여가 더 강조되는 구조이기 때문에, 단지 보상의 크기보다도 그 보상이 결정되는 과정과 상사의 태도, 의사소통의 방식이 무엇보다 중요하기 때문이다. 조직공정성은 단순한 인사관리나 보상체계의 문제를 넘어, 조직 내 신뢰 형성과 조직 몰입의 기반이 되며, 결과적으로 조직 성과와 시민 만족으로 이어지는 연결고리 역할을 수행한다. 이에, 공공관리에서 조직공정성은 단순한 윤리적 가치에 머무르지 않는다. 조직 내 구성원들의 동기를 유지시키는 가장 중요한 선행요인이며, 성과지향적 시스템이 인간을 중심으로 작동할 수 있도록 도와주는 조직의 자원이자 관리의 대상인 것이다. 이는 다음과 같은 핵심 질문으로 요약된다. 공정하지 않은 게임 속에서, 사람은 과연 최선을 다하고 열심히 노력할 이유를 찾을 수 있을까? 아마도 아닐 것이다.

제 2 절 조직공정성의 개념과 유형들

I. 조직공정성의 개념

조직 속에서 사람들은 늘 매일 다양한 결정의 영향을 받는 존재이다. 예컨대, 월급이 어느 정도인지, 어떠한 업무를 담당하게 되는지, 어떤 사람들과 일하게 되는지, 나아가 어떠한 평가를 받게 되는지 등이 이러한 조직 내 결정에 포함된다. 이러한 조직의 결정들은 금전적인 문제들은 물론, 감정과 인간관계와 같은 사회적 문제들에도 크게 영향을 미친다. 조직공정성 이론은 특히 조직이 사람에게 주는 스트레스는 따지고 보면 다 사람 간 문제라는 조직의 현실적 관점을 반영한다. 조직 안에서 발생하는 다양한 관계와 결정들

1 "Much as salt can be used to enhance the flavor of many different foods, justice can be widely applied to a wide variety of outcomes, processes, and behaviors."

이 곧 사람들 개개인의 동기, 몰입, 헌신, 태도 등을 좌우하는 매우 중요한 이유가 되기 때문이다(Cropanzano & Schminke, 2001). 사람들은 조직에서 내려지는 다양한 결정들이 정말 공정했는지에 대해 매우 민감하게 반응한다. 이에, 사람들은 조직 속에서 다음과 같은 질문을 가슴에 품고 산다. '나는 공정하게 대우받고 있는가?(was that fair?)'

조직공정성은 '조직 구성원들이 조직 내에서 이루어지는 의사결정, 사람들과의 관계, 보상과 정보공유에 관한 결정들이 공정하게 이루어지고 있는지에 관한 주관적 평가'라 정의된다(Greenberg, 1987). 조직공정성은 다음과 같은 이론적 특징과 경계를 지닌다. 첫째, 조직공정성은 조직 내에서 발생하는 형평성 또는 공정성에 대한 개념으로, 구성원들이 경험하는 다양한 결정과 대우가 얼마나 공정한지를 판단하는 기준이다. 이는 거시적 차원의 사회정의나 사회적 형평성과도 관련이 있지만, 그 초점은 어디까지나 조직 내부에서 구성원들이 어떻게 반응하고 행동하는가에 맞춰져 있다. 둘째, 조직공정성은 직무만족이나 조직몰입 같은 심리적 태도와 마찬가지로 개인의 주관적인 인식에 기반하며, 이에 객관적인 측정은 불가능에 가깝다. 셋째, 조직공정성은 단일한 개념이 아니라 분배적, 절차적, 대인적, 정보적 공정성 등 다양한 차원으로 구성된 다차원적 개념으로 발전해 왔으며, 이 과정에서 정치학, 철학, 심리학, 경영학, 행정학 등 여러 분야의 공정성 논의와도 긴밀히 연결되어 왔다. 특히 공정성 이론은 단순히 결과의 형평성뿐 아니라, 의사결정 과정 그 자체의 정당성과 공정성에 주목한다는 점에서 실천적 의의가 크다. 마지막으로, 공정성은 인간의 보편적 심리현상으로 간주된다. 사람들은 자신이 얼마나 공정하게 대우받았는지뿐만 아니라 타인에 대한 대우가 공정했는지에 대해서도 민감하게 반응하는 경향을 보이기 때문이다. 이러한 점에서 조직공정성은 구성원의 행동과 조직의 성과를 이해하는 데 핵심적인 이론적 틀을 제공한다.

윤리적 관점에서, 공정성에 대한 반응은 어느 조직에서나 나타나는 매우 보편적 현상이다. 이러한 반응은 단순한 자기이익을 보호하려는 전략적 행동이라기보다, 내면화된 도덕적 규범과 의무감에서 비롯된다고 볼 수 있다. 공정성의 의무론적 관점(deontic justice)은 이러한 공정성의 보편성을 강조한다. 의무론적 관점은 사람들이 공정성을 '그 자체로 옳은 것(right thing to do)'으로 인식한다는 점에 주목한다. 사람들이 공정성을 단지 결과나 이익에 기반한 교환의 문제로 보지 않고, 그 자체로 지켜져야 마땅한 도덕적 원칙으로 여긴다는 것이다. 사람들은 자신이 피해를 입지 않았더라도, 타인이 불공정하게 대우받는 상황에 대해서도 자신의 일처럼 반응하는 사회적 존재로서의 특성을 보인다(Folger & Cropanzano, 2001). 즉, 공정성은 단순한 자기중심적이며 합리적 계산뿐 아니라, 이를 넘어서는 도덕적 본능(moral impulse)에 가깝다고 볼 수 있다. 최근 연구들에 따르면, 이러한 경향은 공공조직에서 더욱 두드러진다고 한다(Rubin & Kang, 2022). 공직자들은 기본적으로 통상적으로 공직가치를 내면화하고 있으며, 공공봉사동기(public service motivation)의 영향을 받는 존재들이다. 이들은 외재적 보상이나 개인적 효용을 극대화하려는 목적만으로 행동하지 않으며, 오히려 정의, 시민복지, 공동체 책임성과 같은 비도구적(non-instrumental) 가치들에 의해 동기화된다. 이러한 특성은 공정성 침해에 대한 감수성을 더욱 높이는 요인으로 작용한다. 실제로 공무원들은 자신이나 소속 부서에 직접적인 피해가 없더라도, 시민들이 부당하게 대우받는 상황에 대해 도덕적 분노를 느끼고 이를 시정하기 위한 행동으로 이어지기도 한다. 이는 공정성이 단지 개인적 만족이나 조직 내부 질서의 문제가 아니라, 공공가치 실현과 조직의 정당성 확보를 위한 도덕적 기준으로 기능하고 있음을 시사한다.

Ⅱ. 다섯 가지 형태의 조직공정성

조직공정성은 다섯가지 유형으로 세분화된다. 일반적으로, 공정성은 공정한 대우에 대한 판단이 이루어지는 과정과 관계를 바탕으로 ① 분배적, ② 절차적, ③ 대인관계, ④ 정보공유 공정성으로 구분된다(Colquitt, 2001). 이러한 분류법은 공정성이 '어디서' 발생하는가에 대하여 주목한다. 그러나 현실 조직에서 조직의 구성원들은 공정성을 세부 영역별로 정교하게 평가하지 않고, 직관적인 인상(intuitive gestalt)을 기반으로 총체적 판단(heuristic)을 내리는 경우가 많다. 이에 최근에는 ⑤ 전반적 공정성을 또 다른 형태의 공정성으로 분류한다(Ambrose & Schminke, 2009). 〈표 10-1〉은 다섯 가지 형태의 공정성의 이론적 기반과 핵심 요소들을 정리한 것이다.

표 10-1 다섯가지 형태의 공정성: 이론적 기반과 핵심 요소

공정성의 유형	정의	핵심 요소	이론적 기반
분배적 공정성 (distributive justice)	업무 성과, 보상, 승진 등 결과물이 구성원의 기여나 기대에 비례하여 배분되었는가에 관한 구성원들의 공정성 인식	• 투입대비 보상 • 성과 반영의 정당성 • 과업/역할의 적합성 • 상대적 형평성	형평성 이론 (Adams, 1965)
절차적 공정성 (procedural justice)	보상이나 결정이 내려지는 과정이 공정한 원칙과 절차에 따라 이루어졌는가에 관한 구성원들의 공정성 인식	• 절차의 일관성 • 편향의 배제 • 정확성 • 이의제기 가능성 • 대표성 • 윤리적 정당성	의사결정 이론 (Leventhal, 1980)
대인관계 공정성 (interpersonal justice)	상사나 동료와의 상호작용에서 존중과 예의를 갖춘 대우를 받았는가에 관한 구성원들의 공정성 인식	• 존중과 정중함 • 비모욕적 언행 • 신뢰와 진정성	사회교환 이론 (Blau, 1964)
정보공유 공정성 (informational jusrtice)	의사결정의 이유와 내용이 구성원에게 충분하고 정직하게 전달되었는가에 관한 구성원들의 공정성 인식	• 설명의 정직성 • 정보의 충분성 • 전달의 시의성 • 맥락적 합의성 • 수용자의 이해에 관한 차별적 고려	커뮤케이션 이론 (Shapiro et al., 1994)
전반적 공정성 (overall justice)	조직 전반의 운영 방식과 대우가 공정하다고 느껴지는가에 관한 포괄적 공정성 인식	• 개인적 경험에 기반한 공정성 • 조직에 관한 일반적 경험에 기반한 공정성	휴리스틱 이론 (Lind, 2001)

출처: 2024 공직윤리가치조사를 바탕으로 재구성.

1. 분배적 공정성

첫째, 분배적 공정성(distributive justice)이다. 분배적 공정성은 사회심리학의 형평성 이론(equity theory)을 기반으로, 조직 내 보상, 승진, 과제 배분 등 자원의 배분과 결과의 공정성에 관한 인식에 주목한다(Adams, 1965). 예컨대, 동일한 성과를 낸 직원이 A에게만 인센티브가 지급되고 B에게는 지급되지 않는다면 구성원들은 분배적 공정성이 낮다고 느낀다는 점이다. 분배적 공정성은 특히 보상이 투입 대비 공평하게 이루어졌는지(자

원 배분의 형평성) 또는 모든 구성원이 동등한 몫을 누렸는지(결과의 평등) 등을 기준으로 판단한다. 행정학적 측면에서 분배적 공정성은 특히 신공공관리 패러다임의 도입 이후 크게 주목을 받고 있다.

2. 절차적 공정성

둘째, 절차적 공정성(procedural justice)이다. 절차적 공정성은 구성원들이 결과 이전에 자원배분이 이루어지는 의사결정 과정 그 자체에 민감하게 반응한다는 사회적 교환이론과 실험심리학의 연구결과를 바탕으로 한다(Leventhal, 1980; Thibaut & Walker, 1975). 즉, 결과 그 자체(outcome)보다 해당 결과가 도출된 과정(process)에 대한 형평성 인식을 뜻한다. 이에 절차적 공정성은 결정과정의 일관성(consistency), 편향의 배제(bias suppression), 정확성(accuracy), 이의제기의 가능성(correctability), 대표성(representativeness), 윤리성(ethicality)이라는 여섯 가지 하위 차원을 포괄한다. 절차적 공정성이 높다는 것은 조직의 규칙과 절차가 신뢰할 만하고 예측 가능하다 점을 의미한다. 예컨대 승진 심사가 명확한 기준과 공정한 심사위원으로 이루어지고, 결과와 사유를 상세히 설명해 준다면 구성원들은 절차적 공정성이 높다고 느낀다. 절차적 공정성은 특히 법과 절차에 의해 결정이 이루어지는 공공조직에서 무엇보다 중요하다고 여겨진다.

3. 대인관계 공정성

셋째, 대인관계 공정성(interpersonal justice)이다. 대인관계 공정성은 공정함이 비단 분배와 절차만으로 결정되지 않고, 이를 전달하는 사람과의 관계, 즉 사회적 교환관계와 인간의 정서적 측면에 주목한다(Blau, 1964; Bies & Moag, 1986). 조직이론에서 인간관계론의 등장과 유사하게, 대인관계 공정성은 조직 구성원 간의 인격적 대우가 존중과 배려를 담아 이루어지는지에 있는지가 중요하다고 보는 관점이다. 대인관계 공정성은 조직 내 사회적 교류가 정중함(politeness), 존중(respect), 존엄(dignity), 비모욕적 언행(absence of abusive behavior)을 바탕으로 이루어지고 있는지를 중시한다. 한국적 맥락에서는 상호 모두가 예의 바르게 행동하는지를 중시하는 관점이라 볼 수 있겠다. 예컨대, 상급자가 부하직원에게 어려운 지시를 내릴 때, 충분히 설명하며 예의를 갖추어 안내한다면 직원들은 자신에 대한 대우가 공정하다고 느낀다는 것이다. 대인관계 공정성은 특히 상호작용의 질감(qualitative cues)에 민감한 젊은 세대의 공직자에게 상당한 의미를 갖는다고 여겨진다.

4. 정보공유 공정성

넷째, 정보공유 공정성(informational justice)이다. 정보공유 공정성은 조직 내 사회적 교환관계에 있어, 조직 내 의사결정자가 결과에 대해 충분하고 정직하게 정보를 제공하고 있는지를 주목한다. 이는 특히 심리학의 정보전달 이론에 기초하고 있는데, 단순히 예의 바르게 대한다고 하여 공정성이 담보되지는 않는다는 점을 지적한다(Bies & Moag, 1986; Shapito et al., 1994). 이에, 정보공유 공정성은 설명의 질(quality of explanation)을 중심으로 정직성(truthfulneess), 설명의 완전성(completeness), 시의성(timeliness), 합리성(reasonableness), 수용자의 이해를 고려한 배려(tailoring to audience)를 포괄한다. 예컨대, 대학 행정팀이 학사 정책 변화를 도입하면서 학내 구성원들에게 변화의 필요성과 세부 내용을 성실히 안내한다면, 구성원들은 정보공유 공정성이 높다고 평가할 것이다. 정보공유의 공정성은 특히 의사결정 과정이 복잡하고 다단계적인 조직에서 매우 중요한데, 정보의 공유가 원할할수록 업무의 불확실성을 제거하고 수용성을 담보할 수 있기 때문이다.

5. 전반적 공정성

다섯째, 가장 최근에 개념화가 이루어진 전반적 공정성(overall justice)이다. 전반적 공정성은 기존의 공정성 개념들의 한계를 지적하며, 공정성에 관한 구성원들의 총체적이고 포괄적인 인식에 주목할 필요가 있음을 주장한다. 이는 최근 각광받고 있는 행태심리학의 휴리스틱 이론(heuristics theory), 게슈탈트 이론(gestalt-based impression theory), 조직풍토 이론(organizational climate theory)을 기반으로 하고 있는데, 공정성이란 결국 구체적인 맥락 보다는 개인의 총체적 인상에 기반한다는 점에 초점을 둔다(Ambrose & Schminke, 2009). 즉, 조직의 전반적인 공정성이 다양한 경험을 바탕으로 형성되는 별개의 차원의 것이라 보는 관점이다. 이에 전반적 공정성은 공정의 판단 근거를 단순화하여 개인적 경험 차원(personal experience-based)과 조직단위의 차원(general organizational-level)으로 단순화하여 공정성을 총체적으로 측정한다. 전반적 공정성은 조직 구성원들이 실제로 네 가지 공정성을 세분화하지 않는다는 심리적 실재성을 반영하고, 이를 바탕으로 매우 단순화된 측정도구를 제공하고 있기에 공공관리의 연구적 측면에서 높은 가치를 지닌다.

제 3 절 공공관리와 조직공정성: 공정의 효과(justice effects)

공공조직에서 공정성은 단순한 내부 관리 차원을 넘어, 공공분야의 관리에 필수적으로 수반되는 근본 가치로 여겨진다(Radin, 2006; Wadlo, 1948). 공공조직은 법률과 규범에 따라 시민 전체를 대상으로 서비스를 제공하는 조직이기에, 공직자들에 대한 공정한 대우는 곧 공정한 공공서비스 제공으로 연결되기 때문이다. 특히, 공공조직 종사자들은 조직을 단순한 직장이 아닌 공공의 이익을 실현하는 사회적 가치시스템으로 인식하는 경향이 강하며, 이에 공정성에 대한 기대 수준 또한 매우 높다(Kurland & Egan, 1999). 이에, 공정성은 구성원들의 조직행태(organizational behavior)에 지대한 영향을 준다. 공정성이 확보된 경우 구성원들은 조직에 대한 정서적 애착과 심리적 안정감을 느끼며, 이는 곧 직무에 대한 몰입, 자발적 협력 행동(조직시민행동), 윤리적 판단 등 긍정적 행동으로 이어진다. 반면 공정성이 결여된 경우 조직에 대한 불신, 냉소, 소외감을 느끼게 되며, 이는 규범 위반, 업무태만, 내부 갈등과 같은 부정적 행태로 연결될 수 있다.

공공관리의 관점에서, 공정의 효과(justice effects)는 크게 세 가지로 정리하여 볼 수 있다. 첫째, 원활한 동기부여와 긍정적인 업무태도에 영향을 주어, 조직의 효과성의 증진을 이룰 수 있다. 둘째, 공공봉사동기의 효과를 증폭시켜 공직자들의 자발적인 조직시민행동을 유도하여 보다 나은 공공서비스의 전달로 이어진다. 셋째, 공공조직에서 공직자의 윤리적 역량은 핵심적 요소로 간주되며, 이러한 역량의 함양은 윤리적 행동으로 이어진다. 공정성은 윤리역량의 발달과 윤리적 행동의 견인차 역할을 한다.

Ⅰ. 동기부여와 업무태도

조직공정성에 대한 인식은 직원들의 직무동기, 직무만족, 조직몰입과 같은 태도 전반에 긍정적인 영향을 미친다. 공정하게 대우받는 직원일수록 자신의 노력과 성과가 정당하게 인정받는다고 느끼기 때문에 일에 대한 동기가 높아지고 조직에 헌신하려는 경향이 강해진다(Adams, 1965; Colquitt et al., 2001). 특히 공정성은 조직에 대한 정서적 애착과 충성심을 의미하는 조직몰입의 전제조건으로 여겨진다(Sweeney & McFarlin, 1993).

공정성이 공공관리에서 무엇보다 중요한 이유는 구성원들의 내재적 동기와 외재적 동기 모두에 직접적으로 영향을 미치기 때문이다. 자기결정이론(self-determination theory)에 따르면 개인이 자율성, 유능감, 관계성 등의 기본 욕구를 충족할 때 내재적 동기가 촉진되는데(Ryan & Deci, 2000), 절차적 공정성과 대인관계 공정성은 이러한 욕구를 충족시켜 구성원들로 하여금 일 그 자체를 즐길 수 있게 한다. 불공정한 처우를 경험하면 분노와 좌절 같은 부정적 정서가 유발되어 내재적 동기를 저해하는 반면(Cropanzano et al., 2001), 공정한 대우는 열정과 긍정적 정서를 고취하여 자발적 동참을 유도하기 때문이다(Zapata-Phelan et al., 2009). 나아가 공정성은 그 자체로 상징적 가치를 지니는데, 조직의 가치관과 자신의 신념이 일치할 경우 내재적 동기의 효과는 증폭된다. 반면, 공정성의 훼손은 구성원들의 기대 불일치를 유발하여 이를 저해하기도 한다(Colquitt & Chertkoff, 2002). 또한 공정성은 외재적 동기와도 밀접한 연관성을 지닌다. 사회적 교환이론(social exchange theory)에 따르면 공정한 대우를 받는 구성원은 조직과 상호성 규범을 갖게 되고, 받은 만큼 돌려주기 위하여 더 큰 외재적 동기를 갖게 된다고 설명한다(Blau, 1964). 분배적 공정성은 특히 급여, 승진, 훈련의 기회 등 외재적 유인을 통한 동기부여에 큰 영향을 준다(De Jong & Schalk, 2010).

동기와 업무태도에 관한 유형별 공정성의 구체적인 영향은 다음과 같다. 분배적 공정성은 직무만족과 보상만족을 직접적으로 높여준다. 성과에 걸맞은 보상을 받는다고 느낄 때 직원들은 자신의 일이 가치 있다고 여기며 만족감이 커지므로, 분배공정성은 직무만족을 증진시키는 효과가 있다(Colquitt et al., 2001; Greenberg, 1990). 또한 분배공정성이 높으면 조직이 자신을 공정하게 대우한다는 믿음이 생겨 조직에 대한 소속감과 몰입도가 높아진다(Fields et al., 2000). 절차적 공정성은 조직에 대한 신뢰와 몰입을 형성하는 데 핵심적인 역할을 한다. 직원들은 의사결정 절차가 투명하고 공평하다고 느낄 때 조직의 결정에 승복하고 조직 자체를 더 신뢰하게 된다. 또한 절차적 공정성은 분배적 공정성만큼 직무만족과 조직몰입과 강한 상관을 보이며, 특히 장기적으로 조직에 대한 충성심과 이직 의도 감소에 큰 영향을 준다(Colquitt et al., 2001; Cohen-Charash & Spector, 2001). 대인관계 공정성은 공직자들의 정서적 태도에 큰 영향을 준다. 인간적으로 존중받는 조직 구성원들은 자존감과 직무열의가 높아지고, 상사와의 관계 만족도가 높아져 조직몰입도 강화된다(Moorman, 1991). 반대로 상사가 모욕적이거나 무례하게 대하는 등 대인 공정성이 결여되면 직무만족 저하와 정서적 소진이 촉진되어 조직에 대한 불만과 거부감이 커질 수 있다. 한국 조직 구성원들도 상사로부터의 존중을 공정한 대우의 핵심으로 여기며, 이를 느낄 때 조직에 머물고자 하는 의지가 강해진다는 연구 결과가 있다 (Kang & Rubin, forthcoming). 높은 수준의 정보공유 공정성은 구성원들의 공감과 수용을 이끌어 낼 수 있다. 예컨대, 인사고과 결과나 중요한 조직 변화에 대해 왜 그런 결정이 내려졌는지 납득할 만한 설명을 들은 직원은 설령 불리한 결과를 받았더라도 과정을 이해하고 수용하게 되어 불만이 줄어든다(Bies & Moag, 1986). 정보 공정성이 높을 때 직원들은 조직이 자신들을 정당하게 대우하고 있다고 인식하여 직무만족과 신뢰 수준이 높아진다(Colquitt et al., 2001).

Ⅱ. 공공봉사동기와 조직시민행동

조직공정성은 구성원들의 조직과 사회를 위해 자발적으로 나서게 하는 중요한 요인이기도 하다. 공정성이 높은 환경일수록 사람들은 가시적인 보상이 따르지 않는다 하더라도 조직과 공동체에 기여하려는 마음을 갖게 된다(Jafari & Bidarian, 2012; Moorman, 1991). 공공가치를 중시하는 공직자들은 조직이 공정하게 운영될 때, 조직의 미션과 자신이 추구하는 공공봉사동기의 일체감을 느끼게 된다. 이러한 가치의 일치감(value congruence)은 공직자들로 하여금 공익성을 증진시킨다(Perry & Vandenabeele, 2008).

공공관리의 관점에서 이러한 공정의 효과는 공공봉사동기(public service motivation)와 조직시민행동(organizational citizenship behavior)과 연결 지어 해석할 수 있다. 공공봉사동기 이론은 공직자들이 공익과 사회적 가치를 위하여 봉사하려는 이타적 속성을 지닌다고 보고 있다(Perry & Wise, 1990). 조직시민행동은 굳이 떠맡을 이유가 없지만 조직의 효과성과 공동체에 기여하기 위한 자발적이며 능동적인 친사회적 설명을 의미한다(Organ, 1998). 이 두 가지 개념은 모두 조직 구성원들의 자발적 행동이 비경제적 가치에 의하여 증폭된다고 보고 있다. 즉, 공정할수록 더더욱 협력적으로 행동할 확률이 올라간다고 설명한다. 조직 지원 이론(organizational support theory)에 의하면, 조직 구성원들은 조직이 얼마나 그들을 세심하고 공정하게 지원하고 배려하고 있는지에 대한 지각이 그들의 행태를 좌우한다고 설명한다(Rhoades & Eisenberger, 2002). 공정성은 긍정적 조직 지원의 선결 조건으로 여겨지는데, 공정한 대우를 받는 구성원들일수록 자발적으로 타인을 도울 확률이 높아진다고 설명한다. 쉽게 설명하자면, 사람들은 조직이 나를 공정하게 대우해 주는 만큼 스스로를 아껴주고 지원해준다고 느끼며, 이로 인하여 조직에 대한 심리적 임무감과 애착심이 커지게 된다는 것이다.

공공봉사동기와 조직시민행동에 대한 유형별 공정성의 구체적인 영향은 다음과 같다. 분배적 공정성은 조직 지원에 대한 인식과 공공봉사동기를 고취시키고, 이에 구성원들은 추가적인 노력과 성과로 보답하게 된다. 예컨대 승진이나 보수가 공정하게 배분되고 있다면 사람들은 본연의 역할에 더욱 충실하게 되며 필요시 기꺼이 초과근무를 담당하거나 동료의 업무를 도와주게 된다(Jafari & Bidarian, 2012). 절차적 공정성은 구성원들에게 적절한 권한(voice)과 통제감(appeal opprtunity)을 부여하여, 이들의 자율성에 대한 욕구를 충족시키는 효과가 있다. 또한, 이러한 과정에서 그들의 공공봉사동기를 강화하여 협력적 행동을 보이게 된다(Shim & Faerman, 2017). 공정한 배분과 절차는 그 자체로서 상징적 의미를 갖기도 하는데, 이는 곧 구성원들에게 심리적 안전감과 도덕적 만족감을 제공하여 그들의 자발적 협조를 이끌어낼 수 있다. 대인관계 공정성은 조직 내 사회적 교환(social exchange)의 질을 증진시키는 효과가 있다. 이로 인하여 사람들은 그들의 관계성 욕구(relatedness)가 충족되고, 자발적으로 나의 공동체를 위한 기여를 하게 된다(Ilies et al., 2007). 정보 공유 측면의 공정성은 곧 결정 과정의 투명성으로 이어진다. 이러한 투명성은 직원들이 불확실성과 불안을 줄이고, 자신이 담당해야 할 일들에 대한 정당성을 제공하게 된다. 또한, 정보 공유가 원활히 이루어질 경우 구성원들은 설령 자신에게 불리한 결정이 있다고 하더라도 그 이유를 납득하고, 조직에 이로운 방향으로 적극적으로 행동하게 된다(Cheung, 2013). 공정성의 대인관계적 측면과 정보공유적 측면은 특히 공공조직에 더욱 큰 의미를 갖는데, 이는 공공조직의 목표가 다분히 모호하게 정의된 경우가 많기 때문이다. 대인관계 공정성과 정보공유의 공정성은 공직자로 하여금 그들이 지금 어디에 있는지, 어디로 나아가야 하는지, 그리고 조직과 공공가치에 도움이 되는 행동은 무엇인지를 명확하게 하는 효과를 지닌다(Cho & Sai, 2013).

Ⅲ. 윤리역량과 윤리적 행동

조직공정성은 태생부터 윤리 및 도덕과 연관성이 깊은 개념이다. 조직 구성원들이 자신들이 속한 조직이 공정한지 그렇지 아니한지 판단하기 위해서는 조직에 관한 도덕적 평가(moral appraisal)를 필연적으로 수반하기 때문이다(Crawshaw et al., 2013). 구성원들이 이토록 공정성에 민감하게 반응하는 이유는 단순한 도구적(instrumental) 가치관 때문만은 아니다. 사람들은 조직 안에서 굳이 합리적으로 생각하지 않더라고 어떠한 사안에 관하여 공정한지, 혹은 불공정한지에 대하여 아주 자연스럽게 판단하는 경향이 있다. 이는 공정성이 효율성이나 경제성의 문제가 아닌, 그 자체가 윤리적으로 올바른 행동이라 여겨지기 때문이다.[2]

행동윤리학(behavioral ethics)은 공정성이 조직 구성원들의 윤리성, 책무성, 그리고 윤리적 행태에 상당한 영향을 미친다고 설명한다(Cropanzano & Stein, 2009). 사람들은 누구나 부당한 대우를 받고 있는 동료에게 연민을 느끼고, 이들을 위하여 직간접적으로 도와주고자 하는 욕구를 느낀다. 행동윤리학은 이러한 사람들의 인간적 특성을 단순한 도구적 동기에서 벗어나, 사람이라면 누구나 가지고 있는 도덕적 신념(moral convictions)과 도덕적 의무감(deontic motives)을 기반으로 설명한다. 도덕실험 연구에 의하면, 사람들은 나와 직접적인 관계가 없는 제 3자가 부당한 처우를 받고 있다는 사실을 인지한 경우 자발적으로 가해자를 처벌하거나 응당한 대가를 받도록 나서는 경향을 보인다고 한다(Kahneman et al., 1986). 나에게는 아무런 피해가 없는 경우에도 이러한 특성은 꾸준하게 관찰된다. 즉, 도덕감은 본성에 가까운 것이다. 이러한 윤리적 경향은 조직의 공정할 때 증폭되는 경향이 있다(Kang, 2023). 정리하자면, 공공관리의 측면에서 공정성은 사람들의 윤리역량(ethical competence)과 밀접한 관련이 있으며, 또한 내부고발(whistleblowing)과

2 "Individuals care about fairness at work for its own sake" (Crawshaw et al., 2013: 890).

같은 공직자의 윤리적 의무와 깊은 관련이 있다고 요약될 수 있다. 첫째, 공정성은 공직자들의 윤리역량의 증진에 필수적인 요인이다(Cooper & Menzel, 2014). 불공정한 상황에서 자발적으로 윤리성을 추구하기는 매우 어렵기 때문이다. 둘째, 공정성은 내부고발, 투명한 보고, 잘못의 인정 등 윤리적 행태의 기폭제로 작용한다(Kang, 2023). 윤리적 행태는 사람들의 개인의 도덕관에 기반한 의견의 표출(voice)이 수반되는데, 이는 공정한 환경 속에서 더욱 원활히 작동하기 때문이다.

유형별 공정성이 공공조직 구성원들의 윤리성과 윤리적 행태에 미치는 구체적인 영향은 다음과 같다. 분배적 공정성은 윤리적 행동과 간접적인 연관성을 지닌다. 조직 내에서 불공정한 분배가 이루어지고 있는 경우, 사람들은 불만과 박탈감을 가지게 되고 이를 만회하기 위하여 도덕적 해이와 일탈행동을 보이게 된다(Adams, 1965; Greenberg, 1990). 이러한 분배의 불공정은 결국 구성원들의 부패행위로 연결될 가능성이 높다(Collins et al., 2016). 절차적 공정성은 구성원들의 윤리역량의 발달과 내부고발이라는 윤리적 형태에 직접적인 영향을 준다(Kang & Lee, 2025). 절차적으로 공정한 조직은 필연적으로 매우 높은 수준의 윤리적 풍토(ethical climate)를 가지고 있다. 이는 곧 구성원들의 윤리역량으로 연결되는데, 불공정한 환경 속에서는 윤리적으로 행동할 유인을 찾을 수가 없으며, 윤리적 역량을 갖출 여유가 결여되기 때문이다(De Schrijve & Maesschalck, 2013). 또한, 윤리적 행동은 절차적 공정성이라는 기반 위에서만 필 수 있는 열매이다. 조직 내부의 관리 프로세스와 의사결정 구조가 불공정한 경우, 사람들은 이를 바로잡기 위한 윤리적 노력을 투입(voice)하는 대신 떠나거나(exit), 사익과 사람에게 충성하거나(loyalty), 혹은 애써 모른척(neglect)하게 되기 때문이다(Hirschman, 1970; Rusbult et al., 1982). 대인관계 공정성과 정보공유 공정성은 모두 조직 구성원들의 윤리역량과 깊은 관계를 갖는다. 상사 및 동료들이 나를 인간적으로 예우해 줄 경우, 바람직한 조직행동에 관한 사회적 학습(social learning)이 보다 원활하게 이루어지기 때문이다. 또한, 정보공유의 공정성은 사람들의 도덕적 추론능력(moral reasoning)과 도덕적 감수성(moral awareness)에 직접적인 영향을 주어, 그들로 하여금 보다 윤리적인 행동을 내릴 제도적 기반을 제공한다(Cooper & Menzel, 2014). 윤리적 결정과 행동은 높은 수준의 윤리역량을 요구하는데, 정보의 투명성은 사람들로 하여금 보다 올바른 결정을 할 수 있도록 도와주기 때문이다(Seifert et al., 2014).

제 4 절 조직공정성과 공공조직의 성과

전통적인 행정학이 공공성, 민주성, 정당성을 중심으로 정부의 역할을 규범적으로 탐구해 왔다면, 공공관리는 성과 중심의 조직관리를 통해 공공조직을 어떻게 더 효과적으로 기능하게 할 수 있을지를 실증적으로 고민한다(Raadschelders, 2011). 조직공정성은 이러한 공공관리의 실용 지향적인 측면에서 보다 나은 성과의 창출을 위한 전략적 자산으로 간주된다. 이는 민간조직과는 대별되는 공공조직의 특수성에 기인한다. 공공조직은 목표, 구성원, 동기, 조직구조 등 성과관리에 핵심적인 조직변수들이 법적, 정치적 제약에 따라 능동적으로 변화하거나 전략적으로 관리되기 어려운 구조적 한계를 지닌다. 그러나 공정성은 비교적 다양한 관리 기법을 통해 개선이 가능하며, 이를 전략적으로 활용할 경우 구성원의 조직몰입과 직무만족을 높이고, 궁극적으로 조직 성과를 향상시키는 효과를 거둘 수 있기 때문이다.

Rubin과 Kang(2002)은 심리학과 사회학의 이론들을 바탕으로 공공조직에서 공정성이 어떻게 성과증진에 영향을 미치는지에 관하여 설명한다. 첫째, 사회적 교환 이론(social exchange theory)에 따르면, 조직 내에서 공정한 대우를 받는 구성원은 조직에 대한 신뢰를 강화하고, 직무에 대한 예측 가능성이 높아짐으로써 보다 안정적으로 업무에 몰입하게 된다(Colquitt et al., 2012). 특히 이러한 신뢰 기반의 상호작용은 정서적 반응과도 밀접하게 연계된다. 둘째, 사회정체성 이론(social identity theory)에 기반한 설명이다. 구성원의 자기 동일성과 자존감을 조직이나 집단에 결합시키는 관계적 접근에서도 공정성은 중요한 역할을 한다(Blader & Tyler, 2009). 이와 같은 긍정적 인지 반응은 협력적 행동으로 전환되며, 이는 결과적으로 조직의 성과 향상으로 직결되기 때문이다.

Ⅰ. 공정효과의 사회적 교환모형

사회적 교환이론은 조직 내 사람들이 반복적으로 상호작용하면서 신뢰와 의무감을 형성하고, 시간이 지남에 따라 자발적인 헌신과 책임이 쌓여 관계가 유지된다고 본다(Blau, 1964). 이러한 관계에서 공정한 대우는 중요한 교환 자원으로 기능하며, 구성원은 조직이나 상사로부터 정당하게 대우받고 있다고 느낄 때 이에 상응하는 방식으로 반응하게 된다. 이러한 반응은 직무몰입이나 조직시민행동(Organizational Citizenship Behavior), 직무성과 등의 형태로 나타나며, 이는 단순한 규범적 반응이 아니라 상호적 관계 유지의 일환으로 이해된다(Colquitt, Greenberg, & Zapata-Phelan, 2005; Colquitt et al., 2013). 〈그림 10-1〉은 Rubin과 Kang(2022)이 제시한 공정효과의 사회적 교환모형을 재구성한 것이다.

그림 10-1 공정효과의 사회적 교환 모형

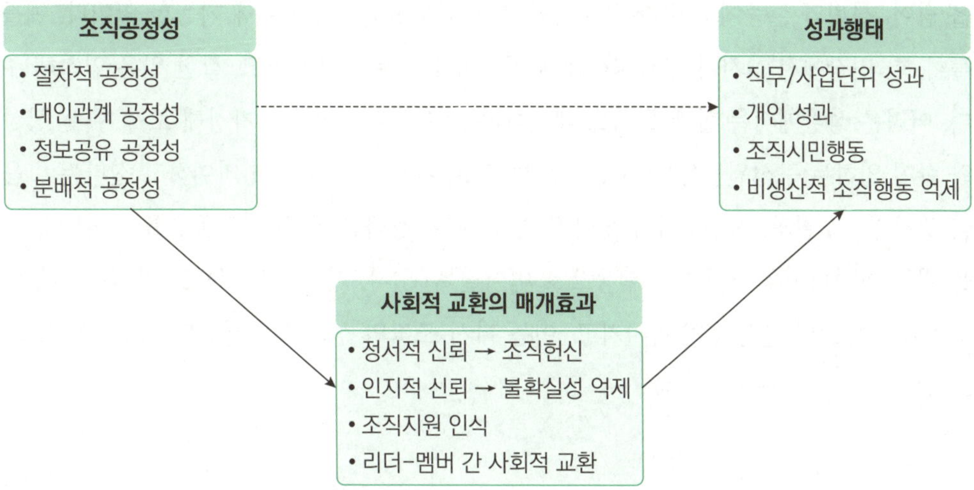

출처: Rubin & Kang(2022)을 바탕으로 재구성.

〈그림 10-1〉은 공정의 효과를 사회적 교환모형의 측면에서 정리한 것이다. 공정성과 성과 간의 관계에 대한 실증적 연구는 사회적 교환 요인들이 이 둘 사이에서 중요한 매개 변수로 작동한다는 점을 보여준다. Masterson 등(2000)은 상호작용 공정성이 상사와의 교환관계 질(Leader-Member Exchange)을 통해 직무성과와 시민행동에 영향을 미치고, 절차적 공정성은 조직지원 인식(Perceived Organizational Support)을 통해 이직의도와 조직 중심 시민행동에 영향을 미친다고 분석하였다. 이러한 연구는 공정성의 유형과 교환의 초점(entity focus)에 따라 구성원의 반응 경로가 달라질 수 있음을 보여주기도 한다. Colquitt 등(2013)이 수행한 메타분석은 이러한 공정의 효과를 체계적으로 검토한 연구로, 절차적 공정성이 조직몰입과 조직지원 인식과 가장 강한 관련성을 보이며, 대인관

계 공정성과 정보공유 공정성은 리더-멤버 교환관계에서 매우 중요한 역할을 한다고 주장한다. 나아가, 유형별 공정성은 직무 및 작업단위의 성과, 개인단위의 성과, 조직시민행동을 증진시키는 동시에, 비생산적 조직행동의 억제에 큰 영향을 준다.

사회적 교환이론은 조직 내 사람들이 서로 도움을 주고받으며 관계를 맺는 과정을 설명하는 이론이다. 이러한 관계는 단기간에 끝나는 것이 아니라, 시간이 지날수록 신뢰와 책임이 형성되면서 유지된다. 특히 조직이나 상사로부터 공정하게 대우받는 경험은 구성원에게 중요한 심리적 자극이 되며, 이에 대한 반응으로 구성원은 직무에 더욱 몰입하거나 자발적으로 동료를 돕는 행동을 하게 된다. 이는 단순히 규칙에 따라 행동하는 것을 넘어, 신뢰와 존중에 기반한 상호적인 관계가 형성되었기 때문에 가능한 일이다. 예를 들어, 한 직장에서 상사가 구성원들에게 공정하게 업무를 배분하고, 잘한 일은 인정해 주며, 어려운 상황에서는 함께 문제를 해결하려는 태도를 보인다고 가정해 보자. 이런 상사와 함께 일하는 구성원들은 신뢰를 느끼게 되고, 자신도 조직에 더 기여하고 싶다는 마음이 생긴다. 그 결과, 직무성과가 높아질 뿐 아니라, 정해진 일 외에도 동료를 돕거나 조직을 위한 아이디어를 제안하는 행동으로 이어질 수 있다. 이러한 방식으로 공정한 대우는 구성원의 태도와 행동을 변화시키고, 이는 다시 조직의 성과로 연결된다(Rubin & Kang, 2022).

Ⅱ. 공정효과의 사회정체성 모형

공정의 긍정적 효과에 관하여, 사회정체성 모형은 구싱원이 조직이나 팀과 맺는 관계를 통해 스스로를 어떻게 정의하느냐에 주목한다. 이 접근은 공정성이 단지 외적인 보상과의 교환 관계에 그치지 않고, 개인의 정체성과 자기 가치에 영향을 미친다는 점을 강조한다. 구성원은 자신이 존중받고 정당하게 대우받고 있다고 느낄 때, 자신을 조직의 일원으로 인식하고 소속된 집단과 자신을 동일시(identification)하게 된다(Blader & Tyler, 2009; Tyler & Blader, 2003). 이로 인하여 긍정적으로 형성된 개인들의 사회적 정체성은 구성원이 조직을 위해 자발적으로 행동하게 만드는 동기가 되며, 이는 곧 성과로 연결된다. Rubin과 Kang(2022)은 사회정체성 모형을 바탕으로 공정의 효과를 제시하고 있다.

그림 10-2 공정효과의 사회정체성 모형

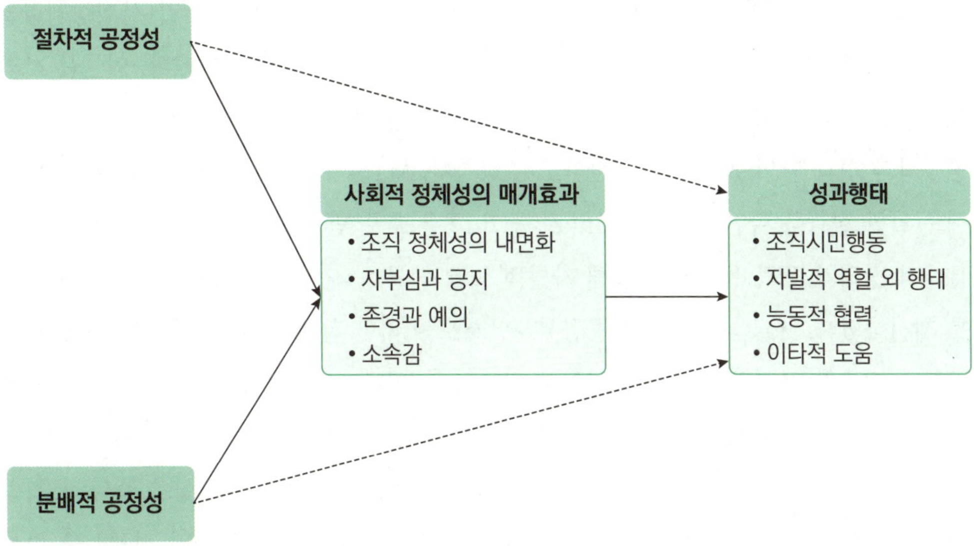

출처: Rubin & Kang(2022)을 바탕으로 재구성.

〈그림 10-2〉는 공정의 효과를 사회정체성 모형을 바탕으로 재구성하고 있다. 사회정체성 이론에 따르면, 공정한 대우는 구성원에게 자신이 조직 내에서 중요한 존재라는 신호로 작동하며, 이는 자긍심과 존중, 소속감 같은 긍정적 감정을 유발한다(Bobocel & Gosse, 2015; Tajfel & Turner, 2001). 이와 달리, 불공정한 대우는 구성원의 정체성을 위협하고 자존감을 훼손시킨다(Blader & Tyler, 2015). 정당한 대우를 받은 구성원은 자신이 존중받는 집단의 일원이라는 인식을 가지며, 이 같은 인식은 조직에 대한 헌신과 협력을 가능하게 한다. 다시 말해, 공정성은 구성원으로 하여금 자신을 집단과 연결짓도록 만들며, 이를 통해 조직시민행동, 자발적 협력, 추가적인 업무 수행과 같은 긍정적인 성과로 이어질 수 있다(Blader & Tyler, 2015). 사회정체성 관점은 집단몰입모형(group engagement model)으로 구체화되며, 이는 공정한 절차와 상호 존중에 기반한 공정성이 개인의 정체성 형성과 조직 내 행태에 영향을 준다고 설명한다(Tyler, 1999; Tyler & Blader, 2003). 이 모형에서는 구성원이 자신을 조직, 상사, 동료와의 관계 속에서 어떻게 규정하느냐가 협력이나 기여 행동을 결정하는 중요한 요인으로 작동한다고 예측한다. 공정한 환경에서는 구성원들이 자신을 공동체 지향적으로 인식하게 되고, 이는 자발적인 조직 기여로 나타나기 때문이다.

집단몰입모형을 활용한 다수의 실증연구들은 위와 같은 사회정체성 요인들의 매개효과를 구체적으로 검증하고 있다. Blader와 Tyler(2009)는 절차적 정의가 사회정체성을 강화하고, 그 결과로 역할 외 행동(extra-role behavior)이 증가함을 밝혔다. 이들은 사회정체성을 인지적 소속감과 자긍심·존중감의 두 차원으로 나누어 설명하며, 양자 모두가 공정성과 성과 간의 관계를 매개한다고 주장한다. Ma 등(2014)은 중국에서의 연구를 통해 동일한 결과를 확인하였고, Frenkel 등(2012)은 호주 민간조직을 대상으로, 절차적 및 분배적 정의가 조직 동일시를 통해 자발적 노력과 동료 지원 행동으로 이어진다는 결과를 제시하였다. Hassan(2013)은 공공부문에서도 이러한 관계가 유효함을 보여주었으며, 공정한 대우가 구성원의 조직 동일시를 강화하고, 이는 이직의도를 낮추고 직무 몰입을 높인다는 점을 규명하고 있다.

공정한 대우는 조직 구성원이 자신을 조직과 연결짓는 방식에 큰 영향을 준다. 사회정체성 이론은 사람들이 자신이 속한 집단이나 조직과의 관계를 통해 자기 정체성을 형성한다고 설명한다. 이때 공정한 절차나 상호 존중은 구성원에게 "나는 이 집단에서 중요한 존재다"라는 인식을 심어주며, 이는 자긍심과 소속감을 강화시킨다. 이렇게 형성된 정체성은 구성원이 조직을 위해 더 많은 노력을 기울이게 만들고, 자발적인 협력과 조직 시민 행동으로 이어질 수 있다. 반대로, 불공정한 대우는 구성원의 자기 가치를 위협하고, 조직으로부터 심리적으로 거리를 두게 만든다. 결국 공정성은 단지 규칙의 문제가 아니라, 구성원이 스스로를 조직의 일원으로 느끼고 행동하게 만드는 심리적 기초가 된다. 이러한 이론은 실제 조직 사례에서도 쉽게 확인할 수 있다. 예를 들어, 한 구청의 민원팀에서 팀장이 모든 직원에게 공정하게 업무를 배분하고, 성과에 대해 투명하게 인정하며, 중요한 정보를 빠짐없이 공유하는 경우를 생각해 볼 수 있다. 이런 팀에서 일하는 직원은 자신이 존중받고 있다고 느끼고, 이 조직이 나를 중요하게 여긴다는 인식을 갖게 된다. 그러한 인식은 자발적인 협력과 추가적인 노력으로 이어진다. 반면에, 어떤 직원이 반복적으로 회의에서 소외되거나 성과가 무시되고, 정보 공유에서 배제된다면, 그 직원은 자신이 조직에서 중요하지 않다고 느끼게 되고, 결국 조직에 기여하려는 의욕도 줄어든다. 이처럼 공정한 대우는 구성원에게 소속감과 자긍심을 제공하고, 이는 성과와 협력 행동을 이끌어내는 중요한 출발점이 된다(Rubin & Kang, 2022).

요약

조직공정성은 단순한 규범적 가치나 윤리의 문제가 아니라, 공공조직의 효과성과 성과를 증진시키는 데 활용될 수 있는 조직 차원의 전략적 자원이다. 즉, 관리의 대상이다.

전통 행정학이 절차와 규범을 통한 통제에 주력했다면, 현대적 공공관리는 공정성이라는 심리적 자원을 전략적으로 관리함으로써 공공정책의 성과와 효과성을 제고하고자 한다.

공정성은 신뢰를 낳고, 신뢰는 자발적 협력을 낳는다. 이러한 단순한 공식이 조직을 바꿀 수 있다. 반면, 불공정은 성과의 독이다. 공정하게 관리되는 공공조직일수록 보다 낳은 성과를 보이며 또한 시민들을 공정하게 대할 수 있다.

조직공정성은 다차원적인 개념이다. 구체적으로, 분배적, 절차적, 대인관계, 정보공유, 전반적 공정성이라는 다섯 가지 유형으로 세분화되며, 각기 다른 방식으로 구성원의 인식과 행동에 영향을 준다.

공정성은 구성원의 내적 동기를 자극하고, 자발적인 조직시민행동을 촉진하며, 신뢰 기반의 리더십을 가능하게 하는 세 가지 핵심 효과를 지닌다.

공정의 사회교환 모형에 따르면, 공정한 대우는 조직과의 신뢰관계를 형성하고, 구성원은 이에 보답하는 방식으로 협력과 성과 향상 행동을 보인다.

공정의 사회정체성 모형은 공정성이 구성원의 자긍심과 소속감을 강화해 조직과 자신을 동일시하게 만들고, 이는 자발적 기여와 헌신으로 이어진다고 설명한다.

자기평가

다음 유형별 공정성의 측정도구들을 활용하여 내가 속한 조직과 공동체의 공정성의 수준을 진단하고, 이에 따른 함의와 처방을 논의해보자.

분배적 공정성(distributive justice)

차원	측정문항
투입 형평성 (input equity)	• 나는 내가 노력하는 만큼의 보상을 받고 있다

차원	측정문항
보수 형평성 (reward equity)	• 나는 나의 성과에 걸맞은 보수를 받고 있다
기여 형평성 (contribution equity)	• 나는 내가 조직에 기여한 만큼의 보수를 받고 있다
성과대비 형평성 (output equity)	• 내가 받는 보수는 나의 성과에 비추어 볼 때 적정하다고 생각된다

출처: 강민성(2024) 공직윤리가치조사.

절차적 공정성(procedural justice)

차원	측정문항
의사결정의 절차성 (voice)	• 나는 우리 조직의 의사결정 절차에 관여할 수 있다
절차의 일관성 (consistency)	• 우리 조직은 일관성 있는 의사결정 절차를 유지하고 있다
편향의 배제 (bias suppression)	• 우리 조직의 의사결정 절차들은 편향되지 않고 공정하다
결정과정의 정확성 (accuracy)	• 우리 조직의 의사결정과정은 객관적 정보를 바탕으로 한다
이의제기 가능성 (correctability)	• 나는 절차에 따라 내려진 결정에 이의를 제기할 수 있다
절차의 윤리성 (ethicality)	• 우리 조직의 의사결정 절차는 윤리적이며 도덕적이다

출처: 강민성(2024) 공직윤리가치조사.

대인관계 공정성(interpersonal justice)

차원	측정문항
예의있는 태도 (propriety)	• 나의 상급자들은 나에게 항상 예의를 갖춘다
존경 (respect)	• 나의 상급자들은 나의 자존감을 지켜주려 노력한다
존중 (dignity)	• 나의 상급자들은 나를 존중한다

적절한 언사 (proper remakrs)	• 나의 상급자들은 나에게 부적절한 발언을 하지 않는다

출처: 강민성(2024) 공직윤리가치조사.

정보공유 공정성(informational justice)

차원	측정문항
정보공유의 충분성 (truthfulness)	• 나의 상급자들은 나와 진솔하게 소통한다
설명의 타당성 (justification)	• 나의 상급자들은 의사결정 절차에 대해 자세하게 알려준다
공유의 합리성 (reasonableness)	• 나의 상급자들이 제공한 절차들에 대한 설명은 납득할 만하다
정보제공의 시기적절성 (timeliness)	• 나의 상급자들은 세부적인 사항들을 제때 설명해준다
소통의 특수성 (specificity)	• 나의 상급자들은 개개인의 필요에 맞춰 소통한다

출처: 강민성(2024) 공직윤리가치조사.

전반적 공정성(overall justice)

차원	측정문항
개인 단위의 공정성 경험과 인식 (personal experience-based fairness perceptions)	• 우리 조직은 나를 공정하게 대해준다
	• 나는 우리 조직이 전반적으로 공정한 조직이라고 생각한다
조직 전반의 공정성 경험과 인식 (organization-wide fairness perceptions)	• 우리 조직의 처우는 대체로 공정한 편이다
	• 우리 조직의 업무처리 방식은 전반적으로 공정한 편이다
	• 우리 조직은 모든 사람들에게 공정하다
	• 우리 조직 구성원의 대부분은 우리 조직이 공정하다고 생각할 것이다

출처: 강민성(2024) 공직윤리가치조사.

사례연구

공정이 사라질 때: 행정안전부 신임사무관의 5년간의 기록[3]

배경: 높은 이상과 사명감을 지니고 입직하다.

김민성(가명)은 2020년 행정안전부에 5급 행정사무관으로 첫 발을 내디뎠다. 대학 시절부터 공직 봉사에 뜻을 둔 그는 "국가와 국민을 위해 일하겠다"는 사명감으로 가득했다. 행안부는 행정 혁신과 국민 안전을 책임지는 중앙부처로, 그는 이 기관의 일원이라는 자부심에 부풀었다. 그러나 조직에 몸담은 지 얼마 지나지 않아 김 사무관은 자신이 품었던 이상이 관료제 현실과 충돌하는 순간들을 마주하기 시작했다. 부처의 분위기와 관행은 신입 사무관의 눈에 낯설고도 기이했다. 그는 곧 다양한 형태의 공정성이 훼손된 상황에서, 높은 이상과 동기는 물론 업무에 대한 충족감을 잃기 시작했다.

첫 해: 불투명한 절차들에 관한 불편함과 첫 좌절.

첫 부서 배치 후 참가한 국장 주재 회의에서, 김 사무관은 의견을 내기 전에 이미 결론이 정해져 있다는 느낌을 받았다. 회의는 형식적으로 토론의 형태를 띠었지만 실상은 상부 지시사항을 일방적으로 전달받는 자리였다. 그는 정책 아이디어를 제안하려 했으나 선배들은 책상 아래에서 그의 다리를 슬쩍 찼고, 국장은 곁눈질로 제지했다. 의사결정 과정에서의 절차적 공정성은 찾아보기 어려웠다. 회의 후 선배 주무관은 그에게 '괜히 튀지 말라'며 관행을 따르라고 조언했다. 조직의 동조 압력 속에 김 사무관은 발언권과 참여 기회가 보장되지 않는 불공정을 느꼈다. 이윽고 그는 초기 열정으로 작성했던 정책보고서가 간소화되는 경험을 했다. 복잡한 현실을 반영해 상세히 쓴 보고서는 과장이 '윗선은 핵심만 간단히 원한다'며 대부분을 삭제했다. 중요한 배경과 현장 의견이 빠진 채 요약된 정보만 상부에 전달되었고, 그는 정책이 잘못 이해될까 걱정되었다. 실제로 노한동 전 서기관은 정부 보고서에는 "복잡한 현실을 담기 어렵게 핵심만 간단히 하라는 절대 원칙"이 있어, 결과적으로 현실이 단순하게 치환되고 깊이 있는 논의는 사라진다고 지적한다. 김 사무관도 정보 공정성의 훼손을 실감했다. 자신이 수집한 정보와 분석이 충분히 공유되지 않고 상사 편의에 따라 걸러지는 경험이 반복되면서, 조직이 투명한 소통보다는 형식적 보고에 치중한다는 불신이 생겼다.

---

3 본 사례는 노한동(2025) 작가의 책 「나라를 위해서 일한다는 거짓말」을 바탕으로, 서기관 및 사무관 7인들과의 토론을 통하여 각색한 내용입니다. 공정성의 개념에 관한 이해를 위하여 공직자들의 경험을 종합한 것으로, 실제 스토리가 아니라는 점을 밝혀두는 바입니다.

2~3년차: 절차만 불공정한 것이 아니었다. 보상 또한 알 수 없더라.

시간이 흐르며 김 사무관은 조직 운영의 비효율적 관행들을 더욱 뼈저리게 느꼈다. 그는 불합리한 절차를 바꿔보려 몇 가지 개선 제안을 내놓았지만, 돌아온 것은 환영이 아닌 추가 업무였다. 예를 들어, 한번은 부서 예산을 검토하다 불필요한 사업 예산을 발견한 김 사무관이 이를 삭감하자고 건의했다. 하지만 선배들은 고개를 저으며 '예산을 아끼면 오히려 큰일 난다'고 했다. 실제로 일부 예산을 집행하지 않자 곧바로 상급자로부터 신속 집행 독촉과 실적 부진에 대한 질책이 쏟아졌다. 아낀 예산만큼 새로운 사업을 찾아내라는 압박까지 받으며, 그는 괜한 문제 제기로 절차만 복잡해졌다는 자괴감을 느꼈다. 바꾸려 들면 일이 기하급수적으로 늘어나고 그냥 두면 아무도 간섭하지 않는다는 것을 그는 학습해갔다. 점차 김 사무관은 조직의 관행에 순응하며 '모른 척'하는 편이 개인에게 유리하다는 사실을 깨달았다. 이는 공직사회가 문제 해결보다는 현상 유지에 몰두하게 만드는 요인이 되었고, 그 자신도 관성에 젖어가는 자신을 발견했다.

3년차에 접어들며 불투명한 성과에도 지쳐가기 시작했다. 그 해 인사고과에서 그는 밤낮없이 노력한 여러 프로젝트에도 불구하고 평균 등급을 받았다. 이유를 물으니 상사는 '다 비슷비슷하게 준 것'이라 답했다. 알고 보니 부서에서는 실적과 무관하게 모두에게 거의 동일한 평가를 주는 관행이 있었다. 열심히 한 사람이나 적당히 한 사람이 동일한 결과를 받으니 성과와 보상의 연결 고리가 끊어진 셈이었다. 더욱이 승진이나 주요 보직 배치에서 특정 인맥과 학연이 작용한다는 소문도 들렸다. 실제로 김 사무관보다 성과가 저조했던 동기가 모 국장과 가까운 사이라는 이유로 희귀한 국외연수 기회를 얻는 일이 있었다. 능력이나 노력에 비례한 인정과 보상이 이루어지지 않는 현실은 그의 내재적 동기를 꺾어놓았다. 열심히 해도 특별한 보상이 없고, 잘못해도 크게 불이익이 없는 구조 속에서 그는 어느새 '대충 중간만 하자'라는 태도로 변해갔다. 공직사회 내부 고발서인 「나라를 위해서 일한다는 거짓말」에서도 '공직사회의 일이란 관습을 따르거나 기관장을 빛내는 거대한 비효율의 반복'이며, 진짜 필요한 일이 아닌 헛짓거리에 인생을 갈아넣는 공무원들의 자괴감이 크다고 지적한다. 김 사무관 역시 자신의 노력과 보상이 따로 노는 조직에서 점차 보람을 잃고 있었다.

4년차: 대인관계의 악화와 불투명한 정보공유 관행들.

입직 4년차에 김 사무관은 새로운 과장 밑에서 일하게 되었다. 이 상사는 업무에 엄격했지만 부하 직원들을 배려하거나 존중하지 않는 태도로 악명이 높았다. 어느 날 부처 중요 현안 보고서 준비가 지연되자, 과장은 팀 회의에서 김 사무관을 콕 집어 '이렇게밖에 일을 못 하냐'며 면박을 주었다. 모두가 보는 앞에서 모욕적인 언행을 들은 그는 큰 충격을 받았다. 이후 그는 회의에서 가능한 한 낮은 프로필을 유지하고, 문제가 있어도 입을 다무는 전략을 택하게 되었다. 상사의 꾸짖음과 면전에서의 비난은 그의 심리적 안전감을 해쳤고, 직장에서 존중받지 못한다는 생각에 정서적 소진이 가속화되었다. 동료들 역시 상사 눈치 보기에 급급하여 서로 솔직한 피드백이나 지원을 주고받지 못했다. 과장의 관심사는 오로지 자신의 성과 챙기기에 급급했고, 부하들은 그 성과를 위해 소모품처럼 동원될 뿐이라는 냉소마저 퍼졌다.

이 시기 김 사무관은 상사의 불투명한 정보공유에 지쳐가기 일쑤였다. 어느 날 그는 언론 보도를 통해서야 자신이 참여했던 정책이 상부 선에서 전면 보류되었음을 알았다. 부서장 이상만 공유된 결정이어서, 정작 실무자인 그는 의사결정 이유나 맥락을 전혀 전달받지 못한 것이다. 이런 불투명한 소통은 한두 번이 아니었다. 중요 지시사항이 막판에 하달되거나, 이미 실행된 후에 보고하라는 식의 일이 다반사였다. 상사는 '알 필요 없다'는 말로 부하 직원들의 질문을 일축했고, 때로는 의도적으로 일부 정보를 감추어 부서를 방패막이로 쓰기도 했다. 예를 들어, 상급자가 지시한 민감한 결정은 구두로만 내려 문서에 기록을 남기지 않았고, 나중에 문제가 되면 '나는 그런 지시를 한 적 없다'고 발뺌할 여지를 남겨두었다. 반면 김 사무관을 비롯한 하급자들은 혹시 나중에 책임을 뒤집어쓸까 봐 증거를 남기는 데 급급했다. 이러한 책임 회피와 전가의 문화 속에서 그는 누구도 솔직하게 나서지 않는 조직 분위기에 절망했다. 김 사무관이 몸담은 부서 역시 서로 불신한 채 각자 살 길을 찾는 모습이었고, 그는 조직에 대한 애정과 신뢰를 크게 잃었다.

5년차: 무너진 공공봉사동기와 책임감, 그리고 퇴직.

5년 차에 들어선 김 사무관은 더 이상 예전의 그가 아니었다. 처음 공직에 발을 들였을 때 가졌던 내재적 동기와 공공봉사 동기는 거의 소진되어 버렸다. 그는 언젠가부터 아침에 출근하는 것이 두려워졌고, 눈앞의 업무는 의미 없는 의식처럼 느껴졌다. 언젠가 국민을 위해 크게 기여하는 공무원이 되겠다던 꿈은 사라지고, 지금은 실수만 피하면 다행이라는 생각으로 하루하루를 보낼 뿐이었다. 한때 책임감 강하고 주도적이던 그는 이제 중요한 결정에는 끼어들지 않으려 했다. 책임을 지겠다고 나섰다가는 혼자 희생양이 될 수도 있다는 것을 여러 번 보았기 때문이다. 실제로 그는 더 이상 새로운 아이디어 제안이나 업무 개선 노력을 하지 않았다. 조직의 내부 변화는 불가능하다는 무기력감이 뿌리내린 것이다. 이런 학습된 무력감에 빠진 공무원들의 실상에 대해 노한동 전 서기관은 "정부 사무관급들은 대부분 녹초가 되었고, 조직의 무능함에 무기력함을 느끼면서도 조직 안에선 이런 얘길 할 수 없다"고 토로한 바 있다. 김 사무관도 그 무리에서 예외가 아니었다. 결국 그는 입직 5년 만에 사표를 내기로 결심했다. 더 버티면 신체적, 정신적 한계를 넘어설 것 같았고, 무엇보다 이대로 있어서는 자신의 가치관과 윤리를 지킬 수 없을 것만 같았다. 과로와 스트레스로 병원 신세를 지기도 한 그는 가족의 만류에도 불구하고 공직을 떠나기로 한다. 사직서를 내던 날, 기분은 착잡했다. 한때 '나라를 위해 일한다'는 자부심으로 시작했지만 이제 그는 그 문장이 허망한 거짓말처럼 느껴졌다. 그는 조직을 떠나며 지난 5년간 자신을 짓누른 것들이 결국 공정성의 붕괴였음을 깨달았다. 분배의 불공정은 공로와 보상 체계의 신뢰를 깨뜨렸고, 불공정한 의사결정은 참여와 성장의 기회를 막았다. 예의와 존중을 바탕으로 한 인간관계의 결여는 유대와 존엄성을 해쳤으며, 불투명한 정보 공유는 투명성과 책임의식을 희석시켰다. 이러한 누적된 불공정이 그의 공직생활에 대한 열정을 조금씩 잠식했고, 마침내 공익에 봉사하겠다는 초심마저 잃게 만든 것이다. 그는 조직을 떠나며 후배들에게 마지막 인사를 남겼다. '부디 여러분은 가짜 업무에 지치지 말고 진짜 필요한 일을 할 수 있는 공직사회가 오도록 힘써 달라'고. 하지만 마음 한편으로 김 사무관은 알고 있었다. 이제 막 사회생활을 시작하는 그 후배들도 언젠가 자신과 같은 좌절을 겪을지 모른다는 씁쓸한 예감을. 현실을 바꾸지 않는 한, 조직의 부조리는 개인의 동기를 좀먹는다는 사실을 그는 자신의 몸으로 증명해버리고 말았기 때문이다.

토의질문

교과서의 내용, 자기평가 문항, 사례연구를 바탕으로 다음 문제들에 관하여 논의해 보자.

1. 김 사무관은 입직 초기 '국민을 위한 봉사'를 꿈꾸었지만, 조직 안에서 곧 좌절을 겪는다. 이 사례에서 '공정하다'는 것은 어떤 의미였을까? 공공조직에서 공정성이 중요한 이유를 자신의 언어로 정리해 보자.
2. 김 사무관은 성과와 무관하게 동일한 평가를 받는 상황에 실망한다. 이 경험은 분배적 공정성 측면에서 어떤 문제를 드러내고 있는가? '기여에 비례한 보상'이 왜 공직에서도 중요한 원칙이 되는지 토의해 보자.
3. 회의에서 의견을 제시할 수 없고, 정책이 이미 결정되어 있다는 인식을 갖게 된 장면은 절차적 공정성 측면에서 어떤 문제를 보여주는가? 절차가 공정하지 않다고 느낄 때 구성원은 어떤 방식으로 반응하게 되는가?
4. 상사가 공개적으로 꾸짖고, 동료들과의 신뢰관계도 약화되는 상황은 대인적 공정성의 어떤 원칙이 무너진 결과인가? 직장 내 존중과 예의가 구성원의 심리에 어떤 영향을 주는지 사례를 중심으로 설명해 보자.
5. 정책 변경 사실을 언론 보도를 통해 알게 되고, 의사결정 배경이 공유되지 않는 상황은 정보공정성

의 어떤 요소가 결핍된 사례인가? 조직 내 정보 투명성이 왜 공정성 인식에 중요한지를 논의해 보자.

6. 김 사무관은 시간이 지날수록 책임 회피, 낮은 동기, 감정소진, 이직 결심으로 이어지는 변화를 겪는다. 이 변화의 과정 속에서 네 가지 공정성의 위반이 어떻게 연결되었는지를 종합적으로 분석해 보자.

참고문헌

김정인. (2023). 「조직과 인간을 위한 행정학」, 서울: 대영문화사.

노한동. (2024). 「나라를 위해서 일한다는 거짓말」. 사이드웨이.

Adams, J. S. (1965). Inequity in social exchange. In L. Berkowitz (Ed.), *Advances in experimental social psychology* (Vol. 2, pp. 267-299). Academic Press.

Ambrose, M. L., & Schminke, M. (2009). The role of overall justice judgments in organizational justice research: A test of mediation. *Journal of Applied Psychology,* 94(2): 491-500.

Bies, R. J., & Moag, J. S. (1986). Interactional justice: Communication criteria of fairness. In R. J. Lewicki, B. H. Sheppard, & M. H. Bazerman (Eds.), *Research on negotiations in organizations* (Vol. 1, pp. 43-55). JAI Press.

Blau, P. M. (1964). *Exchange and power in social life*. Wiley.

Cheung, M. F. (2013). The mediating role of perceived organizational support in the effects of interpersonal and informational justice on organizational citizenship behaviors. *Leadership & Organization Development Journal,* 34(6): 551-572.

Cho, Y. J., & Sai, N. (2013). Does organizational justice matter in the federal workplace? *Review of Public Personnel Administration,* 33(3): 227-251.

Colquitt, J. A. (2001). On the dimensionality of organizational justice: A construct validation of a measure. *Journal of Applied Psychology,* 86(3): 386-400.

Colquitt, J. A., & Chertkoff, J. M. (2002). Explaining injustice: The interactive effect of explanation and outcome on fairness perceptions and task motivation. *Journal of Management,* 28(5): 591-610.

Collins, J. D., McMullen, J. S., & Reutzel, C. R. (2016). Distributive justice, corruption, and entrepreneurial behavior. *Small Business Economics,* 47: 981-1006.

Cooper, T. L., & Menzel, D. C. (2014). In pursuit of ethical competence. In T. L. Cooper & D. C. Menzel, *Achieving ethical competence for public service leadership* (pp. 15-36). Routledge.

Crawshaw, J. R., Cropanzano, R., Bell, C. M., & Nadisic, T. (2013). Organizational justice: New insights from behavioural ethics. *Human Relations,* 66(7): 885-904.

Cropanzano, R., & Ambrose, M. L. (2015). Organizational justice: Where we have been and where we are going. In R. S. Cropanzano & M. L. Ambrose (Eds.) *The Oxford handbook of justice in the workplace* (pp. 3-14). Oxford University Press.

Cropanzano, R., & Stein, J. H. (2009). Organizational justice and behavioral ethics: Promises and prospects. *Business Ethics Quarterly,* 19(2): 193-233.

Cropanzano, R., Rupp, D. E., Mohler, C. J., & Schminke, M. (2001). Three roads to organizational justice. In G. R. Ferris (Ed.), *Research in personnel and human resources management* (Vol. 20, pp. 1-113). Emerald Group Publishing Limited.

De Jong, J., & Schalk, R. (2010). Extrinsic motives as moderators in the relationship between fairness and work-related outcomes among temporary workers. *Journal of Business and Psychology,* 25(1): 175-189.

De Schrijver, A., & Maesschalck, J. (2013). A new definition and conceptualization of ethical competence. In J. Maesschalck & B. Van de Walle (Eds.), *Achieving ethical competence for public service leadership* (pp. 29-51). Routledge.

Folger, R., & Cropanzano, R. (2001). Fairness theory: Justice as accountability. In J. Greenberg & R. Cropanzano (Eds.), *Advances in organizational justice* (pp. 1-55). Stanford University Press.

Greenberg, J. (1987). A taxonomy of organizational justice theories. *Academy of Management Review,* 12(1): 9-22.

__________. (1990). Employee theft as a reaction to underpayment inequity: The hidden cost of pay cuts. *Journal of Applied Psychology,* 75(5): 561-568.

Hill, C. J., & Lynn Jr, L. E. (2015). *Public management: Thinking and acting in three dimensions*. CQ Press.

Hirschman, A. O. (1970). *Exit, voice, and loyalty: Responses to decline in firms, organizations, and states*. Harvard University Press.

Ilies, R., Nahrgang, J. D., & Morgeson, F. P. (2007). Leader-member exchange and citizenship behaviors: A meta-analysis. *Journal of Applied Psychology*, 92(1): 269-277.

Jafari, P., & Bidarian, S. (2012). The relationship between organizational justice and organizational citizenship behavior. *Procedia - Social and Behavioral Sciences*, 47: 1815-1820.

Kahneman, D., Knetsch, J. L., & Thaler, R. H. (1986). Fairness as a constraint on profit seeking: Entitlements in the market. *The American Economic Review*, 76(4): 728-741.

Kang, M. M. (2023). Whistleblowing in the public sector: A systematic literature review. *Review of Public Personnel Administration*, 43(2): 381-406.

Kang, M. M., & Lee, D. (2025). Can whistleblowing reshape public organizations? Examining the consequences of whistleblowing on procedural justice and perceived organizational performance. *International Public Management Journal*, 28(3): 368-389.

Kang, M. M. & Ruvin, E. V. (forthcoming). How is Justice Related to Public Perforance? Testing the Two Competing Approaches in the Public Organizations. *Public Performance & Management Review*.

Kim, S. (2004). Individual-level factors and organizational performance in government organizations. *Journal of Public Administration Research and Theory*, 15(2): 245-261.

Kurland, N. B., & Egan, T. D. (1999). Public v. private perceptions of formalization, outcomes, and justice. *Journal of Public Administration Research and Theory*, 9(3): 437-458.

Leventhal, G. S. (1980). What should be done with equity theory? In K. J. Gergen, M. S.

Greenberg, & R. H. Willis (Eds.) *Social exchange: Advances in theory and research* (pp. 27-55). Springer.

Lind, E. A., & Tyler, T. R. (1988). *The social psychology of procedural justice*. Plenum Press.

Moorman, R. H. (1991). Relationship between organizational justice and organizational citizenship behaviors: Do fairness perceptions influence employee citizenship? *Journal of Applied Psychology*, 76(6): 845-855.

Perry, J. L., & Vandenabeele, W. (2008). Behavioral dynamics: Institutions, identities, and self-regulation. In J. L. Perry & A. Hondeghem (Eds.), *Motivation in Public Management: The Call of Public Service* (pp. 56-79). Oxford University Press.

Perry, J. L., & Wise, L. R. (1990). The motivational bases of public service. *Public Administration Review*, 50(3): 367-373.

Radin, B. A. (2006). *Challenging the performance movement: Accountability, complexity, and democratic values*. Georgetown University Press.

Raadschelders, J. C. (2011). *Public administration: The interdisciplinary study of government*. Oxford University Press.

Rhoades, L., & Eisenberger, R. (2002). Perceived organizational support: A review of the literature. *Journal of Applied Psychology*, 87(4): 698-714.

Rusbult, C. E., Zembrodt, I. M., & Gunn, L. K. (1982). Exit, voice, loyalty, and neglect: Responses to dissatisfaction in romantic involvements. *Journal of Personality and Social Psychology*, 43(6): 1230-1242.

Ryan, R. M., & Deci, E. L. (2000). Intrinsic and extrinsic motivations: Classic definitions and new directions. *Contemporary Educational Psychology*, 25(1): 54-67.

Seifert, D. L., Stammerjohan, W. W., & Martin, R. B. (2014). Trust, organizational justice, and whistleblowing: A research note. *Behavioral Research in Accounting*, 26(1): 157-168.

Shim, D. C., & Faerman, S. (2017). Government employees' organizational citizenship behavior: The impacts of public service motivation, organizational identification, and subjective OCB norms. *International Public Management Journal,* 20(4): 531-559.

Simon, H. A. (1955). A behavioral model of rational choice. *The Quarterly Journal of Economics,* 69(1): 99-118.

Shapiro, D. L., Buttner, E. H., & Barry, B. (1994). Explanations: What factors enhance their perceived adequacy? *Organizational Behavior and Human Decision Processes,* 58(3): 346-368.

Sweeney, P. D., & McFarlin, D. B. (1993). Workers' evaluations of the "ends" and the "means": An examination of four models of distributive and procedural justice. *Organizational Behavior and Human Decision Processes,* 55(1): 23-40.

Taylor, F. W. (1911). *The principles of scientific management*. Harper & Brothers.

Thibaut, J. W., & Walker, L. (1975). *Procedural justice: A psychological analysis*. Erlbaum.

Waldo, D. (1948). *The administrative state: A study of the political theory of American public administration*. Ronald Press Co.

Weber, M. (1978). *Economy and society: An outline of interpretive sociology* (G. Roth & C. Wittich, Eds.). University of California Press. (Original work published 1922)

Zapata-Phelan, C. P., Colquitt, J. A., Scott, B. A., & Livingston, B. (2009). Procedural justice, interactional justice, and task performance: The mediating role of intrinsic motivation. *Organizational Behavior and Human Decision Processes,* 108(1): 93-105.

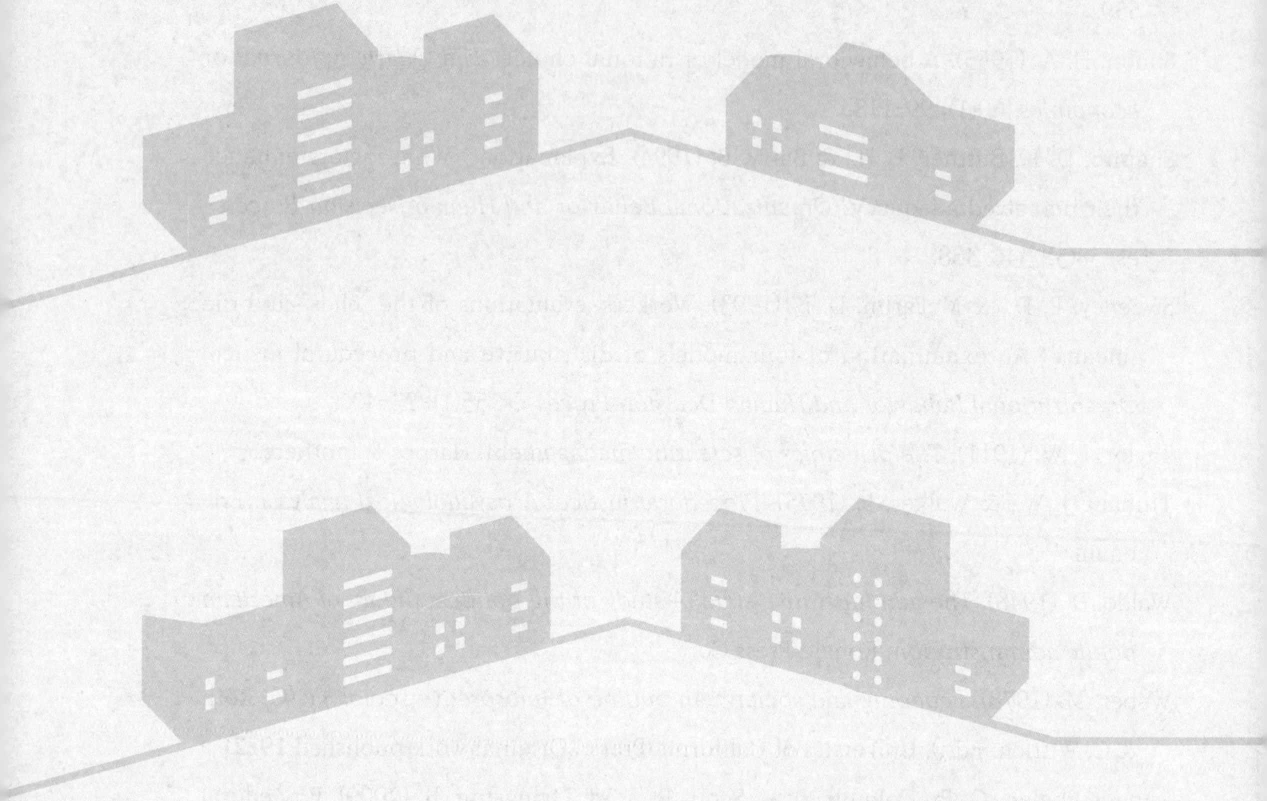

4부

거버넌스와 네트워크

- 제11장 공공관리와 거버넌스
- 제12장 공공관리에서 시민의 역할과 과제: 참여와 협력
- 제13장 공공관리와 정책네트워크

11장 공공관리와 거버넌스

| 이승혁 |

학습목표

1. 전통적 정부 중심의 통치 방식에서 벗어나, 거버넌스가 어떻게 등장하게 되었는지 사회적·행정적 배경을 이해하고 설명한다.
2. 주요 학자(Rhodes, Osborne 등)와 국제기구(UNDP, 세계은행)의 거버넌스 정의를 비교하고 그 차이를 설명할 수 있다.
3. 거버넌스의 유형별(협력적, 로컬, 네트워크) 특징과 적용 사례를 이해하고 설명할 수 있다.
4. 거버넌스의 성공을 위한 핵심 원칙(투명성, 참여, 책임성 등)을 설명하고, 공공가치 증진과의 관계를 이해한다.
5. 거버넌스의 실천 과정에서 나타나는 주요 도전 과제(참여 불균형, 신뢰 부족, 정책 일관성 문제 등)를 분석하고 해결방안을 제시할 수 있다.

제 1 절 거버넌스 정의 및 배경

Ⅰ. 거버넌스 정의

거버넌스(Governance)는 정의 주체에 따라 다양하게 해석되지만, 공통으로 공공의 문제를 해결하는 데 전통적으로 활용이 되어온 정부 중심의 통치 방식을 넘어서, 다중 행위자의 참여와 상호작용을 강조하는 개념으로 쓰이고 있다. 특히, 공공 관리에서는 거버넌스가 복잡한 사회 문제 해결을 위해 다양한 영역의 이해관계자 간 참여와 자율성, 협력을 통한 문제 해결 방식을 의미함으로써 중요성이 더욱 커지고 있다. 행정학에서 분야에서 초기에 사용한 거버넌스의 정의는 R. A. W. Rhodes의 저서 「Understanding Governance」를 통해 제시되었다. Rhodes는 거버넌스 개념을 조직 간 네트워크에 기반하여 정의하였으며, 상호 의존성을 지닌 기관 또는 이해관계자 집단의 네트워크가 일정한 수준의 자율성을 갖고 관계를 형성 및 유지하는 것으로 정의한다(Rhodes, 1997). 여기서 핵심은 네트워크의 개념으로 조직 혹은 이해관계자 간 자원의 교환 즉, '게임의 규칙'이라는 관행에 기반하여 지속적인 관계가 일정한 구조 속에서 운영되는 것을 의미한다. 이를 통해서 정책의 형성 및 집행 과정에서 거버넌스가 중요한 임무를 수행하는 형태를 지닌 것으로 정의한다. 또한, Rhodes는 거버넌스를 정부뿐만이 아니라 다양한 기관(비정부, 비영리, 영리, 시민 사회 등)으로 구성된 주체들이 공공의 문제를 함께 참여하여 정책 및 공공서비스를 설계하고 집행하는 구조로 설명함으로써, 전통적 위계 구조를 넘어서는 새로운 통치 방식으로 소개하고 있다.

이외에도 초기 거버넌스의 정의는 미국의 저명한 경영 컨설턴트인 David Osborne의 1993년 논문 「Reinventing Government」에서도 제시된다. Osborne은 해당 논문에서 '거버넌스'를 명시적으로 정의하지는 않았지만, 정부의 국정 운영 방식의 전환을 강조하였다. 그는 기존의 관료제 형태에서 기업가적 형태로 전환해야 한다는 주장을 통해 거버넌스의 개념적 토대를 제시하였다(Osborne, 1993). 그는 오늘날 효과적인 조직이란 민첩하고 변화에 유연하게 대응하며 고객의 요구에 민감해야 하며 계속해서 생산성을 개선해야 한다고 강조하였다. 이러한 기준에 의하면 정부는 전통적 방식으로 공공서비스를 직접 공급하는 제공자(Rower)의 역할이 그치는 것이 아니라, 공공서비스 진행 방식의 방향성을 제시하고 필요시 다양한 집단과 공동 생산 및 집행의 과정을 이끌 수 있어야 한다. 또한 이 과정에서 정부는 상호간 이해관계를 조정하는 조정자(Steerer)로서 임무를 수행해야 한다. 즉, Osborne의 관점에서 거버넌스란 다양한 민간, 비영리, 시민 사회 주체들과의 협력적 관계 속에서 작동하며, 유연한 네트워크 체계와 상호 의존적이면서 경쟁적인 메커니즘 속에서 고객 중심적 운영을 강조하는 것으로 이해된다. Rhodes와 Osborne이 1990년대 초기에 제시한 거버넌스의 정의는 전통적인 관료제에서 벗어나 정부의 역할을 재정립하고 공공의 영역에 참여하는 집단의 범위를 넓히는 개념으로 볼 수 있다.

초기 거버넌스 논의는 개별 학자뿐만이 아니라 여러 국제기구도 1990년대부터 활발히 참여하였다. 첫째로 UN 산하의 국제개발계획(United Nations Development Programme)은 거버넌스를 경제적, 정치적, 행정적 권한을 바탕으로 국가의 모든 수준에서 공공 사무를 관리하는 과정에서 생기는 현상이라고 바라보았다. 시민과 비정부기구가 의사결정 과정에 적극적으로 참여하고 공권력의 역할은 상호 차이를 조정하는 메커니즘, 절차, 제도를 형성하는 것으로 거버넌스를 바라보았다(UNDP, 1997). UNDP는 Rhodes와 Osborne의 정의보다 거버넌스를 포괄적인 개념으로 보며, 시민 사회와 민간 부문을 포함한 다양한 주체의 참여, 책임성, 투명성, 효율성, 법치주의를 강조한다. 특히, 거버넌스를 통한 공공 문제의 적극적인 개입과 의사 결정 과정에서 시민들의 참여를 중요하게 생각하며, 정부와 공공 기관이 시민들에게 책임을 져야 함을 강조한다. 또한, 세계은행(World Bank)은 거버넌스를 전통적으로 정부의 영역으로 존재하던 권한, 통제, 관리 등의 권력의 행사가 분권화된 측면을 강조하고 있다. 비정부 기구의 역할에 집중하여 사회·경제적 자원의 관리하는 데 있어 권력이 행사되는 방식으로 거버넌스를 정의하고 있다(World Bank, 1992). 다시 말해, 거버넌스를 단순한 공공 부문의 역량 강화를 넘어, 예측 가능하고 투명한 제도적 틀을 구축하고, 공적, 사적 부문의 책임성과 성과 촉진까지 반영하는 개념으로 보고 있다. 세계은행은 경제 발전을 위한 효율적인 자원 관리와 제도적 기반에 초점을 맞추고 있으며, 법률, 규정, 정책 등 공식적인 제도뿐만 아니라 비공식적인 관행과 규범을 포함하는 제도의 중요성을 강조한다. 또한, 공공부문의 책임성과 정보 공개 및 접근성을 중요하게 생각한다.

UNDP와 세계은행의 거버넌스 정의는 책임성, 투명성, 법치주의를 핵심 요소로 공유하지만, 강조점에 차이가 있다. UNDP는 참여와 포괄성을 더 강조하는 반면, 세계은행은 효율성과 제도적 기반의 중요성을 강조한다. 이러한 차이에도 불구하고, 두 기관 모두 거버넌스를 국가 운영 및 자원 관리에 있어 중요한 요소로 보고 있으며, 민주적이고 참여적인 방식으로 국가를 운영하고 발전시키는 데 필요한 개념으로 이해하고 있다. 두 기관과 Rhodes, 그리고 Osborne의 정의에서 거버넌스는 다양한 이해관계자들의 참여와 협력을 통해 공공의 문제를 해결하고, 지속 가능한 발전을 이루기 위한 핵심적인 개념으로 설명하고 있다. 이러한 정의를 종합적으로 고려할 때, 효과적인 거버넌스는 투명하고 책임감 있는 제도적 기반 위에서 성장해야한다. 또한 시민들의 적극적인 참여를 보장하고, 효율적인 자원 관리를 통해 사회 전체의 이익을 증진하는 것을 목표로 해야한다. 결론적으로, 현대적 거버넌스는 정부의 역할 변화와 더불어 다양한 이해관계자들의 참여, 자율성,

협력을 통해 복잡한 사회 문제를 해결하는 데 초점을 맞추고 있다. 이는 전통적인 정부 주도 방식의 한계를 극복하고, 보다 효과적이고 지속 가능한 공공 서비스 제공을 가능하게 한다.

Ⅱ. 거버넌스 등장 배경

1990년대부터 행정학에 활용되기 시작한 거버넌스 개념은 정부가 전통적인 통치를 넘어서 사회 문제 해결을 위해 다양한 행위자 간의 관계, 상호작용과 협력, 자율성과 책임성, 네트워크 구조, 제도적 투명성을 강조하는 다층적이고 동적인 개념으로 이해되고 있다. 예로부터 정부의 주된 역할은 사회가 직면한 여러 문제를 해결함으로써 사회와 국민의 요구를 충족시키는 것이다. 이를 고려할 때, 거버넌스의 등장은 기존의 정부가 수행하는 역할이 변화한 것이 아니고, 사회의 집합적 목표를 달성하는 데에 필요한 수단, 즉 국정 운영의 양식이 변화된 것으로 설명될 수 있다(유재원·소순창, 2005). 이러한 정부 운영 방식의 조작적인 변화는 정부가 대응해야 하는 사회 및 공공의 문제가 시대적인 변화를 겪음으로써 등장했음을 주지할 수 있다. 그렇기에 거버넌스 개념의 등장을 이해하기에 앞서서 1970년대부터 지속되어 온 정부 위기 및 실패의 배경을 살펴볼 필요가 있다.

1. 거버넌스 개념의 등장 배경: 정부 실패 - 신공공관리 (NPM) - 신 거버넌스

(1) 1970년대: 정부 실패와 행정개혁의 필요성

1970년대는 세계 여러 국가에서 경제적·사회적 위기와 함께 정부의 역할에 대한 재평가가 본격적으로 이루어진 시기였다. 특히 서구 선진국들은 여러 내부적·외부적 요인으로 인해 경제 성장이 둔화되고, 사회복지 정책이 급증하면서 재정적 압박이 가중되었다.

[다양한 정부 외부 실패의 예시]

- **GDP 성장률 저하:** 미국과 유럽 국가들은 1960년대 후반부터 경제성장률이 둔화하기 시작했고, 이는 '성장 정체'와 함께 정부 재정의 불안정을 초래하였다(Heclo, 1977).
- **복지 지출의 급증:** 복지제도가 확대되면서 정부의 재정 부담이 크게 늘었으며, 재원

마련을 위한 세수 확보와 재정 운용의 어려움이 심화하였다.

- **석유 파동(1973년 석유 위기):** 석유 수출국 기구(OPEC)의 석유 가격 급등은 에너지 가격 상승을 초래했고, 이는 인플레이션과 경기 침체를 동시에 유발하는 '스태그 플레이션' 현상으로 이어졌다. 이에 따라 정부는 경기 활성화와 인플레이션 억제라는 두 가지 목표를 동시에 달성하기 어려운 상황에 직면하였다(Heclo, 1977).

이외에도 정부 내부의 문제점이 대두되었다. 대표적으로 관료제 병폐와 비효율성의 증대를 볼 수 있다.

[정부 내부 실패의 예시]

- **관료주의적 경직성:** 정부 조직의 관료제적 특성은 정책의 신속한 집행과 적응력을 저해했고, 정책의 일관성과 책임성도 낮아졌다.
- **비효율적 자원 배분:** 정부의 자원 배분이 비효율적이고, 낭비와 중복이 만연하였으며, 정책 성과를 제대로 평가하고 개선하는 체계도 부족하였다.
- **사회적 불만과 신뢰 하락:** 이러한 비효율성과 실패는 국민의 정부에 대한 신뢰를 저하시키고, 정부 개혁의 필요성을 촉구하는 목소리로 이어졌다.

이러한 경제적·사회적 위기는 정부가 사회문제 해결에 충분한 성과를 내지 못하는 '정부 실패'의 사례를 대량으로 보여주었고, 이러한 문제를 해결하려는 정책적·이론적 논의가 활발히 전개되었다(Le Grand & Bartlett, 1993).

(2) 1980년대: 신공공관리론(NPM)의 등장과 확산

위의 사회적 배경에서 1980년대 초반, 특히 영국과 뉴질랜드를 중심으로 '신공공관리론'(New Public Management, NPM)이 등장하였다. 이론적 배경은 시장 경제학, 민간기업 경영기법, 그리고 정부 역할의 재설계에 대한 요구에서 비롯되었다. 이론적 배경과 개념적 전환은 다음과 같다.

[이론적 배경과 개념적 전환]

- **시장 원리와 경쟁 도입:** 정부 서비스 공급에 경쟁 원리를 도입하고, 민영화와 민간 위탁을 통해 공공부문을 효율적이고 유연하게 운영하려는 시도였다.

- **성과중심 평가와 책임성 강화:** 기관별 목표 성과를 명확히 설정하고, 성과평가를 통해 책임성을 확보함으로써, 정부의 비효율성을 줄이고 효율성을 높이려 했다.
- **고객 중심 서비스:** 시민을 '고객'으로 간주하여, 서비스의 질과 만족도를 높이고 민간 기업의 경쟁력을 모방하는 방식으로 서비스 제공 방식을 개혁하였다.
- **경영적 유연성:** 관료제적 경직성을 해소하고, 관리자에게 성과 책임성을 부여하는 방식으로 운영 체계를 변화시켰다.

이러한 개혁은 민영화, 성과평가, 민간 공급자 활용 등을 통해 정부를 '작고 민첩한' 조직으로 전환하는 것을 목표로 하였으며, 이를 통해 공공 부문의 효율성과 책임성을 동시에 강화하려는 의도가 컸다. 주요 정책과 실천적 변화는 다음과 같다.

[주요 정책 변화]

- **민영화와 민간위탁 확대:** 정부가 직접 서비스 제공보다는 민간 부문에 위탁하거나 민영화를 통해 비용을 절감하고 경쟁을 촉진하였다. 예를 들어, 영국에서는 공기업 민영화 정책이 적극 추진되었으며, 뉴질랜드도 공공서비스의 민영화와 민간계약을 확대하였다.
- **성과계약제와 책임성 강화:** 정부기관마다 명확한 성과 목표를 부여하고, 성과평가 시스템을 도입하여 책임성을 높였다. 이는 '관리 책임제'(Managerial Accountability)를 강화하는 방식이었다.
- **경쟁 촉진과 시장화:** 공공서비스 공급자 간 경쟁을 유도하여 서비스의 질과 효율성을 높이고, '경쟁적 공급자' 모델이 확산하였다. 예를 들어, 영국의 '국영 의료 서비스(NHS)'에서는 민간 병원과의 경쟁이 활성화되었다.
- **고객 중심과 서비스 질 향상:** 시민을 '고객'으로 간주하는 고객 중심주의가 도입되어, 서비스 품질 향상과 이용자 만족도를 높이려는 노력이 강화되었다.

이 시기 NPM은 민간기업의 경영기법(성과관리, 고객 만족, 경쟁)과 시장 경제 원리를 공공부문에 적극 도입하여, 전통적 행정 모델과 차별화된 새로운 정부 운영 방식을 제시하였다. 이러한 변화는 '작은 정부'와 '경쟁적 공급자'라는 슬로건 아래, 전 세계적으로 확산되었으며, 많은 나라들이 이를 벤치마킹하거나 정책에 반영하였다(Hood, 1991; Pollitt & Bouckaert, 2011).

(3) 1990년대: NPM의 한계와 거버넌스론의 등장

하지만, 1990년대 이후, 다양한 연구를 통해서 NPM이 공공성 저하, 사회적 불평등 심화, 협력적 거버넌스 구축의 어려움 등 한계를 드러내기 시작하였다. 다시 말해, 비록 신공공관리론(NPM)이 정부의 효율성과 책임성을 높이기 위한 강력한 수단으로 자리 잡았지만, 그 실천과 이론 모두에서 여러 한계와 문제점이 드러나기 시작했다. 우선, 지나친 시장주의적 접근은 경쟁과 민영화가 가져오는 긍정적 효과보다도 부작용을 초래하였다.

[시장주의적 접근의 부작용]

- **공공성의 약화:** 경쟁과 시장화의 강조로 인해 공공의 가치와 사회적 형평성은 희생되기 쉽고, 서비스의 형평성과 포용성이 저하될 우려가 있었다(Clarke & Brudney, 2008).
- **사회적 불평등 심화:** 시장 중심의 접근은 사회적 약자와 소외 계층의 서비스 접근성을 떨어뜨리고, 불평등을 심화시킬 수 있다는 비판이 제기되었다.
- **협력적 거버넌스의 부재:** 시장 중심의 경쟁에 치중하면서, 정부와 시민사회, 민간 부문 간의 협력적 관계와 네트워크 형성은 약화하였고, 복잡한 사회 문제 해결에 한계가 드러났다.

이러한 문제들은 NPM이 갖는 '시장-경쟁' 중심의 패러다임이 전통적 행정모델의 문제를 어느 정도 해결했음에도, 공공성, 포용성, 협력성 측면에서는 한계를 노출했음을 보여줬다. NPM의 한계를 극복하기 위해 1990년대 후반부터 '거버넌스(Governance)' 개념이 본격적으로 등장하였다. 여기에서 거버넌스는 앞 절에서 정의한 바와 같이 "공공 문제 해결을 위해 정부, 시장, 시민사회 등 다양한 행위자들이 상호 협력하고 조정하는 과정"으로 정의되며, 기존의 일방적이고 관료제 중심적인 행정 패러다임을 넘어선 다원적이고 네트워크 기반의 협력 모델을 의미한다(Rhodes, 1996). 이 개념은 특히 네트워크, 참여, 숙의 민주주의 등의 가치를 중시하며, 복잡한 사회문제 해결에 있어서 다양한 행위자들이 협력하고, 정보와 자원을 공유하며, 공동의 목표를 달성하는 과정에 초점을 맞춘다. 이는 시장 경쟁만이 아니라, 시민참여와 협력적 의사결정을 통해 공공성을 확보하려는 새로운 패러다임을 제시한 것이다(Kooiman, 2003). 거버넌스의 등장 배경과 의의의 요약은 다음과 같다.

[거버넌스의 등장 배경 및 의의]

- **사회 복잡성 증가:** 글로벌화, 기술의 발전, 시민참여 확대 등으로 인해 문제 해결의 주체와 범위가 다원화되면서, 기존의 정부 중심 모델로는 한계가 드러났다.
- **시장·민간 부문의 역할 확대:** 민영화와 시장화의 확대에도 불구하고, 시장만으로는 공공의 가치와 포용성을 확보하기 어렵다는 인식이 확산하였다.
- **협력적 행정의 필요성:** 정부와 시민사회, 민간 부문 간의 협력과 네트워크 형성은 복잡한 사회문제 해결에 필수적임으로 강조되었다.

이러한 배경에서 거버넌스는 단순히 정부의 역할 재조정을 넘어서, 다양한 행위자들이 상호작용하며 공동으로 정책을 설계하고 실행하는 'Public Management Networks' (Agranoff & McGuire, 2003)와 같은 새로운 패러다임으로 자리 잡았다.

2. 거버넌스 핵심 개념

거버넌스 논의를 심층적으로 이해하기 위해서는, 핵심적인 키워드와 그 등장배경들을 명확히 파악할 필요가 있다. 먼저, 1980년대 이후 등장한 신공공관리론(NPM)은 거버넌스 논의의 중요한 배경이다. NPM은 정부의 효율성과 성과 중심의 행정 개혁을 강조하며, 시장원리와 민영화, 경쟁 등 '관리적 유연성'을 강조하는 접근이다. 이러한 NPM의 특징은, 이후 등장한 거버넌스 개념과 어떻게 연결되는지를 설명하는 데 핵심적 역할을 한다. 거버넌스(Governance)는 NPM이 제기한 효율성 문제를 넘어, 네트워크, 협력, 시민참여 등을 강조하는 개념으로 이해할 수 있다. 이는 정부, 기업, 시민 사회 등 다양한 이해관계자가 참여하여 복잡한 공공 문제를 공동으로 해결하는 방식을 의미하며, 기존의 중앙집권적, 관료제적 모델을 넘어서는 새로운 패러다임을 제시한다(Kooiman, 2003). 거버넌스는 단순히 정부의 역할 축소나 시장화만이 아니라, 책임성과 투명성, 그리고 상호의존성(Interdependence)을 핵심 가치로 삼는다. '책임성'과 '투명성'은 거버넌스가 행정의 신뢰성을 높이고, 민주적 정당성을 확보하는 데 중요한 역할을 한다. 이는 이해관계자 간의 신뢰와 협력을 증진시키며, 사회적 합의를 이끄는 핵심 요소이다. 또한, '상호의존성'은 복잡하고 다양한 사회적 문제 해결을 위해 정부, 시장, 시민사회 간의 협력과 연계가 필수적임을 강조한다.

이러한 맥락에서, 거버넌스는 기존의 계층적, 수직적 의사결정 구조에서 벗어나 수평적 관계와 네트워크 기반의 구조를 형성한다(Rhodes, 1997). 거버넌스 연구에서는, 거버넌스의 구조체계와 유형을 다소 차이 나는 관점으로 구분하고 있다. 그 핵심 속성은 바로 '수평적 관계', '자율성', '네트워크 기반'의 의사결정 및 정책 집행 구조이다. 거버넌스는 국가의 통제나 강압적인 조치에 의존하지 않으면서도 사회 전체의 이익을 추구하는 전략적 방식 중 하나로 설명할 수 있다. 국내에서도 위와 같은 시대적 흐름에 맞춰 정부 기능 재편과 행정의 효율성 제고 필요성에 따라 본격화되었다. 한국에서도 2000년대 이후, '미래 국가의 비전'과 관련하여 거버넌스 개념이 적극적으로 활용되며, 다양한 연구와 정책적 논의가 이어지고 있다(최성욱, 2004). 특히, 시민사회의 성장과 지방자치제도의 정착 등 제도적 변화와 함께, 거버넌스 논의는 더욱 활발히 전개되었다(이명석, 2002). 그러나 한국적 맥락에서는 정부 주도의 강한 역할과 시민사회의 역량이 상대적으로 낮은 현실적 조건도 함께 고려되어야 한다는 점이 특징이다.

3. 초기 거버넌스 모형 정리

거버넌스의 다양한 유형과 개념을 이해하기 위해서는, 여러 학자들이 제시한 분류와 해석을 살펴볼 필요가 있다. 먼저, Rhodes(2000)는 거버넌스를 매우 포괄적이고 다차원적인 개념으로 이해하였다. 그는 거버넌스를 기업 또는 국가의 감사, 투명성, 정보 공개 등과 같은 절차를 중시하는 기업지배구조(Corporate Governance), 좋은 거버넌스(Good Governance), 신공공관리(New Public Management), 신정치경제(New Political Economy), 국제적 상호관계(International Interdependence), 사회사이버네틱체계(Socio-cybernetic System), 네트워크(Network) 등 다양한 성격과 유형으로 구분하였다. 이는 거버넌스 유형화 작업에 있어서 신공공관리론에서 제시된 시장지향형 정부의 연장선으로 볼 수 있다. 예를 들어, 기업지배구조, 신공공관리 등과 같은 경우가 그에 해당한다. 또한, 정치경제학적 관점에서도 접근이 시도된 측면도 살펴볼 수 있다. Rhodes의 유형 구분 및 개념은 다음과 같다:

[Rhodes의 유형 구분 및 개념 정리]

- **기업지배구조(Corporate Governance):** 기업 또는 조직의 투명성, 책임성, 감사절차를

강조하는 개념.

- **좋은 거버넌스(Good Governance):** 투명성, 책임성, 참여, 법치주의 등을 갖춘 이상적 거버넌스 개념.
- **신공공관리(New Public Management):** 민간기업의 경영기법을 도입하여 관료제의 비효율성을 극복하고, 효율성과 성과를 높이려는 행정개혁에 중심은 둔 개념.
- **신정치경제(New Political Economy):** 정부와 시장, 시민사회 간의 관계와 정책 결정 과정의 변화에 초점을 맞춘 개념.
- **국제적 상호관계(International Interdependence):** 글로벌화에 따른 국가 간, 혹은 기관 간의 상호 의존성과 협력을 강조하는 개념.
- **사회사이버네틱체계(Socio-cybernetic System):** 복잡계와 피드백 체계를 활용한 사회적 자율적 시스템 개념.
- **네트워크(Network):** 다양한 행위자들이 참여하는 상호 연결된 구조로서의 협력체계 개념.

또 다른 학자로는 Peters(2001)가 있다. Peters(2001)는 거버넌스 유형을 보다 단순화 시킴으로써 효율성, 민주성, 유연성, 그리고 자율성을 강조한 방향으로 이해히였다. 그는 해당 가치가 강조된 부분들은 거버넌스의 시장모형, 참여모형, 신축 모형, 탈 내부규제모형으로 정리하였다. 이처럼, 각 학자들은 거버넌스의 구조와 성격에 따라 다양한 분류체계를 제시하며, 거버넌스의 다원성과 복합성을 강조한다. Peters의 유형 구분 및 개념은 다음과 같다:

[Peters의 유형 구분 및 개념 정리]

- **시장모형:** 경쟁과 민영화, 시장 기반의 자원 배분을 중심으로 하는 구조. 정부의 역할을 최소화하며, 효율성과 선택권을 강조.
- **참여모형:** 시민사회와 이해관계자의 참여를 중시하며, 민주적 의사결정과 사회적 합의를 강조.
- **신축모형:** 유연하고 적응적이며, 변화하는 환경에 민감하게 대응하는 구조로서, 네트워크와 협력적 관계를 중시.
- **탈내부규제모형:** 정부 내부의 규제와 통제 기능을 축소하고, 자율성을 확대하여 자율적이고 분산된 구조를 지향.

이 네 가지는 거버넌스의 다양한 성격과 운영 방식을 보여주며, 각각의 모형은 특정 사회적 맥락이나 정책 목표에 따라 적합하게 활용될 수 있다는 점을 시사한다.

Rhodes와 Peters가 제시한 거버넌스의 다양한 정의와 유형은 거버넌스 개념이 얼마나 다차원적이며 복합적인지 보여주는 중요한 근거가 된다. 이들의 연구는 거버넌스가 단순히 정부 중심의 관리 체계뿐만 아니라, 시장, 시민사회, 네트워크 등 다양한 행위자들이 참여하고 협력하는 복잡한 사회적 시스템임을 이해하는 데 핵심적인 틀을 제공한다. 또한, 포스트 신공공관리론의 과정에 있으므로 시장주의 유형도 강조된 부분도 특이한 점으로 평가된다. 이는, 기존의 전통적 정부 체계를 벗어난 탈정부 관점으로 이해가 된다. 이러한 이해를 바탕으로, 우리는 거버넌스를 보다 포괄적이고 유연한 관점에서 접근하여, 현대 사회의 다양한 문제를 해결하는 데 활용할 수 있는 중요한 이론적 기반을 제시하고자 한다 Rhodes와 Peters 이후의 연구 흐름은 뉴먼(2001)과 김석준 등(2000)에서 제시하고 있다.

뉴먼은 거버넌스를 '집권과 분권', '지속성과 질서', '혁신과 변화'라는 세 가지 차원으로 구분하고, 이를 조합하여 네 가지 유형의 거버넌스를 제시하였다. 뉴먼의 거버넌스 개념은 각각의 특성에 따라 정책과 행정의 방향성을 보여주며, 복잡한 사회 환경 속에서 다양한 방식으로 거버넌스가 작동할 수 있음을 설명한다.

표 10-1 뉴먼의 거버넌스 유형

구분	지속성 및 질서	혁신 및 변화
집권적	계층제적 유형	합리적 목표 유형
분권적	자치 유형	개방체제적 유형

- **계층제적 유형:** 강한 중앙집권과 안정성, 질서 유지를 중시하는 전통적 관료제적 모델.
- **합리적 목표 유형:** 집권적이면서도 효율성과 성과 중심의 목표 달성에 초점을 둔 유형.
- **자치 유형:** 지방자치와 자율성을 강조하며, 분권적, 지역적 특성을 살린 모델.
- **개방체제적 유형:** 변화와 혁신을 적극 수용하며, 유연하고 개방된 조직 구조를 갖춘 유형.

국내 학자 중에는 김석준 등(2000)이 국가 중심 거버넌스, 시장 중심 거버넌스, 시민사회 중심 거버넌스로 나누어 거버넌스를 세부적으로 구분하였다. 김석준 등(2000)은 거버넌스를 "국가, 시장, 시민사회 등 다양한 행위자들이 상호 작용하면서 공공 문제를 해결하고 사회적 가치를 창출하는 과정"으로 정의하며, 각 행위자의 역할과 관계에 따라 거버넌스 유형을 구분하였다. 이들의 연구는 한국 사회의 거버넌스 현실을 분석하고, 바람직한 거버넌스 모델을 제시하는 데 중요한 시사점을 제공한다. 아래 표는 김석준 등(2000)이 제시한 3가지 거버넌스 유형의 정의와 특징을 요약한 것이다.

표 10-2 김석준 외(2000)의 거버넌스 유형

구분	정의	특징
국가중심 거버넌스	국가가 정책 결정 및 집행을 주도하고, 시장과 시민사회의 역할을 제한하는 거버넌스	정부 주도, 관료주의, 획일성, 통제
시장중심 거버넌스	시장의 경쟁 원리에 따라 자원 배분과 서비스 제공이 이루어지고, 정부의 역할을 최소화하는 거버넌스	효율성, 경쟁, 민영화, 규제 완화
시민사회중심 거버넌스	시민사회 단체들이 자발적으로 참여하여 공공 문제를 해결하고, 사회적 가치를 창출하는 거버넌스	자율성, 참여, 연대, 공공성

출처: 김석준 외(2000).

이렇듯 초기 거버넌스 모형과 유형화 작업을 시도한 여러 학자들의 공통된 전제는, "거버넌스는 공공과 민간 부문 간, 그리고 그 내부의 경계가 흐려진 상태에서 작동하는 지배 시스템의 발전을 의미한다"라는 점이다(Stoker, 1998: 17). 이 공통 정의에서 각 학자들의 다양한 거버넌스 유형이 초기 거버넌스 연구의 큰 틀을 이루었다. 이를 통해서 거버넌스가 매우 복합적이고 다원적이며, 그 형태와 지향점, 시작점이 다양하다는 것을 보여주며, 포스트 NPM 시대에 맞추어 성과와 시장 중심적인 측면에서 점차 시민사회 및 참여가 강조되는 방향으로 분화가 되고 있다.

이러한 변화에 맞춰서 2000년대 중반 이후부터 거버넌스 연구는 크게 세 가지로 강조되었다. 이는 협력적 거버넌스(Collaborative Governance), 네트워크 거버넌스(Network

Governance), 그리고 지역 중심의 거버넌스(Local Governance)와 같은 모형이다. 이들 모형은 모두, 급변하는 사회·행정적 환경 속에서, 다양한 행위자들이 상호 협력하고 조정하는 과정을 강조한다는 점에서 거버넌스론의 발전 방향으로 평가받고 있다. 협력적 거버넌스는 정부(제1섹터)와 민간(제2섹터), 시민사회(제3섹터) 등 다양한 영역의 행위자들이 공동의 목표를 위해 협력하고, 의사결정과 집행에 참여하는 과정을 의미한다(Ansell & Gash, 2008; Emerson, Nabatchi, & Balogh, 2012). 이러한 연구 경향은 복잡한 사회 문제 해결과 정책 집행의 효율성을 높이기 위해 등장하였다. 한편, 로컬 거버넌스는, 지역 사회의 특성과 시민 참여를 바탕으로 한 자치와 협력적 문제 해결을 강조하며(Pierre, 2000), 지역 단위에서의 자율성과 참여를 통해 정책의 정당성과 효율성을 확보하는 방식을 의미한다. 이는 특히 지방자치제 강화와 시민참여 확대의 흐름 속에서 부각되었으며, 지역적 맥락에서 행위자들이 상호 협력하여 지역 문제를 해결하는 데 중요한 역할을 한다. 마지막으로 네트워크 거버넌스는, 정부와 민간, 시민사회가 연계된 유기적 네트워크 구조 및 정보와 자원을 공유하며 정책과 서비스를 공동으로 제공하는 방향을 연구하는 형태로 발전하였다(Rhodes, 1997). 이러한 네트워크 중심의 구조는, 1990년대 이후 글로벌화와 정보통신기술의 발달에 힘입어, 복잡한 정책 문제들이 다양한 행위자 간의 협력을 통해 해결될 수 있음을 보여준다(Provan & Kenis, 2008).

협력, 로컬, 네트워크 개념은 각각의 연구와 실천 현장에서 등장한 배경과 필요성에 근거한 것으로, 현대 거버넌스의 핵심 원리로 자리 잡고 있다. 이들은 모두, 사회적 요구와 변화하는 환경에 능동적으로 대응하며, 다양한 행위자들이 상호 연결되고 협력하는 유연한 구조를 통해, 복잡한 사회 문제를 해결하는 데 적극 활용되는 거버넌스 모형의 이해에 있어서 필수적인 개념적 토대를 제공한다.

제 2 절 오늘날 공공관리에서 거버넌스의 이해: 협력, 로컬, 네트워크를 중심으로

표 10-3 협력, 로컬, 네트워크 거버넌스 유형

유형	핵심 특징	대표 이론가	적용 예시
협력적 거버넌스	자발성, 신뢰 구축, 참여와 상호의존성 강조	Emerson, Nabatchi, and Balogh(2012); Ansell and Gash(2008)	사회적 기업, 환경 정책
로컬 거버넌스	지역 중심, 다양한 주체간 조정, 시민참여 강조	Stoker(2011); Andrews, and Goldsmith(1998)	도시재생, 마을기업
네트워크 거버넌스	수평적 구조, 비공식 협력, 자원 흐름 기반	Kickert, and Jones, et al.	복지 서비스, 공동 프로젝트

Ⅰ. 협력적 거버넌스(Collaborative Governance)

거버넌스의 개념이 등장하면서, 기존에 정부만이 유일하게 공익을 추구하며 사회문제를 해결한다는 통념이 깨졌다. 사회적 변화와 복잡성 증가는 공공과 민간 부문, 시민사회 등 다양한 이해관계자들이 비공식적이고 자발적으로 협력·조정하여 사회문제를 해결하는 양상을 촉진하였다(이명석, 2010). 이러한 변화는 전통적 위계적 통제와 권위에 기반한 방식에서 벗어나, 다양한 주체들이 자율적이고 협력적인 방식으로 문제를 해결하는 협력적 거버넌스(Collaborative Governance)의 필요성을 부각시켰다.

이와 관련하여, Shergold(2008)는 협력적 거버넌스를 "조직 간 협력(Co-operation)"으로 정의하며, 다양한 이해당사자들이 공동 목표를 위해 협력하는 과정을 강조한다. Agranoff(2007)는 이를 "공공관리 네트워크(Public Management Networks)"로 규정하며, 사회문제 해결을 위해 의도적으로 형성되고 자발적으로 운영되는 협력체제로서, 위계적 권위구조가 배제된 다양하고 유연한 의사소통 체계를 특징으로 한다(이명석, 2010). Agranoff(2007)는 특히, 이러한 네트워크들이 사회적 문제를 해결하기 위해 의도적이고 전략적으로 형성되며, 참여자 간의 자율성과 협력적 상호작용이 핵심임을 강조한다. 이러한 변화는 전통적 위계적 권위와 규제 중심의 행정 모델이 한계에 부딪힌 데 따른 자연스러운 결과이며, 이에 따라 협력적 거버넌스(Collaborative Governance)가 새로운 패러다임으로 자리 잡게 되었다. 협력적 거버넌스의 이론적 모델과 타 거버넌스 개념과의 차이점에 대해 살펴보면, 먼저, Emerson 등(2012)은 협력적 거버넌스를 매우 체계적으로 분석하는 통합 프레임워크를 제시하였다. 그들은 협력적 거버넌스를 세 가지 중첩된 차원(Nested Dimensions)으로 구분하며, 각각의 차원이 협력의 구조와 역동성을 설명하는 핵심에 해당한다고 본다.

[Emerson 등(2012)의 협력적 거버넌스 프레임워크 정리]

- **시스템 맥락(System Context):** 이 차원은 정치적, 법적, 사회경제적, 환경적 요소들을 포함하며, 협력의 초기 조건과 지속적 운영에 영향을 미치는 외부 환경을 의미한다. 예를 들어, 정부 정책의 방향, 법률적 규제, 사회적 기대, 경제적 상황 등이 협력의 출발점과 유지에 중요한 역할을 한다.
- **협력적 거버넌스 체제(Collaborative Governance Regime, CGR):** 이 내부 구조는 정책 또는 프로그램 차원에서 경계를 넘는 협력 활동이 지배적인 활동 양식이 되는 경우를 말한다. 예를 들어, 도시 재개발, 환경 보호, 복지 서비스 제공 등 특정 문제 해결을 위해 설계된 조직적 틀이다. 이 체제는 자체적 규범과 규칙, 참여자 역할이 명확히 정의되어 있으며, 내부적 협력적 역동성과 행동이 핵심이다.
- **협력적 역동성(Collaborative Dynamics):** 이 차원은 내부적 핵심 동력으로, 협력 체제의 성숙과 발전을 결정하는 요소이다. 여기에는 원칙적 참여(Principled Engagement), 공유된 동기(Shared Motivation), 그리고 공동 행동 역량(Capacity for Joint Action)이 포함된다.

이 세 가지 구성요소는 반복적이고 상호작용적 과정을 통해 협력 관계를 강화시키며, 궁극적으로 체제 내외에 실질적 영향을 미치고, 제도와 구조의 적응과 발전을 이끈다. 예를 들어, 참여자들이 서로에 대한 신뢰를 바탕으로 정책 논의를 지속하고, 공동의 목표를 공유하며, 유연하게 협력하는 과정이 바로 이 역동성을 보여준다. 위 프레임워크는 협력적 거버넌스가 단순히 정책 수단이 아니라, 복잡한 사회 시스템 내부에서 일어나는 다차원적이고 역동적인 변화의 핵심 메커니즘임을 보여준다. 특히, 이러한 역동성은 내부적 재구성 과정을 통해 점차 발전하며, 변화하는 환경에 적응하는 능력을 갖추게 된다. 반면, Ansell과 Gash(2008)는 협력적 거버넌스의 성패를 결정하는 핵심 변수들을 네 가지로 정리하고, 이들 간의 관계를 순환적(Cyclic) 모델로 설명한다. 이들의 연구는 협력 과정이 일회성 활동이 아니라, 여러 단계와 반복적 순환을 통해 지속적으로 개선되고 발전한다는 점을 강조한다. 이 네 가지 변수는 다음과 같다:

[Ansell과 Gash(2008)의 협력적 거버넌스의 핵심 변수]

- **초기조건(Starting Conditions):** 과거 갈등의 역사, 참여 유인을 저해하는 요인, 권력과 자원 배분의 비대칭성 등으로, 협력의 시작점과 성공 여부를 결정하는 중요한 환경적 조건이다. 예를 들어, 오랫동안 적대적이던 이해당사자들이 협력하려면 과거의 갈등과 불신을 해소하는 과정이 필요하다.
- **제도적 설계(Institutional Design):** 협력의 틀과 규범을 정립하는 구조적 요소로, 참여자의 역할, 의사결정 절차, 책임 소재 등을 명확히 하는 것이 중요하다. 이는 협력 활동의 투명성과 효율성을 높이고, 갈등을 예방하는 역할을 한다.
- **촉진적 리더십(Facilitative Leadership):** 협력 과정을 이끄는 리더의 역할로, 중재와 조정을 통해 참여자 간 신뢰를 구축하고, 협력의 방향성을 제시한다. 예를 들어, 중립적이고 공정한 리더는 참여자 간 긴장을 완화하고, 협력의 질을 높이는 역할을 한다.
- **협력적 과정(Collaborative Process):** 협력 참여자들이 상호작용하며, 신뢰를 쌓고, 이해를 증진하며, 공동 목표를 추진하는 일련의 활동이다. 이 과정은 반복적이고 순환적이며, 참여자 간의 의사소통, 협력적 의사결정, 문제 해결 활동 등을 포함한다.

또한 Emerson, Nabatchi와 Balogh(2012)의 모형에서는 위의 네 변수가 상호작용하며, 한 단계의 변화는 다른 변수에 영향을 주고, 이 과정이 반복되면서 협력의 질과 성과가 점차 향상되는 것으로 강조한다. 예를 들어, 신뢰가 쌓이면 더 많은 참여자가 적극적 역할을 수행하고, 의사소통이 원활해지면서 공동 목표에 대한 이해가 높아지고, 이는 다시 신뢰를 강화하는 선순환 구조를 만든다. 이처럼, Emerson 등(2012)은 거버넌스 전체를 구조적 차원과 역동적 변화의 연속성에 초점을 맞춰 설명하는 반면, Ansell과 Gash(2008)는 구체적인 변수와 순환적 과정을 통해 협력의 질과 성패를 분석한다. 이 두 접근법은 상호보완적이며, 현대 행정학에서는 두 모델을 결합하여 협력적 거버넌스의 복잡성을 이해하는 데 활용한다. 이 두 이론 모두, 협력의 성공 조건으로 '신뢰', '공유된 이해', '참여', '초기조건', 그리고 '역동적 변화'를 강조한다. 그러나 현실에서는 의사결정 과정의 복잡성, 참여 책임의 불명확성, 권력 불균형 등 한계도 존재한다. 따라서, 이 이론들을 참고하여, 거버넌스 실천에서는 참여자 간 신뢰 구축, 제도적 틀 마련, 리더십 역할 강화, 그리고 역동적 변화에 대한 지속적 관심이 필요하다는 점이 시사된다.

협력적 거버넌스는 공공과 민간 행위자들이 특정한 절차를 통해 공공재 제공을 위한 규범을 공동으로 수립해 나가는 거버넌스 유형이라 할 수 있다. 하지만, 협력적 거버넌스는 현실에서는 다양한 한계를 가질 수 있다. 첫째, 협력적 거버넌스는 의사 결정 과정을 복잡하게 만들고, 의사 결정 속도를 늦출 수 있다. 둘째, 협력적 거버넌스는 참여자 간의 책임성을 약화시킬 수 있다. 셋째, 협력적 거버넌스는 참여자 간의 권력 불균형을 심화시킬 수 있다. 넷째, 일각에서는 협력적 거버넌스가 정부의 책임을 회피하는 수단으로 활용될 수 있다는 비판도 제기한다. 협력적 거버넌스는 한국 사회의 다양한 문제를 해결하는 데 기여할 수 있는 잠재력을 가지고 있지만, 협력적 거버넌스를 성공적으로 구현하기 위해서는 정부, 시민, 전문가 등 다양한 행위자들이 협력하고, 서로의 의견을 존중하며, 공동의 목표를 향해 노력해야 한다. 또한, 협력적 거버넌스의 한계를 명확히 인식하고, 이를 극복하기 위한 노력을 게을리하지 않아야 한다.

Ⅱ. 로컬 거버넌스(Local Governance)

행정학 영역에서 거버넌스로의 패러다임 변화는 중앙정부뿐 아니라 지방정부 차원에서도 일어났다. 이와 함께 '로컬 거버넌스'라는 개념이 부상하였다. Andrews와 Goldsmith(1998)는 로컬 거버넌스를 기존의 지방정부 개념에서 점차 다수의 공급자들로 구성된 체계로 변화하는 현상으로 설명하며, 이는 전통적 지방정부의 구조와 절차가 다양한 서비스 제공자들에 의해 대체되는 과정을 의미로 보았다. 한편, Stoker(2011)는 로컬 거버넌스를 "지역 차원에서의 효과적인 협치와 다중 행위자 간 조정 체계"로 규정하며, 이는 지방자치와 밀접하게 연관되면서도, 단순한 지방자치의 범위를 넘어 지역 주민, 시민사회, 민간기업 등 다양한 주체들의 참여와 협력을 강조한다.

로컬 거버넌스의 등장 배경은 여러 가지 요인으로 설명할 수 있다. Andrews와 Goldsmith(1998)는 공공서비스의 상품화와 시장화 측면에서, 민영화, 외부 위탁, 경쟁입찰과 같은 제도적 변화가 지방정부의 역할을 재구성하는 핵심 요인임을 지적한다. 이들은 전통적 지방정부 모델이 제공하던 서비스들이 점차 시장 환경으로 이동하며, '계약 문화' (Contract Culture)로 확산되는 현상을 설명한다. 이러한 제도적 변화는 지방정부의 역할을 '서비스 공급자'에서 '조정자', '감시자', '계약 관리자'로 재편하는 과정을 촉진한다. 그러나 이러한 변화는 서비스의 효율성과 비용 절감을 추구하는 동시에 공공성, 형평성, 접근성 문제를 야기할 수 있다.

또한, Stoker(2011)는 세계화와 정보화의 진전, 지방 분권화, 시민사회 성장이라는 세 축을 배경으로, 지역 간 경쟁과 시민참여, 그리고 지역 공동체의 자율성을 강화하는 방향으로 변화하는 사회적 흐름을 분석한다. 특히, 정보통신기술의 발전은 지역사회와 행정 간의 소통을 활성화시키고, 시민들의 적극적 참여를 촉진하는 환경을 조성하였다. 이에 따라, 지방정부는 과거의 권위적 행정 모델을 넘어, 시민과의 협력, 참여, 네트워크 형성을 통해 지역 문제를 해결하는 '참여적 거버넌스'의 필요성이 증대되었다. 또한, 지방 분권화 정책은 지방정부의 자율성을 높이고, 지역별 특성에 맞는 정책 수립과 실행을 가능하게 하였다. 이 두 연구를 종합하면, 로컬 거버넌스의 등장은 시장화와 경쟁 원리의 확산, 지방 분권과 자율성 강화, 시민사회 역량의 증대, 그리고 정보통신기술의 발전이 복합적으로 작용한 결과임을 알 수 있다. 이러한 변화는 지방정부의 역할 재정립과 지역사회의 적극적 참여를 촉진하는 계기가 되었다. 로컬 거버넌스의 주요 특징은 다음과 같다:

- **다양한 행위자와의 네트워크 형성:** Andrews와 Goldsmith(1998)는 로컬 거버넌스가 전통적 지방정부의 단일 공급자 체계를 넘어, 민간기업, 비영리단체, 지역사회 단체 등 다양한 공급자들이 참여하는 '다중 공급 체계'로 변화하는 특징을 강조한다. 이는 시장 경쟁과 계약 기반으로 서비스가 제공되면서, '공공기관 중심'이 아닌 '공급자 네트워크' 중심으로 전환된다는 의미이다.
- **시장화와 경쟁 원리의 도입:** 시장화와 경쟁 원리의 도입은 민영화, 외부 위탁, 경쟁입찰, 성과기반 보상제도 등 시장 원리와 경쟁적 공급 체제의 확산은 서비스의 효율성을 높이기 위한 목표와 함께, 공공성 저하, 사회적 불평등 심화라는 부작용도 내포한다.

- **계약 중심 문화의 확산:** 지방정부는 계약과 성과평가 체계를 통해 서비스 공급자와의 역할과 책임을 명확히 하며, 경쟁입찰과 민영화 정책을 추진한다. 이는 서비스 제공의 유연성과 경쟁력을 제고하는 동시에, 책임성과 투명성을 확보하는 데 기여한다.
- **지역사회 참여와 협력 강화:** Stoker(2011)는 지방정부와 다양한 지역행위자, 시민사회 간의 협력과 참여를 강조하며, 지역 정체성과 공동체 의식을 기반으로 하는 협력적 네트워크의 중요성을 부각한다.

로컬 거버넌스의 주요 구조는 다음과 같다:

- **공공서비스 공급 체계의 분절화:** Andrews와 Goldsmith(1998)는 기존의 중앙집중적, 단일 공급자 구조가 시장화와 계약 문화 도입에 따라, 특수 목적 임시기구, 민간 공급자, 외부 위탁기관들이 참여하는 '분절화된 체계'로 변화한다고 설명한다.
- **계약과 시장 기반의 체제:** 민영화, 경쟁입찰, 성과평가 등을 통해 서비스 공급이 계약과 경쟁 원리에 기반하며, 이는 효율성과 유연성을 높이는 동시에, 공공성 확보의 도전도 내포한다.
- **중앙정부와 지방정부 간 권력·통제 관계 재편:** Andrews와 Goldsmith는 중앙정부의 통제력은 강화되거나, 또는 공급자 간 경쟁을 촉진하는 방향으로 재편되며, 지방정부는 조정 역할에 집중하는 구조를 만든다.
- **네트워크와 협력 구조:** 복수의 행위자가 유기적으로 연결된 네트워크를 형성하며, 지역 문제 해결과 서비스 제공을 위해 유연하게 운영되고, 공동 목표를 추진한다.

Stoker(2011)는 지역 주민의 적극적 참여와 시민사회의 역할이 로컬 거버넌스의 핵심임을 강조한다. 이를 위해, 지역 회의, 공청회, 온라인 의견수렴 플랫폼, 시민참여 워크숍 등 다양한 참여 방식을 도입하고, 정책 결정 과정에 시민들의 의견이 반영될 수 있도록 한다. 이는 정책의 정당성과 수용성을 높이고, 지역 공동체의 자율성과 소속감을 강화하는 데 기여한다. 또한, 참여 기회를 확대하는 것뿐 아니라, 시민들의 의견이 실제 정책에 반영되는 절차적 투명성을 확보하는 것도 중요하다.

지방정부는 지역 문제 해결을 위해 전문성을 높이고 재정 자립도를 강화하고자 노력하였다. 이를 위해, 지방공무원 역량 강화 교육, 디지털 행정 시스템 도입, 데이터 기반 정책 수립, 성과평가 및 책임성 강화 체계를 구축하고 있다. 또한, 지방정부 간 협력체제와 경험 공유를 통해 모범사례를 확산시키고, 지방정부의 정책 집행 능력을 높인다. 이러한 역량 강화를 통해, 지방정부는 지역 특성에 맞는 맞춤형 정책을 추진하면서, 투명성과 책임성을 동시에 실현시키고자 로컬 거버넌스의 발전을 보여주고 있다. 지역 사회 단체, 시민단체, 민간기업과의 협력을 통해 지역 문제 해결의 범위와 효과를 높인다. 공동 프로젝트 추진, 협력 협약 체결, 네트워크 구축, 지역 상생 펀드 조성 등을 통해 지역 공동체의 결속력을 강화하고, 다양한 이해관계자들이 상호 협력하는 생태계를 조성한다. 이를 통해, 지역 내 자원을 효율적으로 활용하고, 지역 특성에 맞는 해결책을 모색한다. 이를 통해서 고려가 가능한 정책적 제도는 다음과 같다:

[로컬 거버넌스의 정책적 제도 정리]

- **계약·경쟁체제 도입:** 공공서비스의 상품화와 시장화 추진 시, 성과평가, 경쟁입찰, 민간 참여를 강화하여 서비스의 효율성과 경쟁력을 확보한다.
- **참여와 협력의 문화 조성:** 정책 워크숍, 공청회, 온라인 플랫폼, 시민참여 프로그램 등을 정기적으로 운영하여, 신뢰와 협력의 문화 조성에 힘쓴다.
- **투명성과 책임성 강화:** 정보 공개 확대, 성과보고서, 시민 감시 시스템, 시민참여 평가 제도 도입 등을 통해, 지역 거버넌스의 책임성과 투명성을 높인다.
- **지속 가능한 지역발전 전략 수립:** 지역별 특성을 고려한 중장기 발전 계획 수립과 지역 주민, 기업, 정부 간 협력체계 구축으로 지속 가능한 발전을 도모한다.

Ⅲ. 네트워크 거버넌스(Network Governance)

19세기에는 자원을 배분하고 사회문제를 해결하는 기제로서, 정부를 최소화하는 대신 자유시장을 국정 운영의 양식으로 채택하였다. 그러나 20세기에 접어들면서 시장의 결함과 병폐가 인정되기 시작했고, 시민들의 복리 증진을 위한 정부 개입의 필요성이 강하게 주장되었다. 이에 따라, 관료제 또는 계층제 원리에 기반한 거대한 복지국가가 지배적인 국정 운영 양식으로 자리 잡았다. 하지만 21세기에 들어서면서, 시장실패의 대안으로 제시되었던 정부 역할에 대한 인식이 변화하였다. 역설적으로, 정부가 시장보다 오히려 폐해가 크다는 인식이 확산하면서, 정부의 기능을 지방정부 또는 기업, NGO 등 사회의 다양한 행위자에게 대행시켜 정부를 축소하려는 움직임이 일어났다. 이러한 변화는 정부의 기능이 내부와 외부의 다른 행위자들에 의해 분산 수행됨으로써, 공공부문의 다양한 행위자들이 협력하여 사회문제를 해결하고 공동의 목표를 달성하는 '네트워크'라는 새로운 국정 운영 양식을 탄생시키는 계기가 되었다(유재원·소순창, 2005).

이와 함께, 현대 사회는 점점 더 복잡해지고 있으며, 사회구성원 간 이해관계의 충돌도 빈번히 발생한다. 이러한 난제(Wicked Problems)는 전통적 정부의 역할만으로는 해결이 어렵기 때문에, 다양한 이해관계자들이 집단적 자원과 권한을 공유하며 공동 대응하는 것이 필수적으로 되었다. 이 과정에서, 정부의 직접적 개입이나 강제적 통제보다, 비공식적이면서 자발적인 협력과 협상이 중요시되었다. 즉, 여러 사회구성원이 상호의존하며 협력하는 네트워크의 형성이 사회문제 해결의 핵심 전략으로 부상한 것이다(유재원·나선화, 2008: 145; Rhodes, 1981; 2000).

결론적으로, 세계화, 지방화, 민간화 등의 요인으로 인해 정부의 권한과 자원이 분산되거나 제약받게 되면서, 정부 단독으로 사회문제를 해결하는 것이 점차 어려워졌다. 이에 따라, 권한과 자원을 가진 다양한 행위자들이 상호 협력하며 사회문제를 해결하는 네트워크가 새로운 국정 운영의 방식으로 자리 잡게 되었다. 네트워크 거버넌스는 기존의 계층적 또는 시장 중심의 거버넌스와 달리, 다양한 행위자들이 수평적이고 자율적인 관계를 맺으며 협력하여 공공 문제를 해결하는 새로운 모델이다. 본 절에서는 네트워크 거버넌스의 개념과 특징, 유형과 구조, 관리 방안, 한계와 과제, 그리고 국내외 실제 사례를 분석하여, 이 모델이 한국 사회에 주는 시사점을 도출하고자 한다.

네트워크 거버넌스는 사회 구성원 간의 적극적인 상호작용과 정보 공유, 협력에 기반하며, 단일한 지배구조가 아닌 수평적이고 자발적인 방식으로 운영된다. 이러한 네트워크는 다음과 같은 핵심 특징을 지닌다. 첫째, 수평성이다. 네트워크 참여자들은 위계적 관계가 아닌, 평등한 위치에서 협력한다. 둘째, 자율성이다. 참여자들은 각자의 역량과 자원을 활용하여 자율적으로 의사 결정을 내리고, 기여한다. 셋째, 상호 의존성이다. 참여자들은 서로의 자원과 역량에 의존하며, 협력을 통해 공동의 목표를 달성한다. 넷째, 신뢰이다. 참여자들은 서로를 신뢰하며, 정보를 공유하고 약속을 지키는 것이 핵심이다. 이러한 특징들은 정부, 민간, 시민사회 등 다양한 주체들이 자율적이면서도 상호 의존적인 관계를 형성하며, 공공문제를 해결하는 데 있어 효과적인 협력 모델로 작용한다

(Rhodes, 1997).

Provan과 Kenis(2008)는 네트워크 거버넌스의 구조를 이해하는 데 핵심적 역할을 하는 세 가지 유형을 제시한다. 이들은 네트워크의 목적과 특성에 따라 각각의 구조가 선택되어야 하며, 선택된 구조에 따라 네트워크의 운영 방식도 달라진다고 설명한다.

[Provan과 Kenis(2008)의 네트워크 거버넌스 핵심 유형]

- **자문형 구조(Shared Governance):** 네트워크 참여자들이 공동의 목표를 위해 협력하며, 의사결정권과 자원 배분을 공동으로 수행하는 형태이다. 이는 신뢰와 공동의 목표 공유가 전제되어 있으며, 네트워크 내 참여자들이 평등하게 의사결정을 하는 구조다.
- **중심-주변형 구조(Lead Organization):** 한 개 또는 소수의 중심 조직이 핵심 역할을 담당하며, 다른 참여자들은 지원적 역할을 수행한다. 이 구조는 중심 조직이 조정과 통합의 역할을 수행하며, 보다 효율적이고 일관된 운영이 가능하다는 장점이 있다.
- **네트워크의 완전 연결형(Network as a Whole):** 모든 참여자가 서로 직간접적으로 연결된 구조로, 참여자 간의 상호작용이 활발하며 유연성을 갖는다. 이는 복잡한 문제 해결에 적합하며, 다양한 자원과 아이디어의 교환이 활발하게 이루어진다.

이 세 가지 구조는 각각의 목적과 환경에 따라 선택되어야 하며, 성공적으로 운영되기 위해서는 신뢰 구축, 명확한 역할 분담, 지속적 의사소통, 그리고 유연한 조정 메커니즘이 필수적이다. 네트워크 거버넌스의 효과적 운영을 위해서는, 참여자 간 신뢰를 기반으로 하는 관계 형성, 역량 강화, 유연한 조정과 갈등 해결 메커니즘 구축, 그리고 정보 공개와 투명성 확보가 필요하다. 향후 정책적 지원과 함께, 참여 문화 조성, 성과에 기반한 평가, 갈등 조정 절차 마련 등도 중요하다. 그러나, 이러한 네트워크 운영에는 여러 한계와 도전 과제도 존재한다. 첫째, 참여자 간 신뢰 형성의 어려움과 함께 자원과 권한의 불평등이 문제될 수 있다. 둘째, 역할과 책임의 불명확성, 갈등과 조율의 어려움, 그리고 지속가능성 확보의 한계도 존재한다. 셋째, 자원과 비용 문제, 그리고 네트워크 내 역할과 의사결정 과정의 복잡성 역시 중요한 과제이다. 이와 같은 구조와 운영 방식을 통해, 네트워크 거버넌스는 현대사회의 복잡한 문제를 해결하는 핵심적 수단으로 자리 잡았으며, 앞으로도 관련 연구와 정책 실천에서 지속적인 발전과 개선이 요구된다.

제 3 절 거버넌스 유형의 성공 기준 및 핵심 원칙과 가치

Ⅰ. 시민, NGO, 지역 사회의 역할

위에 제시된 3가지 유형의 거버넌스 모형에서 공통으로 강조하는 것은 시민, NGO, 그리고 지역 사회에서의 역할이다. 즉, NGO가 시민참여의 창구 기능을 수행하는 것이 매우 중요하다고 보며, 이를 통해 지역 사회 문제 해결 및 기여 등이 이루어질 수 있을 것으로 가정한다. NGO는 민간 부문과 시민들 간의 연결고리 역할을 하며, 시민의 정책 과정 참여 기회를 확대하고 시민의 목소리를 정책에 반영하는 데 핵심적 역할을 한다. Gazley(2008)는 NGO가 신뢰와 포용성의 가치를 증진하는 데 이바지하며, 다양한 이해관계자들이 참여하는 과정에서 신뢰를 구축하는 데 중요한 역할을 하는 점을 강조한다. 또한, Gazley와 Cheng(2019)의 연구에서는 NGO가 공공서비스 제공에 있어서 핵심적 역할을 담당하며, 이를 통해 지역 사회의 다양한 필요를 충족시키고 지역 발전에 이바지하는 점을 강조하고 있다. 이러한 NGO의 역할은 시민들이 정책 과정에 적극 참여하고, 다양한 목소리가 수용되는 포용적 거버넌스를 실현하는 데 필수적이다.

한편, Bryson, Crosby와 Bloomberg(2014)는 거버넌스의 효과적인 운영이 공공의 가치를 증진하는 핵심 요소임을 강조한다. 이들은 다양한 이해관계자들이 협력하여 정책을 설계하고 집행할 때, 투명성과 참여, 책임성을 강화하는 것이 공공서비스의 질을 높이고, 궁극적으로 사회 전체의 복리와 공공 가치를 증진하는 것이 중요하다고 본다. 특히, 효과적인 거버넌스가 기관 간의 소통과 협력 촉진 및 정책의 일관성과 신뢰성을 확보할 수 있을 때, 국민의 기대와 요구를 충족시킬 수 있다고 본다. 이러한 관점은, NGO와 시민, 지역사회가 거버넌스의 핵심 주체로서 적극 참여하는 것이, 공공 서비스의 질 향상과 공공 가치 실현에 결정적임을 시사한다. 또한, Bryson, Crosby와 Stone(2006)은 거버넌스의 성공적 운영이 지역사회 문제 해결과 지속 가능성 확보에 중요한 역할을 한다고 본다. 이들은 효과적 거버넌스가 지역사회와 정부 간의 신뢰를 높이고, 정책의 실효성을 강화하는 데 기여한다고 분석한다. 특히, Crosby와 Stone(2014)은 거버넌스의 성공 여부는 참여자 간의 신뢰와 협력, 그리고 투명한 의사결정 구조에 의해 좌우된다고 주장한다. 이는 NGO와 시민, 지역사회의 적극적 참여 없이는 달성하기 어렵다고 본다. 따라서, 이들 이해관계자가 거버넌스의 전 과정에 참여하고, 효과적 협력을 이루는 것이, 공공의 가치 증진과 정책 성과 향상에 필수적임을 보여준다.

Ⅱ. 거버넌스의 핵심 원칙 및 가치

본 장에 제시가 된 것과 같이 거버넌스는 전통적 정부 중심의 정책 결정 방식을 넘어, 다양한 이해관계자들이 협력하여 공공 문제를 해결하는 방식으로 유용하게 활용되고 있다. 이 과정에서 정부뿐만 아니라 시민, 비정부기구(NGO), 지역사회 등 다양한 주체들이 참여하며, 이들이 상호작용하는 구조와 원칙이 그 핵심 요인으로 작용한다. 다음은 거버넌스의 핵심 원칙 및 가치를 제시한다:

[다양한 주체들의 거버넌스 핵심 원칙]

- **투명성(Transparency):** 거버넌스의 핵심 원칙 중 하나인 투명성은 정책 결정 과정과 행위가 공개되고 이해관계자들이 쉽게 접근할 수 있도록 하는 것을 의미한다. 이는 신뢰 구축과 정보의 공정한 배포를 통해 참여자 간의 신뢰를 강화하며, 부패 방지와 책임성 확보에 중요한 역할을 한다. 또한 정부와 시민, NGO, 지역사회 모두가 정보에 대한 접근권을 가지며, 정책의 과정과 결과를 명확하게 파악하는 것을 의미한다.
- **참여(Participation):** 참여는 다양한 이해관계자가 의사결정 과정에 적극적으로 개입하는 것을 의미하며, 시민의 의견 수렴, NGO의 정책 제안, 지역사회의 공동체 활동 등 여러 형태로 나타난다. 참여는 정책의 정당성과 효과성을 높이고, 다양한 관점이 반영되어 포용적이고 민주적인 거버넌스를 실현하는 핵심 원칙으로 작동한다. 특히 거버넌스에서는 참여의 폭과 깊이를 확대하여, 모든 이해관계자가 정책 형성에 기여할 수 있도록 하는 것이 중요하다.
- **책임성(Responsibility):** 책임성은 모든 참여자들이 자신의 역할과 행동에 대해 책임을 지는 것을 의미한다. 정부는 정책 수행과 자원 배분에 대한 책임을, 시민과 NGO는 정책에 대한 감시와 평가 역할을 수행한다. 책임성의 확보는 정책의 투명성과 연계되어, 이해관계자들이 결과에 대해 답변할 수 있고, 잘못된 점은 시정될 수 있도록 하는 기반이 되는 중요한 가치로 작동한다.

- **포용성(Inclusiveness):** 포용성은 다양한 사회적 배경과 이해관계, 지역사회, 소수자 등을 포괄하는 참여와 의사결정을 의미한다. 이는 사회적 다양성을 인정하고, 소외된 집단의 목소리를 반영하는 것에 초점을 맞추는 가치로 작동한다. 포용적 거버넌스는 정책의 공정성과 지속 가능성을 높이며, 사회적 통합과 협력을 증진하는 역할을 한다.
- **민주성(Democracy):** 민주성은 의사결정 과정에서 다수의 의견이 반영되고, 참여자들이 평등하게 의견을 개진하는 원칙이다. 거버넌스에서는 전통적인 대표 민주주의뿐만 아니라, 협력적 및 참여적 민주주의를 통해 다양한 주체들이 공동으로 정책을 설계하고 집행하는 방식을 추구한다. 이는 거버넌스의 정당성과 효과성을 높이고, 권력 남용을 방지하는 데 기여하고 있다.

현대 거버넌스는 이러한 원칙들이 상호 연계되어 작동하는 복합적 구조이다. 정부, 시민, NGO, 지역사회 등 다양한 주체들이 투명성을 바탕으로 참여하고, 책임을 지며, 포용성을 갖추고, 민주적 절차를 통해 협력하는 것이 핵심이다. 이러한 원칙들은 지속 가능한 발전과 사회적 신뢰를 구축하는 데 중요한 역할을 하며, 현대 사회의 복잡한 문제들을 해결하는 핵심 동력이 된다.

제 4 절 거버넌스와 관련된 주요 이슈와 도전 과제

현대 거버넌스는 다양한 이해관계자의 참여와 협력을 통해 공공 문제를 해결하려는 중요한 방식이지만, 여러 가지 이슈와 도전 과제도 함께 존재한다. 가장 먼저, 참여의 질과 형평성 문제가 대두된다. 모든 이해관계자가 평등하게 참여하고 목소리를 낼 수 있도록 하는 것이 이상적이지만, 현실에서는 사회적·경제적 불평등, 정보 접근성의 차이로 인해 특정 집단이 배제되거나 목소리의 왜곡이 발생하는 문제가 있다. 이에 대해, Fung (2015)은 포용적 참여와 사회적 약자를 위한 형평성을 확보하는 것이 거버넌스의 성공적 운영에 필수적임을 지적하며, 참여의 공정성 확보를 위한 제도적 장치 마련의 필요성을 강조한다.

또한, 신뢰와 투명성 확보의 어려움이 지속적으로 제기되고 있다. 거버넌스 구조 내에서 이해관계자 간 신뢰를 구축하는 것은 매우 중요하지만, 부패, 불투명한 의사결정, 이해충돌 등으로 인해 신뢰가 훼손될 위험이 크다. 이와 관련하여, Bovens(2007)는 투명성과 책임성 강화를 통해 신뢰를 구축하는 것이 거버넌스의 핵심이며, 이는 시민 참여를 활성화하는 데 중요한 역할을 한다고 분석한다. 따라서, 정보 공개와 책임성 강화를 위한 제도적 개선이 요구되며, 이는 거버넌스의 정당성과 효과성을 높이기 위한 필수 조건임을 시사한다.

복잡성과 협력의 어려움도 큰 도전 과제이다. 현대 거버넌스는 여러 주체와 기관이 협력하여 문제를 해결하는 구조이기 때문에, 이해관계자 간의 목표 차이, 권한 분산, 의사소통 문제 등이 발생한다. 이와 관련하여, Ansell과 Gash(2008)는 협력적 거버넌스의 성공 조건으로 신뢰와 상호 이해, 그리고 효과적인 조정을 강조하며, 이러한 조건이 충족될 때 협력의 효과가 극대화된다고 본다. 따라서, 효과적인 조정과 협력체계 구축, 그리고 신속한 의사소통이 중요한 과제이며, 이는 거버넌스의 효율성을 높이기 위한 핵심 전략이다.

또 다른 이슈는, 지속 가능성과 정책 일관성 유지다. 다양한 이해관계자가 참여하는 거버넌스 구조에서는 정책의 일관성을 유지하기 어렵고, 단기적 이해관계에 치우친 결정이 장기적 목표와 충돌하는 사례도 많다. 이와 관련, Bryson, Crosby, 그리고 Bloomberg(2014)는 거버넌스의 효과적 운영이 공공의 가치를 증진하는 핵심임을 강조하며, 지속 가능성과 정책 일관성 확보를 위해 이해관계자 간의 목표 공유와 조율이 필수적임을 지적한다. 이는 정책의 지속 가능성을 높이기 위해 장기적 비전과 목표를 공유하며, 이해관계자 간 협력과 조율이 강화되어야 함을 의미한다.

마지막으로, 기술 발전과 디지털 전환에 따른 도전도 무시할 수 없다. 정보통신기술의 발전은 참여와 소통의 기회를 확대했지만, 동시에 개인정보보호, 디지털 격차, 정보의 왜곡 등 새로운 문제를 야기한다. 이와 관련하여, Kettl(2006)은 디지털 기술이 거버넌스의 투명성과 참여를 증진시키는 동시에, 신뢰와 책임성 확보를 위한 신기술 활용의 한계와 위험성을 함께 고려해야 함을 지적한다. 따라서, 기술적 발전에 적응하고, 신뢰를 기반으로 한 디지털 거버넌스를 구축하는 것도 중요한 도전 과제다.

이처럼, 현대 거버넌스는 다양한 이슈와 도전 과제에 직면해 있으며, 이를 해결하기 위한 지속적이고 체계적인 노력이 요구된다. 참여의 포용성, 신뢰 구축, 협력 체계 강화, 정책의 일관성 유지, 그리고 기술적 적응력 확보는 거버넌스의 성공적 운용과 지속 가능성을 위한 핵심 과제다. 학자들의 연구 역시, 이러한 문제에 대응하는 전략적 방안과 제도적 개선이 거버넌스의 성과와 공공 가치 증진에 결정적임을 보여주고 있다.

요약

이 장은 거버넌스(governance) 개념의 등장 배경, 이론적 정의, 주요 유형, 실천적 원칙 및 과제를 통해 공공관리의 새로운 패러다임을 설명한다. 전통적인 정부 중심 통치에서 벗어나, 다원적 행위자 간 협력과 자율성을 바탕으로 한 정책 설계·집행 방식이 강조된다. 우선 거버넌스의 정의와 특징을 설명하였다. 거버넌스는 정부, 민간, 시민사회 등 다양한 주체들이 공공문제 해결에 협력하는 과정을 의미한다. Rhodes는 이를 네트워크 기반 상호의존적 구조로 정의했고, Osborne은 정부를 '조정자'(Steerer)로 전환하며 민간과의 협력을 강조했다. UNDP와 세계은행은 각각 참여성과 포괄성, 제도적 기반과 효율성에 초점을 두며 거버넌스를 정의하였다. 공통적으로 투명성, 참여, 책임성을 강조한다. 이러한 거버넌스 이론은 1970년대 정부 실패(비효율성, 관료주의, 신뢰 하락)와 1980년대 신공공관리(NPM)의 등장 이후, NPM의 시장중심주의 한계(공공성 약화, 사회 불평등 심화)로 인해 1990년대부터 협력적·네트워크 중심의 거버넌스가 대두되었다. 이는 정부 역할의 축소가 아닌 운영 방식의 다변화로, 복잡한 사회문제를 효과적으로 해결하고자 하는 새로운 패러다임이다.

이 장에서 제시된 주요 거버넌스 유형은 다음과 같다:

협력적 거버넌스(Collaborative Governance): 정부, 민간, 시민사회가 공동 목표를 위해 자발적이고 신뢰 기반의 협력을 수행한다. Emerson 등(2012)은 제도적 맥락, 협력 체제(CGR), 협력적 역동성(신뢰, 참여, 공동 행동능력)으로 구성된 통합모형을 제시하였다. Ansell과 Gash(2008)는 초기조건, 제도 설계, 리더십, 협력과정의 상호작용을 강조하였다.

로컬 거버넌스(Local Governance): 지방정부, 시민사회, 민간 등이 지역 단위에서 공동으로 문제를 해결하는 구조이다. 시장화, 정보화, 지방분권, 시민참여의 확산 속에서 지역 맞춤형 자치와 협력이 중시되며, 네트워크와 계약문화, 투명성 확보 등이 핵심 요소이다.

네트워크 거버넌스(Network Governance): 위계적 또는 시장 중심 구조를 넘어서 수평적 관계와 자율성을 기반으로 다양한 행위자들이 상호 의존하며 협력하는 방식이다. Provan과 Kenis(2008)는 자문형, 중심-주변형, 완전연결형 세 가지 구조를 제시하며, 신뢰와 의사소통, 명확한 역할 분담이 필수 요건임을 설명한다.

이러한 거버넌스의 성공은 투명성, 참여, 책임성, 포용성, 민주성과 같은 핵심 원칙에 달려 있다. NGO와 시민사회는 거버넌스 실천에서 신뢰 매개자 및 시민 참여 촉진자로 중요한 역할을 하며, Bryson 등(2014)은 거버넌스가 공공가치 증진과 정책 성과 향상에 결정적 기여를 한다고 강조한다. 하지만, 참여 불균형, 권력 격차, 협력 과정의 복잡성, 정부 책임 회피 등 다양한 도전 과제가 존재한다. 이를 극복하기 위해서는 신뢰 구축, 제도적 설계, 리더십 강화, 시민 역량 제고가 병행되어야 한다.

사례연구

현대 사회의 고령화와 인구소멸 문제를 해결하기 위해 국내·외에서는 다양한 거버넌스 모델이 적극 활용되고 있다. 경상북도 포항시는 급격한 고령화와 인구소멸 위기에 대응하기 위해 지역 내 다양한 이해관계자가 참여하는 협력적 거버넌스 체계를 구축하였다. 포항시의 사례는 지역사회와 지방정부, 민간기관, 대학, 주민이 유기적으로 연계된 네트워크를 통해 고령자 지원과 지역사회 활력화를 동시에 추진한 대표적 사례로 평가받고 있다. 포항시는 지역사회 협력 플랫폼을 제공함으로써 노인복지와 일자리, 그리고 건강 관련 분야에서 통합 서비스를 제공함으로써 지역사회 안전망 확보를 노력하고 있다. 해당 플랫폼에서 포항시는 네트워크 거버넌스를 활용하였으며, 지방정부가 주도하는 플랫폼을 중심으로 복지기관, 민간기업, 대학, 지역단체 등이 상호 협력하는 구조로 설계되었다. 여러 이해관계자 간의 긴밀한 소통을 위해 정기적인 회의와 협의체를 운영하며, 공동 목표 재설정 워크숍을 정기적으로 개최하였다. 이 워크숍에서는 지역사회의 변화와 정책 성과를 평가하고, 새롭게 우선순위를 정하는 과정이 이루어졌다.

이를 통해 참여 기관들은 지역 특성과 주민 요구에 맞는 목표를 재설정하며 정책의 유연성을 확보하였다. 이렇듯 정기적인 모임을 통한 정책 방향성을 조율하고, 현장 맞춤형 서비스를 개발하는 과정을 통해 지역 특성에 맞는 해결책을 마련한다는 점이 특징이다. 이러한 협력 체계는 정부와 민간이 공동으로 책임지고 자원을 배분하며, 주민 참여를 확대하는 데 성공하였다. 포항시의 성공 요인으로는 지역사회와의 긴밀한 협력을 통해 노인 복지와 안전망을 강화로 볼 수 있다. 이와 관련하여, 유애정·박현경(2022)의 연구에 따르면, 지방자치단체 간 협력과 네트워크 구축의 중요성을 강조하고 있다. 이를 통해서 지역 내 다양한 이해관계자의 참여를 촉진하는 협력적 거버넌스의 효과적인 운영을 통해 정책의 성공 요인을 높여, 지역 맞춤형 돌봄 서비스를 확산할 수 있을 것으로 분석한다(유애정·박현경, 2022). 포항시의 사례는 이러한 정책적 방향성과 일치하며, 지역사회와 지방정부, 민간 부문이 협력하는 거버넌스 모델이 지역 문제 해결에 효과적임을 보여준다. 하지만 포항시 사례도 도전 과제에 직면하였다. 참여 기관 간의 이해관계 조율과 신뢰 구축이 어려웠던 점, 자원 배분의 공정성 확보 문제 등이 대두되었다. 이에 대해 포항시는 정기적인 소통과 공동 목표 재설정을 통해 신뢰를 높였으며, 성과 공유와 평가 시스템 도입으로 참여 기관의 책임성을 강화하는 전략을 펼치고 있다. 이러한 노력은 지역사회의 지속 가능한 협력체계를 유지하는 데 핵심 역할을 하고 있다.

포항시의 사례는 지역사회 내 다양한 주체들이 협력하는 네트워크 거버넌스가 고령화와 인구소멸 문제 해결에 있어 매우 효과적임을 보여주는 좋은 모델이다. 신문보도와 정부 보고서가 시사하는 바와 같이, 신뢰와 협력을 기반으로 한 거버넌스 체계의 설계와 운영이 성공의 핵심임을 알 수 있다.

토의질문

1. 참여와 포용성 강화가 거버넌스의 효과성과 지속 가능성에 어떤 영향을 미치는가?
2. 공공과 민간, 지역사회 간의 협력 네트워크에서 '신뢰'와 '책임'의 역할은 무엇이며, 이를 어떻게 구축하고 유지할 수 있는가?
3. 지역 맞춤형 정책과 협력적 거버넌스가 '탈중앙화' 또는 '분권화'적 거버넌스 이론과 어떻게 연계될 수 있는가?

참고문헌

강성남·윤은기. (1994). 「정부와 정보화사회」. 서울: 나남출판.

김석준 외. (2000). 「정부와 시민사회: 거버넌스 이론과 사례」. 서울: 나남출판.

뉴먼. (2001). 「공공관리와 사회이론」. 이명석 역. 한울.

유재원·나선화. (2008). 「거버넌스와 공공관리」. 서울: 대영문화사.

유재원·소순창. (2005). 「거버넌스의 이해」. 서울: 대영문화사.

최성욱. 2004. 「공공부문에서의 네트워크 거버넌스」. 서울: 대영문화사.

Agranoff, R. & McGuire, M. (2003). Collaborative Public Management: New Strategies for Local Governments. Washington, D.C.: Georgetown University Press.

Ansell, C. & Gash, A. (2008). "Collaborative Governance in Theory and Practice." *Journal of Public Administration Research and Theory*, 18(4): 543-571.

Emerson, K., Nabatchi, T., & Balogh, S. (2012). "An Integrative Framework for Collaborative Governance." *Journal of Public Administration Research and Theory*, 22(1): 1-29.

Heclo, H. (1977). *A Government of Strangers: Executive Politics in Washington*. Washington, D.C.: Brookings Institution.

Kooiman, J. (2003). *Governing as Governance*. London: SAGE Publications.

Le Grand, J. & Bartlett, W. (1993). *Quasi-markets and Social Policy*. London: Macmillan.

Osborne, D. & Gaebler, T. (1992). *Reinventing Government: How the Entrepreneurial Spirit is Transforming the Public Sector*. Reading, MA: Addison-Wesley.

Pierre, J. ed. (2000). *Debating Governance: Authority, Steering and Democracy*. Oxford: Oxford University Press.

Pollitt, C. & Bouckaert, G. (2011). *Public Management Reform: A Comparative Analy-*

sis - New Public Management, Governance, and the Neo-Weberian State. 3rd ed. Oxford: Oxford University Press.

Provan, K. G. & Kenis, P. (2008). Modes of Network Governance: Structure, Management, and Effectiveness. *Journal of Public Administration Research and Theory*, 18(2): 229-252.

Rhodes, R. A. W. (1996). The New Governance: Governing without Government. *Political Studies*, 44(4): 652-667.

Rhodes, R. A. W. (1997). *Understanding Governance: Policy Networks, Governance, Reflexivity and Accountability*. Buckingham: Open University Press.

Rhodes, R. A. W. (2000). Governance and Public Administration. In J. Pierre, ed. *Debating Governance: Authority, Steering and Democracy*. Oxford: Oxford University Press.

Shergold, P. (2008). Governing through Collaboration. In J. Wanna, ed. *Improving Implementation*. Canberra: ANU Press, 21-40.

UNDP. (1997). *Governance for Sustainable Human Development*. New York: United Nations Development Programme.

World Bank. (1992). *Governance and Development*. Washington, D.C.: World Bank.

12장 공공관리에서 시민의 역할과 과제: 참여와 협력

| 이단비 |

학습목표

1. 전통적 행정학에서 시민 개념의 출발점과 한계를 이해한다.
2. 시민의 역할 변화와 이를 설명하는 행정 패러다임과 이론을 살펴본다.
3. 정부의 행정 발전 과정에서 시민의 역할의 변화를 예시를 통해 분석한다.
4. 참여적 거버넌스 개념을 이해하고 적용 방안을 제시한다.
5. 시민 냉소주의의 원인과 해결 방안을 검토한다.
6. 실제 행정 현장에서 시민의 참여를 높일 수 있는 전략과 과제를 도출한다.

제 1 절 시민과 민주주의의 의미와 공공관리

Ⅰ. 시민과 민주주의의 의미

시민은 '국민', '주민', '유권자' 등 다양한 개념들과 혼용되어 사용되지만, 공공행정의 이론 및 실제에서 '시민(citizen)이라는 용어는 보다 적극적인 공동체 구성원의 의미를 내포한다고 볼 수 있다. 행정학에서 시민은 단순히 행정 서비스를 수동적으로 소비하는 존재가 아니라, 정치공동체의 일원으로서 공동체의 유지 및 발전에 주체적으로 기여해야하는 존재로 이해된다. 이승종(1993)은 시민 개념의 핵심이 "정치공동체의 구성원으로서 공동체의 유지 및 발전을 위하여 노력하는 구성원" 이라는 규범적 의미에 있다고 지적하며,

이는 행정참여와 시민성의 밀접한 연관성을 보여준다. 즉, 시민은 공공 문제에 대한 관심과 책임의식을 바탕으로 사회적 역할을 수행하는 존재로 간주되며, 그 정체성은 행정 참여를 통해 실현되고 강화된다고 볼 수 있다. 이러한 시민 개념에 비추어 볼 때, 정치 및 행정 과정에서의 참여는 시민의 역할에서 결코 분리될 수 없는 핵심 요소로 해석할 수 있다.

행정학에서 시민 개념을 이해하기 위한 출발점은 현대 사회의 정치적·제도적 기반을 이루고 있는 민주주의 체제에 대한 이해라고 할 수 있다. 시민은 단순히 행정서비스의 수혜자나 정책과정에서 일방적 대상에 머무는 존재가 아니라, 민주주의의 본질적 구성요소이자 정부의 정당성을 부여하는 핵심 주체로서 위치한다. 민주주의의 어원을 살펴보면 고대 그리스어에서 유래한 '데모스(demos, 민중)'와 '크라티아(kratia, 지배)'의 합성어인 '데모크라티아(demokratia)'로, 문자 그대로 해석하면 '민중에 의한 지배'를 의미한다. 이는 정치 권력이 특정 계층이나 엘리트가 독점하는 것이 아니라, 일반 시민들의 참여와 동의에 기반하여 한다는 것이다.

이러한 어원적 의미를 살펴보는 것은 현대 민주주의 정치체제의 근간을 설명하는 중요한 개념적 단서뿐 아니라, 시민-정부 관계에서 시민의 의미와 역할을 살펴보는 데 주요 의의를 찾을 수 있다. 민주주의는 시민이 단순한 통치의 대상이 아니라, 스스로가 공동체의 주인으로서 국가에게 통치 권력을 위임했지만, 이 권력에 대해 스스로 통제할 수 있는 권한이 있는 능동적 행위자임을 전제로 한다. 예컨대, 대한민국의 헌법 제1조 2항은 "대한민국의 주권은 국민에게 있고, 모든 권력은 국민으로부터 나온다"고 명시함으로써, 시민이 권력의 원천이자 정치체제의 정당성을 결정짓는 주체임을 선언하고 있다. 이 조항은 단순한 수사적 문장이 아니라, 시민의 역할과 책임에 대해 헌법적으로 명확한 지위를 부여한 것이다.

이렇듯 민주주의 사회에서 시민은 단지 정책 대상자나 법률적 구성원이 아니라, 정치 권력의 정당성을 부여하고, 더 나아가 국가 운영의 방향을 결정하는 주체적 존재로 이해할 수 있다. 특히 행정학에서 시민은 정책 수립과 집행 과정에서 능동적 참여자로 간주되며, 공공가치 형성의 핵심 행위자로 인식된다(강형기, 2001). 따라서 시민의 개념과 역할을 정확히 이해하는 것은 행정의 민주적 정당성과 효과성을 확보하는 데 있어 필수적이라 할 수 있다. 시민을 단순히 통치의 대상이 아닌, 정부 권력의 정당성을 부여하는 주체이자, 정책 수립과 운영에 있어서 적극적 참여자로 이해할 때, 행정 역시 보다 책임성과 공공성을 구현할 수 있는 방향으로 진화할 수 있을 것이다.

Ⅱ. 민주주의 체제에 대한 이해

민주주의는 그 운영 방식에 따라 대의민주주의(representative democracy)와 직접민주주의(direct democracy)로 구분할 수 있다. 이 중 대의민주주의는 오늘날 우리가 살아가고 있는 사회의 근간 체제이며, 민주주의 제도를 채택한 대부분의 국가들이 국정 운영의 실질적 기반으로 삼고 있는 제도라고 할 수 있다. 앞서 민주주의의 어원과 본질적 의미를 통해 시민이 정치공동체의 주인으로서 통치의 정당성을 부여하는 존재임을 알아보았듯이, 대의민주주의는 이러한 시민주권 원칙을 현실적으로 실현시키기 위한 간접적 장치로서의 제도라고 할 수 있다. 시민은 국가 운영에 직접 참여하는 대신, 일정한 주기의 선거를 통해 대표자를 선출하고, 이들이 자신들의 의견과 이익을 대변하도록 위임하는 방식으로 정치에 참여한다.

이때 선거는 단순한 대표를 뽑는 절차 이상의 의미를 가지며, 선출된 대표자에게 통치의 정당성을 부여하고 책임성을 요구하는 제도적인 장치가 되는 것이다. 국민은 정기적인 선거를 통해 자신이 뽑은 대표의 정책 성과와 국민에 대한 책임성을 평가할 수 있고, 결과에 따라 재신임 혹은 교체를 선택할 수 있는 기회를 부여받을 수 있다는 점은 대의민주주의의 핵심 작동원리라고 할 수 있다. 그러나 이러한 대의제 구조 속에서도 민주주의의 운영상 국민의 뜻이 진정으로 대변되느냐의 문제와 선출직 정치인의 대표성에 대한 문제제기는 끊임없이 제기되어 왔다.

가장 주요한 비판은, 선출된 대표자들이 과연 얼마나 충실하게 시민의 의사를 대변하고 있는가에 대한 것이다. 실제로 정책 결정과 행정 집행이 시민들의 기대와 괴리되는 경우가 비번하며, 정부의 서비스 제공 역시 일방적 전달방식에 머무르면서 시민은 계속해서 수동적 수혜자로 인식되어 왔다. 이와 관련하여 Schattschneider(1960)는 대의민주주의에서 유권자가 행사할 수 있는 선택이 본질적으로 제한되어 있다고 지적하며, 이는 '투표의 역설(paradox of voting)'로 귀결된다고 주장하였다. 유권자는 자신의 선호를 온전히 반영할 수 있는 후보가 부재한 상황에서 '차악의 선택'을 강요받게 되며, 이로 인해 '반쪽짜리 주권'을 행사하는 시민이라는 비판이 제기되었다.

이처럼 대의민주주의의 한계가 지속적으로 드러나면서 이를 보완하려는 방식으로 직접민주주의의 확대에 대한 논의가 꾸준히 제기되어 왔다. 직접민주주의는 시민이 정부의 결정과정에 직접 참여하여 국정운영에 영향을 미치는 형태로, 시민주권의 본질이 가장 충실하게 드러나는 방식이라고 평가된다. 루소, 토크빌, 밀과 같은 고전 정치사상가들은 민주주의의 본질을 시민에 의한 직접 통치로 이해하였으며, 대의제하에서 나타날 수 있는 선출된 정치인의 대표성 부족 등의 문제를 극복할 수 있는 대안적 가능성으로 직접민주주의를 제시하였다(이승종, 1993).

이러한 논의는 단지 이론적 주장에 그치지 않고 실제 정치체제 변화로 나타나기도 했다. 예컨대 스위스의 경우, 19세기 중반 선출된 정치인들이 특정 이익집단에 포획되어 권력의 사유화 현상이 빈번하게 일어나고 이들을 위한 특권적 입법행위가 심해지자, 시민들은 직접적인 민주적 개입을 요구하게 되었고, 그 결과 1860년대 대규모 민주주의 개혁 운동이 발생했다. 이 운동은 시민발안, 국민투표 등 직접민주주의 제도를 헌법에 도입하는 성과로 이어졌으며, 이는 시민이 단지 대리인을 통한 간접 통치를 넘어서, 의사 결정 과정에 직접 관여할 수 있는 제도적 기반을 마련하는 계기가 되었다(이기우, 2016).

결국 이러한 역사적 사례는, 대의민주주의 체제하에서도 시민의 직접 참여가 대의의 한계를 보완하고 민주주의의 질을 높이는 핵심적인 수단이 될 수 있음을 시사한다. 행정학적 관점에서도 이는 시민참여 확대논의에 있어서 제도적인 연결고리가 있음을 보여주는 사례로 볼 수 있다.

Ⅲ. 시민과 민주주의의 관계와 의의

전통적 행정학의 시각에서 시민은 정책의 일방적 수혜자이며 정책 집행 과정에서 수동적인 수용자로 간주되었다. 이러한 관점은 행정이 정치로부터 독립적이고 중립적인 영역이라는 이론적 전제에 기초한다고 볼 수 있다. 즉, 행정은 정치권에서 결정된 내용을 기술적으로 집행하는 기계적 수단이며, 이러한 관점에서 시민은 정치적 결정의 외부에 위치한 존재로 인식되었다. 특히 Woodrow Wilson(1887)의 고전적 논문 '행정 연구(The Study of Public Administration)'는 정치와 행정을 명확히 분리해야 한다고 주장하면서, 행정은 가치중립적이고 능률적인 집행기능에 집중해야 한다는 입장을 제시하였다. 이러한 이론적 관점에서 시민의 역할은 단지 선거를 통해 정치권에 영향력을 행사하는 수준으로 한정한다고 볼 수 있고, 행정영역 내 시민의 능동적 개입 가능성은 구조적으로 배제되었다고 간주할 수 있다.

이러한 맥락에서 전통적 관점은 시민과 행정을 두 개의 독립된 영역으로 이해하였으며, 공공관리의 과정에서 시민이 개입할 수 있는 공간은 거의 존재하지 않는다고 보았다. 시민은 '행정의 대상'이며, 공공서비스의 수혜자일 뿐, 정책의 설계나 집행과정에 영향을 미치는 주체로는 간주되지 않았다(Schumpeter, 1942).

또한 이후 이어진 직접민주주의 또는 시민참여에 대한 논의조차도 정치과정, 즉 법률의 제정이나 정책 결정 과정에서의 시민의 개입에 초점을 맞췄을 뿐, 행정과정 내에서의 시민 참여는 이론적으로나 실천적으로 제한적인 논의에 그쳤다(Arnstein, 1969). 이는 공공관리의 영역이 전문관료의 합리성과 효율성을 기반으로 작동해야 한다는 기존 신념이 강하게 작용했기 때문이다. 따라서 시민은 공공의사결정에서 일방적으로 혜택을 받는 '수용자'의 위치에 머물렀으며, 공공서비스의 공동 설계자나 평가자로서의 역할은 충분히 고려되지 못했다. 앞으로의 장에서는 행정 패러다임의 변화와 함께 어떻게 공공 관리에서 시민의 역할이 다각화되고 변화해 왔는지에 대해 구체적으로 살펴볼 것이다.

제 2 절 공공관리와 시민의 역할 변화

Ⅰ. 초기 시민의 역할 변동

1. 배경

정부와 시민의 관계에서 시민의 역할의 확장에 대한 논의를 하기 위해 Thomas (2013)은 시민의 역할에 대한 세 가지 발전 분류, 즉 시민(Citizen), 고객(Customer), 파트너(Partner)로 나누어 설명하는 것을 이론적 틀로 사용하여 논의를 진행하고자 한다. 앞서 설명했듯이 전통적인 공공관리에서 시민의 직접적 역할은 없었고 선거를 통한 간접적 참여만이 강조되어 있다고 볼 수 있다.

시민의 시민의식에 기반한 참여를 강조한 시민(Citizen)형태의 참여가 본격적이 된 것은 1960년 미국의 린든 존슨(Lyndon B. Johnson) 대통령 시절 위대한 사회(Great Society) 법안하의 빈곤과의 전쟁(War on Poverty) 정책과 함께 본격화된 것으로 볼 수 있다. 이 법안의 경우 저소득층의 가난 문제를 해결하는 데 주안점을 두었으며, 특히나 소외된 지역에 거주하던 아프리카계 미국인과 저소득층 주민들이 해당 프로그램 운영과 설계에 있어서 최대한 참여하는 것을 독려하였다. 60년대 이전에도 시민들의 정치 참여에 대한 논의는 지속적으로 이어져 왔지만 주로 정책 결정과정에서 참여를 통해 의견을 내는 지식인 엘리트 층에 한정이 되어 있었다면(Pareto, 1935), 이때를 기점으로 나타난 것은 사회의 소외 계층이 정부의 정책 집행과정에 참여할 수 있도록 하는 것이었다.

당시 상황적 배경을 살펴본다면 정부다 사회적 약자들의 요구나 요청을 거부하는 현상이 빈번하게 일어나고 있던 상황이었다. 특히나, 1960년대 사회복지 수혜자들이 복지 혜택을 받아야 하지만 복잡한 절차와 까다로운 요건으로 복지 혜택을 받지 못하는 경우가 많았다. 공무원은 자신들의 재량권을 이용하여 이들에게 빈번하게 과도한 서류를 요청하거나 작은 실수로도 신청을 거부하곤 하였다. 또한 도시 빈민들은 열악한 주거 환경을 개선해줄 것을 시 당국에 요청을 했으나, 시행정담당자들은 이를 의도적으로 무시하는 행태를 보이곤 했다. 예를 들 수 있는 것이 1960년대 뉴욕시에서 일어난 세입자들이 임대료 파업이었는데, 이를 통해 이들은 주거 환경 개선을 요구했지만 시 당국은 이를 받아들이지 않고 시위대를 탄압하는 모습을 보였다(Lipsky, 1968; 1970).

2. 시민(Citizen) 형태의 시민참여 등장

이렇게 사회적 약자가 행정에서 소외된 현상은 신공공행정(New Public Administration)이라는 새로운 형태의 관점의 등장으로 관심을 받기 시작했다. 신공공행정은 1960년대 등장한 행정 패러다임으로 사회적 형평성을 강조하여 전통적인 행정 패러다임이 사회적 요구에 대응하지 못하고 있음을 비판하였다. 행정의 역할이 기계적인 정책 집행이나 서비스 전달이 아닌 사회적 약자와 소외된 계층에 대해 충분히 배려하여 궁극적으로 형평성을 달성해야한다는 것이 중점을 두였다(Frederickson, 1971). 즉, 공공가치의 핵심가치를 사회적 형평성으로 본 것이다. 이러한 관점은 행정 과정에서 무시당하던 정책 수혜자들을 다시금 행정 집행과정에서 목소리를 낼 수 있는 절차적인 당위성을 마련해 주었다. 또한, 더 나아가 궁극적으로 정책 집행 과정에서 나타나는 편향성을 극복하고자 하였다. 즉, 행정 집행 과정에서 정책의 궁극적 수혜 대상이 배제되어 편향적인 행정서비스가 제공되는 상황에서 그 대상의 시민참여를 활성화하여 행정서비스가 공평하게 사회에 전달될 수 있도록 하는 데 그 목적이 있었던 것이다. 이를 보여주는 미국에서의 사례는 1970년 말까지 150개 이상의 연방정부 프로그램에 시민 참여 요건이 부가되었다는 것이다(Advisory Commission on Intergovernmental Relations, 1979).

한국의 경우 이러한 주민 참여의 활성화된 형태로 찾아볼 수 있는 것이 부산광역시 사상구의 '다복따복망(다함께 행복하고 따뜻한 복지안정망)'과 같은 프로그램 운영으로, 이는 노인과 저소득 1인 가구 등 복지 사각지대에 놓인 주민들을 지원하기 위해 만들었으며, 이웃 주민들이 직접 복지 활동에 참여하도록 하여, 행정 과정에서 사회적 약자들의 목소리가 반영되도록 하는 데 의의가 있다(행정안전부, 2017). 또한 이때, 중요한 것은 행정 서비스의 대상이 되는 주민이 직접 행정 공무원들과 교류를 하면서 의사를 표현하고 의견을 전달한다는 것이 있다.

3. 핵심 가치

이때, 중심이 되는 가치는 시민성(Civic disposition)이라고 할 수 있으며, 이는 민주주의적 가치나 헌정 질서와 같이 사회 전체에 기여하고자 하는 개인의 의지와 관련된다고 할 수 있다 (Bryson et al., 2013; Walsh, 1991). 이러한 가치를 가치고 행정 과정에 참여하는 시민들의 동기를 표현하는 가치라고 할 수 있으며, 이는 참여를 통해 사회의 발전을 꿈꾸며 궁극적으로 사회의 발전을 이룩하고자 하는 시민들의 움직임으로 분류할 수 있을 것이다. 개인의 눈앞의 이익이 초점이 되기보다는 사회의 전반적 발전, 특히나 민주주의 가치적 측면에 있어서의 향상을 도모하는 목적을 가진 시민참여를 그 대상으로 본다. 이는 투표나 정치 참여와 같이 자신들의 필요와 열망을 표현하기 위해 의사결정에 기반을 두는 시민에 초점을 맞추고 있으며, 궁극적으로는 신공공행정에서 추구하는 사회적 약자들의 목소리를 행정에 반영해 공공행정의 편향을 완화할 수 있다고 본다는 것이다 (Alford, 2002; Frederickson, 1971). 이러한 시민참여는 공공관리에 있어서 초기에 등장한 시민참여의 형태라고 할 수 있지만, 아직까지도 비중이 큰 시민참여라고 할 수 있다.

Ⅱ. 시민의 역할 확대와 참여 확장

1. 배경

시민을 '고객'으로 간주하는 방식은 1980~1990년대 행정 패러다임의 변화와 함께 본격적으로 등장하였다고 볼 수 있다. 이전의 1960년대의 신공공행정(New Public Administration) 패러다임은 당시의 행정이 소외 계층을 배제하고 있다고 비판하며, 이들의 참여와 형평성 확보를 강조하는 방향으로 발전하였다. 이 시기의 행정이념은 시민을 단순한 수혜자가 아닌, 정책 형성과 집행의 중심적 주체로 받아들이려는 노력을 기울인 것이다.

그러나 1970년대부터 본격화된 미국의 경제 침체와 정부 재정 악화는 이러한 사회적 형평성 논의 위주의 행정운영방향에 대해 새로운 정부 운영 패러다임에 대한 요구로 이어지게 만들었다. 특히 세수 감소와 복지지출의 증가로 인해 연방정부뿐 아니라 주정부 차원에서도 재정적 압박이 심화되었고, 이에 따라 행정 효율성과 성과 중심의 운영에 대한 요구가 급격히 증가하였다.

이러한 상황에서 1990년대에 접어들며 등장한 신공공관리(New Public Management, NPM) 패러다임은 정부를 시장 논리에 더 가깝게 위치시키고, 공공부문에 성과, 경쟁, 고객 중심성이라는 경영학적 원리를 도입하고자 하였다(Osborne & Gaebler, 1992). 이 패러다임에 따르면, 정부는 더 이상 모든 서비스를 독점적으로 제공하는 절대적 주체가 아니라, 기업과 같이 성과를 창출하는 공급자로 자리매김해야 하며, 시민은 '국민'이나 '참여자'가 아닌 '고객'으로서 자신의 권리를 요구하는 소비자적 존재로 인식이 전환되었다.

미국에서는 이러한 변화가 클린턴 행정부하에서 제도적으로 도입되었는데, 대표적인 예가 국가성과검토(National Performance Review)의 도입이다. 또한, 1993년 제정된 행정명령 제12862호는 모든 연방기관이 고객서비스 기준(customer service standards)을 설정하고, 이를 통해 서비스 제공의 질을 정량적으로 관리하도록 하였다. 이는 공공기관의 비효율성과 관료주의, 불친절에 대한 국민의 불만을 줄이고, 민간기업 수준의 고객 만족을 추구하고자 한 시도로 평가된다.

이와 같은 중앙정부의 경영주의적 접근은 이후 지방정부로 확산되었고, 지방정부들 또한 성과관리 시스템, 성과 계약제, 고객 만족도 조사 등의 도구를 도입하면서 정부 운영 전반에 기업 운영의 원리를 점진적으로 내재화하였다(Thomas, 2013). 이러한 행정 패러다임 전환의 구조적 배경을 좀 더 구체적으로 살펴보면 1930년대 대공황 이후 확장된 '큰 정부(Big Government)'의 역할 확대와 연계되어 있다. 1970년대 이후 미국의 스태그플레이션과 글로벌 경기침체는 정부 재정의 지속가능성에 심각한 문제를 야기하였고, 이에 따라 1980년대 레이건 행정부는 '작은 정부(Small Government)'를 표방하며 민간 위탁, 규제 완화, 예산 삭감 등의 전략을 추진하였다(Kettl, 2000). 이는 효율성과 경쟁 원리를 중시하는 민간 기업의 운영 방식을 공공부문에 이식함으로써 정부의 생산성과 책임성을 강화하려는 시도였다.

결국, 시장원리에 따라 움직이는 기업의 운영 방식이 가장 효율적이라는 신념은 정부 운영의 패러다임을 근본적으로 전환시켰고, 그 결과 시민은 '참여하는 주체'에서 '요구하고 평가하는 고객'으로 변화하게 되었다. 이러한 변화는 이후 신공공서비스(New Public Service) 또는 신공공거버넌스(New Public Governance)의 패러다임에서 비판적 성찰의 대상이 되었으며, 고객 중심성의 한계와 함께 시민성과 공공성의 회복에 대한 새로운 논의로 이어지게 되었다.

2. 고객(Customer) 형태의 시민참여 등장

신공공관리(New Public Management, NPM) 패러다임에서는 시민의 역할이 기업의 고객(customer)과 유사한 존재로 간주되었으며, 이에 따라 정부는 '고객 중심 정부(customer-driven government)'를 지향하게 되었다. 이는 시민-정부 관계를 고객-기업 관계와 동일시하는 시각에 기반한 것으로, 시민은 서비스 제공 과정에서 일방적인 수혜자로 설정되고, 정부는 이들에게 보다 친절하고 효율적인 서비스를 제공할 책임을 부여받는 구조이다.

이전의 행정 체계에서는 시민이 공공서비스를 이용할 때, 비효율성과 불친절함을 감수할 수밖에 없었다. 관료와 공무원은 종종 무능과 권위주의의 상징으로 여겨졌고, 시민은 불만을 제기하거나 개선을 요구할 수 있는 경로 자체가 부족하였다. 대표적인 예로 들 수 있는 것이 미국의 차량관리국(DMV)으로, 시민들에게 이들은 오랜 대기 시간, 불친절한 태도 등으로 악명이 높았으며, 영화나 만화에서도 DMV는 관료적 비효율성을 풍자하는 대표적인 소재로 등장하곤 했다.

이러한 문제의식 속에서 도입된 고객 중심 정부는 시민을 개인주의적이고 자기이익을 추구하는 소비자적 존재로 간주하며, 그에 부합하는 참여 방식 또한 '요청'과 '불만 제기' 중심으로 전환되었다. 예컨대, 주민이 커뮤니티 내 쓰레기 미수거 문제를 신고하거나, 포트홀(pot-hole)과 같은 도로 문제를 알리거나, 연금지급 지연에 대해 고령자가 민원을 제기하는 방식이 대표적 형태의 참여라고 할 수 있다. 또한, 지역 여가 프로그램과 관련된 정보 요청과 같은 서비스 수요도 고객으로서의 시민 참여의 일환으로 인식되었다.

이러한 방식은 시민이 정부로부터 공공서비스를 구매한 고객처럼, 서비스의 질과 내용에 대해 다양한 요구와 불만을 표현할 수 있는 권리를 가진 존재로 전환되었음을 보여준다. 즉, 민원 제기, 정보 요청, 평가 등의 방식으로 시민은 서비스 개선의 촉진자가 되며, 정부는 이를 수용하여 보다 능동적이고 반응적인 조직으로 변모하게 된다.

미국에서는 이와 관련된 대표적인 제도로 볼 수 있는 것 중 311 시스템이 있다. 이는 응급 상황은 아니지만, 주민들이 포트홀, 쓰러진 나무, 불법투기 가구 등 지역사회 내 다양한 문제를 자발적으로 신고하면 지방정부가 이를 신속히 해결하도록 지원하는 플랫폼이다. 시민은 온라인 플랫폼, 앱, 또는 전화를 통해 신고할 수 있으며, 이는 비긴급 민원 처리를 통한 서비스 개선과 시민 만족 제고라는 측면에서 매우 상징적인 제도이다(Lee, Kim & Lee, 2024).

한국에서도 유사한 제도가 운영되고 있다. '국민신문고'는 중앙행정기관, 지방자치단체, 공공기관 등 모든 행정기관에 대한 민원, 제안, 청원 접수 창구로 기능하며, 시민은 온라인을 통해 언제든지 의견을 제출할 수 있다. 또한, '정부24' 플랫폼은 민원 신청, 행정정보 열람, 각종 증명서 발급을 온라인으로 처리할 수 있게 하여, 시민이 시간과 장소에 구애받지 않고 행정서비스를 이용할 수 있는 고객 중심적 환경을 제공하고 있다.

더 나아가, 시민이 단순히 서비스의 수혜자가 아닌 정부 서비스의 품질을 평가하는 '고객'으로서의 역할도 강조되었다. 이는 기업이 고객 만족을 최우선으로 삼는 것처럼, 정부도 시민 만족도를 정부 성과의 핵심 지표로 삼고자 한 것이다. 대표적인 사례가 기획재정부가 주관하는 공공기관 고객만족도 조사(KCSI)이다. 이 조사는 민간 조사업체를 통해 시민을 대상으로 실시되며, 민원처리 태도, 서비스 품질, 정보 접근성, 전반적 만족도 등 다양한 항목을 측정한다. 이와 같은 평가는 각 기관의 성과관리와 연계되며, 공공서비스 품질 개선의 중요한 기준으로 작용한다.

결과적으로 신공공관리하에서 시민은 더 이상 수동적 대상이 아니라, 서비스의 소비자이자 평가자, 고객으로서의 권리를 보장받는 존재로 자리 잡게 되었고, 이는 정부 운영 방식에 근본적인 전환을 가져왔다.

3. 핵심가치

이 시기 신공공관리(NPM) 패러다임에서 가장 강조된 핵심 가치는 개인의 효용을 극대화하려는 자기이익(self-interest)의 추구였다. 시민은 공동체적 가치나 민주적 이상을 실현하는 주체라기보다는, 자신의 필요와 편익을 중심으로 특정 서비스나 혜택을 요구하는 소비자적 존재로 간주되었다. 이러한 관점에서 시민은 행정 서비스를 일방적으로 수혜받는 대상이 아니라, 그에 대한 '정당한 권리'를 가진 고객으로 자리매김하게 된다. 즉, 시민은 자신이 기대한 바에 미치지 못하는 서비스에 대해 불만을 제기하거나 정보에 대한 궁금증을 정부에 요구할 수 있는 권한을 가진 존재로 전환된 것이다.

이러한 인식 변화는 행정조직의 운영 방식에도 영향을 미쳤다. 시민들은 단지 세금 납부자일 뿐만 아니라, 각종 행정서비스 이용 시 수수료, 발급비용, 사용료 등을 지불하는 존재이며, 공공기관은 이러한 금전적 거래를 통해 서비스를 제공하는 점에서 민간 기업과 유사한 성격을 갖는다고 보았다. 다시 말해, 공공기관은 더 이상 공익을 실현하는 도덕적 기구라기보다는, 수요자에게 특정한 대가를 받고 서비스 품질을 보장해야 하는 성과지향적 조직으로 인식되기 시작한 것이다.

결과적으로 이 시기의 시민 참여는 공동체 발전이나 민주주의 강화와 같은 집단적·공공적 가치의 실현보다는, 개인 효용의 증대라는 사적 가치의 실현을 목적으로 한 참여에 가까웠다. 시민은 보다 나은 행정서비스를 받을 자격이 있는 고객으로서의 정체성을 기반으로, 행정서비스의 수혜뿐 아니라 불만 제기, 요청, 평가 등 적극적 피드백 행위를 수행하게 되었고, 이는 행정의 운영 방식 전반에 있어 성과 중심적 접근을 더욱 공고히 하는 기반이 되었다.

Ⅲ. 공동 생산과 참여적 거버넌스

1. 배경

1980년대 이후 등장한 신공공관리(New Public Management, NPM)는 성과 중심 행정과 고객 중심 서비스 제공을 강조하며, 정부가 시민에게 보다 나은 서비스를 제공하고 행정의 효율성과 효과성을 높이도록 하는 데 초점을 맞추었다. 그러나 정부가 공공서비스의 단독 제공자로 기능하는 구조는 점차 한계에 직면하게 되었으며, 이러한 구조적 제약은 지속적으로 비판의 대상이 되었다(Thomas, 2013).

특히 경제와 사회 구조가 점차 복잡해짐에 따라 시민들이 정부에 요청하는 문제 해결의 범위는 확대되었고, 이해관계 또한 다양하게 얽히게 되었다. 정부는 한정된 재정과 인적 자원으로 이러한 복합적·다층적 수요에 대응하는 데 점점 더 어려움을 겪게 되었으며, 그에 따른 행정비용의 지속적 증가는 재정적으로 압박을 받고 있는 정부의 부담을 가중시켰다(Osborne, 2006).

이러한 상황에서 미국과 영국을 비롯한 서구 국가들이 직면한 주요 행정 과제는 흔히 '복잡하고 해결이 어려운 문제(wicked problems)'로 지칭되며, 이는 명확한 정의가 어렵고 단일 해법이 존재하지 않으며, 이해관계자 간 가치 충돌이 심화된 사안으로 간주된다(Rittel & Webber, 1973). 대표적인 예가 주거정책이다. 주거 문제는 경제개발, 부동산 시장, 지역 공동체 등 다수의 요소들이 복합적으로 얽혀 있는 정책 영역으로, 예컨대 도시재생 사업은 지역 활성화에 기여할 수 있지만 동시에 기존 저소득층 주민의 주거비 상승과 이주(젠트리피케이션)를 유발할 수 있다. 또한, 인구가 도시에 집중됨에 따라 주택 수요와 공급의 불균형이 발생하고, 부동산이 투기의 대상이 되면서 정부는 규제 강화 시 공급 위축, 규제 완화 시 투기 조장이라는 정책적 딜레마에 직면하게 된다(Rittel & Webber, 1973).

이러한 문제는 한국에서도 동일하게 나타나며, 신공공관리 중심의 정부 운영 방식에 대한 회의가 제기되는 배경이 되었다. 행정서비스의 효율성과 경쟁을 강조하던 기존 방식으로는 이러한 복합적 사회문제에 효과적으로 대응하기 어렵다는 인식이 확산되었고, 이에 따라 대안적 행정운영 방식에 대한 관심과 요구가 지속적으로 제기되었다.

결국, 정부가 사회문제를 독자적으로 해결할 수 있다는 기존의 통념은 비판을 받게 되었으며, 민간부문, 비영리조직, 시민 등 다양한 행위자들과 협력적 네트워크를 형성하여 함께 공공서비스를 생산하고 사회적 목표를 추구해야 한다는 거버넌스(governance) 개념이 본격적으로 주목받기 시작하였다(Bingham, Nabatchi, & O'Leary, 2005). 이는 정부 중심의 일방적 서비스 제공 구조에서 벗어나, 다중 행위자 간 상호 협력과 문제 해결의 분산적 구조를 강조하는 새로운 공공관리 이념의 출현을 의미한다.

2. 파트너(Partner) 형태의 시민참여 등장

거버넌스(governance)에 대한 강조는 정부가 단독으로 공공서비스를 제공하는 주체가 되기보다는, 이에 대해 시민의 적극적인 참여와 역할이 중요하다는 인식을 반영한다. 이러한 관점은 신공공거버넌스(New Public Governance, NPG)라는 정부 운영 패러다임을 통해 설명될 수 있다. NPG는 기존의 고객 중심적 행정 패러다임에서 벗어나, 시민·민간·비영리 부문 등 다양한 행위자 간의 네트워크 협력을 통해 공공서비스를 공동으로 기획, 설계, 실행, 평가하는 구조를 중심으로 한다(Osborne, 2010).

이러한 신공공거버넌스의 핵심은 거버넌스 기반의 공공서비스 운영, 참여와 협력을 통한 공동생산(co-production)이다. 이는 시민 및 다양한 행위자의 참여를 단순히 정부의 서비스 공급 능력을 보완하려는 수단이 아니라, 공공가치 창출(public value creation)이라는 보다 근본적인 목표를 지향하도록 하는 데 의의가 있다. 즉, NPG는 고객 만족(customer satisfaction)보다 사회 전체의 공익(public good)과 가치 실현을 우선시하는 패러다임이다.

공동생산(co-production)은 과거 정부가 독자적으로 제공하던 공공서비스를 시민을 포함한 비정부 행위자들과 함께 공동으로 생산하는 방식을 의미한다. 대표적인 사례로는 지역사회 범죄예방이 있다. 이는 치안 유지라는 공공서비스를 경찰이 단독으로 제공하기보다는 시민과 지역사회 구성원이 함께 협력했을 때 더욱 효과성이 높아진다는 인식에 기반한다. 미국에서 널리 시행된 '이웃감시(Neighborhood Watch)' 프로그램은 주민들이 마을 내 수상한 활동을 감시하고 공유함으로써 경찰과 함께 치안 유지의 공동책임을 발휘한 대표적 예라고 할 수 있다(Whitaker, 1980). 이처럼 정부와 시민은 단순한 공급자-수혜자의 관계를 넘어, 파트너이자 공동생산자(co-producers)로 기능하게 된다.

공동생산의 주요 효과 중 하나는 정부가 시민의 협력을 통해 비용은 줄이면서 공공서비스 제공에 있어서 효과성을 더 높일 수 있다는 것이다. 이는 공공자원의 효율성과 서비스 품질을 동시에 제고할 수 있는 서비스 전달형태로 평가되며, Alford(2009)는 이를 공공서비스 혁신의 대안적 메커니즘으로 제시하였다.

이에 더해, Nabatchi 등(2017)은 공동생산을 다음과 같은 4단계의 공공서비스 단계에 있어 시민이 참여할 수 있는 형태로 구분하여 형태를 이론화하였다. Nabatchi 등(2017)은 공공서비스의 공동생산(co-production)을 단순한 서비스 전달 참여를 넘어서, 공공서비스의 전 과정에 걸쳐 시민이 다양한 방식으로 참여할 수 있는 구조로 단계화하였다. 이들은 공동생산을 네 가지 단계, 즉 공동 위임(co-commissioning), 공동 설계(co-designing), 공동 전달(co-delivery), 공동 평가(co-evaluation)로 구분하여 설명한다.

첫 번째 단계인 공동 위임(Co-commissioning)은 공공서비스의 목표와 우선순위를 결정하는 단계에서 시민이 공무원과 함께 정책 방향과 자원 배분의 우선순위를 설정하는 것을 의미한다. 이 단계는 단순히 의견을 수렴하는 수준이 아니라, 시민이 정책 결정의 초기 단계부터 의사결정 주체로 참여한다는 점에서 의미가 있다. 대표적인 예로는 주민참여예산제가 있으며, 이때 참여한 시민들이 지역 사회의 필요를 바탕으로 예산을 제안하고, 그 우선순위를 함께 결정함으로써 공공서비스 기획의 공동 책임을 진다고 볼 수 있다.

두 번째 단계는 공동 설계(Co-designing)로, 시민이 공공서비스의 구체적인 형태와 방식을 설계하는 과정에 참여하는 것이다. 이 단계에서는 공공서비스의 실제 이용자인 시민의 경험과 관점을 반영하여 정책의 내용과 절차가 조정된다. 예를 들어, 지방정부가 제공하는 노인돌봄 서비스를 시민과 함께 설계하면서, 사용자 중심의 접근성을 높이기 위해 웹사이트 구조나 신청 절차를 시민들의 의견을 수렴하여 반영하는 사례가 이에 해당한다. 이는 공공서비스가 수요자 중심적으로 작동하기 위한 중요한 기제라고 볼 수 있다.

세 번째는 공동 전달(Co-delivery) 단계로, 시민이 서비스의 실제 전달과 운영 과정에서 공무원과 협력하여 역할을 수행하는 것이다. 이는 공동생산의 전통적인 정의에 가장 가까운 형태로 정부가 전담하던 행정서비스를 시민과 분담함으로써 효율성과 대응성을 제고할 수 있다는 데 의의가 있다. 예컨대, 학부모가 교사 및 학교와 함께 방과후 수업을 기획하거나, 지역행사나 돌봄 프로그램에 자원봉사자로 참여하는 형태가 이에 속한다.

마지막 단계인 공동 평가(Co-evaluation)는 공공서비스 제공 이후 그 성과와 결과를 평가하는 과정에 시민이 참여하는 것을 의미한다. 이는 시민이 서비스의 수혜자이자 감시자로서, 평가와 피드백 과정을 통해 정책 개선에 기여할 수 있도록 한다. 예를 들어, 정부 관계자와 함께 치매 환자 가족이나 시민단체가 지역 내 보행환경이나 돌봄시설의 접근성 등을 점검하고, 이에 대한 의견 및 피드백을 제시하는 활동이 대표적인 사례이다.

이러한 네 단계는 공동생산이 단순한 협조가 아니라, 공공서비스의 설계부터 평가까지 정책의 전 주기에 걸친 참여적 거버넌스의 구체적 실현임을 보여준다. Nabatchi 등(2017)의 틀은 행정학에서 시민의 역할을 수동적 수혜자에서 능동적 공동설계자·평가자·운영 파트너로 전환시키는 이론적 기반을 제공한다는 점에서 주목할 만하다.

표 12-1 공동 생산의 종류

단계	정의	예시
공동 위임(Co-commissioning)	공공서비스의 전략, 목표, 우선순위 설정 과정에 시민이 참여	시민과 공무원이 함께 지역 예산의 우선순위를 결정 (예: 주민참여예산제)
공동 설계(Co-designing)	공공서비스의 계획 및 절차 설계에 시민의 경험과 의견 반영	노인돌봄서비스 웹사이트를 정부와 시민이 공동 설계
공동 전달(Co-delivery)	서비스의 실제 전달 과정에서 시민이 정부와 협력하여 역할 수행	학부모가 교사와 함께 수업이나 방과후 활동을 공동 제공
공동 평가(Co-evaluation)	서비스 성과와 질에 대한 평가 및 피드백 과정에 시민 참여	정부 관계자와 치매 환자 가족이 함께 지역 내 보행환경을 점검

3. 핵심가치

Thomas(2013)에 따르면, 시민의 자발적 참여를 이끄는 핵심적인 내면적 동기는 심리적 소유감(psychological ownership)이다. 이는 개인이 특정 대상에 대해 실질적인 소유권을 갖고 있지 않더라도, 해당 대상에 대해 '소유하고 있다'는 감정적 유대와 심리적 연결을 느끼는 상태를 의미한다. 이러한 개념은 Pierce, Kostova와 Dirks(2001)에 의해 체계적으로 이론화되었으며, 법적 또는 물리적 소유와는 구분되는 심리적 개념으로 이해된다.

심리적 소유감은 '영역성(territoriality)'이라는 개념과도 밀접한 관련이 있다. 영역성이란 인간이 특정 공간이나 사물을 자신과 관련된 것으로 인식하고, 그에 대한 권리나 책임감을 느끼며, 이에 따라 유지·보호·개선 등의 이타적 행동을 하려는 경향을 말한다. 이러한 행동은 단순한 자기보호적 행동을 넘어서, 공공공간에 대한 집단적·공동체적 책임의식으로 확장될 수 있다(Pierce and Jussila, 2010).

Pierce와 Jussila(2010)는 이와 같은 심리적 소유감이 사적 영역을 넘어서 공적 공간에도 적용될 수 있으며, 특히 공동체 내 공간에 대해 구성원들이 소유 의식을 공유할 수 있음을 강조하였다. 이는 도시 커뮤니티에서 흔히 나타나는 사례를 통해 확인할 수 있다. 예컨대, Altman(1970)이나 Brown과 Werner(1985)는 특정 지역 주민들이 명절이나 연휴 기간 동안 자신의 집 외부를 장식하는 행위에서 심리적 소유감과 공동체 정체성이 표현된다고 보았다. 이러한 장식 행위는 단순한 미적 표현이 아니라, 커뮤니티와 이웃에 대한 애정을 바탕으로 하는 책임감과 정서적 연대감을 드러내는 행동으로 해석될 수 있다.

또한, 시민이 자신이 거주하는 지역사회에 대해 높은 심리적 연대감을 느낄수록, 해당 지역의 유지·관리, 공공문제 해결, 정책 참여 등에서 더 큰 책임감과 주체성을 발휘할 가능성이 높아진다고 볼 수 있다. 이러한 맥락에서 시민의 공동생산 참여는 단지 기능적 협조를 넘어서, 자신의 공간을 지킨다는 상징적이고 정체성 중심의 행위로 이해될 수 있으며, 이는 거버넌스 기반의 공공서비스 운영에서도 중요한 개념적 기반이 된다.

제 3 절 시민 냉소주의와 그 원인과 완화 전략

Ⅰ. 시민 냉소주의의 의미와 원인

Berman(1997)은 시민의 정부 불신 현상을 설명하기 위해 시민 냉소주의 이론(citizen cynicism theory)을 제시하였다. 이 이론은 시민들이 정부나 공공기관에 대해 신뢰하지 않거나 불신을 갖게 되는 냉소주의(cynicism) 현상을 구조적으로 분석하고자 한 연구이다. 여기서 냉소주의란 시민들이 단순하게 정부에게 가지는 비판의식을 넘어, 정부가 부정직하고, 무능하며, 불공정하게 행동한다는 인식에 기반하여 가지는 태도를 의미한다(Damon, 1995). 이러한 시민 냉소주의는 단지 정부에 대한 불만을 표출하는 데 그치지 않고, 시민의 소외감, 사회적 거리감, 정치적 무기력감 증가로 이어지며, 결국 민주주의 운영에 심각한 부작용을 초래할 수 있다는 점에서 중요하다.

Berman(1997)은 시민 냉소주의를 두 가지 유형으로 구분한다. 첫째, 강한 냉소주의(strong cynicism)는 정부가 시민을 의도적으로 기만하거나 해를 끼친다고 믿는 태도로, 시민은 정부의 정당성과 도덕성을 전면적으로 부정한다. 둘째, 약한 냉소주의(weak cynicism)는 정부가 시민을 해치려는 의도는 없지만, 능력 부족과 구조적 비효율성으로 인해 제대로 작동하지 못한다는 인식에서 비롯되는 냉소주의이다. 두 유형 모두 시민의 정치적 효능감을 저하시켜 정책 참여에 있어서의 회피적 행태와 공공문제에 대한 무관심, 그리고 더 나아가 책임 회피적인 시민성으로 이어질 수 있다는 점에서 위험하다.

이때, 시민 냉소주의의 주요 원인은 세 가지로 요약된다. 첫째, 시민들은 정부가 권력을 공정하지 않게 행사하며, 자신에게 불리한 방식으로 사용하고 있다고 인식하는 것에서 비롯된다는 것이다. 둘째, 정부의 의사결정 과정에서 시민들이 배제되거나 무시당하고 있다는 느낌, 즉 정치적 소외감이 형성으로부터 비롯된다는 것이다. 셋째, 시민들은 정부가 제공하는 서비스가 비효율적이고 자신의 필요를 반영하지 못하고 있다고 경험적으로 느끼는 것을 통해서도 냉소주의가 발생할 수 있다. 이 세 가지 인식이 동시에 작동할 경우, 시민은 정부에 대해 회의적이고 냉소적인 태도를 갖게 되며, 이는 정부와의 심리적 거리 확대와 정치적 무관심으로 연결된다.

Berman(1997)은 이러한 냉소주의의 확산이 민주주의적 운영에 매우 부정적인 영향을 미칠 수 있다고 경고하며, 이에 대한 실증연구를 통해 지역사회의 조건과 시민 냉소주의 간의 관계를 분석하였다. 연구 결과에 따르면, 언론과 의회의 부정적 담론, 높은 빈곤률과 범죄율은 시민들의 냉소주의를 강화하는 요인으로 작용하였다. 반면에, 시민의 지역사회에 대한 자부심, 공동체 내 협력 수준, 교육 수준의 향상, 지역 경제의 성장률 증가는 냉소주의를 완화시키는 요인으로 작용한다고 보았다. 즉, 지역 환경과 사회적 조건이 시민의 정부에 대한 태도 형성에 중요한 영향을 미치며, 시민 냉소주의를 감소시키기 위한 정책적 개입 역시 중요할 수 있다는 점을 시사한다.

Ⅱ. 냉소주의 완화 전략

냉소주의(cynicism)는 단순히 시민이 정치에 무관심하거나 무기력하다는 현상을 넘어, 정부와 시민 간의 관계가 단절되거나 약화된 상태를 의미한다. Berman(1997)은 시민의 정부에 대한 냉소주의가 민주주의의 핵심 기반인 신뢰(trust)와 참여(participation)를 약화시킨다고 지적하며, 이를 극복하기 위한 세 가지 전략적 목표를 제시하였다.

첫째, 정부는 권력이 시민에게 해를 끼치거나 무관심하게 행사되는 것이 아니라, 시민을 돕고 지원하는 방향으로 이용되고 있음을 분명하게 보여주어야 한다는 것이다. 많은 시민들은 지방정부가 수행하고 있는 활동 자체에 대한 정보가 부족하거나, 그러한 활동이 자신의 삶에 어떤 영향을 미치는지 잘 인지하지 못한다. 이러한 정보의 결여 및 무지는 결국 정부에 대한 신뢰를 약화시키고, 냉소주의를 심화시키는 요인이 된다고 볼 수 있다. 따라서 정부는 지속적이며 다양하고 일관된 커뮤니케이션 전략을 통해 정책 활동을 적극적으로 홍보하고 설명할 필요가 있다(Garnett, 1992; Wheeler, 1994).

국내에서도 이러한 전략이 적용된 사례가 있다. 예를 들어 서울시는 '내 손안에 서울'이라는 시민 참여형 홍보 플랫폼을 운영하고 있으며, 시민기자가 시정 정보, 행사, 생활 정책 등을 직접 취재하고 콘텐츠를 제작함으로써 시민들에게 적극적으로 정부 활동을 홍보하고 있다. 또한 수원시와 서울시는 카드뉴스 형식의 정책 정보를 페이스북, 인스타그램 등 SNS를 통해 대중에게 전달하며, 시정 활동을 쉽게 접근할 수 있도록 돕고 있다.

둘째, 정부는 시민들이 정책결정 과정에 실질적으로 참여할 수 있는 구조를 마련해야 한다. 전통적으로 운영되던 공청회(public hearing) 방식은 제한적이고 일회성에 그치며, 시민 참여를 형식화하거나 특정 이슈에 국한하는 경우가 많았다. 이에 따라 시민의 적극적 참여를 유도하기 위해서는 시민 설문조사, 정책 패널, 포커스 그룹 등 보다 다양한 참여 채널이 필요하다(Glaser & Bardo, 1994).

예컨대 부산시 북구는 청년 네트워크 구축과 정책 제안 공모전을 운영하여, 지역 청년들이 직접 정책 아이디어를 제출하고 공론화할 수 있도록 지원하고 있다. 서울시의 '민주주의 서울' 플랫폼도 시민이 정책을 온라인으로 제안하고 토론할 수 있는 구조를 제공하며, 일정 수 이상의 공감을 획득한 제안은 관련 부서에서 공식 검토 후 정책으로 반영되도록 절차화되어 있다. 이는 시민 참여를 단순한 의견 개진 수준에서 실질적인 정책 형성과정에 반영시키는 제도화된 메커니즘이라 할 수 있다.

셋째, 정부는 자신의 능력과 성과에 대한 평판을 관리해야 하며, 이를 위해서는 실질적 성과 창출뿐만 아니라 성과에 대한 효과적인 전달 전략도 수반되어야 한다(Stipak, 1977). 성과 자체가 존재하더라도 시민이 그것을 인식하지 못한다면, 행정기관에 대한 신뢰를 회복하기 어렵기 때문이다.

이에 따라 행정안전부는 매년 지방자치단체 합동평가를 실시하고 있으며, 평가지표를 통해 시·도의 행정 성과를 정량적·정성적으로 측정한다. 또한 각 지자체의 우수사례를 선정하여 사례집을 발간하고, 재정 인센티브 및 포상 제도를 병행함으로써 시민에게 가시화된 성과를 제시하고 있다. 최근에는 서울시, 대구광역시, 광주광역시 등도 유튜브 등 디지털 플랫폼을 적극적으로 활용하여 정책 브리핑, 시민설명회, 성과 공유 콘텐츠를 생산·공개하고 있으며, 이는 정부의 투명성과 전문성에 대한 시민의 인식을 높이는 데 기여하고 있다.

이러한 세 가지 전략, ① 정부 활동의 가시화, ② 시민 참여의 제도화, ③ 성과 전달의 체계화, 은 단순한 서비스 개선을 넘어, 정부-시민 간의 신뢰 회복과 민주적 거버넌스의 재구축을 요구한다는 점에서 매우 핵심적인 행정적 과제이다. 시민 냉소주의는 '태도'의 문제가 아니라 '관계'의 문제이며, 정부는 이 관계를 회복하기 위한 적극적 소통과 구조적 개혁을 동시에 수행해야 한다는 점에서 이론적·실천적으로 중요한 함의를 제공한다.

제 4 절 시민의 참여 확대를 위한 행정 전략

Alford(2002)는 시민들이 공공서비스의 공동생산(co-production)에 참여하는 동기를 다섯 가지 유형으로 구분하였다. 각각은 제재(Sanctions), 물질적 보상(Material rewards), 내재적 보상(Intrinsic rewards), 사회적 연대감(Sociality), 표현적 가치(Expressive values)로 구분되며, 이들은 시민의 가치 추구 방향과 과업의 복잡도에 따라 효과성이 달라질 수 있다고 보았다. 참여의 동기를 살펴보는 것은 시민들이 냉소주의를 극복하고 적극적으로 정부서비스 과정에 참여를 유도할 수 있기 때문에 중요하다.

첫 번째 동기 유형인 제재는 참여를 법적 의무로 강제하거나 불이행 시 처벌이 뒤따를 것이라는 위협을 통해 비자발적 참여를 유도하는 방식이다. 이는 일정한 참여율 확보에는 효과가 있을 수 있으나, 강제성으로 인한 시민 반발을 유발할 수 있으며, 장기적 효과에 있어서 한계가 존재한다. 예컨대, 실업자가 정부가 제공하는 직업훈련 프로그램에 참여하지 않을 경우 실업수당이 감액되거나 중단되는 사례가 이에 해당한다. 호주의 고용교육부(DEET)는 고용 프로그램 참여를 거부한 수급자에게 수당 지급 중단이라는 행정적 제재를 적용한 바 있다. 한국의 국민취업지원제도에서도 유사하게, 구직자가 정해진 구직활동 요건을 이행하지 않을 경우 구직촉진수당 지급이 중단된다.

두 번째 동기인 물질적 보상은 시민이 참여 과정에서 들인 시간과 노력에 대한 금전적 보상 또는 실질적 혜택을 제공하는 방식이다. 이러한 접근은 단순하고 반복적인 과업에서 참여율을 높이는 데 효과적일 수 있으나, 복잡하거나 내면적 동기가 중요한 과업에서는 신뢰 저하나 수단적 참여 유인으로 인한 역효과가 발생할 수 있다. 예를 들어, 서울시의 '서울동행' 프로그램에서는 대학생 멘토에게 자원봉사 활동 시간을 기반으로 봉사학점 또는 장학금 혜택을 제공한다. 또한 '서울 리사이클 포인트제'나 '광주시 AI 재활용 회수기'처럼 캔이나 페트병을 자동 수거기에 투입하면 포인트가 적립되고, 이를 지역화폐나 상품권으로 전환할 수 있는 제도는 재활용 참여에 대한 금전적 인센티브의 대표 사례라고 할 수 있다.

세 번째는 내재적 보상으로, 이는 참여 자체에서 자존감의 향상, 자기효능감의 증진, 성취감 등 심리적 만족을 얻는 것을 의미한다. Alford(2022)는 호주의 DEET 직업훈련 프로그램에서 실업자는 단순한 취업 이상의 의미를 부여받으며, 훈련 과정 참여를 통해 자신의 역량을 회복하고 사회적 존엄을 되찾는 경험을 하게 된다고 보았다. 이는 개인의 존재 가치와 성장을 경험하는 자기실현형 참여 동기에 해당한다.

네 번째 동기인 사회적 연대감은 시민이 자신이 속한 공동체와의 유대감, 상호 신뢰, 책임감을 바탕으로 참여하는 경우이다. 이는 시민들이 공동체 소속감을 갖고 있거나 사회적 연결망을 형성한 상태에서 특히 효과적이다. 예컨대, 고층 공공아파트 단지에서 주민들이 단지의 청결과 질서 유지를 위해 자발적으로 협력하는 경우가 이에 해당한다. 이 과정에서 주민들은 자기 집만이 아닌 공동체 전체의 환경을 유지하는 데 책임감을 느끼며, '우리의 공간'이라는 정체성을 강화하게 된다.

다섯 번째는 표현적 가치로, 시민이 공공참여를 통해 자신의 신념, 도덕적 기준, 사회정의에 대한 믿음을 표현하려는 내면적 동기에 해당한다. Alford(2002)는 호주의 국세청(ATO) 사례를 통해 시민들이 세금 신고를 성실히 수행하는 이유 중 하나는 "공정하게 내야 모두가 혜택을 본다"는 정의감과 공공정의에 대한 신념 때문이라고 주장했다. 이 외에도, 환경운동에 참여하여 자발적으로 탄소배출 감축 캠페인에 나서는 시민들은 개인적 보상보다는 '지속가능한 사회'에 대한 생태윤리적 가치를 실현하고자 한다고 보았다. 또한 공익제보자(whistleblower)처럼, 위험을 감수하면서도 정부나 기관의 부패를 폭로하는 행위는 정의, 투명성, 책임성이라는 강한 표현적 가치에 근거한 참여로 해석할 수 있다고 보았다.

Alford(2002)는 이러한 동기 유형이 과업의 복잡성과 참여자가 추구하는 가치 유형에 따라 다르게 작동한다고 보았다. 즉, 과업이 단순할수록 금전적 보상과 같은 외재적 유인이 효과적일 수 있으며, 반대로 과업이 복잡하거나 지속적인 관여가 요구될수록 내재적 보상, 사회적 연대감, 표현적 가치 등 내면적 동기를 자극하는 방식이 더 효과적이라고 설명할 수 있다. 특히 시민의 참여가 공공적 가치를 추구하는 경우, 사회정의, 공정성, 공동체 소속과 같은 사회적·윤리적 동기를 강화하는 전략이 필요함을 강조하였다.

표 12-2 시민참여 동기 유형

동기 유형	핵심 설명	예시
제재 (Sanctions)	• 법적 의무 부과, 제재 위협을 통한 비자발적 참여 유도 • 효과는 제한적이며 반발 가능성 존재	실업자가 직업훈련 불참 시 수당 중단 (호주 DEET, 국민취업지원제도)
물질적 보상 (Material rewards)	• 시간·노력에 대한 금전적 보상 제공 • 단순 과업에 유효하나 복잡한 과업에서는 신뢰 저하 우려	서울 리사이클 포인트제, 청년 멘토에게 학점/혜택 제공('서울동행')
내재적 보상 (Intrinsic rewards)	• 자존감·자기효능감 향상, 성취감 유도 참여 자체의 심리적 보상	DEET 직업훈련 참여자의 자기 회복 경험
사회적 연대감 (Sociality)	• 공동체 소속감, 사회적 유대 기반의 자발적 참여 • '우리 공간'에 대한 책임의식	고층 공공임대아파트에서 주민 공동 청소 및 질서 유지 활동

표현적 가치 (Expressive values)	• 공공정의·사회적 책임 실현 의지 • 신념 기반 참여(정의감, 투명성, 생태 윤리 등)	공정한 납세, 환경운동, 내부고발 등 가치 표현 중심 참여

요약

이 장은 전통적 행정학에서의 시민 개념이 수동적 수혜자에 머물렀던 한계를 비판하고, 현대 공공관리 패러다임의 변화에 따라 시민이 능동적인 공공행정의 공동생산자로 자리 잡아가는 과정을 설명하였다. 민주주의는 시민이 단지 통치 대상이 아닌 주체로 기능해야 하며, 대의민주주의와 직접민주주의의 균형 속에서 시민의 참여는 제도적 정당성과 효과성을 높인다고 볼 수 있다. 이를 공공관리의 관점에서 설명하고자 행정의 변화와 함께 시민의 역할과 참여의 변화를 살펴보았다.

행정 패러다임은 다음과 같이 변화하였다: ① 전통 행정에서는 시민과 정부의 관계를 일방적으로 보고 시민을 서비스의 수혜자이자 정책과정에서 외부자로 간주하였으며, ② 신공공행정(New Public Administration)은 형평성의 관점에서 정책 과정 속 사회적 약자 중심의 시민참여를 통해 시민(Citizen)의 시민성 시민권적 가치의 확대를 강조하였고, ③ 신공공관리(New Public Management)는 공공조직의 성과와 효율을 중시하며 시민을 고객(Customer)으로 재정의하며 시민들의 개인적인 이익의 가치를 중시하고, ④ 신공공거버넌스(New Public Governance)는 정부가 단독으로 시민들에게 서비스를 제공하는 것의 한계를 지적하고 시민을 정부 정책의 공동설계자이자 공동생산자(Partner)로 인식하여 공동체적 책임의식을 강조하였다.

다만, 시민참여의 제도적 확대는 역사적으로 꾸준히 진행되었지만 시민 냉소주의는 계속해서 건강한 시만-정부간 관계의 문제점으로 제기되고 있다. 이와 같은 현상의 배경에는 정부의 신뢰 부족, 배제 경험, 비효율적 서비스에서 비롯되며, 이를 극복하기 위한 전략으로는 정부 활동의 가시화, 시민 참여의 제도화, 행정 성과의 효과적 전달이 제시될 수 있다. 또한, 물질적인 전략뿐 아니라 공동체 연대감을 강조하거나 시민성을 강조하는 방식을 통한 시민 참여 유도 역시 효과적인 방법이 될 수 있다. 이러한 변화는 시민을 통치의 대상이 아닌, 공공문제 해결의 실질적 주체로 재위치시키는 민주행정의 핵심 전환을 의미한다.

사례연구

공공서비스의 공동생산(coproduction)을 위한 디지털 기반의 전략 중 하나로, 정부 크라우드소싱(crowdsourcing) 플랫폼이 활발히 활용되고 있다. 이 중에서도 미국의 여러 지방정부들이 채택한 311 유형의 플랫폼은 시민과 정부 간의 일상적이고 반복적인 비긴급 사안의 문제 해결을 촉진하는 대표적인 사례로 주목된다. 311 시스템은 응급 상황(911)과는 달리, 지역사회 내 생활 불편이나 공공 문제에 대한 신고와 요청을 비대면으로 접수할 수 있도록 고안된 참여형 문제해결 플랫폼이다. 이를 통해 시민은 공공서비스의 수혜자에 머무르지 않고, 서비스 개선과 지역 문제 해결 과정에 능동적으로 참여하는 공동 생산자(co-producer)로 기능하게 된다.

이러한 311 플랫폼의 대표적인 사례 중 하나가 오마하핫라인(Omahahotline)이다. 이 플랫폼은 미국 네브래스카주의 오마하 시가 운영하는 온라인 민원 시스템으로, 주민들과 시정부 간의 협력적 문제 해결(collaborative problem-solving)을 지원하기 위해 설계되었다. 오마하핫라인은 타 지역의 311 시스템과 마찬가지로, 주민들이 긴급하지 않은 사안—예를 들어 도로의 포트홀(pothole), 방치된 쓰레기, 불법 주차 차량, 낙엽 방치 등—을 온라인을 통해 신속하게 신고할 수 있는 통로를 제공한다. 시민은 웹사이트, 모바일 앱, 혹은 전화를 통해 이와 같은 사안을 제기할 수 있으며, 이는 과거의 대면 민원 방식에 비해 접근성과 편의성, 응답의 신속성 측면에서 큰 진전을 이룬 것으로 평가된다.

오마하 핫라인의 개발 과정 또한 311 시스템의 일반적인 발전 경로와 비슷하다고 볼 수 있다. 2019년 1월, 오마하 시는 기존의 전화 기반 핫라인 서비스를 디지털 플랫폼으로 전환하면서 웹사이트와 모바일 애플리케이션을 공식적으로 도입하였다. 이러한 디지털 전환은 시민 접근성 확대, 서비스 자동화, 응답 시간 단축이라는 실질적 행정 효율성을 개선함과 동시에, 시민의 서비스 품질에 대한 만족도를 높이는 데 기여하였다.

플랫폼 사용자는 민원을 등록할 때, 온라인 포털을 통해 문제 유형을 분류하고, 구체적인 문제 상황을 텍스트로 설명하며, 지리정보시스템(GIS) 기반의 지도에서 해당 위치를 지정할 수 있다. 이를 통해 시청 관련 부서는 보다 정확하고 신속하게 현장 중심의 행정 대응을 수행할 수 있다. 나아가, 사용자가 계정을 등록한 경우에는 본인이 등록한 신고에 대해 문제 접수 여부, 처리 현황, 후속 조치 등 다양한 피드백 정보를 이메일로 수신받을 수 있다. 이는 단순한 신고에 그치지 않고, 쌍방향적 행정 커뮤니케이션 채널로 발전하고 있음을 보여준다.

- 이러한 미국의 311 스타일의 정부 크라우드소싱의 참여가 저조하다면 그 이유가 무엇일지 생각해 보시오.

• 이러한 사례에서 오마하핫라인에 대한 참여를 유도라기 위한 전략으로 Alford가 제시한 다섯가지 전략 중 어떤 것이 가장 효과적인지 이유와 함께 설명하시오.

• 한국에서 유사한 사례를 찾아보고 참여를 활성화하기 위한 전략을 제안해 보시오

출처: Lee, Kim, & Lee (2024).

토의질문

1. 개념 구분 문제

• 다음 시민 개념을 '전통행정-신공공행정-신공공관리-신공공거버넌스' 중 어디에 해당하는지 연결하고, 그 이유를 간단히 설명하시오.

- 시민은 행정서비스의 고객이며, 정부는 효율적으로 서비스를 공급해야 한다.
- 시민은 공공가치를 공동으로 창출하는 파트너로 기능한다.
- 시민은 수동적인 정책 수혜자로서 정책 집행의 외부에 위치한다.

2. 사례 분석 문제

• 지역 정부가 민원 앱을 통해 시민 제보를 받아 도로 파손을 즉시 수리하는 '생활불편신고' 시스템을 운영한다고 가정할 때, 이 제도는 시민참여의 어떤 유형(공동생산의 단계)에 해당하는가?

- 기획, 설계, 집행, 평가 중 어디에 해당하며, 이 제도의 장단점을 분석해 보시오.

3. 현대 사회에서 강조되는 공공관리에서 시민의 역할 중 세 가지는 무엇일까?

4. 공동생산이 실패할 수 있는 조건은 무엇이며, 이를 방지하기 위한 제도적 장치는 무엇이 있는가?

5. 현재 지방자치단체에서 시민참여를 확대하기 위한 구체적 방안에는 무엇이 있는가?

참고문헌

강형기. (1997). 「향부론」. 서울: 비봉출판사.

이기우. (2016). 「모든 권력은 국민에게 속한다: 이제는 직접민주주의다」. 서울: 한울아카데미.

이승종. (1993). 「민주정치와 시민참여」. 서울: 도서출판 삼영.

행정안전부. (2017. 10. 25.). 주민의 고독사 문제, 함께 해결해요! [보도자료]. https://www.mois.go.kr/frt/bbs/type010/commonSelectBoardArticle.do?bbsId=BBSMSTR_000000000008&nttId=66591

Advisory Commission on Intergovernmental Relations. (1979). *Citizen Participation in the American Federal System*. Washington, DC: U.S. Government Printing Office.

Alford, J. (2002). Defining the client in the public sector: A social-exchange perspective. Public Administration Review, 62(3): 337-346. https://doi.org/10.1111/0033-3352.00193

Altman, I. (1970). Territorial behavior in humans: An analysis of the concept. In L. A. Pastalan & D. H. Carson (Eds.), *Territoriality and behavior* (pp. 85-128). University of Michigan Press.

Arnstein, S. R. (1969). A Ladder Of Citizen Participation. *Journal of the American Institute of Planners*, 35(4), 216-224. https://doi.org/10.1080/01944366908977225

Berman, E. M. (1997). Dealing with cynical citizens. *Public Administration Review*, 57(2): 105-112. https://doi.org/10.2307/977058

Brown, B. B., & Werner, C. M. (1985). Social cohesiveness, territoriality, and holiday decorations: The influence of cul-de-sacs. *Environment and Behavior*, 17(5): 539-565. https://doi.org/10.1177/0013916585175001

Bryson, J. M., Quick, K. S., Slotterback, C. S., & Crosby, B. C. (2013). Designing public participation processes. *Public Administration Review*, 73(1): 23-34. https://doi.org/10.1111/j.1540-6210.2012.02678.x

Frederickson, H. G. (1971). Toward a new public administration. In F. Marini (Ed.), *Toward a new public administration: The Minnowbrook perspective* (pp. 309-331). Tuscaloosa, AL: University of Alabama Press.

Garnett, J. L. (1992). *Communicating for results in government: A strategic approach for public managers*. San Francisco, CA: Jossey-Bass.

Kettl, D. F. (2002). *The transformation of governance: Public administration for twenty-first century America*. Baltimore, MD: Johns Hopkins University Press.

Lipsky, M. (1968). Protest as a political resource. *American Political Science Review*, 62(4): 1144-1158. https://doi.org/10.2307/1953909

________. (1970). Street-level bureaucracy and the analysis of urban reform. *Urban Affairs Review*, 5(4): 391-409. https://doi.org/10.1177/107808747000500401

Osborne, D., & Gaebler, T. (1992). *Reinventing government: How the entrepreneurial spirit is transforming the public sector*. London: Penguin Publishing Group.

Osborne, S. P. (2006). The new public governance? *Public Management Review*, 8(3): 377-387. https://doi.org/10.1080/14719030600853022

Pareto, V. (1935). *The mind and society: A treatise on general sociology* (A. Livingston, Trans.). New York: Harcourt, Brace. (Original work published 1916)

Pierce, J. L., & Jussila, I. (2010). Collective psychological ownership within the work and organizational context. *Journal of Organizational Behavior*, 31(6): 810-834. https://doi.org/10.1002/job.628

Pierce, J. L., Kostova, T., & Dirks, K. T. (2001). Toward a theory of psychological ownership in organizations. *Academy of Management Review*, 26(2): 298-310. https://doi.org/10.5465/amr.2001.4378028

Rittel, H. W. J., & Webber, M. M. (1973). Dilemmas in a general theory of planning. *Policy Sciences*, 4(2): 155-169. https://doi.org/10.1007/BF01405730

Schattschneider, E. E. (1960). *The semi-sovereign people: A realist's view of democracy in America*. Holt, Rinehart and Winston.

Stipak, B. (1977). Attitudes and belief systems concerning urban services. *Public Opinion Quarterly*, 41(1): 41-55. https://doi.org/10.1086/268366

Schumpeter, J. A. (1942). *Capitalism, socialism and democracy*. New York: Harper & Brothers.

Thomas, J. C. (2013). Citizen, customer, partner: Rethinking the place of the public in public management. *Public Administration Review*, 73(6): 786-796. https://doi.org/10.1111/puar.12109

Walsh, K. (1991). Citizens and consumers: Marketing and public sector management. *Public Money & Management*, 11(2): 9-16. https://doi.org/10.1080/09540969109387515

Wheeler, K. M. (Ed.). (1994). *Effective communication. Municipal Management Series*. Washington, DC: International City Management Association.

Wilson, W. (1887). The study of administration. *Political Science Quarterly*, 2(2): 197-222.

13장 공공관리와 정책네트워크

| 박현희 |

학습목표

1. 정책네트워크 이론의 개념과 전통적 정책모형과의 차이를 이해하고 설명할 수 있다.
2. 정책네트워크의 주요 특징(상호의존성, 자원 교환, 권력 분산 등)을 구체적 사례와 함께 설명할 수 있다.
3. 자원의존이론과 사회자본이론을 정책네트워크 분석의 이론적 기반으로 이해하고 적용할 수 있다.
4. 정책 하위체계와 옹호연합 등 ACF(정책옹호연합모형)의 핵심 개념을 설명하고, 정책변화 분석에 활용할 수 있다.
5. 정책네트워크 유형(공유형, 주도형, 중심-주변형 등)별 특징과 운영방식을 비교하고 실제 사례에 적용할 수 있다.
6. 정책네트워크가 공공관리 환경 변화에 따라 어떤 역할을 수행하는지 이해하고, 공공관리자의 전략적 역할을 설명할 수 있다.

제 1 절 정책네트워크의 개념과 등장 배경

Ⅰ. 정책네트워크의 개념 및 특징

1. 정책네트워크의 개념

정책네트워크(policy network)는 특정한 정책 문제에 대해 다양한 이해관계자들이 정책의 형성, 예산 배분, 집행 방식 등 전반적인 정책과정에 걸쳐 주요 의사결정을 논의하는 정책 공론의 장이다(박현희·홍성걸, 2016; 정성훈·박현희, 2023). 이러한 개념은 정책과정이 정부나 공식기관만의 고유한 영역이 아니라, 여러 사회적 주체들이 공동으로 형성해가는 과정임을 강조한다.

정책네트워크는 정책현상의 복잡성(complexity)을 설명하는 데 유용한 분석틀로 자리 잡아 왔다. 이미 Freeman(1965)의 「The Political Process」 이후, 수많은 학자들은 정책결정과 집행이 단선적인 권한구조에 의해 주도되는 것이 아니라, 여러 이해관계자들이 자신의 이해를 실현하기 위해 상호작용하는 과정임을 주장해 왔다. 다시 말해, 정책은 독립된 행위자에 의해 결정되는 것이 아니라, 정책에 영향을 미치고자 하는 다양한 사회적 행위자(social entities)들의 상호작용과 참여에 의해 구성되는 것이다.

기존의 사회과학이론들이 개인이나 조직과 같은 사회적 행위자의 특성에 초점을 맞춰 그들의 행동을 설명하려 했다면, 정책네트워크 연구는 사회적 행위자의 독립성보다는 이들이 맺고 있는 관계망과 그 관계의 구조적 특성에 주목한다. 이는 사회연결망이론의 영향을 받은 접근으로, 행위자 간의 상호의존성(interdependence)을 사회현상을 이해하는 핵심 변수로 설정한다.

2. 정책네트워크의 특징

정책네트워크의 대표적인 특징으로는 다음 세 가지가 있다.

(1) 상호의존성(Interdependence)

정책네트워크의 가장 큰 특징은 행위자 간 상호의존성이다. 이는 어떤 정책 문제도 이제는 단일 행위자—예컨대 중앙정부, 지방정부, 학교, 병원, 시민단체—만으로 해결할 수 없다는 전제에서 출발한다. 현대의 정책환경은 복잡성과 다원성이 높아, 각 행위자가 자신이 보유한 자원이나 권한만으로는 정책 목표를 달성할 수 없는 구조를 띤다. 따라서 정책은 자율적인 행위자들 간의 협력적 연계를 통해 형성되고 집행되며, 이 과정에서 다른 행위자의 참여와 협력이 필수적이 된다. 상호의존성은 단순히 '협력이 필요하다'는 선언적 의미를 넘어, 정책과정의 기본 전제이자 작동원리로 작용한다. 예컨대 어떤 행위자는 법적 권한은 있지만 실행력을 갖고 있지 않으며, 또 다른 행위자는 현장정보나 지역 네트워크는 풍부하지만 공식적인 자격은 부족할 수 있다. 이런 상황에서 정책이 효과를 내려면, 각기 다른 자원을 가진 행위자들이 상호의존적인 관계망 속에서 자원과 책임을 공유하고 조율해야 한다.

예를 들어, 한 지방자치단체에서 위기 청소년의 비행을 조기에 예방하려는 정책을 추진할 때를 생각해보자. 학교는 학생의 이상 행동이나 결석, 또래 관계 문제를 가장 먼저 인지할 수 있는 접점에 있지만, 학교 혼자서 상담이나 복지 지원까지 감당할 수는 없다. 청소년상담복지센터는 전문상담 인력과 서비스 연계 경험은 풍부하지만, 학생을 일차적으로 접촉하거나 출석 정보를 받을 권한은 없다. 경찰은 경미한 비행에 즉각적으로 개입할 수 있지만, 처벌 중심의 개입만으로는 근본적인 문제를 해결하기 어렵다. 보건소와 정신건강센터는 약물, 자해, 우울 등 복합적인 위험 요인에 개입할 수 있는 의료자원을 보유하지만, 대부분은 사후 개입에 머물기 쉽다. 이처럼 각 기관은 자율적이고 독립적인 주체이지만, 동시에 문제 해결을 위해 서로에 대한 의존성을 갖는 관계에 있다. 청소년 한 명을 안전하게 보호하고 회복시키기 위해서는 각 기관이 자신이 가진 자원을 공유하고, 서로를 보완하면서 개입 시기와 방식을 조율해야 한다. 이 과정에서 하나의 기관이라도 협조하지 않거나 연계가 끊어지면, 전체 네트워크의 효과는 급격히 낮아지게 된다.

(2) 자원 교환(Resource Exchange)

정책네트워크에서 두 번째로 중요한 특징은 행위자 간 자원의 교환이다. 정책과정에 참여하는 다양한 행위자들은 서로 다른 자원을 보유하고 있으며, 이 자원은 정책의 설계, 집행, 평가 전 단계에서 중요하게 작용한다. 하지만 한 행위자가 정책 실행에 필요한 모든 자원을 혼자 보유하는 경우는 거의 없기 때문에, 행위자들은 자신의 자원을 교환하거나 공유하면서 정책결정에 영향력을 행사하고, 원하는 결과를 도출하려 한다.

여기서 자원이란 단순한 금전적 예산이나 인력만을 의미하지 않는다. 정책네트워크에서 자원은 매우 다양한 형태로 존재한다:

- 법적 권한(공식 결정 권한, 규제 권한 등)
- 정보 및 전문성(현장 정보, 문제 진단 능력)
- 조직력 및 동원력(회원 수, 지역 영향력, 여론 형성 능력)
- 정당성 또는 도덕적 명분(시민의 지지, 공공성 이미지)
- 기술력 및 실행 역량(서비스 제공 능력, 실무 역량 등)

행위자들은 이러한 자원을 전략적으로 활용하며, 자신이 가진 자원을 정책과정에 투입하는 대신 상대방이 가진 자원을 얻거나, 자신의 정책적 영향력을 확대하려는 동기를 가진다. 따라서 정책네트워크는 단순한 협력의 장이 아니라, 자원을 매개로 한 협상과 교환의 장이라 할 수 있다.

표 13-1 정책네트워크에서의 자원 교환 사례

행위자	보유 자원	교환 및 상호작용의 예시
학교	학생 관련 정보, 출석 관리, 교내 규율권	상담센터에 학생 정보를 제공하는 대신, 외부 지원을 통한 문제 해결 요청
청소년상담복지센터	전문상담 인력, 서비스 연계 네트워크	학교나 경찰에 위기 개입 요청, 연계 기관 지원을 통해 신뢰 확보
경찰(학교전담경찰관)	경고 및 개입 권한, 비행기록 보유	비행행위 정보를 제공하거나, 경고 처분 대신 상담연계 요청
보건소 및 정신건강센터	정신의료자원, 자해·약물 대응 전문성	복지센터로부터 사전 사례 정보를 받아야 효과적 개입 가능
시청 청소년과(지자체)	정책 설계 권한, 사업예산, 네트워크 운영 조정력	실행기관에게 지원금과 정책기획 기회를 제공하며, 현장 정보 수집

예를 들어, 위의 비행청소년 사례에서 학교는 위기 학생을 상담센터에 연계함으로써 교내 갈등을 해소할 수 있는 실질적 자원을 확보하게 되고, 상담센터는 학교가 제공한 정보 덕분에 개입의 정확성과 적시성을 확보하게 된다. 또한 경찰은 상담센터와 협력함으로써 형사처벌 대신 조기 개입으로 문제를 예방했다는 성과를 확보할 수 있다. 이런 식으로 자원은 각 행위자 간에 상호보완적·전략적으로 교환되며, 네트워크의 작동 원리로 기능한다.

이렇듯 정책네트워크는 상호의존적인 자원 보유자들이 자발적으로 연결되어 서로의 자원을 교환하고 협상하는 공간이다. 각 행위자는 자신의 자원을 전략적으로 투입함으로써 정책과정에 영향력을 행사하고, 공동의 정책성과에 기여한다.

(3) 권력의 비대칭성과 중재

정책네트워크는 공식적인 위계구조를 넘어, 자율적이고 다원적인 행위자들이 상호작용하는 공간이지만, 그렇다고 해서 모든 행위자가 동등한 권한과 영향력을 가진 것은 아니다. 오히려 네트워크 내부에는 다양한 형태의 권력 비대칭(power asymmetry)이 존재한

다. 이러한 권략 비대칭은 다음과 같은 방식으로 나타날 수 있다:

- **법적·제도적 권한의 차이:** 예를 들어, 경찰은 청소년 비행에 개입할 수 있는 공식 권한을 가지고 있지만, 지역아동센터는 그렇지 않다.
- **자원 보유의 불균형:** 어떤 기관은 예산, 인력, 기술 등에서 다른 기관보다 훨씬 더 많은 자원을 보유하고 있다.
- **정보의 비대칭:** 학교는 학생의 생활 정보를 독점하는 반면, 외부기관은 제한된 정보만 접근할 수 있다.
- **공적·도덕적 권위의 차이:** 시민단체나 언론은 제도적 권한은 없지만, 여론 형성과 공적 압력을 통해 실질적인 영향력을 행사할 수 있다.

이러한 비대칭적 관계는 정책 형성과 집행에서 불균형한 영향력을 발생시키며, 이는 갈등이나 책임회피, 정보 독점 등의 문제로 이어질 수 있다. 이러한 상황에서 정책이 정상적으로 작동하기 위해서는 공공관리자의 전략적 중재가 필요하다. 공공관리자는 단순한 실행자나 전달자가 아니라, 네트워크 내부의 비대칭 구조를 조율하고, 협상의 균형을 맞추며, 정책적 신뢰를 회복하는 관계 설계자이자 중재자로서 기능해야 한다.

표 13-2 정책네트워크에서 권력 비대칭과 중재 역할 사례

행위자	보유 권력	비대칭의 예시	행정가의 중재 역할
경찰	법적 권한, 강제력	"학교폭력" 개입 시, 일방적 조치 가능	상담센터와 연계하여 보호적 개입 유도
학교	정보 독점, 현장 권위	위기학생 관련 정보 제공 거부 가능	연계기관과의 정보 공유를 위한 MOU 체결 주도
보건소	의료자원, 전문성	접근성 낮고 협력 시기 놓치기 쉬움	조기개입 위해 기관 간 사전협의체 운영
지역아동센터	관계 자본, 신뢰	제도적 권한 부족으로 정책 영향력 미약	참여 보장 및 보조금 연계로 영향력 확보 유도

예를 들어, 학교는 학생 보호를 명분으로 외부기관과 정보를 공유하지 않으려 하거나, 경찰은 사법적 개입을 우선시하며 복지적 접근을 배제하려 할 수 있다. 이럴 때 지자체 청소년과나 상담복지센터는 기관 간 협약(MOU), 실무 협의체, 공동 사례회의 등을 통해

관계를 재설계하고 균형을 맞추는 중재자 역할을 수행해야 한다.

Ⅱ. 정책네트워크의 등장 배경

1. 공공관리에서의 정책네트워크의 중요성: 정책 환경의 변화

현대 공공기관이 다뤄야 하는 정책 문제는 복잡성(complexity), 불확실성(uncertainty), 경계 초월성(cross-boundary)의 특징을 가진다. 예컨대 기후변화, 감염병 대응, 청년고립, 에너지 전환 등의 문제는 다수의 부문과 수준을 아우르는 협력 없이는 해결이 불가능하다. 정책네트워크이론은 다양한 행위자들 간의 상호작용, 자원 교환, 갈등과 조정의 구조를 분석함으로써, '정책이 실제로 어떻게 작동하는가'를 설명하는 현실적 분석틀을 제공한다. 예를 들어, 보건복지 통합돌봄사업, 미세먼지 감축 정책 - 중앙정부, 지자체, 민간 병원, 시민단체 등이 연결된 네트워크 구조가 성과에 결정적 영향을 미친다고 할 수 있다.

(1) 복잡한 정책환경

오늘날 공공정책이 직면한 문제는 단순하지 않다. 단지 개입 요소가 많다는 차원을 넘어, 다양한 행위자 간 상호작용이 얽히고설켜 있으며, 그 결과 또한 비선형적이고 예측 불가능한 형태로 나타난다. 이러한 상태를 복잡성(complexity)이라 하는데, 복잡성은 공공문제를 '기계처럼 조립'할 수 있는 단순 구조가 아니라, '살아 있는 유기체처럼 작동'하는 존재로 이해하게 만든다.

공공정책에서 복잡성은 다음과 같은 네 가지 특징으로 구체화된다. 첫째, 행위자의 다양성이다. 정책 결정과 집행에 영향을 미치는 이해관계자들이 많고, 그들이 지닌 이해관계와 가치가 상이하다. 둘째, 정책영역 간 중첩이다. 하나의 정책이 교육, 복지, 보건 등 복수의 영역에 걸쳐 있으며, 문제의 원인이 여러 분야에 분산되어 있는 경우가 많다. 셋째, 원인과 결과의 비선형성이다. 어떤 개입이 항상 동일한 결과를 낳지 않으며, 간접적이거나 의도하지 않은 결과가 발생하기도 한다. 넷째, 동적 변화성이다. 정책 환경이 급변하며, 문제의 양상이 개입 도중에도 지속적으로 변화한다.

이러한 복잡성의 조건 아래에서는 전통적인 위계적·기계적 행정모형이 한계를 보일 수밖에 없다. 행정조직이 문제를 지나치게 단순화하거나, 특정 원인만을 고정적으로 진단함으로써 잘못된 개입을 하게 되고, 이해관계자들의 저항과 갈등을 유발하여 정책 실패로 이어지는 경우가 빈번하다. 이러한 한계를 극복하기 위한 대안으로 제시되는 것이 정책네트워크(policy network)이다. 정책네트워크는 복잡한 문제를 단일 기관이나 조직이 독자적으로 해결할 수 없다는 인식에서 출발한다. 대신 다양한 행위자들이 서로 다른 자원과 시각을 가진 채로 연결되어 있으며, 협력과 조정을 통해 공동으로 문제를 해결할 수 있다는 전제에 기반한다.

이를 이해하기 위해 청소년 비행 및 위기 문제를 예로 들어보자. 한 청소년의 자해나 폭력, 무단결석 등의 문제는 단순히 학교에서의 생활지도 실패 때문만이 아니다. 가정 내 갈등, 또래 압력, 정신건강 문제, 사회적 고립 등 다양한 요인이 중첩되어 나타난다. 문제의 원인도 복잡하고, 개입 이후의 반응도 학생마다 다르기 때문에 예측이 어렵다. 이 문제를 단지 학교 혼자만의 책임으로 보거나, 상담센터만의 업무로 분절해서 접근하면 실질적 해결은 요원하다.

정책네트워크는 이처럼 복잡한 문제에 대해 다음과 같은 방식으로 대응할 수 있도록 한다. 첫째, 다양한 관점의 수렴을 통해 문제를 입체적으로 진단할 수 있다. 학교, 정신보건기관, 청소년상담센터, 경찰, NGO 등 다양한 기관이 각자의 전문성과 시각을 가지고 참여함으로써 문제를 다면적으로 이해할 수 있다. 둘째, 자원의 통합과 재조합이 가능하다. 정보, 예산, 현장 인력, 제도적 권한 등 흩어진 자원을 네트워크를 통해 효과적으로 연계하고 통합할 수 있다. 셋째, 동적인 정책 대응이 가능하다. 네트워크 내의 지속적인 상호작용을 통해 문제의 변화 양상에 신속하게 적응하고, 전략을 유연하게 조정할 수 있다. 넷째, 실패나 충돌이 발생했을 때에도 학습과 조정의 메커니즘을 내재하고 있기 때문에, 일회성 개입이 아니라 반복적 개선이 가능한 정책체계로 작동한다.

이처럼 정책네트워크는 복잡한 문제에 대해 '정적으로 설계된 해법'을 일방적으로 투입하는 것이 아니라, '유기적으로 구성된 관계망'을 통해 문제를 지속적으로 관리하고 점진적으로 적응해 나가는 전략적 수단이 된다. 공공관리자가 갖추어야 할 역량도 단순한 집행력이 아닌, 다양한 주체를 연결하고 조정하며, 변화에 유연하게 대응할 수 있는 협력 설계자로서의 능력으로 확장될 수밖에 없다.

(2) 불확실한 정책환경

정책 과정에서 불확실성(uncertainty)이란, 미래의 결과를 정확히 예측할 수 없거나, 심지어 문제의 원인조차 명확하게 규명하기 어려운 상황을 의미한다. 이러한 불확실성은 단일한 성격이 아니라 다양한 층위에서 발생하며, 현대의 공공행정은 이러한 다층적 불확실성에 지속적으로 직면하고 있다.

첫째, 지식의 불확실성은 문제에 대한 과학적 또는 실무적 정보가 부족하거나, 서로 충돌하는 경우를 의미한다. 예를 들어 청소년 자해 문제를 정신질환의 결과로 볼 것인지, 사회적 스트레스의 반응으로 볼 것인지에 따라 개입 전략이 전혀 달라질 수 있다. 둘째, 정치적 불확실성은 이해관계자 간의 입장 차이로 인해 합의가 어려워지거나, 정책 추진에 대한 지지 여부가 예측 불가능한 경우를 말한다. 이는 정책 실행을 둘러싼 긴장과 갈등, 저항 가능성을 높인다. 셋째, 제도적 불확실성은 정책 문제에 대해 누가 책임을 져야 하는지 명확하지 않거나, 관련 제도들이 상충하여 충돌을 빚는 상황을 의미한다. 이는 정책 집행에서 혼선을 초래하고, 각 기관이 책임을 회피하려는 결과로 이어질 수 있다. 마지막으로, 환경의 불확실성은 팬데믹, 경기 침체, 사회 분위기의 급변 등 외부 요인으로 인해 정책 환경이 예측 불가능하게 변화하는 상황을 포함한다. 이는 기존 정책 설계가 무력화되거나 빠른 전환을 요구하는 상황을 초래한다.

이처럼 불확실성이 높은 환경에서는 전통적인 위계적·계획 중심의 행정방식이 매우 취약할 수밖에 없다. 이때 정책네트워크는 단일 기관의 판단이나 고정된 계획에 의존하는 것이 아니라, 다수의 행위자 간 상호작용과 협력을 기반으로 한 유연한 대응 체계를 제공한다. 정책네트워크는 먼저 정보 공유와 해석의 다양화를 가능하게 한다. 다양한 기관과 이해관계자들이 서로 보유한 정보를 공유하고, 각자의 시각에서 문제를 해석함으로써 보다 다면적이고 풍부한 진단이 이루어진다. 또한, 특정한 해결책이 실패했을 경우, 네트워크 내에서 다른 대안을 함께 탐색하고 조율할 수 있는 유연성을 갖춘다. 이와 함께 정책네트워크는 위험 분산과 공동 책임화를 통해, 불확실성이 높아 실패 가능성이 큰 정책 영역에서 단일 기관에 모든 부담이 집중되는 것을 방지한다. 협력 구조는 자원과 책임을 여러 주체가 공유함으로써 정책 리스크를 줄이는 데 기여한다. 마지막으로, 정책네트워크는 실행 과정에서도 지속적인 피드백과 학습을 통해 전략을 조정하는 적응적 학습(adaptive learning)을 가능하게 한다. 이는 예측 불가능한 상황에 대응할 수 있는 가장 실질적인 역량이 되며, 정책의 생존성과 유연성을 높이는 중요한 수단이 된다. 결국 정책네트워크는 불확실성이 일상화된 정책환경 속에서 정보의 개방성, 협력의 유연성, 책임의 공유, 학습의 순환성을 통해 문제 해결의 현실적 틀을 제공한다. 이처럼 정책네트워크는 불확실성을 통제(control)하거나 제거하는 방식이 아니라, 공동관리(managing through collaboration)하는 전략을 가능하게 한다.

예를 들어, 청소년의 자해나 충동적 행동은 학교, 상담기관, 보건소, 보호자 누구도 혼자서 원인을 단정하거나 해결할 수 없는 전형적인 불확실한 문제다. 어떤 경우는 정신질환이 원인일 수 있고, 어떤 경우는 또래 집단의 영향이거나, 가정 내 스트레스, 온라인 중독, 정체성 혼란 등 복합 요인이 작용할 수 있다. 또한, 자해하는 청소년은 부모에게 자신의 문제를 숨기거나 저항할 수 있고, 학생 스스로도 표현하지 않아 문제의 실체 파악이 매우 어렵다. 이러한 불확실성의 상황에서 정책네트워크는 다음과 같은 방식으로 기능한다.

우선, 문제의 원인이 명확하지 않거나 다원적인 경우, 각 기관이 보유한 관점과 정보, 전문성을 바탕으로 공동 사례 회의를 열어 다양한 해석을 시도함으로써 보다 종합적이고 정합성 있는 진단을 내릴 수 있다. 예를 들어, 학교는 생활지도 경험을, 상담센터는 정서적 상태에 대한 판단을, 정신의료기관은 임상적 소견을 제공함으로써 복합적인 분석이 가능해진다. 둘째, 하나의 대응 전략이 실패하거나 효과가 제한적일 경우, 네트워크 내의 다른 기관들과 협업을 통해 보완적인 개입 대안을 조율할 수 있다. 예를 들어 자해 반복 사례가 기존의 학교 기반 상담으로 해결되지 않을 경우, 지역 청소년 돌봄기관이나 정신건강센터와의 연계를 통해 보다 심층적이고 장기적인 개입 방식을 모색할 수 있다. 셋째, 책임 소재가 불분명하여 기관 간 혼선을 초래하는 경우에는 지자체가 조정자 역할을 수행하며, 각 기관의 역할과 책임을 명확히 정리한 공동 매뉴얼이나 협약을 개발해 조율의 기준을 마련할 수 있다. 마지막으로, 각 기관이 보유한 정보가 상이하거나 접근 수준이 다를 경우에는 정보 공유 협약(MOU)이나 보호자의 사전 동의 시스템 등을 통해 정보의 정합성과 접근성을 높이고, 정책의 일관성과 효과성을 확보할 수 있다.

(3) 경계초월적 정책환경

오늘날의 공공문제는 단일 행정기관의 권한과 역량만으로는 해결할 수 없는 성격을 점점 더 강하게 띠고 있다. 사회문제는 점차 복잡해지고 상호 연결되며, 특정 정책 영역이나 행정구역에만 국한되지 않고 다양한 제도적, 조직적, 지리적 경계를 넘나들면서 작동한다. 이러한 현상을 우리는 경계 초월성(trans-boundary nature)이라 부르며, 이는 현대의 행정환경에서 정책네트워크가 왜 필수적인 전략 도구로 떠오르게 되었는지를 잘 보여주는 개념이다. 복잡하고 교차적인 문제구조 속에서 전통적인 위계적 행정 방식은 점점 더 한계에 직면하고 있으며, 이를 보완하기 위한 협력 기반의 네트워크 방식이 강조되고 있다.

첫째, 오늘날 많은 정책문제는 기관 간 경계를 넘어 교차적으로 발생하고 영향을 미친다. 예를 들어 청소년 비행 문제를 살펴보면, 이는 단순히 교육기관만의 문제로 보기 어렵다. 학교는 교육청 소속이고, 청소년상담복지센터는 지방자치단체의 사회복지 부서 소관이며, 경찰서는 행정안전부 산하에 있고, 보건소는 보건복지부 관할이다. 이렇게 서로 다른 중앙부처와 지자체 소속 기관들이 각각의 규정과 업무 절차를 가지고 운영되기 때문에, 전통적인 수직적 명령체계나 부처 간 협조 방식만으로는 문제에 효과적으로 대응하기가 매우 어렵다. 반면, 정책네트워크는 이러한 기관들 간에 수평적 협력 구조를 형성하고, 공동의 목표를 설정하며, 역할을 자율적으로 분담할 수 있는 장을 제공함으로써 복잡한 정책문제에 보다 유연하고 통합적으로 접근할 수 있도록 한다.

둘째, 공공문제는 더 이상 단일한 정책영역 내에서 다룰 수 없는, 다중 정책영역(multi-sectoral policy)의 통합적 해결을 요구한다. 청소년 비행 문제만 보더라도 이는 단순한 교육 문제를 넘어 복지, 보건, 심리, 사법 등 여러 분야가 얽혀 있는 복합적 이슈다. 학업 중단, 가정해체, 정신건강 문제, 비행과 범죄, 그리고 사법처리 등은 개별적으로 분리되어 대응할 수 없으며, 통합적인 정책 설계가 필요한 상황이다. 그러나 전통적인 부처 중심의 행정 시스템은 이러한 다분야 협업에 구조적으로 취약하다. 이처럼 다양한 정책영역 간의 연결과 통합이 요구되는 현실에서, 서로 다른 전문성과 자원을 가진 주체들이 함께 협업할 수 있도록 설계된 정책네트워크의 중요성은 더욱 부각되고 있다.

셋째, 공공과 민간의 경계 역시 점점 더 모호해지고 있는 상황이다. 지역아동센터, 청소년 쉼터, 비영리 시민단체, 종교기관, 지역 활동가 등은 법적 권한은 없지만 실제 현장에서 청소년과 긴밀하게 관계를 맺고 개입하는 주체들이다. 이들은 현장의 실태를 누구보다 잘 알고 있고, 제도권 밖의 신속하고 유연한 대응이 가능하다는 점에서 실질적인 영향력을 행사하는 중요한 행위자들이다. 그러나 이들을 정책의 주변부로만 간주하고 배제하거나 협력 없이 정책을 추진할 경우, 정책의 실효성과 지속가능성은 현저히 낮아질 수밖에 없다. 따라서 오늘날의 공공관리자는 민간 행위자들을 단순한 협조 대상이 아닌 동등한 정책 파트너로 인식하고, 그들과의 협력 기반을 제도화하는 네트워크 구조를 설계해야 한다.

넷째, 우리는 이제 지리적 경계의 초월성도 간과할 수 없는 상황에 놓여 있다. 예컨대 가출 청소년 문제는 발생 지역에만 국한되는 것이 아니라, 청소년의 이동성으로 인해 인접 지역이나 타 시·도까지 문제의 영향이 확산된다. 한 지역에서의 정책 공백이나 미흡한 대응이 다른 지역에도 악영향을 줄 수 있으며, 이로 인해 지자체 간의 공동 대응 체계와 정보 공유 시스템의 구축이 점점 더 중요해지고 있다. 단순히 한 행정구역 내에서 문제를 해결하려 하기보다는, 광역 단위 또는 권역 단위의 연계 구조를 통해 문제를 바라보고 대응하려는 전략이 요구된다. 이러한 연계와 조정의 메커니즘을 제공하는 가장 적합한 틀이 바로 정책네트워크이다.

결국 정책네트워크는 이처럼 다양한 제도적·행정적·사회적 경계를 넘나드는 현대 정책환경에 효과적으로 대응하기 위한 조직적 해법이자, 협력 거버넌스의 핵심 기반으로 자리잡고 있다. 단일 기관의 역량이나 고립된 행정조직 내부의 자원만으로는 해결할 수 없는 복잡한 문제를 마주한 오늘날, 정책네트워크는 경계를 넘는 협력, 자원의 공유, 역할의 조정, 그리고 책임의 분산을 통해 공공문제에 접근하는 새로운 전략적 틀로 기능하고 있다. 미래의 공공관리는 바로 이러한 네트워크 기반의 조정과 협업을 통해 구현될 수밖에 없으며, 그 중요성은 앞으로도 더욱 커질 것이다.

2. 전통적 정책모형과 정책네트워크모형에서의 정책운영

정책의 형성과 집행 방식은 시대에 따라 진화해 왔다. 특히 현대 사회의 정책환경이 복잡해지고 불확실성이 증가하면서, 과거의 전통적 정책모형만으로는 문제를 해결하기에 한계가 있다는 인식이 확산되었다. 이에 따라 등장한 정책네트워크 모형(policy network model)은 다양한 행위자 간 협력과 조정을 전제로 하는 새로운 정책운영 방식으로 주목받고 있다. 아래는 전통적 정책모형과 정책네트워크 모형에서의 정책운영 방식의 주요 차이를 항목별로 비교한 내용이다.

표 13-3 전통적 정책모형과 정책네트워크 모형에서의 정책운영 방식

구분	전통적 정책모형	정책네트워크 모형
정책방식	위계적 명령과 통제	수평적 협력과 조정
주체	정부 중심	다수 행위자(공공-민간)
상호작용 방식	일방향적	상호의존적
책임소재	분명함	불분명할 수 있음

(1) 정책방식

전통적 정책모형은 정부가 중심이 되어 위에서 아래로 지시와 통제를 통해 정책을 집행하는 위계적(hierarchical) 방식에 강하게 의존한다. 이 모형은 정책 결정과 집행을 분리하여, 상위 기관이 기획하고 하위 기관은 이를 충실히 이행하는 것이 효율적이라고 간주한다. 따라서 명확한 지시 체계, 계층적 명령 구조, 표준화된 절차와 규칙이 핵심 요소로 작용하며, 조직 간 역할 구분과 책임의 일관성이 강조된다. 이러한 접근은 일정한 조건 하에서는 통제와 예측이 용이하다는 장점이 있으나, 복잡하고 역동적인 환경에서는 경직성과 정보 단절이라는 문제를 야기할 수 있다.

반면, 정책네트워크 모형은 다양한 주체들이 수평적 관계 속에서 상호 협력과 조정을 통해 정책을 공동으로 설계하고 추진하는 방식에 초점을 맞춘다. 이 모형에서는 중앙정부뿐 아니라 지방정부, 시민사회, 민간기업, 전문가 등 다양한 행위자들이 참여하며, 각자가 가진 자원과 전문성을 바탕으로 네트워크 내에서 중요한 역할을 수행한다. 정책은 고정된 계획이 아니라 참여자 간의 상호작용 속에서 점진적으로 형성되고, 변화에 유연하게 적응할 수 있는 것으로 본다. 이 과정에서는 명확한 명령보다는 신뢰 형성, 의사소통 능력, 조정력, 자율성이 핵심적 역량으로 작용하며, 정책의 실효성과 수용성을 높이는 데 기여한다.

결국 두 모형은 정책 형성 및 집행의 구조와 운영 방식에서 근본적인 차이를 보이며, 현대의 공공문제 해결에는 점점 더 정책네트워크 모형의 가치와 접근방식이 요구되고 있다. 이는 단순한 운영 방식의 전환이 아니라, 공공관리 철학 자체의 변화를 의미한다.

(2) 정책 주체

전통적 정책모형에서는 정부, 특히 중앙정부가 정책 형성과 집행의 독점적 주체로 간주된다. 이 모델은 정책 문제의 정의부터 해결 방안의 결정, 실행에 이르기까지 모든 주요 과정에서 정부가 중심적인 역할을 수행한다고 전제한다. 특히 전문가 중심의 계획 수립과 법적·제도적 권위가 강하게 작동하며, 정책은 과학적이고 합리적인 절차에 따라 수립되어야 한다고 본다. 이 과정에서 시민사회나 민간 부문은 단지 정부가 만든 정책의 수혜자 혹은 대상자에 불과하며, 참여보다는 수동적인 순응이 기대된다. 따라서 권한과 책임은 위쪽에 집중되고, 정책 형성과정의 폐쇄성이 구조적으로 내재되어 있다.

그러나 정책네트워크 모형에서는 정책과정에 참여하는 주체가 훨씬 더 다양하고 다원화되어 있으며, 그들의 역할 또한 근본적으로 다르게 인식된다. 중앙정부뿐 아니라 지방정부, 공공기관, 민간기업, 시민단체, 전문가 집단, 지역 커뮤니티 등 다양한 행위자들이 네트워크의 구성원으로 참여하며, 이들은 단순한 협조자나 집행 대상이 아니라 능동적이고 동등한 정책 파트너로 간주된다. 각 주체는 고유한 자원과 전문성을 바탕으로 정책 과정에 영향을 미치며, 상호 협력과 조정을 통해 공동의 목표를 설정하고 문제 해결에 기여한다. 이와 같은 구조는 보다 개방적이고 유연한 정책 형성 환경을 가능하게 하며, 정책의 정당성과 실행력을 높이는 데 긍정적인 영향을 미친다.

(3) 상호작용 방식

전통적 정책모형은 기본적으로 일방향적(top-down) 상호작용에 기반을 두고 있다. 정부, 특히 중앙정부가 정책을 결정하면, 이에 따라 하위 기관과 현장 조직들은 정해진 계획과 지침을 충실히 이행하는 것이 기본적인 구조로 작동한다. 이 과정에서 하향식 명령체계는 효율성과 일관성을 강조하며, 상급 기관의 권위에 대한 복종과 집행 충실도가 중요한 평가 기준이 된다. 이러한 방식은 단순하고 반복적인 업무에 대해서는 일정 수준의 효과를 보장할 수 있지만, 복잡성과 변화가 큰 현대 사회의 정책환경에서는 대응 유연성의 부족, 현장과의 괴리, 정보 역류의 단절 등 여러 한계를 드러내고 있다.

반면, 정책네트워크 모형은 다양한 행위자들이 서로 자원을 교환하고 조정하는 상호의존적(interdependent) 관계를 전제로 한다. 여기서 상호작용은 수직적 지시가 아니라 수평적 협력과 상호 조율을 중심으로 전개된다. 각 참여자는 정책 문제 해결에 필요한 일부 자원—정보, 전문성, 현장 접촉력, 정치적 영향력 등—을 보유하고 있으나, 그 누구도 이를 단독으로 독점할 수는 없기 때문에 협력 없이는 정책 추진 자체가 불가능하다. 이런 조건 하에서 네트워크는 단순한 협조 체계를 넘어서, 전략적 자원 연계와 신뢰 기반의 관계 형성을 요구한다. 즉, 정책 성공을 위해서는 자율성과 상호 책임에 기초한 긴밀한 상호작용이 핵심이 되며, 이로 인해 네트워크 내의 의사소통, 중재, 조정 능력이 더욱 중요해진다.

(4) 책임 소재

전통적 정책모형에서는 정책 실패나 성과에 대한 책임 소재가 비교적 명확하게 규정된다. 이는 위계적 구조 속에서 정책의 결정권과 집행 권한이 계층적으로 배분되어 있기 때문이다. 예를 들어 중앙정부가 정책을 기획하고 결정하면, 하위 기관은 이를 충실히 집행하며, 각각의 단계마다 권한과 책임이 명확히 연결되어 있다. 이 구조에서는 누가 어떤 결정을 내렸고, 그 결정이 어떤 결과로 이어졌는지에 대한 추적이 용이하며, 정책 오류나 실패가 발생했을 때 책임 귀속이 상대적으로 분명하다. 따라서 평가와 피드백, 제도적 개선이 체계적으로 작동할 수 있는 장점이 있다.

반면, 정책네트워크 모형에서는 다수의 행위자가 정책 형성과 집행에 공동으로 참여하는 구조이기 때문에, 책임의 소재가 불분명해지거나 분산될 가능성이 크다. 다양한 기관, 민간 조직, 전문가, 시민사회가 함께 논의하고 의사결정을 내리는 만큼, 정책 결과에 대한 공통의 책임이 형성되지만, 동시에 누가 어느 부분을 주도했는지, 실패의 원인이 어디에 있는지를 명확히 밝히는 데 어려움이 따른다. 이는 잘못된 정책 결과가 나타났을 때 책임 회피나 상호 비난, 조정 실패로 인한 갈등으로 이어질 수 있으며, 정치적 부담 회피를 위한 소극적 태도 또한 나타날 수 있다.

그러나 이러한 구조는 반드시 부정적인 결과만을 의미하지는 않는다. 오히려 공동 책임과 리스크 분산이라는 측면에서 보면 중요한 장점으로 작용할 수 있다. 단일 기관이 모든 부담을 떠안지 않고, 여러 행위자가 함께 위험을 나눌 수 있기 때문에 정책 실패의 파급을 줄이고, 위기 상황에서의 복원력(resilience)을 높일 수 있는 구조가 마련된다. 특히 불확실성과 복잡성이 높은 정책 환경에서는 책임의 집중보다는 협력적 조정과 공동 대응이 더 바람직한 전략이 될 수 있으며, 이를 통해 신뢰 기반의 관계 형성과 지속적인 학습,

협력의 가능성도 함께 커질 수 있다. 따라서 정책네트워크에서의 책임 문제는 단점과 장점을 동시에 지니며, 이를 어떻게 설계하고 관리하느냐가 성패의 중요한 요인이 된다.

제 2 절 정책네트워크의 이론적 배경과 주요 유형

Ⅰ. 정책네트워크의 이론적 배경

1. 자원의존이론(Resource dependence theory)

정책네트워크를 이해하는 데 있어 중요한 이론적 배경 중 하나는 바로 자원의존이론(Resource Dependence Theory)이다. 이 이론은 Pfeffer와 Salancik(1978)에 의해 처음 제시되었으며, 이후 다양한 정책네트워크 연구들(Park & Rethemeyer, 2014; Provan & Milward, 1995; Rethemeyer, 2007 등)의 기반이 되었다. 자원의존이론의 핵심은 정책 행위자들이 필요한 자원을 서로 갖고 있지 않기 때문에, 자원을 얻기 위해 상호 협력하거나 교환을 시도하게 된다는 데 있다. 정책 현장에서는 다양한 주체들이 활동한다. 예를 들어, 정부기관, 시민단체, 민간 기업, 지역 커뮤니티 등은 각기 다른 자원—예산, 정보, 전문성, 제도적 권위, 정치적 영향력 등—을 보유하고 있다. 그러나 어느 한 조직이 모든 자원을 독점하는 경우는 거의 없으며, 결국 정책을 효과적으로 설계하고 실행하려면 서로 협력하고 자원을 나누는 구조가 필요하다. 이러한 상호의존성(mutual dependence)이 바로 정책네트워크가 형성되는 가장 근본적인 이유다.

자원의존이론에 따르면, 자원을 가진 행위자는 그 자원을 leverage(지렛대)로 삼아 다른 행위자에게 영향을 미치려 하고, 자원이 부족한 행위자는 자원을 확보하기 위해 영향력 있는 행위자에게 협력하거나 조건을 맞추려 한다. 예컨대, 한 부처가 예산과 인허가 권한을 쥐고 있다면, 지역 기반의 비영리조직이나 민간기업은 그 자원을 얻기 위해 해당 부처와의 관계를 구축하고, 이를 통해 정책 결정과정에 영향력을 행사하려 할 수 있다. 이처럼 자원의 흐름과 분포는 네트워크 내에서의 권력 관계, 역할, 상호작용 양상에 직접적인 영향을 준다.

여기서 더 나아가, 자원의 유형에 따라서도 네트워크의 구조와 상호작용 방식은 달라진다. Huang과 Provan(2007)은 자원을 크게 물적 자원(예: 예산, 인력 등)과 지적 자원(예: 정보, 전문성, 문제 진단 능력 등)으로 나누었고, 어떤 자원이 중심이 되느냐에 따라 네트워크에서 협력 방식도 달라질 수 있다고 보았다. 예를 들어 예산과 같은 물적 자원이 중심일 때는 자원 집중도가 높은 기관이 네트워크를 주도하는 경향이 크고, 정보나 전문성이 중요한 이슈에서는 수평적 협력이 더 활성화될 수 있다.

Rethemeyer와 Park 등은 이러한 자원의존 관계에서 중요한 또 다른 개념으로 사회적 자본(social capital)과 배태성(embeddedness)을 강조하였다. 단순히 자원이 많다고 해서 항상 영향력이 크다고 볼 수는 없으며, 누가 누구와 오래 관계를 맺어왔고, 얼마나 신뢰를 쌓아 왔는지, 즉 그 행위자가 네트워크 안에서 얼마나 깊이 '배태'되어 있는지가 중요하다는 것이다. Granovetter(1985)의 연구에서 제시된 배태성이란, 개인의 행동이 사회적 관계 속에 깊이 뿌리내리고 있다는 것을 의미하며, 정책네트워크에서도 이와 같은 관계의 역사성과 신뢰가 중요한 자원으로 작용한다. 반복적인 협력 경험, 비공식적 신호, 규범의 공유 등은 단순한 물적 자원보다도 네트워크 작동의 촉진자이자 안정화 요소로 기능한다.

요약하자면, 자원의존이론은 정책네트워크를 설명할 때 매우 중요한 이론적 틀이다. 이 이론은 단순히 누가 무엇을 갖고 있는지를 보는 것이 아니라, 왜 협력이 필요한지, 어떻게 자원이 교환되는지, 네트워크의 권력과 구조가 어떻게 형성되는지를 설명해 준다. 또한 자원과 신뢰, 관계의 축적이 어떻게 맞물려 정책의 영향력과 실행력을 결정짓는가를 보여주며, 정책네트워크의 복잡한 역학을 이해하는 데 효과적인 분석 도구로 활용된다.

2. 사회자본(social capital) 이론: 신뢰와 협력의 숨은 자원

정책네트워크가 효과적으로 작동하기 위해서는 단순한 구조적 연결뿐 아니라, 구성원들 간의 신뢰와 협력, 규범과 소통의 문화가 매우 중요하다. 이러한 비가시적 요소들을 설명하는 핵심 이론이 바로 사회자본(social capital) 이론인데, 사회자본은 원래 공동체나 시민사회 연구에서 시작된 개념이지만, 오늘날에는 정책네트워크 분석에도 널리 활용되고 있다. 사회자본이란, 간단히 말해 사람들 사이의 신뢰, 규범, 네트워크 관계가 만들어내는 협력의 힘이라고 볼 수 있다. Putnam(1995)은 사회자본을 "구성원들이 자발적으로 협력하도록 유도하는 사회적 규범과 네트워크"라고 정의하였고, 이 자본이 많이 축적된 사회일수록 시민 참여가 활발하고, 공동의 문제를 해결하는 능력도 높아진다고 주장했다. 이러한 개념은 정책네트워크에도 그대로 적용되는데, 다양한 이해관계자들이 함께 정책을 설계하고 집행하는 네트워크에서는, 서로 간의 신뢰와 공동 목표에 대한 공유, 반복적인 상호작용에서 형성된 규범이 정책의 안정성과 실행력을 높이는 데 중요한 역할을 한다.

Provan과 Milward(1995)는 특히 신뢰와 배태성(embeddedness), 그리고 상호성(mutuality)이 높은 네트워크일수록 성과가 더 좋다고 밝혔다. 여기서 배태성이란, 개인이나 조직의 행위가 단순한 계산이 아니라 지속적인 관계와 사회적 기대 속에서 형성된다는 개념으로, 예를 들어, 청소년 정책을 다루는 네트워크에서, 한 지역의 학교와 청소년상담기관이 오랜 기간 함께 일해오며 신뢰를 쌓았다면, 그들은 서로의 방식과 기대를 잘 이해하고 조율할 수 있어 정책 실행이 보다 원활하게 이루어질 가능성이 높아질 것으로 기대할 수 있다.

사회자본의 개념은 다양한 방식으로 해석될 수 있는데, 예를 들어, Coleman(1988)은 집단 내의 결속력(bonding)과 규범의 통일성을 강조한다. 즉, 네트워크 내부의 규범이 강하고 서로 단단히 연결된 구성원들이 높은 수준의 협력을 이끌어낼 수 있다. 반면, Burt(1992)는 서로 다른 네트워크를 연결하는 약한 연결 고리(bridging ties)를 중시한다. 즉, 다양한 조직과 연결되어 새로운 정보와 기회를 가져올 수 있는 사람이 더 높은 사회자본을 가진다고 보는 것이다.

이러한 관점의 차이는 정책네트워크를 설계할 때도 중요한 시사점을 주는데, Coleman식의 결속력은 네트워크의 안정성과 실행력을 높일 수 있지만, 내부에만 초점을 맞출 경우 다양한 외부 자원이나 새로운 아이디어 유입이 차단될 수 있다. 반대로 Burt식의 연결 혁신과 창의성에는 유리하지만, 네트워크 내부의 신뢰 기반이 약할 경우 협력이 단절될 수 있다. 따라서 오늘날의 정책네트워크에서는 이 두 가지 접근을 균형 있게 고려하는 것이 중요하다. 신뢰와 협력의 기반을 형성하면서도, 네트워크 구성원의 다양성을 확보하고 외부와의 연결을 유지함으로써 보다 유연하고 역동적인 정책 설계와 집행이 가능해질 수 있다. 요컨대, 사회자본은 눈에 보이지 않지만, 정책네트워크의 성과를 좌우하는 핵심 자산이라고 할 수 있다.

Ⅱ. 정책네트워크의 주요 유형

1. 정책공동체(Policy Community)

정책공동체(policy community)란 특정 정책 분야에서 비교적 소수의 이해관계자들이 안정적이고 밀접한 관계를 형성하며, 지속적이고 일관된 상호작용을 통해 정책을 공동으로 형성해 나가는 집단을 의미한다. 이는 정책네트워크의 한 유형으로, 보다 제도화되고 폐쇄적이며 협력적인 형태를 띠는 네트워크이며(R. A. W. Rhodes, David Marsh), 다음과 같은 특징을 가진다.

(1) 참여자 제한성과 안정성

정책공동체(policy community)의 핵심적인 특징 중 하나는 참여자 구성의 제한성과 관계의 안정성이다. 이는 정책공동체가 특정한 정책 분야에서 오랜 시간에 걸쳐 형성되어 온 밀도 높은 네트워크임을 보여주는 지점이다. 우선, 정책공동체의 참여자는 비교적 적은 수의 핵심 행위자들로 구성되며, 그 범위가 제한적이다. 일반적으로 정부 부처의 실무 관료, 관련 이익집단 또는 산업계 대표, 해당 분야의 전문 연구기관 또는 학자 등으로 구성되며, 외부의 새로운 행위자가 쉽게 진입하기 어려운 구조를 가진다. 이들은 오랜 기간 해당 정책 분야에 관여하며 형성된 신뢰 관계와 업무 관행을 공유하고 있으며, 이러한 배경은 외부인의 접근이나 개입을 구조적으로 제한한다.

이처럼 참여자가 제한된 것은 단순한 물리적 숫자의 문제만이 아니다. 구성원 간 상호 이해와 공통된 정책 목표에 대한 합의, 그리고 실질적 자원(정보, 권한, 전문성 등)을 갖춘 주체들만이 실질적인 정책결정의 중심에 포함될 수 있다는 점에서, 참여자 구성은 사실상 폐쇄적 성격을 지닌다. 이러한 성격은 정책의 일관성과 효율성을 높이는 데에는 기여하지만, 동시에 변화에 대한 저항이나 특정 이해의 과도한 반영이라는 문제로도 이어질 수 있다.

또한, 정책공동체는 구성원 간의 관계가 상대적으로 안정적이며 장기적으로 유지되는 경향이 있다. 이들은 반복적인 상호작용을 통해 서로의 이해관계, 정책선호, 행동양식을 잘 알고 있고, 축적된 경험을 바탕으로 비공식적 규범이나 상호 기대가 형성되어 있다. 이러한 관계는 정책 형성과 집행 과정에서의 의사소통 비용을 줄이고, 조정과 협의의 효율성을 높이는 중요한 요소가 된다. 특히 신뢰를 바탕으로 한 관계는 갈등이 발생했을 때도 관계의 지속성을 해치지 않고, 일정 수준의 타협이나 조정을 가능하게 한다.

예를 들어, 한국의 농업 정책 분야에서는 농림축산식품부, 농협, 농민단체, 그리고 농업정책 관련 국책연구기관 등이 오랜 기간 동안 정책공동체를 구성해 왔다. 이들은 서로의 입장을 충분히 이해하고 있으며, 정책 결정 과정에서도 공식적 절차 이전에 비공식적인 조율과 논의가 활발히 이루어진다. 이러한 구조는 정책의 급격한 변화를 방지하고, 이해관계자 간 갈등을 완화하는 데 기여해 왔다.

그러나 이러한 제한성과 안정성은 외부로부터의 참여나 새로운 대안적 사고의 유입을 방해할 수 있으며, 폐쇄적 결정 구조와 특정 이해관계자 중심의 정책 왜곡으로 이어질 가능성도 있다. 따라서 정책공동체의 장점을 유지하면서도, 외부의 변화와 사회적 요구를 수용할 수 있는 일정 수준의 개방성과 유연성을 병행하는 것이 중요하다.

(2) 자원의 상호의존성과 협력

정책공동체의 또 다른 중요한 특징은 참여 주체들 간의 자원 상호의존성과 그로부터 파생되는 협력 구조이다. 이는 정책공동체를 단순한 이해관계자 집합이 아닌, 기능적으로 연결된 협력 네트워크로 이해하게 만드는 핵심 요소다. 공공정책은 일반적으로 하나의 행위자가 단독으로 설계하고 집행할 수 없을 만큼 복잡하고 다층적인 특성을 가진다. 정부는 법적 권한과 정책 추진력을 가지고 있지만, 현장 정보나 실행 자원, 전문적 지식은 외부 주체들에 의존하는 경우가 많다. 반대로 민간 이익집단이나 전문가들은 정책 결정권은 없지만, 자신들이 가진 정보, 기술, 조직화된 지지기반 등을 통해 정부에 상당한 영향력을 미칠 수 있다. 이러한 구조 속에서 정책공동체는 참여 주체들이 서로 서로의 자원을 필요로 하는 구조, 즉 자원 교환(resource exchange) 관계를 중심으로 형성된다.

예를 들어, 환경 정책 분야의 정책공동체를 생각해보자. 환경부는 규제 권한을 가지고 있고, 특정 NGO는 지역 주민의 여론과 데이터를 갖고 있으며, 학계는 오염 원인에 대한 과학적 분석 능력을, 산업계는 기술적 대안과 재정적 자원을 가지고 있다. 이들은 각자의 자원을 가지고 있으나, 어느 누구도 단독으로 문제를 해결할 수는 없다. 따라서 정책공동체는 이들이 상호 의존적으로 연결되어 자원을 교환하며, 협력을 통해 공동의 목표를 추진해 나가는 구조로 진화하게 된다.

이러한 자원의 상호의존성은 정책공동체 내부의 협력을 단순한 선택이 아닌 필수조건으로 만든다. 협력 없이는 정책도, 성과도 존재할 수 없기 때문이다. 특히 장기적 정책 이슈나 사회적 난제에 직면할수록, 이러한 협력 기반의 중요성은 더욱 부각된다. 실질적으로 정책공동체는 공식적인 제도보다는 관계 기반의 비공식 네트워크를 통해 자원을 동원하고 조정하는 경우가 많다. 이는 신속한 의사결정과 상황에 대한 유연한 대응을 가능하게 만든다.

하지만 이러한 자원 교환 구조는 협력의 긍정적 효과만을 보장하는 것은 아니다. 특정 주체가 자원을 독점하거나, 협력을 조건으로 지나치게 자신의 이해를 관철하려 할 경우, 정책의 공익성보다는 참여자 간의 이익 균형이 우선시되는 결과를 낳을 수 있다. 또한, 공동체 외부에 있는 행위자들이 자원 부족으로 정책과정에서 배제될 가능성도 존재한다. 이는 정책의 형평성과 포용성을 저해할 수 있는 위험 요소다.

결과적으로, 정책공동체의 협력은 단순히 가치 공유나 관계 친밀성의 결과가 아니라, 자원의 구조적 상호의존성에 의해 제도화된 협력이다. 이 협력은 정책의 안정성과 일관성을 높이는 긍정적 기반이 되지만, 동시에 지나친 내부 중심성이나 외부의 배제 문제를 경계해야 하는 측면도 갖는다. 따라서 공공관리자는 자원의 상호의존성과 협력 구조를 효과적으로 설계하고, 그 과정에서 형평성과 투명성을 유지할 수 있는 조정자 또는 중재자로서의 역할을 수행해야 한다.

(3) 정책공유와 정체성 형성

정책공동체의 중요한 특성 중 하나는 구성원들 사이에서 정책 목표와 가치에 대한 일정한 수준의 공유(consensus)가 이루어지며, 그 과정에서 공동체적 정체성(policy identity)이 형성된다는 점이다. 이 정체성은 단순한 네트워크의 참여자 연합을 넘어, 정책적 협력과 안정성을 지속시키는 내부 결속력의 원천으로 기능한다. 정책공동체는 장기간에 걸친 상호작용 속에서 정책의 문제 정의, 해결 방향, 절차, 기준 등에 대해 암묵적 합의와 공통된 인식 틀을 발전시킨다. 이들은 같은 정책 영역에서 반복적으로 정책을 기획하고 집행하며, 다양한 시행착오를 공유하면서 점차 유사한 정책적 언어와 논리, 판단 기준을 갖게 된다. 이러한 공유된 정책적 인식은 구성원 간의 협력의 효율성을 높이고, 외부 변화나 갈등 상황에서도 기본적인 방향성에서의 일치를 가능하게 한다.

예컨대, 한국의 농업정책 공동체는 오랜 시간 동안 농업의 '공익적 가치'와 '소득 보전의 필요성'에 대해 강한 합의를 형성해 왔다. 농림축산식품부, 농협, 농민단체, 관련 연구기관은 이 기본 전제 위에서 보조금 제도, 수매 정책, 농산물 유통 개선 등의 세부 정책을 조율한다. 이들은 정책 세부 내용에 있어서는 이견을 가질 수 있지만, '농업은 보호받아야 할 산업이며 농민의 생계는 보장되어야 한다'는 가치에 대해서는 대체로 동일한 입장을 유지한다. 이러한 가치 공유는 각 기관과 조직이 정책의 기본 방향을 장기적으로 일관되게 추진할 수 있게 하고, 서로를 신뢰하며 공동체로서의 소속감을 유지하게 만든다.

이처럼 정책공동체의 정체성은 형식적 제도나 계약이 아닌, 오랜 경험과 관계를 통해 내면화된 신념과 태도로 형성된다. 구성원들은 단순히 자신이 속한 조직을 대표하는 것이 아니라, 해당 정책 영역에서 자신이 속한 공동체의 일원으로서 행동하게 되며, 공동체의 이익이나 명성을 보호하려는 태도를 보인다. 이는 내부 규율과 자율적 조정을 강화하고, 외부의 비판이나 개입에 대해 공동으로 대응하는 기반이 되기도 한다.

하지만 이러한 정체성 기반의 정책공유가 항상 긍정적인 결과만을 낳는 것은 아니다. 구성원들 사이의 지나친 동질성과 합의는 때때로 정책의 경직성과 보수성, 외부 혁신에 대한 저항, 또는 정책 '카르텔'화로 이어질 수 있다. 외부의 새로운 이해관계자, 실험적 접근, 사회적 변화 요구를 공동체 내부에서 '비정통적'으로 간주하고 배제할 위험이 있는 것이다. 이로 인해 정책의 변화 적응력이나 사회적 정당성이 저하될 수 있다.

결국, 정책공동체 내의 정책 공유와 정체성 형성은 협력과 안정성을 강화하는 원동력이 되는 동시에, 유연성과 개방성을 저해할 수 있는 이중적 성격을 지닌다. 따라서 공공관리자는 정책공동체의 내적 응집력을 인정하면서도, 그 정체성이 배타적 이익 집단의 논리로 경직되지 않도록 지속적인 점검과 외부 이해의 조율 노력을 병행할 필요가 있다.

(4) 비공식적 규범과 신뢰

정책공동체(policy community)의 작동을 가능하게 만드는 핵심 요소 중 하나는 비공식적 규범(informal norms)과 신뢰(trust)에 기반한 관계의 유지이다. 이는 정책공동체가 단순히 계약적 협력이나 제도적 조율만으로 유지되는 네트워크가 아니라, 구성원 간의 사회적 관계성과 상호 기대에 의해 안정성을 확보하는 구조임을 보여준다. 정책공동체는 일정한 참여자들이 오랜 시간 동안 정책을 공동으로 설계하고 집행하면서, 공식 문서나 법적 합의로 규정되지 않는 일련의 관행, 기대, 행위 기준들을 자연스럽게 공유하게 된다. 이러한 비공식적 규범은 “어떤 사안은 비공식적으로 먼저 논의한다”, “상호 비판은 내부적으로 처리한다”, “정보 공유의 범위는 일정 수준을 넘지 않는다”와 같은 경험 기반의 ‘암묵적 룰’로 작동하며, 공식 제도가 커버하지 못하는 영역에서 공동체의 결속을 유지한다.

이러한 비공식적 규범은 구성원 간의 신뢰를 기반으로 형성되며, 반대로 신뢰가 축적될수록 규범은 더욱 공고해진다. 구성원들은 타인의 행동을 예측할 수 있고, 상대가 공동체의 이해에 반하지 않을 것이라는 정서적 확신을 갖게 된다. 이러한 신뢰는 단기적인 이익보다 장기적인 관계 유지를 중시하게 만들며, 공식적 계약 없이도 정보 제공, 조율, 협상이 가능하게 만든다. 즉, 신뢰는 정책공동체의 거래비용을 낮추고, 협상의 안정성과 효율성을 높이는 윤활유 역할을 한다.

예를 들어, 교육정책 공동체에서는 교육부 관계자, 교육청 담당자, 교원단체, 교육연구기관이 공식 회의 외에도 비공식 네트워크를 통해 주요 사안을 조율하는 경우가 흔하다. 이들은 서로의 이해와 제약 조건을 잘 알고 있기 때문에, 회의 전에 의견을 미리 조정하거나, 갈등이 예상될 경우 사전에 대응 방안을 함께 논의하기도 한다. 이러한 관계는 반복적 상호작용과 공동의 문제 해결 경험에서 형성된 신뢰를 바탕으로 작동한다.

하지만 비공식적 규범과 신뢰가 항상 긍정적으로만 작용하는 것은 아니다. 때로는 이러한 비공식적 관계가 외부의 참여를 차단하거나, 내부 행위자의 책임 회피와 담합을 가능하게 만들 수도 있다. 공식적인 절차를 우회하거나, 특정 정보가 네트워크 내부에서만 공유되어 투명성과 책임성이 저하되는 부작용이 나타날 수 있다. 특히 정책공동체가 장기간에 걸쳐 형성된 경우, 구성원 간의 지나친 친밀감은 정책의 공공성과 대표성을 약화시키는 요인이 되기도 한다.

따라서 공공관리자는 정책공동체의 비공식적 규범과 신뢰를 존중하되, 그것이 폐쇄성과 비민주성으로 전환되지 않도록 공식적 거버넌스 장치와 병행하는 전략이 필요하다. 신뢰 기반의 협력은 분명 정책공동체의 핵심 자산이지만, 그 신뢰가 권력의 비대칭이나 부정의 정당화로 이어지지 않도록 제도적 균형 감각이 요구된다.

2. 이슈네트워크(Issue Network)

이슈 네트워크(issue network)는 정책공동체(policy community)와 달리, 특정 정책 이슈를 둘러싸고 보다 다양하고 유동적인 행위자들이 느슨하게 연결되어 상호작용하는 정책 네트워크의 한 형태이다. 이는 정책 형성과정이 더 이상 특정 엘리트 집단에 의해 폐쇄적으로 이루어지지 않고, 다양한 이해관계자들이 자율적으로 참여하면서 형성되는 복합적이고 동적인 장이라는 점을 보여주는 개념이다. 이 개념은 주로 Hugh Heclo(1978)에 의해 처음 제시되었으며, 이후 정책 형성과정의 개방성과 복잡성을 설명하는 핵심 개념으로 자리 잡았다.

(1) 개방성과 다양성

이슈 네트워크의 가장 핵심적인 특징은 참여자의 개방성과 다양성이다. 전통적인 정책공동체가 정부 관료, 특정 이익집단, 전문 연구기관 등 비교적 고정된 소수의 행위자들로 구성되는 데 비해, 이슈 네트워크는 언론, 시민단체, 일반 시민, 온라인 커뮤니티, 신생 전문가 집단 등 다양한 주체들이 자유롭게 출입하는 개방적인 구조를 가진다. 이러한 참여자들은 각자의 관점, 정보, 경험을 바탕으로 문제를 정의하고 해석하며, 이를 바탕으로 정책 아젠다를 설정하거나 기존 정책에 이의를 제기한다.

(2) 유동성과 불안정성

이슈 네트워크는 특정 이슈에 대한 사회적 관심이 집중될 때 형성되고, 관심이 사라지면 빠르게 해체되거나 재편되는 경향이 있다. 구성원 간의 관계는 긴밀하고 안정적이라기보다는 비공식적이고 일시적인 연계성을 기반으로 하며, 공통된 목적보다는 특정 사안에 대한 문제의식이나 비판적 관점의 공유를 중심으로 연결된다.

(3) 갈등과 경쟁

이슈 네트워크는 본질적으로 갈등과 경쟁이 내재된 구조이다. 정책공동체가 장기적 신뢰와 협력을 기반으로 조정 중심의 관계를 형성한다면, 이슈 네트워크는 서로 다른 이해관계자들이 정책의 정의와 해결 방향을 두고 경쟁하거나 충돌하는 경우가 많다. 특히 정보의 불균형, 입장의 상충, 영향력의 차이 등으로 인해 네트워크 내부에서 힘의 균형이 불안정할 수 있으며, 때로는 혼란이나 정책적 마비로 이어지기도 한다.

(4) 참여민주주의의 확장

이슈 네트워크는 정책 혁신과 참여민주주의의 확장이라는 측면에서도 중요한 의미를 가진다. 다양한 행위자의 참여는 기존의 일방적 정책결정 구조를 견제하고, 새로운 의제나 문제 해결 방식을 제안함으로써 정책의 대표성과 정당성, 혁신성을 높이는 데 기여할 수 있다. 특히 시민단체나 언론, 소셜미디어 활동가들의 역할은 전통적 정책공동체가 간과해 온 사각지대에 빛을 비추고, 사회적 약자의 목소리를 정책에 반영하는 통로가 되기도 한다.

또한 이슈 네트워크는 디지털 미디어 환경과 결합되면서 더욱 확장되고 실시간화되고 있다. 과거에는 정책결정자들이 정보를 통제하거나 참여를 제한할 수 있었지만, 오늘날은 SNS, 인터넷 커뮤니티, 온라인 청원 등이 즉각적인 반응과 대중 동원을 가능하게 하여 정책 형성의 네트워크 지형을 크게 변화시키고 있다.

결론적으로, 이슈 네트워크는 현대 정책과정의 개방성, 복잡성, 유동성을 설명하는 데 유용한 분석 틀이다. 이는 정책공동체와 달리 정책 형성의 참여자 구성이 유동적이고, 상호작용은 비정형적이며, 권력은 보다 분산되어 있으며, 변화와 갈등이 더 빈번하다는 특징을 갖는다. 따라서 공공관리자는 이슈 네트워크의 특성을 이해하고, 보다 포용적이고 유연한 정책 거버넌스를 설계할 필요가 있다.

3. 하위정부모형(Sub-government)

하위정부모형(subgovernment model)은 특정 정책 분야에서 정부 관료, 국회 상임위원회, 관련 이익집단이 밀접하고 안정적인 삼각 관계를 형성하여 정책을 결정·유지하는 구조를 설명하는 이론이다. 이 모형은 미국 정치학에서 유래한 개념으로, 특히 "철의 삼각(iron triangle)"이라는 표현으로 널리 알려져 있다. 하위정부는 전체 정부 체계 내에서 독립적으로 기능하는 "작은 정부 안의 정부" 혹은 정책 하위체계(policy subsystem)"로 간주된다.

하위정부모형은 1950~60년대 미국 연방정부의 정책 결정 과정에서 관찰된 반복적이고 안정적인 정책 연합을 설명하기 위해 등장했다. 특히 국방, 농업, 사회복지, 토목 등 특정 산업이나 분야에서 정부의 정책이 폐쇄적인 네트워크에 의해 좌우되는 현상이 포착되었고, 이는 보다 민주적이고 개방적인 정책과정 이상과는 다른 실태를 보여주었다. 하위정부모형은 다음과 같은 특징을 지니고 있다.

(1) 고정된 핵심 행위자 간의 폐쇄적 연합

하위정부모형은 특정 정책 영역 내에서 행정부의 실무 부처, 국회의 해당 상임위원회, 그리고 정책 수혜 이익집단이라는 세 집단이 안정적이고 배타적인 연합 구조를 형성하고 있다는 점에서 출발한다. 이 세 주체는 반복적인 상호작용을 통해 서로의 이해관계를 잘 알고 있고, 오랜 기간에 걸쳐 신뢰와 거래 관행을 축적해왔다. 이들은 다른 행위자의 접근을 제한하거나 배제함으로써, 정책 결정과정에서 높은 수준의 폐쇄성과 배타성을 유지한다. 이러한 고정된 연합은 외부의 변화 요구나 참여 시도를 체계적으로 차단하며, 정책을 자신들의 의도에 따라 안정적으로 통제하려는 성향을 보인다.

(2) 자원 교환에 기반한 실용적 협력

하위정부 내의 세 행위자는 각자 서로가 필요한 자원을 보유하고 있으며, 이를 상호 교환하는 방식으로 관계를 유지한다. 예컨대, 정부 부처는 이익집단으로부터 정책에 필요한 정보와 지지를 얻고, 그 대가로 이익집단에게 유리한 정책을 추진하거나 규제를 완화해준다. 국회의원들은 이익집단의 선거 지원과 정치적 로비를 통해 정치적 자산을 확보하고, 이들을 대신해 예산을 배정하거나 법안을 조정한다. 이러한 구조는 법적 계약이나 공식적 규범보다 기능적 실용성과 상호 이익에 기반해 작동하며, 자원의 상호 의존이 협력의 핵심 메커니즘이 된다.

(3) 정책의 일관성과 실행 안정성

하위정부는 구성원의 고정성과 관계의 지속성으로 인해, 하나의 정책이 장기적으로 일관되게 추진될 수 있는 구조를 제공한다. 정책 목표와 수단에 대한 내부 합의가 존재하며, 구성원 간 역할 분담이 명확하기 때문에 정책 결정과 집행의 효율성이 높다. 반복된 협력 속에서 형성된 비공식 규범과 신뢰는 빠른 의사결정과 실행을 가능하게 하며, 외부로부터의 영향 없이 내부적으로 조정과 실행을 관리할 수 있다. 따라서 하위정부는 특히 기술적이고 전문성이 요구되는 정책 영역에서 정책의 지속 가능성과 예측 가능성을 높이는 기능을 수행할 수 있다.

(4) 공공성 약화와 민주적 통제의 한계

폐쇄적이고 이익 중심적인 하위정부 구조는 동시에 정책의 공공성, 투명성, 민주성을 저해하는 심각한 한계를 지닌다. 세 주체가 구성한 협력 관계는 외부 이해관계자의 참여를 어렵게 만들며, 정책 결정권이 소수의 폐쇄된 네트워크에 집중된다. 이는 새로운 대안의 등장이나 사회적 약자의 목소리가 정책에 반영되지 못하게 만들며, 결과적으로 정책의 정당성과 대표성을 약화시킬 수 있다. 또한 특정 이익집단과 정치·관료 세력 간 유착은 정책 포획(policy capture)이나 관료주의적 기득권 유지라는 부작용으로 이어질 수 있다. 따라서 하위정부모형은 정책 효율성의 이면에 민주적 정당성의 결핍이라는 구조적 문제를 안고 있다.

이러한 하위정부모형의 장점은 특정 정책 영역에서의 전문성 축적, 정책 실행의 효율성, 자원의 집중적 활용을 가능하게 한다는 점이다. 특히 기술집약적·산업연계적 분야에서는 일관된 정책 추진과 이해당사자 간의 원활한 조율을 가능하게 한다. 하지만 비판도 많은데, 무엇보다 폐쇄성과 자기이익 중심성, 공공성의 후순위화가 문제가 된다. 특정 이익집단과 관료, 정치권이 유착하면 정책은 국민 전체의 이익보다 협력자들의 이익을 중심으로 설계될 수 있다. 또한, 외부 참여가 어려워지면서 정책의 투명성과 민주성이 약화된다. 새로운 이해관계자, 혁신적 대안, 사회적 약자의 목소리는 배제되기 쉽다. 이러한 한계는 이후 등장한 정책공동체(policy community) 및 이슈 네트워크(issue network) 이론에 대한 이론적 배경이 되었으며, 오늘날에는 더 복잡하고 개방적인 정책 네트워크 모델로 대체되고 있다. 하지만 여전히 특정 산업·부처 중심의 밀착 정책 구조나 "관료-이익집단-정치권" 삼각 연합은 현실에서 빈번하게 관찰되며, 현상 설명의 도구로서 하위정부모형의 분석적 가치는 여전히 유효하다 할 수 있다.

4. 정책옹호연합모형(ACF)

(1) 정의 및 등장 배경

정책옹호연합모형(Advocacy Coalition Framework, 이하 ACF)은 공공정책 형성과정을 설명하기 위해 Paul Sabatier와 Hank Jenkins-Smith가 1980년대 후반에 제안한 이론적 틀이다. 이 모형은 전통적인 정책 결정 이론이 단기적·국가 중심적·계층적 합리성에 기초한 것이라는 한계점을 비판하며, 장기적이고 복합적인 정책 변화 과정을 설명하기 위해 고안되었다. ACF는 기존의 정책이론들이 정부나 특정 엘리트 집단 중심으로 정책결정을 분석하는 경향이 있었던 것과 달리, 정책을 둘러싼 다양한 행위자들이 신념과 자원을 중심으로 연합을 형성하고, 이들이 정책 하위체계(policy subsystem) 내에서 경쟁하고 협력하면서 정책 변화가 발생한다는 점에 주목한다. 특히 현대 사회에서 정책 문제는 점점 더 과학적 불확실성이 높고, 가치 갈등이 크며, 다양한 주체가 장기적으로 얽히는 복잡한 양상을 띠기 때문에, 단일 행위자 모델이나 단선적 정책순환모델로는 설명이 어렵다는 비판에서 출발했다.

ACF는 등장 이후 미국뿐 아니라 유럽, 아시아 등 다양한 국가의 환경정책, 에너지 정책, 교육정책, 보건 정책, 기후 변화 대응 등 복잡성과 갈등이 큰 정책 영역에서 적용되어 왔다. 국내에서도 최근에는 탄소중립, 탈핵 정책, 저출산 대응, 사회복지 정책 등에서 ACF의 틀을 적용한 경험적 연구가 다수 이루어지고 있다. ACF는 특히 환경정책 연구에 강점을 가진 모형으로 출발했으며, 시간이 흐르면서 거버넌스, 갈등관리, 정책학습 등을 설명하는 유연한 프레임워크로 확장되었다. 복수의 옹호연합이 어떻게 갈등하고, 어떤 조건에서 학습이나 변화가 일어나는지에 대한 설명이 강점으로 평가된다.

(2) 정책하위체계와 옹호연합

ACF의 핵심 개념은 정책 하위체계와 옹호연합 두 가지이다.

1) 정책 하위체계(policy subsystem)

정책 하위체계란 특정한 정책 분야를 중심으로 형성되는 정책 논쟁과 정책결정의 핵심 무대를 의미한다. 전통적으로는 정부 내 부처나 위원회를 중심으로 정책 결정이 이루어진다고 여겨졌지만, ACF는 정책결정이 이루어지는 주요 장을 "정책 하위체계"라는 개념으로 새롭게 제시한다. 즉, 정책 하위체계는 정부기관뿐 아니라 다양한 비정부 행위자들까지 포괄하는 넓은 개념이다. 예를 들어, 청소년 범죄 정책이라는 정책 영역이 있다고 할 때, 해당 하위체계에는 교육부와 법무부 같은 중앙부처는 물론, 지자체의 청소년 보호기관, 경찰청, 관련 NGO, 학계 전문가, 언론, 시민운동가, 그리고 당사자인 청소년 집단까지 포함될 수 있다. 이들은 직접적 또는 간접적으로 정책 의제 설정, 대안 제시, 여론 형성, 정책평가 등에 관여하며, 서로 다른 입장과 이해관계를 바탕으로 정책과정에 영향을 미친다. 정책 하위체계는 다음과 같은 특징을 가진다.

- **행위자 다양성:** 정부뿐 아니라 다양한 민간, 학계, 시민사회 행위자가 포함된다.
- **지속적 상호작용:** 특정 정책이 완결되지 않는 한, 하위체계는 장기간 유지되며 구성원 간의 상호작용이 반복된다.
- **분권적 구조:** 의사결정 권한이 분산되어 있으며, 명확한 중심이 없는 경우도 많다.
- **지식 기반 경쟁:** 서로 다른 관점의 과학적·기술적 정보가 경쟁하며 해석되는 장이다.

정책 하위체계는 ACF에서 '정책변화'가 이루어지는 가장 중요한 공간이다. 왜냐하면, 하위체계 안에서는 동일한 정책 문제에 대해 서로 다른 신념체계를 가진 여러 옹호연합이 형성되어 있으며, 이들 간의 경쟁과 갈등, 협상과 타협을 통해 정책이 점진적으로 혹은 급진적으로 변화하기 때문이다. 또한 하위체계는 단순한 정보 교환의 장이 아니라, 신념과 가치, 전략과 자원이 교차하는 복합적 네트워크 구조다. 따라서 단일한 위계적 권위보다 협상력, 네트워크 내 자원 접근성, 사회적 신뢰 등이 실제 정책 변화에 큰 영향을 미친다. 요컨대, 정책 하위체계는 특정 정책영역 내에서 다양한 주체들이 신념과 자원을 바탕으로 상호작용하는 살아있는 정책 공간으로, ACF 이론에서 매우 핵심적인 분석 단위이다.

2) 옹호연합(advocacy coalition)

옹호연합이란 특정 정책 하위체계 내에서 공통된 신념체계(특히 핵심 신념)를 공유하는 정책 행위자들의 연합을 말한다. 이들은 조직적 형태를 띠지 않을 수도 있지만, 명확한 목표와 가치, 문제에 대한 해석 방식, 정책 수단에 대한 선호를 공유하고 있으며, 정책변화를 위한 전략적 행동을 함께 수행한다. ACF는 옹호연합의 형성을 다음과 같이 설명한다. 행위자들은 단지 이익에 따라 결합하는 것이 아니라, 보다 깊은 수준의 신념과 세계관, 즉 '핵심 신념(core beliefs)'에 따라 결집한다. 이 핵심 신념은 정치적 이념, 인간 본성에 대한 관점, 정의에 대한 인식처럼 장기적이고 잘 변하지 않는 가치관이다. 이를 바탕으로 한 연합은 정책 문제를 특정한 방식으로 해석하고, 일정한 해결책을 지속적으로 주장하며, 이를 실현하기 위해 지식 생산, 여론 조성, 입법 로비, 캠페인 활동 등을 수행한다.

예를 들어, 원자력 에너지 정책을 둘러싼 하위체계에서는 '탈원전 옹호연합'과 '원전 유지 옹호연합'이 서로 다른 신념체계를 기반으로 충돌한다. 전자는 지속가능성과 생태

보호를, 후자는 경제성과 에너지 안보를 중시하며, 각각 전문가, 시민단체, 특정 정당, 기업, 언론 등을 포섭해 연합을 구성한다. 옹호연합의 주요 특징은 다음과 같다.

- **신념 중심 결합:** 동일한 정책 신념을 공유하는 구성원들 간의 연합이다.
- **다양한 유형의 행위자 포함:** 정부조직, NGO, 학자, 언론, 전문가 등 이질적인 주체들이 한 연합에 속할 수 있다.
- **정책 영향력 추구:** 연합은 정책 의사결정 과정에 직접 또는 간접적으로 영향력을 행사하려 한다.
- **장기적 활동:** 단기적 이익이 아니라 정책 철학의 실현이라는 장기 목표를 지향한다.

또한 옹호연합 간 경쟁은 단순한 논쟁이 아니라 정책 지식과 정보의 해석 권한을 둘러싼 전쟁이기도 하다. 누구의 해석이 더 신뢰받고, 설득력 있으며, 정치적으로 수용 가능한지를 둘러싼 투쟁이 정책 변화의 핵심 경로가 된다. 요약하면, 옹호연합은 ACF에서 정책변화를 설명하는 핵심 단위로, 신념 기반의 정치 행위가 어떻게 조직되고 작동하는지를 설명해주는 중요한 분석틀이다. 이는 단순히 '누가 더 강한가'가 아니라, '누가 더 지속적이고 전략적으로 신념을 공유하고 행동하는가'를 이해하는 데 초점을 맞춘다.

(3) 주요 특징

1) 신념 체계 중심의 정책 행위자 설명

ACF의 가장 두드러진 특징은 정책 행위자들을 이해하는 기준으로 이해관계나 제도보다는 '신념 체계(belief system)'를 핵심에 둔다는 점이다. 이 모형에 따르면 정책 참여자들은 단순히 물질적 이익을 추구하는 존재가 아니라, 자신이 가진 세계관, 가치관, 정책 철학에 따라 행동한다. ACF는 이 신념을 세 가지 수준으로 구분한다: 인간과 사회에 대한 근본적 신념(심층핵심 신념), 특정 정책 영역에 대한 판단 기준(정책핵심 신념), 정책 수단에 관한 실천적 판단(도구적 신념)이다. 정책 변화는 보통 도구적 신념 수준에서 일어나며, 심층 신념의 변화는 오랜 시간과 강한 외부 충격을 필요로 한다. 이처럼 ACF는 정책 형성과정을 신념 간의 충돌과 조정으로 설명하며, 이는 다른 정책 모형들과 차별되는 중요한 특징이다.

2) 옹호연합의 형성과 정책 하위체계의 작동

ACF는 정책이 형성되고 변화하는 핵심 무대를 정책 하위체계(policy subsystem)로 설정하며, 이 하위체계 안에는 서로 다른 신념을 공유하는 옹호연합(advocacy coalitions)이 존재한다. 옹호연합은 동일한 정책 신념을 가진 개인과 집단들(정부 부처, 이익집단, 시민단체, 언론, 학자 등)이 연합한 네트워크로, 공동의 목표를 달성하기 위해 자원을 공유하고 전략을 조율한다. 이러한 연합은 장기적이고 안정적으로 유지되며, 하위체계 내에서 정책 아젠다 설정, 법안 제안, 정보 생산, 여론 형성 등 다양한 방식으로 영향력을 행사한다. 결국 정책은 이들 연합 간의 경쟁과 상호작용 속에서 형성되거나 변화하게 된다.

3) 정책 변화의 점진성과 외부 충격의 역할

ACF는 대부분의 정책 변화가 장기적이며 점진적으로 발생한다고 본다. 이는 정책 핵심 신념의 경직성과 옹호연합 간의 강한 결속성 때문이다. 그러나 일정한 조건에서는 급격한 변화도 가능하다고 보며, 특히 외부 변수(external perturbations)가 중요한 계기가 된다. 예를 들어 정권 교체, 경제 위기, 자연 재해, 사회운동의 급부상 등은 기존 연합의 권력 구조를 흔들거나 신념에 의문을 제기하게 만들고, 이로 인해 정책 방향이 전환될 수 있다. ACF는 이렇게 정책 변화의 복합성과 비선형성을 설명할 수 있는 모형으로, 전통적인 점증주의나 정책 사이클 이론보다 현실을 더 잘 반영한다고 평가된다.

4) 갈등 속의 정책 학습과 협력 가능성

비록 옹호연합 간에는 이념적·정책적 갈등이 존재하지만, ACF는 이들 간의 정책학습(policy-oriented learning) 가능성도 인정한다. 특히 도구적 신념 수준에서는 경험, 평가, 피드백을 통해 상대방의 정책 수단이나 방법에 대한 이해가 가능하며, 제한적이나마 협력과 조정이 일어날 수 있다. 이러한 학습은 제3의 중재자나 신뢰 기반의 대화 채널이 있을 경우 더욱 촉진된다. 따라서 ACF는 갈등과 대립만이 아니라, 시간이 흐르면서 나타나는 전략적 재조정, 점진적 융합, 제도적 타협의 가능성도 이론적으로 설명할 수 있는 유연한 틀을 제공한다.

정책옹호연합모형은 정책을 단순히 국가나 전문가의 산물로 보지 않고, 신념을 공유하는 다양한 사회 주체들이 상호작용하며 만들어가는 복잡한 과정으로 이해하게 한다는 점에서 큰 의의를 가진다. 특히 현대 정책환경처럼 가치 갈등이 심하고, 이해관계자가 다층적으로 얽힌 분야에서는 ACF의 분석력이 더욱 빛을 발한다. 다만, 옹호연합 간의 경계가 항상 명확하지 않거나, 신념 중심 접근이 실제 정책 행동의 다양성을 포착하기 어렵다는 비판도 있다. 그럼에도 불구하고 ACF는 정책 네트워크, 거버넌스, 갈등관리, 정책학습 등을 통합적으로 설명할 수 있는 이론으로서 이론적 풍부성과 적용 가능성이 매우 넓은 대표적 정책 분석 모형이다.

제 3 절 정책네트워크와 공공관리의 변화

정책네트워크는 현대 공공행정에서 정책 형성과 집행의 새로운 패러다임을 제시하는 이론적 기반이자 실천적 전략이다. 전통적으로 공공관리는 위계적 통제와 법적 규범, 조직 내 권한 체계에 따라 작동하는 '관료적 행정'을 중심으로 이해되어 왔다. 그러나 복잡하고 경계가 모호해진 정책 환경에서는 행정조직 내부의 일방적 결정만으로는 효과적인 정책 수행이 어려워지고 있다. 이에 따라 정책네트워크는 다양한 행위자들이 참여하고 상호작용하는 공간으로서의 공공영역을 전제하며, 공공관리의 구조와 방식, 그리고 행정가의 역할 전반에 걸쳐 변화를 요구한다.

Ⅰ. 네트워크 시대의 행정가의 역할 변화

표 13-4 전통적 행정 체계와 정책네트워크에서의 행정가 역할

전통적 행정가 역할	네트워크 시대 행정가 역할
집행자	조정자(Coordinator)
규제자	중재자(Mediator)
감독자	관계관리자(Integrator)
단독 책임자	공동 문제해결 촉진자

1. 행정가의 역할 변화: 관리자에서 조정자·중재자로

정책네트워크 환경에서 행정가는 더 이상 단순한 자원 배분자나 규칙 집행자가 아니다. 대신, 다양한 이해관계자들이 참여하는 복잡한 네트워크 내에서 조정자(coordinator), 중재자(mediator), 촉진자(facilitator), 관계관리자(integrator)로서의 역할이 강조된다. 이는 행정가가 정책의 최종 결정 권한을 독점하기보다는, 다양한 주체 간의 상호 신뢰와 협력을 유도하고, 갈등을 완화하며, 필요한 자원을 연계하고 조율하는 역량을 중심으로 활동해야 한다는 의미다.

예컨대 청소년 비행 문제의 경우, 경찰, 학교, 지역복지관, 정신건강 전문가, 청소년 보호기관, 부모 등이 모두 관련된 복합적인 정책 하위체계를 형성한다. 이때 공공관리자는 이들 기관 간의 이해관계를 조율하고, 공동의 목표를 수립하며, 자원과 정보가 효율적으로 공유될 수 있도록 중간 플랫폼의 설계자로서 기능해야 한다. 이러한 변화는 행정가가 기존의 규범적 권위보다는 관계 조성 및 소통 능력, 갈등 해결 능력, 상호학습 촉진자 역할을 수행해야 함을 의미한다.

2. 공공조직 구조의 변화: 경계 없는 유연조직

정책네트워크가 활성화됨에 따라 공공조직 역시 구조적 전환을 겪고 있다. 가장 중요한 변화는 무경계 조직화(borderless organization)의 확산이다. 이는 공공조직이 더 이상 폐쇄적이고 고정된 수직적 구조에 머무르지 않고, 개방성과 유연성을 기반으로 외부 주체와의 협력 관계를 제도화해 나간다는 개념이다. 정책 이슈가 단일 부처나 기관의 관할 범위를 초과하고, 여러 영역(예: 복지, 교육, 노동, 보건)을 넘나드는 경우가 많아지면서, 과제 중심적(Task-oriented) 협업 구조가 대두되고 있다. 이에 따라 공공조직은 상시적 조직이 아니라, 문제 중심의 임시적 연합체(예: TF, 거버넌스 위원회, 지역사회협의체 등) 형태로 운영되며, 이 과정에서 수평적 연계와 유연한 자원 운용이 필수화되고 있다. 이는 기존의 '기관 간 칸막이'를 해체하고, 문제 해결을 위한 다양한 형태의 협력 네트워크를 조직 내부뿐 아니라 외부와 함께 구축하는 방향으로 조직 패러다임이 이동하고 있음을 시사한다.

3. 네트워크 기반 공공관리 역량

정책네트워크 기반의 공공관리는 단순한 제도적 전환만으로는 작동하지 않는다. 무엇보다도 행정가 개인 및 조직이 보유한 관리 역량(capability)이 핵심이 된다. 이러한 역량은 과거의 법률적 판단력이나 규범적 순응성과는 다른 성격의 것이다. 우선, 관계관리 능력이 중요해졌다. 이는 이해관계자의 기대와 갈등을 파악하고, 신뢰 기반의 소통을 이끌어내는 능력을 의미한다. 둘째, 감수성(sensitivity) 역시 핵심 역량으로 대두된다. 이는 다양한 가치와 문화를 이해하고 포용하는 태도와, 예민하게 변화하는 정책 환경에 적응하는 능력을 포함한다. 셋째, 협상 및 중재 기술이 필수적이다. 이해관계자 간의 협의를 주도하고, 갈등을 해결하기 위해 실질적인 타협점을 찾을 수 있는 기술적 능력이 요구된다. 넷째, 학습과 적응 능력(adaptive learning)이 강조된다. 정책 집행 과정 중 발생하는 예기치 못한 문제에 대해 빠르게 정보를 수집하고 피드백을 적용하는 능력이 중요하다. 이러한 네트워크 기반 역량은 기존의 공무원 교육과 조직관리 방식에서 벗어나, 실무 기반의 문제 해결형 리더십을 중심으로 재편될 필요가 있다.

4. 정책네트워크와 거버넌스

정책네트워크는 단지 정책 수립 과정의 한 방식이 아니라, 거버넌스(governance)라는 새로운 공공관리 패러다임을 구현하는 핵심 수단이 된다. 거버넌스는 정부 단독의 통치(government)를 넘어서, 다양한 사회 주체와의 협력과 조정을 통해 공공문제를 해결하려는 구조를 의미한다. 정책네트워크는 이 거버넌스 구조를 실질적으로 작동시키는 장으로, 특히 공동 문제 정의 → 공동 설계 → 공동 책임이라는 흐름을 가능하게 만든다. 이 과정에서 정책결정은 일방적 지시가 아닌, 다양한 이해관계자 간의 상호작용과 학습을 통해 형성된다. 나아가 네트워크 기반의 공공관리는 성과 책임의 공동화(shared accountability), 정책 실험과 혁신의 유도, 사회적 자본의 축적을 가능하게 하며, 보다 지속가능한 정책 실행 체계를 구성할 수 있게 한다.

정책네트워크는 단지 정책 설계 도구가 아니라, 공공관리의 본질적 전환을 요구하는 새로운 운영체계이다. 행정가는 더 이상 정책의 '주도자'가 아니라, 이해관계자 간의 조정을 이끌고 자원을 연계하며 신뢰를 형성하는 '조율자'로서의 정체성을 요구받는다. 조직은 위계적 통제를 벗어나 수평적 연계 구조로 재편되고, 관리자는 관계관리·감수성·협상력·학습능력이라는 새로운 역량을 갖추어야 한다. 정책네트워크는 궁극적으로 공공문제를 해결하기 위한 협력적 거버넌스의 실천 구조로서, 앞으로의 공공행정에서 가장 중요한 실천 틀 중 하나로 자리잡고 있다.

Ⅱ. 네트워크 거버넌스 유형과 네트워크 관리자의 역할

현대 행정에서 정책문제는 다부처적, 다행위자적, 다영역적 특성을 갖는 경우가 많아, 전통적인 위계적 조정 방식만으로는 효과적인 정책 추진이 어렵다. 이에 따라 정책네트워크 기반의 거버넌스 구조가 확산되었고, 그 구체적 운영방식은 네트워크 구성과 상황에 따라 다양하게 나타난다. Nowell 등(2017)은 이러한 현실을 반영해, 네트워크 거버넌스 유형을 다섯 가지 모델로 분류하고 각각의 구조적 특성과 관리 전략을 제시하였다.

그림 13-1 가지 네트워크 거버넌스 유형

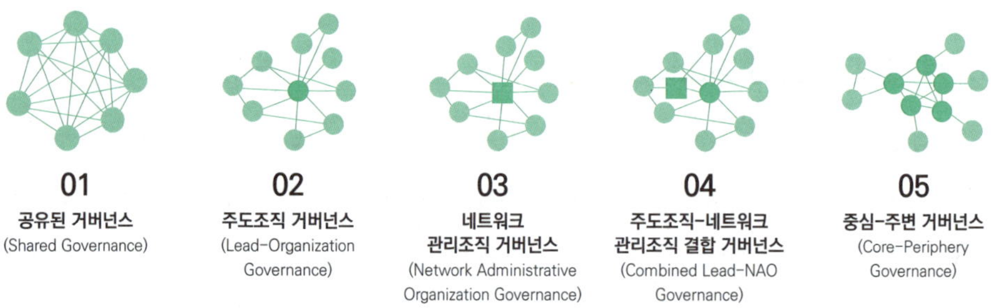

출처: Nowell et al. (2017)에서 번역 인용[1]

1. 공유된 거버넌스(Shared Governance)

공유된 거버넌스란 네트워크에 참여하는 모든 기관이 동등한 지위에서 운영과 의사결정에 참여하며, 특정한 중심 기관 없이 자율적으로 책임과 권한을 나누는 협력 구조를 의미한다. 이 거버넌스 유형에서는 참여자 간에 위계나 지시 체계가 존재하지 않으며, 리더십은 네트워크 전체에 분산되어 각 기관이 동시에 의사결정자이자 실행자로 기능한다. 이러한 수평적 협력은 상호 존중, 신뢰, 투명한 정보 공유, 공정한 책임 분담이라는 원칙

1 자료를 준비해준 정성훈 석사과정생(국민대학교)에게 감사드립니다.

을 바탕으로 작동하며, 구성원들은 공동의 목표 달성을 위해 적극적으로 소통하고 조정해야 한다.

공유된 거버넌스는 특히 규모가 비교적 작고 구성원 간의 이해관계가 일정 부분 일치하는 네트워크에서 효과적으로 작동할 수 있다. 자율성과 동등성이 보장되는 구조는 참여자들의 주인의식과 협력 의지를 고양시키고, 특정 기관의 권한 독점이나 배제를 방지하는 데 도움이 된다. 그러나 이 구조는 동시에 조정 비용이 높고, 신속한 의사결정이 어렵다는 한계를 수반한다. 구성원 수가 많거나 이해관계가 상충될 경우, 의견 조율 과정이 길어지고 갈등이 장기화되며, 책임소재가 명확하지 않아 운영의 효율성과 대응 속도가 저하될 수 있다.

예를 들어, 지역 공동체 기반의 청소년 돌봄 네트워크는 공유된 거버넌스 구조의 전형적인 사례이다. 한 지역 내에서 학교, 지역 복지관, 경찰서, 청소년상담센터, 시민단체 등이 모두 참여하여, 특정 청소년의 위기 상황에 대해 정기적인 사례회의를 통해 공동 대응 전략을 수립하고 실행한다. 이때 누구 하나가 중심을 잡기보다는, 각 기관이 자신이 가진 정보와 자원을 공유하고, 공동의 책임 아래 서비스를 분담하는 방식으로 운영된다. 이러한 구조는 지역사회 내 신뢰 관계와 네트워크 기반 협력문화가 뒷받침될 때 가장 효과적으로 작동한다.

2. 주도조직 거버넌스(Lead-Organization Governance)

주도조직 거버넌스는 네트워크 내에 하나의 중심 기관이 존재하며, 해당 기관이 전체 네트워크의 운영과 의사결정, 자원 분배를 주도적으로 담당하는 구조이다. 이 모델은 참여 기관들이 수평적으로 협력하기보다는, 중심 기관의 리더십을 중심축으로 삼아 방향성을 공유하는 방식으로 운영된다. 즉, 네트워크 내 공식적·비공식적 리더 역할을 맡은 기관이 존재하고, 그 기관은 전략 설정과 실행, 조정 역할을 주도한다. 이러한 구조는 특히 신속한 의사결정, 명확한 책임 소재, 정책 집행의 일관성을 확보하는 데 유리하다.

이 거버넌스 구조에서 중심 기관의 역할은 단순한 행정 지원에 그치지 않고, 정책 방향 설정, 전략 기획, 자원 통제, 실행 조율 등 복합적 리더십 기능을 포함한다. 중심 기관은 네트워크의 전체 비전을 제시하고, 각 참여 기관의 역할을 조율하며, 필요시 조정자 또는 최종 결정자로 기능한다. 반면, 참여 기관들은 중심 조직이 수립한 방향성과 목표를 바탕으로 부분적인 역할을 맡는다. 이 과정에서 참여 조직의 자율성이 제한될 수 있으나, 효율성과 운영 통일성 측면에서는 장점이 크다.

그러나 주도조직 거버넌스는 구조적으로 권한이 한 곳에 집중되기 쉬운 특성을 가지고 있다. 이는 경우에 따라 네트워크 내 민주성과 포용성 약화, 참여자의 소외감, 의사결정의 투명성 저하 등 부작용을 초래할 수 있다. 따라서 중심 조직은 정당성 있는 절차와 투명한 운영, 그리고 참여 조직과의 신뢰 기반을 통해 리더십을 행사해야 한다. 특히 참여 기관의 의견을 수렴하고, 일정한 자율성을 보장하며, 성과와 책임을 공유하려는 자세가 중요하다. 참여자 간 신뢰와 협력이 전제되지 않으면 중심 기관에 대한 불만과 저항이 발생할 수 있다.

예를 들어, 청소년 쉼터 네트워크에서 한 복지재단이 중심 기관이 되어, 여러 지역 쉼터, 청소년상담기관, 정신건강의료기관 등과 협약을 맺고 사업을 총괄하는 경우를 들 수 있다. 이 복지재단은 네트워크의 사업 방향을 설정하고, 재정 운영과 인력 지원, 서비스 기준 등을 관리한다. 참여 기관들은 재단이 제시한 운영 지침에 따라 프로그램을 실행하며, 예산 집행과 보고도 일정 기준에 맞추어 이루어진다. 각 기관은 일정 수준의 자율성을 갖지만, 전체 정책 방향과 자원 흐름은 중심 기관의 조정과 통제에 따라 움직이는 구조이다. 이러한 사례는 중심기관 주도의 거버넌스가 실질적 실행력을 높이는 데 유리하다는 점을 잘 보여준다.

3. 네트워크 관리조직 거버넌스(Network Administrative Organization Governance, NAO)

네트워크 관리조직 거버넌스(Network Administrative Organization Governance, NAO)는 네트워크 운영을 전담하는 중립적이고 독립적인 관리조직이 별도로 설치되어, 전체 네트워크의 의사소통, 조정, 관리 기능을 수행하는 구조이다. 이 관리조직은 네트워크의 참여 기관들과는 구분되는 별도의 운영 주체로, 정책을 직접 수립하거나 결정하지는 않지만, 네트워크의 일상적 운영과 실행을 지원하고 체계화하는 데 핵심적인 역할을 한다. 주로 규모가 크거나 복잡한 다기관 협력 네트워크에서 적용되며, 참여기관들이 실무 조정에 부담을 느낄 때 행정적 허브(hub)로서 기능할 수 있다.

NAO 구조에서 중심적인 행위자는 관리조직 자체이며, 이 조직은 전체 네트워크의 회의 주관, 문서화, 일정 조정, 정보 흐름 관리, 성과 모니터링 등 운영적 측면의 책임을 전담한다. 참여 기관들은 자율성과 독립성을 유지하면서도, NAO를 통해 연결되어 소통과 협력을 이어간다. 이러한 방식은 특히 행위자 수가 많고 이질적인 경우, 관리 부담을 줄이고 체계적 협력 기반을 형성하는 데 유리하다. 하지만 NAO가 실질적 권한을 과도하게 행사하거나 특정 기관의 이익에 편향될 경우, 신뢰 상실과 참여 약화로 이어질 위험도 존재한다.

따라서 NAO 모델에서 가장 중요한 관리 포인트는 NAO의 중립성과 대표성, 투명성 확보에 있다. NAO는 네트워크 내 어느 특정 기관의 이해를 대변하는 것이 아니라, 전체 네트워크의 균형 잡힌 운영과 조정을 목적으로 설계되어야 한다. 이를 위해서는 NAO 구성의 정당성과 정례적 보고 체계, 참여자들과의 지속적 소통이 필수적이다. 또한 NAO는 단순한 행정 지원기구가 아닌, 정책 집행 기반을 안정화하고 신뢰를 유지하는 '운영 중심축'으로 작동해야 하며, 참여기관들이 NAO를 신뢰할 수 있어야 협력 체계가 지속 가능해진다.

예를 들어, 지방자치단체의 청소년통합지원체계(CYS-Net)에서 운영되는 통합사례관리지원센터는 NAO 구조를 대표하는 사례이다. 이 센터는 교육청, 학교, 경찰서, 복지기관, 보건소, 법률지원단 등 다양한 기관이 참여하는 지역 청소년 안전망 협력체계를 조정·관리한다. 각 기관은 개별적인 업무를 수행하면서도, 센터를 통해 사례회의를 조정받고, 정보 공유 및 서비스 연계에 참여한다. 센터는 회의 일정 관리, 회의록 정리, 공동 개입계획 수립을 조정하며, 복잡한 기관 간 협업을 효과적으로 관리한다. 이러한 방식은 복잡한 협력 구조 속에서 실질적 실행력을 높이고, 지속 가능한 협력 운영을 가능하게 만든다.

4. 주도조직-관리조직 결합 거버넌스(Combined Lead-NAO Governance)

주도조직-관리조직 결합 거버넌스(Combined Lead-Network Administrative Organization Governance)는 전략적 리더십 기능을 수행하는 주도조직과, 행정적·실무적 조정 기능을 담당하는 관리조직이 함께 존재하는 복합형 구조이다. 이 유형은 네트워크 거버넌스의 효과성과 운영의 안정성을 동시에 확보하려는 목적에서 등장했으며, 주도조직 단독 모델이나 NAO 단독 모델의 장점은 살리되, 각 모델의 단점을 보완하는 전략적 결합형으로 볼 수 있다. 구성 방식은 한 조직이 두 역할을 동시에 수행하는 경우도 있고, 전략 주도조직과 실무 조정조직이 서로 독립적으로 존재하면서 협력하는 방식도 있다.

이 구조에서는 주도조직(Lead Organization)이 네트워크의 비전 설정, 전략적 목표 제시, 주요 방향 설정을 담당하며, 관리조직(NAO)은 정보 공유, 회의 운영, 실무 조정, 모니터링 등의 기능을 수행한다. 각 조직은 명확히 역할을 구분하되, 상호 신뢰와 긴밀한 협조를 통해 거버넌스 전반의 통합성과 유연성을 확보하는 것이 핵심이다. 이처럼 기능을 분화함으로써 주도조직은 본연의 전략적 리더십에 집중할 수 있고, 관리조직은 운영상 세부적인 실행을 담당하게 되어 조직 간 업무 부담 분산과 전문성 강화라는 이점을 얻는다.

하지만 이 유형은 권한 분산과 조정의 균형이 항상 과제가 된다. 주도조직과 관리조직 간 역할 충돌, 책임 중복, 상호 불신 등이 발생할 경우 네트워크 운영의 비효율성과 내적 갈등으로 이어질 수 있다. 따라서 이 구조를 성공적으로 운영하기 위해서는 각 조직의 역할과 책임을 명확히 설정하고, 정보 공유 및 상시 소통 채널을 제도화하는 것이 중요하다. 또한 정기적인 평가와 피드백을 통해 각 조직이 네트워크의 공동 목표에 부합하는 방향으로 기능하고 있는지를 점검하는 체계가 필요하다.

사례로는 지방자치단체의 청소년 비행 예방 네트워크에서, 지방경찰청이 전략 주도조직으로서 정책 목표와 개입 방향을 설정하고, 지역 청소년상담복지센터가 관리조직으로서 실무 회의 운영, 서비스 연계 조정, 사례 모니터링 등의 역할을 수행하는 경우를 들 수 있다. 경찰은 범죄 예방 전략을 제시하고 파트너 기관의 협조를 이끌어내며, 상담복지센터는 지역 기관들 간의 실무 조정을 담당하여 협력의 기반을 실질적으로 작동시킨다. 이처럼 전략-운영 기능이 분리되어 있으면서도 긴밀히 연결된 구조는 복잡하고 동적인 정책 문제에 효과적으로 대응할 수 있는 협력 플랫폼으로 기능할 수 있다.

5. 중심-주변 거버넌스(Core-Periphery Governance)

중심-주변 거버넌스(Core-Periphery Governance)는 네트워크 구성원 간의 참여 강도와 역할 수행에 명확한 비대칭성이 존재하는 구조이다. 네트워크 내에서 핵심(Core) 기관이 대부분의 의사결정과 조정 기능을 주도하며, 주변(Periphery) 기관은 한정된 역할이나 특정 목적에 따라 간헐적으로 참여한다. 이 구조는 네트워크에 참여하는 모든 조직이 동일한 수준의 자원, 의지, 역량을 갖고 있지 않다는 현실적인 조건을 반영하며, 현실적이고 효율적인 운영 방식으로 널리 활용된다. 그러나 동시에 참여의 편차와 위계 구조가 내재되어 있어 민주성과 형식적 평등성 측면에서는 비판을 받을 수 있다.

이 모델의 장점은 명확하다. 핵심 기관이 중심이 되어 목표를 설정하고 전략을 수립하며, 운영을 이끌기 때문에 의사결정의 일관성과 속도, 실행력이 상대적으로 뛰어나다. 주변 기관은 필요한 시점에 전문성이나 자원, 현장 기반을 제공하며 핵심 기관의 운영을 보완한다. 그러나 이러한 구조는 네트워크 구성원 간 관계의 수평성이 약화되고, 주변 기관의 소외감이 생길 가능성이 높다. 특히 주변 기관이 자신들의 의견이 충분히 반영되지 않는다고 느낄 경우, 참여의 동기 저하와 협력의 지속 가능성이 위협받을 수 있다.

따라서 중심-주변 구조를 효과적으로 운영하기 위해서는 핵심 기관의 책임 있는 리더십과 포용 전략이 필수적이다. 핵심 기관은 주변 기관이 느낄 수 있는 불균형을 해소하기 위해, 정보 공유의 투명성 확보, 일정 수준의 발언권 보장, 협력 성과의 공정한 배분 등의 방식으로 신뢰를 구축해야 한다. 또한 네트워크 운영의 초기 설계 단계에서부터 역할의 불균형을 제도적으로 조정하거나, 단계적 참여 확대의 전략을 고려할 필요가 있다. 핵심 기관의 역량은 곧 네트워크의 성공 가능성을 결정짓는 요인이 되므로, 전략적 조정력과 관계관리 능력이 강조된다.

대표적인 사례로는 중앙정부 주도의 아동·청소년 민관협력 네트워크를 들 수 있다. 예를 들어 보건복지부나 아동권리보장원이 중심이 되어 정책 목표를 설정하고, 민간 기관과 지자체, 지역 아동센터, 시민단체 등은 특정 사업이나 회의, 자문과 같은 방식으로 제한적으로 참여하는 구조다. 핵심 기관은 재정, 인력, 법적 권한 등 핵심 자원을 보유하고 있으며, 전체 네트워크의 운영 방향을 주도한다. 주변 기관들은 주로 현장 실행력이나 지역 네트워크에 대한 접근성을 제공하지만, 전략 수립에는 제한적으로 참여한다. 이 같은 구조는 운영의 효율성과 집중도는 높지만, 지속가능한 협치 체계를 위해 정기적 소통과 참여의 균형 장치가 반드시 필요함을 보여주는 사례다.

제 4 절 정책네트워크의 평가와 미래 전망

Ⅰ. 정책네트워크의 평가

1. 장점

정책네트워크는 현대 행정환경의 복잡성과 불확실성, 그리고 경계 초월적 문제 특성에 대응하기 위한 중요한 협력 메커니즘으로 주목받고 있다. 전통적인 위계적 행정방식이 단일 조직 중심의 일방적 문제 해결을 지향했다면, 정책네트워크는 다양한 이해관계자들이 수평적으로 연결되어 공동의 문제를 진단하고 해법을 모색하는 점에서 근본적인 차이를 가진다. 정책네트워크는 복잡하고 동적인 정책 환경에 효과적으로 대응할 수 있는 협력적 대안으로, 전통적 위계 행정 방식의 한계를 보완하며 다양한 이점을 제공한다. 특히 자원의 통합, 사고의 다양성, 정책 수용성이라는 세 측면에서 다음과 같은 강점을 지닌다.

(1) 문제 해결력 개선

정책네트워크의 가장 대표적인 강점은 자원 공유를 통한 문제 해결력의 강화이다. 현대의 정책 문제는 교육, 복지, 환경, 보건 등 여러 분야가 얽혀 있으며, 그 해결을 위해서는 정보, 재정, 전문 인력, 제도적 권한 등 다양한 자원이 필요하다. 그러나 현실적으로 이러한 자원을 단일 소식이 모두 보유하고 있는 경우는 드물다. 정책네트워크는 이처럼 분산된 자원을 수평적 협력을 통해 상호 보완적으로 연결함으로써, 기존에는 대응이 어려웠던 복합적 문제에 대해 현실적이고 실효성 있는 해법을 도출할 수 있게 한다. 예컨대 청소년 비행 문제를 해결하기 위해서는 학교, 경찰, 복지기관, 지역사회가 함께 협력해야 하며, 이들이 보유한 정보와 인프라를 통합할 때 실질적인 정책 성과로 이어질 수 있다.

(2) 창의성 촉진

두 번째로, 정책네트워크는 다양한 관점의 수렴을 통해 창의성을 촉진한다. 정부 기관뿐만 아니라 시민사회, 학계, 민간기업, 지역 전문가 등 다양한 배경과 전문성을 지닌 주체들이 네트워크에 참여할 경우, 각자의 문제 인식과 해결 접근법이 교차되고 융합되면서 기존에 없던 새로운 정책 아이디어와 실행 전략이 도출될 수 있다. 이는 특히 불확실성이 크거나 선례가 없는 문제에 대응할 때 유용하다. 다양한 시각의 결합은 기존의 관료제적 고정관념이나 단일 가치 중심의 경직된 사고를 넘어설 수 있게 해 주며, 정책을 보다 창의적이고 포용적으로 만드는 데 기여한다. 이는 네트워크 기반 거버넌스가 단순한 자원 통합을 넘어서 사고의 융합과 사회혁신의 플랫폼으로 기능할 수 있음을 시사한다.

(3) 정책 수용성 제고 및 시민 참여 활성화

정책 형성 과정에서 다양한 주체의 참여가 이루어질 경우, 해당 정책은 특정 집단의 이해에 국한되지 않고 보다 넓은 사회적 공감대를 확보할 수 있게 된다. 특히 시민이나 지역 기반 행위자들이 초기 단계부터 논의에 참여하면, 정책 설계에서 현장의 목소리가 반영되어 정책의 현실 적합성과 실행 가능성이 높아진다. 이러한 참여는 단순한 절차적 정당성을 넘어, 정책 실행 단계에서의 자발적 협력과 적극적 수용으로 이어진다. 나아가 이는 민주적 거버넌스의 실질적 구현이라는 점에서 중요한 의미를 갖는다. 시민이 단순한 수혜자가 아닌 공동 설계자(co-designer)로 참여할 수 있는 구조는, 정책의 신뢰성과 지속 가능성을 제고하는 데 있어 결정적인 역할을 한다.

2. 한계점

동시에 정책네트워크는 다양한 장점에도 불구하고 여러 구조적 한계를 동시에 내포하고 있는 제도적 장치이기도 하다. 협력과 수평적 참여를 강조하는 네트워크 구조는 이상적으로는 다양한 주체의 동등한 참여와 공동 책임을 전제로 하지만, 실제 운영 과정에서는 여러 현실적 제약과 문제가 드러나기 마련이다. 특히 책임의 분산, 권력의 비대칭, 갈등 조정의 어려움은 정책네트워크의 지속가능성을 위협하는 중요한 요소로 지적된다.

(1) 책임소재의 모호성

정책네트워크는 다수의 행위자들이 공동으로 정책을 설계하고 집행하는 구조를 지향한다. 그러나 이처럼 집단적 의사결정이 강조되면서, 정책 실패나 갈등 발생 시 책임 소재가 명확하지 않게 되는 문제가 발생할 수 있다. 누구의 판단이 잘못되었는지, 또는 어떤 기관이 조치를 하지 않았는지 파악하기 어려워지며, 그 결과 책임 전가가 빈번하게 나타날 수 있다. 특히 공공기관의 경우, 법적·정치적 책임성을 요구받는 위치에 있는 만큼, 책임의 경계가 모호한 네트워크 구조에서는 위험 회피적 태도나 소극적 참여로 이어질 수 있다. 이는 정책 실행의 속도와 일관성을 저해하고, 네트워크의 신뢰 기반 자체를 약화시킬 수 있다.

(2) 권력 불균형 및 참여 배제의 가능성

또한 정책네트워크는 참여자 간의 공식적 동등성에 비해, 실제 작동 과정에서는 권력의 불균형이 심화되거나 일부 참여자의 배제가 발생할 가능성도 내포하고 있다. 특히 네트워크 내에는 비공식적 영향력이 강하게 작용하는 경우가 많으며, 특정 조직이나 인물이 자원, 정보, 네트워크 연결성을 무기로 실질적 주도권을 행사하는 경우도 있다. 이는 형식적으로는 수평적 협력 구조처럼 보이지만, 실제로는 비공식적 '지배자'가 존재하는 위계적 구조로 변질될 수 있다는 것을 의미한다. 그 결과, 자원이나 정보에 접근하기 어려운 기관들은 의사결정 과정에서 소외되고, 점차 형식적인 참여에 머물게 되며, 이는 정책의 대표성과 정당성을 약화시킬 수 있다.

(3) 높은 조정 비용과 갈등 관리의 어려움

정책네트워크의 세 번째 주요 한계는 높은 조정 비용과 갈등 관리의 어려움이다. 다양한 이해관계자들이 참여하게 되면, 각기 다른 이해와 우선순위를 가진 집단 간에 의견 충돌이 빈번하게 발생한다. 이를 조정하고 합의에 도달하기 위해서는 시간, 인력, 재정 등 다양한 행정적 자원이 소모되며, 합의에 실패할 경우 의사결정 지연과 정책 정체 현상이 나타날 수 있다. 특히 이해당사자 간의 신뢰가 부족하거나, 명확한 조정 메커니즘이 마련되지 않은 경우, 협력은 파편화되고 각 조직은 다시 독립적으로 움직이려는 경향을 보이게 된다. 이처럼 네트워크 운영이 불안정해지면, 정책 실행의 효율성은 현저히 떨어질 수밖에 없다. 또한 중재자 혹은 조정자의 역량이 부족한 상황에서는 갈등이 증폭되어 네트워크 전체의 해체로 이어질 수도 있다.

결국 정책네트워크는 복잡한 사회문제에 대한 전략적 협력 방식으로서 상당한 잠재력을 가진 제도적 대안이지만, 그 구조적 특성과 운영 방식에 따라 다양한 도전과 한계를 동시에 동반한다. 공공관리자는 이러한 한계를 단순한 운영 문제로 치부하기보다는, 제도적 장치 설계, 참여자 간 신뢰 형성 전략, 효과적인 갈등 조정 메커니즘 마련 등을 종합적으로 고려하여 균형 잡힌 네트워크 운영 전략을 마련해야 한다. 특히 책임성과 포용성, 효율성 간의 긴장을 조율할 수 있는 거버넌스 감수성과 실천적 역량이 요구되는 시점이다.

Ⅱ. 정책네트워크와 미래 공공관리의 전망

정책네트워크는 단지 오늘날의 공공관리 방식에 머무르지 않고, 미래 행정의 방향을 가늠하는 핵심적 개념으로 점점 더 중요해지고 있다. 기술 발전과 사회구조의 변화는 정책 형성·집행 방식에 근본적인 전환을 요구하고 있으며, 이에 따라 정책네트워크의 구조와 운영 원리 또한 새롭게 조명되고 있다. 향후 공공관리의 주요 흐름은 크게 디지털 기술의 통합, 신뢰 기반의 감정관리, 그리고 공동창출(Co-production)의 확대라는 세 가지 방향으로 전개될 것으로 보인다.

1. 디지털 기술과 네트워크 관리

디지털 기술의 발전은 정책네트워크의 작동 방식을 근본적으로 변화시키고 있다. 인공지능(AI), 빅데이터, 클라우드, 플랫폼 기반 기술은 정책 수립과 실행 전 과정에서 정보 수집과 분석의 효율성을 극대화할 수 있는 도구로 활용되고 있다. 특히 온라인 플랫폼을 통한 실시간 시민 참여, 정책 모니터링, 피드백 수렴 등은 기존의 폐쇄적 정책결정 과정을 넘어서는 열린 네트워크 환경을 가능케 하고 있다. 기술 기반 참여 플랫폼은 행위자 간 연결성을 강화하고, 네트워크 운영의 투명성과 접근성을 높이며, 디지털 민주주의의 실현 가능성을 열어주고 있다.

2. 신뢰와 감정 관리의 중요성

미래의 정책네트워크 운영에서 '신뢰'와 '감정관리'는 더욱 결정적인 요소로 부상할 전망이다. 정책은 합리적 설계의 산물일 뿐 아니라, 감정적 수용과 심리적 공감 위에서 실현된다. 특히 불확실성과 위기 상황이 잦은 현대사회에서는 정책 내용만큼이나 정책 전달 과정에서의 정서적 신뢰 구축이 중요해지고 있다. 시민은 전문가나 기관의 기술적 권위보다도 의도를 신뢰할 수 있는가, 진정성이 느껴지는가를 통해 정책에 협조하거나 반발한다. 이러한 측면에서 정책네트워크 내 행위자들은 단순한 정보 교환이 아니라, 상호 존중과 공감에 기반한 감정적 연결을 유지해야 하며, 감정관리 역량은 지속 가능한 협력의 핵심이 된다.

3. 공동창출의 확대

공동창출(Co-production)은 향후 공공서비스의 기본 운영 방식으로 확대될 것이다. 정책과 행정은 더 이상 정부의 독점 영역이 아니라, 시민, 전문가, 기업, 지역사회가 함께 기획하고 실행하며 평가하는 과정으로 전환되고 있다. 이러한 변화는 정책네트워크가 실질적인 참여 기반 협치 구조로 진화함을 의미하며, 각 주체가 단순한 수혜자에서 공동 설계자이자 공동 책임자로 전환되는 흐름을 반영한다. 이에 따라 정부의 역할은 전통적인 집행자에서 전략적 설계자, 협력의 촉진자, 조정자로 변화해야 하며, 다양한 자원의 흐름을 통합하고 조율하는 네트워크 기반 관리 역량이 더욱 요구된다.

결국 미래의 공공관리는 단순한 행정 기술이나 효율성 제고를 넘어서, 복잡한 협력관계의 구조화와 감정적 신뢰의 조율, 그리고 기술 기반 참여의 제도화라는 다층적 과제를 해결해 나가야 한다. 정책네트워크는 이 변화의 중심에서 정부와 시민, 조직 간 관계를 재조정하고, 공공성을 재정의하는 새로운 관리 패러다임으로 자리잡게 될 것이다.

요약

1. 정책네트워크의 개념

정책네트워크는 특정 정책문제를 둘러싸고 다수의 행위자들이 자원의 상호의존성과 협력을 바탕으로 정책을 공동 형성하고 집행하는 구조이다. 전통적 위계 모형과 달리, 수평적 상호작용, 비공식적 협력, 분산된 권력 구조가 특징이다.

2. 정책네트워크의 특징

- 상호의존성: 어느 누구도 정책 자원을 단독으로 소유하지 않음. 협력이 필수.
- 자원 교환: 정보, 예산, 전문성 등 상이한 자원을 기반으로 협상.
- 권력 분산: 다양한 주체 간에 영향력과 책임이 공유됨.
- 불확실성과 복잡성 대응: 다중 원인, 다영역 문제에 유연하게 대응 가능.

3. 이론적 기반

- 자원의존이론(Pfeffer & Salancik): 자원을 가진 자는 영향력을 행사하고, 부족한 자는 협력을 통해 자원을 확보하려 함.
- 사회자본이론(Putnam, Coleman, Burt): 신뢰, 규범, 관계망이 네트워크 작동의 질을 결정함.
- 정책옹호연합모형(ACF): 정책 하위체계 내 서로 다른 신념을 공유하는 옹호연합들이 장기적으로 경쟁하며 정책을 변화시킴.

4. 정책네트워크의 공공관리적 의의

- 전통적 위계형 관리 한계 보완: 단일 기관이 해결할 수 없는 문제에 유효.
- 공공관리자의 역할 변화: 관리자에서 조정자·중재자·관계 설계자로 전환됨.
- 정책 책임의 분산과 공동 해결: 불확실성과 리스크를 함께 관리.

사례연구

사례: 가출청소년의 범죄 개입 예방을 위한 지역사회 연계 안전망

가출한 청소년들이 함께 거주지를 마련하여 그룹을 이뤄 숙식하며 생활하는 공동체인 이른바 '가출팸'과 관련된 범죄행위는 날로 심화되고 있다. 2022년 통계에 의하면 가출팸 해체 건수만 2021년에 77건으로 2017년부터 2021년 간 총 2200명이 넘는다고 한다. 경찰청 통계에 따르면 매년 2만2천명에서 2만7천명 정도의 청소년이 가출을 하는데, 이들 학교 밖 청소년들은 가출 이후 쉼터나 공적 상담기관의 보호 없이 SNS 커뮤니티를 통해 서로 연결되고, 생활비 마련을 위해 절도, 갈취, 온라인 불법도박, 조건만남 등의 성매매와 같은 심각한 범죄에 가담하게 될 가능성이 높아진다. 그러나 이러한 학교 밖 청소년과 가정 밖 청소년들은 아직까지 실태 파악도 명확하게 이루어지지 않고 있을 뿐만 아니라 청소년쉼터, 경찰, 학교, 복지기관 사이의 연계 부재와 정보 단절이 문제였음을 보여주었다.

가출 청소년의 보호에는 물론 일차적으로 경찰의 현장 대응이 중요하나, 가출 청소년의 문제는 가정과 학교, 사회적 분위기 등 다양한 원인이 복합적으로 작용하고 있어 기관 간 정보가 밀접하고 신속하게 이루어지지 않고 한 기관의 단발성 개입으로는 청소년의 반복적 가출과 범죄 노출을 막기 어려운 실정이다. 가출 청소년을 다시 가정에 인계해도 근본적인 원인이 해결되지 않는 경우 다시 가출을 반복할 가능성이 매우 높다. 따라서 근본적 원인을 파악하고 이를 해결하기 위해서는 상담센터의 위기 개입, 쉼터의 물리적 보호, 학교와의 복교 협의, 정신건강 지원, 자립 준비, 민간기관의 접촉 활동이 긴밀히 연결되어야 한다.

이러한 문제는 가출 청소년에 대한 사후적인 단순 보호가 아닌 위기청소년에 대한 조기개입과 지역사회 연계 중심의 통합적 대응이 필요하다는 공감대를 확산시켰다. 이에 여성가족부는 2021년부터 「청소년안전망시스템」을 제도화하여, 전국 지방자치단체에서 지역사회 내 청소년 관련 기관들이 협력하여 조기 발굴-위기 개입-지속 보호-자립 지원까지 아우르는 종합적인 대응체계를 구축하고 있다. 이 시스템은 여성가족부를 중심으로 보건복지부, 교육부, 경찰청, 병무청 등 5개 부처가 협력하여 위기청소년을 발굴하고 상황별 맞춤형 서비스를 연계하는 통합 플랫폼 시스템이라고 할 수 있는데, 이 밖에도 지자체 청소년안전망 실행위원회, 청소년상담복지센터, 학교, 경찰서 여성청소년계, 청소년쉼터 또는 이동쉼터, 병원 및 정신건강기관, 지역 NGO 등의 청소년 복지와 관련된 기관들이 네트워크로 구성되어 있다. 이 시스템에서는 지구대가 찾은 가출 청소년이 단순 가출이 아닌 반복 가출로 판명되는 경우, 청소년상담복지센터에서의 면밀한 상담을 통해 필요시 쉼터로 연계해 청소년을 인계해 직업 교육이나 복교로 이루어지거나, 정신과적 문제가 있는 경우 관련 기관에 연계하는 등 개별 청소년에 대한 밀착 관리 및 통합 지원이 이루어지도록 설계된 네트워크적 접근을 제도화한 사례라 할 수 있다.

표 13-5 위기청소년 조기 예방을 위한 주요 행위자 및 역할

기관/행위자	역할
지자체 청소년안전망 실행위원회	지역 청소년 정책 및 위기 개입 의사결정
서울시청소년상담복지센터	사례 발굴, 상담, 개입 계획 수립 및 조정
학교	위기징후 발견, 학업 중단 청소년 연계
경찰서 여성청소년계	범죄 연루 우려 청소년 신고 및 긴급 보호
청소년쉼터·이동쉼터	일시 보호, 기본 욕구 충족, 심리적 안정 제공
병원 및 정신건강기관	치료적 개입이 필요한 경우 전문적 지원
지역 NGO, 아웃리치 활동가	거리 상담, 발견과 연계 창구 역할

출처:
"갈 곳 없는 가출 청소년 알아서 돌아가라는 당국", 경향신문. 2015. 4. 5.
https://www.khan.co.kr/article/201504052139135
"범죄 피해 노출에 직접 가담까지...범죄 온상 '가출팸' 해결책은", 아시아경제. 2022. 10.01. https://www.asiae.co.kr/article/2022093015280434649
"여가부, 청소년안전망시스템 구축…위기청소년 사각지대 줄였다", 한국경제. 2025. 4. 21.
https://www.wowtv.co.kr/NewsCenter/News/Read?articleId=2025042138531
여성가족부. (2022). 「가출청소년 보호 및 지원 강화 방안」 보도자료 및 발표자료
서울시립청소년이동쉼터 운영현황보고서 (2022~2023년)

사례문제

1. 가출 청소년 문제를 '전통적인 행정방식'으로 해결하려 할 경우 어떤 한계가 발생할 수 있는가? 사례에서 나타난 구체적인 문제점을 기반으로 설명해 보자.
2. 가출 청소년 대응과정에서 정보 공유가 원활하지 않을 경우 어떤 문제가 발생할 수 있으며, 기관 간 신뢰는 어떻게 구축할 수 있을까?
3. 이 사례에서 등장하는 각 기관(경찰, 쉼터, 학교, 상담센터 등)의 역할은 무엇이며, 이들이 협력하지 않을 경우 발생할 수 있는 결과는 무엇일까?
4. 여러 기관이 공동으로 개입하는 정책네트워크 구조에서 정책 실패나 청소년 재가출이 발생했을 경우, 책임소재는 어떻게 설정되어야 할까?

5. 현재 여성가족부 중심의 청소년안전망시스템이 제대로 작동하기 위해 가장 중요한 요소는 무엇이라고 생각하는가? 제도적, 조직적, 관계적 측면에서 논의해 보자.

토의질문

1. 정책네트워크는 왜 전통적인 위계적 정책모형으로는 설명하기 어려운 정책 문제에 적합한가요? 복잡성, 불확실성, 경계 초월성 등의 개념과 연결지어 논의해 보세요.
2. 정책네트워크에서 '자원'은 어떤 의미를 가지며, 자원을 가진 행위자는 어떻게 영향력을 행사하나요? 자원의존이론의 핵심 개념을 사례와 함께 설명해 보세요.
3. 신뢰, 규범, 관계망 등 사회자본이 정책네트워크의 안정성과 효과성에 어떤 영향을 주나요? Coleman과 Burt의 이론 차이를 비교하면서 토론해 보세요.
4. 옹호연합(advocacy coalition)은 어떤 방식으로 형성되고, 장기적으로 정책 변화에 어떤 역할을 하나요? 실제 정책 갈등 사례(예: 탈원전, 기후정책 등)와 연계해 생각해 보세요.
5. 정책네트워크 구조에서 책임 소재가 모호해질 수 있다는 지적에 대해 어떻게 생각하나요? 책임소재의 명확성 vs 협력 기반 거버넌스의 장점을 균형 있게 논의해 보세요.
6. 청소년안전망시스템 사례에서 정책네트워크의 작동 방식은 어떻게 설계되어 있나요? 주요 행위자와 그들의 역할, 조정방식, 한계점을 중심으로 분석해 보세요.
7. 정책네트워크 내 공공관리자의 역할은 전통적 행정가와 어떻게 다르며, 어떤 역량이 요구되나요? 조정자, 중재자, 촉진자, 관계관리자라는 개념을 중심으로 논의해 보세요.
8. 향후 디지털 기술(예: AI, 빅데이터)이 정책네트워크 운영에 어떤 영향을 미칠 수 있을까요? 정보공유, 참여 구조, 신뢰 형성 측면에서 기대효과와 위험요인을 나눠보세요.

참고문헌

박현희·홍성걸. (2016). 사회연결망분석을 이용한 창조경제정책 분야의 정책네트워크(Policy Networks) 에 대한 탐색적 연구. 「한국정책학회보」, 25(2): 429-455.

정성훈, & 박현희. (2023). 정책하위시스템에서 갈등 해소를 위한 정책중개자 역할에 대한 탐색적 연구: 예멘 난민 수용 정책 네트워크 사례를 중심으로. 「한국정책과학학회보」, 27(2): 75-107.

Burt, R. S. (1992). *Structural holes*. Cambridge, Massachusetts: Harvard University Press.

Burt, R. S. (2000). The network structure of social capital. In B. M. Staw and R. I. Sutton (Eds.), *Research in Organizational Behavior* (Vol. 22, pp. 345-423). New York: JAI.

Coleman, J. S. (1988). Social Capital in the Creation of Human Capital. *The American Journal of Sociology,* 94: S95-S120.

Granovetter, M. S. (1985). Economic action and social structure: The problem of embeddedness. *American journal of sociology,* 91: 481-510.

Freeman, J. L. (1965). The political process: Executive bureau-legislative committee relations (Vol. 13). Random House.

Heclo, H. (1978). 978. *Issue Networks and the Executive Establishment. The New American Political System*. Washington, DC: American Enterprise Institute.

Huang, Kun, and Provan, Keith G. (2007). Resource Tangibility and Patterns of Interaction in a Publicly Funded Health and Human Services Network. *Journal of Public Administration Research and Theory*, 17(3): 435-454..

Park, H. H. and Rethemeyer, R. K.(2014). The Politics of Connections: Assessing the Determinants of Social Structure in Policy Networks. *Journal of Public Administra-*

tion Research and Theory, 24(2): 349-379.

Pfeffer, Jeffrey. (1987). *A resource dependence perspective on intercorporate relations. In Intercorporate relations: The structural analysis of business*, edited by M. S. Mizruchi and M. Schwartz. New York: Cambridge University Press.

Pfeffer, Jeffrey, & Gerald R. Salancik. (1978). *The external control of organizations*. New York: Harper and Row.

Provan, Keith G., & H. Brinton Milward. (1995). A preliminary theory of interorganizational network effectiveness: A comparison study of four community mental health systems. *Administrative Science Quarterly,* 40 (1):1-33.

Rethemeyer, R. Karl. (2007a). The empires strike back: Is the internet corporatizing rather than democratizing policy processes? *Public Administration Review*, 67(2): 199-215.

__________________. (2007b). Policymaking in the age of internet: Is the internet tending to make policy networks more or less inclusive? *Journal of Public Administration Research and Theory,* 17(2): 259-284.

Rhodes, R. A. W. (2006). Policy networks. *The Oxford handbook of public policy*, 6: 425-447.

Sabatier, Paul A., and Hank C. Jenkins-Smith. (1993). *Policy change and learning: An advocacy coalition approach*. Boulder, Colorado: Westview Press.

Smith, Jason M., Halgin, Daniel S., Kidwell-Lopez, Virginie, Labianca, Giuseppe, Brass, Daniel J., and Borgatti, Stephen P. (2014). Power in politically charged networks. *Social Networks,* 36: 162-176.

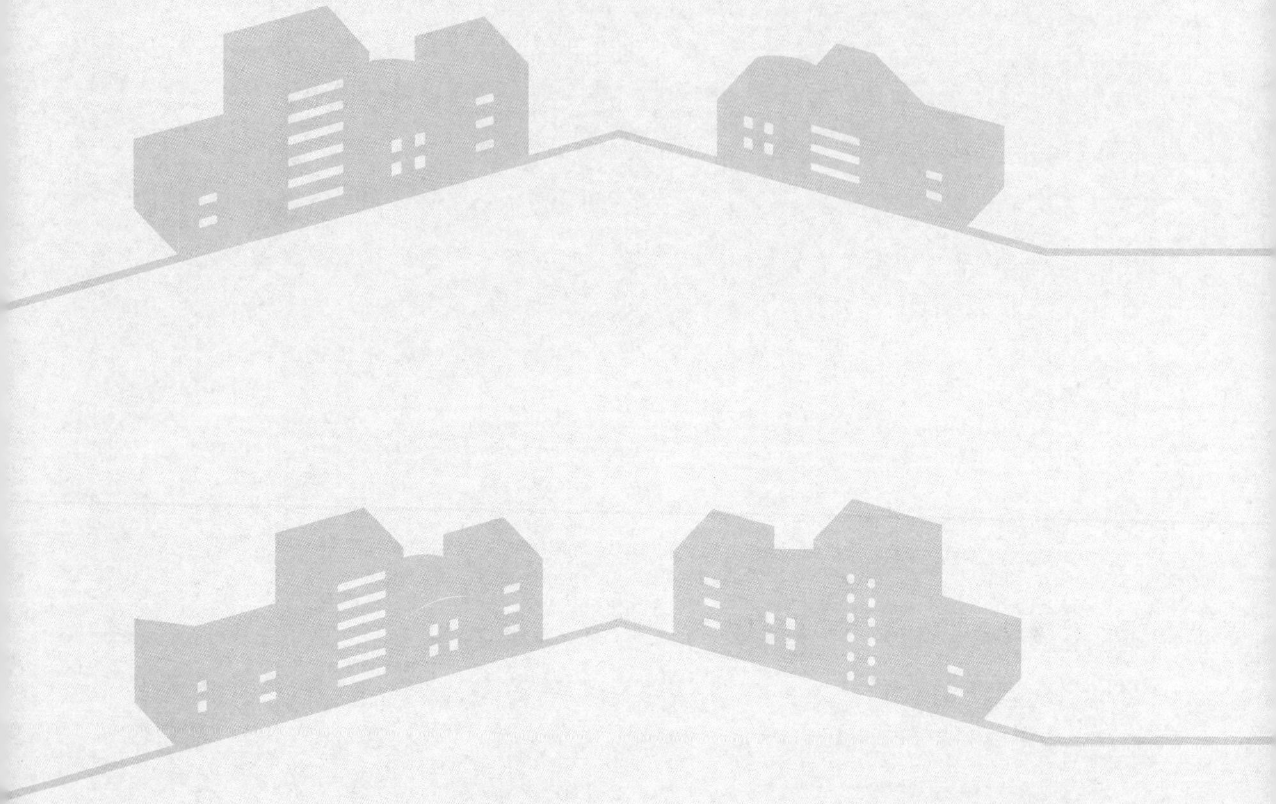

5부

공공관리의 미래

• 제14장 공공관리의 전망과 방향

14장 공공관리의 전망과 방향

| 전체 저자 |

본 장은 각 장의 내용을 정리하면서 각 장의 주제와 관련된 앞으로의 공공관리의 전망과 추구해야 할 미래의 방향에 대해 옴니버스 형식으로 구성하였다.

제 1 절 공공관리의 토대

먼저 제1장에서는 공공관리에서 논의되는 공공과 관리 양자를 균형 있게 강조하였다. 공공부문은 공익을 추구하고, 민간부문은 사익을 추구하기에 각 부문에 적합한 관리가 요구되지만, 양 부문 모두 일반 관리의 특성을 공유한다. 공공조직의 관리를 의미하는 공공관리는 다양한 자원을 배분하고 활용하여 공공의 목적을 달성하는 활동이다. 공공관리는 공익 증진과 공공가치 창출을 지향하면서 시민의 요구에 대응하고 소망하는 결과를 달성하고자 한다. 공공관리는 목표지향성, 효과적 리더십, 핵심 관리기능, 이해관계자에 대한 책무성, 성과관리 등에서는 민간관리와 유사한 반면, 목표와 관리 초점, 이해관계자의 범위와 복잡성, 책무성의 체계, 의사결정 속도와 과정, 자원의 조달과 운용, 성과측정 기준과 방식 등에서는 차이가 있다. 공공관리는 공공부문에 적합한 효과적인 관리 발전을 도모하면서도 민간의 성공 사례가 공공부문에 적합한지 검증하고 개선하여 활용하는 것도 필요하다.

앞으로 환경변화와 불확실성은 심화되고 해결하기 힘든 사회적 난제들은 늘어날 것이며, 공공과 민간 양 부문 모두에서 다양한 이해관계자들의 참여와 요구는 확대될 것이다. 이에 대응하여 공공부문과 민간부문은 각자의 고유한 특성을 유지하면서도 서로 배우면서 발전하여야 할 것이다. 공공부문은 공익 및 공공가치 증진에 유용한 각종 도구적 지식을 민간으로부터 배우고 활용하고자 할 것이다. 민간부문 또한 기업의 사회적 책임성과 ESG 경영이 강조되면서 규범적 지향성과 사회적 기여에 대하여 공공으로부터 학습하고 실행하고자 할 것이다.

제2장에서는 공공관리의 기원과 진화에 대해 살펴보았다. 행정학의 역사를 볼 때, 초기에는 공공관리와 민간관리가 뚜렷이 구분되지 않았다. 그러나 점차 공공영역의 기능과 중요성에 대한 인식이 높아지면서 민간관리와는 구분되는 공공관리의 특성에 대한 논의가 활발히 이루어졌다. 그러면서 공공관리에서 추구되어야 할 규범적 가치들이 중요하게 다루어졌다. 그러나 공공부문 경쟁의 부재, 서비스 질의 저하는 다시금 공공관리의 근본적인 문제에 대한 비판과 성찰을 요구했고, 그러한 반성의 토대 위에서 나타난 것이 1990년대에 유행한 신공공관리론이였다. 민간부문의 경영기법과 경쟁의 논리를 공공부문에 도입하여 공공부문의 개혁과 성과에 긍정적인 영향을 미쳤다고 평가할 수 있다. 그러나 공공부문과 민간부문의 근본적인 차이에 대한 우려가 현실로 나타났고, 이는 신공공관리론의 주요 내용을 공공부문에 그대로 적용하기에는 여러 가지 문제점과 한계가 있었던 것도 부인할 수 없는 사실이다. 그러한 비판에 대한 대안으로 신공공서비스론, 공공가치관리론과 같은 여러 가지 후기 신공공관리 이론들이 등장하였다.

앞으로 공공관리는 어떠한 방향으로 나아가야 할 것인가? 거버넌스를 통해 우리는 이미 정부가 모든 공공서비스를 독점하는 것이 어렵다는 사실을 깨닫게 되었다. 이제 정부는 공공 서비스 제공이나 정부활동에서 민간, 시장과의 협력이 불가피하다는 것을 알게 되었다. 그렇다면 앞으로 공공관리가 추구해야 할 가치는 무엇인가? 먼저, 정부와 비정부집단과의 상호신뢰와 협력을 강조하는 협업성(collaboration), 행정이 점점 불확실하고 복잡해짐에 따라 어떤 실패나 위기를 경험할 확률이 높아지면서 이러한 실패나 위기로부터 빨리 회복할 수 있는 회복탄력성(resilience), 그리고 다양한 계층과 집단의 서로 다른 의견을 수렴할 수 있는 포용성(inclusiveness), 마지막으로, 위기나 재난에 신속하게 대응할 수 있는 기민성을 강조하는 민첩성(agility) 등이 중요한 가치가 될 것으로 예상된다.

마지막으로, 제3장에서는 공공관리에서의 책무성 개념과 구성요소, 그리고 다양한 유형에 대해 살펴보았다. 책무성은 공공기관이 시민과 다양한 이해관계자에게 자신들의 결정과 행위에 관해 설명하고, 그에 관한 질문과 평가를 받으며, 평가 결과에 따라 보상이나 제재를 수용하는 상호작용적 과정이다. 이러한 책무성은 정보 제공-토론-결과라는 세 단계로 작동하며, 이를 가능하게 하는 구성요소로는 책무성 관계(누가 누구에게 설명하는가), 그 속성(수직/수평, 공식/비공식), 그리고 책무성 기준(법률, 성과, 사회적 기대 등)이 있다. 이를 바탕으로 책무성은 계층적, 법적, 전문적, 정치적 등 다양한 유형으로 나타나며, 실제 행정현장에서는 이들 책무성 간의 조합과 충돌이 동시다발적으로 발생한다.

향후 공공관리는 복합화된 책무성 요구에 유연하게 대응할 수 있는 설계 능력과 실천 전략을 강화해야 한다. 특히 전통적 위계 통제, 시장기반 계약, 협력적 네트워크 구조가 혼재하는 행정 환경에서는 단일한 책무성 모델로는 대응하기가 어렵다. 따라서 향후 과제는 첫째, 책무성 갈등을 조정하고 조율할 수 있는 제도적 장치와 문화적 기반을 마련하는 것, 둘째, 시민참여를 활성화하여 단순 감시를 넘어 공공가치 창출을 위한 협력적 구조를 구축하는 것, 셋째, 공공가치를 중심에 둔 책무성 기준을 재정립하여 상황에 맞게 조정 가능한 유연한 책무성 체계로 전환하는 것이다. 공공부문의 책무성은 '누가 책임지는가'에서 더 나아가 '어떻게 함께 책임을 나누고 조정할 것인가'로 전환되어야 한다.

제 2 절 조직과 자원

제4장에서는 공공관리에서의 목표와 이해에 대해 살펴보았다. 목표는 관리 필요성의 이유이자 정당성을 제시하는 것으로, 관리의 적절성을 정하는 첫 단추라고 할 수 있다. 일반 관리 분야와는 달리 공공부문의 목표는 공공가치를 다루고 있어 목표를 형성하는 과정에서 합의의 어려움으로 인해 구체성을 갖기 어려우며, 측정이 어려운 무형목표의 형태를 보여 효과성을 합의하기가 어렵다. 그렇기 때문에 이를 달성하기 위한 전략과 실행체계를 만들고 이에 대한 효과성을 판단하는 과정은 늘 쉽지 않다. 공공부문의 특성

상 다양한 이해관계자 간에 가치 충돌이 존재하므로 목표 설정 시 구체성과 측정 가능성을 갖는 것은 어려우나, 반대로 동일한 이해관계자들이 책무성을 갖고 있기 때문에 고정적인 형태나 틀을 바탕으로 결과적 목표와 전략의 체계를 구축하는 것보다는 과정이 논리적이고 합리성을 갖춘 체계구축이 요구된다. Bryson 등(2024)이 제시한 것과 같이 목표는 고정된 것이 아니나 거시적 수준의 환경과 미시적 수준의 기술적 설계와 합의 속에서 끊임없이 변화해 간다. 목표의 연계(cascading) 체계 고도화를 통해 실질적으로 상·하위 수직적 목표들을 유기적으로 연계하고, 하나의 목표를 달성하기 위한 하위목표들의 수평적 일치성 확보를 이룰 수 있도록 노력할 필요성이 있다. 무엇보다 목표와 그에 따른 체계의 대규모로 점검이 요구되는 특정 시기 도래에 따른 기계적 점검이나 일방적인 하향적 구조의 전략체계구성이 아닌 상시적인 점검과 조정이 대응성 있게 이루어지고 조정이 될 수 있도록 조직 구성원들의 역량함양과 조직 목표와 전략에 대한 내재화가 반드시 필요할 것이다.

더불어 하나의 기관이나 부처의 노력으로 해결되지 않는 여러 난제의 등장과 기술발전으로 인한 대전환의 시대에 관리적 목표의 의미는 단순한 조직을 넘어서고 있다. 조직을 넘어선 협력적 구조 속에서 공공의 문제를 해결함에 있어 문제의 본질을 꿰뚫어 보고 이를 둘러싼 이해관계자들을 파악하고 현실적인 대안들을 찾아낼 수 있는 관리적 역량이 중요한 부분이겠으나, 무엇보다 부처 할거주의를 넘어 협력하는 것이 권장되고, 선제적 대응을 위한 가치와 목표를 설정하는 것이 가능할 수 있는 유연한 제도적 뒷받침과 동기부여 시스템이 고려되어야 할 필요성이 있다.

제5장에서는 공공부문의 성과관리에 대해 살펴보았다. 공공조직의 성과관리는 단순한 수단적 도구를 넘어, 조직의 운영 철학과 행정 이념을 반영하는 제도적 메커니즘으로 발전해 왔다. 성과관리가 효과적으로 운영되기 위해서는 조직의 핵심 목표와 성과 기준을 명확히 설정하고, 이에 대한 구성원들의 충분한 이해와 공감대 형성이 선행되어야 한다. 이러한 기반 위에서 핵심성과지표(KPI)를 체계적으로 개발하고, 이를 바탕으로 성과측정과 모니터링을 일관되게 수행해야 한다. 아울러, 수집된 성과정보는 단순히 기록이나 보고용 자료에 그치지 않고, 구성원의 동기를 유발하며, 정책결정과 조직 운영을 개선하는 실질적 의사결정 도구로 활용되어야 한다(Ko & Kim 2023; Yang & Torneo, 2016).

성과관리는 공공조직의 핵심 전략 도구이지만, 실질적인 효과를 거두기 위해서는 단순한 통제 수단을 넘어 '성과를 위한 관리(Managing for Performance)'라는 관점을 조직 전반에 내재화하는 것이 중요하다. 이를 위해 전략계획 수립, 성과측정, 성과정보의 조직 운영 활용 간 내적 정합성이 확보되어야 하며, 단순히 성과정보를 생산(adoption)하는 것을 넘어서 실제로 이를 정책결정과 조직 운영에 활용(implementation & utilization)되는 방식으로 이어지는 체계 구축이 요구된다. 이를 가능하게 하기 위해선 이성적·기술적 기반(전문인력, 재정, 교육훈련)과 문화적·정치적 조건(성과지향적 조직문화, 리더십의 관심과 지원, 법적·제도적 기반)의 조성이 병행되어야 한다(de Lancer Julnes & Holze 2014; Holzer, 2019; Ko & Kim, 2023). 더불어, 공공봉사동기(PSM), 관리자 자율성, 유연한 조직문화 등 성과정보 활용에 영향을 미치는 심리적 요인에 대한 고려도 필요하다.

아울러, 성과관리의 지속성과 일관성을 보장하기 위해서는 조직 및 구성원의 역량(capacity) 확보가 필수적이다. 특히 순환보직제가 일반적인 한국의 조직 환경에서는 성과관리 전 과정에 대한 표준화된 업무 매뉴얼 정립이 중요하며, 평가역량과 조직지식의 축적이 함께 요구된다. 더불어, 성과관리의 실효성과 활용 가능성을 높이기 위해서는 구성원의 내면적 수용성과 동기 부여를 촉진할 수 있는 다각적인 노력이 병행되어야 한다. 이러한 노력이 성과관리제도의 정착과 지속 가능한 운영의 핵심 요건이 된다.

제6장에서는 공공관리의 관점에서 예산과 재정문제를 다루었다. 예산 및 재무행정은 단순한 회계 기술이나 수입·지출의 절차적 관리에 국한되지 않으며, 공공관리의 핵심 수단이자 정치·사회적 가치를 실현하는 중요한 메커니즘으로 작동한다. 이 장에서는 예산이 기술적 산물에 머무르지 않고, 공공성과 정치성이 내재된 정책적 행위임을 강조한다. 이에 따라 공공관리자는 단순한 예산의 집행자 역할을 넘어서, 정책 목표와 구체적 사업, 그리고 이에 소요되는 재정을 효과적으로 연결하는 기획자이자 전략가, 그리고 다양한 이해관계자의 요구를 조율하는 조정자로서의 역할을 수행해야 함을 제시하였다. 예산과정 전반에 걸쳐 공공관리자는 재정 수단을 통해 정책의 목적성을 명확히 하고, 이해당사자 간 갈등을 조정하며, 성과기반의 재정운용을 통해 행정의 효율성과 효과성을 제고하는 데 기여한다. 특히 예비타당성조사, 성인지 예산, 온실가스 감축인지 예산, 주민참여예산과 같은 제도적 장치들은 공공관리자에게 실무적 대응 역량은 물론, 가치 판단 능력, 정책 간 연계와 균형에 대한 통합적 사고를 요구한다.

앞으로의 예산 및 재무행정에서 공공관리자는 재정의 기술적 관리자를 넘어서, '공공가치 중심의 전략적 조정자'로 자리매김해야 한다. 이는 사회적 가치와 정책 환경이 복잡다변화하는 맥락에서, 예산이 공익 실현을 위한 실질적 정책 수단으로 기능하기 위한 전제조건이라 할 수 있다. 공공관리자는 특정 공공가치를 내재화한 예산제도의 설계와 운용, 부처 간 협업 및 이해관계 조정, 성과의 측정과 환류(feedback) 체계의 구축 등 전 과정에 적극적으로 개입해야 하며, 이를 통해 행정의 신뢰성과 재정정책의 정당성을 확보해야 한다. 나아가 데이터 기반의 재정 분석 역량, 정책 간 연계성을 고려한 기획 능력, 다양한 이해관계자와의 소통 및 협업 역량 등 복합적인 능력을 갖춘 '고차원의 재무행정 전문가'로서의 자기 정립이 필수적이다. 이는 예산의 정치성을 인식하는 동시에, 전문성과 행정적 중립성을 바탕으로 공공성을 실현하는 행정 운영의 질적 도약을 가능케 할 것이다.

마지막으로, 제7장에서는 디지털 전환시대의 공공관리를 설명하면서 전자정부에서 인공지능(AI)까지를 살펴보았다. 디지털 전환 시대의 공공관리는 전자정부에서 시작하여 디지털정부, 인공지능 정부로 진화하면서 기존 행정의 효율성과 투명성을 크게 향상시키는 동시에 새로운 공공가치의 실현을 가능하게 하고 있다. 초기의 전자정부는 행정 업무의 온라인화와 효율화에 집중하였으나, 부처 간 협력이나 시민참여의 확대라는 측면에서는 한계를 보였다. 이를 보완하기 위해 등장한 디지털정부는 데이터와 기술을 전략적으로 활용하여 시민참여를 촉진하고, 정책결정의 과학화와 민관협력을 활성화하는 포괄적인 행정 혁신을 추구하였다. 최근 출현한 인공지능 정부는 빅데이터 분석과 기계학습을 활용하여 행정 서비스의 질적 향상과 의사결정의 정확성을 제고하고, 맞춤형 서비스와 신속한 위기 대응 능력을 갖추는 등 공공관리의 새로운 패러다임을 열고 있다.

앞으로 디지털 시대의 공공관리는 효율성뿐만 아니라 투명성, 책임성, 형평성 등 다양한 공공가치를 균형 있게 구현하면서 기술 혁신과 윤리적 책임성 사이에서 최적의 조화를 이루는 방향으로 나아가야 한다. 이를 위해 알고리즘 투명성과 개인정보 보호를 포함한 AI 윤리와 데이터 거버넌스를 철저히 관리하는 한편, 공무원의 디지털 역량을 강화하여 기술을 적절히 활용할 수 있는 조직적 역량도 필요하다. 궁극적으로 디지털 기술이 인간 중심의 가치를 보완하고 민주적 거버넌스를 촉진하는 수단으로 활용될 때 비로소 진정한 의미의 행정 혁신이 실현될 수 있을 것이다.

제 3 절 사람과 행태

제8장에서는 공공관리에서의 다양한 동기이론에 대해 살펴보았다. 앞으로 동기이론의 관점에서 공공관리는 전통적인 외적 보상 중심의 접근을 넘어 내재적 동기를 적극적으로 강화하는 방향에 더 초점을 맞추게 될 것으로 예상된다. 특히 조직 구성원 개개인의 자율성, 유능감, 관계성의 욕구를 충족시키고, 직무 자체가 동기가 될 수 있는 환경 조성이 미래 공공조직에서 강화되어야 할 핵심 환경이 될 것으로 예상된다. 따라서 동기이론은 구성원이 어떻게 업무에서 의미와 가치를 찾고, 자신의 공공에의 기여가 시민의 삶에 긍정적 변화를 일으킨다는 점을 명확히 인식할 수 있도록 조직적 지원체계를 구축하는 데 초점을 맞추게 될 것이다.

또한 미래의 공공조직은 몇 가지 새로운 도전에 직면하게 될 것으로 예상된다. 특히 최근 MZ세대 공무원을 중심으로 나타나는 조직문화 갈등과 직무 몰입의 약화 문제는 공공관리의 새로운 과제가 되고 있다. 이들은 수직적이고 관료적인 조직문화보다는 개인의 성장과 자율성을 더 중요시하며, 상대적으로 제한된 경제적 보상과 경직된 승진 시스템으로 인해 내재적 동기가 약화될 가능성이 있다. 따라서 공공관리자는 세대 간 갈등을 최소화하고 개인의 자율적 동기를 촉진할 수 있도록 조직문화와 관리체계를 혁신할 필요가 있다.

마지막으로, 공공조직은 기술 발전과 디지털 전환이 가속화됨에 따라 조직 구성원의 직무 정체성과 의미를 유지하기 어려워지는 도전을 맞이할 것이다. 비대면 업무의 증가와 인공지능(AI)의 도입은 직무의 사회적 의미와 개인적 책임감을 희석할 수 있다. 따라서 미래의 공공관리는 이러한 변화 속에서도 구성원이 공익이라는 핵심 가치와 직무를 연결 지을 수 있도록 직무 설계와 성과관리 방식을 지속적으로 발전시켜야 한다. 결국 공공조직이 지향해야 할 방향은 내재적 동기의 강화와 함께 세대·기술 변화에 대응한 지속가능한 동기부여 전략의 구축이 될 것이다.

제9장에서는 공공관리와 공직윤리에 대해 살펴보았다. 공직윤리는 공무원이 그 업무를 수행함에 있어 준수해야 할 행동규범으로, 공공관리의 핵심적인 요소로 작용한다. 공무원은 국민의 수탁자로서 국민 전체를 위해 봉사하여야 하며, 이를 위해서는 공익 실현

이라는 공공조직의 궁극적 목표에 부합하도록 책임성 있게 의사결정하고 행동하여야 한다. 이러한 책임성 있는 공무원의 모습은 단지 법과 규범의 준수에 그치지 않고, 공무원으로서의 윤리적 신념에 기반한 자발적 행동까지 포괄한다. 공무원의 책임성은 다차원적이며, 실제 행정 현장에서는 서로 다른 책임 유형 간의 충돌로 인해 윤리적 딜레마가 발생하기도 한다. 이러한 윤리적 딜레마 상황에서 책임성 있는 행정을 담보하기 위한 방안으로 내적 통제와 외적 통제가 함께 강조된다. 공직윤리 확립을 위한 우리나라의 제도는 사전·사후, 소극·적극의 기준에 따라 네 가지로 유형화할 수 있으며, 공직자윤리법, 청탁금지법, 이해충돌방지법 등은 사전적·소극적 제도에 해당하고, 공무원 행동강령, 윤리교육 이수제도, 청렴컨설팅 등은 사전적·적극적 제도에 해당한다. 또한 공공감사제도는 사후적·소극적 제도로, 부패 및 공익침해행위 신고제도와 공익신고자보호법 등은 사후적·적극적 제도로 이해할 수 있다.

그러나 우리나라의 공직윤리제도는 외적 통제 중심의 소극적 규제 방식에 치우쳐 있어, 공무원의 자발적 윤리성 제고에는 한계가 있다. 가령 공무원 행동강령의 경우 바람직한 행동을 장려하기보다는 금지 행동에 관한 내용 중심으로 구성되어 있어, 자칫 공직윤리를 단순한 규제 준수로 축소시킬 우려가 있다. 이러한 한계를 극복하기 위해서는 공무원이 윤리적 가치와 기준을 내면화할 수 있도록 돕는 적극적이고 능동적인 제도 설계가 필요하다. 윤리교육의 경우 단순한 강의 전달 방식보다는 토론과 사례 분석 기반의 참여형 교육이 확대되어야 하며, 윤리교육이 단기성에 그치지 않고 지속적으로 이루어질 수 있도록 리더십의 지지 또한 필요하다. 또한 부패 및 공익침해행위에 대한 익명 신고가 제한되어 있는 현 제도 하에서는 신고자의 신분 노출에 대한 우려로 인해 실질적인 고발이 위축될 수 있으므로, 익명신고제도의 도입이 검토될 필요가 있다. 요컨대, 공직윤리제도는 규제와 통제를 넘어서 공무원의 윤리적 역량 함양을 촉진하는 방향으로 나아가야 하며, 이를 위한 제도적 개선이 요구된다.

마지막으로, 제10장에서는 공공관리와 조직공정성에 대해 살펴보았다. 행정학과 공공관리의 발전 과정에서 조직공정성(organizational justice)은 오랫동안 규범적 가치이자 윤리적 이상으로 간주되어 왔다. 전통적 행정학은 합법성과 효율성을 핵심 가치로 삼았으며, 공공조직의 기능은 정치적 결정의 집행에 국한되었다. 그러나 1980년대 이후 신공공관리 패러다임(New Public Management paradigm)의 부상과 함께 공공조직에 대한 성과와 책임성 요구가 강화되면서, 조직 구성원의 심리적 요인과 내재적 동기를 이해하려는 관리적 접근이 강조되기 시작했다. 이 과정에서 조직공정성은 단순한 윤리적 담론을 넘어, 구성원의 몰입, 공공봉사동기, 윤리적 행동, 감정노동, 조직시민행동 등과 밀접하게 연계된 핵심 자원으로 주목받게 되었다. 특히 공공조직의 정당성과 성과를 동시에 확보해야 하는 오늘날의 상황에서 공정성은 공공서비스의 질을 좌우하는 전략적 요인으로 기능하고 있다. 이러한 상황 속에서, 공정성은 조직과 사람을 연결하는 매우 중요한 이론적 가교의 역할을 한다.

앞으로 공공분야의 조직관리는 어디에 초점을 두어야 할 것인가? 그간의 경험을 통해 우리는 공공조직이 효율성이나 효과성 같은 결과 중심의 논리만으로는 지속가능하게 운영되기 어렵다는 사실을 깊이 체감해 왔다. 조직의 성과는 단지 산출의 문제가 아니라, 구성원이 조직을 어떻게 경험하고, 그 경험이 어떤 심리적 반응과 행동으로 이어지는가에 달려 있다. 따라서 앞으로의 조직관리는 공정성을 조직의 윤리적 기초를 넘어 실질적인 성과관리의 핵심 자원으로 다루는 전략적 전환이 요구된다. 공정성은 단순히 '옳은 일'을 하는 것이 아니라, 조직 구성원의 동기, 몰입, 시민 지향성, 윤리적 판단을 촉진하고 감정노동을 완화하는 등 복합적인 경로를 통해 공공조직의 성과에 기여한다. 특히 분배적(distributive), 절차적(procedural), 대인관계(interpersonal), 정보공유(informational) 공정성의 네 가지 요소는 상호 작용하면서 구성원들의 조직에 대한 신뢰와 책임감을 형성하며, 이는 조직의 정책 집행력과 서비스 질을 높이는 기반이 된다. 최근의 실증연구들은 조직공정성이 높을수록 이직 의도가 낮아지고, 조직시민행동과 윤리적 행동이 증가하며, 업무 몰입과 윤리적 판단 능력 또한 강화된다는 사실을 규명하고 있다. 공공조직이 시민의 신뢰를 회복하고 복잡한 사회문제에 효과적으로 대응하기 위해서는 성과지표와 재무적 책임만이 아니라 '공정성을 어떻게 관리하고 있는가'가 곧 조직의 경쟁력이 되는 시대가 도래하고 있다. 공정성은 더 이상 윤리와 효율의 대립을 조정하는 절충적 가치가 아니라, 구성원과 조직의 역량을 동시에 끌어올리는 성과의 인프라로서 자리매김해야 한다. 공정성과 성과는 결코 상호 배타적인 관계에 있지 않다. 오히려 공정성은 성과와 효과성을 증진시키는 조건이자, 지속가능한 조직운영을 위한 기반으로 작동한다. 즉, 공정성은 더 나은 정부를 위한 선결요인이다.

제 4 절 거버넌스와 네트워크

제11장에서는 전통적인 정부 중심의 통치 방식에서 벗어나, 다양한 행위자들의 참여와 협력을 통해 공공문제를 해결하려는 현대 행정의 전환적 흐름을 다루었다. 거버넌스는 정부, 시장, 시민사회 등 다중 주체가 상호작용하는 구조 속에서 정책을 설계하고 집행하는 새로운 국정 운영 방식으로, 효율성과 민주성, 참여성과 책임성을 동시에 추구한다는 점에서 중요하다. 특히, Rhodes(1997)와 Osborne과 Gaebler(1992), UNDP(1997), World Bank(1992) 등의 정의를 통해 거버넌스의 개념을 비교하며, 특히 네트워크와 자율성, 참여, 법치주의 등 핵심 요소들을 공통적으로 강조하고 있다는 점을 부각한다. 거버넌스 개념은 1970년대 정부 실패와 1980년대 신공공관리론(NPM)의 등장 및 확산을 배경으로 하며, 1990년대 NPM이 시장주의 중심의 한계를 드러내면서 협력과 참여를 강조하는 거버넌스 패러다임이 부상하게 되었다.

이러한 흐름 속에서 세 가지 주요 거버넌스 모형이 등장하였다. 첫째, 협력적 거버넌스는 다양한 주체들이 신뢰를 바탕으로 자발적으로 참여하며 공동의 목표를 설정하고 실행하는 방식으로, Ansell과 Gash(2008)의 연구와 Emerson 등(2012)의 연구 등이 대표적인 이론으로 이해할 수 있다. 둘째, 로컬 거버넌스는 지방정부와 지역사회의 자율성과 시민 참여를 중시하며, 민간과 NGO, 주민들이 지역 특성에 맞는 정책을 공동으로 수립하는 방식이다. 이는 Andrews와 Goldsmith(1998)의 연구와 Stoker(2011)의 연구에서 구체화된 점을 강조한다. 셋째, 네트워크 거버넌스는 수평적이고 자율적인 구조 속에서 다양한 행위자들이 상호 의존적 관계를 통해 정책과 서비스를 공동 생산하는 형태로, Provan과 Kenis(2008)의 네트워크 구조의 유형과 함께 Rhodes(1997)의 논의 등이 이론적 토대를 제공한다.

이들 모형은 각기 다른 구조와 배경을 지니지만, 모두 신뢰 구축, 시민참여, 자원 공유, 유연한 협력체계를 중시하며, 현대 사회의 복잡한 문제에 능동적으로 대응하기 위한 대안으로 작용한다. 특히, 시민과 NGO, 지역사회는 거버넌스의 핵심 주체로서 정책 과정에 참여하고 공공 가치를 증진시키는데 중요한 역할을 한다. 거버넌스의 효과적인 운영을 위해서는 투명성, 참여, 책임성, 포용성, 민주성이라는 핵심 원칙이 전제되어야 하며, 이는 공공서비스의 정당성과 효율성, 지속가능성을 높이는 핵심 요인이 된다. 하지만 이러한 이상적 구조에도 불구하고 현실에서는 참여 불균형, 신뢰 부족, 권력 불균형, 의사결정 복잡성, 디지털 정보 격차 등 다양한 도전 과제가 존재한다. 따라서 거버넌스의 성공적인 정착을 위해서는 제도적 설계, 리더십 강화, 정보 접근성 제고, 신뢰 기반의 협력 메커니즘 구축 등이 병행되어야 하며, 이러한 노력을 통해 거버넌스는 공공 문제 해결의 중심적 수단이 될 수 있다는 점이 본 장의 주요 내용이다.

제12장에서는 공공관리에서 시민의 역할과 과제를 다루면서 참여와 협력에 초점을 두어 설명하였다. 우리가 살아가고 있는 세상은 점점 더 복잡해지고 사회 문제는 계속해서 해결이 어려워질 것이다. 정부가 단독으로 주도하는 공공관리는 더 이상 예전처럼 효과적이지 못할 것이며, 정부가 추구하는 가치 역시 효율성과 서비스 중심주의에만 매달릴 수는 없어질 것이다. 일정 부분 이와 같은 가치는 앞으로도 특정 분야에는 적합할 것이지만, 정부에게 요구되는 미래의 역할은 과거의 수혜자로 머물러 있던 더 많은 이해관계자를 공공가치 형성과정과 서비스 제공 과정에 참여시키고 이들과 파트너로서 일해야 한다는 것이다. Thomas(2013)에 따르면, 시민은 정부 운영의 방향을 결정하는 데 있어 책임을 공유하는 주체로 간주되어야 하며, 그들의 참여는 단지 의견을 '듣는' 수준에서 멈춰서는 안 된다. 이러한 맥락에서 행정조직은 참여의 구조적 기반을 제공하고, 특히 그동안 주변화되어 온 사회적 약자의 관점을 행정 체계 안으로 끌어들여야 한다. 이는 공공조직이 '대신 해주는 기관'이 아니라 '함께 결정하는 공동체'로 자리 잡기 위한 전제이기도 하다.

더 나아가, 참여의 외연만 확장하는 것이 아니라, 참여의 동기와 방식 또한 재구성되어야 한다. 단순히 민원을 해결하거나 물질적 보상을 기대하는 접근에서 벗어나, 시민들이 자신이 속한 공동체에 의미 있는 기여를 하고자 하는 내적 동기, 즉 표현적 인센티브(expressive incentives), 혹은 지역 내 공동체적 발전을 중시하는 연대적 인센티브(solidary incentive)를 기반으로 한 참여가 중심이 되어야 한다. Alford(2002)는 시민이 추구하는 정의, 공정성, 공동선이라는 가치가 행정 참여의 원천이 된다고 설명한 바 있다. 이러한 시민적 성향(civic disposition)은 헌법적 질서와 사회 규범에 대한 신뢰 위에서 형성되며, 공공기관은 이를 존중하고 제도적으로 뒷받침해야 한다. 뿐만 아니라, 커뮤니티 기반의 연대적 참여 역시 존중받고 발전 되도록 장려되어야 한다. 최근에는 정책 초기 단계에서 시민이 직접 관여하는 숙의형 참여 모델이 각 지방정부를 중심으로 점차 확산되는 추세다. 이는 일회성 의견 수렴을 넘어선 구조적 개입이며, 시민의 집단적 지성과 윤리적 의지가 행정의 질을 바꾸는 사례로 평가받는다. 결국, 미래의 공공관리는 시민성과 공동생산이라는 원리를 바탕으로 한 다층적·상호작용적 구조로의 전환을 요구받고 있다.

마지막으로, 제13장에서는 공공관리와 정책네트워크에 대해 살펴보았다. 정책네트워크는 특정 정책문제를 둘러싼 다양한 행위자들이 상호의존성과 자원 교환을 바탕으로 협력하는 구조로, 기존의 위계적·정부 중심적 정책모형의 한계를 보완하는 대안적 접근으로 자리잡고 있다. 정책네트워크는 다원적 행위자들이 수평적 관계 속에서 공동의 문제를 진단하고 해결해 나가는 과정이며, 이 속에서는 단일한 명령체계보다는 자율성과 협력이 중심이 된다. 자원의존이론은 네트워크 내에서 자원의 분포와 교환이 권력과 관계 구조를 형성한다는 점을 설명하고, 사회자본이론은 신뢰, 규범, 관계망이 네트워크의 지속성과 효과성에 중요한 영향을 미친다고 본다. 정책옹호연합모형(ACF)은 이러한 네트워크 내에서 신념을 공유하는 옹호연합들이 장기적인 정책 변화의 동력으로 작동함을 보여준다. 이러한 이론적 기반을 바탕으로, 청소년안전망시스템 사례는 실제로 다양한 기관들이 연계하여 가출 청소년 문제에 조기 개입하고 자립까지 연계하는 정책네트워크의 실천적 적용을 보여주며, 네트워크 기반 공공관리의 중요성을 부각시킨다.

현대의 공공관리는 더 이상 고립된 행정조직 내부에서 해결책을 모색하는 방식으로는 복잡하고 다변화된 정책환경에 효과적으로 대응할 수 없다. 정책네트워크가 보여주는 바와 같이, 공공관리는 다양한 주체 간 협력을 설계하고 유지하는 조정과 중재의 역량을 중심으로 재편되어야 한다. 특히 정책 현장에서는 부처 간 관할권 다툼, 정부와 민간 간의 책임 전가, 지역 간 자원 배분 갈등 등 다양한 형태의 충돌이 발생하는데, 공공관리자는 이러한 구조적 갈등을 조율하고 상호 이해의 접점을 마련하는 중재자(mediator)로서의 능력을 갖추어야 한다. 이 역할은 단순히 행정적 절차를 조정하는 것을 넘어서, 갈등 당사자들의 신념과 이해를 해석하고, 공동의 해결책을 유도하는 설득과 관계관리의 과정을 포함한다. 또한 디지털 기술과 인공지능(AI)의 발달은 정책네트워크의 운영방식에도 중대한 전환을 가져오고 있다. 빅데이터 기반의 사회문제 진단, AI 알고리즘을 통한 예방적 위기관리, 온라인 협업 플랫폼을 통한 실시간 연계 등은 기존의 느리고 단절된 기관 간 협력 구조를 보다 민첩하고 상호 연결된 구조로 전환 시킬 수 있는 기술적 토대가

된다. 동시에 디지털 기술은 행위자 간 정보 비대칭을 줄이고, 시민과의 상호작용을 강화하며, 정책 참여의 개방성과 투명성을 증대시킨다. 따라서 미래의 공공관리는 디지털 역량과 기술 이해를 기반으로 정책네트워크를 설계하고 작동시킬 수 있는 전략적 운영자로 진화해야 하며, 기술을 매개로 다양한 행위자와 협력 관계를 구축하는 새로운 거버넌스 패러다임을 주도해 나가야 한다.

참고문헌

Alford, J. (2002). Defining the client in the public sector: A social-exchange perspective. *Public Administration Review*, 62(3): 337-346.

Andrews, C, & Goldsmith, M. (1998). From Local Government to Local Governance-and beyond? *International Political Science Review*, 19(2): 101-117.

Ansell, C. & Gash, A. (2008). Collaborative Governance in Theory and Practice. *Journal of Public Administration Research and Theory*, 18(4): 543-571.

Bryson, J. M., George, B., & Seo, D. (2024). Understanding goal formation in strategic public management: a proposed theoretical framework. *Public Management Review*, 26(2): 539-564.

De Lancer Julnes, P., & Holzer, M. (2014). *Performance measurement: Building theory, improving practice*. Routledge.

Emerson, K., Nabatchi, T., & Balogh, S. (2012). An Integrative Framework for Collaborative Governance. *Journal of Public Administration Research and Theory*, 22(1): 1-29.

Holzer, M. (2019). *Public productivity handbook*. CRC Press.

Ko, K., & Kim, T. (2023). Critical review of multi-dimensional aspects of performance management of South Korea. In A. Farazmand (Ed.), *Handbook on Asian public administration* (pp. 55-74). Edward Elgar Publishing.

Osborne, D. & Gaebler, T. 1992. *Reinventing Government: How the Entrepreneurial Spirit is Transforming the Public Sector*. Reading, MA: Addison-Wesley.

Provan, K. G. & Kenis, P. (2008). Modes of Network Governance: Structure, Management, and Effectiveness. *Journal of Public Administration Research and Theory*, 18(2): 229-252.

Rhodes, R. A. W. (1997). *Understanding Governance: Policy Networks, Governance, Reflexivity and Accountability*. Buckingham: Open University Press.

Stoker, G. (2011). Was Local Governance such a Good Idea? A Global Comparative Perspective. *Public Administration*, 89(1): 15-31.

Thomas, J. C. (2013). Citizen, customer, partner: Rethinking the place of the public in public management. *Public Administration Review*, 73(6): 786-796. https://doi.org/10.1111/puar.12109

UNDP. (1997). *Governance for Sustainable Human Development*. New York: United Nations Development Programme.

World Bank. (1992). *Governance and Development*. Washington, D.C.: World Bank.

Yang, S. B., & Torneo, A. R. (2016). Government performance management and evaluation in South Korea: History and current practices. *Public Performance & Management Review*, 39(2): 279-296.

색인

영어

AI 윤리 474
Bozeman 11
Charles E. Lindblom 223
Coleman(1988) 431
David Osborne 358
ERG 이론 260
ESG 경영 470
Harold D. Lasswell 221
Herbert A. Simon 222
Musgrave(1959) 178
NGO 478
Park & Rethemeyer, 2014 429
Paul Sabatier와 Hank Jenkins-Smith 440
Pfeffer와 Salancik(1978) 429
Provan & Milward, 1995 429
R. A. W. Rhodes 357
Rethemeyer, 2007 429
RPA 220
SMART 원칙 192
Taylor(1911) 322
Weber(1978) 322

ㄱ

가치 30
가치예산 196
객관적 책임성 293
거버넌스(governance) 47, 357, 447
결과중심 예산개혁 188
결과(outcome) 145
경계 초월성(trans-boundary nature) 424
경제학적 핵심 접근법 10
계층적 책무성 54, 84
계층적 책임성 294
고객 51
공공 6
공공가치 30, 31, 32, 63
공공가치관리론 56
공공감사제도 307
공공관리 6, 19, 21, 23, 28, 43
공공관리론 28
공공 관리자 27
공공기관 15
공공봉사동기 53, 332
공공봉사동기 이론 278
공공부문 5, 8, 9
공공선택론 50
공공성 11, 13
공공재 9
공공조직 9, 13, 17
공공조직의 성과 144
공공투자사업 192
공기업 15
공동생산 400
공무원 행동강령 302
공식적 목표 114
공유된 거버넌스(Shared Governance) 448
공익 7, 9, 30, 54, 291

공익신고자보호법 310
공익침해행위 신고 308
공적 7
공정성의 의무론적 관점(deontic justice) 325
공정성 이론 269
공정의 효과(justice effects) 330
공정효과의 사회적 교환모형 336, 337
공정효과의 사회정체성 모형 338
공직사회 5
공직윤리 291, 475
공직윤리시스템(PETI) 297
공직자윤리법 297
과정이론 260
과학적 관리 45
관료제 29
관료제의 역설(bureaucratic paradox) 123
관리 3, 5, 6
광역자치단체 14
국고관리권 182
국민권익위원회 298
규범적 접근법 10
규범적 지향성 470
기대 268
기대이론 268
기술 혁신 474
기업가적 정부 51
기초자치단체 14
기타공공기관 15
김영란법 299

ㄴ

내부감사 307
내부고발 308, 334
내용이론 259
내재적 동기 258
내적 통제 295
네트워크 358
네트워크 거버넌스 368, 478
네트워크 관리조직 거버넌스(Network Administrative Organization Governance) 450

ㄷ

다중목표 126
단기목표 117
단일목표 126
담론 56
대응성 79
대인관계 326
데밍 사이클(Deming cycle) 122
데시 273
도덕적 감수성(moral awareness) 335
도덕적 신념(moral convictions) 334
도덕적 의무감(deontic motives) 334
도덕적 추론능력(moral reasoning) 335
동기이론 475
두 공동체 이론 224
디지털 시대 거버넌스 209
디지털전환 208
디지털 전환시대 474
디지털정부 214, 474
디지털트윈 247

ㄹ

라이 273
레이덤 271
로컬 거버넌스 373, 478
로크 271
린(Lean) 경영 123

ㅁ

매슬로 260
맥클리랜드 260
머신러닝 219
목표 갈등(Goal conflict) 125
목표 모호성(Goal ambiguity) 125
목표 복잡성(Goal complexity) 124
목표설정이론 121, 271
목표-수단의 연계성 112
목표에 의한 관리(MBO) 111
목표 위계성 112
목표의 계층성 112
목표의 과다측정 128
목표의 다양성 113
목표의 다원화(multiplication) 및 확대(expansion) 124
목표의 대치(displacement) 123
목표의 변동 123
목표의 승계 124
목표의 시계열적 구조화 113
목표의 일치 129
목표 전략체계 113
목표 형성과정 119
무경계 조직화(borderless organization) 446
무형목표 115
민간관리 6, 19, 21, 23, 43
민간 관리자 27
민간부문 5, 8, 9
민간 위탁기관 16
민간조직 9, 17
민주적 거버넌스 474
민주적 시민권 이론 56
민주주의 389, 390
민첩성 470

ㅂ

반응성 51
법적 책무성 54, 84
법적 책임성 294
복잡성(complexity) 420
부속기관 14
부정청탁 299
부패방지교육 304
부패방지권익위법 298
부패행위 신고 308
분배적 326
불확실성(uncertainty) 422
브룸 268
비실명 대리신고 309
비전 106

ㅅ

사적 7
사회자본(social capital) 이론 430
사회적 교환이론(social exchange theory) 331
사회적기업 16
산출(output) 145
상위목표 115
생성형 AI 220
서비스 질 50
성과관리 472
성과관리(Performance Management) 150
성과정보의 목적 지향적 활용(purposeful use) 168
성과정보의 실제 활용(performance information use) 149
성과정보의 활용(performance information use) 152
성과지표(performance indicators) 153
성과지향적 조직문화(performance-oriented organizational culture) 166
성과측정(Performance Measurement) 151

성인지예산제도(gender budgeting) 196
성취동기 이론 260
수단성 268
수직적 목표일치(vertical goal alignment) 129
수평적 목표일치(horizontal goal alignment) 129
시민 479
시민 냉소주의 이론 403
시민사회 56
시민성 394
시장 기반 거버넌스 89
시장실패 9
시장화 29
신공공거버넌스 400
신공공관리 395
신공공관리론 46
신공공서비스론 56
신공공행정 393
신관리주의 49
신념 체계(belief system) 443
신자유주의 49
실질적(운영) 목표 114

ㅇ

아담스 269
악성문제 224
알더퍼 260
연대적 인센티브 479
엽관제 42
예비타당성조사 193
예산 473
예산과정 180
예산문서 180
예산(budget 또는 budgeting) 180
예측분석 219
온실가스 감축인지 예산제도 197
올드햄 275
옹호연합(advocacy coalition) 442
외부감사 307
외재적 동기 258
외적 통제 295
욕구위계이론 260
운영역량 64
원리주의 45
위생-동기요인이론 260
유인가 268
유형목표 115
윤리교육 304
윤리역량(ethical competence) 334
윤리적 딜레마 294
윤리적 민감성 312
윤리적 유능감 312
이슈 네트워크(issue network) 437
이해관계자 21, 22, 24
이해충돌방지법 301
인공지능 474
인공지능 행정 217
일반적 접근법 10
임무(mission) 106

ㅈ

자기결정 이론 273, 331
자연어 처리 219
자원의존이론(Resource dependence theory) 429
자율성 29
잘 정의된 문제 225
장기목표 117
재량권 292
재무행정 178

재산등록 및 공개 297
적극행정 308
전략적 경영이론(strategic management theory) 120
전략적 기준점 이론(strategic reference point theory) 120
전략적 목표형성(strategic goal formation) 120
전략적 삼각형 63
전문가적 책무성 85
전문가적 책임성 294
전문적 책무성 54
전반적 공정성 326
전영한 17
전자정부 210, 474
전통적 행정 88
절차적 326
정보공유 공정성 326
정부성과결과법 148
정책공동체(Policy Community) 432
정책기업가 52
정책네트워크(policy network) 415, 480
정책옹호연합모형(Advocacy Coalition Framework) 440
정책 하위체계(policy subsystem) 441
정책학습 444
정치적 책무성 54, 85
정치적 책임성 294
정치학적 핵심 접근법 10
정치 · 행정 이원론 45
제도이론(institutional theory) 121
조직공정성 323, 325, 476
조직시민행동(organizational citizenship behavior) 332
조직 인본주의 56
조직 지원 이론(organizational support theory) 333
주관적 책임성 293
주도조직 거버넌스(Lead-Organization Governance) 449
주도조직-관리조직 결합 거버넌스(Combined Lead-NAO Governance) 451
주민참여예산 199
준공공조직 16
준정부기관 15
중심-주변 거버넌스(Core-Periphery Governance) 452
중앙행정기관 14
지방공공기관 16
지방공기업 16
지방자치단체 14
지방출자 · 출연기관 16
지역 중심의 거버넌스 369
직무관련성 298
직무특성이론 275
집단몰입모형(group engagement model) 339

ㅊ

차원적 접근법 10, 12
책무성 8, 24, 44, 73
책임성 145, 292
청렴의무 299
청렴컨설팅 306
청탁금지법 299
총액배분자율편성제도 184

ㅌ

투명성 79
특례시 15
특별지방행정기관 14

ㅍ

페리 279
포용성 470
표현적 인센티브 479
플랫폼 정부 215

ㅎ

하위목표 115
하위정부모형(subgovernment model) 438
핵맨 275
행동윤리학(behavioral ethics) 334
행동적 기업이론(behavioral theory of the firm) 120
행정위원회 14
행정윤리 292
행정조직 13
행정학 28
허츠버그(Herzberg) 260
협력 29
협력적 거버넌스 91, 368, 478
협력적 거버넌스 체제 371
협업성 470
형평성(equity) 145
회복탄력성 470
효과성(effectiveness) 145

저자 약력 소개

노종호

미국 Florida State University 행정학 박사
서울과학기술대학교 좋은사회연구소장 역임
한국거버넌스학회 연구부회장, 한국인사행정학회 연구이사 역임
현) 서울과학기술대학교 행정학과 교수

강민성

미국 University at Albany- State University of New York 행정학 박사
World Bank (WB) 및 United Nations (UN) 정책컨설턴트 역임
한국 KDI 국제정책대학원 조교수 역임
현) 경희대학교 행정학과 조교수

김상묵

미국 Michigan State University 정치학 박사
한국행정학회 총무위원장, 한국정책과학학회 편집위원장 역임
현) 서울과학기술대학교 행정학과 교수

김태희

미국 School of Public Affairs and Administration, Rutgers University-Newark 행정학 박사
미국 University of Hawaii at Manoa 행정학과 조교수 역임
미국 National Center for Public Performance Managing Director 역임
현) 서울과학기술대학교 행정학과 부교수 겸 국제교류처 부처장

박현희

미국 University at Albany- State University of New York 행정학 박사
한국정책학회 총무위원장, 정책분석평가학회 연구위원장 역임
현) 국민대학교 행정학과 교수

심동철

미국 University at Albany- State University of New York 행정학 박사
미국 San Jose State University 교수 역임

International Review of Public Administration 편집위원장 역임
현) 고려대학교 행정학과 교수

윤태원

미국 Florida State University 행정학 박사
현) 한국행정연구원 정부조직디자인센터 연구위원

이단비

미국 School of Public Affairs and Administration, Rutgers University-Newark 행정학 박사
University of Nebraska at Omaha 조교수 역임
현) 서울과학기술대학교 행정학과 조교수

이슬기

미국 New York University 행정학 박사
Singapore Management University 사회과학대학 조교수 역임
현) 성균관대학교 행정학과 조교수

이승혁

미국 Indiana University 행정학 박사
미국 University of Hawaii at Manoa 행정학과 교수 역임
한국행정학회 국제학술지 편집위원회 이사 역임
현) 이화여자대학교 행정학과 교수

전소희

미국 University of Southern California 행정학 박사
미국 Central Michigan University 조교수, 부교수 역임
현) 서울대학교 행정대학원 부교수

조병우

미국 University of Nebraska at Omaha 행정학 박사
현) 건국대학교 행정학과 부교수

최한별

서울대학교 행정학 박사
국립군산대학교 행정학과 조교수 역임
현) 전북대학교 행정학과 조교수

공공관리론

초판발행 2025년 8월 14일

지은이 노종호·강민성·김상묵·김태희·박현희·심동철·윤태원·이단비·이슬기·이승혁·전소희·조병우·최한별
펴낸이 안종만·안상준

편 집 이수연
기획/마케팅 박부하
표지디자인 BEN STORY
제 작 고철민·김원표

펴낸곳 (주) 박영사
서울특별시 금천구 가산디지털2로 53, 210호(가산동, 한라시그마밸리)
등록 1959.3.11. 제300-1959-1호(倫)
전 화 02)733-6771
f a x 02)736-4818
e-mail pys@pybook.co.kr
homepage www.pybook.co.kr
ISBN 979-11-303-2371-8 93350

정 가 32,000원